Nien Cheng · Leben und Tod in Schanghai

NIEN CHENG

LEBEN UND TOD IN SCHANGHAI

Aus dem Englischen
von Hans-Joachim Maass

ULLSTEIN

CIP-Titelaufnahme der Deutschen Bibliothek
Cheng, Nien:
Leben und Tod in Schanghai / Nien Cheng. Aus d. Engl. von
Hans-Joachim Maass. – Frankfurt/M.; Berlin: Ullstein, 1988
Einheitssacht.: Life and death in Shanghai <dt.>
ISBN 3-550-07992-3

Lektorat: Christian Seeger
Titel der englischen Originalausgabe: *Life and Death in Shanghai*
Published by Grafton Books, London 1986

Satz: Fotosatz-Service Weihrauch, Würzburg
Druck und Verarbeitung: Mohndruck, Gütersloh
Printed in Germany 1988
ISBN 3 550 07992 3

Für Meiping

INHALT

Teil I
DER STURMWIND DER REVOLUTION

Hexenjagd

Ich lebe für immer mit der Vergangenheit und erinnere mich an alles. Ich versetze mich zurück in eine heiße Sommernacht im Juli 1966, in das Arbeitszimmer meines Hauses in Schanghai. Meine Tochter schläft in ihrem Zimmer, die Diener haben sich zurückgezogen. Ich sitze allein an meinem Schreibtisch. Ich höre das langsame Surren des Ventilators an der Decke; ich sehe, wie vor mir die weißen Nelken in der weißen Tschien-Lung-Vase sich in der Hitze neigen. Ich sehe die mit englischen und chinesischen Büchern gefüllten Regale an den Wänden. Die Leselampe beläßt den halben Raum im Schatten, aber das Glitzern des roten Seidenbrokats der Sofakissen ist nicht zu übersehen.

Ein englischer Freund, ein häufiger Besucher meines Hauses in Schanghai, hatte es einmal »eine Oase des Komforts und der Eleganz in der Eintönigkeit der Stadt« genannt. Es war zwar keine stattliche Villa und nach westlichen Maßstäben eher bescheiden. Ich hatte aber viel Zeit und Mühe darauf verwendet, es für meine Tochter und mich zu einem wohnlichen Refugium zu machen, damit wir uns auch weiterhin an schönen Dingen erfreuen konnten, während der Rest der Stadt vom proletarischen Realismus erobert wurde.

Siebzehn Jahre nach der Machtübernahme durch die Kommunistische Partei lebten in Schanghai nicht viele Privatleute wie wir. In dieser Zehn-Millionen-Stadt gelang es gerade einer Handvoll Familien, ihren alten Lebensstil aufrechtzuerhalten; sie durften ihre Häuser behalten und weiterhin Bedienstete beschäftigen. Die Partei verordnete zwar nicht, wie die Menschen leben sollten; als die Rote Armee 1949 in Schanghai einmarschierte, hatte man uns sogar verboten, unsere Hausangestellten zu entlassen, damit das Arbeitslosenproblem nicht verschlimmert wurde. Die politischen Kampagnen jedoch, die periodisch das Land erschütterten, ließen viele einst wohlhabende Menschen verarmen. Sobald sie in die Schußlinie gerieten, zwang man sie zur Zahlung hoher Bußgelder oder reduzierte drastisch ihre Einkünfte. Viele Industrielle mußten mit ihren Familien umziehen, als man ihre Fabriken aus Schanghai ins Landesinnere verlegte. Ich sah keinen Grund, meinen Lebensstil aus freien Stücken zu verändern, nicht nur, weil ich die Mittel besaß, meinen Lebensstandard zu halten, sondern auch, weil die Stadtregierung von Schanghai, vertreten durch die Organe der Einheitsfront, mich höflich und rücksichtsvoll behandelte. Ich führte mit meiner Tochter ein ruhiges und zurückgezogenes Leben. Da wir die kommunistische Revolution in China für historisch unvermeidlich hielten, waren wir bereit, uns mit ihr abzufinden.

Daß ich mich so oft in diese wenigen Abendstunden des 3. Juli 1966 zurückversetze, liegt nicht in erster Linie daran, daß ich nostalgisch auf mein altes Leben mit meiner Tochter zurückblicke, sondern vor allem daran, daß es für viele Jahre die letzten Stunden eines normalen Lebens waren. Die Hitze lastete auch nachts noch drückend auf der Stadt. Kein Luftzug kam durch die geöffneten Fenster. Mein Gesicht und meine Arme waren feucht von Schweiß, und meine Bluse klebte mir am Rücken, als ich mich über die auf meinem Schreibtisch ausgebreiteten Zeitungen beugte. Ich las die heftigen Angriffe, die zu Beginn einer politischen Kampagne stets den Aktionen vorausgingen. Das Trommelfeuer der Propaganda sollte eine gespannte Atmosphäre schaffen und die Öffentlichkeit mobilisieren. Die sorgfältige Lektüre dieser Artikel, die von ausgewählten Aktivisten der Partei stammten, lieferte für gewöhnlich Hinweise auf den Zweck einer Kampagne und ihre möglichen Opfer. Da ich noch nie in eine solche Kampagne verwickelt gewesen war, ahnte ich nicht, welche persönliche Katastrophe mir bevorstand. Die aggressive Sprache der Artikel verursachte mir jedoch wie immer Unbehagen.

Mein Diener Lao Tschao hatte für mich ein Tablett mit einer Thermoskanne Eistee auf den Kaffeetisch gestellt. Während ich den erfrischenden Tee trank, wanderte mein Blick zu einem Foto meines verstorbenen Mannes. Seit seinem Tod waren schon fast neun Jahre vergangen, aber die Leere, die sein Tod in meinem Herzen hinterlassen hatte, war noch da. Wie immer, wenn die politische Lage mir Unbehagen bereitete, fühlte ich mich einsam und verlassen und verspürte das Bedürfnis nach seiner Nähe.

Ich hatte meinen Mann 1935 in London kennengelernt, als er an seiner Dissertation arbeitete. Nachdem wir 1939 geheiratet hatten und nach Tschungking, Chinas Hauptstadt während der Kriegszeit, zurückgekehrt waren, wurde er Diplomat der Kuomintang-Regierung. 1949, als die Rote Armee in Schanghai einmarschierte, leitete er das Schanghaier Büro des Außenministeriums der Kuomintang-Regierung. Als Tschang Han-fu, der Vertreter der Kommunistischen Partei, das Amt meines Mannes übernahm, bot er ihm an, während einer Übergangsphase als außenpolitischer Berater des kürzlich ernannten Bürgermeisters von Schanghai, Marschall Tschen Ji, zu arbeiten und der neuen Regierung zu dienen. Im Jahr darauf wurde meinem Mann erlaubt, die Volksregierung zu verlassen und das Angebot der Shell International Petroleum Company anzunehmen, Geschäftsführer ihrer Schanghaier Niederlassung zu werden. Shell war eines der wenigen britischen Unternehmen von internationalem Rang – wie etwa die Imperial Chemical Industries, die Hong Kong Shanghai Banking Corporation sowie Jardines –, die auch weiterhin in Schanghai präsent bleiben wollten. Da Shell das einzige große Erdölunternehmen der Welt war, das auf dem chinesischen Festland zu verbleiben wünschte, wurden die Gesellschaft und wir von den für den Handel mit dem Westen zuständigen Parteifunktionären zuvorkommend behandelt.

1957 starb mein Mann an Krebs. Zu seinem Nachfolger wurde ein britischer Geschäftsführer ernannt. Shell bat mich, als Beraterin der Geschäftsleitung seine Assistentin zu werden. In dieser Funktion arbeitete ich bis 1966.

Mehrere britische Geschäftsführer verließen sich darauf, daß ich das Unternehmen vor den vielen Fallgruben bewahrte, die ein kapitalistisches Unternehmen in Maos China bedrohten. Meine Aufgabe war es, auftretende Probleme zu lösen, ohne daß Shell seine Würde oder die chinesischen Beamten ihr Gesicht verloren. Mir oblag die Personalbetreuung, und ich koordinierte die Zusammenarbeit der Geschäftsleitung mit der Shell-Gewerkschaft. Ich entwarf die Korrespondenz der Gesellschaft mit den chinesischen Behörden, die in chinesischer Sprache abgefaßt sein mußte. Wann immer der Geschäftsführer auf Heimaturlaub ging oder zu Gesprächen mit chinesischen Regierungsstellen nach Peking fuhr, übernahm ich die kommissarische Geschäftsführung. Ich schätzte mich glücklich, eine Arbeit zu haben, die mir lag, und ich genoß die Auszeichnung, die einzige Frau in Schanghai zu sein, die in einem Unternehmen von Weltruf eine Führungsposition einnahm.

Im Frühjahr 1966 schloß Shell seine Niederlassung in Schanghai. Nach Verhandlungen mit einer staatlichen Behörde unterzeichneten beide Parteien einen Vertrag, dem zufolge China die Firma mit Aktiva und Passiva übernehmen sollte. Wir überschrieben unsere Aktiva an China, und die chinesischen Behörden übernahmen unser Personal mit der Verpflichtung, es weiterzubeschäftigen und seine Altersversorgung sicherzustellen. Als Angehörige der Geschäftsleitung war ich von der Abmachung nicht betroffen; sie beschränkte sich nur auf jene Mitarbeiter, die der Shell-Gewerkschaft angehörten, einer Unterabteilung der staatlichen Schanghaier Gewerkschaft.

Als die Vereinbarung unterzeichnet wurde, befand sich meine Tochter, eine junge Schauspielerin des Schanghaier Filmstudios, mit ihrem Team zu Dreharbeiten im Norden Chinas. Ich nahm mir vor, nach ihrer Rückkehr eine Reise nach Hongkong zu machen. Währenddessen wurde jedoch die Kulturrevolution ausgerufen. Das Filmstudio rief das Team meiner Tochter in aller Hast nach Schanghai zurück, damit seine Angehörigen an der neuen Kampagne teilnehmen konnten. Da ich wußte, daß Regierungsbeamte während einer politischen Kampagne nur ungern Entscheidungen trafen und daß die Arbeit in den Behörden sich in solchen Zeiten allgemein verlangsamte, wenn nicht gar zum völligen Stillstand kam, beschloß ich, keine Reiseerlaubnis nach Hongkong zu beantragen und damit eine Ablehnung zu riskieren. Eine Ablehnung würde in dem Dossier vermerkt werden, das die Polizei über jeden Chinesen führte. Sie könnte zudem künftige Anträge gefährden. Folglich blieb ich in Schanghai. Ich ging davon aus, daß die Kulturrevolution nicht länger als ein Jahr dauern würde. Das war die übliche Zeit für eine politische Kampagne.

Der Tee kühlte mich ein wenig ab. Ich stand auf, ging in mein Schlafzimmer, nahm eine Dusche und legte mich aufs Bett. Trotz der Hitze schlief ich ein. Das nächste, woran ich mich erinnere, ist, daß Tschen Mah, mein Dienstmädchen, mich sanft anstieß, um mich zu wecken.

Ich sah auf die Uhr auf dem Nachttisch. Es war erst halb sieben, aber das Sonnenlicht schien schon auf die Markise vor den Fenstern, und die Temperatur im Raum stieg spürbar an.

»Tschi und noch ein Mann aus Ihrem alten Büro sind da, um Sie zu sprechen«, sagte Tschen Mah.

»Was wollen sie?« fragte ich schläfrig.

»Das haben sie nicht gesagt. Aber sie haben sich sehr ungewöhnlich benommen. Sie marschierten direkt ins Wohnzimmer und setzten sich aufs Sofa, statt in der Halle zu warten, wie sie es früher taten«, sagte Tschen Mah.

»Wer ist der zweite Mann?« fragte ich sie, während ich ins Badezimmer ging. Ich wußte, daß Tschi der stellvertretende Vorsitzende der Shell-Gewerkschaft war. Ich hatte oft mit ihm verhandelt, da dies zu meinen Aufgaben gehörte. Ich hatte ihn für einen angenehmen Mann gehalten. Er war immer einsichtig und konziliant gewesen.

»Ich kenne ihn nicht. Er ist noch nie hier gewesen. Vielleicht gehört er zur Wachmannschaft«, sagte Tschen Mah. »Er ist groß und schlank.«

Nach Tschen Mahs Beschreibung hielt ich den Mann für einen Aktivisten der Shell-Gewerkschaft. Parteimitglieder waren nicht bei uns beschäftigt. Dem Verhalten der wenigen Aktivisten in der Gewerkschaft konnte ich entnehmen, daß man sie dazu anhielt, in unserem Büro für ihren Dachverband den Wachhund zu spielen. Da ich keinen direkten Kontakt zu den Aktivisten hatte, die meist zu den Wachmannschaften oder Reinigungskolonnen gehörten, wurde ich hauptsächlich durch die Abteilungsleiter über ihre Aktivitäten auf dem laufenden gehalten.

Es klopfte an der Tür. Lao Tschao, mein Diener, reichte Tschen Mah ein Tablett durch die halbgeöffnete Tür und flüsterte: »Sie sagen, daß die Gnädige Frau sich beeilen soll.«

»Schon gut, Lao Tschao«, beruhigte ich ihn. »Sag ihnen, daß ich gleich unten bin. Biete ihnen etwas Kaltes zu trinken und Zigaretten an.«

Ich ließ mir Zeit. Ich brauchte Zeit, um mich auf das einzustellen, was da auf mich zukommen mochte. Der Besuch dieser beiden Männer zu so früher Morgenstunde war ungewöhnlich. Allerdings wurde man nur selten vorher unterrichtet, wenn man eine Versammlung besuchen mußte, um sich einen Vortrag oder eine politische Schulung anzuhören. Die Funktionäre gingen davon aus, daß jeder alles stehen und fallen ließ, wenn man ihn rief. Ich fragte mich, ob diese beiden Männer gekommen waren, um mich zu einem ihrer politischen Schulungskurse zu bestellen. Ich wußte, daß die Gewerkschaft für die Ex-Angestellten von Shell solche Kurse organisierte, um sie auf die schlechtere Bezahlung unter staatlicher Regie einzustimmen.

Während ich Toastbrot aß und meinen Tee trank, ließ ich die Ereignisse, die zur Schließung des Shell-Büros geführt hatten, noch einmal Revue passieren und prüfte noch einmal mein eigenes Verhalten während der Verhandlungen des Unternehmens mit den chinesischen Behörden. Obwohl ich den Geschäftsführer zu allen Sitzungen begleitet hatte, war ich nicht an den Verhandlungen beteiligt. Ich hatte nur die Rolle eines Beobachters gehabt und mußte den Geschäftsführer nach der Rückkehr in unser Büro beraten. Sollte man mich über Shell ausfragen, so nahm ich mir vor, würde ich immer Zeit gewinnen können, indem ich anbot, wegen weiterer Informationen die Londoner Zentrale anzuschreiben.

Ich zog eine weiße Baumwollbluse, graue lange Hosen und schwarze Sandalen an, die Kleidungsstücke, die chinesische Frauen in der Öffentlichkeit trugen, um kein Aufsehen zu erregen. Als ich die Treppe hinunterging, kam mir der Gedanke, daß diejenigen, die die Männer so früh am Morgen zu mir geschickt hatten, vermutlich hofften, mich aus der Fassung zu bringen. So ging ich betont langsam, um mir den Anschein von Gelassenheit zu geben.

Als ich das Wohnzimmer betrat, sah ich, daß beide Männer sich auf dem Sofa hingelümmelt hatten. Beide hatten auf dem Tisch ein Glas Orangensaft stehen, das unberührt war. Als Tschi mich erblickte, stand er aus alter Gewohnheit auf, aber als er sah, daß sein Begleiter sitzen blieb, wurde er rot vor Verlegenheit und setzte sich hastig wieder hin. Es war eine gezielte Unhöflichkeit, sich nicht zu erheben, als ich den Raum betrat. 1949, nicht lange nach dem Einmarsch der Roten Armee in Schanghai, hatte der für mein Wohnviertel zuständige neue Polizeibeamte den ersten seiner gelegentlichen unangekündigten Besuche in unserem Haus gemacht. Er war an Lao Tschao vorbei direkt ins Wohnzimmer gestürmt, in dem ich mich aufhielt, und hatte auf den Teppich gespien. Damals hatte ich zum ersten Mal erlebt, wie man mit einer Ungehörigkeit seine Macht zum Ausdruck bringt. Seitdem war mir klar geworden, daß gerade die jüngeren Parteifunktionäre ihre Minderwertigkeitsgefühle oft durch übertriebene Grobheit überspielten.

Ich ignorierte Tschis Verwirrung und die Unhöflichkeit seines Begleiters, setzte mich auf einen Stuhl und fragte ruhig: »Was führt Sie so früh am Morgen zu mir?«

»Wir sind gekommen, um Sie zu einer Versammlung abzuholen«, antwortete Tschi.

»Sie haben so lange zum Ankleiden gebraucht, daß wir uns wahrscheinlich verspäten werden«, fügte der andere Mann hinzu und stand auf.

»Worum geht es in der Versammlung?« wollte ich wissen. »Wer hat sie organisiert? Wer hat Sie geschickt?«

»Sie brauchen nicht so viele Fragen zu stellen. Wir wären nicht hier, wenn wir nicht dazu berechtigt wären. Alle ehemaligen Shell-Mitarbeiter müssen an dieser Versammlung teilnehmen. Es ist sehr wichtig«, sagte der Begleiter Tschis. Verärgert fügte er hinzu: »Wissen Sie denn nicht, daß die Große Proletarische Kulturrevolution begonnen hat?«

»Was hat eine Kulturrevolution mit uns zu tun? Wir haben für ein Wirtschaftsunternehmen gearbeitet, nicht für eine kulturelle Institution«, entgegnete ich.

»Der Vorsitzende Mao hat gesagt, daß sich jeder Chinese an der Kulturrevolution beteiligen muß«, bemerkte Tschi. Auch er erhob sich nun und mahnte ungeduldig: »Wir sind spät dran. Wir müssen sofort gehen.«

Ich blickte auf die Pendüle auf dem Kaminsims; es war Viertel nach acht.

Tschen Mah wartete mit meiner Handtasche und einem marineblauen Sonnenschirm aus Seide in der Halle. Als ich ihr beides abnahm, lächelte ich ihr zu, aber sie erwiderte mein Lächeln nicht. Offensichtlich besorgt, blickte sie mich ängstlich an.

»Ich werde zum Lunch zurück sein«, versuchte ich sie zu beruhigen. Sie nickte nur.

Lao Tschao stand draußen neben dem offenen Gartentor. Auch er sah besorgt aus, sagte aber nichts, sondern schloß stumm das Tor hinter uns.

Die Besorgnis meiner Diener war vollkommen verständlich. Wir wußten alle, daß während der siebzehnjährigen Herrschaft Mao Tsetungs unzählige Menschen im Verlauf politischer Kampagnen aus ihren Wohnungen verschwunden und nie mehr zurückgekehrt waren.

Auf den Straßen waren nur wenige Menschen unterwegs, aber der Bus, den wir bestiegen, war voll. Die Fahrgäste blickten ernst vor sich hin. Infolge einer Umleitung kamen wir erst kurz nach neun an unserem Ziel an.

Vor der Gewerbeschule, in der die Versammlung stattfinden sollte, hatte sich eine Anzahl junger Männer und Frauen versammelt. Als sie uns von der Bushaltestelle näherkommen sahen, liefen einige in das Gebäude und riefen: »Sie sind da! Sie sind da!«

Ein Mann kam heraus und fragte meine Begleiter gereizt: »Warum habt ihr euch so viel Zeit gelassen? Die Versammlung war für acht Uhr angesetzt.«

Die beiden Männer wandten ihre Blicke zu mir und sagten: »Fragen Sie sie!« Dann verschwanden sie in dem Gebäude. Wir folgten ihnen.

Der Versammlungsraum war dicht gefüllt. Unter den sich auf schmalen Holzbänken drängenden Anwesenden entdeckte ich in vorderster Reihe den Betriebsarzt und einige leitende Angestellte von Shell. Die Fahrer, Wachmänner, Fahrstuhlführer, Putzfrauen und Buchhalter saßen hinter ihnen inmitten einer großen Zahl Jugendlicher, wahrscheinlich der Schüler dieser Schule. Dichtes Gedränge auch an den Seitenwänden und am rückwärtigen Ende der Halle. Heißes Sonnenlicht strömte durch die hohen Fenster in den stickigen Raum, aber nur wenige benutzten ihre Fächer. Die Atmosphäre war gespannt und erwartungsvoll.

Obwohl wir im selben Büro gearbeitet und uns fast neun Jahre lang täglich gesehen hatten, begrüßte mich keiner der leitenden Angestellten oder gab auch nur durch ein Zeichen zu erkennen, daß er mich wiedererkannte, als ich mich an ihnen vorbeidrängte, um den mir angewiesenen Platz in der zweiten Reihe einzunehmen. Die meisten wandten den Blick ab; die wenigen, deren Blick dem meinen begegnete, sahen zutiefst beunruhigt aus.

Ich fragte mich, was diese Männer in den Monaten seit der Schließung der Shell-Niederlassung durchgemacht hatten. Sie waren die wahren Verlierer der zwischen Shell und den chinesischen Behörden getroffenen Vereinbarung. Fast alle waren sehr lange bei Shell gewesen, manche seit den zwanziger Jahren. Während der japanischen Besetzung Schanghais hatten einige von ihnen die lange und beschwerliche Reise von Schanghai zur neuen Niederlassung der Gesellschaft in der Kriegshauptstadt Tschungking auf sich genommen und Haus und Familie zurückgelassen; andere waren in der Stadt geblieben und hatten große finanzielle Härten auf sich genommen, um nicht für die japanische Ölgesellschaft zu arbeiten, die den Betrieb von Shell übernommen hatte. Die meisten näherten sich dem Pensionsalter. Die Vereinbarung sah vor, daß sie alle in chinesischen Unternehmen Arbeit erhalten sollten. Unerwähnt blieb, daß ihre neue Beschäftigung ihren früheren Positionen bei Shell nicht entsprach, sondern daß sie als Buchhalter oder Übersetzer mit niedrigeren Gehältern und stark reduzierten Pensionen zu leben hatten. Keiner von ihnen hatte gewagt, sich den Vertragsbestimmungen zu widersetzen, da die Regierung ihre Zustimmung erwartete. Sowohl der letzte Shell-Geschäftsführer als auch ich hatten versucht, vom Gewerkschaftsvorsitzenden Zusicherungen zu erhalten, aber man hatte uns erklärt, daß unser Personal ausnahmslos mit den Vertragsbestimmungen zufrieden sei.

Bei meiner letzten Begegnung mit dem Vorsitzenden der Shell-Gewerkschaft hatte dieser erklärt: »Jeder einzelne ist äußerst zufrieden über die Aussicht, aus der anomalen Lage befreit zu werden, für ein ausländisches Unternehmen zu arbeiten. Alle freuen sich darauf, als Arbeiter einer staatlichen Organisation einen Beitrag zum Sozialismus zu leisten.« Das war die offizielle Sprachregelung, an die nicht einmal der Gewerkschaftsführer selbst geglaubt haben dürfte. Leitende Angestellte, die in jenen letzten Tagen in mein Büro kamen, schüttelten den Kopf und murmelten bedrückt: *»Mei ju fa tse«*, was soviel heißt wie: »Da kann man nichts machen«, »Es ist hoffnungslos« oder »Es gibt keinen Ausweg«.

Von neun Uhr bis zur Mittagszeit, zu der die Versammlung vielleicht vertagt werden würde, waren es mehr als drei Stunden. Die Luft im Saal würde im Lauf des Vormittags noch sehr viel stickiger werden. Ich wußte, daß ich meine Kräfte schonen mußte, während ich darauf wartete, was der Tag bringen würde. Die schmale Holzbank war genauso unbequem wie die, auf der ich während des Kriegs in einer Höhle in Tschungking gesessen hatte, während japanische Brandbomben auf die Stadt herabregneten. Der Schweiß lief mir übers Gesicht. Ich öffnete die Handtasche, um mir ein Taschentuch herauszunehmen. Da sah ich, daß Tschen Mah mir einen kleinen Fächer aus Sandelholz eingesteckt hatte, dessen Seidenstoff von meinem Zeichenlehrer mit einer Pfingstrose bemalt worden war. Ich nahm ihn heraus und fächelte mir zu, um die Luft von dem unangenehmen Geruch der dichtgedrängten Menschen zu befreien.

Plötzlich gab es am hinteren Ende des Saals Unruhe. Mehrere Männer in kurzärmeligen Hemden und ausgebeulten Baumwollhosen betraten den Raum durch die Tür an der Rückseite, bahnten sich den

Weg nach vorn und bestiegen das niedrige Podium. Einer von ihnen trat an einen kleinen Tisch, der mit einem weißen Tischtuch bedeckt war, während die anderen sich auf die Stuhlreihe hinter ihm setzten. Es war in China nicht mehr möglich, die gesellschaftliche Stellung eines Menschen an seiner Kleidung abzulesen, weil jeder versuchte, sich wie ein »Proletarier« zu kleiden, ein Begriff, den die Chinesen mit *wu tschan tscheh* übersetzten, was »Mann ohne Eigentum« heißt. In China war es nicht nur sicher, sondern auch modern, arm auszusehen. Obwohl ich also den Rang oder die Stellung des Versammlungsleiters nicht einschätzen konnte, ging ich davon aus, daß er ein Funktionär der Schanghaier Gewerkschaften war.

»Genossen!« begann er. »Unser Großer Führer, der Vorsitzende Mao, hat die Große Proletarische Kulturrevolution ausgerufen, die er persönlich leitet. Unter der Führung unseres Großen Steuermanns werden wir den Sieg erringen. Nichts kann sich uns in den Weg stellen. Die Lage ist ausgezeichnet für uns, das Proletariat!

Die Große Proletarische Kulturrevolution ist für uns alle eine Gelegenheit, die Gedanken Mao Tse-tungs gründlicher als je zuvor zu studieren, damit unser politisches Bewußtsein geschärft wird. Erst dann können wir zwischen denen, die zum Volk gehören, und denen, die auf seiten des Feindes stehen, wirklich unterscheiden. Die Feinde des Sozialismus sind schlau. Manche von ihnen hissen die rote Fahne, um sich der roten Fahne zu widersetzen, während andere uns ein lächelndes Gesicht zeigen, um ihre schmutzigen Absichten zu verbergen. Sie arbeiten mit Imperialisten im Ausland und mit der Kapitalistenklasse im eigenen Lande zusammen, um den Sozialismus zu sabotieren und das chinesische Volk in das Elend der früheren Zeit zurückzuführen. Sollten wir ihnen erlauben, damit Erfolg zu haben? Natürlich nicht! Nein! Hundertmal nein!

Vor siebzehn Jahren wurde das Volk von Schanghai befreit. Dennoch sind bis vor kurzem ausländische Firmen in unserer Stadt geblieben. Ihre Büros lagen in bevorzugten Stadtvierteln, und ihre Autos eilten durch unsere Straßen. Die Ausländer und die wenigen Chinesen, die ihre nationale Identität vergaßen und mit ihnen zusammenarbeiteten, stolzierten voller Anmaßung herum. Wir wissen alle, daß diese Firmen Agenten der Imperialisten waren, die die Ausbeutung des chinesischen Volkes fortzusetzen hofften. Wir konnten diesen Zustand nicht tolerieren, also haben wir die Ausländer vor die Tür gesetzt. Die meisten Chinesen, die für sie arbeiteten, sind infiziert worden, und ihr Denken ist verwirrt. Wir müssen aber auch erkennen, daß einige von ihnen ausgemachte Reaktionäre sind. Es ist unsere Aufgabe, sie im Sinne unseres Großen Führers, des Vorsitzenden Mao, umzuerziehen. Mehrere Monate lang haben wir politische Schulungskurse für sie abgehalten. Es kann sich aber niemand verändern, wenn er sich nicht der Realität stellt und seine eigenen Irrtümer erkennt und eingesteht. Selbstkritik und Geständnis sind die ersten Schritte zur Umkehr. Wer ernsthaft Selbstkritik üben will, bedarf der Kritik der anderen. Die heutige Versammlung ist einberufen worden, um Tao Fung zu kritisieren und seine Selbstkritik anzuhören.

Ihr wißt alle, wer Tao Fung ist. Fast fünfunddreißig Jahre lang ist er ein treuer Lakai der Shell Petroleum Company gewesen, eines internationalen Unternehmens von gigantischer Größe mit Verästelungen, die in jeden Winkel der Welt reichen, um Profit aufzusaugen. Dies ist Lenin zufolge die schlimmste Form des kapitalistischen Unternehmertums.

Kapitalismus und Sozialismus sind wie Feuer und Wasser. Sie sind einander diametral entgegengesetzt. Tao Fung konnte nicht den Interessen der britischen Firma dienen und gleichzeitig ein guter Staatsbürger des sozialistischen Chinas sein. Wir haben ihm lange zu helfen versucht, das Licht zu erkennen . . .«

Ich war überrascht zu erfahren, daß Tao Fung, der ehemalige Chefbuchhalter unserer Niederlassung, die Zielscheibe der Versammlung war. Ich hatte immer gedacht, daß er das Wohlwollen der Partei genoß. Man hatte seinen ältesten Sohn in den fünfziger Jahren auf Kosten der Regierung zu weiterführenden Studien in die Sowjetunion und die Tschechoslowakei geschickt, und der junge Mann war später der Partei beigetreten. Ich wußte, daß die Partei immer, wenn ein Student für einen Auslandsaufenthalt ausgewählt wurde, eine gründliche Untersuchung seines persönlichen Hintergrunds vornahm, wozu auch Charakter, Beruf und politischer Standort des Vaters gehörten. Tao Fung muß diesen Test bestanden haben, als man seinen Sohn ins Ausland schickte. Ich konnte nicht verstehen, warum man ihn jetzt dieser Kritik unterzog.

Seit den ersten Anfängen des kommunistischen Regimes hatte ich sorgfältig Bücher über den Marxismus und die Verlautbarungen der chinesischen KP-Führer studiert. Ich hatte den Eindruck, daß der

Sozialismus in China sich noch im Experimentierstadium befand und daß für das Land noch kein fester Entwicklungskurs festgelegt worden war. Dies war meiner Ansicht nach auch der Grund dafür, daß die Politik der Regierung sich ständig änderte, wie ein Pendel hin- und herschwang. Wenn die Dinge sich ins Extreme entwickelten und es zu Problemen kam, nahm Peking Kurskorrekturen vor. Dann gingen diese Kurskorrekturen zu weit, und es mußte wieder gegengesteuert werden. Die wirklichen Schwierigkeiten bestanden natürlich darin, daß eine staatliche Wirtschaftslenkung die Produktivität erstickt und daß Pekings Wirtschaftsplanung jedwede örtliche Gegebenheiten ignorierte und zudem jede Initiative abtötete.

Wenn von oben eine neue Politik verordnet wurde, veränderten sich auch die Wertmaßstäbe. Was gestern noch richtig war, wurde heute falsch und umgekehrt. So hatten Worte und Taten eines subalternen kommunistischen Parteifunktionärs stets nur für begrenzte Zeit Gültigkeit. Ich kam also zu dem Schluß, daß die Versammlung, der ich gerade beiwohnte, nicht sehr wichtig war und daß der Redner nur ein kleiner Parteifunktionär war, der den Auftrag hatte, für die ehemaligen Angestellten von Shell die Kulturrevolution zu verwirklichen. Die Kulturrevolution selbst schien mir ein Pendelschlag nach links zu sein. Früher oder später, wenn sie zu weit gegangen war, würde man eine Kurskorrektur vornehmen. Bis zum Beginn der nächsten Kampagne würde man das Volk ein paar Monate oder einige Jahre in Ruhe lassen. Mao Tse-tung glaubte, daß politische Kampagnen die Triebkraft des Fortschritts seien. So war die Proletarische Kulturrevolution in meinen Augen nichts weiter als eine von zahllosen Umwälzungen, mit denen das chinesische Volk würde leben müssen.

Ich sah mich im Saal um und hörte dabei mit einem Ohr den Tiraden des Redners zu. Dabei entdeckte ich ein Spruchband mit der Parole: »Nieder mit Tao Fung, dem Lakaien des Imperialismus.« Die beiden Schriftzeichen seines Namens waren mit roter Farbe durchkreuzt worden, ein Hinweis darauf, daß er als Volksfeind gebrandmarkt wurde. Dieses Spruchband war meiner Aufmerksamkeit entgangen, als ich den Saal betreten hatte, da die Wände mit Parolen der Kulturrevolution vollgeklebt waren. Politische Parolen waren ein wesentlicher Bestandteil des Lebens in China. Sie priesen Mao Tse-tung, die Partei, den Sozialismus und alles, woran die Menschen nach dem Willen der Partei sonst noch glauben sollten; sie ermahnten das Volk, hart zu arbeiten, die Gedanken Mao Tse-tungs zu studieren und der Partei zu gehorchen. Wenn eine politische Kampagne ausgerufen wurde, brandmarkten sie die Volksfeinde. Seit dem Beginn der Kulturrevolution hatte sich die Zahl dieser Parolen überall vertausendfacht. Es war unmöglich, sie alle zu lesen; man schaute über sie hinweg, ohne wirklich zu gewahren, was dort geschrieben stand.

Der Mann auf dem Podium sprach jetzt über Taos dekadenten Lebensstil, der das Ergebnis seiner langen Verbindung mit dem Kapitalismus sei. Wie es schien, hatte sich Tao außerehelicher Beziehungen schuldig gemacht, hatte Wein und Spirituosen im Übermaß getrunken und sich an gutem Essen erfreut – alles Akte der Hemmungslosigkeit, die von der Partei mit Mißfallen betrachtet wurden. Diese Anschuldigungen überraschten mich nicht, denn ich wußte, daß jeder, der in die Schußlinie geriet, als durch und durch schlecht dargestellt wurde, wobei man jedes abweichende Verhalten dem Einfluß des Kapitalismus zuschrieb.

Nachdem der Redner Taos Privatleben gründlich durchleuchtet und den verderblichen Einfluß des Kapitalismus auf ihn dargelegt hatte, wurden sein Ton und sein Gebaren ernster. Er kam jetzt auf den Imperialismus und die gegen China gerichtete Aggression ausländischer Mächte zu sprechen. Für ihn waren Taos Irrtümer nicht auf dessen Habsucht und mangelnde Selbstkontrolle zurückzuführen, sondern darauf, daß er für eine Firma aus einem Land gearbeitet hatte, das sich vor mehr als hundert Jahren einer Aggression gegen das chinesische Volk schuldig gemacht hatte. Er sprach vom Opiumkrieg des Jahres 1845, als hätte dieser vor einem Jahr stattgefunden.

Obwohl der Redner kräftige Verunglimpfungen verwendete und die Stimme oft zum Schreien erhob, hielt er seine Rede wie beiläufig. Er machte häufige Pausen, um Wasser zu trinken oder um in seine Notizen zu blicken. Er wußte, daß er ein aufmerksames Publikum hatte, denn niemand würde es wagen, die Versammlung vorzeitig zu verlassen. Ein Parteifunktionär war ein Vertreter der Partei, wie niedrig sein Rang auch sein mochte. Wenn er sprach, sprach die Partei. Es war undenkbar, sich den Anschein der Unaufmerksamkeit zu geben. Der Mann hatte allerdings schon sehr lange gesprochen. Der Saal war unerträglich heiß geworden, und die Zuhörer wurden allmählich unruhig. Ich sah auf meine Armbanduhr. Es war schon fast zwölf. Offenbar war auch der Redner erschöpft und hungrig, denn er hielt plötzlich inne und vertagte die Versammlung auf ein Uhr dreißig. Er hatte noch nicht zu Ende gesprochen, da waren schon alle aufgesprungen und strebten den Ausgängen zu.

Draußen brannte die heiße Mittagssonne erbarmungslos auf das Straßenpflaster. In einiger Entfernung sah ich eine Rikscha, die im Schatten eines Baums geparkt stand. Ich lief hin, nannte dem Fahrer meine Adresse und versprach ihm das doppelte Fahrgeld, damit er sich schnell auf den Weg machte.

Der Mann, der mich am Morgen ins Gebäude geleitet hatte, kam herbeigerannt und forderte mich auf, dazubleiben. Ich solle mit den anderen in der Kantine essen, um nicht noch einmal zu spät zu kommen. Er war so versessen darauf, mich nicht ziehen zu lassen, daß er die Rikscha packte und festzuhalten versuchte. Ich mußte ihm mehrmals versprechen, rechtzeitig zurück zu sein, bevor er endlich losließ.

Mein stilles, von Fenstermarkisen und grünen Bambusschirmen beschattetes Haus kam mir nach der heißen, stickigen Versammlungshalle wie eine Oase vor. Der Rücken meiner Bluse war völlig durchnäßt, und ich fühlte mich ausgedörrt. Ich ging rasch unter die Dusche, trank ein Glas Eistee und genoß die köstliche Mahlzeit, die mein vorzüglicher Koch für mich zubereitet hatte. Dann legte ich mich aufs Bett, um eine halbe Stunde auszuruhen, bevor ich mich wieder in der Rikscha, die ich hatte warten lassen, auf den Weg machte. Ich erreichte die Versammlungshalle zwar etwas verspätet, war aber keineswegs die letzte. Ich entdeckte einen freien Sitzplatz in der zweiten Reihe neben einer Säule, an die ich mich anlehnen konnte, falls ich müde werden sollte. In einer großen Einkaufstasche hatte ich mir eine Flasche Wasser und ein Glas mitgebracht sowie zwei Tafeln Schokolade. Ich fühlte mich gut gerüstet und setzte mich erwartungsvoll nieder.

Nach und nach füllte sich die Halle. Um zwei Uhr betraten dieselben Männer, die dort bereits am Vormittag gesessen hatten, das Podium. Der Versammlungsleiter gab jemandem am hinteren Ende der Halle ein Zeichen. Erstaunt sah ich, daß Tao Fung hereingebracht wurde. Er trug eine hohe Narrenkappe aus weißem Papier, auf der die Worte »Kuh-Dämon« und »Schlangen-Geist« geschrieben standen. Wäre da nicht der zutiefst beunruhigte Ausdruck auf seinem Gesicht gewesen, hätte er nur komisch ausgesehen.

»Kuh-Dämon« und »Schlangen-Geist« sind böse Geister der chinesischen Mythologie, die eine menschliche Gestalt annehmen können, um Unheil anzurichten; sobald sie aber von wirklichen Menschen als Teufel erkannt werden, nehmen sie wieder ihre ursprüngliche Gestalt an. Mao Tse-tung verwendete diesen Ausdruck zum ersten Mal 1957 während der Kampagne gegen Rechtsabweichler, um damit Intellektuelle zu bezeichnen. Er hatte gesagt, die Intellektuellen seien wie böse Geister in menschlicher Gestalt, wenn sie vorgäben, die Kommunistische Partei zu unterstützen. Wenn sie die Politik der Partei kritisierten, nähmen sie wieder ihre ursprüngliche Gestalt an und würden als böse Geister entlarvt. Seit dieser Zeit hatten die Parteifunktionäre, die man nicht lange bitten mußte, Maos Sprachregelung zu übernehmen, den Ausdruck jedem angehängt, den sie für politisch unzuverlässig hielten. Während der Kulturrevolution wurden alle sogenannten neun Kategorien von Feinden damit belegt: die ehemaligen Großgrundbesitzer, die bei der Bodenreform-Kampagne von 1950 bis 1952 gebrandmarkt worden waren; reiche Bauern, die 1955 bei der Bildung ländlicher Kollektive Zielscheibe waren; »Konterrevolutionäre«, die man in zwei Kampagnen, 1950 und 1955, angegriffen hatte; »schlechte Elemente«, die seit der kommunistischen Machtübernahme immer wieder verhaftet wurden; »Rechtsabweichler«, die 1957 Opfer einer Kampagne wurden; »Verräter« (Parteifunktionäre, die im Verdacht standen, während ihrer Inhaftierung durch die Kuomintang Parteigeheimnisse verraten zu haben); »Spione« (Männer und Frauen mit Verbindungen ins Ausland); »Anhänger des kapitalistischen Wegs« (Parteifunktionäre, die nicht dem strikt linken Kurs Maos folgten, sondern den »kapitalistischen Weg« eingeschlagen hatten) sowie Intellektuelle bürgerlicher Herkunft.

Zumeist wurden alle diese »Feinde« kurz als »Kühe« bezeichnet, und die Räumlichkeiten, in denen man während der Kulturrevolution diese politischen Dissidenten eingesperrt hielt, wurden allgemein »Kuhställe« genannt. Als die Verfolgungen sich immer mehr ausweiteten, stellte jede Organisation in China Räume für derartige »Kuhställe« bereit, und die Revolutionäre der jeweiligen Organisation konnten mit den dort eingesperrten »Kühen« nach Belieben verfahren. Unmenschliche Behandlung und grausame Vernehmungsmethoden sollten die »Kühe« zu Geständnissen zwingen. In vielen Fällen erging es ihnen schlimmer als den in regulären Gefängnissen eingekerkerten Häftlingen.

Wie verändert Tao Fung aussah! Als wir noch im selben Büro arbeiteten, war er immer voller Selbstsicherheit gewesen. Jetzt sah er nervös und völlig gebrochen aus. Er hatte viel Gewicht verloren und schien Jahre älter zu sein als noch vor einigen Monaten. Die Jugendlichen hinter mir kicherten. Als man ihn aufs Podium brachte, standen die Menschen am hinteren Ende des Saals auf, um besser sehen zu können, und stießen dabei einige Bänke um. Dann schob ein Mann auf dem Podium einen Stuhl nach vorn und forderte Tao Fung auf, sich daraufzustellen. Als er auf den Stuhl kletterte und mit seiner hohen Narrenkappe in ergebener Haltung dastand, wurde das Gekicher zu unkontrolliertem Gelächter.

Jemand in einer Ecke des Saals, den man offenbar eigens dort postiert hatte, erhob sich. Er hielt das kleine rote Buch mit den Worten des Vorsitzenden Mao, das jeder bei sich tragen mußte, in die Luft und forderte die Versammlung auf, Parolen zu rufen.

»Nieder mit Tao Fung!«

»Nieder mit Tao Fung, dem Lakaien der Imperialisten!«

»Nieder mit den Imperialisten!«

»Nieder mit der Kapitalistenklasse!«

»Lang lebe die Große Proletarische Kulturrevolution!«

»Lang lebe unser Großer Führer, der Vorsitzende Mao!«

Das Hohngelächter ging jetzt in dem Dröhnen der Stimmen unter. Alle sprangen auf und winkten mit dem kleinen roten Buch. Ich hatte mein Exemplar nicht mitgebracht. Durch mein Versäumnis verwirrt, erhob ich mich nur zögernd. Außerdem war ich schockiert und überrascht, daß auch Tao Fung die Faust hochreckte und mit Emphase die gleichen Parolen hinausschrie, auch die, die sich gegen ihn selbst richteten. Als ich endlich meinen Fächer, meine Tasche, meine Flasche Wasser und das Glas neben mir auf der Bank deponiert und mich erhoben hatte, waren die anderen schon verstummt und hatten sich wieder hingesetzt. Ich mußte meine Sachen also wieder zusammensammeln und meinen Platz einnehmen. Der Mann neben mir starrte mich mißbilligend an. Dann wandte er sich halb von mir ab, als fürchtete er, durch mein schlechtes Benehmen angesteckt zu werden.

Nachdem die Menge ihre Empörung über Tao Fung und ihre Mißbilligung des Übeltäters demonstriert hatte, wurde ihm erlaubt, von dem Stuhl herabzusteigen. Dabei fiel ihm der Papierhut vom Kopf. Wieder lachten die jungen Schüler. Tao starrte den Versammlungsleiter mit Furcht in den Augen an. Er hatte offensichtlich Angst, man könnte ihm vorwerfen, den Hut absichtlich fallen gelassen zu haben. Erleichtert seufzte er auf, als einer der Männer vom Podium die Narrenkappe aufhob und auf den Tisch legte.

Der Versammlungsleiter forderte jetzt andere ehemalige Shell-Mitarbeiter – auch die beiden Männer, die am Morgen in mein Haus gekommen waren, sowie einige jüngere Buchhalter aus Tao Fungs Abteilung – auf, vorzutreten und zu sprechen. Einer nach dem anderen marschierte aufs Podium und gab seinem Zorn und seiner Entrüstung Ausdruck. Sie wiederholten die Anschuldigungen gegen Tao Fung, die der Versammlungsleiter am Vormittag erhoben hatte. Umfang und Schärfe der Kritik wurden stets von einem Parteifunktionär vorgegeben. Wer originell sein wollte und etwas anderes sagte als der Funktionär, war genauso schlecht beraten wie der, der sich mit Kritik zurückhielt. Die Chinesen hatten durch Erfahrung gelernt, daß die Partei ihnen mehr vertraute und sie mit größerem Wohlwollen betrachtete, wenn sie nicht selbst dachten, sondern nur das wiederkäuten, was man ihnen vorbetete. Die Kritik an Tao Fung durch seine ehemaligen Shell-Kollegen nahm erhebliche Zeit in Anspruch. Alle, denen man zu sprechen erlaubte, waren Arbeiter oder einfache Buchhalter. Keiner unserer ehemaligen leitenden Angestellten nahm an dieser Kritik teil. Sie saßen schweigend und mit gesenkten Köpfen da.

Schließlich ergriff der Versammlungsleiter wieder das Wort. Er sagte den Zuhörern, Tao habe nach mehreren Wochen der Umerziehung und der »Hilfe« durch Aktivisten endlich erkannt, daß er dem Kapitalismus und dem Imperialismus zum Opfer gefallen sei. Dann wandte er sich an Tao und fragte ihn im Tonfall eines erbosten Lehrers, der einen Schüler bei einem Streich erwischt hat: »Ist es nicht so? Das hohe Gehalt, das die ausländischen Imperialisten Ihnen gezahlt haben, hat Sie zu ihrem Sklaven gemacht! Sie haben sich an sie verkauft und waren bereit, jede schmutzige Arbeit für sie zu machen, nur wegen des hohen Gehalts und des Geldes, das man Ihnen versprochen hat. Ist es nicht so?«

Im Saal wurde es still, da jeder auf Taos Reaktion gespannt war. Es kam jedoch zu keiner dramatischen, tränenreichen Szene der Zerknirschung. Tao nickte nur und sah niedergeschlagener aus als je zuvor.

In meinen Augen war es sehr unklug von Tao Fung, zuzugeben, daß er sich für Geld verkauft habe, denn dieses Eingeständnis konnte eine ganze Reihe weit gravierenderer Vorwürfe zur Folge haben, denen er sich nur schwer würde entziehen können. Mir schien es besser und gewiß auch aufrichtiger, zu erklären, daß Shell seinen Angestellten in Schanghai nach der kommunistischen Machtübernahme die gleichen Gehälter gezahlt habe wie vorher. Da die neue Regierung sich in diese Frage nicht einmischte, war eine Gehaltskürzung natürlich nie aktuell. Tao hätte auch taktvoll darauf hinweisen können (was die Parteifunktionäre nur schwer zu widerlegen vermocht hätten), daß die Arbeit für ein ausländisches Unternehmen einem Chinesen nicht das gleiche persönliche Prestige einbringe wie der Dienst am Volk, den Arbeiter in staatlichen Unternehmen leisten.

»Tao Fung wird jetzt seine Selbstkritik vorbringen«, verkündete der Versammlungsleiter.

Tao, der noch immer in unterwürfiger Haltung dastand und nicht einmal den Blick hob, um die Zuhörer anzusehen, zog jetzt einige Papiere aus der Tasche und begann mit leiser, völlig teilnahmsloser Stimme eine vorbereitete Erklärung zu verlesen. Er gestand demütig all die »Verbrechen« ein, die von den Vorrednern aufgezählt worden waren, und nahm das Urteil an, daß seine Verfehlung auf sein mangelndes sozialistisches Bewußtsein zurückzuführen sei. Er gab seinem Bedauern Ausdruck, mehr als fünfunddreißig Jahre für ein ausländisches Unternehmen gearbeitet und so sein Leben vertan zu haben. Er schäme sich, durch die kapitalistische Propaganda geblendet und durch die gute Behandlung, die Shell ihm habe zuteil werden lassen, versklavt worden zu sein. Er flehte das Proletariat an, ihm zu vergeben und ihm eine Chance zu tätiger Reue einzuräumen. Er erwähnte, daß sein Sohn Parteimitglied sei und auf Kosten der Regierung im Ausland studiert habe. Sein eigenes verderbtes Leben hingegen sei ein Akt tiefster Undankbarkeit gegenüber der Volksregierung. Er versicherte den Anwesenden, nunmehr die heimtückischen Absichten der ausländischen Kapitalisten und Imperialisten gegenüber dem kommunistischen China zu erkennen und hinfort sein Bestes zu geben, um ihr schmutziges Spiel zu entlarven und so seine aufrichtige Reue zu zeigen. Er sei gerade dabei, ein ausführliches Geständnis seiner Verbrechen niederzuschreiben, die er für Shell begangen habe. Er werde es den Funktionären vorlegen, die ihm bei seiner Umerziehung »geholfen« hätten.

Es war eine lange Erklärung voller Selbstanklagen und Übertreibungen. Manchmal zitterte seine Stimme, und manchmal öffnete er den Mund, ohne daß ihm ein Wort über die Lippen kam. Als er die Seiten umblätterte, zitterten ihm die Hände. Ich konnte mir nicht vorstellen, daß seine Nervosität nur eine Folge seiner Furcht war, denn er mußte gewußt haben, daß er keines wirklichen Verbrechens schuldig war. Immerhin war Shell nur deshalb in China gewesen, weil die Volksregierung die Anwesenheit des Unternehmens nicht nur toleriert, sondern sogar gewünscht hatte. Und ich wußte, daß das Unternehmen die chinesischen Gesetze und Vorschriften peinlich genau befolgt hatte. Auch Tao muß das gewußt haben. In meinen Augen waren seelische und körperliche Erschöpfung sein Hauptproblem. Diejenigen, die ihm »geholfen« hatten, hatten ihn gewiß nicht ohne Zutun in die Knie gezwungen. Ich war überzeugt, daß sie Tage, wenn nicht Wochen mit ständigen Verhören zugebracht hatten, um sicherzugehen, daß er sich »freiwillig« unterwarf. Sie mußten sich bei den Verhören abgewechselt haben, um ständigen Druck auf ihn auszuüben und ihn nicht zur Ruhe kommen zu lassen. Es war allgemein bekannt, daß das Opfer unter solchen Umständen zusammenbrach und sich ergab, wenn es sich am Rande des körperlichen Zusammenbruchs und der geistigen Verwirrung befand. Die Maoisten bezeichneten diese unmenschliche Taktik als »erschöpfendes Bombardement«. Viele Menschen, die ich kannte, unter ihnen auch mein eigener Bruder, hatten dieses Vorgehen 1957 während der Kampagne gegen die »Rechtsabweichler« am eigenen Leib erlebt. Die Parteifunktionäre blieben im Hintergrund, während die Aktivisten ihre Befehle ausführten. Wenn es zu übermäßiger Grausamkeit und zum Tod eines Opfers kam, lehnten die Funktionäre jede Verantwortung ab und behaupteten, es handle sich um einen Unfall, der auf »Übereifer der Massen« zurückzuführen sei.

Nachdem Tao geendet hatte, erklärte der Versammlungsleiter, man werde ihn im Auge behalten, um zu sehen, ob seine Worte aufrichtig gewesen seien. Er fügte hinzu, dies sei nur die erste Versammlung dieser Art. Es gebe noch viele andere wie Tao, derer man sich annehmen müsse, und auch Tao werde unter Umständen erneut Rede und Antwort stehen müssen. Hier hielt er einen Moment inne und ließ den Blick über die Zuhörer schweifen. Bildete ich mir nur ein, daß er für den Bruchteil eines Augenblicks länger in meine Richtung blickte? Er schloß mit den Worten, das Proletariat habe die Pflicht, das sozialistische China von allen Überresten des imperialistischen Einflusses zu säubern und die Volksfeinde zu bestrafen. Wieder hatte ich das Gefühl, als blickte er in meine Richtung.

Ich hielt mich keineswegs für so wichtig, daß ich auf die Idee gekommen wäre, man könnte allein meinetwegen eine solche Schau aufziehen. Falls es aber doch so kommen sollte, erschreckte mich die Aussicht durchaus nicht. Die Gefühle, die meine erste Anwesenheit bei einer »Kampfversammlung« in mir auslösten, waren Abscheu und Scham, daß es in meiner geliebten Heimat mit ihrer fünftausendjährigen Zivilisation zu einem solchen Akt der Barbarei gegen einen Mitmenschen hatte kommen können. Ich fühlte mich als Chinesin entwürdigt.

Es wurden noch weitere Propagandaparolen ausgegeben, aber längst waren alle auf den Beinen und strebten dem Ausgang zu.

Der Mann, der mich am Mittag hatte davon abhalten wollen, nach Hause zu gehen, paßte mich im Treppenhaus mit den Worten ab: »Ob Sie einen Augenblick mitkommen können? Einige Genossen möchten sich mit Ihnen unterhalten.«

Ich folgte ihm in eines der Klassenzimmer, in dem Stühle und Tische in einer Ecke gestapelt waren. Der Versammlungsleiter und ein zweiter Mann, der ebenfalls auf dem Podium gesessen hatte, saßen am Katheder. Daneben stand ein leerer Stuhl. Sie gaben mir ein Zeichen, mich zu setzen.

»Haben Sie alles gehört, was auf der Versammlung gesagt wurde?« fragte mich der Versammlungsleiter.

Ich nickte.

»Wie denken Sie darüber? Ich nehme an, Sie haben zum ersten Mal an einer solchen Versammlung teilgenommen.«

Ich konnte ihm natürlich nicht sagen, was ich wirklich von der Versammlung hielt, wollte ihn aber weder belügen noch ihm schmeicheln. Also fragte ich zurück: »Darf ich Ihnen ein paar Fragen stellen, die mir schon den ganzen Tag im Kopf herumgegangen sind?«

Er schien irritiert, sagte aber: »Fragen Sie.«

»Für welche Organisation sprechen Sie? Wer hat Sie ermächtigt, eine solche Versammlung einzuberufen? Wer sind die anderen Anwesenden, abgesehen von den ehemaligen Shell-Angestellten?«

Es mißfiel ihm sichtlich, daß ich seine Autorität in Frage stellte. Er gab sich größte Mühe, beherrscht zu bleiben, und erklärte: »Wir vertreten die proletarische Klasse. Die Versammlung ist von dem für die Durchführung der Proletarischen Kulturrevolution in Schanghai zuständigen Komitee autorisiert worden.«

Auf meine Bitte, mir den Zweck der Proletarischen Kulturrevolution zu erläutern, entgegnete er, die neue Revolution solle die chinesische Gesellschaft von Elementen säubern, die den Fortschritt des Sozialismus behinderten. Sodann wiederholte er einen oft zitierten Ausspruch Mao Tse-tungs: »Wenn man giftiges Unkraut nicht jätet, können duftende Blumen nicht wachsen.« Er fuhr fort, in China müsse jeder an der Großen Proletarischen Kulturrevolution teilnehmen, Ausnahmen gebe es nicht.

»Sie müssen sich um eine ernsthaftere Einstellung bemühen und entschlossen daran arbeiten, Tao Fung nachzueifern und sich selbst umzuerziehen«, bemerkte er.

»Ich bin mir nicht bewußt, etwas Falsches getan zu haben«, entgegnete ich. Meine Stimme verriet Überraschung.

»Vielleicht ändern Sie Ihre Einstellung, wenn Sie Zeit gehabt haben, sich alles durch den Kopf gehen zu lassen«, fiel der zweite Mann ein. »Sollten Sie versuchen, die Imperialisten zu schützen, wird das ernste Folgen haben.«

»Was gibt es da zu schützen oder zu verbergen? Alle Taten der Imperialisten sind in unseren Geschichtsbüchern festgehalten«, entgegnete ich.

Der Mann hob die Stimme: »Was reden Sie da? Uns interessiert nicht, was in der Vergangenheit war. Wir sprechen von heute, von dem Unternehmen, für das Sie gearbeitet haben. Tao hat schon alles gestanden. Wir wissen, daß die Shell-Filiale in Schanghai einen Schafskopf ausgehängt hat, um Hundefleisch zu verkaufen [dieses chinesischen Ausdrucks bedient man sich, wenn es einen Widerspruch zwischen Schein und Sein aufzuzeigen gilt]. Außerdem wissen wir genau, eine wie wichtige Rolle Sie bei diesem schmutzigen Spiel gespielt haben. Sie sollten uns nicht für Dummköpfe halten.«

»Es ist mir völlig unbegreiflich, auf was Sie hinauswollen«, sagte ich. »Soviel ich weiß, hat das Unternehmen, für das ich gearbeitet habe, nie etwas Ungesetzliches oder Verwerfliches getan. Die Volksregierung verfügt über eine hervorragende Polizei. Wenn etwas nicht gestimmt hätte, hätte man das schon vor langer Zeit entdeckt.«

Beide Männer starrten mich wütend an. Fast gleichzeitig riefen sie aus: »Sie versuchen, die Imperialisten zu schützen!«

Entrüstet entgegnete ich: »Sie haben mich mißverstanden. Ich nenne nur die Tatsachen, wie sie mir bekannt sind. Warum sollte ich jemanden schützen? Die Shell-Niederlassung von Schanghai ist geschlossen worden, und der britische Geschäftsführer hat das Land verlassen. Niemand braucht meinen Schutz.«

»Ja, ja«, unterbrach mich der Versammlungsleiter, »der britische Geschäftsführer ist nicht mehr da, aber Sie sind noch hier. Und Sie wissen genausoviel wie er. Und zuvor hat Ihr Mann viele Jahre lang die Position des Geschäftsführers innegehabt. Nach seinem Tod traten Sie in das Unternehmen ein. Es dürfte feststehen, daß Sie über Shell alles wissen.«

»Gerade weil ich über die Shell-Niederlassung in Schanghai alles weiß, weiß ich auch, daß sie nie etwas Unerlaubtes getan hat«, sagte ich.

Der zweite Mann mischte sich ein: »Ich schlage vor, daß Sie jetzt nach Hause gehen und sich die Dinge durch den Kopf gehen lassen. Wir rufen Sie an, wenn wir Sie wieder sprechen wollen. Ihre Telefonnummer bitte!«

Ich gab ihnen meine Nummer und verließ den Raum. Draußen war schon die Abenddämmerung angebrochen. Es wehte eine angenehm kühle Brise. Ich beschloß, einen Umweg nach Hause zu machen, um mir etwas die Beine zu vertreten und über alles nachzudenken.

Als ich an der Medizinischen Hochschule vorüberkam, erblickte ich meine Freundin Winnie, die in Begleitung einiger Kollegen aus dem Tor trat. Ich winkte ihr zu, und sie schloß sich mir an, da sie in meiner Nähe wohnte.

»Warum bist du um diese Zeit noch unterwegs?« fragte sie erstaunt.

»Ich komme gerade von einer Kampfversammlung. Man hat mir gesagt, ich müsse an der Proletarischen Kulturrevolution teilnehmen.«

»Liegt das daran, daß Shell seine Schanghaier Niederlassung geschlossen hat? Erzähl mir.«

»Gern. Willst du mit mir zu Abend essen?« fragte ich sie. Es würde gut sein zu hören, was Winnie über mein Erlebnis zu sagen hatte. Sie hatte schon eine ganze Reihe politischer Kampagnen mitgemacht, und ich nahm an, daß sie die Situation auf Grund ihrer Erfahrungen besser verstehen würde als ich.

»In Ordnung. Ich rufe Henry von dir aus an. Er kommt neuerdings immer sehr spät nach Hause. Wann immer es zu einer politischen Kampagne kommt, muß er dafür büßen, daß er Professor ist. Professoren scheinen regelmäßig zur Zielscheibe zu werden«, seufzte Winnie. Henry, ihr Ehemann, lehrte an der Tung-Tschi-Universität.

»Ist Henry in Schwierigkeiten?« fragte ich besorgt.

»Nein, bis jetzt noch nicht, Gott sei Dank«, erwiderte sie und nahm einen Kamm aus ihrer Handtasche, um ihr Haar zu ordnen. »Dein Personal bekommt einen Anfall, wenn ich so zerzaust zum Essen komme.«

Obwohl schon über fünfundvierzig und Mutter von drei Söhnen, hatte sich Winnie ihre schlanke Figur bewahrt und es fertiggebracht, in der schlechtsitzenden Mao-Jacke und den ausgebeulten Hosen, die sie als Englisch- und Latein-Dozentin an der Medizinischen Hochschule tragen mußte, attraktiv auszusehen. Nachdem sie an einem Frauen-College in Neu-England englische Literatur studiert hatte, war sie mit ihrem Mann, der sein Studium in Cambridge absolviert hatte, nach dem Chinesisch-Japanischen Krieg nach China zurückgekehrt. Henry wurde als Professor für Architektur an die Tung-Tschi-Universität berufen und schon bald darauf zum Dekan der Fakultät ernannt. Bei der damaligen galoppierenden Inflation konnte ein Professorengehalt mit den ständig steigenden Preisen nicht Schritt halten. Um das Familieneinkommen aufzubessern, gab Winnie in Schanghai lebenden Europäern Chinesisch-Unterricht. Tief enttäuscht über die Unfähigkeit der Kuomintang-Regierung, mit den drückenden Wirtschaftsproblemen der Nachkriegszeit fertig zu werden und überfällige Reformen durchzusetzen, begrüßten sie und ihr Mann die kommunistische Machtübernahme im Jahre 1949 als eine Hoffnung für Frieden und Stabilität.

Weil die Kuomintang damals über alle Vorgänge im kommunistisch beherrschten Gebiet eine Nachrichtensperre verhängt hatte, wußten nur sehr wenige der in Schanghai lebenden Chinesen genau, was es mit dem Marxismus, der Kommunistischen Partei oder Mao Tse-tung auf sich hatte. Fast niemand wußte von der Verfolgung der Intellektuellen in der Provinz Jünnan im Jahr 1942 oder den periodischen Hexenjagden auf »Spione der Kuomintang und der Imperialisten« in der Kommunistischen Partei und der Armee. Die einzige Informationsquelle über die Kommunistische Partei, die chinesischen Intellektuellen vor 1949 zur Verfügung gestanden hatte, waren die überschwenglichen, bewundernden Berichte einiger westlicher Journalisten und Schriftsteller gewesen, die sich im kommunistisch besetzten Teil Chinas zu kurzen Besuchen aufgehalten hatten. Die meisten von ihnen waren liberale Idealisten. Die Genügsamkeit, Disziplin und Entschlossenheit der kommunistischen Führer beeindruckte sie, aber sie besaßen kein tiefes Verständnis vom Charakter dieser Männer oder der Philosophie, die sie antrieb. Als die Kommunistische Partei in den von der Kuomintang beherrschten Städten ihre Untergrund-Propaganda verstärkte, um den entscheidenden militärischen Ansturm zur Übernahme des Landes vorzubereiten, klangen ihre Versprechungen eines friedlichen nationalen Wiederaufbaus, einer Einheitsfront aller gesellschaftlichen Schichten und einer demokratischen Regierungsform wie eine attraktive Alternative zu der korrupten und ineffizienten Herrschaft der Kuomintang. Die chinesischen Intellektuellen akzeptierten diese Propaganda als ernstgemeinte politische Absichtserklärung.

Nachdem die kommunistischen Truppen in Schanghai einmarschiert waren, wurden die Frauen ermutigt, sich eine Arbeit zu suchen. Winnie wurde 1950 Dozentin an der Medizinischen Hochschule. Im folgenden Jahr rief Mao Tse-tung, der alle Universitäten des Landes unter die Kontrolle der Partei bringen wollte, eine Kampagne gegen die »Konterrevolutionäre« aus. Winnie und Henry erlebten ihr erstes böses Erwachen. Obwohl beide diese Kampagne mehr oder weniger ungeschoren überstanden, mußten sie die demütigende Erfahrung der »Selbstkritik« machen, die sie an ihrem familiären Hintergrund, ihrer Ausbildung im Ausland und ihrer in Henrys architektonischen Entwürfen und in Winnies Lehrmethoden zum Ausdruck kommenden Weltanschauung zu üben hatten. Sie wurden wiederholt gezwungen, einen selbstkritischen Lebenslauf zu schreiben; jedesmal verlangte der Parteifunktionär eine noch eingehendere Selbstprüfung. Am Ende dieses entwürdigenden Verfahrens wurde Henry für ungeeignet erklärt, als Dekan der Architektur-Fakultät weiterzuarbeiten, an der fortan ausschließlich anhand sowjetischen Lehrmaterials unterrichtet wurde. Traditionelle chinesische Entwürfe und architektonische Einflüsse aus dem Westen wurden als feudalistisch und dekadent verdammt.

Nach dem Ende der »Kampagne zur Niederwerfung von Konterrevolutionären« im Jahre 1951 wurden auf allen Ebenen der Universitätsverwaltung Parteisekretäre eingesetzt. Sie überwachten den Lebenswandel und die Arbeit der Dozenten, obwohl die meisten von ihnen nur wenig Bildung besaßen und noch nie eine Lehrtätigkeit ausgeübt hatten. Henry und Winnie lebten in Räumen, die man ihnen zugewiesen hatte, akzeptierten das Gehalt, das man ihnen zudiktierte, und arbeiteten so, wie die Parteisekretäre es vorschrieben. Diese beiden hochgebildeten, lebensfrohen und phantasievollen jungen Menschen, die dem kommunistischen Regime so viel guten Willen entgegengebracht hatten, wurden durch Mao Tse-tungs Mißtrauen und seinen Mißbrauch der Intellektuellen zur Lehrmaschinen degradiert. Dennoch konnten sie sich glücklich schätzen. Viele andere Universitätsdozenten in ganz China kamen nicht so gut davon. Manche wurden in Arbeitslager gesteckt, andere aus den Universitäten hinausgeworfen.

Nach dem Ende des Korea-Krieges ließ Maos Hexenjagd auf Dissidenten vorübergehend nach. Premierminister Tschou En-lai, dem die Not der chinesischen Intellektuellen bewußt war, versuchte damals, ihre Lage zu verbessern. Als die Partei die Zügel etwas lockerte, bekamen Henry und Winnie eine geräumigere Wohnung in der Nähe meines Hauses. Beruflich wurden ihnen nun weniger harte Auflagen gemacht. Winnie besuchte mich oft, um entweder die Bücher und Zeitschriften zu lesen, die ich aus Hongkong und England besorgen konnte oder durch das Büro erhielt, oder um sich meine Stereoplatten anzuhören.

1956 verordnete Mao die Kampagne »Laßt hundert Blumen blühen, laßt hundert Gedankenschulen miteinander wetteifern«. Die Parteisekretäre aller Organisationen und sogar Mao selbst forderten dazu auf, konstruktive Kritik an der Parteiarbeit offen zu äußern. Zehntausende von Intellektuellen und mehr als eine Million Chinesen aus allen Gesellschaftsschichten glaubten ernsthaft, die Partei wolle ihre Arbeit verbessern, und äußerten frei und offen ihre Sorgen und ihre Vorschläge. Winnie und Henry versagten sich jedoch jede kritische Äußerung. Als Mao 1957 seine Politik wieder änderte und die Kampagne gegen Rechtsabweichler ausrief, entgingen sie so der Verfolgung. Als »Rechtsabweichler« bezeichnete Mao all jene, die die Partei kritisiert hatten. Viele von ihnen verloren ihre Arbeitsplätze, wurden zu Unpersonen erklärt und in Arbeitslager gesteckt; anderen wurden die Gehälter gekürzt, oder man degradierte sie. Der Verrat Maos, der wiederholt zu offener und konstruktiver Kritik aufgefordert hatte und dann jeden hart bestrafen ließ, der sich rückhaltlos geäußert hatte, verängstigte die chinesischen Intellektuellen so sehr, daß das kulturelle Leben im Land fast völlig zum Erliegen kam.

Als Winnie und ich an meinem Haus ankamen, wurde das Gartentor geöffnet, bevor ich geläutet hatte. Lao Tschao hatte schon besorgt auf meine Rückkehr gewartet. Meine Tochter hatte angerufen und gesagt, daß sie zum Essen nicht nach Hause komme.

»Bitte sage dem Koch, daß Frau Huang zum Essen bleibt«, bat ich Lao Tschao und ging mit Winnie nach oben ins Badezimmer.

Lao Tschao deckte den Tisch für eine europäische Mahlzeit mit weißen, bestickten Leinensets. In der Mitte des Tisches stand eine Schale mit weißen Nelken.

»Der Koch läßt ausrichten, es gebe gedämpften Mandarinfisch mit einem grünen Salat. Ist Ihnen das recht?« fragte mich Lao Tschao. Meine Gerichte wurden entweder auf chinesische oder europäische Weise zubereitet, je nachdem, was mein Koch auf dem Markt hatte kaufen können.

»Wunderbar. Ich liebe Mandarinfisch!« rief Winnie, als ich sie fragend ansah. Während wir auf das Essen warteten, betrachtete sie versunken ein Gemälde des berühmten Malers Ling Fong-min, des früheren Leiters der Kunstakademie von Hangtschau: eine weibliche Figur in Blaßblau. Es war das Prunkstück meines in blauen und weißen Farbtönen gehaltenen Eßzimmers und harmonierte in Farbe und Stil wunderbar mit dem blauweißen Huan-Têh-Teller und der K'ang-Hsi-Vase auf dem Büfett aus Ebenholz.

»Hast du schon gehört? Ling Fong-min ist in ernsthaften Schwierigkeiten«, sagte Winnie abrupt.

Das überraschte mich. Ich wußte, daß er der Volksregierung viele Devisen einbrachte; sie kaufte seine Bilder zu einem Spottpreis und verkaufte sie dann in Hongkong für das Zwanzig- bis Dreißigfache.

»Man beschuldigt ihn, dem dekadenten Kunststil des Westens anzuhängen. Schwerwiegender ist jedoch der Vorwurf, er habe zu Personen außerhalb Chinas Kontakte unterhalten und den Kapitänen ausländischer Schiffe, die in Schanghai festmachten, Informationen gegeben. Parteiaktivisten aus seiner Nachbarschaft wollen gesehen haben, daß ihn Ausländer zu Hause besuchten.«

»Nun, seine Frau und seine Tochter leben in Brasilien. Ich weiß sogar, daß die Schiffskapitäne ihn besucht haben, um seine Bilder zu kaufen«, sagte ich.

»Viele andere Maler sind ebenfalls in Schwierigkeiten«, fuhr Winnie fort. »Deine alte Lehrerin, Miss Pong, wird auch kritisiert. Es heißt, sie soll einmal einen Ast des Mei Hua [eines im Spätwinter oder im beginnenden Frühjahr blühenden Baums] so gemalt haben, daß er herabhängt, statt aufzuragen, was den Niedergang der Kommunistischen Partei habe symbolisieren sollen.«

Ich ließ meine Gabel auf den Teller fallen und rief empört: »Die sind verrückt geworden. In den Gemälden alter Meister findet man oft, daß die Äste des Mei-Hua-Baums über einen Felsen herabhängen. Das ist wirklich keine Erfindung von ihr.«

»Du weißt doch, wie es zugeht«, entgegnete Winnie. »Die Parteifunktionäre ihres Verbands haben vermutlich noch nie ein Gemälde eines alten Meisters gesehen. Von ihnen wird nicht verlangt, daß sie den Unterschied zwischen einem Aquarell und einer Lithographie kennen. Und die meisten von ihnen kennen ihn auch nicht.«

Unsere Unterhaltung war so entmutigend, daß uns der Appetit verging. Wir konnten der köstlichen Mahlzeit meines Kochs keine Gerechtigkeit widerfahren lassen.

Als wir anschließend im Wohnzimmer Tee tranken, erzählte ich Winnie von der Kampfversammlung, der ich gerade beigewohnt hatte. Nach einer Pause bemerkte sie: »Ich habe das Gefühl, daß sie dich jetzt genauso behandeln wie uns, nachdem Shell die Niederlassung in Schanghai geschlossen hat. Außerhalb Chinas wird kein Mensch erfahren, was mit dir passiert.«

»Was bezwecken sie wohl damit, mich zur Teilnahme an dieser Versammlung zu zwingen?« fragte ich sie.

»Sie wollen dir natürlich Angst einjagen.«

»Mich erschreckt so leicht nichts.«

»Das dürften sie aber nicht wissen. Sie wissen nur, daß du eine reiche Frau bist, die ein bequemes Leben führt und noch nie an einer politischen Kampagne teilgenommen hat. Sie gehen vermutlich davon aus, daß man dich leicht einschüchtern kann. Sie unterschätzen so gut wie immer unseren Mut.«

»Aber warum sollten sie mir denn angst machen wollen? Wozu?«

»Das läßt sich im Augenblick schwer sagen. Was es auch sein mag, mach dich auf unangenehme Dinge gefaßt. Sei auf der Hut und halte den Mund. Sag nichts Unbedachtes, wie sehr sie dich auch provozieren mögen.«

»Und was ist mit dir? Wie kommst du zurecht?« wollte ich wissen.

»Ich bin erschöpft. Wir verbringen unsere ganze Zeit mit Versammlungen oder mit dem Schreiben von Wandzeitungen. Vorlesungen finden nicht mehr statt. Mehrere Professoren und Ärzte sind schon öffentlich angeprangert worden. Die Situation scheint mir noch ernster zu sein als 1957 zu Beginn der Kampagne gegen Rechtsabweichler.«

»Wird man auch dich kritisieren?«

»Das läßt sich natürlich nicht sagen. Aber ich glaube nicht, daß ich wichtig genug bin. Ich bin seit sechzehn Jahren Hilfsdozentin, bin noch nie befördert worden und habe noch nie eine Gehaltserhöhung bekommen. Ich bitte meinen Parteisekretär immer höflich um Anweisungen und leiste mir nie den Luxus, die Initiative zu ergreifen. Ich folge selbst dann seinen Anweisungen, wenn ich weiß, daß er sich irrt. Bei Schulungsversammlungen mache ich nur dann den Mund auf, wenn man mich dazu auffordert. Dann wiederhole ich einfach, was unser Gruppenleiter oder der Parteisekretär gesagt haben. Ich glaube, daß man mein Verhalten als makellos bezeichnen kann. Letztlich bekommt man aber stets um so eher Schwierigkeiten, je höher man in der Hierarchie steht. ›Ein hoher Baum fängt den Wind ein‹ – welch ein wahres Sprichwort!«

»Und was ist mit Henry?«

»Um Henry mache ich mir Sorgen. Ich glaube, man wird ihn als ›Kuh-Dämon‹ und ›Schlangen-Geist‹ anprangern, so wie all die anderen Professoren. Man wird gegen ihn vorgehen«, sagte Winnie hilflos. Sie schloß die Augen und seufzte.

»Ich dachte, er würde nur noch Vorlesungen halten und außerhalb des Hörsaals nichts mehr von sich geben«, hakte ich nach.

»Das stimmt auch. Nachdem alle seine Freunde als Rechtsabweichler diffamiert wurden, hat er seine Lektion gelernt. Aber erstens ist er Ordinarius. Zweitens ist seine Familie sehr reich gewesen. Und drittens lebt seine Schweser in Taiwan.«

»Aber ihr habt doch keinen Kontakt mit seiner Schwester. Ihr schreibt euch nicht!«

»Das spielt keine Rolle. Sie existiert, und sie ist Henrys Schwester. Wenn die Partei beschlossen hat, das aufzubauschen, können wir sie nicht davon abhalten.«

Lao Tschao trat ein, um uns Tee nachzuschenken. »Der Koch möchte Sie gern sprechen, bevor er nach Hause geht«, richtete er mir aus. Ich ließ ihn hereinbitten.

»Der stellvertretende Leiter der Shell-Gewerkschaft, Tschi, ist heute

Abend kurz vor Ihrer Rückkehr hiergewesen. Er hat uns gebeten, Ihnen etwas zu sagen«, begann der Koch ein wenig geheimnistuerisch.

»Und was hat er gesagt?« wollte ich wissen.

»Wir sollen Ihnen sagen, Sie möchten vorsichtig sein, wenn Sie mit Parteifunktionären sprechen. Nachdem Sie die Versammlung verlassen haben, hätten sie sich beschwert, daß Sie grob zu ihnen gewesen seien. Tschi möchte Sie wissen lassen, daß die Funktionäre verärgert waren«, sagte der Koch.

»Tschi ist ein guter Mann«, stimmte Lao Tschao ein.

»Ein guter Mann? Ihr hättet sehen sollen, wie er Tao Fung bei der Kampfversammlung angegriffen hat!« Tschis häßlicher Auftritt stand mir noch deutlich vor Augen.

»Er kann nicht anders. Er mußte es tun, nachdem man es ihm befohlen hatte. Wenn er kein guter Mann wäre, hätte er sich nicht die Mühe gemacht, Sie zu warnen«, verteidigte ihn Lao Tschao.

»Du hast recht, Lao Tschao. Ich werde auf der Hut sein. Es ist sehr nett von Tschi, sich die Mühe gemacht zu haben. Dankt ihm beide dafür, daß er mir das hat ausrichten lassen.« Mit diesen Worten entließ ich die beiden.

Nachdem sie sich zurückgezogen hatten, sagte Winnie: »Sie haben recht. Du mußt vorsichtig sein. Es zahlt sich nicht aus, die Männer vor den Kopf zu stoßen, die während einer politischen Kampagne für dich zuständig sind. Sie haben die absolute Macht, über dein Schicksal zu entscheiden. Wenn sie dich in ein Arbeitslager schicken wollen, mußt du gehen.«

»Wie sollten sie mich in ein Arbeitslager schicken können? Ich arbeite doch nicht mal für die Regierung. Außerdem habe ich gegen kein Gesetz verstoßen!«

»Sei nicht naiv! Sie können es, wenn sie wollen. Du wohnst hier. Du kannst das Land nicht verlassen. Es hat nur ein Gutes, nicht für die Regierung zu arbeiten: Sie können dir nicht das Gehalt kürzen.«

Winnie stand auf, um sich zu verabschieden. Ich begleitete sie hinaus. Auf dem Weg zum Gartentor fragte sie: »Warum bist du nicht nach Hongkong gegangen, als Shell im vergangenen Jahr die Schließung der Niederlassung beantragte?«

»Wie hätte ich das tun können? Der Geschäftsführer brauchte mich bei den Verhandlungen. Er kannte unsere Sprache nicht. Alle Verhandlungen wurden auf chinesisch geführt. Ich konnte nicht zulassen, daß er allein die Stellung hält. Die Leute von Shell haben mich immer gut behandelt. Ich konnte sie nicht im Stich lassen, als sie mich brauchten.«

»Hoffentlich haben sie dein Pflichtgefühl zu schätzen gewußt. Jetzt können sie dir nicht helfen. Du hättest dich absetzen sollen«, sagte Winnie nachdrücklich.

»Ich hoffe, du und Henry, ihr übersteht diese Geschichte genausogut wie die Kampagne gegen Rechtsabweichler«, erwiderte ich, ohne auf ihre Worte einzugehen.

»Ich habe manchmal eine Vorahnung, daß etwas Schreckliches bevorsteht«, bemerkte Winnie niedergeschlagen. »Denk an all die Jahre, die wir nur damit zugebracht haben, ums Überleben zu kämpfen.«

Wir standen vor dem Gartentor, um uns zu verabschieden. Nachdem sie ein paar Schritte gegangen war, drehte Winnie sich um und sagte: »Es kann sein, daß ich nicht mehr herkommen kann, bis sich alles wieder beruhigt hat. Ruf mich an, wenn du mich brauchst.«

»Ich verstehe. Paß auf dich auf!« rief ich ihr nach.

»Du auch!« rief sie zurück und winkte mir noch einmal zu.

Nachdem ich das Gartentor geschlossen hatte, ging ich unter einem sternenklaren Himmel zum Haus zurück. Es war eine herrliche Sommernacht. Da ich müde und deprimiert war, ging ich geradewegs ins Schlafzimmer. Als meine Tochter nach Hause kam, lag ich mit offenen Augen auf meinem Bett. Ich konnte nicht einschlafen, da die Ereignisse des Tages mir immer und immer wieder durch den Kopf gingen.

»Mami, Mami!« rief sie, während sie die Treppe heraufeilte und dabei zwei Stufen auf einmal nahm, wie sie es als Teenager getan hatte. Ich rief sie ins Schlafzimmer. Tschen Mah folgte ihr mit einem Tablett, auf dem ein Glas Milch und Butterbrote angerichtet waren.

»Himmel! Ich bin völlig ausgehungert! Ich habe seit dem Frühstück nichts mehr gegessen.« Meine Tochter nahm das Glas und trank in einem Zug die Milch aus. Ich sah, daß ihre Finger voller Tintenflecken waren.

»Sieh dir mal diese Hände an! Du willst deine Brote doch nicht mit solchen Fingern essen«, tadelte Tschen Mah. »Du bist zwar schon eine dreiundzwanzigjährige junge Dame, benimmst dich aber immer noch wie eine Zehnjährige. In alten Zeiten waren Mädchen deines Alters verheiratet und hatten schon zwei oder drei Kinder.« Da Tschen Mah schon bei uns war, als meine Tochter noch ein kleines Kind gewesen war, durfte sie sie tadeln, wie es einer alten Haushälterin zustand.

»Die alten Zeiten sind aber längst vorbei, liebe Tschen Mah, du altmodische alte Dame!« protestierte Meiping und ging ins Bad, um sich die Hände zu waschen.

Tschen Mah stellte die Brote auf den Tisch und ging hinaus. In der Tür drehte sie sich um und sagte: »Machen Sie sich keine Sorgen um Lao Tschao, den Koch und mich. Wir werden Ihnen immer zur Seite stehen.«

»Danke, Tschen Mah, daß du dir Gedanken um mich machst. Bitte sag Lao Tschao und dem Koch, sie sollen sich keine Sorgen machen«, erwiderte ich, durch ihre Bemerkung tief gerührt.

»Wir machen uns Sorgen um Sie, weil Sie allein sind. Ich wünschte, der gnädige Herr wäre noch bei uns«, murmelte sie und schloß die Tür hinter sich.

Tschen Mah war wirklich altmodisch. In Krisenzeiten glaubte sie fest an die Überlegenheit des männlichen Geschlechts. Tatsächlich hatte auch ich an meinen Mann gedacht, als ich vor der Rückkehr meiner Tochter im dunklen Zimmer auf dem Bett gelegen hatte. Zum erstenmal bedauerte ich nicht, daß er gestorben war. Ich war dankbar, daß ihm die Demütigungen und die Verfolgung erspart blieben, die er mit Sicherheit hätte durchleiden müssen, falls er noch am Leben gewesen wäre.

Die Badezimmertür war geschlossen, und das Wasser lief. Meiping duschte offenbar. Sie war eine anziehende und intelligente junge Frau. Im Verlauf ihrer Kindheit und Jugend im kommunistischen China hatte sie den Untergang der Gesellschaft erlebt, in der Kinder der Gebildeten und Wohlhabenden wie sie viele Privilegien genossen hatten. An ihre Stelle war aber keine egalitäre Gesellschaft getreten, in der jedermann die gleichen Rechte und Chancen genoß, sondern ein neues System der Diskriminierung, das sich diesmal gegen Kinder wie Meiping und deren Familien richtete. In jeder Phase ihres jungen Lebens hatte sich ihr familiärer Hintergrund als Belastung erwiesen. Um beispielsweise in einem guten Gymnasium aufgenommen zu werden, mußte sie die Eignungsprüfungen mit einem Durchschnitt von achtzig Prozent der geforderten Norm bestehen, während Arbeiter- und Bauernkinder mit einem Wert von sechzig Prozent durchkamen.

»Das ist ungerecht!« hatte ich damals entrüstet ausgerufen, weil mein Kind diskriminiert wurde. »Womit begründet man diese ungerechte Regelung?«

»Hab keine Angst, Mami! Ich kann es schaffen! Ich kann achtzig schaffen! Das ist gar nicht schwer«, krähte die Zwölfjährige.

»Es ist ungerecht!« Ich war außer mir vor Zorn.

»Aber Mami, die Lehrerin hat uns gesagt, daß die Kinder von Arbeitern und Bauern nach der Schule noch im Haushalt helfen oder das Abendessen kochen müssen. Und ihre Eltern können ihnen bei den Schularbeiten nicht helfen. Wenn du das alles bedenkst, werde ich gerecht behandelt.« So hatte sie schon in jungen Jahren gelernt, die Dinge mit Gleichmut zu betrachten.

Diese Diskriminierung begleitete sie bei allem, was sie zu tun versuchte. Und immer wieder brachte man sie dazu, sich schuldig zu fühlen und sich ihrer Familie zu schämen. An sie und andere Kinder mit gleichem Hintergrund wurden viel höhere Anforderungen gestellt als an die Kinder von Arbeitern und Bauern. Sie lernten schon früh, daß die vermeintlich klassenlose Gesellschaft des Kommunismus ein weit starreres Klassensystem besitzt als die verachtete kapitalistische Gesellschaft, in der man sich aus eigener Kraft hocharbeiten kann. Weil meine Tochter sich besonders anstrengen mußte, hatte sie auch Erfolg. In dem angesehenen Städtischen Mädchengymnasium Nr. 2 wurde sie Klassensprecherin und errang Ehrungen und Preise. Sie schien sich leicht einzufügen und hatte viele Freunde, darunter mehrere Kinder aus Arbeiterfamilien. Obwohl Meiping von Natur warmherzig und großzügig war, führte ich ihren Wunsch, diesen Kindern zu helfen, hauptsächlich auf das Schuldgefühl zurück, das die Kommunisten mit ihrer Propaganda über die Ausbeutung der Armen durch die Reichen ihr eingepflanzt hatten. Manchmal brachte sie diese Kinder zum Essen mit nach Hause, half ihnen bei den Schularbeiten oder ging zu ihnen nach Hause, um ihnen im Haushalt zu helfen. Während ich ihr Verhalten guthieß, mißbilligte Tschen Mah es von Herzen, vor allem, wenn Meiping anderen Mädchen ihre Kleider lieh und Tschen Mah dann die schmutzige Wäsche waschen mußte.

Von frühester Kindheit an hatte Meiping sich für Musik interessiert. Wir kauften ihr ein Klavier und ließen sie Unterricht nehmen. Mit zehn Jahren wurde sie Mitglied des »Kinderpalasts« von Schanghai, einer Art Club für besonders begabte Schüler. Dort nahm sie an Aufführungen und Konzerten teil. Da sie zweisprachig aufwuchs, war sie eine der jungen Dolmetscherinnen, wenn der Kinderpalast aus dem Ausland englischsprachigen Besuch erhielt. Da sie in Australien schon als Kleinkind schwimmen gelernt hatte, war sie auch die inoffizielle Schwimmlehrerin ihrer Klasse. Als fünfzehnjährige Oberschülerin wurde sie vom Schanghaier Sportverband ausgewählt, in den Ferien mit dem Ruderclub der Stadt zu trainieren, wo sie bald Steuerfrau der ersten weiblichen Rudermannschaft Schanghais wurde.

Obwohl wir immer wieder politische Umwälzungen und die persönlichen Tragödien einiger unserer Freunde und Nachbarn mitansehen mußten, brauchte ich mir um meine Tochter nie Sorgen zu machen. Ich hielt es für selbstverständlich, daß sie eines Tages eine der besseren Universitäten besuchen, nach dem Examen wegen ihrer guten Noten eine anständige Stellung bekommen und einen netten jungen Mann heiraten würde. Man würde ihr zwar kein hohes Gehalt zahlen, aber ich würde ihr Einkommen aufbessern können, wie es viele chinesische Eltern taten.

Ich hatte gehofft, daß sie nach dem Examen eine Arbeit in Schanghai erhalten würde, so daß sie zu Hause wohnen konnte. Aber darauf konnte ich nicht bauen. Ich wußte, daß man viele junge Leute mit ähnlichem familiären Hintergrund oft absichtlich in entfernte Regionen Chinas schickte, in denen ärmliche und rückständige Verhältnisse herrschten. Das war auch den Kindern einiger meiner Freunde passiert. Als ich Meiping von einem schlaksigen Teenager zu einer schönen jungen Frau heranwachsen sah, fragte ich mich immer wieder, was die Zukunft wohl für sie bereithalten mochte. Wenn ich mich gut fühlte, träumte ich davon, den zweiten Stock des Hauses in eine abgeschlossene Wohnung für sie und ihre Familie zu verwandeln. Die Aussicht, ein Enkelkind zu versorgen, war ein unglaublich tröstlicher Gedanke. Ich blickte glücklich in die rosige Zukunft meines Traums und konnte die Wärme des kleinen Wesens geradezu in meinen Armen fühlen.

Es kam für mich einigermaßen überraschend, als Meiping mir erzählte, zwei bekannte Filmschauspielerinnen, beide Dozentinnen an der neugegründeten Filmhochschule Schanghais, seien an sie herangetreten und hätten sie ermuntert, sich als besonders begabtes »Talent« um die Aufnahme in die Hochschule zu bemühen. Ich konnte ihr ansehen, wie ihr das schmeichelte. Ich hatte mir allerdings einen etwas anderen Beruf für sie vorgestellt, eine Arbeit, bei der eher ihre geistigen Fähigkeiten als ihre körperlichen Vorzüge gefragt waren.

»Die Filmhochschule liegt an der Hong-Tschiao-Straße in der Nähe des alten Golfclubs. An den Wochenenden kann ich ohne weiteres nach Hause kommen. Und die beiden Dozentinnen haben mir gesagt, daß alle Absolventen im Filmstudio Arbeit bekommen werden. Die Hochschule ist sogar ein Teil des Studios. Man hat Talentsucher durch das ganze Land geschickt, um Studenten für die Aufnahmeprüfung auszuwählen. Es wird einen großen Andrang geben, weil jeder in Schanghai leben möchte«, erklärte Meiping bestimmt.

»Aber möchtest du wirklich Filmschauspielerin werden?«

»Es macht mir nichts aus. Ich kann es schaffen. Es ist nicht schwer.« Dies war ihre Standard-Antwort auf jedes Problem.

»Ich bin sicher, daß du es schaffen kannst. Aber möchtest du es auch?« Ich hielt das für einen wichtigen Punkt. Wer glücklich sein will, sollte den Beruf ergreifen, den er sich wünscht.

»Weißt du, ich denke nie darüber nach, was ich wirklich möchte. Es hat keinen Zweck, so zu denken, wenn ich weiß, daß die Regierung mir eine Arbeit zuteilen wird. Wenn ich darüber nachdenke, was ich wirklich möchte, führt das nur zu Enttäuschungen. Meine Freundinnen denken auch nicht so«, tat sie meine Bedenken ab. »Ich werde an dem Spaß finden, was mir die Regierung zuteilt. Wenn ich mir Mühe gebe, die Arbeit gut zu machen, endet es meist damit, daß sie mir auch gefällt.«

Vermutlich war Meipings Einstellung unter den gegebenen Umständen nur gesund. Aber – konnte jemand, dem man das Ausmisten von Kuhställen als lebenslange Beschäftigung zugewiesen hatte, sich selbst dazu bringen, diese Tätigkeit zu mögen, indem er hart arbeitete?

»Du hast dich also entschlossen, die Aufnahmeprüfung zu machen?« fragte ich sie.

»Ja, wenn du einverstanden bist. Die Dozentinnen haben mich ganz offiziell angesprochen. Man kann den Vorschlag kaum ablehnen. Das würde aussehen, als wüßte man die Chance nicht zu schätzen. Außerdem gefällt mir die Aussicht, in Schanghai zu arbeiten. Es wäre mir unerträglich, dich allein hier zu lassen und nur einmal im Jahr, Neujahr, für ein paar Tage nach Hause zu kommen«, sagte Meiping und sah mich erwartungsvoll an.

»Ja, ja, meine Kleine, das ist natürlich zu bedenken. Es wäre schrecklich, wenn du irgendwo im Landesinneren arbeiten müßtest.« Ich stimmte ihr aus ganzem Herzen zu.

Sie studierte also an der Filmhochschule. Drei Jahre später machte sie ihr Examen und erhielt eine Stellung im Schanghaier Filmstudio, das dem Filmbüro des Kultusministeriums unterstand.

Der Beruf des Schauspielers war sogar im kommunistischen China von einem gewissen Glamour umgeben, aber Schauspieler erhielten weder höhere Gehälter, noch genossen sie bessere Arbeitsbedingungen als Fabrikarbeiter oder Lehrer derselben Altersgruppe. Eine Schauspielerin hatte in erster Linie die Funktion, die Massen zu unterhalten. Meiping wirkte also nicht nur in Filmen mit, sondern auch an Aufführungen in Fabriken, in ländlichen Kommunen, in Kohlengruben und auf Ölfeldern. Sie bereiste mit ihrem Team ganz China. Es war eine anstrengende Zeit. Sie sah jedoch, daß diese Erfahrung ihr Verständnis und ihr Wissen um Land und Leute bereicherte, und sie glaubte, den Menschen nützlich zu sein, wenn sie sie unterhielt. Für sie war es ein sinnvolles Leben.

Während sie sich über ihre Brote hermachte, erzählte sie mir von ihrem Tag im Studio.

»Ich habe den ganzen Tag damit verbracht, Wandzeitungen für die Kulturrevolution zu schreiben. Man hat uns gesagt, die revolutionäre Begeisterung sei um so größer, je mehr Wandzeitungen man schreibe. Also hat jeder geschrieben und geschrieben, bis das Schwarze Brett und sämtliche Wände unserer Abteilung total bedeckt waren.«

»Bist du deswegen nicht zum Essen nach Hause gekommen?«

»Wir haben auf Mittag- und Abendessen verzichtet, um so unseren revolutionären Eifer zu zeigen. In Wahrheit hatten wir natürlich alle Hunger, aber keiner wollte als erster gehen.«

»Worüber hast du geschrieben?«

»Oh, Parolen und Schmähungen gegen die, die man ›Kuh-Dämonen‹ und ›Schlangen-Geister‹ nennt, und gegen die Feinde Chinas, zum Beispiel Taiwan, Japan, England, die USA und die Sowjetunion.«

»Woher weißt du, was du schreiben sollst? Erfindest du einfach etwas?«

»Einige tun das. Aber das halte ich für zu gefährlich. Die meisten bekommen Material von unserer Abteilungsleiterin. Ich beschränke mich auf feindliche Staaten. Die Abteilungsleiterin erlaubt mir das, weil sie meint, daß ich über andere Länder mehr weiß als die anderen, weil ich im Ausland geboren bin. Über Personen möchte ich nichts schreiben. Über das Leben der Angegriffenen weiß ich überhaupt nichts, und ich möchte nicht lügen und ihnen etwas unterstellen. Die älteren Schauspieler, Regisseure und Drehbuchautoren müssen Selbstkritik üben. Viele von ihnen werden hart angegriffen. Gelegentlich werden sie von den Aktivisten regelrecht abgeführt, um bei Kampfversammlungen angeprangert zu werden, oder man zwingt sie, mit gebeugten Köpfen in der Sonne zu knien.«

»Wie schrecklich!« entfuhr es mir.

»Ja, es ist schrecklich. Sie tun mir leid. Ich habe gehört, daß die meisten von ihnen Tschiang Tschings Feinde von früher sind. Der Vorsitzende Mao soll seiner Frau freie Hand gegeben haben, mit Kulturschaffenden umzuspringen, wie sie will«, empörte sich nun auch Meiping.

»Hat sie nicht moderne Peking-Opern aufführen lassen?«

»Ja, sie scheint mit den Verantwortlichen des Kultusministeriums seit einiger Zeit im Streit zu liegen. Ich habe jedenfalls gehört, daß die alten Schauspielerinnen, die früher, als Tschiang Tsching selbst noch Schauspielerin war, bessere Rollen erhielten als sie, bereits die Koffer gepackt haben, weil sie erwarten, in Arbeitslager geschickt zu werden. Es heißt, sie sei sehr grausam und eifersüchtig. Am besten ist es aber wohl, gar nicht über sie zu sprechen.«

»Das scheint mir ein wenig übertrieben zu sein. Sie ist heute die First Lady Chinas. Wie können sie da ein paar alte Schauspielerinnen stören?«

»Weil sie vielleicht zuviel über ihre Vergangenheit wissen. Sie soll viele Liebhaber und sogar mehrere Ehemänner gehabt haben, bevor sie nach Jünnan ging und Mao heiratete.«

»Mao hat auch mehrere Frauen gehabt. Warum sollte sie denn nicht mehrmals verheiratet gewesen sein? Das hört sich doch an wie bei einem richtigen Hollywood-Star«, lachte ich. »Du bist in diesen Dingen etwas puritanisch, aber du bist eben in China aufgewachsen. Doch sag, wie steht es mit dir selbst? Wird man auch dich kritisieren?«

»Mami, sei nicht albern. Ich bin nicht wichtig genug. Ich bin nur eine aus der Masse. Natürlich kann es sein, daß man meine Familie und meine Geburt im Ausland kritisiert. Hab' ich nicht Glück gehabt, daß ich in Australien geboren wurde und nicht in den USA oder in England?«

»Jedenfalls kann keiner sagen, daß Australien ein imperialistischer Staat ist.«

»Nein, die meisten Leute im Studio glauben, daß es noch immer eine britische Kolonie ist, in der die Menschen unterdrückt werden. Sie wissen nicht, daß die Australier eigentlich Briten sind und daß nur die Känguruhs Eingeborene sind.« Meiping lachte herzlich.

Sie beendete ihre Mahlzeit und stand auf, um in ihr Zimmer zu gehen. Beiläufig fragte sie: »Was hast du den ganzen Tag gemacht, Mami?«

»Ich mußte an einer Kampfversammlung gegen den früheren Chefbuchhalter von Shell teilnehmen. Es scheint, als müßte auch ich mich an der Kulturrevolution beteiligen. Es kann sogar sein, daß man mich angreifen wird.«

»Du lieber Himmel! Das klingt ernst. Warum hast du mir noch nichts davon gesagt?« Meiping war über diese Nachricht schockiert. Sie setzte sich wieder hin und drängte mich, ihr alles zu erzählen. Nachdem ich ihr von meinen Erlebnissen berichtet hatte, fragte sie zutiefst besorgt: »Ist in der Firma immer alles in Ordnung gewesen? Hat man je gegen die Gesetze verstoßen?«

»Nein, natürlich nicht«, entgegnete ich.

»Warum haben sie sich gerade den Chefbuchhalter ausgesucht? Vielleicht hat er im Namen der Firma die Devisenbestimmungen verletzt? Oder vielleicht habt ihr eure Steuern nicht gezahlt?«

»Wir haben die Steuern immer ordnungsgemäß gezahlt. Und du kannst sicher sein, daß die Devisenbestimmungen streng eingehalten worden sind.«

Wir wußten beide nicht weiter, sahen aber ein, daß Spekulationen sinnlos waren. Ich drängte Meiping, ins Bett zu gehen. Nachdem sie noch eine Weile schweigend dagesessen hatte, sagte sie gute Nacht und ging hinaus. Sie schien sich verändert zu haben. Sie wirkte jetzt viel erwachsener als vorhin, als sie das Zimmer betreten hatte.

Ich machte das Licht aus, blieb aber hellwach. Ich dachte daran, daß die Kulturrevolution Meipings erste Erfahrung mit einer politischen Kampagne war. Ich fragte mich, wie sie wohl ihre Zukunft beeinflussen würde. Nach einiger Zeit wurde meine Schlafzimmertür sanft geöffnet. Ich machte Licht.

»Mami, ich kann nicht schlafen. Stört es dich, wenn ich nach unten gehe und ein bißchen Klavier spiele?« fragte Meiping, die im Schlafanzug in der offenen Tür stand.

»Ich komme mit«, sagte ich, stand auf und folgte ihr nach unten.

Fluffy, Meipings großer Perserkater, saß draußen auf der Terrasse. Als er uns sah, miaute er, damit wir ihn hereinließen. Ich öffnete die Schiebetür. Meiping ging hinaus, nahm ihn auf den Arm und trug ihn herein. Sie setzte ihn auf den Fußboden, öffnete den Klavierdeckel und schlug ein paar Akkorde an. Sie sah mich an und fragte: »Was soll ich spielen?«

»Was du willst, bloß keine Revolutionslieder.«

Sie spielte eine Nocturne von Chopin und murmelte: »Gut so?«

Ich brummte zustimmend. Fluffy streckte sich zu Meipings Füßen unter dem Klavier aus. Es wäre eine Szene des häuslichen Friedens und der Ruhe gewesen, hätte da nicht ein drohendes Unheil über uns geschwebt.

Ruhe vor dem Sturm

In den Wochen nach jener ersten Versammlung wurde ich mehrmals zu Gesprächen mit den beiden Männern gerufen, die mich bereits einmal mit ihren Vorwürfen konfrontiert hatten. Unsere Unterhaltungen wichen kaum von dem Muster der ersten Begegnung ab. Einmal forderten sie mich auf, ihnen eine Liste mit den Namen aller mir bekannten Amerikaner und Europäer zusammenzustellen, unter Angabe ihres Berufs, Wohnorts und der Umstände, unter denen ich jeden einzelnen kennengelernt hatte. Ein andermal mußte ich detailliert aufschreiben, womit sich unsere Firma beschäftigt hatte. Als ich ihnen meinen Bericht überreichte, warfen sie jedoch kaum einen Blick darauf. Sie bestürmten mich zwar, meinen ehemaligen Arbeitgeber zu denunzieren, stellten mir aber keinerlei konkrete Fragen. Sie behaupteten immer wieder, Shell habe etwas Unerlaubtes getan und ich hätte mich daran beteiligt, äußerten aber nie konkret, worin das angebliche Vergehen bestanden haben sollte.

Ich hatte den Eindruck, daß die Männer Zeit gewinnen wollten, daß sie auf Anweisungen warteten, bevor sie fortfahren konnten. Tatsächlich beruhte die Verzögerung der gerade erst angefachten Kampagne auf einem heftigen Machtkampf in der Führungsspitze der Kommunistischen Partei, was damals weder mir noch anderen Chinesen bekannt war. Der Streit ging darum, wer für die Kulturrevolution verantwortlich sein sollte: der etablierte Parteiapparat oder ein Sonderkomitee von Maoisten, die von Mao Tse-tung als dem Vorsitzenden des Zentralkomitees ernannt werden sollten.

Später wurde bekannt, daß Mao Anfang August 1966 bei einer Sitzung des Zentralkomitees einen Aufruf mit der Überschrift »Feuert Kanonenkugeln auf das Hauptquartier« verfaßt hatte. Darin erhob er den ungewöhnlichen Vorwurf, die Regierung (unter Liu Schao-tschi als Staatspräsidenten der Volksrepublik) und das Parteisekretariat (unter Deng Hsiao-ping als Erstem Parteisekretär) seien das Hauptquartier der kapitalistischen Klasse Chinas, weil ihre Politik den Interessen dieser Klasse diene und sie schütze. Das war ein sehr ernster und schockierender Vorwurf gegen den gesamten Parteiapparat und die Regierung des kommunistischen China. Mao konnte diesen Vorwurf gegen Liu und Deng nur deshalb erheben, weil er durch seinen

Schützling Lin Piao, den Verteidigungsminister, die Streitkräfte hinter sich wußte. Um seine Position zu retten, übte Liu Schao-tschi pro forma Selbstkritik und erklärte, seine Wirtschaftspolitik der partiellen Privatisierung der Landwirtschaft und der Zulassung freier Märkte zur Deckung des Bedarfs der Stadtbewohner habe ein Wiederaufleben des Kapitalismus ermöglicht und stelle eine Abweichung vom Weg des Sozialismus dar. Vielleicht glaubte Liu Schao-tschi, Mao durch ein solches Eingeständnis das Gesicht wahren zu helfen. Dabei steht fest, daß Lius Wirtschaftspolitik das Land nach dem katastrophalen Fehlschlag von Maos Kampagne »Großer Sprung nach vorn« der Jahre 1958 bis 1960 vor dem wirtschaftlichen Zusammenbruch bewahrt hat. Lius Schuldbekenntnis erwies sich jedoch als taktischer Fehler. Es schwächte seine Position erheblich und machte den Maoisten den Weg frei, die in der Folgezeit ihn und seine Anhänger noch heftiger attackierten.

Maos Sieg auf jener denkwürdigen Sitzung des Zentralkomitees hatte zur Folge, daß ein Sonderkomitee von Maoisten des linken Parteiflügels mit der Durchführung der Kulturrevolution betraut wurde. Während in der Folgezeit der Partei- und Regierungsapparat unter den Angriffen der Roten Garden und der Revolutionäre immer mehr gelähmt wurde, schwang sich dieses Komitee zum höchsten Exekutivorgan auf; seine Mitglieder, zu denen auch Maos Ehefrau Tschiang Tsching gehörte, genossen außerordentliche Machtbefugnisse und wurden sämtlich ins Politbüro der Partei gewählt. In den Jahren der Kulturrevolution nutzte Tschiang Tsching ihre Position als Maos Ehefrau dazu, sich als dessen Sprecherin und Vertreterin aufzuführen, die angeblich nur seine Befehle und Wünsche übermittelte; in Wahrheit aber interpretierte sie diese so, wie es ihr ins Konzept paßte. Als maßlos ehrgeizige Frau, die in der chinesischen Politik jahrzehntelang ohne jeden Einfluß gewesen war, duldete sie jetzt keinerlei Opposition, ob sie nun echt war oder eingebildet. Zehntausende von Parteifunktionären, Künstlern, Schriftstellern, Wissenschaftlern und einfachen Bürgern, auf die auch nur der Schatten von Tschiang Tschings Verdacht fiel, wurden grausam verfolgt. Hunderte von ihnen starben in den Händen der ihr ergebenen »Revolutionäre«.

Bei jener August-Sitzung des Zentralkomitees erwies sich Verteidigungsminister Lin Piao als Maos glühendster Anhänger. Seine Eloge auf Mao fand ihren Niederschlag im Schlußkommuniqué der Sitzung, das in den Zeitungen veröffentlicht wurde. Lin behauptete, Mao sei »der größte lebende Marxist unserer Zeit«, was diesen mit einem Streich zum wahren Nachfolger Lenins machte und über die Sowjetführer einschließlich Stalins erhob. Während des ganzen Jahrzehnts der Kulturrevolution, sogar noch nach dem Sturz Lin Piaos, wurde diese Behauptung von den Maoisten aufrechterhalten.

Eines Tages, kurz nach der Veröffentlichung des Schlußkommuniqués der ZK-Sitzung, besuchte mich Herr Hu, ein Freund meines verstorbenen Mannes. Weil solche Freundschaften in China normalerweise die Ehefrauen ausschließen, hatten nach dem Tod meines Mannes seine Freunde nichts mehr von sich hören lassen. Nur Herr Hu erschien jedes Jahr am chinesischen Neujahrstag, um mir den traditionellen Höflichkeitsbesuch abzustatten. Er blieb meist nur kurz, erkundigte sich nach unserem Wohlergehen und wünschte uns für das neue Jahr Gesundheit und Glück. Er erwähnte stets meinen Mann und betonte, wie sehr er ihn als Menschen geachtet und wie sehr er seine Freundschaft geschätzt habe. Beim Abschied legte er meist einen roten Umschlag mit einem Trinkgeld für meine Diener auf den Tisch, eine alte Sitte, die nach der Machtübernahme der Kommunisten nur von wenigen konservativen Menschen weitergeführt wurde. Mir gefielen seine Besuche. Ich hielt Herrn Hu für einen etwas wunderlichen, aber bezaubernd einfühlsamen Mann.

Als Lao Tschao seinen Besuch ankündigte, war ich überrascht, bat Lao jedoch, er solle ihn ins Wohnzimmer bitten und ihm Tee servieren.

Herr Hu hatte früher eine Farbenfabrik besessen. Seine Produkte waren in China wohlbekannt und wurden nach Hongkong und ganz Südostasien exportiert. Nachdem die Kommunisten Schanghai erobert hatten, wurde ihm erlaubt, seinen Betrieb unter der Aufsicht der kommunistischen Stadtverwaltung weiterzuführen. Während einer Verstaatlichungskampagne wurde seine Fabrik 1956 enteignet. Die Regierung versprach allen betroffenen Unternehmern für die Dauer von zehn Jahren eine jährliche Verzinsung von sieben Prozent des Schätzwerts ihrer Betriebe. Obwohl dieser Schätzwert nur einen Bruchteil des wahren Werts ausmachte, blieb den Unternehmern keine Wahl – sie mußten akzeptieren. Als zwei Parteifunktionäre zum Parteisekretär beziehungsweise Geschäftsführer seiner Fabrik ernannt wurden, forderten die Behörden Hu auf, als Chefingenieur und stellvertretender Geschäftsführer im Betrieb zu bleiben.

Herr Hu war ein hochgebildeter Chinese, der von der westlichen Zivilisation so gut wie unberührt geblieben war. Seine Kalligraphie war meisterhaft; seine Konversation war voll von literarischen Anspielungen. Die ausländerfeindliche Haltung des kommunistischen Regimes störte ihn nicht, da sein Wissen und seine Interessen an den Grenzen Chinas haltmachten. Bei politischen Kampagnen blieb er weitgehend unbehelligt, da die Parteifunktionäre Menschen wie Hu weniger mißtrauten als jenen, die im Ausland studiert hatten. Herr Hu unterhielt keinerlei Beziehungen zu Ausländern. Seine gleichmütige Einstellung gegenüber dem Verlust seiner Fabrik und seine bereitwillige Annahme einer untergeordneten Stellung verblüfften mich immer wieder.

»Wie ich höre, sind Sie in die jüngste politische Kampagne verwickelt worden, die Große Proletarische Kulturrevolution. Ich würde gern wissen, wie es mit Ihnen weitergeht«, begründete Herr Hu seinen Besuch.

»Nicht sehr gut, fürchte ich«, bekannte ich ihm offen. »Im Augenblick wird die Schanghaier Shell-Niederlassung unter die Lupe genommen. Man hat mich verhört, und ich mußte an einer Kampfversammlung gegen unseren ehemaligen Chefbuchhalter teilnehmen. Die Männer, mit denen ich gesprochen habe, scheinen zu unterstellen, daß es in der Firma Unregelmäßigkeiten gegeben hat. Sie haben aber nicht klar gesagt, worauf sie hinauswollen. Ich weiß nicht recht, was das alles zu bedeuten hat. Ich bin bisher noch nie in eine politische Kampagne verwickelt gewesen.«

Lao Tschao brachte die silberne Teegarnitur, mein bestes Porzellan, eine Platte mit kleinen glasierten Kuchen sowie belegte Häppchen nach bester britischer Art – Dinge, die ich normalerweise meinen britischen und australischen Freunden servierte, die die Feinheiten des Nachmittagstees zu würdigen wußten. Lao Tschao wollte damit zum Ausdruck bringen, daß er Herrn Hu als geehrten Gast empfand. Kaum hatte er das Tablett auf den Kaffeetisch vor dem Sofa gestellt, da läutete in der Halle das Telefon. Lao ging hinaus, um abzunehmen. Fast augenblicklich kam er zurück und zischte: »Es sind schon wieder diese Leute. Sie wünschen, daß Sie sofort zu einem neuen Gespräch erscheinen.«

»Sage ihnen, daß ich beschäftigt bin. Ich werde morgen kommen«, trug ich ihm auf.

Er ging hinaus. Ich konnte hören, wie er am Telefon hitzig argumentierte. Dann trat er wieder ins Zimmer und sagte: »Sie bestehen darauf, daß Sie sofort kommen. Sie sagen, es sei sehr wichtig.«

»Darf ich fragen, wer angerufen hat? Wenn es wichtig ist, sollten Sie sich durch mich nicht abhalten lassen«, bemerkte Herr Hu.

»Es sind diese Funktionäre, die mich neulich schon ausgefragt haben«, erwiderte ich.

»Oh, dann müssen Sie sofort gehen. Wie können Sie sich weigern, wenn diese Leute Sie rufen! Bitte beeilen Sie sich. Ich werde hierbleiben und auf Sie warten. Ich möchte mehr über Ihre Lage wissen. Ich bin es Ihrem Mann, meinem lieben alten Freund, schuldig, daß ich Ihnen einige Ratschläge gebe. Es ist meine Pflicht. Sie sind im Umgang mit solchen Leuten unerfahren. Sie sind boshaft und tückisch. Sie dürfen sie nicht provozieren.« Herr Hu schien ernsthaft besorgt zu sein.

Ich war froh, daß er auf mich warten wollte, denn ich wollte unbedingt erfahren, wie er über die Kulturrevolution und die jüngste Sitzung des Zentralkomitees dachte. Ich verließ das Haus kurz nach vier. Als ich um acht zurückkehrte, war Herr Hu noch immer da. Er kam mir aus dem Wohnzimmer entgegen, um mich zu begrüßen. Er strahlte vor Erleichterung.

»Es tut mir leid, daß ich so lange wegbleiben mußte.«

»Setzen Sie sich, und ruhen Sie sich aus. Und erzählen Sie, wie es gelaufen ist.«

Lao Tschao brachte mir eine Tasse heißen Tee. Während ich daran nippte, schilderte ich Herrn Hu mein Gespräch mit den Parteifunktionären.

Neben den beiden Männern, die ich schon kannte, hatte noch ein dritter Funktionär an der Begegnung teilgenommen, vielleicht der Vorgesetzte der beiden. Womöglich hatten sie diesem neuen Mann imponieren wollen, jedenfalls waren sie noch unangenehmer als sonst. Als ich den Raum betrat, fragte einer von ihnen in schneidendem Ton: »Warum wollten Sie nicht kommen?«

»Ich war beschäftigt. Sie hätten heute morgen anrufen sollen.«

Früher hatte einer von ihnen mir stets einen Stuhl angeboten. Diesmal ließen sie mich einfach stehen.

»Dies ist keine Dinnerparty. Wir führen eine Untersuchung durch. Wann immer wir mit Ihnen sprechen müssen, haben Sie sofort zu erscheinen«, bemerkte der Mann mit höhnischem Lächeln.

Ich beschloß, mich unaufgefordert zu setzen.

»Sehen Sie sich diese lange Liste Ihrer ausländischen Freunde an! Wie kommt es, daß Sie so viele Ausländer zu Freunden haben? Sie scheinen sie zu mögen und ihre Kultur zu bewundern«, hielt er mir in anklagendem Ton vor. Dann fuhr er fort: »Sie behaupten, diese Leute seien sämtlich Freunde Chinas und des chinesischen Volkes gewesen; einige von ihnen seien hier geboren und hätten hier ihre Kindheit verbracht. Sie behaupten, daß einige von ihnen die chinesische Kultur bewundern und unsere Sprache sprechen. Hier finden sich jedoch auch die Namen von Männern, deren Vorfahren im Opiumhandel ein Vermögen gemacht haben. Sie haben in China Fabriken besessen, Lagerhäuser, Schiffe, alles, was man sich denken kann. Jetzt haben sie alles verloren. Wie sollen sie dann gegenüber der Volksregierung freundschaftliche Gefühle hegen können? Möglich, daß sie China zur Zeit der Kuomintang geschätzt haben, als sie das chinesische Volk ausbeuten und riesige Vermögen anhäufen konnten. Das heutige China dürften sie aber bestimmt nicht schätzen. Und Sie haben behauptet, auch die Diplomaten hätten freundliche Gefühle für China. Das ist noch lächerlicher! Diplomaten sind Spione, die von ihren Regierungen hergeschickt worden sind, um Informationen zu sammeln, die sich gegen uns verwenden lassen. Wie sollten sie uns gegenüber freundliche Gefühle hegen können? Es hat keinen Sinn, ihre Gesichter mit Gold zu beschmieren, damit sie wie gütige Buddhas aussehen. Sie sind unsere Feinde. Aber Ihre Freunde. Es ist also ziemlich klar, wo Sie stehen, nicht wahr?«

»Ich habe mir keine besondere Mühe gegeben, die Bekanntschaft oder Freundschaft dieser Menschen zu suchen. Die meisten von ihnen habe ich kennengelernt, als mein verstorbener Mann Diplomat und später Leiter des Schanghaier Büros des Außenministeriums war.«

»Das Schanghaier Büro des Außenministeriums der reaktionären Kuomintang-Regierung! Ihr Mann war ein hoher Beamter der reaktionären Kuomintang-Regierung und wurde später Geschäftsführer einer ausländischen Kapitalistenfirma«, bemerkte mein Widersacher sarkastisch. »Die Karriere Ihres Mannes sollte für Sie kein Grund zum Stolz sein.«

»Er wurde mit Zustimmung des Ministeriums für Industrie und Handel Geschäftsführer der Schanghaier Niederlassung von Shell. Das Ministerium hat die schriftlich erteilte Generalvollmacht für seine

Ernennung anerkannt. Was seine Tätigkeit für die Kuomintang-Regierung betrifft, so blieb er 1949 in Schanghai, statt mit der Kuomintang nach Taiwan zu gehen. Das zeigt doch, daß er die kommunistische Revolution unterstützte und die Errichtung der Volksregierung begrüßte!«

»Sein Bleiben kann auch andere Gründe gehabt haben. Mit seinem Fall werden wir uns später befassen. Jetzt wünschen wir, daß Sie dem britischen Imperialismus abschwören und alles bekennen, was Sie als treue Agentin von Shell für dieses Unternehmen getan haben.«

»Meine gesamte Arbeit für Shell erfolgte in Übereinstimmung mit den Gesetzen und Verordnungen der Volksregierung«, erklärte ich mit Nachdruck.

Der neue Mann hatte bisher kein Wort gesagt, sondern nur ununterbrochen geraucht und den Raum mit dem Geruch schlechten Tabaks erfüllt. Jetzt warf er seine Zigarettenkippe auf den Fußboden und trat sie aus. Er blickte mich einige Sekunden starr an, wohl um mich einzuschüchtern, bevor er sagte: »Haben Sie wirklich ein so makelloses Leben geführt? Ihr Leben lang haben Sie mit Ausländern in Verbindung gestanden, vor allem mit Briten. Und da wollen Sie nie etwas getan oder gesagt haben, was nicht absolut korrekt gewesen ist?«

»Korrekt hin, korrekt her, jedenfalls kann ich versichern, daß ich nichts gegen die Volksregierung geäußert oder getan habe«, erklärte ich fest.

»Das Urteil darüber überlassen Sie bitte uns. Sie geben also wenigstens die Möglichkeit zu, daß sie etwas Unkorrektes getan oder gesagt haben könnten«, bemerkte er mit listigem Blick.

»Unsinn! Ich habe nichts dergleichen zugegeben!« entgegnete ich unbeeindruckt.

Der neue Mann schien mir etwas subtiler vorzugehen als die beiden anderen. Obwohl er mit ruhiger Stimme sprach und nicht ausfallend wurde, war ich sicher, daß er auf eine Möglichkeit lauerte, mich hereinzulegen. Jetzt wechselte er das Thema und sagte: »Geben Sie uns einen Überblick über Ihre Tätigkeit für die Firma Shell.«

Ich berichtete mit knappen Worten über unsere Arbeit im Büro. Als ich geendet hatte, sagte der Mann: »Was Sie uns gerade erzählt haben, stimmt fast wörtlich mit dem überein, was Sie schon geschrieben haben. Offenbar haben Sie sich die Mühe gemacht, alles auswendig zu lernen. Wozu diese Vorsichtsmaßnahme?«

»Was ich Ihnen gesagt und was ich geschrieben habe, stimmt nur deshalb überein, weil die Tatsachen die gleichen bleiben, egal, wie oft Sie darüber sprechen werden«, erwiderte ich. Das Gespräch schien mir schon sehr lange gedauert zu haben. Ich dachte an Herrn Hu, der auf mich wartete, und schaute auf meine Uhr.

»Haben Sie es etwa eilig? Vielleicht finden Sie diese Unterhaltung unangenehm?« Der Mann genoß es sichtlich, Worte und Situationen so zu verdrehen, wie es ihm in den Kram paßte.

»Ich bin nur der Meinung, daß Sie Ihre Zeit vergeuden«, sagte ich ruhig.

»Wir haben keine Angst, Zeit zu vergeuden. Wir sind geduldig. Wir haben zweiundzwanzig Jahre gebraucht, um die Kuomintang-Regierung zu stürzen. Am Ende waren wir erfolgreich. Wenn wir uns etwas vorgenommen haben, verfolgen wir unser Ziel, bis wir es erreicht haben.«

Auf einmal herrschte Grabesstille. Wir waren an einem toten Punkt angekommen. Plötzlich kehrte der Mann, der mich zuerst befragt hatte, zu seiner früheren Taktik zurück und schrie: »Wir werden Ihnen das nicht durchgehen lassen! Sie müssen uns eine Liste alles dessen geben, was Sie unkorrekterweise getan und gesagt haben. Nur so können Sie uns von der Ernsthaftigkeit Ihres Meinungswandels überzeugen. Andernfalls werden sich für Sie ernste Konsequenzen ergeben. Für uns steht fest, daß Sie für die Briten spioniert haben!«

Dies war das erste Mal, daß einer von ihnen das Wort »spionieren« verwendet hatte. Bislang hatten sie sich mit Andeutungen begnügt. Vielleicht war der Mann im Eifer des Gefechts über seine Anweisungen hinausgegangen, denn die beiden anderen blickten ihn überrascht an.

Ich lachte über seinen Ausbruch und sagte ruhig: »Sie irren sich sehr. Ich bin genausowenig ein Spion wie Sie.«

»Vielleicht haben Sie Dinge gesagt oder getan, an die Sie sich nicht ohne weiteres erinnern«, schaltete sich der Neue wieder ein. »Warum gehen Sie nicht nach Hause und denken darüber nach? Schreiben Sie alles auf, was Sie getan und gesagt haben, gleichgültig wie trivial oder unbedeutend es erscheinen mag. Wir werden Ihnen reichlich Zeit geben. Wie wäre es mit zwei Wochen?«

»Und wenn ich zwei Jahre Zeit hätte! Ich habe nicht die Absicht, eine Geschichte zu erfinden«, entgegnete ich.

»Also gut, sagen wir zwei Wochen. Es ist schmerzlich, Irrtümer einzugestehen. Aber es muß sein. Unser Großer Führer hat einmal gesagt, ein Geständnis sei einer Operation vergleichbar. Die Operation ist schmerzhaft, aber man kann erst dann ein neuer Mensch werden, wenn man sie hinter sich gebracht hat. Sie wollen doch eine gute Staatsbürgerin unseres sozialistischen Staates sein, nicht wahr? Dann dürfen Sie nicht hinter den anderen zurückstehen. Wir wünschen, daß Sie ein Geständnis ablegen, nicht weil uns die Tatsachen nicht schon bekannt wären, sondern weil wir Ihnen eine Chance geben wollen, Ihre Aufrichtigkeit unter Beweis zu stellen.«

Ich hätte ihm am liebsten gesagt, er sei verrückt geworden, biß mir aber auf die Zunge und schwieg. Ich wollte den sinnlosen Dialog nicht noch verlängern.

Der Funktionär wertete mein Schweigen offenbar als Anzeichen dafür, daß ich seinem Wunsch entsprechen wollte, und entließ mich mit den Worten: »Es ist spät geworden. Gehen Sie nach Hause und denken Sie über das nach, was ich gesagt habe. Wir werden Sie in zwei Wochen anrufen.«

Ich kochte vor Zorn und Entrüstung, als ich das Gebäude verließ. Es war keine Rikscha zu sehen. Nachdem ich an der Bushaltestelle lange vergeblich gewartet hatte, machte ich mich zu Fuß auf den Heimweg.

Herr Hu hörte sich meine Geschichte schweigend an. Kaum hatte ich geendet, da trat Lao Tschao ein und sagte, das Essen sei angerichtet. Mein Koch hatte ein köstliches chinesisches Gericht zubereitet, weil er wußte, daß Herr Hu die europäische Küche nicht mochte. Während des Essens unterhielten wir uns nicht über das unerfreuliche Thema Kulturrevolution, sondern sprachen über meine Tochter und seine Kinder. Es erfüllte uns beide mit Stolz und Freude, daß sie sich trotz ihrer belastenden familiären Herkunft im sozialistischen China so erfolgreich zu behaupten schienen.

Als wir uns wieder ins Wohnzimmer begeben hatten, stellte ich Herrn Hu eine Frage, die mich die ganze Zeit über beschäftigt hatte, als ich bei meinen Inquisitoren war.

»Diese Männer machten auf mich den Eindruck, daß sie in jedem Fall ein Geständnis von mir wollen, auch wenn ich es erfinde. Kann das sein?«

»O ja, es ist ihnen gleichgültig, ob ein Geständnis echt oder falsch ist, Hauptsache, sie bekommen eins.«

»Aber was soll das? Bringt das nicht das größte Durcheinander, wenn jeder ein falsches Geständnis ablegt?«

Ich war wirklich verblüfft.

»Es ist ihre Aufgabe, Geständnisse zu bekommen. Wenn ihnen das nicht gelingt, könnte man sie beschuldigen, die Bewegung im Stich zu lassen. Das führt dazu, daß bei jeder Kampagne viele Menschen angegriffen und viele Geständnisse abgelegt werden. Später, wenn der Sturm sich gelegt hat, wird alles in Ruhe ausgewertet. Dann kann es passieren, daß einige rehabilitiert werden, denen man Unrecht getan hat.«

»Wie lange müssen sie auf ihre Rehabilitierung warten?« wollte ich wissen.

»Vielleicht mehrere Jahre. Vielleicht kommt es auch nie dazu. In jeder Organisation müssen etwa drei bis fünf Prozent aller Angehörigen zu ›Feinden‹ erklärt werden, weil der Vorsitzende Mao diesen Prozentsatz in einer seiner Reden erwähnt hat.«

»Wie schrecklich!« entfuhr es mir.

»Ja, es ist wirklich schlimm. Es gibt nämlich keinen so hohen Prozentsatz von Gegnern der Volksregierung. Um ihre Quoten zu erfüllen, beschuldigen die Parteifunktionäre oft Menschen, die sie einfach nicht leiden können, etwa Unzufriedene und Querulanten. Dennoch sollte niemand ein falsches Geständnis ablegen, wie sehr man ihn auch unter Druck setzen mag.« Herr Hu sagte dies mit großem Ernst. Er sah mich fest an, als wollte er sichergehen, daß ich seine Botschaft verstanden hatte.

Mir war klar, daß er nur gekommen war, um mir diesen Rat zu geben. Dann fuhr er fort: »Dies ist bei jeder politischen Kampagne meine Taktik gewesen. Es kommt immer ein Moment, in dem man die Grenze seiner Belastbarkeit erreicht und sich versucht fühlt, irgend etwas hinzuschreiben, wie unwahr es auch sein mag, nur um seine Inquisitoren zufriedenzustellen und sich selbst von dem unerträglichen Druck zu befreien. Man darf es trotzdem nicht tun. Parteifunktionäre werden sich nie mit einem Geständnis zufriedengeben. Sie werden immer neue Schuldgeständnisse verlangen, wie abwegig sie auch sein mögen, und immer stärkeren Druck ausüben, um das zu bekommen, was sie wollen. Am Ende hat man sich in ein Gestrüpp von Unwahrheiten verstrickt, aus dem man sich nicht mehr befreien kann. Ich habe das schon bei mehreren Menschen mitansehen müssen.«

Sein Ratschlag war angebracht und wertvoll. Ich war ihm dankbar, daß er sich die Mühe gemacht hatte, zu mir zu kommen. Seine Freundschaft zu meinem verstorbenen Mann, der ich diesen Rat zu verdanken hatte, rührte mich. Als er sicher zu sein glaubte, daß ich ihn verstanden hatte, erzählte er von seinen bitteren Erfahrungen mit politischen Kampagnen, aus denen er gelernt habe, mit ihnen umzugehen.

»Was halten Sie von dem Kommuniqué der ZK-Sitzung?« unterbrach ich ihn.

Er schüttelte den Kopf und seufzte. Nach einer Weile sagte er: »Der Vorsitzende Mao hat gewonnen. Das war nicht unerwartet.« Dann fügte er hinzu: »Der Beginn einer politischen Kampagne ist immer die schlimmste Zeit. Nach ein paar Monaten verliert der Orkan an Kraft, und nach einem Jahr etwa verebbt er dann.«

»Ein Jahr! Was für eine lange Zeit!« rief ich aus.

Herr Hu lächelte über meinen Ausbruch und sagte besänftigend: »Was ist für uns Chinesen schon ein Jahr? In den Jahrtausenden unserer Geschichte ist es nicht mehr als ein Augenblick. Für uns ist die Zeit nicht das gleiche wie für die Europäer, wie Sie natürlich genau wissen.«

»Man beschuldigt mich der Spionage, weil sie glauben, daß ich die Briten gut kenne.«

»Diese Anschuldigung ist nur ein Vorwand zur Täuschung der Massen. Früher oder später werden sie jeden verfolgen, dem sie nicht trauen, und jetzt halten sie wohl die Zeit für gekommen, sich mit Ihnen zu beschäftigen.«

Herr Hu stand auf, um zu gehen. Er bat mich, ihn jederzeit anzurufen, wenn ich ihn zu sprechen wünschte. Dann gab er mir noch einen letzten Rat: »Fast alle subalternen Parteifunktionäre leiden an einem Minderwertigkeitskomplex. Obwohl sie Macht über uns haben, empfinden sie doch ein tiefes Gefühl der Unterlegenheit. Das ist höchst unerfreulich, weil einige von ihnen meinen, nur dadurch Selbstbestätigung zu finden, daß sie uns das Leben zur Hölle machen oder uns demütigen. Sollte man Sie verhören, so müssen Sie fest bleiben, aber zugleich höflich sein. Enthalten Sie sich jeder Provokation! Diese Leute können boshaft und niederträchtig sein. Und sehr grausam.«

»Kriecherei ist mir zuwider. Ich danke Ihnen aber für die Warnung. Ich werde daran denken«, sagte ich und bemühte mich, gegen meine Bedrückung anzukämpfen. Meine eigenen Sorgen beschäftigten mich so sehr, daß ich mich erst jetzt nach seinem Wohlergehen erkundigte.

Gleichmütig, doch mit resignierter Miene, sagte er: »Ich bin unter die Arbeiter gegangen. Man hat einen anderen zu meinem Nachfolger ernannt. Als ich dem Parteisekretär mein Rücktrittsgesuch überreichte, sagte ich ihm, daß mich mein Klassenstatus als ehemaliger Kapitalist für eine Führungsposition ungeeignet mache.«

Die Vorstellung, daß er jetzt in seiner eigenen Fabrik als einfacher Arbeiter tätig war, erschütterte mich. Er war jedoch ohne Bitterkeit.

»Es ist gar nicht so schlecht«, fuhr er fort. »Als die Kommunistische Partei in der Sowjetunion an die Macht kam, wurden meines Wissens alle Kapitalisten erschossen. Ich bin noch am Leben und kann mich um alle drei Generationen meiner Familie kümmern. Ich habe den Parteisekretär gebeten, mir die einfachste Arbeit zuzuweisen. Heute bin ich also nichts als ein Kuli, verlade Fässer mit Rohmaterial oder schiebe Kohlekarren. Auf jemanden, der solche Arbeit verrichtet, kann niemand neidisch oder eifersüchtig sein. Ich schien dem Parteisekretär sogar leid zu tun, als ich ihn um eine solche Tätigkeit bat. Wir sind stets gut miteinander ausgekommen.«

Mir fiel ein, daß mein Mann einmal gesagt hatte, Herr Hu und sein Parteisekretär kämen deshalb gut miteinander aus, weil Hu die Arbeit mache und der Parteisekretär den Ruhm einstreiche. Ihre Fabrik gewann Jahr für Jahr die Rote Fahne für gutes Management und hohe Produktionszahlen.

»Warum wollen Sie ein Kuli sein? Mit Ihrem Wissen und Ihrer Erfahrung könnten Sie doch weit nützlichere Arbeit leisten, selbst als Arbeiter.«

Er machte eine abwehrende Handbewegung. »Es ist manchmal gar nicht so schlecht, Kuli zu sein. Wir Kulis arbeiten meist außerhalb der Fabrik. Sollte etwas schiefgehen, kann mich niemand beschuldigen, Sabotage geübt zu haben. Ein Ex-Kapitalist steht immer ganz oben auf der Liste der Verdächtigen, wenn es zu einer politischen Kampagne kommt und jeder nervös ist.«

Mit dieser scharfsinnigen Bemerkung verabschiedete er sich. Als wir uns die Hände schüttelten, ermunterte er mich: »Bleiben Sie gesund und versuchen Sie, lange zu leben. Wenn Sie lange genug leben, könnte es sein, daß Sie einen Wandel in unserem Land erleben werden.«

Der Haltung meiner Diener konnte ich entnehmen, daß sie über Herrn Hus Besuch erleichtert waren. Als ich nach oben in mein Schlafzimmer ging, war Tschen Mah gerade dabei, meinen Morgenmantel und meine Hausschuhe zurechtzulegen. Sie riet mir, jeden Ratschlag von Herrn Hu anzunehmen, der ein guter Freund und ein Gentleman sei.

Es war tröstlich gewesen, mit einem mitfühlenden Menschen zu sprechen. Ich war jetzt entschlossener denn je, nichts Falsches zu schreiben, nur um den Forderungen der Parteifunktionäre nachzukommen.

Nachdem ich ein paar Tage nichts von meinen Inquisitoren gehört hatte, war mein Gleichgewicht einigermaßen wiederhergestellt. Am 18. August hatte Meiping Geburtstag. Ich beschloß, den Tag mit einer kleinen Dinnerparty zu feiern, um die Schwermut zu verjagen, die sich auf unser Haus gelegt hatte. Ich bat Meiping, ein paar Freunde einzuladen, und rief meine alte Freundin Li Tschen an, um auch sie dabeizuhaben.

Ich hatte Li Tschen im Herbst 1935 als Studentin in London kennengelernt. Sie hatte am Royal College of Music gerade ihr Examen gemacht. Kurz darauf heiratete sie einen chinesischen Regierungsbeamten und kehrte mit ihm nach China zurück. Sie wurde Professorin an ihrer alten Hochschule, dem Schanghaier Konservatorium, wo sie für die Klavier-Ausbildung zuständig war. Ihr Mann, Su Lei, der Sohn eines reichen chinesischen Kaufmanns aus Hongkong, hatte an britischen Schulen und Universitäten eine westlich-liberale Ausbildung genossen. Die koloniale Atmosphäre Hongkongs, in der er aufwuchs und die er haßte, sowie die enthusiastischen Berichte über eine neue Sowjet-Gesellschaft aus den Federn prominenter britischer Schriftsteller und Dozenten, die in den frühen dreißiger Jahren die britischen Universitäten überfluteten, prägten ihn. Er wurde ein glühender Patriot und gleichzeitig ein gläubiger Marxist.

Als die kommunistische Armee auf Schanghai marschierte, erklärte Su Lei begeistert, in China stehe ein neues Zeitalter der nationalen Erhebung und einer ehrlichen Regierung unmittelbar bevor. Er weigerte sich, mit der Kuomintang nach Taiwan zu gehen, versuchte, auch seine Freunde zum Bleiben zu bewegen, und begrüßte die kommunistische Machtübernahme überschwenglich. Doch bereits 1950, während der Kampagne gegen die Konterrevolutionäre, die sich auch auf die Universitäten erstreckte, verlor Li Tschen ihre leitende Stellung am Konservatorium. Su Lei entdeckte zu seiner Überraschung, daß der Parteifunktionär, der zu ihrem Nachfolger ernannt wurde, nicht einmal Noten lesen konnte. Ein schlimmerer Schlag kam 1953, als Mao Tse-tung die »Drei-« und »Fünf-Anti«-Kampagnen gegen Korruption und Bestechlichkeit ausrief, deren Zielscheibe Schanghaier Industrielle und Beamte wie Su Lei waren, die für die Wirtschaftsbehörden der Kuomintang-Regierung gearbeitet hatten. Obwohl alle Unterlagen seine absolute Unbestechlichkeit bewiesen, wurde Su Lei in seinem Büro eingesperrt, verhört, auf Kampfversammlungen angeprangert und verhaftet.

Ein Mann wie Su Lei überstieg das Vorstellungsvermögen eines chinesischen Kommunisten, in dessen Augen das Verlangen nach revolutionärer Veränderung ausschließlich den Armen und Unterdrückten vorbehalten war. Wegen des Korea-Krieges und des amerikanischen Boykotts gegen China war die Volksregierung jedoch bestrebt, den Handel mit Hongkong auszubauen. Su Leis reiche Verwandte in der britischen Kronkolonie nutzten diese Gelegenheit, um in direkten Verhandlungen mit Peking seine Freilassung zu erreichen. Den Behörden in Schanghai blieb keine Wahl, als ihm die Ausreise mit seinen beiden Kindern zu gestatten.

Da ihr Versuch mißlungen war, den Sohn reicher Eltern, der es gewagt hatte, sich den stolzen Mantel des Marxisten umzuhängen, zur Rechenschaft zu ziehen, verweigerten die kommunistischen Funktionäre in Schanghai Li Tschen die Ausreisegenehmigung, so daß sie ihren Mann und die Kinder nicht begleiten konnte. Man benutzte den Vorwand, ihre Arbeit am Konservatorium erfordere ihr Verbleiben in Schanghai. Sie sah ihren Mann nicht mehr lebend wieder. Als er 1957 in Hongkong starb, erhielt sie in der etwas freizügigeren Atmosphäre nach dem Achten Parteikongreß von 1956 jedoch eine Reiseerlaubnis nach Hongkong, um an seiner Beisetzung teilzunehmen und ihre Kinder zu besuchen. Sie blieb dort bis 1960, als man sie zur Rückkehr ans Konservatorium aufforderte, dem sie lebenslang verbunden blieb. In der Zwischenzeit hatte ein Onkel ihre Kinder nach Australien geholt.

Als Li Tschen nach Schanghai zurückkehrte, litt die Stadt unter einer schweren Lebensmittelknappheit, dem Ergebnis der katastrophalen Wirtschaftspolitik des »Großen Sprungs nach vorn«, einer 1958 von Mao ausgerufenen Kampagne. Vor den Schanghaier Polizeiwachen bildeten sich schon bei Tagesanbruch lange Schlangen von Menschen, die auf Ausreisegenehmigungen warteten. Das brachte die Behörden so in Verlegenheit, daß sie Li Tschens Rückkehr aus dem wohlhabenden Hongkong ins hungernde Schanghai propagandistisch ausschlachteten. Ich las darüber in der Lokalzeitung, die normalerweise nur über die Besuche prominenter Parteifunktionäre oder ausländischer Würdenträger berichtete. Man pries Li Tschen als wahre Patriotin und ernannte sie zur Delegierten der Politischen Konsultativkonferenz, eines Gremiums handverlesener Künstler, Schriftsteller, religiöser Führer, prominenter Industrieller und ehemaliger Kuomintang-Beamter, deren Aufgabe es war, die jeweilige Regierungspolitik zu unterstützen und zu propagieren, anderen Menschen ähnlicher Provenienz ein Beispiel zu geben und an dem Trugbild mitzuwirken, als stünden alle Teile der Bevölkerung geschlossen hinter der Politik der Kommunistischen Partei. Als Gegenleistung gewährte die Regierung den Mitgliedern dieses Gremiums ein paar kleinere Privilegien, etwa bessere Wohnverhältnisse oder den Zugang zu einem besonderen Restaurant, in dem rationierte Lebensmittel auch ohne Lebensmittelkarten erhältlich waren.

Die kommunistischen Funktionäre belohnten einen Menschen ausschließlich für seine Nützlichkeit, nicht für seine Tugend, obwohl sie viel von Tugend sprachen. Li Tschen war Mitglied der Konsultativkonferenz geworden, als China unter schweren wirtschaftlichen Rückschlägen litt. Jetzt, da diese Krise der Vergangenheit angehörte, war es mit ihrer Nützlichkeit für die Behörden vorbei. Überdies sah die Partei es gern, wenn man sich für ihre Gunstbeweise mit servilem Gehorsam und wortreicher Glorifizierung der Parteipolitik dankbar zeigte. Li Tschen war zu beidem völlig unfähig. Sie erzählte mir, daß sie solche Versammlungen sterbenslangweilig finde und immer geschwiegen habe, wenn von ihr erwartet worden sei, Loblieder auf Maos Kultur- und Erziehungspolitik zu singen. Ihre mangelnde Begeisterung für den ihr als Mitglied der Politischen Konsultativkonferenz zugewiesenen Part mußte die Parteifunktionäre irritieren.

Diese Gedanken gingen mir durch den Kopf, als ich Li Tschen anrief. Ich freute mich sehr, als sie meine Einladung zum Essen annahm.

Als ich am frühen Morgen des 18. August aufstand, war Tschen Mah schon fortgegangen. Als gläubige Buddhistin besuchte sie an diesem Tag immer den Tempel in Tsching-En-Tse, um ein besonderes Gebet für Meiping zu sprechen, an der sie sehr hing. Da sie wohl der

Meinung war, ich würde als Christin diese Tempelbesuche mißbilligen, verschwand sie morgens meist in aller Frühe aus dem Haus und kehrte lautlos zurück, sicher in der Hoffnung, ich würde ihre Abwesenheit nicht bemerken. Ich respektierte dies und stellte mich ahnungslos.

Während ich mich im Eßzimmer um die Blumenarrangements kümmerte, kehrte Tschen Mah zurück. Ich hörte sie in der Küche mit ungewöhnlich aufgeregter Stimme mit dem Koch sprechen. Als sie in die Halle kam, sah ich, daß sie sich mit dem Taschentuch die Augen wischte.

»Was ist passiert, Tschen Mah?« rief ich ihr zu.

Sie schwieg, trat aber zu mir ins Zimmer. »Was ist beim Tempel passiert?« fragte ich sie nun und durchbrach meine Zurückhaltung in dieser Sache.

Sie setzte sich auf einen Stuhl und brach in Tränen aus. »Sie zerstören den Tempel«, schluchzte sie.

»Wer zerstört den Tempel? Doch bestimmt nicht die Regierung!«

»Junge Leute. Vermutlich Studenten. Sie sagten, der Vorsitzende Mao habe ihnen befohlen, dem Aberglauben ein Ende zu machen. Sie sagten auch, die Mönche seien Konterrevolutionäre und Gegner des Vorsitzenden Mao.«

»Und wie haben die Mönche reagiert?« wollte ich wissen.

»Gar nicht. Die Studenten haben sie umringt. Manche wurden geschlagen. Als ich dort ankam, sah ich sie auf dem Innenhof flach auf dem Boden liegen. Es gab viele Zuschauer. Einer von ihnen sagte mir, die Studenten würden den Tempel zerstören und die Schriften verbrennen, wie sie es schon an anderen Orten getan hätten. Ich habe selbst gesehen, wie einige Studenten auf das Dach kletterten und die Dachziegel herunterwarfen«, schluchzte Tschen Mah, während sie sich die Tränen abwischte.

»Bitte, Tschen Mah, du darfst dich nicht so aufregen. Du kannst auch zu Hause beten. Die christlichen Kirchen sind schon seit ein paar Jahren geschlossen. Die Christen beten alle zu Hause. Das kannst du doch auch, nicht wahr? Jedenfalls darfst du an Meipings Geburtstag nicht weinen.«

»Ja, natürlich darf ich an Meipings Geburtstag nicht weinen. Aber es ist so empörend, eine so sinnlose Zerstörung mitanzusehen.« Sie steckte ihr Taschentuch ein und verließ das Zimmer.

Dann kam der Koch herein, um sich zu beklagen, daß mehrere Lebensmittel, die er hatte einkaufen sollen, nicht erhältlich waren. Auch seien er und andere Köche auf dem Markt verhöhnt worden, weil sie für die Reichen arbeiteten.

»Wahrscheinlich hat es ihnen nicht gefallen, daß du mehr gekauft hast, als sie sich leisten können. Laß dich davon bitte nicht beeindrukken. Und für die Party nimm einfach das, was du bekommen hast. Ich bin sicher, daß du auch so ein gutes Geburtstagsessen zustande bringst«, versuchte ich ihn zu beruhigen.

Das Erlebnis meines Kochs auf dem Markt konnte ich mir noch mit dem durch massive Propaganda geweckten Klassenhaß gegen »die Reichen« erklären. Was jedoch im Tempel geschehen war, überraschte mich sehr, denn die Tempel unterstanden dem Staat. Die Mönche waren sogar Staatsangestellte. Falls die Regierung beschlossen hätte, ihre Kirchenpolitik zu ändern, hätte sie den Tempel schließen und die Mönche zu anderen Arbeiten zwingen können, wie sie es schon früher beim »Großen Sprung nach vorn« getan hatte. Der Tempel von Tsching-En-Tse war bislang sogar eine Sehenswürdigkeit für offizielle Besucher aus Südostasien gewesen, um im Ausland den Eindruck zu erwecken, als toleriere China den Buddhismus. Ich erinnerte mich, in der Zeitung gelesen zu haben, daß der Tempel nach der Kampagne »Großer Sprung nach vorn« wiedereröffnet worden war und daß man die Mönche hatte zurückkehren lassen. Ich fragte mich, warum man den Studenten erlaubt hatte, so zu wüten, und ob die Stadtverwaltung von Schanghai wußte, was in Tsching-En-Tse vorging.

Um sechs Uhr kam Li Tschen. Mit ihrem schneeweißen Haar und ihrem ruhigen Lächeln sah sie stets wie das Sinnbild geistiger Autorität, Würde und Vornehmheit aus. Nur ihre alten Freunde wie ich wußten, daß sich hinter ihrem gefaßten Äußeren eine große Empfindsamkeit verbarg, daß sie durch Ereignisse, die einen normalen Menschen relativ unberührt ließen, in Euphorie oder tiefe Depression versetzt werden konnte.

Li Tschen war eine große Künstlerin und eine fähige Lehrerin. Seit undenklichen Zeiten hatte der traditionelle Respekt der Chinesen vor ihren Lehrern diesen einen besonderen Platz in der Gesellschaft gesichert. Ein guter Lehrer, der sein Leben der Erziehung widmet, wurde immer mit einem fruchtbaren Baum verglichen, ein Vergleich, der auf Li Tschen wahrlich zutraf, deren viele ehemalige Studenten in ganz

China als Konzertpianisten, Begleiter und Lehrer tätig waren. Mehrere hatten internationale Klavier-Wettbewerbe gewonnen und auch im Ausland Anerkennung gefunden. Ich mochte Li Tschen sehr und bewunderte ihre totale Hingabe an die Musik und an ihre Studenten. Seit ihrer Rückkehr aus Hongkong hatten wir uns viel gesehen. Sie brachte oft ihre Noten mit und verbrachte manchen Abend bei mir, um sich meine Schallplatten anzuhören. Ich wußte, daß sie sich oft einsam fühlte und ihre Kinder vermißte. Seit Liu Schao-tschi 1960 Staatspräsident geworden war und Mao sich aus der aktiven Regierungsarbeit zurückgezogen hatte, war China glücklicherweise von größeren politischen Kampagnen verschont geblieben, so daß Li Tschen mit ihren Kindern in Australien hatte korrespondieren können.

Nachdem Lao Tschao uns Eistee serviert und alleingelassen hatte, fragte ich Li Tschen, wie es ihr am Konservatorium ergehe.

»Ich fürchte, nicht so gut«, erwiderte sie traurig. »Jeder Unterricht hat aufgehört. Man erwartet von uns, daß wir unsere gesamte Zeit der Kulturrevolution widmen. Jeder muß Wandzeitungen schreiben. Professoren wie ich müssen auch Selbstkritiken verfassen und die gegen uns gerichteten Wandzeitungen lesen.«

»Gibt es viele gegen dich?« fragte ich besorgt.

»Gegen Professoren wird mehr geschrieben als gegen andere. Ich weiß nicht, ob ich mehr kritisiert werde als andere Professoren. Ich habe die Wandzeitungen nicht gezählt. Bis jetzt hat es aber keine Kampfversammlung gegen mich gegeben. Meine persönliche Geschichte ist vergleichsweise einfach. Ich habe noch nie etwas anderes getan, als am Konservatorium zu unterrichten.«

»Hat es gegen andere Professoren am Konservatorium Kampfversammlungen gegeben?«

»Ja, einige. Eine richtete sich gegen ein ehemaliges Mitglied der Kuomintang, eine weitere gegen einen ehemaligen Rechtsabweichler. Die übrigen Betroffenen kommen aus anderen Fakultäten; ihre persönliche Geschichte kenne ich nicht. Die beiden Erwähnten sind schon bei früheren politischen Kampagnen angegriffen worden«, berichtete Li Tschen und fuhr wütend fort: »Ich hasse Kampfversammlungen. Irgendwie benehmen sich alle plötzlich wie Wilde.«

»Glaubst du, daß sie dich in Ruhe lassen?«

»Ich habe nie gegen die Kommunistische Partei opponiert. Ich bin durch und durch unpolitisch. Nachdem ich am Konservatorium mein

Examen gemacht hatte, bin ich nach England gegangen, um weiterzustudieren. Nach meiner Rückkehr habe ich am Konservatorium unterrichtet. Es gibt nichts, was die Partei nicht über mich weiß. Dann sollte ich doch sicher sein, oder? Aber ich weiß nicht, was passieren wird. Diese politische Kampagne scheint sich durch irgend etwas von früheren zu unterscheiden.«

»Inwiefern?« wollte ich wissen.

»Es ist das Auftreten der Parteifunktionäre. Bei früheren Kampagnen traten sie so selbstsicher auf. Sie stürzten sich voller Selbstbewußtsein hinein. Diesmal scheinen sie nervös zu sein. Es hat fast den Anschein, als seien sie nicht wirklich bei der Sache. Die Tatsache, daß sie ihre Angriffe auf Personen beschränken, die schon früher angegriffen worden sind, scheint darauf hinzudeuten, daß sie das Ausmaß der Angriffe begrenzen wollen. Vielleicht sind sie nach dem Fehlschlag von Maos ›Großem Sprung nach vorn‹ nicht mehr sicher, ob man sich immer darauf verlassen kann, daß Mao mit seinem Vertrauen in politische Kampagnen als dem Motor des Fortschritts richtig liegt.«

Was Li Tschen mir erzählte, war für mich sehr aufschlußreich. Zu diesem Zeitpunkt wußten wir natürlich noch nicht, daß die Proletarische Kulturrevolution in Wahrheit ein Machtkampf zwischen den Maoisten und den gemäßigteren Kräften um Liu Schao-tschi und Deng Hsiao-ping war. Erst später wurde bekannt, daß der oberste Parteisekretär am Konservatorium zur Fraktion Liu Schao-tschis gehörte. Er wurde von Tschiang Tschings Revolutionären ermordet, nachdem sie einen ihrer Günstlinge, einen jungen Mann, als Parteisekretär am Konservatorium eingesetzt hatte.

»Die von Mao verordneten Wandzeitungen scheinen mir eine große Verschwendung zu sein. Am Konservatorium sind Berge von Papier, Tausende von Schreibfedern und Tintenflaschen verbraucht worden. Als wir aber neue Lampen in den Unterrichtsräumen oder neue Musikinstrumente brauchten, war nie Geld da«, fuhr Li Tschen nach einigem Schweigen fort.

»Was steht eigentlich in den gegen dich gerichteten Wandzeitungen?« unterbrach ich sie.

»Die übliche Kritik an meiner Ausbildung in England, daran, daß ich die Kinder nach Australien geschickt habe, und auch an meinen Unterrichtsmethoden. Als wir zur Sowjetunion noch freundschaftliche Beziehungen unterhielten, drängte man uns, westliche Musik zu lehren und die Studenten auf die Teilnahme an internationalen Wettbewerben vorzubereiten. Nach dem Bruch mit der Sowjetunion begann Mao mit seiner Kritik an der westlichen Musik. Von da an durften wir im Unterricht nur noch chinesische Kompositionen verwenden. Es gibt aber so wenige davon. Ich habe die Hälfte meiner Zeit damit zugebracht, nach Unterrichtsmaterial zu suchen. Schon jetzt ist es schwierig genug, als Dozentin weiterzumachen. Und nun hetzt man meine Studenten auch noch gegen mich auf. Einer hat mir sogar anvertraut, daß sie Wandzeitungen gegen mich schreiben müssen, um sich selbst zu schützen.«

»Genau das vermute ich auch«, versuchte ich sie zu beruhigen. »Du darfst es dir nicht zu Herzen nehmen. Den Armen bleibt gar keine andere Wahl.«

»Es macht mich aber sehr traurig. Ich habe fast das Gefühl, als wäre mein ganzes Leben vergeblich«, seufzte Li Tschen.

»Zermartere dir deshalb nicht den Kopf! Während des ›Großen Sprungs nach vorn‹ von 1958 mußten alle Schüler in Meipings Schule, die aus ›Kapitalisten-Familien‹ stammten, ihre familiäre Herkunft kritisieren. Ich habe ihr damals gesagt, sie solle mich ruhig kritisieren. Das hat sie auch getan. Die Lehrerin und ihre Mitschüler haben ihr applaudiert. Es ist nur eine Formsache. Es ist reine Schauspielerei. Laß dir dadurch nicht das Leben schwermachen.«

»Ich fürchte, ich kann die Sache nicht so leicht abtun wie du«, erwiderte Li Tschen. »Es ist so ungerecht!«

»Bietet dir nicht deine Stellung als Delegierte der Politischen Konsultativkonferenz einigen Schutz?« wollte ich wissen.

»Wie ich höre, wollen die Maoisten dieses Gremium abschaffen«, antwortete sie resigniert. »Sie nennen es eine Organisation von Radieschen, außen rot, aber innen weiß. Sie behaupten, alle Delegierten führten sich auf, als würden sie die Kommunistische Partei unterstützen, in Wahrheit seien sie aber Gegner der Partei.«

Als ich ihr erzählte, daß auch ich mich an der Kulturrevolution beteiligen müsse, reagierte sie genau wie zuvor Winnie mit den Worten: »Nachdem Shell seine Niederlassung geschlossen hat, glauben die Parteibonzen wohl, die Gelegenheit nutzen zu sollen, um dich einzuschüchtern, damit sie dich künftig leichter kontrollieren können. Ich glaube aber nicht, daß man dich ernsthaft verfolgen wird. Sie können kein Geld sparen, indem sie dir das Gehalt kürzen, da du nicht von der

Regierung bezahlt wirst. Sie können dich nicht entlassen, da du nicht für sie arbeitest. Ich glaube kaum, daß sie dir mehr antun können, als dir Angst einzujagen.«

»Hoffentlich hast du recht«, beschwor ich gerade ihre Worte, da ging die Tür auf.

Meiping erschien mit vier ihrer jungen Freunde: Kung, einem gutaussehenden Schauspieler aus ihrem Filmstudio, dessen Vater in den dreißiger Jahren ein berühmter Filmregisseur gewesen war; Tschang, einem Geiger des städtischen Orchesters; ihrem Freund Sun Kai, Mathematikdozent an einer Technischen Hochschule; und meiner Patentochter Hean, die schon in Australien Meipings Freundin gewesen war. Sie interessierten sich alle sehr für Musik und kamen oft in unserem Haus zusammen, um sich unsere Stereoplatten anzuhören.

Junge Menschen besitzen eine bewundernswerte Unbekümmertheit. Obwohl alle aus Familien kamen, die der Kulturrevolution vermutlich nicht ungeschoren entrinnen würden, wurde diese mit keinem Wort erwähnt. Sie lachten und unterhielten sich während der ganzen Mahlzeit über Musik und Bücher. Als Meiping den Rest ihrer großen Geburtstagstorte in die Küche brachte, um sie mit den Dienern zu teilen, gewann sogar Tschen Mah ihre gewohnte gute Laune wieder. Ich hörte, wie sie Meiping sanft dafür tadelte, daß sie sich Schokolade von den Fingern leckte. Als die Mahlzeit beendet war, zogen sich Meiping und ihre Freunde zurück, um sich ihrer Lieblingsbeschäftigung hinzugeben, dem Hören von Schallplatten.

Li Tschen und ich gingen in den Garten. Lao Tschao stellte zwei Korbstühle auf den Rasen, legte Kissen darauf und zündete ein paar Räucherstäbchen zur Vertreibung der Mücken an, die er zwischen die Stühle auf ein Tischchen stellte. Dann brachte er uns Chrysanthemen-Tee in Deckeltassen. Durch das Fenster drang die sanfte Musik eines Violinkonzerts. Ich machte es mir im Stuhl bequem und schaute schläfrig in den sommerlichen Sternenhimmel.

»Du führst wirklich ein schönes Leben. Du bringst es fertig, das Beste aus der westlichen wie aus der chinesischen Welt zu genießen, nicht wahr?« hörte ich Li Tschen neben mir sagen. »Ich frage mich, ob es nicht das ist, was die Funktionäre irritiert.«

»Möglich. Die Leute, die mich verhören, scheinen mich wirklich zu hassen. Meinst du, sie glauben wirklich, daß die Arbeiter und Bauern in China nur unseretwegen arm sind?«

»Ich glaube, sie sind einfach nur neidisch. Es können nicht alle Menschen das gleiche Leben führen. Ich habe eine große Wohnung. Das Konservatorium hat sie mir zur Verfügung gestellt. Das zeigt doch, daß sie nicht von allen erwarten, auf die gleiche Weise zu leben«, sagte Li Tschen ruhig. Sie schien jetzt entspannter als vor dem Essen.

»Natürlich, du bist anders als die Masse. Du hast für das Land so viel getan. Hunderte junger Menschen sind durch deine Hände gegangen. Jeder von ihnen hat etwas mitgenommen, das du ihm beigebracht hast. Ist das nicht wundervoll?«

Ich bewunderte meine Freundin Li Tschen aufrichtig.

»Im Konservatorium höre ich niemanden so von mir sprechen. Dort ist nur davon die Rede, daß ich dekadente westliche Musik gelehrt hätte, um die Seelen der Jugend zu vergiften. Sie denken keinen Augenblick daran, daß ich das nicht hätte tun können, wenn die Regierung es verboten hätte. Unser gesamtes Lehrmaterial mußte vom Parteisekretär genehmigt werden. Und sie scheinen zu vergessen, daß sie mich Anfang der fünfziger Jahre, als China noch mit der Sowjetunion befreundet war, geradezu gedrängt haben, westliche Musik zu unterrichten.« Li Tschen war entrüstet und aufgewühlt wie zuvor. Ich wünschte, ich hätte ihre Arbeit nicht mehr erwähnt. Um sie abzulenken, fragte ich sie nach ihren Kindern.

»Sie scheinen so weit fort zu sein, besonders jetzt, wo sie verheiratet sind«, seufzte sie.

»Hast du keine Sehnsucht nach ihnen?«

»Oh, und ob! Aber was hat es für einen Sinn, jetzt daran zu denken. Die Regierung wird mir vielleicht nie einen Reisepaß für Australien geben. Und die Kinder werden bestimmt nicht herkommen.«

»Vielleicht hättest du nicht aus Hongkong zurückkehren sollen«, sagte ich.

»Damals schien es das Beste zu sein. Du weißt, daß ich sehr am Konservatorium hänge. Ich bin dort ausgebildet worden und habe dort gearbeitet. Neben den Kindern ist das wirklich das Wichtigste in meinem Leben. Viele meiner Kollegen haben mit mir zusammen dort studiert. Sie haben mir alle geschrieben. Meine Studenten haben mir geschrieben. Der Parteisekretär hat mir geschrieben. Jeder sagte, man brauche mich am Konservatorium, und so bin ich zurückgekommen.«

»Was hat Su Leis Familie dazu gesagt, daß du wieder zurückgehen wolltest?«

»Nach seinem Tod haben sie sich nicht sehr um mich gekümmert. Die meisten von ihnen haben sich jetzt in Australien niedergelassen. Sie sind eine Familie, die eng zusammenhält. Die Onkel sind der Meinung, daß unsere Kinder eher zu ihrer Familie gehören als zu mir. Wenn ich nicht in der Lage wäre, mich selbst zu ernähren, würden sie natürlich für mich sorgen. Aber ich fand die Atmosphäre dort ein bißchen stickig.«

Li Tschens letzte Worte wurden durch plötzlichen Lärm von Trommeln und Gongs übertönt, der von der Straße herüberschallte. Lao Tschao kam herbeigeeilt und rief: »Draußen marschieren Studenten vorbei.«

Auch Meiping und ihre Freunde kamen nun herbei. Kung, der junge Schauspieler, stand auf der Terrasse und sagte: »Es sind wahrscheinlich die Roten Garden. Vor ein paar Tagen hat Tschiang Tsching sie in der Großen Halle des Volkes in Peking empfangen. Das bedeutet, daß der Vorsitzende Mao die Organisation der Roten Garden gebilligt hat.«

»Wer hat sie denn ins Leben gerufen?« fragte ich ihn. »Ich habe noch nie von einer Organisation namens Rote Garden gehört.«

»Es ist eine Neugründung für die Kulturrevolution. Angeblich soll Tschiang Tsching dahinterstehen. Jemand hat mir gesagt, daß sie insgeheim ein paar Schüler des Tsching-Hua-Gymnasiums organisiert und dann behauptet hat, es sei ein spontaner Einfall der Schüler gewesen. Da sie die Frau des Vorsitzenden ist, nahm die Sache Gestalt an. Jetzt tritt sie als Vertreterin des Vorsitzenden auf und hat den Roten Garden offizielle Anerkennung verliehen«, sagte Kung. Dann lachte er und fuhr fort: »Mein Vater sagt immer, daß sie früher eine mittelmäßige Schauspielerin gewesen ist. Sie scheint sich gemacht zu haben.« (Als Tschiang Tsching später mit ihren »Feinden« in der Welt des Films abrechnete, mußte Kungs Vater eine schreckliche Zeit durchleiden. Kung selbst erhielt unter Hinweis auf seinen Vater jahrelang keine Rollen mehr.)

Am nächsten Tag las ich in der Zeitung, daß Mao Tse-tung am 18. August in Peking das erste Kontingent der Roten Garden abgenommen hatte. Auf der Titelseite war ein großes Foto von Mao in der Khaki-Uniform eines Offiziers der Volksbefreiungsarmee mit einer roten Armbinde, auf der die drei chinesischen Schriftzeichen für »Rote Garden« – *hong wei bing* – in seiner eigenen Handschrift zu sehen waren. Von der Empore des Tien-An-Men-Platzes (am Tor des

Himmlischen Friedens der Verbotenen Stadt) hatte er den Rotgardisten zugelächelt und zugewinkt, während er von den auf dem Platz versammelten Jugendlichen tosende Ovationen erhielt. Seine besondere Botschaft an die Roten Garden: Sie sollten die Fackel der Kulturrevolution in die entferntesten Winkel Chinas tragen und das Ziel der Revolution bis zum Ende verfolgen. Die jungen Menschen ganz Chinas nahmen die Botschaft des Mannes entgegen, den zu bewundern sie erzogen worden waren. In jenem frühen Stadium der Kulturrevolution blieb das erklärte Ziel noch auf die »kapitalistische Klasse« beschränkt. Auf sie konzentrierten die Roten Garden ihren Angriff.

An jenem Abend defilierten immer neue Gruppen junger Schüler und Studenten an unserem Haus vorbei, schlugen Trommeln und Gongs und schrien Parolen. Meiping und ihre Freunde gingen hinaus, um sich die Parade anzusehen; Li Tschen und ich zogen uns in mein Arbeitszimmer zurück. Der Lärm von der Straße war so laut, daß wir uns kaum unterhalten konnten. Als Meiping allein ins Haus zurückkehrte, berichtete sie, daß die Studenten Mao-Porträts mit sich führten und Parolen wie »Schützt den Vorsitzenden Mao« oder »Wir werden den Vorsitzenden Mao mit unserem Leben beschützen« riefen.

»Wer soll ihn denn bedrohen?« fragte ich. Niemandem von uns fiel darauf eine Antwort ein. In seiner entrückten Position als Halbgott schien Mao jenseits menschlicher Reichweite zu sein.

Ich dachte gerade an Stalin in seinen letzten Lebensjahren, in denen er so viele Menschen verdächtigte, ihm nach dem Leben zu trachten, als Li Tschen sagte: »Eines der Symptome des Altersschwachsinns ist Mißtrauen, und das zweite ist Paranoia.«

»Oh, mein Gott!« murmelte ich.

Li Tschen, Meiping und ich standen in meinem Arbeitszimmer und starrten uns sprachlos an. Wir waren ziemlich erschrocken, weil uns plötzlich die furchtbare Realität aufging, daß jedermann in China, wir selbst eingeschlossen, den Launen Maos ausgeliefert war.

Nach einer Weile sagte Li Tschen: »Ich muß gehen. Wir werden mit der Zeit schon erfahren, was das alles auf sich hat.«

»Ich bringe Tante Li nach Hause«, erbot sich Meiping. »Ich glaube, Busse fahren jetzt nicht. Die Straßen sind von den Marschierern übernommen worden.«

Ich brachte die beiden zum Gartentor. Gruppen Jugendlicher mit bunten Spruchbändern, Mao-Porträts, Trommeln und Gongs marschierten an meinem Haus vorbei die Straße hinunter. Alle paar Meter rief ein Anführer Parolen aus, worauf die anderen laut einfielen. Alle jungen Marschierer trugen Armbinden aus roter Baumwolle mit der Aufschrift »Rote Garden«, die Maos Handschrift nachahmte. Der Aufmarsch schien mir gut organisiert und sorgfältig gelenkt zu sein, keineswegs eine spontane Demonstration. Dahinter steht die lenkende Hand der Obrigkeit, dachte ich.

Li Tschen und ich verabschiedeten uns. Dann ging sie neben Meiping, die ihr Fahrrad schob, davon. Ich stand da und sah ihnen nach, bis die marschierenden Rotgardisten Li Tschens schneeweißes Haar meinen Blicken entzogen.

Das war das letzte, was ich von meiner lieben alten Freundin sah. Einen Monat später, als ich bereits unter Hausarrest stand, beging sie nach einem besonders demütigenden Erlebnis Selbstmord. Die Roten Garden hatten am Eingangstor des Konservatoriums in etwa einem Meter Höhe einen Balken angebracht und sie gezwungen, unter ihm hindurchzukriechen, um zu demonstrieren, daß sie wegen ihrer Ausbildung in England »ein Lakai der britischen Imperialisten« sei. Anschließend hatten sie eine Kampfversammlung veranstaltet, um sie zu dem Geständnis zu zwingen, daß sie »westliche Musik liebe«. Am nächsten Tag wurde sie an ihrem Klavier sitzend tot aufgefunden. Sie hatte den Gashahn aufgedreht. Sie hinterließ einen kurzen Abschiedsbrief, in dem nur ein Satz stand: »Ich habe für meine Studenten mein Bestes gegeben.«

Die Diener hatten sich schon zurückgezogen, so daß ich unten auf Meiping wartete. Nachdem sie zurückgekehrt war, gingen wir schweigend die Treppe hinauf. Auf dem Treppenabsatz legte sie den Arm um mich, um mir einen Gutenachtkuß zu geben. Es gab viel, was ich ihr sagen wollte, Worte der Liebe und des Trostes, aber mir schnürte ein tiefes, mir unerklärliches Gefühl der Furcht und der Trauer die Kehle zu.

»Nun, dies ist jedenfalls ein Geburtstag, den ich nicht vergessen werde«, sagte Meiping gutgelaunt.

Nachdem sie in ihr Schlafzimmer gegangen war, schloß ich die Fenster, um den Lärm von der Straße fernzuhalten. Die Geräusche waren jetzt gedämpft und schienen von weither zu kommen, aber da ich auch die kühle Abendbrise aussperrte, wurde es bald sehr heiß. Draußen ging die Parade weiter. Die entschlossenen Schritte junger Männer und Frauen kündeten von ihrem revolutionärem Eifer, und ihre aufgeregten Stimmen drangen auch weiterhin durch die Wände.

Ich ging in mein Arbeitszimmer, nahm ein Buch aus dem Regal und versuchte zu lesen. Ich war aber ruhelos und konnte mich nicht konzentrieren. So wanderte ich ziellos von Zimmer zu Zimmer, arrangierte die Blumen neu, warf die verwelkten fort und goß frisches Wasser in die Vasen. Ich rückte die Gemälde an den Wänden zurecht und nahm Elfenbeinfiguren in die Hand, um die feinen Schnitzereien zu bewundern. Draußen wollte die Parade kein Ende nehmen. Auch wenn gerade keine Gruppe vorbeimarschierte, konnte ich das Geräusch der Trommeln und Gongs hören. Nachdem ich rastlos durchs Haus gewandert war, ging ich schließlich, um nach Meiping zu sehen. Als ich leise klopfte, antwortete sie nicht. Vorsichtig öffnete ich die Tür einen Spalt und sah, daß sie schon schlief. Ihr schwarzes Haar war auf dem weißen Kopfkissen ausgebreitet, und ihr schönes junges Gesicht zeigte friedvolle Ruhe. Durch den Türspalt fiel das Licht auf ein Foto meines Mannes, das in einem schmalen Silberrahmen auf ihrem Nachttisch stand. Ich schloß sacht die Tür.

Dies waren die beiden Menschen auf der Welt, die meinem Herzen am nächsten standen. Einer war gestorben. Der andere war am Leben, und das Leben meiner Tochter sollte erst beginnen.

»Paß gut auf dich auf und sorge für Meiping. Ich bin sehr traurig, daß ich euch so bald verlassen muß.«

Ich hörte wieder die geschwächte Stimme meines Mannes, der diese Worte sprach, bevor er in ein tiefes Koma fiel, aus dem er nie wieder erwachte. Das war vor fast neun Jahren gewesen. Er hatte mir aufgetragen, für unsere Tochter zu sorgen. Genau das hatte ich getan und sie voller Zuversicht heranwachsen sehen. Sie war intelligent, schön und warmherzig. Ich mußte mir ihretwegen nie Sorgen machen. Aber jetzt, am Beginn der Kulturrevolution, hatte sich eine dunkle Wolke über unser Leben gelegt. Als ich versuchte, an die Zukunft zu denken, überwältigte mich ein tiefes Gefühl der Ungewißheit. Zum erstenmal in meinem Leben fühlte ich mich unfähig, die Richtung meines Lebens zu bestimmen und Meiping Orientierung zu geben. Das erschreckte mich zutiefst.

Bislang hatte ich immer so gelebt, daß ich Probleme und Veränderungen mit Optimismus und Entschlossenheit anging. Als mein Mann 1957 starb, hatte sein Verlust mich fast vernichtet, und eine Zeitlang war ich vor Trauer wie gelähmt gewesen. Ich entdeckte aber, daß es eine gute Therapie ist und den Lebensmut erneuert, wenn man sich aktiv und Schritt für Schritt an die Lösung seiner Probleme heranmacht.

Im alten China verloren Frauen mit dem Tod ihrer Ehemänner auch ihre eigene Identität. Sie wurden buchstäblich zu Unpersonen, die dem Spott und dem Klatsch der Nachbarn ausgeliefert waren. Obwohl das von der Volksregierung 1952 verabschiedete neue Ehegesetz Frauen allgemein schützte und jede Diskriminierung verbot, blieben die alten Vorurteile gegen Witwen und unverheiratete ältere Frauen bestehen. Der Anblick einer Frau, die auf eigenen Füßen zu stehen versucht, scheint die chinesische Gesellschaft zu beleidigen und zu verwirren.

Kurz nachdem Mao Tse-tung die ersten Kompanien von Rotgardisten in Peking besichtigt und ihnen seinen Segen erteilt hatte, eroberten sie in Schanghai die Straßen. Die Zeitungen verkündeten, es sei die Mission der Roten Garden, das Land von den »Vier Alten Autoritäten« zu befreien – der alten Kultur, den alten Sitten, den alten Gewohnheiten und den alten Denkweisen. Es wurde nicht klar definiert, was unter »alt« zu verstehen sei; das zu entscheiden, wurde den Roten Garden überlassen. Zunächst änderten sie die Straßennamen. Die Hauptverkehrsstraße Schanghais am Ufer des Huangpu wurde in »Revolutionsboulevard« umbenannt. Eine andere Hauptstraße erhielt den Namen »Erster August«, um an den Tag der Armee zu erinnern. Die Straße, an der das sowjetische Konsulat lag, wurde in »Anti-Revisionisten-Straße« umbenannt, während die Straße vor dem ehemaligen britischen Konsulat den Namen »Anti-Imperialisten-Straße« bekam. Ich mußte entdecken, daß mein eigenes Haus jetzt an der Oo-Yang-Hai-Straße lag, die zum Gedenken an einen Soldaten umbenannt worden war, der bei dem Versuch, einen Maulesel vor einem heranrasenden Zug zu retten, sein Leben gelassen hatte. Die Roten Garden debattierten darüber, ob sie das System der Verkehrsampeln umkehren sollten, da sie meinten, Rot solle freie Fahrt bedeuten und nicht Stopp. Unterdessen wurden die Ampeln erst einmal abgeschaltet.

Die Rotgardisten zertrümmerten Blumen- und Antiquitätenläden, weil sie behaupteten, nur die Reichen hätten das Geld für solche Frivolitäten. Andere Geschäfte wurden genau inspiziert, und wenn man sie für ungeeignet oder »unsozialistisch« hielt, wurden sie zerstört oder beschlagnahmt. Es gab kein Pardon. Weil man der Meinung war, ein sozialistischer Mensch dürfe nicht auf einem Sofa sitzen, wurden alle Sofas für tabu erklärt. Andere Dinge wie etwa Sprungfedermatratzen, Seide, Samt, Kosmetika oder westliche Kleidungsstücke wurden kurzerhand auf die Straße geworfen, um abtransportiert oder verbrannt zu werden. Traditionell hatten Läden in China Namen getragen, die man für treffend hielt, etwa »Üppig und Schön« für einen Stoffladen, »Köstliches Aroma« für ein Restaurant, »Glück und Langlebigkeit« für einen Hutladen, »Komfort« für ein Schuhgeschäft oder »Glückliches Heim« für ein Möbelgeschäft. Als die Regierung 1956 die Privatläden übernahm, waren die Namen nicht verändert worden. Jetzt, wo die Roten Garden diese alten Namen verdammten, mußte etwas Revolutionäres gefunden werden. Da die Ladenbesitzer nicht wußten, welche Alternative akzeptabel sein würde, wählten viele von ihnen den Namen »Der Osten ist Rot«, den Titel eines Liedes, das den großen Mao Tsetung pries und das während der Kulturrevolution die Nationalhymne ablöste. Da die Rotgardisten die in den Schaufenstern ausgestellten Waren entfernt hatten, stellte man offizielle Mao-Porträts hinein. Wer hinfort durch die Straßen des Einkaufsviertels flanierte, wurde nicht nur durch die vielen Geschäfte mit demselben Namen verwirrt, sondern vor allem durch das etwas unheimliche Gefühl, von Hunderten von Mao-Gesichtern beobachtet zu werden.

Meine Diener berichteten mir täglich von all diesen unglaublichen Taten der Roten Garden. Ich wurde so neugierig, daß ich mir selbst einen Eindruck verschaffen wollte. Bei einer Bank im Einkaufsviertel besaß ich zwei Termineinlagen, die inzwischen fällig geworden waren. Ich entschloß mich, eine davon aufzulösen, um eine Geldreserve im Haus zu haben. Meine Erfahrung sagte mir, daß auf politische Umwälzungen meist Lebensmittelknappheit und sonstiger Mangel zu folgen pflegten. Um zu essen zu haben, war man dann auf den Schwarzmarkt angewiesen, auf dem die Preise astronomisch hoch waren. Ich erinnerte mich, daß mein Koch einmal, nach dem Fehlschlag des »Großen Sprungs nach vorn«, fünfzig Jüan für ein Stück Schweinefleisch gezahlt hatte, das normalerweise zwei oder drei Jüan kostete.

Lao Tschao und Tschen Mah rieten mir, mich für meinen Ausflug angemessen anzuziehen, da meine Nachbarin einen unangenehmen Zusammenstoß mit den Roten Garden gehabt habe. Sie hätten ihre Schuhe beschlagnahmt und ihr die Hosenbeine aufgeschnitten, als sie ausgegangen sei, um eine Freundin zu besuchen. Bevor ich mich also auf den Weg machte, zog ich mir ein altes Hemd, schlotternde Hosen, die ich mir von Tschen Mah auslieh, sowie meine Turnschuhe an. Da die Augustsonne brannte, gab mir Tschen Mah den breitkrempigen Strohhut, den Meiping mitgebracht hatte, als sie im Rahmen eines studentischen Hilfsprogramms in einer Landkommune arbeitete.

Auf den Straßen brodelte es. Überall waren Rotgardisten unterwegs, aber auch viele Schaulustige. Da in diesem Stadium der Kulturrevolution allein die »Kapitalistenklasse« der »Feind« war, fühlte sich die Mehrheit der Bevölkerung recht sicher. Für sie war das Treiben der Roten Garden etwas Aufregendes und Unterhaltendes. Viele flanierten durch die Straßen, um sich den Spaß anzusehen.

Gruppen von Rotgardisten, umgeben von Zuhörertrauben, erklärten Sinn und Zweck der Kulturrevolution. Ich hörte eine Weile einem Redner zu und war überrascht zu hören, daß die Kulturrevolution die Menschen »befreien« werde. War das chinesische Volk nicht schon 1949 befreit worden, als die Kommunistische Partei die Macht übernahm? War diese Befreiung nicht ausreichend gewesen, so daß das Volk noch einmal befreit werden mußte? Es kam mir fast vor, als übte die Partei Selbstkritik. Das war jedoch undenkbar. Ich tat als belanglos ab, was ich gehört hatte. Vielleicht hatte der junge Redner sich einfach nur versprochen.

Tatsächlich aber wurde die erneute Befreiung des Proletariats dann zum Generalthema der Kulturrevolution. Mao behauptete, seine Gegner in der Parteiführung unter Liu Schao-tschi und Deng Hsiao-ping hätten den Kapitalismus zu neuem Leben erweckt. Das wurde jedoch erst sehr viel später in jenem Jahr bekannt.

Andere Rotgardisten hielten Busse an, verteilten Flugblätter, hielten den Passanten Vorträge und bestraften die, deren Kleidung ihnen mißfiel. Die meisten Fahrräder hatten rote Kärtchen mit Mao-Zitaten an den Lenkstangen; wer kein solches Kärtchen mitführte, wurde angehalten und verwarnt. Auf den Gehwegen ermahnten die Rotgardisten die Menschen, Parolen zu rufen. Jede Gruppe von Rotgardisten führte große Mao-Porträts, Trommeln und Gongs mit sich. An vielen Straßenecken plärrten Lautsprecher pausenlos revolutionäre Lieder. In meiner proletarischen Aufmachung mit dem alten Hemd und den zu weiten Hosen zog ich keine besondere Aufmerksamkeit auf mich. Ich ging unbeirrt meines Wegs in Richtung Bank.

Plötzlich fuhr ich zusammen, als ich direkt vor mir sah, wie eine Gruppe von Rotgardisten eine hübsche junge Frau ergriff. Während einer sie festhielt, zog ihr ein anderer die Schuhe aus, und ein dritter schnitt ihr die Hosenbeine auf. Dabei keiften sie: »Warum trägst du spitze Schuhe? Warum trägst du Hosen mit engen Hosenbeinen?«

»Ich bin Arbeiterin! Ich gehöre nicht der Kapitalistenklasse an! Laßt mich gehen!« schrie das Mädchen und versuchte sich zu befreien.

Im Verlauf des Gerangels zogen ihr die Rotgardisten die Hosen ganz aus, sehr zum Vergnügen der Menschenmenge, die sich rasch eingefunden hatte. Die Zuschauer lachten und höhnten. Einer der Rotgardisten gab dem Mädchen eine Ohrfeige, um sie zum Aufgeben zu bringen. Sie ließ sich auf dem staubigen Asphalt nieder und begrub das Gesicht in den Armen. Schluchzend stammelte sie: »Ich bin keine Angehörige der Kapitalistenklasse!«

Nun öffnete ein Rotgardist ihre Handtasche und nahm ihren Arbeitsausweis heraus, um ihn näher zu untersuchen. Dann warf er ihr den Ausweis und die Hosen hin. Hastig zog sie sich an. Sie wartete nicht darauf, daß man ihr auch die Schuhe zurückgab, sondern lief auf Socken davon. Unversehens packte derselbe Rotgardist einen jungen Mann und rief: »Warum hast du geöltes Haar?«

Ich wartete das Ergebnis dieses neuen Zusammenstoßes jedoch nicht ab, sondern setzte meinen Weg zur Bank fort. In China ist jede Bank eine Zweigstelle der staatseigenen Volksbank. Im Schalterraum gab es weder Schalter noch Trennwände. Die Kassiererinnen saßen hinter einfachen Holztischen, an denen sie mit den Kunden sprachen. Ich ging auf eine der Frauen zu und legte ihr meinen Kontoauszug vor.

Bevor ich das Haus verließ, hatte ich mir überlegt, wieviel Geld ich abheben wollte. Die beiden fälligen Konten lauteten einmal auf 6000 und einmal auf 20 000 Jüan (ein Jüan entspricht etwa einer Mark). Die Lebenshaltungskosten in China waren zwar niedrig, aber ebenso niedrig waren Löhne und Gehälter. 1966 waren 6000 Jüan ein großer Betrag; 20 000 Jüan waren ein kleines Vermögen. Die Bank war in Wahrheit eine Behörde der Regierung. Die Bankangestellten waren gehalten, ihre Kunden zum Sparen zu ermutigen, damit das Geld dem Staat zufließen konnte. Bei politischen Kampagnen hatten die Kassierer Vollmacht, Auszahlungen größerer Beträge zu verweigern, selbst wenn es sich um fällige Gelder handelte. Manchmal konnten sie vom Kunden sogar eine Erklärung des Arbeitgebers verlangen, der die

Abhebung billigen mußte. Um eine mögliche Ablehnung der Auszahlung meines Geldes zu vermeiden, entschloß ich mich, die kleinere Summe von 6000 Jüan abzuheben und die 20 000 Jüan ein weiteres Jahr liegenzulassen. Ich hatte jedoch keinerlei Schwierigkeiten. Die Kassiererin überreichte mir das Geld, ohne auch nur ein Wort zu äußern, und bevor ich die Banknoten gezählt hatte, begann sie schon wieder zu stricken. Obwohl die Wände der kleinen Bankfiliale mit Parolen der Kulturrevolution und Wandzeitungen bedeckt waren, bildete die Atmosphäre dennoch einen wohltuenden Gegensatz zu der durch die Rotgardisten erzeugten Spannung auf den Straßen.

Als ich wieder auf die sonnenüberflutete Straße hinaustrat, bereute ich fast schon, zu vorsichtig gewesen zu sein, die größere Summe abzuheben. Gleichzeitig war ich froh, daß alles glatt abgelaufen war. Ich machte mich auf den Heimweg. Als ich um eine Straßenecke bog, wurde ich beinahe von einer Gruppe Rotgardisten umgestoßen, die einen alten Mann an einem Strick mit sich führten. Sie schrien und schlugen mit einem Stock auf den armen Mann ein. Ich trat rasch zurück und lehnte mich gegen eine Hauswand, um sie passieren zu lassen. Plötzlich brach der alte Mann zusammen. Er bot einen mitleiderregenden Anblick, wie er da in seinem zerrissenen Hemd, das Gesicht mit seinen grauen Haarsträhnen bedeckt, am Boden lag. Die Rotgardisten zogen an dem Strick. Als er nicht aufstand, fielen sie über ihn her. Der Alte schrie vor Schmerz. »Schmutziger Kapitalist! Ausbeuter! Du verdienst den Tod!« riefen seine Peiniger.

Mein Herz pochte wild. Die plötzliche und unerwartete Begegnung mit diesen Rotgardisten und die Nähe des leidenden alten Mannes waren genug, mich zu Tode zu erschrecken. Ich mußte an Herrn Hu denken. Wie es ihm wohl erging? Seit seinem Besuch waren fast zwei Wochen vergangen. Ich nahm mir vor, ihn anzurufen. Ich mußte unbedingt erfahren, ob alles in Ordnung war. So stahl ich mich davon und eilte nach Hause. Die Straßen waren jetzt noch belebter als vor einer Stunde. Die Rotgardisten griffen sich wahllos einzelne Passanten aus der Menge heraus. Die Opfer stießen laute Protestschreie aus oder flehten unter Tränen um Schonung. Als ich sah, daß auch Frauen mit Dauerwellen gepackt und ihnen die Haare abgeschnitten wurden, war ich aufrichtig dankbar, daß Tschen Mah mir den großen Strohhut gegeben hatte, mit dem ich meine Locken verbergen konnte. Es waren viele Polizisten unterwegs, aber sie sahen dem Treiben tatenlos zu.

Ich war erleichtert, als ich das geschäftige Einkaufsviertel hinter mir hatte. In den Wohnstraßen war es friedlicher. Als ich jedoch in meine Straße einbog, sah ich vor meinem Haus eine große Menschenmenge. Sie hatte sich um eine Wandzeitung geschart, die man am Gartentor meines Nachbarn auf der anderen Straßenseite angeschlagen hatte. Es war der Chefingenieur der Shanghai Aluminium Company, einer ehemals schweizerischen Firma, die vor ein paar Jahren von der chinesischen Regierung übernommen worden war. Arbeiter des Werks hatten die Wandzeitung geschrieben, die ihn als »Lakaien des Schweizer Imperialismus« diffamierte. Neben dem großen Anschlag entdeckte ich einen kleineren in kindlicher Handschrift. Er war von den beiden Kindern meines Nachbarn geschrieben worden, die darin gelobten, mit ihrem Vater zu brechen. Diese ungewöhnliche Handlung eines elfjährigen und eines zehnjährigen Kindes war der Grund, warum die Menge sich versammelt hatte.

Als Lao Tschao mir das Gartentor aufmachte, fragte ich ihn, ob er wisse, was im Haus gegenüber vor sich gehe. Er erzählte mir, der Diener des Nachbarn habe ihm gesagt, es sei ein Einfall des Vaters gewesen, um die Kinder vor Verfolgung zu schützen.

Die Rotgardisten wurden von Stunde zu Stunde aktiver. Schon am nächsten Tag drangen sie in das Haus meines Nachbarn ein. Seine Frau weigerte sich, das Gartentor zu öffnen, und bespritzte die Rotgardisten mit dem Gartenschlauch, um sie fortzujagen. Doch sie traten das Tor ein, entrissen ihr den Schlauch und spritzten sie voll, bis sie völlig durchnäßt war. Dann schlugen sie sie zu Boden und prügelten auf sie ein, weil sie sich ihren revolutionären Handlungen widersetzt hatte. Die Kinder versuchten, ihre Mutter zu verteidigen und die Rotgardisten von ihr abzudrängen. Daraufhin wurden sie als »Brut des Lakaien des Schweizer Imperialismus« beschimpft und gezwungen, beim Verbrennen der Bücher des Vaters zu helfen.

Tag und Nacht hallte die ganze Stadt vom lauten Lärm der Trommeln und Gongs wider. Aus mehreren Quellen erreichte mich die Nachricht, daß es in allen Stadtvierteln zu Plünderungen von Privathäusern gekommen sei. Ich versuchte ohne Erfolg, Herrn Hu anzurufen. Bei meinen anderen Freunden erging es mir ebenso. Die Gewalttätigkeit der Rotgardisten schien sich zu steigern. Ich hörte, daß man Opfer gedemütigt, tief eingeschüchtert und oft sogar getötet hatte, wenn sie sich wehrten. Zeitungsartikel und Reden führender Maoisten ermutigten die Roten Garden und gratulierten ihnen zu ihrem Vandalismus. Sie wurden als wahre Sachwalter der proletarischen Revolution gefeiert und ermuntert, furchtlos vorzugehen, alle Schwierigkeiten beim Umsturz der alten Welt zu überwinden und auf der Grundlage von Maos Lehren eine neue Welt zu errichten.

Ich fühlte mich vollkommen hilflos. Es gab nichts, womit ich die Zerstörung meines Hauses und den Verlust all meiner Habe verhindern konnte. Meiping war zutiefst besorgt. Immer wieder sprach sie davon, daß wir es nicht schaffen würden, von ihrem kleinen Gehalt zu leben. Ich hielt den Zeitpunkt für gekommen, ihr von meinen Bankkonten in Hongkong und anderswo zu erzählen, die mehr als ausreichen würden, unseren Lebensunterhalt zu decken. Weit größere Sorgen machte ich mir um ihren Status nach der Kulturrevolution. Falls eine neue Gesellschaft errichtet würde, in der die Abkömmlinge von Kapitalisten-Familien zu einer auf Dauer unterprivilegierten Klasse degradiert würden, wie etwa die Unberührbaren in Indien, hätte Meiping ein unvorstellbar trostloses Leben vor sich. Für mich war das weit wichtiger als der Verlust unseres materiellen Besitzes.

Um die Diener zu versorgen, entschloß ich mich, ihnen die 6000 Jüan zu geben, die ich von der Bank abgehoben hatte, und zwar noch rechtzeitig, bevor die Rotgardisten in unser Haus eindrangen. Sie weigerten sich zunächst, das Geld anzunehmen. Sie wiederholten ihren Wunsch zu bleiben, um für Meiping und mich zu sorgen. Sie boten mir auch an, meine Wertsachen in ihren Wohnungen zu verstecken. Da ich sie nicht in meine Schwierigkeiten verwickeln wollte, lehnte ich ab. Ich rief sie in mein Arbeitszimmer und besprach mit ihnen, wie das Geld unter ihnen aufgeteilt werden sollte. Weil mein Gärtner nicht ganztägig bei mir beschäftigt war, beschloß ich, ihm nur 400 Jüan zu geben. Tschen Mah bot an, weniger als die beiden anderen zu nehmen. »Sie müssen für ihre Ehefrauen sorgen«, sagte sie.

Nachdem ich das Geld geteilt hatte, legte ich die 400 Jüan für den Gärtner in einen Umschlag. Ich wollte ihm das Geld geben, wenn er das nächstemal zu mir kam.

Dann sagte ich meinen Dienern, daß sie jederzeit gehen könnten, wenn sie Angst hätten. Wenn die Kulturrevolution vorbei und ich finanziell dazu in der Lage sei, würde ich ihnen mehr Geld geben, da sie alle sehr lange bei mir gewesen seien.

Nachdem das getan war, wartete ich auf die Roten Garden.

Die Roten Garden

Da sich das Tempo der Kulturrevolution immer mehr beschleunigte, hielten manche Organisationen sogar nachts politische Schulungssitzungen ab. Am Abend des 30. August, als die Rotgardisten kamen, um mein Haus zu plündern, wohnte Meiping in ihrem Filmstudio einer dieser Versammlungen bei. Ich saß allein in meinem Arbeitszimmer und las William Shirers *Aufstieg und Fall des Dritten Reiches*, ein Buch, das mit der letzten Büchersendung meiner Londoner Buchhandlung gekommen war. In all den Jahren meiner Arbeit für Shell war es mir gelungen, aus London Bücher zu empfangen; ich hatte die Pakete an die Shell-Adresse schicken lassen, da die Schanghaier Zensoren alle für Organisationen und Firmen bestimmten Sendungen ungeöffnet passieren ließen. Da das Shell-Büro zahlreiche wissenschaftliche Zeitschriften zur Weiterleitung an chinesische Forschungsinstitutionen erhielt, erregten meine kleinen Pakete keine Aufmerksamkeit.

Das Haus war sehr still. Ich wußte, daß Lao Tschao wie schon seit Tagen in der Küche saß. Tschen Mah war in ihrem Zimmer und lag vermutlich hellwach im Bett. Nirgends war auch nur das leiseste Geräusch zu hören, keine Bewegung war zu spüren, und es war fast, als hielte das ganze Haus in hilfloser Erwartung seiner Zerstörung den Atem an.

Die Fenster meines Arbeitszimmers standen offen. Der bittersüße Duft der Magnolie im Garten und der feuchte Geruch der kühlen Abendluft, in der schon ein Hauch von Herbst zu spüren war, drangen zu mir ins Haus. Von der Straße her hörte ich erst schwach, dann immer lauter das Geräusch eines schweren Fahrzeugs, das sich langsam näherte. Ich lauschte und wartete darauf, daß es vorbeifahren würde. Es verlangsamte jedoch seine Fahrt, Bremsen quietschten, dann wurde der Motor abgestellt. Ich wußte, daß mein Nachbar ebenfalls die Roten Garden erwartete. Ich ließ das Buch auf den Schoß sinken, richtete mich gespannt auf, lauschte und fragte mich, welches Haus es treffen würde.

Plötzlich begann die Türglocke Sturm zu läuten. Gleichzeitig trommelten Fäuste gegen mein Gartentor. Begleitet wurde der Lärm von dem wirren Gekreische hysterischer Stimmen, die Parolen schrien. Die bedrohliche Geräuschkulisse sagte mir, daß die Wartezeit vorüber war und ich den Roten Garden und der Zerstörung meines Hauses ins Auge blicken mußte. Lao Tschao stürzte atemlos die Treppe herauf. Obwohl er gewußt hatte, daß die Roten Garden irgendwann erscheinen würden, und obwohl er wie ich Nacht um Nacht gewartet hatte, war sein Gesicht jetzt aschfahl.

»Sie sind da!« Seine stockende Stimme war eine Mischung aus Respekt und Angst.

»Bitte bleib ruhig, Lao Tschao! Mach das Tor auf, aber sag nichts. Nimm Tschen Mah mit in dein Zimmer und bleibt dort«, wies ich ihn an.

Lao Tschaos Zimmer befand sich über der Garage. Ich wollte beide nicht in der Nähe haben, damit sie aus Loyalität zu mir nicht etwas sagten, was die Roten Garden provozieren könnte.

Draußen wurden die Stimmen immer lauter. »Macht das Tor auf! Macht das Tor auf! Seid ihr taub? Warum öffnet ihr nicht?« Ich hörte Flüche und Tritte gegen die hölzerne Tür. Jemand drückte auf die Hupe des Lastwagens.

Lao Tschao rannte die Treppe hinunter. Ich stand auf und stellte das Buch ins Regal. Dabei fiel mein Blick auf ein Exemplar der Verfassung der Volksrepublik. Ich nahm es in die Hand, ergriff den Schlüsselbund, der auf meinem Schreibtisch bereitlag, und ging nach unten.

Obwohl ich diesen Augenblick in Gedanken schon oft durchlebt hatte, pochte mein Herz heftig. Meine lebenslang eingeübte Disziplin ließ mich jedoch äußerlich ruhig erscheinen. Als ich unten in der Halle stand, kam ich mir vor wie der chinesische Fatalismus in Person.

Im selben Moment stießen die Rotgardisten das Gartentor auf und stürmten ins Haus. Es waren etwa dreißig bis vierzig Oberschüler zwischen fünfzehn und zwanzig, angeführt von zwei Männern und einer Frau, die weit älter waren. Obwohl alle die Armbinden der Roten Garden trugen, vermutete ich in den drei Älteren die Lehrer, die die Rotgardisten bei der Plünderung privater Häuser zu begleiten hatten. Als sie sich in der Halle zusammendrängten, stieß einer von ihnen eine Schale mit Jasmin von einem Porzellanständer. Die zarten weißen Blüten, die auf dem Fußboden herumlagen, wurden von den ungeduldig drängenden Rotgardisten achtlos zertrampelt. Ein hochaufgeschossener Jüngling mit zornigen Augen trat vor und erklärte schneidig: »Wir sind die Roten Garden. Wir sind gekommen, um unsere revolutionäre Mission gegen Sie zu erfüllen!«

Obwohl ich wußte, daß ich etwas Vergebliches und Sinnloses tat, hielt ich das Exemplar der Verfassung hoch und sagte ruhig: »Es ist gegen die Verfassung der Volksrepublik China, ohne Durchsuchungsbefehl ein privates Haus zu betreten.«

Der junge Mann riß mir das Dokument aus der Hand und warf es auf den Fußboden. Mit flammenden Augen sagte er: »Die Verfassung ist abgeschafft. Es ist ein Dokument, das Revisionisten in der Kommunistischen Partei geschrieben haben. Wir erkennen nur die Lehre unseres Großen Führers an, des Vorsitzenden Mao.«

»Nur der Volkskongreß hat die Macht, die Verfassung zu ändern«, entgegnete ich ruhig.

»Das haben wir abgeschafft. Und was geht Sie das an?« sagte er aggressiv, während er breitbeinig und mit angezogenen Schultern eine militärische Haltung annahm.

Ein Mädchen baute sich dicht vor mir auf und sagte mir ins Gesicht: »Was für einen Trick versuchen Sie da? Es gibt nur einen Weg, aus dieser Sache herauszukommen. Sie müssen sich fügen. Sonst werden Sie's büßen.« Sie schüttelte vor meiner Nase die Faust und spie auf den Fußboden.

Ein junger Mann zertrümmerte mit einem Stock den Spiegel, der über einer Kommode gegenüber der Eingangstür hing. Glasscherben hagelten auf die blauweiße K'ang-Hsi-Vase herab, die auf der Kommode stand; nur der geschnitzte Rahmen blieb am Haken hängen. Gereizt riß ihn der junge Mann herunter und schleuderte ihn gegen das Treppengeländer. Dann nahm er einem anderen Rotgardisten eine kleine schwarze Tafel ab und hängte sie an den Haken. Darauf stand ein Mao-Zitat geschrieben. Es lautete: »Wenn die Feinde mit Gewehren besiegt sind, wird es immer noch die Feinde ohne Gewehre geben. Wir dürfen diese Feinde nicht unterschätzen.«

Die Rotgardisten lasen das Zitat laut vor, als schwörten sie einen feierlichen Eid. Dann befahlen sie mir, es ebenfalls zu lesen. Kaum hatte ich geendet, da rief einer: »Ein Feind ohne Gewehr! Das ist es, was Sie sind. Geben Sie uns die Schlüssel!«

Ich legte meinen Schlüsselbund auf die Kommode mitten unter die Glassplitter. Einer der Rotgardisten nahm ihn an sich. Dann verschwanden sie in verschiedenen Teilen des Hauses. Ein junges Mädchen schob mich ins Eßzimmer und verschloß die Tür.

Ich setzte mich an den Eßtisch und ließ meine Blicke umherschweifen. Es war eine merkwürdige Erkenntnis, daß ich das Zimmer nach diesem Abend nie mehr so sehen würde, wie es jetzt war. Der Raum hatte noch nie so schön ausgesehen wie in diesem Moment. Der Glanz des polierten Ebenholz-Tischs war strahlender denn je. Der weiße Lackschirm mit den eingelegten Elfenbeinfiguren stand stolz in einer Ecke, ein Symbol bester Handwerkskunst. Die antiken Porzellanplatten und Vasen standen auf ihren geschnitzten Holzständern genau im richtigen Winkel, um ihre volle Schönheit zur Wirkung kommen zu lassen. Selbst die Vorhänge hingen in vollkommenem Gleichmaß von der Decke herab. In der Glasvitrine standen weiße Jadefiguren, ein Weihrauchbrenner aus Rosenquarz sowie Zierstücke aus anderen Halbedelsteinen, die ich im Laufe der Jahre mit viel Liebe gesammelt hatte. Jetzt liebkosten meine Augen all diese Gegenstände, um ihnen Lebewohl zu sagen. Da ich von Winnie gehört hatte, daß sich der Maler Ling Fong-min in ernsten Schwierigkeiten befand, wußte ich, daß sein Bild einer Dame in Blau, das über dem Buffet hing, gnadenlos zerstört werden würde. Aber was würde mit dem anderen Bild geschehen, das Tschi Pei Schi mit Tinte und Pinsel gemalt hatte? Er war ein großer Künstler, der im traditionellen Stil malte. Da er in seiner Jugend Tischler gewesen war, wurde er von der Kommunistischen Partei in Ehren gehalten. Würden die Rotgardisten von der »proletarischen« Vergangenheit Tschi Pei Schis wissen und sein Bild verschonen? Ich betrachtete es genau. Meine Augen blieben an jedem Strich seiner meisterhaften Pinselführung hängen. Das Bild zeigte eine Lotusblüte, ein Lieblingsthema chinesischer Künstler, weil die Lotusblüte Reinheit symbolisiert.

Ein lautes, dumpfes Geräusch über mir unterbrach meine Versunkenheit. Ich hörte ein ständiges Auf und Ab im Treppenhaus sowie das Klirren von Gläsern, die an die Wand geworfen wurden. Der Lärm wurde lauter. Es hörte sich fast an, als wären die Rotgardisten dabei, das Haus abzureißen. Ich war zutiefst beunruhigt und beschloß, durch ein Täuschungsmanöver freizukommen.

Ich klopfte an die Tür. Im Haus herrschte ein solcher Krach, daß niemand mich hörte. Ich klopfte lauter und lauter. Als ich auf der anderen Seite der Tür jemanden vorbeigehen hörte, rief ich so laut ich konnte: »Macht die Tür auf!«

Der Türgriff ging langsam herunter, und die Tür wurde einen Spaltbreit geöffnet. Eine Rotgardistin mit Zöpfen fragte, was ich wolle. Ich sagte ihr, ich müsse zur Toilette. Sie ließ mich gehen, ermahnte mich aber, nicht ihre revolutionäre Arbeit zu stören.

Die Rotgardisten hatten aus einem Abstellraum die Holzkisten mit den Büchern und Papieren meines Vaters geholt und versuchten nun, sie mit Zangen zu öffnen. Durch die offene Wohnzimmertür sah ich, wie ein Mädchen auf einer Leiter stand und die Vorhänge abnahm. In der Mitte des Zimmers standen zwei Bridge-Tische. Auf ihnen lag eine Kollektion von Fotoapparaten, Armbanduhren, Tischuhren, Ferngläsern und Tafelsilber, Dinge, die die Rotgardisten aus dem ganzen Haus zusammengetragen hatten. Dies waren die »Wertgegenstände«, die sie dem Staat zum Geschenk zu machen gedachten.

Als ich die Treppe hinaufging, sah ich zu meinem Entsetzen, wie mehrere Rotgardisten Stücke meiner Porzellansammlung aus den gepolsterten Schachteln nahmen. Ein junger Mann hatte vier K'ang-Hsi-Weinschalen in einer Reihe auf den Fußboden gestellt und begann, sie Stück für Stück zu zertreten. Ich kam gerade noch rechtzeitig, um zu hören, wie das zarte Porzellan unter seiner Schuhsohle zerdrückt wurde. Das Geräusch schnitt mir ins Herz. Impulsiv machte ich einen Satz nach vorn und bekam sein Bein genau in dem Augenblick zu fassen, in dem er den Fuß hob, um die nächste Schale zu zertreten. Er stürzte. Wir fielen übereinander zu Boden. Ich suchte mit den Augen nach den anderen Weinschalen, um mich zu vergewissern, daß wir sie im Fallen nicht zerbrochen hatten. Dadurch abgelenkt, konnte ich nicht ausweichen, als der junge Mann, der sich wieselflink wieder erhoben hatte, mich wutschnaubend direkt in die Brust trat. Ich schrie vor Schmerz auf. Die anderen Rotgardisten ließen alles stehen und liegen und umringten uns. Aufgebracht hielten sie mir vor, ich hätte sie bei ihrer revolutionären Arbeit gestört. Die ältere Frau, in der ich die Lehrerin der Gruppe vermutete, zog mich hoch. Der junge Mann, den ich umgerissen hatte und dessen Gesicht nun vor Zorn rot angelaufen war, fuchtelte mir mit der Faust vor dem Gesicht herum und drohte, mich zu verprügeln. Die Lehrerin erhob die Stimme, um Ruhe herzustellen, und fragte mich herausfordernd: »Was fällt Ihnen eigentlich ein? Versuchen Sie etwa, Ihr Eigentum zu schützen?«

»Nein, nein, Sie können mit meinen Sachen tun, was immer Sie wollen. Aber diese Porzellanschätze dürfen Sie nicht zerstören. Sie sind alt und wertvoll und unersetzlich«, sagte ich atemlos. Meine Brust schmerzte heftig.

»Halten Sie den Mund! Halten Sie den Mund!« Ein Chor von Stimmen ertränkte meinen Protest.

»Unser Großer Führer sagt: ›Nennt die Tatsachen; legt eure Gründe dar‹«, fuhr ich fort, meine ganze Kraft zusammennehmend, um mir Gehör zu verschaffen.

Die Lehrerin hob die Hand, um die Rotgardisten zum Schweigen zu bringen, und sagte: »Wir werden Ihnen erlauben, die Tatsachen zu nennen und Ihre Gründe darzulegen.« Ihre Schützlinge starrten mich wütend an.

Ich hob eine der heil gebliebenen Weinschalen auf, hielt sie behutsam in die Höhe und sagte: »Diese Weinschale ist fast dreihundert Jahre alt. Sie scheinen die Kameras, die Uhren und Ferngläser für wertvoll zu halten, aber es werden jedes Jahr bessere Kameras, bessere Uhren und bessere Ferngläser hergestellt. Kein Mensch auf der Welt kann jedoch eine Weinschale wie diese neu herstellen. Dies ist ein Teil unseres kulturellen Erbes. Jeder Chinese sollte stolz darauf sein.«

Der junge Mann, dessen revolutionäre Zerstörungsarbeit ich unterbrochen hatte, entgegnete zornig: »Sie halten jetzt den Mund! Diese Dinge gehören zur alten Kultur. Sie sind die nutzlosen Spielzeuge der feudalen Kaiser und der modernen Kapitalistenklasse und haben für uns, die proletarische Klasse, keinerlei Bedeutung. Sie lassen sich nicht mit Kameras oder Ferngläsern vergleichen, die in Kriegszeiten für unseren Kampf nützlich sind. Unser Großer Führer, der Vorsitzende Mao, hat uns gelehrt: ›Wenn wir nicht zerstören, können wir nicht aufbauen.‹ Die alte Kultur muß zerstört werden, um der neuen sozialistischen Kultur Platz zu machen.«

Ein anderer Rotgardist rief aus dem Hintergrund: »Das Ziel der Großen Proletarischen Kulturrevolution ist die Zerstörung der alten Kultur. Sie können uns nicht aufhalten!«

Ich zitterte vor Wut und suchte fieberhaft nach einem überzeugenden Argument, um dieser sinnlosen Zerstörung ein Ende zu machen. Bevor ich jedoch ein weiteres Wort äußern konnte, sah ich, wie ein anderer Gardist mit einer Blanc-de-Chine-Figur der Gnadengöttin Kwan Jin in der Hand die Treppe herunterkam. Bestürzt wandte ich mich ihm zu und fragte: »Was haben Sie mit dieser Figur vor?«

Er wedelte mit dem Arm, der die Figur hielt, achtlos in der Luft herum und erklärte unbeeindruckt: »Dies ist eine Figur buddhistischen Aberglaubens. Ich werde sie auf den Müll werfen.«

Die Kwan-Jin-Figur war ein vollendetes Exemplar und ein echtes Produkt aus der Têh-Hua-Werkstatt in der Provinz Fukien. Sie war eine Arbeit des berühmten Ming-Bildhauers Tschen Wei, der im siebzehnten Jahrhundert lebte, und trug auf dem Rücken sein Siegel. Die Schönheit der sahnigweißen Figur läßt sich mit Worten kaum beschreiben. Der feierliche Gesichtsausdruck war so genau eingefangen, daß er lebendig zu sein schien. Die Glasur war so natürlich und transparent, daß die ganze Figur aussah, als wäre sie zu zart, um berührt zu werden. Ich bewahrte sie in einer mit Samt ausgeschlagenen Schatulle auf, da ich sie für zu wertvoll hielt, um sie aufzustellen. Nur wenn interessierte Freunde sie zu sehen wünschten, holte ich sie hervor.

»Nein, nein, bitte! Das dürfen Sie nicht tun! Ich bitte Sie.«

Ich war so aufgeregt, daß meine Stimme schrill wurde. Der Rotgardist starrte mich mit steinernem Blick an und fuchtelte weiter mit dem Arm herum, wobei er die Figur nur noch mit zwei Fingern hielt. Ich sah ein, daß Appelle nichts ausrichten würden. Wenn ich mich ihnen verständlich machen wollte, mußte ich ihre Sprache sprechen. Ich hatte das Gefühl, daß es an der Zeit war, diplomatisch zu werden. Solange die Gardisten das Gefühl hatten, daß ich mich ihnen widersetzte, würde es mir nie gelingen, meine Schätze zu retten. In diesem Moment betrachtete ich sie auch nicht mehr als meinen Besitz. Mir war es egal, wem sie nach diesem Abend gehören würden, solange sie nur vor der Zerstörung bewahrt blieben.

»Bitte, Rotgardisten!« schlug ich einen neuen Ton an. »Glauben Sie mir, ich bin kein Gegner von Ihnen. Sie sind im Auftrag unseres Großen Führers hergekommen. Wie könnte ich mich den Vertretern des Vorsitzenden Mao widersetzen? Ich verstehe den Zweck der Kulturrevolution. Habe ich Ihnen nicht bereitwillig meine Schlüssel ausgehändigt, als Sie sie verlangten?«

»Ja, das haben Sie getan«, gab die Lehrerin mit einem Kopfnicken zu. Die Rotgardisten, die uns umringten, schienen sich ein wenig zu beruhigen.

Leicht ermutigt fuhr ich fort: »Alle diese alten Gegenstände gehören der Vergangenheit an. Die Vergangenheit ist alt. Sie muß weichen, um der neuen Kultur des Sozialismus Platz zu machen. Man kann diese Dinge aber beiseite räumen, ohne sie gleich zu zerstören. Denken Sie bitte daran, daß Sie nicht von Angehörigen der Kapitalistenklasse hergestellt worden sind. Sie sind von den Händen der Arbeiter einer vergangenen Zeit hergestellt worden. Sollte man das Werk dieser Arbeiter nicht respektieren?«

Ein Rotgardist aus der hinteren Reihe rief ungeduldig: »Hört nicht auf ihre blumige Sprache. Sie will uns nur verwirren. Sie versucht, ihren Besitz zu retten.«

Ich wandte mich rasch zu ihm hin und sagte: »Nein, keineswegs! Bereits Ihre Anwesenheit in meinem Haus hat mein sozialistisches Bewußtsein gestärkt. Es war falsch von mir, all diese schönen und wertvollen Dinge für mich zu behalten. Sie gehören eigentlich dem Volk. Ich bitte Sie, sie ins Schanghai-Museum zu bringen. Dort können Sie die Experten befragen. Falls die Experten Ihnen raten, die Sachen zu zerstören, können Sie es immer noch tun.«

Ein Mädchen rief: »Das Schanghai-Museum ist geschlossen. Die Experten dort werden gerade verhört. Einige von ihnen sind außerdem Klassenfeinde. Auf jeden Fall sind sie Intellektuelle. Unser Großer Führer hat gesagt: ›Die kapitalistische Klasse ist die Haut; die Intellektuellen sind die Haare, die aus der Haut wachsen. Wenn die Haut stirbt, wird es auch kein Haar mehr geben.‹ Jetzt werden wir die kapitalistische Klasse vernichten. Damit werden natürlich auch die Intellektuellen vernichtet.«

Das von dem Mädchen erwähnte Mao-Zitat war mir neu, aber dies war nicht der Augenblick, darüber nachzudenken. Ich verfolgte mein Ziel weiter und sagte: »Wenn das so ist, sollten Sie jemanden befragen, dem Sie vertrauen, vielleicht einen der Vize-Bürgermeister der Stadt. Es dürfte viele private Sammlungen geben. Es muß doch Richtlinien dafür geben, wie mit ihnen verfahren werden soll.«

»Nein, nein! Sie sind eine verbohrte Klassenfeindin! Sie wollen einfach nicht verstehen. Sie raten uns, Klassenfeinde oder revisionistische Beamte zu konsultieren. Sie sprechen von der offiziellen Politik. Es gibt nur eine offizielle Politik, und die steht in diesem Buch.« Der junge Mann zog sein rotes Mao-Buch aus der Tasche und hielt es hoch, als er fortfuhr: »Die Lehren unseres Großen Führers, des Vorsitzenden Mao, sind die einzig gültige offizielle Politik.«

Ich versuchte einen neuen Anlauf und sagte: »Sie wollen das Rote Banner unseres Großen Führers, des Vorsitzenden Mao, doch über die ganze Welt tragen, nicht wahr? Ist Ihnen denn nicht klar, daß all diese Dinge äußerst wertvoll sind? Man kann sie in Hongkong für viel Geld verkaufen. Damit könnten Sie Ihre Weltrevolution finanzieren.«

Endlich machten meine Worte Eindruck. Die Rotgardisten hörten mir zu. Die Aussicht, auf der großen Weltbühne eine heroische Rolle zu spielen, schmeichelte ihrem Selbstgefühl, besonders jetzt, wo sie sich an ihrer Macht berauschten.

Ich packte die günstige Gelegenheit beim Schopf und fuhr fort: »Bitte legen Sie alle diese Porzellanfiguren in ihre Schachteln zurück und bringen Sie sie an einen sicheren Ort. Sie können sie verkaufen oder dem Museum geben, was immer Sie für richtig halten, je nachdem, was unser Großer Führer dazu sagt.«

Die Lehrerin empfand jetzt offenbar so etwas wie Verantwortungsgefühl, denn sie fragte mich: »Sind Sie sicher, daß Ihre Sammlung wertvoll ist? Was sind die Dinge Ihrer Meinung nach wert?«

»Sie werden hier im Haus ein Notizbuch finden, in dem das Kaufdatum und der Kaufpreis festgehalten sind, den ich für jedes Stück gezahlt habe. Ihr Wert steigt mit jedem Monat, besonders auf dem Weltmarkt. Grob geschätzt glaube ich, daß alles zusammen mindestens eine Million Jüan wert ist«, erwiderte ich.

Obwohl diese Angehörigen der proletarischen Klasse Werte offensichtlich nicht schätzten, verstanden sie durchaus etwas von Preisen. Die Rotgardisten zeigten sich durch die Zahl »eine Million« beeindruckt. Die Lehrerin war jetzt ebenso darauf bedacht wie ich, die Schätze zu retten, aber sie hatte Angst, vor ihren Schülern das Gesicht zu verlieren. Sie fand jedoch einen Weg, den Rotgardisten den Rückzug zu ermöglichen, ohne sich ins Unrecht zu setzen.

»Kleine revolutionäre Generäle! Wir wollen eine Konferenz abhalten und die Angelegenheit besprechen«, schmeichelte sie den ungeduldig Wartenden. Der von den Maoisten geprägte Ehrentitel »kleine revolutionäre Generäle« sollte die Rotgardisten ermutigen, ihre Aufgaben zu bewältigen. Die Schmeichelei erzielte offensichtlich die beabsichtigte Wirkung, denn sie akzeptierten den Vorschlag bereitwillig. Die Lehrerin führte sie die Treppe hinunter ins Eßzimmer.

Ich kniete nieder, um die noch heilen Weinschalen aufzuheben, und legte sie in die Schachtel zurück. Die Kwan-Jin-Figur sah ich auf einem Tisch stehen. Ich nahm sie und trug Schachtel und Figur nach oben, um sie in der großen Vitrine zu verstauen, die im zweiten Stock auf dem Treppenabsatz stand und in der ich meine Porzellan-Sammlung aufbewahrte. Mit Schrecken sah ich, daß die Rotgardisten alle Schachteln herausgenommen hatten. Auf dem Fußboden lagen Scherben zerbrochener Porzellanfiguren. Ich wurde mutlos, als mir aufging, daß es trotz meiner verzweifelten Bemühungen, noch etwas zu retten, schon zu spät war.

Das zweite Stockwerk sah aus wie nach einem Erdbeben. Nur die Leichen fehlten. Der Rotwein, der aus zerbrochenen Flaschen auf weiße Decken und Tischtücher geflossen war, hatte die Farbe von Blut.

Da man in einem Zustand permanenten Mangels lebte, hatte jeder Haushalt mit genügend Wohnraum einen Vorratsschrank, in dem Dinge des täglichen Bedarfs als eiserne Ration gehortet wurden, etwa Mehl, Zucker und Fleischkonserven. Von jeder Reise nach Hongkong brachte ich Kartons voller Lebensmittel und Seife mit, um unsere mageren Rationen aufzubessern, obwohl die Importzölle astronomisch hoch waren. Die Rotgardisten hatten meinen Vorratsschrank ausgeräumt. Mehl, Zucker und geöffnete Konservendosen waren über Kleidungsstücke ausgekippt worden, die sie aus Schränken, Truhen und Schubladen geholt hatten. Einige Koffer waren unberührt geblieben, aber man hatte sich mit Scheren über meine Pelzmäntel und Abendkleider hergemacht. Der Deckenventilator surrte. Kleine Pelzstücke, Seidenfetzen und Papierschnitzel wirbelten durch die Luft.

Kein Möbelstück stand mehr an seinem alten Platz. Tische und Stühle hatte man umgestoßen oder übereinandergestapelt. Da es Sommer war, hatte ich meine Teppiche reinigen und mit Kampferpulver besprühen lassen. Sie lagen aufgerollt in einem leeren Schlafzimmer im zweiten Stock. Hinter einer der Teppichrollen entdeckte ich eine Einkaufstasche, in die jemand zwei meiner Kaschmir-Strickjacken und mehrere Garnituren Unterwäsche gestopft hatte. Es hatte den Anschein, als ob eine interessierte Rotgardistin sie für den eigenen Gebrauch beiseite geschafft hätte.

In dem großen Gästezimmer, in dem die Rotgardisten den Hauptteil ihres Zerstörungswerks verrichtet hatten, lief ein Radio, das auf einen lokalen Sender eingestellt war. Ich hörte revolutionäre Lieder, deren Texte aus Mao-Zitaten bestanden. Eine weibliche Stimme sang: »Der Marxismus läßt sich in einem Satz zusammenfassen: Die Revolution ist gerechtfertigt.« In ihrer Stimme lag ein eindringlicher Unterton, der mich unwillkürlich zuhören ließ. Dieses Lied wurde nicht nur zum Schlachtruf der Roten Garden, sondern auch der proletarischen Revolutionäre, die einige Zeit später organisiert wurden. Ich wollte das Radio abstellen, aber ich kam nicht heran. Ich hätte erst über die Berge von Unrat klettern müssen, die mitten im Zimmer aufgetürmt waren.

Ich blickte in einer Mischung aus Verzweiflung und Gleichgültigkeit auf das, was einmal mir gehört hatte. Diese Dinge gehörten zu einem Abschnitt meines Lebens, der mit dem Anmarsch der Rotgardisten ein abruptes Ende gefunden hatte. Ich konnte zwar nicht in die Zukunft sehen, weigerte mich aber auch, im Zorn zurückzublicken. Ich ging davon aus, daß die Rotgardisten ihren Spaß gehabt hatten. Ist es denn nicht wahr, daß wir alle zerstörerische Neigungen in uns tragen? Der Firnis der Zivilisation ist sehr dünn. Darunter lauert in jedem von uns die Bestie. Hätte ich mich nicht genauso verhalten wie die Rotgardisten, wenn ich jung gewesen und aus einer Arbeiterfamilie gekommen wäre? Wenn man mich dazu erzogen hätte, Mao anzubeten und ihn für unfehlbar zu halten?

Der Kampf um das Porzellan hatte mich erschöpft. Mein Brustkorb schmerzte noch immer heftig. Ich fragte mich, ob eine Rippe gebrochen war. Ich betrachtete mich prüfend im Badezimmerspiegel und entdeckte auf der rechten Seite eine große Prellung. Dann ging ich hinunter in mein Schlafzimmer, um mich hinzulegen und auszuruhen. Es befand sich in dem gleichen wüsten Zustand wie die oberen Räume. Durch die geöffnete Tür meines Arbeitszimmers sah ich, daß die Rotgardisten meinen Schmuck auf den Schreibtisch gelegt hatten. Da sie sich noch immer im Eßzimmer aufhielten, um über die Zukunft des Porzellans zu diskutieren, zog ich mich rasch zurück, um nicht den Verdacht zu erwecken, ich wolle irgend etwas beiseite schaffen. Als ich die Tür zu Meipings Schlafzimmer öffnete, sah ich, daß dieser Raum noch unberührt war. Ein kräftiger Windhauch bewegte die leichte Gardine. Als ich ans Fenster trat, um sie zu befestigen, sah ich unten im Garten hell auflodernde Flammen. Mitten auf dem Rasen war ein Feuer angezündet worden. Die Rotgardisten standen herum und warfen meine Bücher in die Flammen. Mein Herz krampfte sich zusammen. Ich drehte mich um, schloß die Augen und lehnte mich gegen den Fenstersims, um Halt zu haben. In der Hoffnung, alles ungeschehen zu machen, was ich in den letzten Stunden gesehen und gehört hatte, versuchte ich, für einen Moment des Friedens und des Gebets zu mir selbst zu finden.

Plötzlich erschein eine junge Rotgardistin in der Tür und machte

Licht. »Was machen Sie hier? Wer hat Ihnen erlaubt, hierher zu kommen? Haben Sie irgendwelche Tricks vor?« bombardierte sie mich mit Fragen, wartete aber keine Antwort ab, sondern kommandierte barsch: »Kommen Sie mit! Wir brauchen Sie.«

Ich folgte ihr in mein Arbeitszimmer. Um den Schreibtisch herum standen mehrere Rotgardisten. Auf dem Schreibtischstuhl saß ein hageres Mädchen mit Bubikopf in einer verblichenen blauen Baumwollbluse, aus der sie längst herausgewachsen war. In einer Gesellschaft, in der Lebensmittel knapp sind, bekommen diejenigen, die sich ausschließlich auf die offiziellen Rationen verlassen müssen, meist ein verhärmtes Aussehen. So auch dieses Mädchen. Ich nahm an, daß sie aus einer Arbeiterfamilie mit geringem Einkommen kam und daß ihre Eltern nicht gerissen genug waren, in die Partei einzutreten. Sie saß angespannt und mit gebeugtem Kopf da, und ich vermutete, daß die anderen, die bei meinem Eintreten verstummten, sie verhört hatten. Einer der Lehrer stand neben dem Mädchen. Er sagte zu mir: »Nehmen Sie sich einen Stuhl und setzen Sie sich.«

Rotgardisten holten aus meinem Schlafzimmer nebenan Stühle, und der Lehrer und ich setzten uns. Ich saß dem Mädchen hinter dem Schreibtisch genau gegenüber. Als ich Platz nahm, blickte sie kurz auf und warf mir einen nervösen Blick zu, der sowohl Angst als auch einen Appell um Hilfe verriet. Auf dem Schreibtisch stand mein Schmuckkästchen; einige Schmuckstücke lagen ausgebreitet daneben.

»Ist dies Ihr gesamter Schmuck? Sehen Sie sich die Dinge an und sagen Sie uns, ob alles da ist«, forderte der Lehrer mich auf.

Ich öffnete das Kästchen und sah, daß mehrere Ringe, Armbänder und eine diamantbesetzte Uhr fehlten. Der Lehrer fragte wieder: »Ist alles da? Sagen Sie die Wahrheit. Wir werden uns auch bei Ihren Dienern erkundigen. Haben Sie Schmuck versteckt? Einige Kapitalistenfamilien haben schon versucht, ihren Schmuck im Garten zu verstekken.«

Es herrschte eine spannungsgeladene Atmosphäre. Die jungen Männer, die im hinteren Teil des Raums dabei waren, Schallplatten aus dem Plattenschrank zu räumen, hielten inne, um ebenfalls auf meine Antwort zu warten. Mir war die Situation völlig klar. Sie hatten das Mädchen im Verdacht, ein paar Schmuckstücke versteckt zu haben. Vermutlich war sie kurze Zeit allein gewesen und hatte tatsächlich ein paar Dinge verschwinden lassen. Wenn ich jetzt log, um das Mädchen zu schützen, und wenn meine Diener, die genau wußten, welchen Schmuck ich besaß, die Wahrheit sagten, würde ich mich dem Vorwurf aussetzen, ich hätte meinen Schmuck versteckt. Ich hatte keine Wahl; ich mußte die Wahrheit sagen. Das Mädchen sah jedoch so bemitleidenswert aus, daß es mir weh tat, sie eventuell zu belasten.

»Die wichtigsten Stücke sind da. Die wertvollsten, etwa dieses Jadehalsband und diese Diamantbrosche, sind da. Es fehlen ein paar Stükke, aber es sind nicht die wertvollsten.« Ich versuchte die Lage des Mädchens nicht noch zu verschlimmern.

»Was fehlt?« fragte der Lehrer ungeduldig.

»Eine Uhr, mehrere Ringe und goldene Armbänder.«

»Wie sieht die Uhr aus? Welche Marke? Sieht sie aus wie die hier?«

Der Lehrer streckte seine Hand aus, und ich sah, daß er eine importierte Schweizer Armbanduhr trug, im kommunistischen China ein Statussymbol. Er dachte wohl, ich besäße eine Männeruhr wie die meisten chinesischen Frauen, die sich dadurch Gleichberechtigung zu verschaffen suchten, daß sie wie Männer auftraten. Ich hatte mich mit dieser neuen Mode jedoch nie anfreunden können.

»Nein, die fehlende Uhr ist klein, mit Diamanten besetzt und hat ein Platinarmband. Es ist eine Schweizer Uhr. Der Name des Herstellers ist Ebel.«

»Ich hoffe, Sie lügen nicht. Wie kommen Sie an eine so ungewöhnliche Uhr? Schweizer Uhren sind die besten, nicht wahr?« Während der Lehrer zu mir sprach, gab er einem Rotgardisten ein Zeichen, nach unten ins Wohnzimmer zu gehen und nachzusehen, ob eine solche Uhr bei den Kameras und Ferngläsern lag. Der junge Mann war bald wieder zurück und schüttelte den Kopf.

»Die Ebel-Uhr wurde in Hongkong gekauft, als mein verstorbener Mann und ich 1957 dort waren. Es war sein letztes Geschenk an mich. Bitte fragen Sie Tschen Mah. Sie weiß alles darüber und ist mit allen meinen Sachen vertraut, auch mit meinem Schmuck.«

Niemand sagte etwas. Das arme Mädchen war den Tränen nahe; ihr blasses Gesicht sah zutiefst verängstigt aus. Der Lehrer fragte mich nach den Ringen und Armbändern. Während ich sie beschrieb, kam mir eine Idee. Der Fußboden des Zimmers, vor allem um den Schreibtisch herum, war kniehoch mit Papier bedeckt – mit Packpapier, zerknüllten Papiertaschentüchern, alten Zeitschriften, die die Rotgardisten in Fetzen gerissen hatten, alten Exemplaren der Luftpostausgabe der Londoner *Times*, ebenfalls zerfetzt, Notizbüchern, Notizblocks und Briefpapier aus meinen Schreibtischschubladen. Außerdem lagen überall Bücher herum, die wohl in den Garten hinuntergetragen werden sollten, um verbrannt zu werden. Als ich mit meiner Beschreibung des fehlenden Schmucks geendet hatte, sagte ich mit einem Blick auf das Mädchen: »Sie haben mit all diesem Papier und den Büchern das ganze Zimmer durcheinandergebracht. Vielleicht ist der fehlende Schmuck unter den Papierbergen verschwunden.«

Das Gesicht des Mädchens rötete sich. Wie der Blitz verschwand sie unter dem Schreibtisch. Die anderen Rotgardisten folgten ihrem Beispiel. Der Lehrer blieb sitzen und sah mich mit hochgezogenen Augenbrauen an. Ich hatte das Gefühl, daß er mein Spiel durchschaute, aber nicht begriff, warum ich die Diebin schützen wollte. Konfuzius hat einmal gesagt: »Jeder Mensch besitzt ein mitfühlendes Herz.« Dieser Satz hatte in China keine Geltung mehr, wo die Gesellschaft sich dem Materialismus verschrieben hatte und das Verhalten der Menschen immer mehr von Selbstsucht bestimmt war. Der Lehrer hatte wohl gedacht, ich wollte mir die Gunst der Roten Garden erkaufen.

Tatsächlich fanden die Rotgardisten in den Papierhaufen die Ringe und Armbänder wieder. Das Mädchen strahlte. Von der Uhr war jedoch nichts zu sehen. Wahrscheinlich hatte sie ein anderer Rotgardist an sich genommen.

Im Schlafzimmer nebenan hämmerten die Rotgardisten auf das Mobiliar ein. Als sie aber vor meinen Augen begannen, meine Schallplatten zu zerbrechen, stand ich auf und sagte, zu dem Lehrer gewandt: »Dies sind Schallplatten mit klassischer Musik der großen Komponisten Europas. Es ist nicht die verbotene Musik der Tanzlokale und Nachtclubs. Westliche Musik dieser Art wird sogar an unseren Konservatorien gelehrt. Warum bewahren Sie die Schallplatten nicht und schenken Sie der Musikalischen Gesellschaft?«

»Sie leben in der Vergangenheit«, entgegnete er. »Wissen Sie denn nicht, daß unser Großer Führer gesagt hat, jede westliche Musik sei dekadent? Nur einige Passagen bestimmter Kompositionen sind brauchbar, nicht die Kompositionen insgesamt. Und überhaupt: Wollen etwa Bauern und Arbeiter Chopin, Mozart, Beethoven oder Tschaikowsky hören? Natürlich nicht. Wir werden unsere eigene proletarische Musik komponieren. Was die Musikalische Gesellschaft betrifft, so ist sie aufgelöst worden.«

Die Nacht kam mir endlos vor. Ich war so erschöpft, daß ich kaum noch stehen konnte. Ich bat den Lehrer um Erlaubnis, mich ein wenig auszuruhen.

»Sie können in das Zimmer Ihrer Tochter gehen. Sie ist eine selbständige Filmschaffende, die ihr eigenes Gehalt verdient. Ihr Zimmer ist von unserer revolutionären Aktion nicht betroffen.«

Erleichtert ging ich in Meipings Zimmer und legte mich auf ihr Bett. Es war noch immer dunkel, aber ich konnte durchs Fenster am Horizont das schwache Licht der Morgendämmerung sehen. Ich schloß die Augen und schlummerte langsam ein.

Als ich aufwachte, war das Zimmer von Sonnenlicht durchflutet. Im Haus war es inzwischen merklich ruhiger geworden. Ich hörte das Geräusch einer Radiosendung, aber über mir wurden keine Möbel mehr gerückt. Ich duschte in Meipings Badezimmer und zog mir eine Hose und ein Hemd von ihr an. Dann trat ich vor die Tür. Einige Rotgardisten saßen auf Stühlen und auf der Treppe herum und aßen Brötchen, die man ihnen von ihrer Schule gebracht hatte. Viele schienen gegangen zu sein, und von den Lehrern war keiner mehr zu sehen.

Ich ging in die Küche hinunter, um nach meinem Frühstück zu fragen. Der Koch räumte gerade die Lebensmittel aus dem Kühlschrank, den die Rotgardisten abtransportieren wollten. Ich setzte mich an den Küchentisch und bat ihn, mir Kaffee und Toast zu bereiten. Wortlos stellte er mir die Kaffeemaschine, Toast, Butter und ein Glas Orangenmarmelade hin. Ich wollte gerade mit dem Frühstück beginnen, als ein bildhübsches Mädchen mit langen Zöpfen hereinkam und sich zu mir an den Küchentisch setzte. Sie sah mir zu, wie ich den Kaffee trank. Dann nahm sie die Tasse in die Hand und schnupperte daran.

»Ist das ein ausländisches Getränk?« fragte sie und stellte die Tasse mit einem Knall auf den Tisch zurück.

»Ich würde sagen, man könnte es als ein ausländisches Getränk bezeichnen«, sagte ich, nahm mir eine Scheibe Toast und bestrich sie mit Butter.

Sie verzog das Gesicht, sah die Butter an und nahm das Marmeladenglas mit seinem englischen Etikett in die Hand. Dann beugte sie sich vor und blickte mich mit ihren großen schwarzen, blitzenden Augen an: »Warum müssen Sie ein ausländisches Getränk trinken? Warum müssen Sie ausländische Lebensmittel essen? Warum haben Sie so viele ausländische Bücher? Warum wirken Sie überhaupt wie eine Ausländerin? In jedem Zimmer dieses Hauses gibt es importierte Sachen, aber kein einziges Porträt unseres geliebten Großen Führers. Wir sind schon in vielen Häusern von Kapitalisten gewesen. Ihr Haus ist das schlimmste von allen, das reaktionärste von allen. Sind Sie Chinesin oder Ausländerin?«

Ich lächelte über ihren Ausbruch. Mein Haus war offenbar wirklich ganz anders als die anderen, die sie schon geplündert hatten. Zu Beginn der Kulturrevolution hatte Lao Tschao vorgeschlagen, ich solle ein Porträt Mao Tse-tungs aufhängen. Es waren jedoch schon so viele auf diese Idee gekommen, daß wir in keinem Geschäft mehr ein Bild finden konnten. Nun wollte ich jedoch die Gelegenheit nutzen, diesem hübschen Mädchen dabei zu helfen, die Dinge im richtigen Blickwinkel zu sehen.

»Essen Sie Tomaten?« fragte ich sie.

»Natürlich!« erwiderte sie patzig. Tomaten gab es in Schanghai reichlich. Wenn die Ernte eingebracht war, fiel der Preis auf umgerechnet ein paar Pfennige pro Pfund. Jedermann in Schanghai aß Tomaten.

»Nun«, fuhr ich fort, »die Tomate ist eine ausländische Frucht. Sie wurde von Ausländern nach China gebracht. Ebenso die Wassermelone, die von Persien aus über die Seidenstraße ins Land gekommen ist. Was ausländische Bücher betrifft, so war Karl Marx ein Deutscher. Wenn die Menschen keine Bücher von Ausländern lesen würden, hätte es nie eine kommunistische Weltbewegung gegeben. Es ist noch nie möglich gewesen, Dinge und Ideen innerhalb der Grenzen eines Nationalstaats einzusperren, nicht einmal früher, als der Austausch zwischen den Ländern sehr schwierig war. Heute wäre es ganz und gar unmöglich. Ich bin ziemlich sicher, daß schon jetzt Menschen in aller Welt wissen, daß chinesische Oberschüler in Roten Garden organisiert sind.«

»Wirklich?« fragte sie und wurde nachdenklich. Es war offenkundig, daß ich ihr einen neuen Horizont eröffnet hatte. Nach einer Weile sagte sie: »Sie verstehen sich darauf, einem Dinge zu erklären. Haben Sie eine Universität besucht?«

Ich hatte gerade einen Bissen im Mund und nickte nur. »Ich hatte gehofft, nach der Oberschule zur Universität zu gehen«, sagte das Mädchen wehmütig. »Jetzt gibt es aber keine Universität mehr, die man besuchen könnte. Alle jungen Leute müssen heute Soldaten werden.«

»Sie sind ein Mädchen. Sie müssen nicht Soldat werden.«

»Für Mädchen ist es viel schlimmer!« seufzte sie deprimiert.

»Jedenfalls wird es keinen Krieg geben. Sie brauchen sich also keine Sorgen machen«, versuchte ich sie zu trösten.

Sie drehte sich blitzartig zur Tür um und schaute dann besorgt zum Koch hinüber, der sich gerade über den Ausguß beugte und Gemüse putzte. Dann legte sie mir eine Hand auf den Arm und warnte mich flüsternd: »Sagen Sie so etwas nicht! Es ist gefährlich, so zu sprechen! Unser Großer Führer hat uns schon befohlen, uns für einen Volkskrieg gegen die amerikanischen Imperialisten, die sowjetischen Revisionisten und die reaktionäre Kuomintang in Taiwan bereitzuhalten. Sie dürfen nicht solche Friedenspropaganda äußern und dem widersprechen, was unser Großer Führer gesagt hat!«

Ich lächelte ihr zu und nickte zustimmend.

Die Küchentür ging auf. Ein Junge steckte den Kopf herein und fragte den Koch, was mit dem Kühlschrank sei. Das Mädchen zog rasch die Hand von meinem Arm zurück und stand auf. Obwohl der Junge schon wieder verschwunden war, sagte sie mit fester und lauter Stimme: »Sie sind ein Klassenfeind. Ich werde mir diesen Unfug nicht länger anhören.«

Sie machte Anstalten zu gehen. An der Tür blickte sie noch einmal zurück und warf mir ein freundliches Lächeln zu.

»Nicht alle von ihnen sind Dummköpfe«, bemerkte der Koch, als sie draußen war. Mir fiel ein, daß sein jüngster Sohn die Oberschule besuchte, und ich fragte ihn, ob der Junge auch bei den Roten Garden sei.

»O ja! Wie sollte er sich dem entziehen? Man hätte ihn für einen Abtrünnigen gehalten und bestraft. Außerdem wollen Jugendliche immer genau das tun, was andere Jugendliche tun. Aber wenn er nach Hause kommt, durchsucht meine Frau ihn immer, um sicherzugehen, daß er nichts genommen hat, was ihm nicht gehört.«

»Kommt es bei diesen Aktionen oft zu Diebstählen?«

»Ja, die Versuchung ist da. Manche Eltern ermuntern ihre Kinder sogar, Dinge mitzunehmen. Ich werde aber nicht zulassen, daß man meinen Sohn zu einem Gewohnheitsdieb macht«, sagte der Koch.

»Wie steht es mit den Kindern aus Kapitalistenfamilien?« wollte ich wissen.

»Die machen harte Zeiten durch. Man gibt ihnen das Gefühl, geächtet zu sein, und verlangt von ihnen, daß sie zwischen sich und ihren Eltern einen Trennungsstrich ziehen. Wie Sie wissen, können junge

Menschen sehr grausam zueinander sein. Es gibt immer mehr Selbstmorde.«

Vor der Küche sah ich einen Mann, dessen Gesicht mir neu war. Ich sah seiner selbstsicheren Haltung an, daß er Parteifunktionär war, vielleicht ein Veteran des Bürgerkrieges, da er die Vierzig wahrscheinlich schon überschritten hatte.

»Ich bin Verbindungsoffizier der Stadtverwaltung«, stellte er sich vor. »Ich habe den Auftrag, die revolutionäre Arbeit der Roten Garden zu inspizieren. Hat man Sie geschlagen oder schlecht behandelt?«

Es war eine angenehme Überraschung zu erfahren, daß die Stadtverwaltung von Schanghai sich die Mühe machte, die Exzesse der Rotgardisten unter die Lupe zu nehmen. Dieser Versuch einer Mäßigung wurde von den Maoisten in der Pekinger Parteiführung jedoch schnell vereitelt. Der Arbeit des Verbindungsoffiziers war nur eine kurze Lebensdauer beschieden. Als er zu mir sprach, wußte er jedoch noch nicht, daß sein Sturz kurz bevorstand.

»Nein, überhaupt nicht«, erwiderte ich. »Die Rotgardisten haben ihre revolutionäre Aktion strikt nach den Lehren unseres Großen Führers durchgeführt, des Vorsitzenden Mao. Man hat mir erlaubt, zu essen und zu schlafen.« Die Rotgardisten, die neugierig um uns herum standen, strahlten.

Dann machte der Verbindungsoffizier mit ausgestrecktem Arm eine ausholende Bewegung und fragte pathetisch: »Halten Sie es für richtig, daß Sie und Ihre Tochter in einem Neun-Zimmer-Haus mit vier Badezimmern leben, obwohl in Schanghai eine schwere Wohnungsnot herrscht? Halten Sie es für richtig, daß in jedem Zimmer wollene Teppiche liegen, daß jedes Zimmer mit teuren Möbeln möbliert ist, obwohl es überall an den nötigsten Möbeln fehlt? Halten Sie es für richtig, daß Sie Seide und Pelze tragen und unter Daunendecken schlafen? Halten Sie es für richtig, daß Sie drei Diener haben?«

Er hielt einen Moment inne. Als er sah, daß ich nicht zu antworten gedachte, fuhr er fort: »Es ist nicht unser Ziel, Ihren Körper zu zerstören. Wir wollen Ihre Seele retten. Man wird Ihnen genügend Kleidung und die notwendigsten Möbelstücke lassen, so daß Sie ein normales Leben führen können, aber man wird Ihnen nicht die Fortführung eines Lebensstandards erlauben, der über dem des Durchschnittsarbeiters liegt.«

Wieder hielt er inne, um meine Reaktion zu prüfen. Als ich mich nicht rührte, fuhr er fort: »Jetzt ist es noch recht warm, aber bald wird der Winter da sein. Die Roten Garden werden mit Ihnen nach oben gehen, damit Sie sich einen Koffer packen können. Nehmen Sie auch eine warme Jacke mit. Zentralheizung wird es in diesem Haus nicht mehr geben. Die Kohle wird in der Industrie gebraucht. Sie ist nicht für den Luxus von Kapitalisten da.«

Er ging ins Eßzimmer und schloß die Tür. Ich folgte einem Mädchen in den zweiten Stock, um mir aus dem wirren Durcheinander ein paar warme Kleidungsstücke zu holen. Ein Rotgardist, der schon am Abend zuvor dagewesen war, kehrte gerade ins Haus zurück. Er stürmte die Treppe hinauf und rief meiner Bewacherin zu: »Unglaublich! Es ist unglaublich! Weißt du, was ich zu Hause vorfand? Sie sind dabei, mein Haus zu plündern! Wie können sie nur? Mein Vater und mein Großvater sind beide Arbeiter.«

Das war in der Tat außergewöhnlich. Das Mädchen neben mir bat ihn um nähere Erklärungen.

»Es ist wegen meiner Tante. Während der japanischen Invasion verlor sie alles, als die japanischen Soldaten das Stadtviertel Nantao niederbrannten, in dem sie wohnte. Nach dem Krieg lieh sie sich etwas Geld, um einen Obststand aufzumachen. Sie kam ganz gut zurecht und verdiente den Lebensunterhalt für sich und ihre Kinder, aber vor zwei Jahren mußte sie aufgeben. Sie war zu alt geworden, um das alles zu bewältigen. Jetzt sagen sie, sie sei eine Kapitalistin, weil sie ein privates Geschäft besessen habe. Und nun plündern sie unser Haus, weil sie bei uns wohnt. Ihre Kinder leben nicht mehr in Schanghai.«

Der junge Mann war zutiefst entrüstet und den Tränen nahe. Für einen selbstgerechten und stolzen Rotgardisten, der aus einer Arbeiterfamilie der dritten Generation stammte, war dieser Zwischenfall ein schrecklicher Schlag. Mir öffnete er die Augen. Wenn man jetzt schon die Inhaber von Obstständen zu Kapitalisten machte, hatten die Rotgardisten Schanghais noch sehr viel Arbeit vor sich.

Mehrere Rotgardisten hatten sich um uns geschart, um sich die Geschichte des jungen Mannes anzuhören. Ich bemerkte, daß ein paar von ihnen sich anschließend still aus dem Staub machten, wohl um nach Hause zu gehen und sich zu vergewissern, daß bei ihnen nicht Ähnliches passiert war.

Ich wandte mich wieder dem Packen zu und fragte meine Bewacherin, wie es um Meipings Wintergarderobe stehe.

»Sie ist nicht das Ziel unserer revolutionären Aktion. Wir haben ihr Zimmer nicht betreten«, erwiderte sie.

»Aber ihre Wintersachen sind nicht in ihrem Zimmer. Wir haben sie den Sommer über hier oben verstaut«, erklärte ich.

Der Junge, dessen Elternhaus geplündert worden war, war durch diese Erfahrung offensichtlich etwas sanfter gestimmt worden, denn er schlug vor: »Wir müssen auch für sie ein paar Koffer packen.«

Nach kurzer Beratung gestand man Meiping und mir je einen Koffer mit Kleidung und eine Leinentasche mit Bettwäsche zu.

Nachdem die Rotgardisten ihr Zerstörungswerk vollendet hatten, machten sie alles zum Abtransport bereit. Am Nachmittag befanden sich nur noch etwa ein Dutzend von ihnen im Haus. Einer von ihnen rief mich ins Eßzimmer.

Der Verbindungsoffizier und zwei der Lehrer saßen am Eßtisch, auf dem alte Briefe verstreut lagen, die mein Großvater vor der Revolution von 1911, in der China Republik wurde, meinem Vater geschrieben hatte, als dieser in Japan an einer Seeschiffahrtsschule studierte. Diese Briefe gehörten zu den Familienpapieren, die nach dem Tod meiner Mutter 1962 in mein Haus gebracht worden waren. Ich hatte die Kartons nie geöffnet, weil sie meinem Bruder nach Peking geschickt werden sollten. Er war der älteste Sohn und der rechtmäßige Erbe. Nun sah ich, daß das Papier zwar vergilbt, die mit einem zarten Pinsel hingetuschte Handschrift meines Großvaters aber keineswegs verblaßt war.

Der Verbindungsoffizier gebot mir mit einer Handbewegung, mich auf einen leeren Stuhl zu setzen. Er zeigte auf die Briefe und fragte mich: »Haben Sie diese Briefe Ihres Großvaters an Ihren Vater gelesen?«

»Mein Vater hat sie mir vor langer Zeit einmal gezeigt, als ich noch ein Teenager war«, erwiderte ich.

»Ihr Großvater war ein Patriot, obwohl er Großgrundbesitzer war. Er schickte seinen ältesten Sohn, Ihren Vater nach Japan, damit er dort zum Marineoffizier ausgebildet wurde, nachdem China 1895 bei der Seeschlacht gegen Japan eine Niederlage erlitten hatte. Ihr Großvater nahm auch an der mißlungenen Kampagne für eine Verfassungsreform teil. Nach deren Fehlschlag kehrte er in seine Heimatprovinz zurück und widmete sich akademischer Arbeit. Respektieren Sie Ihren Großvater?«

Ich hielt seine Äußerung, mein Großvater sei ein Patriot gewesen, obwohl er Großgrundbesitzer war, für sehr mutig. Während der Landreform von 1950 waren nämlich alle Großgrundbesitzer zu Staatsfeinden erklärt und erschossen worden. Damals hatte kein Mensch den Versuch gemacht, herauszufinden, ob einer von ihnen vielleicht ein Patriot war. Ich weiß noch, daß mein Vater mir einmal sagte, es sei ein Glück, daß mein Onkel, der das Familiengut geleitet hatte, ein paar Jahre vor der kommunistischen Machtübernahme gestorben sei. So sei meinem Großvater im Himmel das würdelose Schauspiel erspart geblieben, daß man einen seiner Söhne hinrichte.

Alle Chinesen verehren ihre Ahnen. Obwohl ich meinen Großvater nie gesehen hatte, liebte ich ihn. Folglich sagte ich dem Verbindungsoffizier: »Natürlich respektierte und liebe ich meinen Großvater.«

»Warum haben Sie sich dann entschlossen, für eine ausländische Firma zu arbeiten? Wissen Sie denn nicht, daß die Ausländer mit uns noch nie etwas Gutes im Sinn gehabt haben? Sie haben das chinesische Volk entweder wirtschaftlich ausgebeutet oder versucht, uns politisch zu versklaven. Nur der Abschaum Chinas arbeitet für Ausländer. Das sollten Sie wissen. Man hat Ihnen angeboten, am Institut für Fremdsprachen zu arbeiten. Sie zogen es aber vor, zu Shell zu gehen. Warum?«

Ich konnte ihm nicht sagen, daß ich mich aus Angst, in die 1957 von Mao ausgerufene neue politische Kampagne verwickelt zu werden, für Shell entschieden hatte. Als ich mich damals entscheiden mußte, entweder ans Institut für Fremdsprachen zu gehen oder die Arbeit bei Shell anzunehmen, war die Kampagne gegen Rechtsabweichler in vollem Gang. Sie zielte hauptsächlich auf die Intellektuellen ab, vor allem auf jene, die an ausländischen Universitäten studiert hatten und die man verdächtigte, kommunismusfeindlichen Ideen anzuhängen. Viele meiner Freunde und Bekannten waren angeprangert und verfolgt worden. Einige schickte man in ein Arbeitslager; ein paar kamen ins Gefängnis. Alle Universitäten und Forschungseinrichtungen befanden sich in einem Zustand des Chaos. Unter solchen Umständen wäre es geradezu selbstmörderisch gewesen, sich dem Lehrkörper des Instituts für Fremdsprachen anzuschließen. Ich bedauerte nicht, das Angebot von Shell akzeptiert zu haben, obwohl mir bewußt war, daß die Arbeit für eine ausländische Firma in der chinesischen Gesellschaft weder Ehre noch Ansehen mit sich brachte.

»Wahrscheinlich hat Sie das Gehalt gereizt, das Ihnen die Ausländer zahlten?« wollte der Verbindungsoffizier wissen. Mir war klar, daß ich mich jetzt auf gefährlichem Boden befand. Die hartnäckige Propaganda der Kommunisten hatte die Vorstellung Allgemeingut werden lassen, daß Angehörige der kapitalistischen Klasse für Geld alles tun, sogar kriminelle Handlungen begehen.

»Nein«, entgegnete ich. »Ich besaß schon ziemlich viel Geld. Es waren eher die Arbeitsbedingungen bei Shell, etwa die kürzere Arbeitszeit, die Aussicht auf einen Dienstwagen und ähnliches mehr. Ich vermute, daß ich faul bin.« Ich hatte das Gefühl, daß jetzt ein wenig Selbstkritik angebracht war. Faulheit war ein weiteres Charaktermerkmal, das man Angehörigen der kapitalistischen Klasse zuschrieb.

Der Mann erhob sich und sah auf seine Armbanduhr. »Ich habe noch andere Termine vor mir«, sagte er. »Sie sollten sich noch einmal durch den Kopf gehen lassen, was Sie für die Ausländer getan haben. Sie sollten bereit sein, Ihren Standpunkt dem des Volkes anzunähern. Wollen Sie sich nicht den Reihen des ruhmreichen Proletariats anschließen? Das können Sie jedoch erst tun, wenn Sie sich von allem Luxus befreit und Ihren Lebensstil geändert haben. Das Ziel der proletarischen Revolution ist die Schaffung einer klassenlosen Gesellschaft, in der jeder einzelne für das Allgemeinwohl arbeitet und die Früchte dieser Arbeit genießt und in der niemand über den anderen steht.«

Das war ein anziehendes und idealistisches Bild. Als ich noch studierte, glaubte auch ich daran. Nachdem ich aber siebzehn Jahre im kommunistischen China gelebt hatte, wußte ich, daß eine solche Gesellschaft nichts als ein Traum ist. Diejenigen, die an die Macht kommen, würden unweigerlich zur neuen herrschenden Klasse werden. Die neuen Machthaber würden in der Lage sein, das Leben des Volkes zu kontrollieren und den Willen der Menschen zu lenken. Weil sie die Produktion und die Verteilung von Gütern und Dienstleistungen im Namen des Staates kontrollierten, könnten sie materielle Reichtümer anhäufen, von denen das einfache Volk nicht einmal träumen würde. Im kommunistischen China wurden Einzelheiten aus dem Privatleben der politischen Führer wie Staatsgeheimnisse gehütet. Trotzdem wußte jeder Chinese, daß die Parteiführer in prächtigen Villen mit vielen Dienern lebten, daß sie ihren täglichen Bedarf in Sonderläden deckten, in denen sie preiswert Luxusgüter kaufen konnten, und daß sie ihre Kinder von Chauffeuren in exklusive Schulen fahren ließen, in denen sie von besonders ausgewählten Lehrern unterrichtet wurden.

Obwohl jeder wußte, wie die politische Führung lebte, wagte niemand, darüber zu sprechen.

Es war allgemein bekannt, daß Mao Tse-tung im ehemaligen Winterpalast der Kaiser der Tsching-Dynastie lebte und eine Anzahl attraktiver junger Frauen um sich hatte, die nur für ihn da waren. Er konnte den Roten Garden befehlen, die Verfassung außer Kraft zu setzen, Menschen zu verprügeln und ihre Häuser zu plündern, und niemand, nicht einmal andere Parteiführer, würde es wagen, sich ihm zu widersetzen. Selbst dieser Verbindungsoffizier, in der Parteihierarchie ganz unten, konnte einfach entscheiden, wie viele Jacken aus meinen eigenen Beständen ich tragen durfte und wie ich künftig leben sollte. Er konnte alle diese willkürlichen Entscheidungen über mein Leben treffen, mich belehren oder sogar imaginärer Verbrechen beschuldigen, nur weil er Parteifunktionär und Beamter und ich nichts weiter als eine einfache Bürgerin war. Er hatte Macht, ich nicht. Wie sehr man die Phantasie auch bemühen mochte, es konnte keine Rede davon sein, daß wir gleichberechtigt waren.

Nachdem der Verbindungsoffizier mein Haus verlassen hatte, erfuhren die Rotgardisten, daß an diesem Tag keine Lastwagen mehr zum Abtransport der Beute verfügbar waren. Sie brachten meinen Schmuck und die anderen Wertgegenstände in Meipings Arbeitszimmer und versiegelten die Tür. Meine Diener wurden beauftragt, darauf zu achten, daß ich mir nichts von meinen Sachen wieder aneignete.

Es war später Nachmittag, als der letzte Rotgardist das Grundstück verließ und das Gartentor hinter sich zuknallte. Lao Tschao und der Koch begannen damit, den Unrat fortzuräumen, der überall den Fußboden bedeckte – zerbrochenes Glas, Porzellanscherben, zersplitterte Bilderrahmen, Mengen zerrissenen Papiers. Ich wies die beiden an, nichts wegzuwerfen, damit die Rotgardisten uns nicht beschuldigen konnten, absichtlich etwas entfernt zu haben. Also schaufelten die beiden in der Mitte jedes Zimmers lediglich einen Gang frei und fegten den Unrat in die Ecken.

Als ich in mein Schlafzimmer hinaufging, um mir den dortigen Schaden anzusehen, saß Tschen Mah an meinem Frisiertisch und starrte das Chaos an. Ich bat sie, mir beim Forträumen der zerfetzten Kleidungsstücke zu helfen, damit wir etwas Bewegungsfreiheit erhielten. Meine Bettdecke wies schmutzige Fußspuren auf. Als wir sie abnahmen, kam eine aufgeschlitzte Matratze zum Vorschein. An der Wand über meinem Bett, wo ein Gemälde mit Blumen gehangen hatte, stand mit Lippenstift geschrieben: »Nieder mit den Lakaien des Imperialismus!« Die Verkleidung des Lackschirms war mit Löchern übersät. Am Rahmen hingen bunte Papierstreifen mit Parolen wie »Lang lebe die Diktatur des Proletariats« und »Nieder mit der kapitalistischen Klasse«. Ich klappte den zerstörten Schirm zusammen und stellte ihn vor die Tür. Dann sammelte ich die zerfetzten weißseidenen Lampenschirme auf, während Tschen Mah die Scherben der Porzellanlampen zusammenfegte.

Im Badezimmer fand ich einen Haufen mit schmutzigen Handtüchern. Die Badewanne war halbvoll mit gefärbtem Wasser – die Rotgardisten hatten alle Medikamente aus dem Medizinschrank in die Wanne entleert. Angewidert griff ich hinein und zog den Stöpsel heraus.

Plötzlich läutete es wieder an der Haustür. Lao Tschao stürzte die Treppe herauf und rief: »Es sind neue Rotgardisten gekommen!«

Ich trocknete mir rasch die Hände und trat auf den Treppenabsatz. »Bleib ruhig und mach das Tor auf«, bat ich Lao Tschao und ging hinunter. In der Halle standen bereits acht Männer in groben blauen Arbeitsanzügen. Obwohl alle schon mittleren Alters waren, trugen sie die Armbinden der Roten Garden. Ihr Anführer, mit einer Lederpeitsche in der Hand, baute sich vor mir auf und sagte: »Wir sind die Roten Garden! Wir sind gekommen, um revolutionär gegen Sie vorzugehen!«

Die Situation war so absurd, daß ich unwillkürlich lachen mußte. »Tatsächlich? Sie sind die Roten Garden? Sie sehen mir eher wie ihre Väter aus«, witzelte ich, leicht erhöht auf der untersten Treppenstufe stehend.

Die Lederpeitsche traf mich auf den nackten Arm direkt über dem Ellbogen. Vor Schmerz biß ich mir auf die Lippen. Die Männer schienen nervös zu sein. Sie blickten sich dauernd zur Eingangstür um.

»Geben Sie uns die Schlüssel! Wir haben keine Zeit, hier herumzustehen und uns mit Ihnen zu unterhalten«, rief der Anführer.

»Die Schlüssel haben die Roten Garden mitgenommen, die gestern abend hier waren.«

»Sie lügen!« Der Mann hob die Peitsche, als wollte er mich erneut schlagen, berührte mich aber nur mit der Peitschenspitze an der Schulter.

Sein Nebenmann fragte ungeduldig: »Haben sie alles genommen?«

»Nein, nicht alles«, erwiderte ich.

Einer der Männer drängte mich und meine Diener in die Küche und schloß uns dort ein. Er blieb vor der Tür stehen und bewachte uns, während die anderen hastig einige Koffer füllten. Sie verschwanden so eilig, daß sie vergaßen, die Küchentür aufzuschließen. Der Koch mußte durch das Fenster in den Garten klettern, um uns zu befreien.

Während Tschen Mah in mein Schlafzimmer ging, um mir für die Nacht das Bett zu bereiten, setzte ich mich an den Küchentisch, um eine Tasse Tee zu trinken, die der Koch mir angeboten hatte. Er setzte sich zu mir und begann, Erbsen zu palen.

»Was wird wohl als nächstes passieren?« fragte er entmutigt.

»Es wird Gesetzlosigkeit und Chaos geben. Jeder, der eine rote Armbinde trägt und sich Rotgardist nennt, kann in jede beliebige Wohnung eindringen und sich bedienen.«

Die Tür ging auf, und Lao Tschao kam herein. »Die Rotgardisten haben am Gartentor eine Wandzeitung angebracht«, berichtete er.

Man beschuldigte mich der »Konspiration mit dem Ausland«. In der Zeit der Kulturrevolution bedeutete dies, daß man mich für eine »ausländische Spionin« hielt. Wörtlich übersetzt bedeuten die vier chinesischen Schriftzeichen *li tung wei kuo* »in Verbindung stehend mit ausländischen Staaten«. So etwas würde überall auf der Welt als normal und unverfänglich gelten. Im maoistischen China jedoch war jede Verbindung mit dem Ausland ein Verbrechen, sofern sie nicht über offizielle Kanäle erfolgte.

Ich dachte gerade darüber nach, wie sehr sich die chinesische Sprache für Euphemismen dieser Art eignete, als ich hörte, wie Meiping ihr Fahrrad in die Garage schob.

»Mei-mei ist da! Sie wird einen Schrecken bekommen!« rief Lao Tschao.

Ich gab mir einen Ruck, um gefaßt zu erscheinen, und stand auf, um Meiping zu begrüßen.

Die Haustür ging auf. Als sie das Chaos sah, blieb sie wie vom Donner gerührt stehen. Dann rannte sie zu mir, schlang mir die Arme um den Hals und schluchzte: »Mami, o Mami, geht es dir gut?«

»Keine Aufregung«, sagte ich so gelassen wie möglich. »Wenn die Kulturrevolution vorbei ist, werden wir uns ein neues Zuhause schaffen. Es wird genauso schön, nein, noch schöner sein als dieses.«

»Nein, Mami, niemand wird mehr ein Haus haben dürfen, wie wir es gehabt haben«, sagte sie bedrückt.

Eng umschlungen gingen wir schweigend die Treppe hinauf. Ich begleitete sie in ihr Schlafzimmer. Wenigstens dort war alles noch so, wie es gewesen war. Ich setzte mich in den Lehnstuhl, während Meiping ins Bad ging. Unterdessen räumte Lao Tschao in meinem Arbeitszimmer einen Platz für das Abendessen frei, das er auf einem zusammenklappbaren Bridgetisch anrichtete. Der Koch hatte es fertiggebracht, ein Nudelgericht mit einer köstlichen Fleischsauce und grünen Erbsen zuzubereiten. Erst jetzt merkte ich, wie erschöpft und hungrig ich war.

Beim Essen erzählte ich Meiping, daß man mir nur die einfachsten Möbel und die lebensnotwendigen Dinge lassen würde, nicht mehr, als ein einfacher Arbeiter besaß. »Ich werde die Behörden bitten, mir das erste Stockwerk zu überlassen und die anderen Räume anderen Familien zur Verfügung zu stellen. So bleiben uns zwei Schlafzimmer, zwei Badezimmer und ein Arbeitszimmer. Das wäre für uns beide ausreichend. Es ist gut, etwas zu planen und in die Zukunft zu blicken. Vielleicht wird es sogar eine angenehme Erfahrung sein, sich nicht um allzu vieles kümmern zu müssen. Der menschliche Geist gibt nicht leicht auf, und ich bin von Natur aus Optimistin.«

Als ich Meiping meine Zukunftspläne entwickelte, wurde sie zusehends entspannter. Dann erzählte sie, daß das Parteisekretariat und die Stadtverwaltung von Schanghai nicht nur Verbindungsoffiziere zur Überwachung der Roten Garden eingesetzt, sondern auch eine Zehn-Punkte-Resolution verabschiedet hätten, in der betont werde, wie wichtig der Schutz alter Kulturgüter sei, und in der die Plünderung von Privatwohnungen für verfassungswidrig erklärt werde. Lao Tschao hielt in seiner Arbeit inne, um zuzuhören, und Tschen Mah kam aus meinem Schlafzimmer und klatschte in die Hände. Diese guten Nachrichten beruhigten die beiden sehr. Das Verhalten der Rotgardisten, die gerade erst mein Haus verlassen hatten, sowie ihre Äußerungen über revisionistische Beamte in der Regierung weckten in mir jedoch Skepsis hinsichtlich der Durchsetzbarkeit dieser Resolution.

Schweigend und gedankenverloren blieben wir noch eine Weile sitzen. Plötzlich ging ein Ruck durch Meiping, und sie sagte entschlossen: »Mami, wir werden den Sturm gemeinsam überstehen. Ich glaube noch immer an die Zukunft unseres Landes. Die Dinge werden sich ändern. Sie können nicht immer so ungerecht bleiben wie jetzt. Es gibt in der Partei auch gute Führer, Leute wie Ministerpräsident Tschou und viele andere.«

»Nun, ich würde gern wissen, was sie jetzt tun, warum sie zulassen, daß so viele unschuldige Menschen leiden.«

»Verlier nicht den Mut!« beschwor mich Meiping. »Wenn die Zeit gekommen ist, werden sie bestimmt etwas unternehmen. Ich liebe China! Ich liebe mein Land, obwohl es nicht immer gut und richtig handelt.«

Ihre Worte trieben mir die Tränen in die Augen. Auch ich hatte eine tiefe und unerschütterliche Liebe zum Land meiner Vorfahren, obwohl ich wegen meiner Klassenzugehörigkeit nun zu einer Ausgestoßenen geworden war.

Hausarrest

Ich erwachte vom Rauschen eines schweren Wolkenbruchs. Nach einiger Zeit ließ der Regen nach und wurde zu einem beständigen Nieseln. Der durchtränkte Garten, mit Asche und halbverbrannten Büchern übersät, war ein trauriger Anblick. Ich ging hinaus auf die Terrasse, betrachtete die deprimierende Szene und fragte mich, was ich tun sollte.

Der Vormittag verging nur langsam. Von den Roten Garden war nichts zu sehen. Ich wanderte ziellos im Haus umher. Es war kein Buch mehr da, das ich hätte lesen können. Auf den Bücherregalen in meinem Arbeitszimmer standen nur noch die vier schmalen Bände mit Mao Tse-tungs *Gesammelten Werken* und das kleine rote Buch mit den Worten des Großen Vorsitzenden. Ich konnte weder nähen noch strikken; die Rotgardisten hatten eine so heillose Unordnung hinterlassen, daß ich nicht wußte, wo ich nach Wolle, Nadel und Faden suchen sollte. Ich konnte weder einen Brief schreiben noch mich durch Zeichnen ablenken; sämtliches Papier und alle Umschläge waren zerrissen, und ich wußte nicht, wo sich meine Bleistifte und Füllhalter befanden. Radio hören konnte ich auch nicht, da sämtliche Radios des Hauses mit den »Wertsachen« eingeschlossen waren. Mir blieb nur, die riesigen Haufen Unrat anzustarren, die sich in allen Zimmern türmten und die wir nicht zu entfernen wagten.

Am Nachmittag hörte es auf zu regnen, und die Sonne kam durch. Mehrere Aufmärsche führten an meinem Haus vorbei, aber kein Rotgardist ließ sich blicken. Lao Tschao brachte mir die jüngste Ausgabe der Zeitung *Freies Schanghai,* die zwar eine Morgenzeitung war, aber immer erst nachmittags erschien. Auf der Titelseite war in großen Schriftzeichen ein Leitartikel der Pekinger *Volkszeitung* abgedruckt, des offiziellen Organs des Zentralkomitees der Kommunistischen Partei. Da sämtliche chinesischen Zeitungen staatlich sind und die offizielle Regierungspolitik vertreten, war mir die Bedeutung dieses Artikels klar. Ich las ihn sorgfältig. Bei oberflächlicher Betrachtung schien die aufputschend revolutionäre Sprache den Haß auf die Kapitalisten schüren und die Massen dazu bewegen zu sollen, sich der Kulturrevolution anzuschließen. Mir fiel aber auf, daß auch behauptet wurde, Parteifunktionäre und Regierungsbeamte in vielen Teilen Chinas hätten eine kapitalistische Politik verfolgt und sich damit in Gegensatz zu den Lehren Mao Tse-tungs gestellt. Der Autor nannte diese namenlosen Funktionäre und Beamte »Anhänger des kapitalistischen Wegs«. Die »revolutionären Massen«, so hieß es in dem Artikel weiter, müßten diese Feinde identifizieren, da »unser Großer Führer, der Vorsitzende Mao, den revolutionären Massen vertraut und gesagt hat, ihre Augen seien funkelnd und rein wie Schnee«.

Der Artikel warnte die »revolutionären Massen«, daß die Kapitalisten schlau seien. Zudem wurde behauptet, die Angehörigen der Kapitalisten horteten Gold und versteckten in ihren Häusern und Wohnungen Waffen, um im Fall eines ausländischen Angriffs auf China als fünfte Kolonne mit dem Feind zusammenarbeiten zu können. Der Artikel pries die revolutionären Aktionen der Roten Garden und nannte ihre Mitglieder »kleine revolutionäre Generäle«. Am Ende wurde die Existenz einer »Gegenströmung« gegen die Kulturrevolution und die Roten Garden erwähnt. Der Autor ermahnte jedermann, sich vor dieser Gegenströmung zu hüten und es unbedingt zu vermeiden, sich davon beeinflussen zu lassen. Die »Anhänger des kapitalistischen Wegs«, die eine unbeirrbar »revisionistische« Perspektive hätten und versuchten, die kapitalistische Klasse zu »schützen«, würden es bald erleben, daß die »revolutionären Massen« sich ihrer annähmen. Sie würden schon bald auf dem Müllhaufen der Geschichte landen.

Der Autor des Artikels handelte erschreckend verantwortungslos, denn weder die »revolutionären Massen«, die ihre Feinde identifizieren und bestrafen sollten, noch die »Anhänger des kapitalistischen Wegs«, die zu Opfern werden sollten, wurden klar definiert. Der Artikel machte mir überdeutlich klar, daß Mao Tse-tung und sein handverlesenes Komitee zur Durchführung der Kulturrevolution vorhatten, ihre Angriffe auszuweiten und die Gewalt gegen die vorgesehenen Opfer noch zu steigern. Der eisige Grundton des Artikels ließ sich nicht übersehen. Da ein Leitartikel der *Volkszeitung* bindend war, würde das Tempo der Kulturrevolution in Schanghai mit Sicherheit schon bald forciert werden. Parteisekretariat und Stadtverwaltung würden nicht mehr in der Lage sein, die Zehn-Punkte-Resolution durchzusetzen. Ich erwartete schon bald die Rückkehr der Roten Garden und stellte mich darauf ein, daß sie noch feindseliger und unerbittlicher auftreten würden. Ich hielt die Zeit für gekommen, meine Diener dazu zu drängen, sofort mein Haus zu verlassen und in die Sicherheit ihrer eigenen vier Wände zurückzukehren.

Der Koch entgegnete, er könne, da er nicht bei mir wohne, nach Belieben kommen und gehen, bis die Rotgardisten ihm befählen, wegzubleiben. Lao Tschao sagte: »Ich habe keine Angst zu bleiben. Sie brauchen jemanden, der für Sie zum Markt geht, um einzukaufen. Es wäre für Sie nicht sicher, das Haus zu verlassen. Ich stamme aus einer armen Bauernfamilie. Mein Sohn ist in der Armee und Parteimitglied. Wir sind das wahre Proletariat. Die Roten Garden haben schon alles zertrümmert und beschlagnahmt. Was können sie noch tun? Wenn sie mir befehlen zu verschwinden, muß ich gehen. Sonst werde ich bleiben.« Tschen Mah weinte nur und sagte, sie wolle unbedingt bei Meiping bleiben.

Unter den gegebenen Umständen war die Loyalität meiner Diener beeindruckend. Ich war tief gerührt. Ich bestand nicht darauf, daß sie sofort das Haus verließen, denn es war besser, sie bei mir zu haben, als allein auf die Roten Garden zu warten. Nachdem mir der Koch auf dem Markt etwas Papier gekauft hatte, schrieb ich jedoch an Tschen Mahs Tochter, die in einer anderen Provinz lebte. Ich bat sie, nach Schanghai zu kommen und ihre Mutter nach Hause zu holen. Für Tschen Mah fühlte ich mich mehr verantwortlich als für den Koch und Lao Tschao.

Als Meiping mit der Nachricht nach Hause kam, das Gebäude der Stadtverwaltung werde von den Roten Garden belagert, überraschte mich das nicht. Die Rotgardisten verlangten die sofortige Aufhebung der Zehn-Punkte-Resolution, die sie als Dokument zum Schutz der kapitalistischen Klasse brandmarkten. Meiping erzählte mir auch, daß Tschiang Tsching, Maos Ehefrau, einen alten Mitstreiter damit beauftragt habe, in Schanghai die Kulturrevolution zu leiten.

»Sein Name ist Tschang Tschuan-tschiao. Jemand in unserem Filmstudio sagte, er sei in den dreißiger Jahren, als Tschiang Tsching noch Schauspielerin war, in Schanghai Journalist gewesen. Diejenigen im Studio, die beide von damals her kennen, sind völlig verängstigt. Einige haben schon ihre Taschen gepackt, um jederzeit für das Gefängnis bereit zu sein. Sie scheinen zu glauben, daß Tschang Tschuan-tschiao sie einsperren lassen wird, damit sie nicht über die damalige Zeit reden können. Mami, glaubst du wirklich, daß man diese unschuldigen Schauspielerinnen und Schauspieler ins Gefängnis steckt?« Meiping war durch das, was sie in ihrem Filmstudio gehört hatte, völlig verwirrt und betroffen. Da ich über das Schanghai der dreißiger Jahre nichts wußte, hatte ich weder eine Vorstellung davon, was Tschiang Tsching und Tschang Tschuan-tschiao fürchteten, noch davon, was die Schauspieler im Filmstudio Verfängliches über die beiden wußten.

»Kannst du heute abend zu Hause bleiben?« fragte ich Meiping, da ich hoffte, einen ruhigen Abend mit ihr zu verbringen, um über unsere Situation zu sprechen.

»Ich fürchte nein, Mami. Ich bin wirklich nur ganz schnell hergekommen, um zu sehen, wie es dir geht und ob die Roten Garden wiedergekommen sind. Alle anderen sind im Studio geblieben. Es ist eine dringende Versammlung einberufen worden, auf der ein wichtiger Artikel in der *Volkszeitung* diskutiert werden soll. Es heißt, ein enger Mitarbeiter des Vorsitzenden Mao habe ihn geschrieben. Es ist also ein sehr wichtiger Artikel, der den Standpunkt des Vorsitzenden Mao wiedergibt«, sprudelte es aus Meiping hervor. Dann schaute sie auf ihre Uhr. »Du lieber Himmel! Ich muß rennen!«

Lao Tschao brachte ihr eine Schüssel mit Nudeln und bedrängte sie: »Iß etwas davon. Die Nudeln sind schon abgekühlt. Du kannst nicht losgehen, ohne etwas gegessen zu haben.«

Meiping nahm die Eßstäbchen und schob sich ein paar Nudeln in den Mund, schlang sie hinunter, umarmte mich und rief im Gehen: »Vielen Dank. Ich muß jetzt aber wirklich los.« Sie rannte aus dem Haus. Ich hätte ihr noch vieles sagen wollen, aber jetzt war dazu keine Zeit mehr.

Lao Tschao lieh mir sein Transistorradio, damit ich mir die Abendnachrichten anhören konnte. Sämtliche Sender brachten den Leitartikel der *Volkszeitung*. Die Sprecher verlasen ihn mit der aufgeregt hohen Stimme, die mir in den folgenden Jahren so vertraut werden sollte. Ich ließ das Radio in der Erwartung eingeschaltet, weitere Nachrichten zu hören, aber vergeblich. Als ich endlich in einen unruhigen Schlaf fiel, hatte ich den Artikel so oft gehört, daß ich ihn fast auswendig kannte.

Am nächsten Morgen berichtete der Koch, daß es auf dem Markt kaum noch etwas zu kaufen gebe, da die Bauern aus dem Umland dem Ruf des Vorsitzenden Mao gefolgt seien und sich den »revolutionären Massen« angeschlossen hätten, um an der Kulturrevolution teilzunehmen. Daher seien weder Gemüse noch Fisch oder Krabben auf den Markt gekommen. Die Bauern seien in großer Zahl in die Stadt geströmt und hätten im Geschäftsviertel mehrere Hotels belegt. Ihre

Anführer hätten von den verängstigten Hoteldirektoren freies Essen und freie Unterkunft verlangt. Als sich die Berichte von dem unerhörten Luxus der Hotels, von heißem Leitungswasser, Sprungfedermatratzen und Teppichböden in den Volkskommunen der Umgebung verbreitet hätten, seien ganze Familien in die Stadt gekommen, um die Gelegenheit zu einem kostenlosen Urlaub zu nutzen.

Unterdessen kamen auch Rotgardisten mit der Bahn aus Peking und anderen Städten des Nordens nach Schanghai, um mit ihren dortigen Kampfgenossen »revolutionäre Erfahrungen auszutauschen«. Gleichzeitig reisten Rotgardisten aus Schanghai nach Peking, weil sie hofften, vom Vorsitzenden Mao empfangen zu werden. Sie beschlagnahmten Eisenbahnzüge und Schiffe und ließen die regulären Reisenden und Transportgüter auf Bahnhöfen und Kaimauern zurück. Niemand wagte es, sich ihnen zu widersetzen. Seit der Erwähnung der »Anhänger des kapitalistischen Wegs« im Leitartikel der *Volkszeitung* waren alle Funktionäre und Beamte vor Angst gelähmt.

Der Angriff auf die Zehn-Punkte-Resolution brachte die Stadtverwaltung Schanghais in die Defensive. Um den Roten Garden nicht noch mehr Angriffsflächen zu bieten, sorgte sie für deren kostenlose Verpflegung. Auf Bahnhöfen und in den Häfen wurden Garküchen eingerichtet. Alle Imbißstände und die inzwischen verstaatlichten ehemaligen weißrussischen Bäckereien wurden mobilisiert, um für die Rotgardisten Brot zu backen. Diese waren jedoch entschlossen, den Schanghaier Behörden etwas am Zeug zu flicken; deshalb prangerten sie das von den Bäckereien gelieferte, nach westlicher Art gebackene Brot als »ausländische Nahrung« an und weigerten sich, es zu essen. Gleichzeitig entschlossen sich viele Fabrikarbeiter, sich den »revolutionären Massen« anzuschließen und eigene kulturrevolutionäre Gruppen zu organisieren. Mit überzogenen finanziellen Forderungen brachten sie die Schanghaier Behörden in Verlegenheit. Um sich selbst zu schützen und die Unterstützung der Arbeiter zu gewinnen, veranlaßten die Beamten Sonderzahlungen und Gratifikationen. Nach nur wenigen Tagen waren die Bargeldreserven der lokalen Banken erschöpft. Die Arbeiter, deren Forderungen unerfüllt blieben, schlossen sich wütend den Roten Garden an und attackierten nun ebenfalls die Stadtverwaltung und ihre führenden Beamten. Hinter all diesen Machenschaften gegen die Stadtverwaltung steckte die lenkende Hand von Tschang Tschuan-tschiao, der seine revolutionäre Arbeit von einer komfortablen Suite im »Friedenshotel« aus leitete, dem vorläufigen Hauptquartier der maoistischen Führer der Stadt, bis das Parteisekretariat und die Stadtverwaltung Schanghais im Januar des folgenden Jahres von den Revolutionären gestürzt wurden.

Einige von Meipings Freunden waren Lehrer. Weil auch sie die roten Armbinden trugen, konnten sie uns besuchen, ohne unnötige Aufmerksamkeit zu erregen. Lao Tschao nutzte den Umstand, daß die Roten Garden mich im Augenblick in Ruhe ließen, um seine Freunde zu besuchen und sich auf den Straßen unter die Menschen zu mischen. Der Sohn des Kochs, ein Fabrikarbeiter, besuchte seinen Vater und berichtete, wie es an seinem Arbeitsplatz aussah. Die Geschichten, die Vater und Sohn erzählten, erstaunten mich sehr. Das Zögern der Parteifunktionäre und Verwaltungsbeamten von Schanghai, ihre Macht zu gebrauchen, war so ungewöhnlich, daß ich mich zu fragen begann, ob an der Kulturrevolution vielleicht doch mehr dran war als ihr erklärter Zweck, die Überreste der Kapitalistenklasse auszumerzen und unter Beamten, Funktionären und Intellektuellen Säuberungen durchzuführen.

Ich befand mich gerade im Badezimmer, als ich hörte, wie wütend gegen das Gartentor gehämmert wurde. Ich eilte sofort die Treppe hinunter. Auf dem Absatz stellte sich mir ein etwa fünfzehnjähriges Mädchen in den Weg. Sie trug eine khakifarbene Uniform und eine tief in die Stirn gezogene Schirmmütze, unter der sie mit strengem Blick hervorlugte. Um die schmalen Hüften hing ein breiter Ledergürtel mit einer glänzenden Schnalle. In der Hand hielt sie eine Lederpeitsche.

»Sind Sie der Klassenfeind dieses Hauses? Wie wohlgenährt Sie aussehen! Ihre Wangen sind rund, Ihre Augen blicken anmaßend. Das Blut und der Schweiß der Arbeiter und Bauern haben Sie fett gemacht. Jetzt werden andere Saiten aufgezogen! Sie müssen für Ihre Verbrechen bezahlen! Kommen Sie mit!«

An ihrem Akzent hörte ich, daß sie eine Rotgardistin aus Peking war. Ich folgte ihr nach unten. Mehrere Jungen und Mädchen in ähnlicher Aufmachung standen in der Halle vor der Tür zum Eßzimmer. Das Mädchen ging hinein, ich folgte ihr.

»Knien Sie nieder!« rief einer der Jungen. Gleichzeitig landete sein Stock auf meinem Rücken. Ein anderer Junge zerschlug die Glastür der Vitrine. Klirrend fielen die Scherben zu Boden. Er wirbelte mit seinem

Stock herum und traf meine Kniekehle. Die Entscheidung, ob ich dem Befehl folgen und mich hinknien sollte oder nicht, war mir aus der Hand genommen. Ich sackte auf dem Fußboden zusammen.

»Wo ist das Bargeld?«

»Das haben die Rotgardisten mitgenommen.«

»Haben sie alles mitgenommen?«

»Nein, sie haben mir zum Leben ein paar hundert Jüan dagelassen.«

»Wo liegen die?«

»In einer Schublade meines Schreibtischs.«

Der Junge trat mir gegen das Bein, bevor er mit den anderen die Treppe hinaufstürzte. Das Mädchen mit der Schirmmütze blieb da, um mich zu bewachen. Sie fuchtelte mit ihrer Peitsche herum und richtete es so ein, daß sie bei jedem Peitschenschlag nur knapp meinen Kopf verfehlte. Die anderen erschienen mit meiner Schreibtischschublade und kippten die Banknoten auf den Eßtisch. Sie befahlen mir, mich umzudrehen, so daß ich mit dem Gesicht zur Wand stand. Ich konnte hören, wie sie das Geld zählten.

Dann hörte ich, wie weitere Personen das Haus betraten. Jemand forderte Lao Tschao auf, Tschen Mah und den Koch in die Halle zu holen. Dann hörte ich ihn zu einem anderen sagen: »Bring sie nach oben und verhöre sie.«

Nun kam eine Gruppe von Rotgardisten ins Eßzimmer.

»Hier ist sie«, sagte jemand.

»Ihr könnt jetzt gehen. Wir werden uns selbst um sie kümmern«, hörte ich den Mann sagen, der zuvor mit Lao Tschao gesprochen hatte.

Beim Hinausgehen schlugen die Rotgardisten mit ihren Stöcken und Peitschen gegen Wände und Möbel. Sie knallten das Gartentor so fest zu, daß das ganze Haus erbebte.

»Stehen Sie auf! Kommen Sie her!« brüllte der Mann.

Ich stand auf und drehte mich neugierig nach den neuen Eindringlingen um. Der Mann, der gesprochen hatte, war mittelgroß, feingliedrig und trug eine Brille mit gefärbten Gläsern. Außer ihm befanden sich noch zwei weitere Männer und eine Frau im Zimmer. Obwohl sie alle die unförmigen Baumwollhosen, Hemden und Jacken der Arbeiterklasse trugen, verriet ihre Sprache, daß sie eine gewisse Bildung besaßen. Auf ihren Armbinden sah ich die drei chinesischen Schriftzeichen für »Revolutionäre«.

Sie setzten sich in einem Halbkreis um mich. Der Wortführer erklärte in aggressivem Ton: »Sie sind der Klassenfeind dieses Hauses. Sie sind der Konspiration mit ausländischen Mächten schuldig. So steht es in der Wandzeitung draußen an Ihrer Gartentür. Wollen Sie das leugnen?«

»Natürlich streite ich das ab! Wer sind Sie überhaupt? Was wollen Sie?«

»Wir sind die Proletarischen Revolutionäre.«

»Von einer solchen Bezeichnung habe ich noch nie gehört.«

»Sie werden noch eine Menge von uns hören. Wir sind die Revolutionäre, die die herrschende Klasse Chinas, die Arbeiterklasse, vertreten«, sagte er und reckte das Kinn in die Höhe.

»Wird die chinesische Arbeiterklasse nicht durch die Kommunistische Partei vertreten?« wollte ich wissen.

»Halten Sie den Mund! Wir müssen uns Ihnen gegenüber nicht rechtfertigen. Sie sind ein arroganter Klassenfeind! Sie haben kein Recht zu diskutieren, wer die Arbeiterklasse Chinas vertritt. Wir folgen dem Aufruf des Vorsitzenden Mao, an der Großen Proletarischen Kulturrevolution teilzunehmen. Das muß Ihnen als Erklärung genügen«, mischte sich die einzige Frau in der Runde ein.

»Sie sind ein Klassenfeind und ein Lakai der angloamerikanischen Imperialisten. Sie haben in Peking eine mit amerikanischem Geld finanzierte Universität und dann in London eine britische Universität besucht. Sie sind also schon früh dazu ausgebildet worden, den Imperialisten zu dienen«, fuhr der Mann fort. Ich schwieg, da es mir zwecklos vorkam, mit diesen Leuten zu reden.

»Schweigen Sie, weil Sie sich schämen?« fragte mich die Frau.

»Warum sollte ich mich schämen? Viele Absolventen der Jenching-Universität haben es in der Kommunistischen Partei zu führenden Positionen gebracht. Daß ich dort studiert habe, bedeutet nicht, daß ich der Lakai von irgend jemandem bin. Die London School of Economics war einmal eine linksgerichtete Hochschule, die von den britischen Fabian-Sozialisten gegründet wurde. Ich habe dort sogar zum erstenmal das Kommunistische Manifest von Marx und Engels gelesen«, entgegnete ich, innerlich schmunzelnd.

»Ha ha ha! Das soll wohl ein Scherz sein! Ein Klassenfeind und Lakai der Imperialisten hat das Kommunistische Manifest gelesen! Als nächstes werden Sie uns wohl erzählen, daß Sie in die Kommunistische Partei eintreten wollen«, sagte der Mann mit den gefärbten Brillengläsern sarkastisch.

»Lenin hat die Fabian-Sozialisten als Reformer verurteilt«, warf die Frau sachkundig ein. »Sie waren keine wahren Sozialisten, weil sie Gegner revolutionärer Gewalt gewesen sind. Versuchen Sie bloß nicht, sich bei uns anzubiedern. Sie haben nur eine Chance, wenn Sie gestehen.«

»Ich bin eine gesetzestreue Staatsbürgerin«, erklärte ich. »Ich habe für eine ausländische Firma gearbeitet und hatte keinerlei Zugang zu Staatsgeheimnissen. Ich kenne keine ausländische Regierung, und dort kennt auch mich niemand.«

Einer der beiden anderen Männer sagte: »Sie kennen durchaus einige ausländische Regierungsbeamte, zu denen Sie freundliche Beziehungen unterhalten.«

»Sie brauchen sich gar nicht so aufzuregen. Alle leitenden Angestellten ausländischer Firmen sind Spione. Sie sind nicht die einzige«, fiel der dritte Mann ein.

»Warum sollten ausländische Regierungen uns so sehr vertrauen?« fragte ich. »Welche Macht sollten sie über Menschen haben, die wie wir in China leben?«

»Oh! Fast alle von ihnen haben Geld im Ausland. Sie wollen doch nicht abstreiten, daß auch Sie Geld im Ausland haben«, sagte der Mann mit der Brille.

»Damit haben sie Sie in der Hand. Sie können Ihr Geld jederzeit beschlagnahmen«, fügte die Frau hinzu.

»Sie verstehen das nicht. Ausländische Regierungen haben keine Verfügungsgewalt über Banken. Sie können nicht einfach die Konten irgendwelcher Leute beschlagnahmen«, versuchte ich den »Revolutionären« zu erklären.

»Warum unterhalten Sie überhaupt ein Konto im Ausland? Warum sollte ein ehrlicher Chinese überhaupt Geld im Ausland deponieren?«

»Ich reise gelegentlich nach Hongkong und muß dort für meinen Lebensunterhalt und die Hotelrechnungen bezahlen«, antwortete ich ruhig. »Wie Sie wissen, darf ich kein chinesisches Geld ausführen. Wir haben Devisenbestimmungen. Jedesmal, wenn ich China verlassen habe, durfte ich höchstens fünf US-Dollar mitnehmen. Außerdem muß ich Devisen nach China mitbringen, um hier beim Importbüro Kohle und andere Dinge zu kaufen. Ich habe zwar für alle diese Fälle einiges Geld im Ausland, aber weit mehr hier in Schanghai. Ich besitze dieses Haus. Mein einziges Kind lebt hier. Meine Tochter bedeutet mir mehr als sonst etwas in der Welt. Sie ist ein Mitglied des Kommunistischen Jugendverbands. Warum sollte ich ein Gegner der Kommunistischen Partei und der Volksregierung sein?«

»Sie wären selbst dann eine Gegnerin der Kommunistischen Partei, wenn Ihre Tochter Parteimitglied wäre. Das liegt an Ihrem Klasseninstinkt«, sagte der Mann mit der Brille.

Nun betraten mehrere Männer und Frauen den Raum, gefolgt von meinen Dienern. Der Mann mit der Brille sah sie fragend an. Sie schüttelten nur den Kopf. Sie hatten von meinen Dienern offensichtlich nicht erfahren, was sie hatten erfahren wollen.

Der Mann mit der Brille schlug einen ernsten Ton an und fragte mich: »Wo haben Sie Ihr Gold und Ihre Waffen versteckt?«

»Was für Gold, was für Waffen?« Diese Frage überraschte mich, bis mir der Leitartikel der *Volkszeitung* einfiel, in dem Angehörige der Kapitalistenklasse beschuldigt wurden, Gold und Waffen zu verstekken, um eine fünfte Kolonne zu bilden, wenn ausländische Mächte in China einfallen sollten.

»Sie wissen genau, welches Gold und welche Waffen! Rücken Sie lieber damit heraus.«

»Ich besitze weder Gold noch Waffen. Die Roten Garden sind hier gewesen. Sie haben das ganze Haus durchsucht. Sie haben weder Gold noch Waffen gefunden.«

»Sie sind schlau. Sie haben die Sachen versteckt. Unser Großer Führer hat uns gesagt, daß die Klassenfeinde Gold und Waffen verstecken. Er kann sich nicht irren. Wir werden finden, was wir suchen, wenn Sie nicht selbst damit herausrücken. Aber dann wird man Sie schwer bestrafen«, sagte der Anführer. Dann stand er auf und rief den anderen zu: »Los, kommt mit! Das Zeug muß irgendwo im Haus liegen.«

Ich fragte mich, ob sie dem Leitartikel wirklich glaubten oder nur so taten. Tatsächlich war schon kurz nach der kommunistischen Machtübernahme von 1949 der Besitz von Feuerwaffen für ungesetzlich erklärt worden. Wer welche besaß, mußte sie den Behörden aushändigen und anschließend eine Hausdurchsuchung durch die Polizei über sich ergehen lassen. Die Angehörigen von Militär und Polizei aus der Kuomintang-Zeit wurden festgenommen und in Arbeitslagern »umerzogen«. Ihre Familien mußten ihre Häuser und Wohnungen verlassen. Es war daher völlig absurd zu behaupten, daß Chinesen noch 1966 Waffen in der Wohnung haben könnten.

Die Revolutionäre ließen sich jedoch nicht beirren, sondern zogen mit meinen Dienern und mir durchs ganze Haus. Sie schlitzten die Matratzen auf, zerschnitten die Polsterung von Sesseln und Sofas, schlugen die Badezimmerkacheln von den Wänden, krochen in den Kamin und stocherten im Schornstein herum, stemmten Fußbodendielen hoch, kletterten aufs Dach, fischten im Wassertank und inspizierten die Rohrleitungen.

Ich hatte jedes Zeitgefühl verloren, aber es war schon dunkel geworden, als sie sich entschlossen, den Garten umzugraben. Der Himmel war bedeckt, und es war eine dunkle Nacht. Sie schalteten auf der Terrasse das Licht ein und befahlen Lao Tschao, eine Taschenlampe zu holen. Als sie mit ihrer Graberei vor dem Kohlenschuppen ankamen, befahlen sie meinen Dienern und mir, die Kohlen in eine bereits durchsuchte Ecke des Gartens zu bringen. Der nasse, mit Asche bedeckte Rasen verwandelte sich in eine Schlammwüste; sämtliche Blumenbeete wurden umgegraben, und die Revolutionäre wühlten auch unter den dichtesten Sträuchern in der Erde herum. Sie rissen sogar Pflanzen aus den Töpfen. Sie fanden jedoch nichts, denn es gab nichts. Am Ende waren alle von oben bis unten mit Schlamm, Asche und Schweiß bedeckt.

Schließlich bremste körperliche Erschöpfung ihren revolutionären Eifer. Meine Diener und ich wurden ins Haus zurückgeschickt. Die Revolutionäre kochten vor Wut, weil sie nichts gefunden hatten. Ich wußte, daß ich ihnen irgendwie dabei helfen mußte, das Gesicht zu wahren, da sie ihre Wut sonst an mir auslassen würden. Wenn es mir nur gelingen würde, irgend etwas Goldenes hervorzuzaubern, etwa einen Ring oder ein Armband. Mir fiel der Schmuck ein, der in Meipings Arbeitszimmer versiegelt war.

»Die Roten Garden haben meine Goldringe und meine Armbänder in dem versiegelten Raum deponiert. Vielleicht könnten Sie den Raum öffnen, die Dinge an sich nehmen und den Roten Garden Bescheid geben«, sagte ich zu der Frau.

»Stellen Sie sich nicht dumm. Wir suchen nach Goldbarren«, entgegnete sie barsch.

Wir standen unten in der Halle. Der Anführer hatte die Brille abgenommen und zeigte seine blutunterlaufenen Augen. Sein Blick wanderte von meinen Dienern zu seinen Mitrevolutionären und wieder zurück. Dann blickte er mich an. »Wo haben Sie das Gold und die Waffen versteckt?« brach es aus ihm heraus, während er drohend einen Schritt auf mich zuging.

Ich war so erschöpft, daß ich mich kaum noch auf den Beinen halten konnte. Mit größter Anstrengung sagte ich: »Es gibt einfach nichts. Wenn es etwas gäbe, hätten Sie es längst gefunden.«

Die Tatsache, daß er unrecht behalten hatte, war ihm unerträglich. Voller Haß starrte er mich an und sagte: »Nicht unbedingt. Wir haben die Wände noch nicht aufgebrochen.«

Er stand nun dicht vor mir. Ich konnte jede Einzelheit seines wutverzerrten Gesichts sehen. Obwohl ich ihn zutiefst abstoßend fand und am liebsten ein paar Schritte zurückgewichen wäre, rührte ich mich nicht von der Stelle; er sollte nicht das Gefühl bekommen, daß ich Angst vor ihm hätte. Ich sagte einfach mit ruhiger Stimme: »Seien Sie doch vernünftig. Wenn ich etwas in den Wänden versteckt hätte, hätte ich es nicht allein tun können. Ich hätte die Hilfe eines Stukkateurs gebraucht, um die Wände wiederherzurichten. Alle Facharbeiter arbeiten aber für Betriebe, die vom Staat kontrolliert werden. Sie hätten den Parteisekretär unterrichten müssen, wenn sie eine solche Arbeit hätten ausführen sollen.« Ich war so erschöpft, daß mir das Sprechen größte Mühe bereitete.

Der Mann war außer sich vor Wut, weil ich ihm Unvernunft unterstellt hatte. Sein Gesicht wurde kreideweiß, und seine Lippen zitterten. Ich konnte sehen, wie ihm an den Schläfen die Adern hervortraten. Er hob den Arm, um mich zu schlagen.

Genau in diesem Augenblick erschien Meipings Kater Fluffy in der Küchentür, sprang den Mann von hinten an und vergrub die Zähne in seiner Wade. Er schrie vor Schmerz laut auf, hüpfte wild auf einem Bein herum und versuchte, den Kater abzuschütteln. Auch die anderen versuchten nun, Fluffy zu packen, aber der wendige Kater war schon wie ein geölter Blitz durch die Verandatür in den Garten entschwunden. Fluffy hockte auf seinem Lieblingsast im Magnolienbaum, wo er außer Reichweite war. Von diesem sicheren Zufluchtsort aus schaute er genüßlich herunter und miaute. Der verletzte Mann war fast wahnsinnig vor Zorn. Seine Hose war zerrissen, und ein Rinnsal Blut floß die Wade hinunter. Er humpelte zum Baum und versuchte, ihn zu schütteln. Fluffy sprang geschmeidig auf einen höheren Ast, drehte sich um, warf uns allen einen verächtlichen Blick zu, sprang auf das Dach des Nachbarhauses und verschwand in der Nacht.

Wir gingen zurück ins Haus. Im Wohnzimmer setzte sich der lädierte Mann auf die Überreste des Sofas, das vor nicht allzu langer Zeit ein Rotgardist aufgeschlitzt und zertrümmert hatte. Als ich Tschen Mah um ein Antiseptikum oder Jod bat, erinnerte sie mich daran, daß die Rotgardisten alles weggeschüttet hatten.

Die recht unheroische Erscheinung ihres Anführers hatte die Revolutionäre in große Verlegenheit gebracht. Der Mann wischte sich jetzt mit einem Taschentuch das Bein ab und hockte da wie ein Häufchen Elend. Meine Diener zogen sich taktvoll in die Küche zurück. Ich wurde von einer Frau ins Eßzimmer geschoben und belehrt: »Wir brauchen weder Ihre Hilfe noch Ihr Mitleid. Sie halten in Ihrem Haus ein wildes Tier, um uns Revolutionäre anzugreifen. Dafür wird man Sie bestrafen. Was die Katze betrifft, so werden wir dafür sorgen, daß das Nachbarschaftskomitee sich darum kümmert und sie tötet. Sie irren sich sehr, falls Sie annehmen sollten, daß wir nur wegen einer beißenden Katze aufgeben würden. Wir werden weiter nach dem Gold und den Waffen suchen.« Sie verschloß die Tür und ging hinüber, um auch die andere Tür abzuschließen. Wieder war ich im Eßzimmer eingesperrt.

Glauben die wirklich, daß ich Gold und Waffen besitze? fragte ich mich. Oder müssen sie nur den Befehl des Vorsitzenden Mao ausführen? Wenn es nur darum ging, hatten sie gewiß schon ihre Pflicht erfüllt.

Ich hörte, wie Lao Tschao mir aus dem Garten etwas zuflüsterte. Ich trat ans Fenster und sah ihn draußen stehen.

»Der Koch ist zum Filmstudio gegangen, um Mei-mei zu sagen, daß sie heute nicht nach Hause kommen soll. Ist das recht so?«

»Ich danke dir, Lao Tschao. Das war sehr umsichtig von dir. Es ist wirklich besser, wenn sie heute nicht nach Hause kommt.«

Plötzlich hörte ich, wie wieder gegen das Gartentor gehämmert wurde. Lao Tschao lief, um aufzumachen. Nach einer Weile kam er zurück und berichtete, jetzt seien die Rotgardisten wieder da, die das Haus als erste geplündert hatten.

»Bitte geh in dein Zimmer und nimm Tschen Mah mit«, bat ich ihn, da ich neues Unheil ahnte.

Ich hörte laute Rufe und den Lärm vieler Menschen, die treppauf und treppab hasteten. Im Stockwerk über mir war es offenbar zu einer wütenden Auseinandersetzung, wenn nicht gar zu einer Schlägerei gekommen. Ich war machtlos. Resigniert schloß ich die Möglichkeit nicht mehr aus, daß mein Haus völlig zerstört werden könnte. Ich zog drei Stühle zusammen und legte mich nieder. Ich war so erschöpft, daß ich trotz des Lärms einschlummerte.

In der ersten Morgendämmerung rissen ein paar Rotgardisten und Revolutionäre die Tür auf. Es schien, als hätten sie ihre nächtliche Auseinandersetzung beigelegt. Ein Mädchen fuchtelte mit den Armen herum und rief: »Aufstehen! Aufstehen!«

Eine Revolutionärin forderte mich auf, ich solle mir in der Küche rasch etwas zu essen holen und dann nach oben kommen, um mich nützlich zu machen. Ich ging hinüber ins Gäste-WC, um mir die Hände zu waschen. Als ich mich im Spiegel betrachtete, erschrak ich über den Anblick: Mein Haar war strähnig, mein blasses Gesicht aufgedunsen, auf Stirn und Wangen klebten noch Schmutzreste aus dem Garten. Auch meine Kleidung war mit Schlamm bespritzt. Ich hatte wahrlich viel Ähnlichkeit mit der Leiche einer Frau, die ich vor langer Zeit während des chinesisch-japanischen Krieges gesehen hatte, als sie nach einem Bombenangriff auf Tschungking aus dem Schutt gegraben wurde. Der Anblick der toten Frau hatte mich damals tagelang verfolgt. Ihr Tod war so endgültig. Sie hatte keine Chance, sich zu wehren oder auch nur den kleinsten Protest gegen die Ungerechtigkeit ihres Schicksals zu erheben. Die Erinnerung an ihren Leichnam stärkte meine Entschlossenheit, am Leben zu bleiben. Die Kulturrevolution würde für mich zu einem Kampf um meine Ehre werden. Ich mußte nicht nur am Leben bleiben, sondern auch fest wie Granit sein, damit ich ungebrochen blieb, wie auch immer man mit mir umspringen würde. Mein Gesicht war aufgedunsen, weil ich lange kein Wasser mehr getrunken hatte und die mir verbliebene Niere nicht einwandfrei funktionierte. Dagegen mußte ich sofort etwas tun.

In der Küche trank ich zwei Glas Wasser, bevor ich einen Teller mit dampfendem Reis und Gemüse leer aß, den Lao Tschao mir hingestellt hatte. Es war verblüffend, wie schnell sich die Nahrung in Energie verwandelte und wie belebend Entschlossenheit sein konnte. Es ging mir sofort viel besser.

Ein Rotgardist stieß die Küchentür auf und brüllte: »Feiern Sie ein Fest? Sie lassen sich aber reichlich Zeit! Beeilung, Beeilung!«

Lao Tschao und ich folgten ihm nach oben. Tschen Mah schloß sich uns an. Es stellte sich heraus, daß die Rotgardisten und die wenigen noch anwesenden Revolutionäre unsere Hilfe beim Packen meiner Habe brauchten. Da ich diese Leute um jeden Preis aus dem Haus haben wollte, half ich bereitwillig. Die Anwesenheit dieser Randalierer war für mich unerträglicher als der Verlust meines Eigentums. Diese Menschen erschienen mir wie fremdartige Wesen aus einer anderen Welt, mit denen es keine gemeinsame Sprache gab.

In den Augen der Rotgardisten und Revolutionäre war Lao Tschao kein Klassenfeind, obwohl sie ihn vermutlich für irregeleitet hielten und ihm mangelndes sozialistisches Bewußtsein unterstellten, da er für mich arbeitete. Sie plauderten offen mit ihm; ich konnte sehen, daß Lao Tschao sein Bestes tat, um einen freundlichen Eindruck zu machen. Während wir auf dem Fußboden hockten und einpackten, was in dem Chaos einpackenswert war, hörte ich, wie ein paar Rotgardisten aufgeregt über ihre bevorstehende Reise nach Peking sprachen, wo sie vor dem Vorsitzenden Mao paradieren sollten. Die wenigen, die am 18. August dabei gewesen waren, als Mao von der Empore des Pekinger Tien-An-Men-Tors die Parade der Roten Garden abgenommen hatte, beschrieben dieses Erlebnis voller Stolz. Sie sprachen von der Armee, die sie in Peking unterbringen, mit Uniformen ausstatten und auf die große Parade vorbereiten werde. Armeeoffiziere hatten offenbar auch die Mao-Worte und Parolen ausgesucht, die die jungen Leute rufen sollten. Es hatte den Anschein, als unterstützte und dirigierte die Armee hinter den Kulissen alles, was die Roten Garden taten.

Als alles gepackt war, erschienen Lastwagen. Zu meiner großen Enttäuschung verließen die Rotgardisten mit dem Abtransport meines Inventars jedoch nicht das Haus.

Eine Revolutionärin sagte mir barsch: »Sie müssen im Haus bleiben. Es ist Ihnen nicht erlaubt, das Haus zu verlassen. Die Roten Garden werden Sie hier bewachen und sich dabei ablösen.«

Überrascht und wütend fragte ich sie: »Was gibt Ihnen das Recht, mich hier festzuhalten?« Ich war so maßlos enttäuscht, daß ich am ganzen Körper zitterte.

»Ich habe die Vollmacht der Proletarischen Revolutionäre.«

»Das möchte ich schriftlich haben«, entgegnete ich und versuchte, meine bebende Stimme unter Kontrolle zu bringen.

»Warum wollen Sie ausgehen? Wo wollen Sie hin? Eine Frau wie Sie würde draußen nur totgeschlagen werden. Wir tun Ihnen einen Gefallen, wenn wir Sie unter Hausarrest stellen. Lao Tschao kann hierbleiben und für Sie einkaufen. Wissen Sie überhaupt, was da draußen vorgeht? Dort findet eine gründliche Revolution statt.«

»Ich muß nicht unbedingt ausgehen. Mir geht es ums Prinzip.«

»Welches Prinzip? Warum streiten Sie, wenn Sie gar nicht ausgehen wollen? Sie bleiben hier, bis wir entscheiden, was mit Ihnen zu geschehen hat. Das ist ein Befehl.«

Damit rauschte sie aus dem Haus. Ich war wütend, aber machtlos.

Man hatte mir die Sprungfedermatratze meines Bettes auf den Fußboden gelegt. Dort sollte ich schlafen. Im leeren Geschirrschrank lagen ein paar Wäschestücke und ein Pullover. In einer Ecke des Zimmers standen der Koffer mit meinen Wintersachen und die grüne Leinentasche mit Bettzeug und Wolldecken. Außer dem Tisch und den Stühlen in der Küche hatte man mir zwei weitere Stühle und einen kleinen Kaffeetisch gelassen. Die für meine Bewachung abgestellten Rotgardisten saßen vor meinem Zimmer. Immer wieder riß einer von ihnen abrupt die Tür auf, um zu sehen, was ich machte. Es gab nur einen Ort, an dem ich einigermaßen unbeobachtet war: mein Badezimmer.

Meiping wurde erlaubt, in ihrem Zimmer zu wohnen, aber ich durfte es weder betreten noch mit ihr sprechen, wenn sie nach Hause kam. Dies war jedoch nur noch selten der Fall, da sie abends immer mehr Zeit im Filmstudio verbringen mußte, um an der Kulturrevolution teilzunehmen. Wenn sie abends nach Hause kam, öffnete ich vorsichtig die Tür meines Zimmers, um einen Blick von ihr zu erhaschen. Wenn wir es schafften, uns kurz anzusehen, fühlte ich mich getröstet und geborgen. In solchen Nächten schlief ich meist ruhig und tief.

Lao Tschao ging auf den Markt, um für mich Lebensmittel einzukaufen, aber weder er noch Meiping durften mit mir essen. Die Rotgardisten bewachten mich umschichtig und gingen abwechselnd zum Essen nach Hause. Nachts schliefen ein oder zwei von ihnen auf einem provisorischen Bett auf dem Fußboden vor meinem Zimmer.

Zwei Tage nach Beginn meines Hausarrests kam Tschen Mahs Tochter, um ihre Mutter abzuholen. Wir verabschiedeten uns unter Tränen. Tschen Mah wollte mir eine Jacke dalassen, die sie selbst gestrickt hatte, aber die Rotgardisten verhinderten dies und tadelten ihr mangelndes Klassenbewußtsein.

»Sie hat nicht genug Kleidung für den Winter. Sie ist nicht sehr robust«, flehte Tschen Mah meine Bewacher an.

»Wissen Sie denn nicht, daß sie Ihr Klassenfeind ist? Was kümmert es Sie, ob sie genug Kleidung hat oder nicht?« herrschte sie einer der Rotgardisten an.

Tschen Mahs Tochter schien beunruhigt und drängte ihre Mutter zum Aufbruch. Tschen Mah wies sie schroff zurück: »Ich muß Meimei auf Wiedersehen sagen!« Tränen liefen ihr übers Gesicht.

Eine der Rotgardistinnen wurde ungeduldig. Sie baute sich drohend vor Tschen Mah auf und fragte: »Sind Sie nicht schon lange genug in diesem Haus gewesen? Meiping ist die Tochter eines Klassenfeinds. Warum müssen Sie sich von ihr verabschieden?«

Als ich Tschen Mah an mich drückte, um sie ein letztes Mal zu umarmen, brach sie in lautes Weinen aus. Die Rotgardisten zogen meine Arme weg und stießen Tschen Mah und ihre Tochter aus der Haustür. Lao Tschao folgte ihnen mit Tschen Mahs Gepäck, und ich hörte, wie er für sie eine Rikscha anhielt.

Ich sehnte mich nach Neuigkeiten aus der Außenwelt und las daher jeden Tag begierig die Zeitung, die Lao Tschao auf dem Küchentisch liegen ließ. Als ich eines Abends in die Küche ging, um mein Essen einzunehmen, erblickte ich auf einem Küchenstuhl ein Flugblatt mit dem Titel *Nachrichten der Roten Garden.* Die Überschrift lautete: »Schlagt den Gegenangriff der Klassenfeinde ohne Gnade zurück«. Diese Parole machte mich neugierig. Ich wollte mehr erfahren. Es war niemand in der Nähe. Ich nahm das Flugblatt an mich und versteckte es in meiner Tasche. Später, in der Stille meines Badezimmers, las ich es. Hinfort hielt ich nach jedem zerknüllten Stück Papier Ausschau, das die Rotgardisten irgendwo liegen ließen. Diese Flugblätter der Roten Garden enthielten meist die übliche Polemik gegen die kapitalistische Klasse und die Revisionisten. Doch wurden nicht nur die Feinde der Roten Garden angegriffen, sondern auch Enthüllungen über bestimmte Parteiführer abgedruckt, die der Öffentlichkeit bislang vorenthalten worden waren. Besonders aufmerksam las ich Berichte, wonach bestimmte Funktionäre der Stadtverwaltung und des Parteisekretariats von Schanghai versuchen würden, Maos Befehle zu »ignorieren« oder zu »sabotieren«. Die Auseinandersetzungen in der Parteiführung um den richtigen politischen Kurs schienen doch weit schärfer zu sein, als ich gedacht hatte. Da diese Flugschriften der Roten Garden nicht zensiert waren, enthüllten sie unfreiwillig einiges über die internen Machtkämpfe und trugen zum Zusammenbruch des Mythos bei, die Parteiführer seien eine durch ihr unerschütterliches Eintreten für die gemeinsame Sache geeinte und verschworene Gruppe.

Nach einer Woche Hausarrest fragte ich die Rotgardisten, wie lange ich noch auf Bewegung an der frischen Luft verzichten solle. Ich bat darum, den Garten benutzen zu dürfen. Nach einem Telefongespräch erlaubten sie mir, in den Garten zu gehen oder auf den Treppenstufen der Terrasse mit Fluffy auf dem Schoß zu sitzen. Die jungen Rotgardisten schienen die »Sünde«, daß Fluffy einen Revolutionsführer gebissen hatte, nicht als sonderlich gravierend anzusehen. Auch sie spielten oft mit dem Kater.

Meiping merkte bald, daß ich mich oft im Garten aufhielt, vor allem am frühen Morgen. Von nun an warf sie immer, wenn sie spätabends nach Hause kam, ein kleines Briefchen in den Garten, das sie zu einer Kugel zusammenknüllte, so daß ich es am nächsten Morgen bei meinem Rundgang fand. Hatte es jedoch in der Nacht geregnet, was im September oft passiert, war ihre Schrift auf dem aufgeweichten Papier kaum noch zu entziffern. Meiping konnte auf diesen winzigen Papierstreifen nicht viel sagen, aber ihre Botschaften trösteten mich sehr und linderten mein Gefühl der Isolation. Es tat gut, Worte zu lesen wie »Ich liebe dich, Mami«, »Paß gut auf dich auf«, »Wir werden tapfer sein und den Sturm gemeinsam überstehen, liebste Mami«.

Hielt sich Lao Tschao in der Küche auf, wenn ich dort meine Mahlzeiten einnehmen wollte, so folgte mir stets ein Rotgardist, um aufzupassen, daß wir uns nicht unterhielten. Mit ihm jedoch konnte Lao Tschao unbeschwert plaudern. Nach einiger Zeit fand ich heraus, daß vieles von dem, was er die Rotgardisten fragte, auch für meine Ohren bestimmt war. So hörte ich ihn beispielsweise eines Tages fragen: »Verprügelt ihr oft eure Lehrer?«

Diese Frage überraschte mich, denn als die Rotgardisten am Abend des 30. August angerückt waren, um mein Haus zu plündern, schienen sie mit ihren Lehrern auf freundschaftlichem Fuß zu stehen. Ich wartete gespannt auf die Antwort.

Der Rotgardist bemerkte gleichgültig: »Wir verprügeln sie, wenn wir sie bei kapitalistischen Gedanken erwischen oder wenn sie darauf bestehen, daß wir lieber studieren sollten, als revolutionäre Arbeit zu leisten. Einige von ihnen scheinen die Bedeutung der Kulturrevolution nicht zu verstehen. Sie glauben immer noch, daß es vor allem darauf ankomme, aus Büchern zu lernen. Der Vorsitzende Mao hat uns aber gesagt: ›Lernt Schwimmen, indem ihr schwimmt.‹ Wir sollen durch revolutionäre Aktionen und aktive Arbeit lernen. Wir brauchen die Schule von früher nicht mehr. Die Lehrer, die noch immer an Bücher glauben, sind offenkundig Gegner unseres Großen Führers, so daß wir sie als Feinde behandeln müssen.«

Ein anderes Mal fragte Lao Tschao den wachhabenden Rotgardisten: »Warst du bei der Belagerung der Stadtverwaltung dabei?«

»Natürlich! Und das war weder das erste noch das letzte Mal. Die gesamte Stadtverwaltung von Schanghai ist ein einziges Revisionisten-Nest.«

Aus Lao Tschaos Unterhaltungen mit den Rotgardisten und aus deren Flugblättern und Publikationen gewann ich den Eindruck, daß sich täglich mehr Revolutionäre den Roten Garden und den Arbeiterorganisationen anschlossen, die »wie Bambussprossen nach einem Frühlingsregen« überall aus dem Boden schossen. Die Menschen fühlten sich offenbar verpflichtet, an der Kulturrevolution teilzunehmen, sei es in der Hoffnung auf persönlichen Gewinn, sei es aus Angst, für politisch zurückgeblieben gehalten zu werden.

Die Plünderung von Wohnhäusern der Angehörigen der Kapitalistenklasse und die Angriffe auf die Intellektuellen stärkten das Selbstbewußtsein der Roten Garden und Revolutionäre und machten ihnen Appetit auf neue Gewaltakte. Sie warteten ungeduldig darauf, noch härter zuzuschlagen. Es schien mir, als würden die maoistischen Parteiführer sich dieses psychologische Moment zunutze machen, um die Wut der Revolutionäre und deren Energie als Druckmittel gegen Parteisekretariat und Stadtverwaltung von Schanghai einzusetzen, die beide beschuldigt wurden, die Kapitalistenklasse zu schützen und sich Maos Politik zu widersetzen. Es wurde behauptet, in Schanghai seien Maos Befehle seit Jahren bewußt ignoriert worden. Die Schanghaier Funktionäre waren im politischen Ränkespiel jedoch auch keine Laien. Sie waren erfahrene Kommunisten, die so manchen politischen Sturm und manche Säuberung überlebt hatten. Und auch Maos Taktik war ihnen vertraut. Da Mao die Massen einsetzte, entschlossen sie sich, ihrerseits die Massen zu benutzen. In aller Hast organisierten sie eigene Rote Garden und revolutionäre Gruppen, die in ihrem Sinne an der Kulturrevolution teilnehmen sollten. Diese Gruppen wetteiferten nun mit den maoistischen Rotgardisten und Revolutionären darin, Schanghai unter ihre Kontrolle zu bringen. Um den Sieg davonzutragen, mußte jede Gruppe noch röter, noch revolutionärer, noch brutaler und in ihren Parolen und Aktionen noch »linker« sein. Folglich war es bis zum Ausbruch der blutigen, bürgerkriegsähnlichen Zustände nicht nur äußerst schwierig zu erkennen, auf welcher Seite eine bestimmte Gruppe stand, sondern die sogenannte Kapitalistenklasse und die Intellektuellen sahen sich auch zwei rivalisierenden Fraktionen gegenüber, die sich gegenseitig darin zu überbieten suchten, dem Feind die härtesten Schläge zu erteilen.

Als die Gewalttätigkeit immer mehr zunahm und die Kulturrevolution sich gegen immer neue Klassenfeinde richtete, wurde eine neue Parole geprägt, um zu betonen, wie unerwünscht auch die Kinder aus Kapitalistenfamilien seien. Sie lautete: »Ein Drachen gebiert einen Drachen, ein Phönix gebiert einen Phönix, und eine Maus wird mit der Fähigkeit geboren, ein Loch in die Wand zu nagen.« Im Klartext: Da die Eltern Klassenfeinde sind, würden natürlich auch die Kinder Klassenfeinde sein. Obwohl ich es für ziemlich erstaunlich hielt, daß ein dem materialistischen Marxismus verpflichtetes Land eine Parole prägte, die der biologischen Abstammung Vorrang einräumte, hatte ich weder Zeit noch Lust, diesen Gedanken zu vertiefen. Doch schon bald nach dem Aufkommen dieser Parole wurde Meiping aus den Reihen der »Massen« ausgeschlossen und in einem jener bereits erwähnten »Kuhställe« untergebracht, wo alle Mitglieder des Filmstudios, die als Klassenfeinde galten, festgehalten wurden. Hier verbrachten die Opfer ihre Zeit mit dem Abfassen von Geständnissen und Selbstkritiken. Sie mußten dies immer wieder tun, um sich von dem häretischen Denken zu befreien, das sich den Lehren Mao Tse-tungs widersetzte. Ich erfuhr durch eine von Lao Tschaos Unterhaltungen mit den Rotgardisten von dieser neuen Situation. Vor meiner Schlafzimmertür hatte er den dort postierten Gardisten mit lauter Stimme gefragt, ob er die Bettwäsche und die Kleidung meiner Tochter in den »Kuhstall« des Filmstudios bringen dürfe, da sie nicht mehr nach Hause kommen könne. Später ging ich trotz Appetitlosigkeit in die Küche, um unter dem Vorwand, mein Abendessen einnehmen zu wollen, etwas über Meipings neue Lage herauszufinden. Lao Tschao enttäuschte mich nicht. Kaum hatte ich mich gesetzt, sprach er den arglosen Rotgardisten, der mir wie üblich gefolgt war, auf Meiping an.

»Ich sah sie, als ich ihre Sachen ins Filmstudio brachte«, erzählte er. »Sie sah recht munter aus und schien guter Dinge zu sein. Sie sagte mir, sie schreibe Selbstkritiken und Berichte über ihre Klassenherkunft. Sie erzählte auch, daß die anderen im Kuhstall sehr freundlich zu ihr seien. Es schien ihr wirklich gut zu gehen, und sie nimmt alles gelassen. Aber warum muß sie Selbstkritik üben? Sie gehört dem Kommunistischen Jugendverband an und hat überall nur gute Beurteilungen und Zeugnisse bekommen. Ihre Einstellung zum Proletariat ist einwandfrei. Sie hat einmal sogar einer schwerkranken Bäuerin das Leben gerettet, indem sie sie mit einem Ruderboot ins nächste Krankenhaus brachte.«

»Sie ist im Ausland geboren und stammt aus einer Familie wie dieser. Natürlich muß sie Selbstkritik üben«, erwiderte der Rotgardist. »Sie ist wahrscheinlich ein Radieschen – außen rot, aber innen weiß. Außerdem ist der Kommunistische Jugendverband aufgelöst. Sein Generalsekretär, Hu Jao-bong, ist nämlich ein Revisionist.«

Kurz darauf erschien eine Gruppe von Revolutionären aus dem Filmstudio, um Meipings Zimmer auszuräumen und alles fortzuschleppen, was von ihren Sachen noch da war. Ich war über diese neue Entwicklung zutiefst betroffen. Es war mir gelungen, den Kopf oben zu behalten, solange ich allein die Zielscheibe war, aber daß jetzt auch Meiping zum Opfer der Verfolgung wurde, stürzte mich in tiefe Depressionen.

Am späten Nachmittag des 27. September brachten mich Rotgardisten in dasselbe Schulgebäude, das ich schon im Juli hatte aufsuchen müssen. Eine große Menschenmenge erwartete uns. Diesmal war ich die Zielscheibe der Kampfversammlung, an der nicht nur die Rotgardisten und Revolutionäre teilnahmen, die sich in meinem Haus aufgehalten hatten, sondern auch die ehemaligen Shell-Angestellten und die für deren Indoktrination verantwortlichen Männer, die mich schon einmal verhört hatten. Der Mann mit der dunklen Brille leitete die Versammlung.

Die Stühle waren diesmal anders angeordnet. Statt in Reihen vor dem Podium hatte man sie in einem unregelmäßigen Kreis aufgestellt. Ich wurde aufgefordert, mich in die Mitte zu stellen. Links und rechts von mir wurde je ein Rotgardist postiert. Der Mann mit der dunklen Brille erwies sich als eloquenter Redner. Auch er begann mit dem Opiumkrieg. Er schilderte lebhaft, wie die britische Invasionsflotte die chinesische Küste beschossen hatte. Seine von Ungenauigkeiten wimmelnde Darstellung zielte darauf ab, Haß auf mich zu schüren, indem er mich persönlich für das verantwortlich machte, was England vor mehr als hundert Jahren China angetan hatte. Er sprach, als hätte ich eigenhändig die britische Flotte auf dem Perlfluß befehligt. Dann erklärte er, Shell sei ein multinationales Unternehmen mit Niederlassungen in der ganzen Welt. Schon Lenin habe darauf hingewiesen, daß solche Konzerne die schlimmsten Feinde des Sozialismus seien. Shell habe seit undenklichen Zeiten Vertreter tief in die ländlichen Gebiete Chinas geschickt, um unter dem Vorwand, den Bauern Petroleum zu verkaufen, Informationen zu sammeln, die den Imperialisten hätten nützen können. Der Redner nannte auch Zahlen, um die enormen Profite aufzuzeigen, die Shell im Chinahandel, den er die »kommerzielle Ausbeutung des chinesischen Volkes« nannte, angeblich gemacht habe. Die britischen Imperialisten, so ließ er das Publikum wissen, gingen subtiler vor als die Amerikaner. Die Regierung der USA stelle sich offen gegen die chinesische Volksregierung und protegiere die Kuomintang in Taiwan; die Briten jedoch hätten die Volksregierung diplomatisch anerkannt, stimmten bei den Vereinten Nationen aber mit den USA, um zu verhindern, daß die Volksregierung bei der UNO ganz China vertrete.

Dann berichtete er über meine Herkunft. Er erzählte den Zuhörern, ich stamme aus einer Familie von Großgrundbesitzern, die einmal Tausende Morgen fruchtbaren Ackerlands ihr eigen genannt habe. Anders als der Verbindungsoffizier der Stadtverwaltung, der meinen Großvater einen Patrioten genannt hatte, nannte dieser Redner jetzt meinen Großvater einen »dreckigen Großgrundbesitzer« und »Fürsprecher des Feudalismus«, weil er in den von ihm verfaßten Geschichtswerken mehrere Kaiser gepriesen habe. Überdies habe man in nachgelassenen Papieren Beweise dafür gefunden, daß er ein Mitbegründer und Aktionär der Han-Jeh-Ping-Stahlwerke gewesen sei, zu denen auch das Kohlebergwerk von An Juan gehörte, in dem der Große Vorsitzende Mao einst persönlich die Arbeiter in ihrem Kampf gegen die Kapitalisten organisiert habe. Diese Anschuldigung sollte beweisen, daß mein Großvater und der Vorsitzende Mao auf entgegengesetzten Seiten standen; in Wahrheit gehörten sie verschiedenen Generationen an. Der Redner fuhr fort, mein Vater sei ein hoher Beamter der Pekinger Regierung gewesen und habe in seiner Jugend viele Jahre in Japan verbracht. Er erinnerte daran, daß Japan sich der Aggression gegen China schuldig gemacht und in acht Kriegs- und Besatzungsjahren zehn Millionen unschuldige chinesische Männer, Frauen und Kinder getötet hatte. Der Redner vermied es zu erwähnen, daß mein Vater schon zu Anfang des Jahrhunderts nach Japan gegangen war, lange vor der japanischen Invasion Chinas im Jahre 1937; statt dessen versuchte er den Eindruck zu erwecken, daß mein Vater trotz der japanischen Untaten gegenüber China nach Japan gegangen sei. Dann zeigte er auf mich und sagte, ich sei im Alter von zwanzig Jahren nach England gegangen und auf dortigen Universitäten von den Briten zu einem »treuen Lakaien« ausgebildet worden. Mein verstorbener Mann wurde als »Relikt des dekadenten Kuomintang-Regimes« bezeichnet; er habe das Glück gehabt, rechtzeitig zu sterben, so daß er der Verurteilung durch die Revolutionäre entgangen sei.

Während der gesamten Rede hatten die Zuhörer ihre Zustimmung durch das Rufen von Parolen zum Ausdruck gebracht. Neben den üblichen Parolen der Kulturrevolution ertönten auch Rufe, in denen ich als »Lakai« der Briten oder als »Spionin« beschimpft wurde, die mit ausländischen Mächten gegen China konspiriert habe.

Nachdem der Redner geendet hatte, trat der Anführer jener Rotgardisten ans Mikrophon, die mein Haus geplündert hatten, und beschrieb dessen »Luxus«. Ein anderer Rotgardist schilderte sodann, wie ich versucht hätte, die »revolutionären Aktionen« der Roten Garden dadurch zu »unterminieren«, daß ich mit ihnen gekämpft hätte, um »die alte Kultur« zu bewahren. Ein Revolutionär sprach von meiner dickköpfigen Arroganz und beschuldigte mich, absichtlich »ein wildes Tier« im Haus zu halten, das die Revolutionäre verwunden solle.

Nun wurden ehemalige Shell-Angestellte aufs Podium gerufen, die weitere Beweise gegen mich vorbringen sollten. Ich erkannte sofort, wie verängstigt sie alle waren, und fragte mich, was sie durchgemacht haben mußten. Die Männer, die nacheinander aufstanden und sprachen, waren weiß im Gesicht, und die Hände, die die vorbereiteten Erklärungen hielten, zitterten. Keiner von ihnen sah in meine Richtung. Was sie äußerten, hatte nur wenig Substanz, trug aber Wort für Wort zur Untermauerung des Eindrucks bei, daß ich zu britischen Staatsbürgern in Schanghai freundschaftliche Beziehungen unterhalten hätte. So wurde sorgfältig an dem Gewebe des Verdachts weitergestrickt. Einer der Fahrstuhlführer von Shell schilderte, daß der britische Geschäftsführer mich stets als erste in den Fahrstuhl habe steigen lassen und mir immer die Autotür aufgehalten habe. Damit sollte offenbar meine Bedeutung für die »britischen Imperialisten« demonstriert werden, denn im kommunistischen China würde ein Mann in leitender Position nicht im Traum daran denken, seine Assistentin derart zuvorkommend zu behandeln.

Andere Angestellte sprachen von Akten, die in einem Raum neben dem Büro des Geschäftsführers aufbewahrt worden seien, zu dem außer diesem und mir niemand Zutritt gehabt habe. Ein leitender Angestellter, der viele Jahre für Shell gearbeitet hatte, berichtete von geologischen Karten, die man in Hinblick auf mögliche Erdölvorkommen in mehreren Regionen Chinas angefertigt habe, weil sie für die Imperialisten nützlich gewesen seien. Ein weiterer Angestellter verlas Auszüge aus angeblichen Firmenberichten von Shell, die in der Zeit des Bürgerkrieges (1946–1949) angefertigt worden sein sollten, als die Armeen von Kuomintang und Kommunisten in schwere Kämpfe verwickelt waren. In diesen Berichten seien Truppenbewegungen beider Seiten erwähnt worden. Damit sollte meine Behauptung widerlegt werden, Shell habe sich ausschließlich für den Handel interessiert.

Sogar mein verstorbener Mann wurde schwerer Kritik ausgesetzt. Es wurde behauptet, sowohl er als auch ich hätten uns stets auf die Seite von Shell geschlagen, wenn es zu einem Interessenkonflikt zwischen dem Unternehmen und dem chinesischen Staat gekommen sei. Alle Behauptungen waren eine Mischung aus Dichtung und Wahrheit, aus Übertreibung und Halbwahrheit, bewußt darauf angelegt, die Leichtgläubigen und Unwissenden unter den Zuhörern in die Irre zu führen.

Die Versammlung zog sich in die Länge. Draußen war es längst dunkel geworden. Das Drama meines Mißgeschicks war jedoch so fesselnd, daß keiner der Rotgardisten oder Revolutionäre den Saal verließ. Die Mehrheit von ihnen, dachte ich, war wohl tatsächlich davon überzeugt, daß sie soeben die Entlarvung eines echten internationalen Spions miterlebt habe. Andere mußten wohl einfach nur vorgeben, an die Beschuldigungen zu glauben. Ich konnte sehen, daß die Männer, die für diese Farce verantwortlich waren, ihren Erfolg genossen.

Jahre später erfuhr ich, daß diese Kampfversammlung mehrmals verschoben worden war, weil die Organisatoren gehofft hatten, Meiping dazu zu bewegen, gegen mich auszusagen. Trotz ungeheuren Drucks hatte sie sich standhaft geweigert. Inzwischen rückte jedoch der Nationalfeiertag immer näher, der 1. Oktober. Die maoistischen Führer befahlen den Revolutionären Schanghais, konkrete Ergebnisse vorzulegen, damit der Tag in Siegesstimmung begangen werden könne. Um diesem Befehl nachzukommen, hatten die für meinen Fall Verantwortlichen entschieden, die Kampfversammlung auch ohne Meiping stattfinden zu lassen.

Als der Versammlungsleiter der Meinung war, unter den Anwesenden seien genügend Emotionen gegen mich geweckt worden, lobte er die Männer und Frauen, die mich angeprangert hatten, wegen ihres hohen sozialistischen Bewußtseins. Er fand auch für die ehemaligen Shell-Angestellten das eine oder andere gute Wort; die meisten von ihnen seien geläutert aus ihrer Umerziehung hervorgegangen. Diejenigen, deren Bewußtsein noch immer vernebelt sei, warnte er jedoch und forderte sie auf, ihre Anstrengungen zu verdoppeln. Sie müßten Selbstkritik üben, um die Fesseln des Kapitalismus abzuschütteln.

Dann wandte er sich an mich und sagte: »Sie haben gehört, welche Berge von Beweisen gegen Sie vorliegen. Ihr Verbrechen gegen das chinesische Volk ist äußerst ernst. Sie können Ihre Schuld nur dadurch abtragen, daß Sie ein volles Geständnis ablegen. Sie müssen uns sagen, wie Sie mit den britischen Imperialisten konspiriert haben, um die Volksregierung zu unterminieren. Werden Sie gestehen?«

»Ich habe mir nie etwas gegen Volk und Regierung Chinas zuschulden kommen lassen. Shell konnte hier nur eine Niederlassung unterhalten, weil dies der Wunsch der chinesischen Regierung war. Die Anordnung, Shell die Beibehaltung der Schanghaier Niederlassung zu erlauben, wurde vom Staatsrat erteilt und von keinem Geringeren als Ministerpräsident Tschou En-lai unterzeichnet. Shell hat gegenüber China und dem chinesischen Volk stets guten Willen bewiesen und Chinas Gesetze und Bestimmungen peinlich genau befolgt. Es entspricht nicht der Firmenpolitik von Shell, sich in politische Fragen einzumischen«, entgegnete ich.

Obwohl ich laut und deutlich sprach, konnte niemand der Anwesenden auch nur einen vollständigen Satz von mir hören, denn alles, was ich sagte, ging in wütenden Rufen und Schreien unter. »Gestehen Sie! Gestehen Sie!« oder »Wir werden einem Klassenfeind nicht erlauben, mit uns zu streiten!« brüllten die Sprechchöre. Gleichzeitig umstellten mich die hysterischen Rotgardisten und Revolutionäre mit drohenden Gebärden, ballten die Fäuste, zerrten an meiner Kleidung und spien auf meine Jacke, während sie mich beschimpften und bedrohten: »Schmutzige Spionin«, »Dreckiger Lakai«, »Wir werden Sie töten«. Ich mußte alle Kraft zusammennehmen, um mich auf den Beinen zu halten, als sie mich unsanft herumstießen.

Während ich diesen Alptraum über mich ergehen lassen mußte, grinsten die Männer auf dem Podium höhnisch; der Mann mit der dunklen Brille schien besonders erfreut zu sein, mich unter den Händen des Mobs leiden zu sehen. Was sollte ich tun? Erklärungsversuche waren sinnlos, und es wäre gefährlicher Leichtsinn gewesen, Widerstand leisten zu wollen. Wenn ich mich auch nur bewegt hätte, wäre der Mob sofort über mich hergefallen. Ich konnte nur stehenbleiben, wo ich stand, starr geradeaus blicken und hoffen, daß der Zorn der Menge bald verrauchen würde.

Allmählich ließ der Lärm etwas nach. Der Versammlungsleiter sagte: »Unsere Geduld ist erschöpft. Sie sind schuldig. Wir könnten Sie zum Tode verurteilen. Wir möchten Ihnen jedoch eine Chance geben, sich zu bessern. Werden Sie ein Geständnis ablegen?«

Alle Anwesenden starrten mich erwartungsvoll an. Ich hatte schon so lange dort gestanden und die Beschimpfungen über mich ergehen lassen, daß ich nur noch Haß hätte empfinden müssen. Doch wenn ich heute zurückblicke, erinnere ich mich vor allem daran, daß mich tiefe Trauer befiel. Gleichzeitig hatte ich große Sehnsucht nach Meiping. Ich war traurig, weil ich wußte, daß ich diese Menschen nicht erreichen konnte. Ich würde ihnen nicht klarmachen können, daß ich unschuldig war und daß sie sich in mir irrten. Die Klassenkampf-Propaganda, der sie nicht erst seit Beginn der Kulturrevolution, sondern schon seit der kommunistischen Machtübernahme im Jahr 1949 ausgesetzt waren, hatte eine unüberwindliche Mauer zwischen uns errichtet. Diese Mauer ließ sich nicht in wenigen Augenblicken niederreißen.

Nachdem der Mann mich ein paar Sekunden angestarrt hatte und sah, daß ich schwieg, gab er einem jungen Mann hinten im Gedränge ein Zeichen. Die Menge machte Platz, um ihn durchzulassen. Er hielt ein Paar blitzende Handschellen in der Hand, die er hochhielt, damit jedermann sie sah. Als er vor mir stand, fragte mich der Versammlungsleiter nochmals: »Werden Sie ein Geständnis ablegen?«

Ich antwortete mit ruhiger Stimme: »Ich habe nie etwas gegen die Volksregierung unternommen. Ich habe keinerlei Verbindung zu einer ausländischen Regierung gehabt.«

»Kommen Sie mit!« sagte der junge Mann mit den Handschellen.

Ich folgte ihm aus dem Gebäude auf die Straße. Die anderen schlossen sich uns an. Die kühle Abendluft war erfrischend, und mein Kopf war plötzlich wie durch ein Wunder wieder klar.

Vor dem Eingang der Schule stand ein schwarzer Jeep der Schanghaier Polizei, für die Bewohner der Stadt ein vertrauter Anblick. Auf dem Höhepunkt jeder politischen Kampagne sah man diese Wagen mit heulenden Sirenen durch die Straßen rasen und die Opfer der neuen Verfolgungswelle in die Gefängnisse bringen. Die Rotgardisten, die Revolutionäre, die ehemaligen Shell-Angestellten und einige Passanten, die neugierig stehengeblieben waren, sammelten sich um das Fahrzeug.

»Werden Sie ein Geständnis ablegen?« fragte der Mann mit der dunklen Brille ein weiteres Mal.

Ich machte mir im stillen mit dem dreiundzwanzigsten Psalm Mut: »Der Herr ist mein Hirte; mir wird nichts mangeln . . .«

»Sind Sie plötzlich stumm geworden?« »Haben Sie die Stimme verloren?« »Sprechen Sie!« »Gestehen Sie!« wurde ich von allen Seiten angeschrien.

Der Mann mit der dunklen Brille und der Polizeibeamte, der mit dem Jeep vorgefahren war, betrachteten mich aufmerksam. Sie hielten mein Schweigen für ein Zeichen der Schwäche. Ich wußte, daß ich jetzt Mut zeigen mußte. Durch die Worte des Psalms fühlte ich mich bestärkt. Ich hatte mich den ganzen Abend nicht so frei von Furcht gefühlt wie gerade jetzt, als ich neben dem schwarzen Jeep stand, dem Symbol der Unterdrückung.

Ich hob den Kopf und sagte mit lauter und fester Stimme: »Ich bin unschuldig! Ich habe nichts zu gestehen.«

Diesmal blieb es still. Die Rotgardisten, die Revolutionäre und die Passanten waren wohl durch den feierlichen Ernst des Augenblicks beeindruckt. Auf ein Zeichen des Mannes mit der dunklen Brille hin legte mir der junge Polizeibeamte die Handschellen an. Ich hörte einen älteren Mann tief seufzen.

Plötzlich drängte sich ein junges Mädchen an mich heran und rief aufgeregt: »Gestehen Sie! Gestehen Sie schnell! Sie werden Sie ins Gefängnis bringen!« Ihre klare junge Stimme läutete wie eine Glocke und übertönte den Straßenlärm. Es war das junge Mädchen mit dem kurzen Haar und dem blassen Gesicht, das an meinem Schreibtisch gesessen und meinen Schmuck bewacht hatte, als die Rotgardisten in meinem Haus waren. Ihr impulsiver Versuch, mich vor dem Gefängnis zu retten, wurde sofort von einer Frau abgeblockt, die sie zurückriß und ins Schulhaus brachte.

Der Fahrer ließ den Motor an.

»Einsteigen!« Der junge Polizeibeamte gab mir einen Schubs.

Es tat gut, sich setzen zu können. Durchs Fenster schaute ich mir die Gesichter der Männer und Frauen an, die dieser Szene beiwohnten, und glaubte in den Augen der ehemaligen Shell-Angestellten so etwas wie Erleichterung zu entdecken. Vielleicht hofften sie, daß man keinen Druck mehr auf sie ausüben würde, wenn ich erst einmal verschwunden war. Andere Umstehende sahen erregt aus. Sie glaubten vielleicht, das Ende eines spannenden Dramas miterlebt zu haben, das dadurch, daß sie selbst daran teilgenommen hatten, noch aufregender wurde.

Der junge Polizeibeamte setzte sich vorn neben den Fahrer, der Mann mit der dunklen Brille nahm neben mir Platz. Der Jeep fuhr los, in das Dämmerlicht der abendlichen Stadt hinein.

Teil II
DIE HAFTANSTALT

Einzelhaft

Die Straßen Schanghais, um neun Uhr abends meist ausgestorben, waren jetzt ein wogendes Menschenmeer. Unter dem klaren Herbsthimmel und in der kühlen Septemberbrise waren Tausende auf den Beinen, um den immer ausgreifenderen Aktionen der Roten Garden zuzusehen. Überall in der Stadt hatte man Podien errichtet, auf denen junge Revolutionäre die Menschenmassen mit schrillen Stimmen aufforderten, sich der Revolution anzuschließen. Auf diesen Podien wurden auch spontane Kampfversammlungen gegen Männer und Frauen veranstaltet, die auf den Straßen willkürlich ergriffen wurden, weil sie Maos kleines rotes Buch nicht bei sich trugen oder weil ihre Kleidung die Mißbilligung der Rotgardisten fand. Vor Privathäusern und Wohnblocks stieg Rauch über die Gartenmauern und erfüllte die Luft mit Brandgeruch; die Roten Garden setzten ihre wahllosen Bücherverbrennungen fort.

Lastwagen voller Haushaltsgegenstände, die die Rotgardisten bei kapitalistischen Familien beschlagnahmt hatten, standen überall am Straßenrand. Da die Menschenmenge, die sich in alle Himmelsrichtungen drängte, die Straßen verstopfte, kamen Busse und Fahrräder nur im Schrittempo voran. Das normale Leben der Stadt wich der Kulturrevolution, die sich immer neue und immer umfassendere Ziele suchte.

An den Straßenecken plärrten Lautsprecher neue Revolutionslieder wie »Der Marxismus ist ein Satz: Die Revolution ist gerechtfertigt« oder »Um den Ozean zu überqueren, brauchen wir den Steuermann; um eine Revolution zu machen, brauchen wir das Denken Mao Tsetungs« oder auch »Das Denken Mao Tse-tungs glänzt im goldenen Schein«. Wenn man nur den Marschrhythmus der Musik hörte und nicht die militanten Texte, wenn man nur die wogende Menschenmenge sah und nicht die Opfer und die Roten Garden, hätte man leicht glauben können, hier finde eine Art Volksfest statt, um die Menschen zu belustigen, und keine politische Kampagne voll düsterer Untertöne, die in der Bevölkerung eine Atmosphäre des gegenseitigen Mißtrauens und des Klassenhasses säen sollte.

Ich war vor körperlicher und seelischer Erschöpfung wie gelähmt, nicht nur wegen der Anspannung der letzten Stunden, sondern auch wegen der Ereignisse der vergangenen zweieinhalb Monate. Ich hatte keine Ahnung, wohin man mich bringen würde, und stellte auch keine Spekulationen an. Ich war jedoch entrüstet über die Art meiner Behandlung, weil ich nie gegen die Volksregierung gehandelt hatte. Die Anschuldigung, ich hätte Verbrechen gegen mein Land begangen, war so grotesk, daß ich sie für eine bloße Ausrede hielt. Die Rotgardisten wollten mich bestrafen, weil ich es gewagt hatte, in Wohlstand zu leben. Ich war ein offenkundiges Opfer des Klassenkampfs, und wie meine Freundin Winnie gesagt hatte, waren die Maoisten unter den Parteifunktionären Schanghais seit der Schließung der Shell-Niederlassung wohl der Meinung, mich auf den Standard der Massen herunterdrücken zu müssen.

Der Anblick des Polizeifahrzeugs, mit dem ich abtransportiert wurde, war den Bürgern der Stadt nicht unvertraut. Wann immer der Wagen zum Anhalten gezwungen war, drängten sich Neugierige heran, um den »Klassenfeind« zu begaffen; manche klatschten Beifall, weil die proletarische Klasse wieder einmal einen Feind entlarvt hatte, während andere mich einfach nur neugierig anstarrten. Einige wenige machten einen besorgten und beschämten Eindruck und wandten sich von dem Anblick eines unglücklichen Mitmenschen ab.

Von dem Augenblick an, in dem ich Anfang Juni mit der Kulturrevolution in Berührung gekommen war und mich entschlossen hatte, kein falsches Geständnis abzulegen, hatte ich mit der Möglichkeit gerechnet, irgendwann im Gefängnis zu landen. Mir war bekannt, daß viele Menschen, auch altgediente Parteimitglieder, rituelle Schuldgeständnisse ablegten, wenn man sie unter Druck setzte. Sie hofften, so eine offene Konfrontation mit der Partei zu vermeiden oder durch Unterwerfung weiteren Leiden zu entgehen. Andere gerieten unter dem auf sie ausgeübten Druck in Verwirrung und legten falsche Geständnisse ab, weil sie sich nicht mehr unter Kontrolle hatten. Am Ende einer politischen Kampagne kam es vor, daß einige von ihnen rehabilitiert wurden. Viele wurden es nicht. In den Umerziehungslagern, die es in den entlegenen und unwirtlichen Provinzen wie Kansu und Tschinghai zuhauf gab, verbüßten viele unschuldige Männer und Frauen nur deshalb schwere Strafen, weil sie falsche Schuldgeständnisse abgelegt hatten. Mir erschien es dumm, ein solches Geständnis abzulegen, wenn man unschuldig war. Es kam mir logischer und klüger vor, mich der Verfolgung auszusetzen, ohne Rücksicht auf das, was ich würde aushalten müssen.

Als ich meine Lage überdachte, wurde mir klar, daß das Vorspiel meiner Verfolgung zu Ende ging. Was immer auch vor mir lag, ich würde jetzt meine Anstrengungen verdoppeln müssen, um den Versuchen meiner Verfolger, mich zu belasten, entgegenzutreten. Solange sie mich nicht umbrachten, würde ich nicht aufgeben. So war ich während der Fahrt mit dem Jeep durch die Stadt weder ängstlich noch niedergeschlagen, sondern voller Entschlossenheit.

Als wir das Geschäftsviertel erreichten, wurde das Gewimmel so stark, daß der Wagen kaum noch vorankam und immer wieder anhalten mußte. Der Mann mit der dunklen Brille wies den Fahrer an, die Sirene einzuschalten. Der gespenstische Heulton übertönte die aus den Lautsprechern plärrenden Revolutionslieder sowie alle anderen Geräusche der Stadt. Die Menschenmenge teilte sich, um dem Jeep Platz zu machen. Der Fahrer gab Gas, und nun setzten wir unsere Fahrt ohne weitere Behinderung fort. Nach kurzer Zeit hielt der Wagen vor einem schwarzen schmiedeeisernen Doppeltor, das von zwei Uniformierten mit aufgepflanzten Bajonetten, die im Lichtschein der Straßenlaternen blitzten, bewacht wurde. An einem Flügel des Tors war ein weißes Holzschild mit großen schwarzen Schriftzeichen befestigt: Haftanstalt Nr. 1.

Das Tor öffnete sich, und der Wagen fuhr hindurch. Das Gelände war vollkommen dunkel, aber im Lichtkegel der Scheinwerfer sah ich auf beiden Seiten der Auffahrt Weidenbäume. Die Straße machte eine Rechtskurve. Linkerhand erblickte ich ein Basketballfeld; rechts lagen mannsgroße Puppen neben ein paar Pfählen herum. Es sah aus, als hätte man achtlos ein paar Leichen liegenlassen. Erst Monate später, als man mich ins Gefängniskrankenhaus brachte, hatte ich Gelegenheit, die Puppen bei Tageslicht zu sehen. Nun konnte ich sehen, daß sie dem Wachpersonal des Gefängnisses als Übungsziele dienten.

Ich wußte, daß die Haftanstalt Nr. 1 vor allem den politischen Gefangenen Schanghais vorbehalten war; sie hatte im Lauf der Zeit katholische Bischöfe, hohe Kuomintang-Beamte, prominente Industrielle und bekannte Schriftsteller und Künstler beherbergt. Es war eine Ironie der Geschichte, daß die Kuomintang vor 1949 im selben Gefängniskomplex kommunistische Parteimitglieder und Sympathisanten eingesperrt hatte. Strafanstalten für politische Gefangene kennt jedes autoritäre Regime. Bislang hatte ich den Kommunismus in China von meinem komfortablen Haus aus als Beobachter studiert. Jetzt bekam ich Gelegenheit, die Verhältnisse aus einem völlig anderen Blickwinkel kennenzulernen, nämlich aus nächster Nähe. Diese Aussicht erregte mich auf fast perverse Weise und ließ mich vorübergehend die gefährliche Lage vergessen, in der ich mich befand.

Der Jeep folgte der Auffahrt, durchfuhr ein weiteres eisernes Tor, passierte die Baracken des Wachbataillons und hielt auf dem Innenhof vor dem Hauptgebäude. Die beiden Männer sprangen hinaus und verschwanden im Gebäude. Ein weiblicher Wachtposten mit einer Khakimütze, auf der der rote Stern prangte, führte mich in einen kahlen Raum, in dem eine weitere uniformierte Frau wartete. Sie schloß die Tür, nahm mir die Handschellen ab und sagte barsch: »Ziehen Sie sich aus!«

Ich folgte ihrem Befehl und legte meine Sachen auf den Tisch, das einzige Möbelstück des Raums. Die beiden Frauen durchsuchten jedes einzelne Kleidungsstück mit peinlicher Sorgfalt. In meiner Hosentasche fanden sie den Umschlag mit den vierhundert Jüan, die ich meinem Gärtner hatte geben wollen.

»Warum haben Sie so viel Geld mitgebracht?« fragte eine der Wärterinnen.

»Das Geld ist für meinen Gärtner. Ich hatte ihn zu Hause erwartet, um es ihm zu geben. Er kam aber nicht. Vielleicht könnten Sie dafür sorgen, daß er es bekommt«, antwortete ich.

Die Frau gab mir meine Kleider mit Ausnahme des Büstenhalters wieder. Ein BH war für die Maoisten Ausdruck des dekadenten westlichen Einflusses. Nachdem ich mich angezogen hatte, brachte mich der weibliche Wachtposten durch einen nur schwach beleuchteten Flur in einen anderen Raum.

Ein Mann mit dem Aussehen und der frischen Gesichtsfarbe eines Bauern aus Nordchina saß hinter einem Tisch unter einer nackten Glühbirne, die von der Decke hing. Die Wärterin zeigte auf einen vor dem Tisch stehenden Stuhl und befahl mir, mich zu setzen. Sie legte den Umschlag mit dem Geld auf den Tisch und flüsterte dem Mann etwas zu. Er hob den Kopf und schaute mich an. Dann fragte er mich mit überraschend sanfter Stimme nach Namen, Alter und Adresse. Meine Auskünfte trug er in ein Buch ein. Er schrieb langsam und mit Mühe, als wäre er kein geübter Schreiber und als fiele es ihm schwer, sich an die einzelnen Schriftzeichen zu erinnern. Es überraschte mich nicht, daß er kaum des Schreibens kundig war. Mir war bekannt, daß die Kommunistische Partei verantwortliche Positionen eher nach der politischen Zuverlässigkeit als nach dem Bildungsstand vergab.

Als der Mann seine Eintragungen beendet hatte, blickte er auf und sagte: »Solange Sie hier sind, werden Sie als Nummer geführt werden. Sie werden Ihren Namen nicht mehr benutzen, auch die Wachen werden es nicht tun. Haben Sie verstanden?«

Ich nickte.

Wir wurden von einem jungen Mann unterbrochen, der mit einer Kamera und einem Blitzlichtgerät hereinkam. Er schritt auf mich zu und befahl: »Aufstehen!« Dann machte er mehrere Aufnahmen aus verschiedenen Winkeln und verschwand. Ich setzte mich wieder hin. Ich wünschte sehnlichst, daß sie die Prozedur etwas beschleunigen würden, denn ich war todmüde.

Der Mann hinter dem Tisch fuhr langsam und gelangweilt fort: »Ihre Nummer ist 1806. Von nun an sind Sie Nummer 1806. Versuchen Sie, sich diese Zahl zu merken.«

Ich nickte.

Die Wärterin zeigte auf einen Anschlag an der Wand und sagte: »Lesen Sie laut!«

Es war die Gefängnisordnung. Regel Nummer 1 besagte, daß alle Häftlinge täglich die Werke Mao Tse-tungs zu studieren hätten, um ihr Denken zu schulen. Regel Nummer 2 verlangte, daß sie ihre Verbrechen vorbehaltlos gestehen und andere, die sich derselben Verbrechen schuldig gemacht hätten, denunzieren müßten. Regel Nummer 3 forderte, daß jede Verletzung der Gefängnisordnung durch Zellengenossen sofort den Wachen zu melden sei. Die übrigen Regeln betrafen Mahlzeiten, Wäsche und andere Fragen des täglichen Lebens in der Haftanstalt.

Als ich mit dem Vorlesen fertig war, sagte die Wärterin: »Bemühen Sie sich, alle Regeln zu behalten und zu befolgen.«

Der Mann befahl mir, meinen rechten Daumen in eine flache Schale mit einer klebrigen roten Paste zu tauchen und ihn dann in das Häftlingsbuch zu pressen. Nachdem ich dies getan hatte, bat ich ihn um ein Stück Papier, um mir den Daumen abzuwischen.

»Beeilung!« Die Frau stand bereits ungeduldig in der Tür. Der Mann war jedoch gutmütig. Er zog eine Schublade auf und reichte mir ein zerknülltes Blatt Papier. Ich wischte mir schnell den Daumen ab und folgte der Frau zum Ausgang des Gebäudes.

Meine Aufnahme in die Haftanstalt Nr. 1 war so unspektakulär vor sich gegangen, als habe es sich um einen alltäglichen Vorgang gehandelt; sowohl der Mann als auch die weiblichen Wachtposten hatten sich völlig indifferent verhalten. Für sie war meine Ankunft reine Routine. Für mich bedeutete das Überschreiten der Schwelle des Gefängnisses den Beginn einer neuen Phase meines Lebens, in der ich einen Kampf ums Überleben und um Gerechtigkeit zu führen hatte, aus dem ich seelisch gestärkt und politisch gereift hervorging. Die langen Stunden in der Einzelzelle, die ich damit zubrachte, mein Leben und all das, was seit der kommunistischen Machtübernahme 1949 in China passiert war, Revue passieren zu lassen, führten mich bei allem Leid zu einem besseren Verständnis meiner selbst und des politischen Systems, in dem ich lebte. Obwohl ich am Abend des 27. September 1966, als man mich ins Gefängnis brachte, nicht in die Zukunft blicken konnte, hatte ich keine Angst. Ich glaubte an einen gerechten und gnädigen Gott und war überzeugt, daß er mich sicher durch alle Fährnisse geleiten würde.

Draußen war es stockdunkel, und der Weg war nur notdürftig gepflastert. Während ich der Wärterin im Eilschritt folgte, atmete ich tief die köstliche Nachtluft ein. Wir gingen um das Hauptgebäude herum, traten durch ein nur schwach erleuchtetes Tor, dessen verblichene rote Farbe überall abblätterte, und kamen in einen kleineren Innenhof, an den ein zweistöckiges Gebäude grenzte. Hier waren die weiblichen Gefangenen untergebracht.

Aus einem Raum in der Nähe des Eingangs tauchte eine Wärterin auf. Sie rekelte sich und gähnte. Ich wurde ihr kommentarlos übergeben.

»Kommen Sie mit«, sagte die Frau schläfrig und führte mich durch einen Gang, der auf beiden Seiten von mit Riegeln und schweren Vorhängeschlössern gesicherten Türen gesäumt war. Diesen ersten Anblick des Gefängniskorridors werde ich nie vergessen. In den folgenden Jahren habe ich in meinen Träumen und Alpträumen immer und immer wieder diese lange Reihe von düsteren, nur schwach erleuchteten Türen gesehen und immer wieder die Hilflosigkeit und die Ohnmacht erlebt, eingesperrt zu sein.

Als wir das Ende des Korridors erreichten, schloß die Wärterin auf der linken Seite eine Tür auf, die den Blick auf eine leere Zelle freigab.

»Gehen Sie rein«, knurrte sie. »Haben Sie irgendwelche Sachen bei sich?«

Ich schüttelte den Kopf.

»Wir werden morgen früh Ihre Familie benachrichtigen, so daß man Ihnen etwas herschicken kann. So, und jetzt gehen Sie schlafen!«

Ich fragte sie, ob ich auf die Toilette gehen dürfe. Sie zeigte auf einen Zementkübel in der linken hinteren Ecke der Zelle und sagte: »Ich werde Ihnen etwas Toilettenpapier borgen.«

Mit einem lauten Knall schob sie den Riegel vor und verschloß die Tür. Ich hörte, wie sie sich auf dem Korridor entfernte.

Ich sah mich in dem Raum um. Der Anblick machte mich mutlos. Spinnweben hingen von der Decke; die einst weiß verputzten Wände waren vergilbt und mit einer dicken Staubschicht bedeckt. Die einzige Glühbirne, die die Zelle erhellte, war mit Schmutz bedeckt und schien nur matt. Der Zementfußboden war stellenweise schwarz vor Feuchtigkeit. Ein muffiger Geruch hing in der Luft. Sogleich versuchte ich, das einzige kleine, mit verrosteten Eisenstäben vergitterte Fenster zu öffnen. Um es zu erreichen, mußte ich mich auf die Zehenspitzen stellen. Als es mir endlich gelang, den Riegel zu bewegen und das Fenster zu öffnen, rieselte ein Schauer von abblätternder Farbe und Staub auf mich nieder. Das einzige Mobiliar der Zelle waren drei schmale Pritschen aus groben Holzbrettern. Eine stand an der Wand, die beiden anderen waren, als Etagenbett übereinander gebaut, quer in den Raum gestellt. In meinem ganzen Leben hatte ich mich noch nicht an einem so primitiven und schmutzigen Ort aufgehalten und hätte mir etwas Vergleichbares nicht einmal vorstellen können.

Die Wärterin kehrte mit mehreren Blatt Toilettenpapier der gröbsten Sorte zurück, die sie mir mit den Worten durch eine Öffnung in der Zellentür reichte: »Bitte sehr! Wenn Sie Ihre Zuteilung erhalten, müssen Sie der Verwaltung die gleiche Anzahl Blatt zurückgeben. So, und jetzt gehen Sie schlafen. Legen Sie sich mit dem Kopf zur Tür. Das ist Vorschrift.«

Ich brachte es nicht über mich, das völlig verstaubte Bett zu berühren. Ich mußte mich jedoch hinlegen, da meine Beine stark angeschwollen waren. Ich zog das Bett von der schmutzigen Wand weg und wischte es mit dem Toilettenpapier ab. Der Schmutz hatte sich jedoch so festgesetzt, daß ich nur den losen Staub zu entfernen vermochte. Dann legte ich mich trotzdem hin und schloß die Augen. Das Licht der nackten Glühbirne, die an der Decke hing, war direkt über meinem Kopf. Obwohl es nur schwach war, irritierte es mich. Ich sah mich in der Zelle um, konnte aber nirgends einen Lichtschalter entdecken.

»Verzeihung, ist da jemand?« rief ich und schlug mit der flachen Hand an die Zellentür.

»Ruhe! Ruhe!« Die Wärterin eilte herbei und öffnete die Klappe.

»Ich kann den Lichtschalter nicht finden.«

»Hier wird das Licht nachts nicht ausgeschaltet. Wenn Sie in Zukunft mit den Wachen sprechen wollen, rufen Sie einfach ›Meldung‹. Klopfen Sie nicht an die Tür. Sagen Sie nichts weiter.«

»Könnten Sie mir einen Besen leihen, damit ich die Zelle ausfegen kann? Sie ist so schmutzig«, bat ich sie.

»Was für ein Unfug! Es ist schon nach zwei Uhr. Sie müssen jetzt schlafen!« Sie schloß die Klappe, blieb aber draußen stehen, um mich durch das Guckloch zu beobachten. Sie wollte sich vergewissern, daß ich ihren Befehlen gehorchte.

Ich legte mich wieder aufs Bett und drehte das Gesicht zur Wand, um dem Licht zu entgehen. Ich schloß die Augen, um die schmutzige Wand nicht ansehen zu müssen, doch was blieb, war die unangenehm feuchte und stickige Luft. Aus der Ferne vernahm ich den schwachen Lärm des nächtlichen Treibens auf den Straßen. Er bedeutete für mich zwar keine Bedrohung mehr, aber ich machte mir Sorgen um Meiping. Ich hoffte, daß mein Abtransport in die Haftanstalt sie von dem Druck befreien würde, gegen mich auszusagen. Falls es tatsächlich so sein sollte und man sie als einfaches Mitglied der Volksmassen behandelte, würde ich bereit sein, alles zu ertragen.

Plötzlich überfiel mich ein Schwarm hungriger Stechmücken. Ich richtete mich auf und versuchte sie mit den Armen abzuwehren, aber sie waren so hartnäckig, daß ich völlig zerstochen wurde. Die juckenden Stiche verschlimmerten noch mein Unglück. Kurz vor Tagesanbruch wurde das Licht ausgeschaltet. In der Dunkelheit verschwanden Schmutz und Häßlichkeit des Raums. Ich konnte mir einreden, ich befände mich an einem anderen Ort. Es war ein Augenblick der Ruhe und Erleichterung; ich hatte das Gefühl, als hätte sich plötzlich eine Fessel gelöst, mit der ich verschnürt war. Dieses Gefühl hielt jedoch nicht lange an. Schon bald wurde der schmale Himmelsstreifen, den ich durch das Fenster sehen konnte, grau und dann weiß. Langsam strömte Tageslicht in die Zelle und machte ihre ganze Häßlichkeit wieder sichtbar. In all den Jahren, die ich in dieser Gefängniszelle zubrachte, war diese kurze Zeit der Dunkelheit nach dem Ausschalten des Lichts und vor Tagesanbruch immer ein Augenblick, in dem ich meine Würde zurückgewann und mich neugeboren fühlte, allein deshalb, weil mir ein so kostbarer Augenblick der Freiheit geschenkt wurde, in dem ich den Blicken der Wachen entzogen war.

Draußen auf dem Korridor näherten sich Schritte. »Aufstehen! Aufstehen!« Es war die Stimme der Wärterin aus der vergangenen Nacht. Sie ging von Zellentür zu Zellentür. Von überall her hörte ich nun Geräusche, Rufe, flüsternde Stimmen und Schritte.

Die Klappe an der Tür wurde geöffnet. Eine junge Frau rief »Wasser« und schob die Tülle einer Wasserkanne durch die Öffnung.

Als ich ihr sagte, daß ich kein Gefäß für das Wasser hätte, zog sie die Kanne zurück und steckte neugierig ihr junges Gesicht durch die Öffnung. Als sich unsere Blicke begegneten, lächelte sie. Ein paar Tage später entdeckte ich einen quadratischen weißen Stoffetzen an ihrer Jacke, was bedeutete, daß sie eine Strafe verbüßte, bei der sie sich durch Zwangsarbeit bessern sollte. Hinfort lächelten wir uns bei jeder Gelegenheit an, um unser schweres Los als politische Häftlinge zu teilen. Dieses stumme Einverständnis und die Andeutung eines Lächelns, das ich auf ihrem blassen Gesicht beobachten konnte, bedeuteten mir in all den Jahren in der Haftanstalt sehr viel. Als sie plötzlich verschwand, weil sie vermutlich ihre Strafe verbüßt hatte, empfand ich dies als schmerzlichen Verlust und fühlte mich tagelang niedergeschlagen und mutlos.

Die Klappe öffnete sich erneut. Ein länglicher Aluminiumbehälter wurde mir hereingereicht. Eine Frauenstimme herrschte mich ungeduldig an: »Kommen Sie her, kommen Sie her!«

Als ich der Wärterin den Behälter abnahm, sagte sie: »Künftig müssen Sie zu den Essenszeiten hier stehen und warten.« Sie reichte mir auch ein Paar Eßstäbchen aus Bambus, die aufgeweicht und völlig abgenutzt waren.

Der zerbeulte Behälter war zu drei Vierteln mit lauwarmem Reisbrei gefüllt, auf dem ein paar Streifen eingelegten Gemüses schwammen. Ich wischte den Rand mit einem Stück Toilettenpapier ab und nippte prüfend an dem Brei. Der Reis schmeckte aus irgendeinem Grund geräuchert, und das salzige Gemüse verlieh dem Brei einen bitteren Geschmack. Das Essen war schlimmer, als ich mir hätte vorstellen können, aber ich machte einen entschlossenen Versuch, die Hälfte davon zu mir zu nehmen. Als die Frau die kleine Klappe wieder öffnete, reichte ich ihr den halbvollen Behälter und die Eßstäbchen zurück.

Nach einiger Zeit erschien eine zweite Wärterin und fragte schroff: »Warum haben Sie Ihren Reis nicht aufgegessen?«

»Ich habe ein wenig davon gegessen. Dürfte ich eine verantwortliche Person sprechen?« fragte ich zurück. Kommunistische Funktionäre in China lieben es nicht, als Beamte bezeichnet zu werden, es sei denn, man redet sie mit ihrem genauen Titel an, etwa als »Minister Wang« oder »Direktor Tschang«. Im allgemeinen spricht man von Beamten als *ganbu*, was soviel wie »Kader« bedeutet. Einfache Beamte nennt man meist »verantwortliche Personen«, womit ein Kader oder einfach ein Angestellter gemeint sein kann.

»Wozu diese Eile? Sie sind doch gerade erst angekommen. Wenn der Vernehmungsbeamte bereit ist, wird er Sie rufen lassen. Bis dahin sollten Sie sich das von Ihnen begangene Verbrechen noch einmal durch den Kopf gehen lassen. Wenn er Sie rufen läßt, müssen Sie aufrichtige Reue zeigen und ein volles Geständnis ablegen. Nur so können Sie mit nachsichtiger Behandlung rechnen. Sollten Sie andere Übeltäter überführen, so wird man Ihnen das als Verdienst anrechnen.«

»Ich habe nie ein Verbrechen begangen«, erklärte ich mit Nachdruck.

»Oh, das sagen viele von euch, wenn sie zum erstenmal hier sind. Das ist jedoch eine sehr dumme Einstellung. Denken Sie doch nur mal nach – in dieser Stadt leben zehn Millionen Menschen. Warum hat man wohl ausgerechnet Sie und keinen anderen hierher gebracht? Sie haben ganz bestimmt ein Verbrechen begangen.«

Es schien sinnlos zu sein, mit ihr zu argumentieren. Ihre Worte brachten mich jedoch zu der Überzeugung, daß man mich nicht so bald freilassen würde. Der Schmutz in der Zelle war unerträglich. Ich mußte etwas dagegen unternehmen, wenn ich auch nur eine einzige weitere Nacht darin überstehen wollte. Außerdem hatte mich körperliche Arbeit schon immer beruhigt, wenn ich mit meinen Nerven am Ende war. Um meine Verbitterung über die Tatsache, daß ich im Gefängnis saß, und meine Sorge um Meiping zu vergessen, fragte ich also die Wärterin, ob ich einen Besen leihen dürfte.

»Sie dürfen sich nur sonntags einen Besen leihen. Da Sie aber gerade erst eingeliefert worden sind, werde ich Ihnen heute ausnahmsweise einen geben.«

Wenig später kam sie mit einem uralten Besen zurück, den sie mir durch die kleine Klappe in die Zelle schob. Ich stieg aufs Bett und entfernte mit dem Besen die Spinnweben an der Decke. Dann schob ich das Bett in der Zelle herum, bis ich in allen Ecken gefegt hatte. Als ich die Wände mit dem Besen bearbeitete, wurde die Zelle in eine Staubwolke gehüllt.

Wieder ging die Klappe auf. Ein Stück Papier wurde hereingereicht. Ich schaute auf den Korridor hinaus und sah einen männlichen Wärter.

»Das Geld, das Sie gestern mitgebracht haben, ist für Sie auf die Bank gebracht worden. Dies ist Ihre Quittung. Sie dürfen das Geld dazu verwenden, Dinge des täglichen Bedarfs zu kaufen wie etwa Toilettenpapier, Seife und Handtücher«, sagte er.

»Das ist genau das, was ich brauche. Darf ich jetzt etwas kaufen?« fragte ich ihn hoffnungsvoll.

»Sie dürfen kaufen, was Sie brauchen«, erwiderte der Mann.

»Bitte besorgen Sie mir ein Waschbecken, zwei emaillierte Näpfe zum Essen und Trinken, ein paar Nähnadeln, Nähgarn, Seife, Handtücher, eine Zahnbürste, Zahnpasta und etwas Toilettenpapier. Darf ich auch etwas Hautcreme kaufen?«

»Nein, nur Dinge des täglichen Bedarfs.«

Der Wärter kehrte bald mit einer Waschschüssel zurück, die mit zwei großen Rosen dekoriert war, sechs buntgestreiften Handtüchern, einem Stapel Toilettenpapier, sechs Stück der einfachsten Seife, zwei emaillierten Bechern mit Deckeln, einer Zahnbürste, einer Tube Zahnpasta und zwei Rollen groben Baumwoll-Nähgarns. Er sagte mir, daß Häftlinge keine Nadeln in der Zelle haben dürften, daß man sie aber am Sonntag von den Wärtern leihen dürfe.

Um mir die Waschschüssel zu geben, mußte die Zellentür geöffnet werden. Gleichzeitig erschien ein zweiter Wärter und brachte die Kleidung und die Bettwäsche, die mir die Rotgardisten in meinem Haus gelassen hatten, sowie eine Ausgabe der »Gesammelten Werke« Mao Tse-tungs und das kleine »Rote Buch« mit Mao-Zitaten. Nachdem ich den Empfang all dieser Dinge quittiert hatte, schlossen die Wärter die Tür und entfernten sich.

Ich nahm alles sorgfältig in Augenschein, da ich hoffte, eine versteckte Nachricht von Meiping zu finden. Doch vergebens. Erschöpft vor Enttäuschung und Traurigkeit ließ ich mich auf dem Bettrand nieder. Ich sehnte mich nach einer Begegnung mit Meiping und betete für ihre Sicherheit. Allmählich beruhigte ich mich wieder und beschloß, mir die verdreckte Zelle vorzunehmen. Was ich dazu vor allem brauchte, war etwas Wasser.

Ich ging zur Tür und rief: »Meldung!«

Eine Wärterin öffnete die Klappe und sagte mit ernster Stimme: »Sie brauchen nicht zu rufen. Was wünschen Sie?«

Ich hörte ihrer Stimme an, daß sie mir vermutlich alles verweigern würde, worum ich sie bat. Um dieser Möglichkeit vorzubeugen, zitierte ich schnell einen Spruch von Mao: »Hygiene ist lobenswert; mangelnde Hygiene ist schändlich.« Dann fragte ich sie: »Dürfte ich etwas Wasser haben, um die Zelle zu reinigen?«

Sie ging weg, ohne ein Wort zu sagen. Ich wartete und wartete. Nach einiger Zeit erschien das junge Mädchen mit dem weißen Stofffetzen an der Jacke und brachte mir genügend Wasser, um sowohl die Gefängnis-Waschschüssel als auch eine weitere, die man mir mit meinen Sachen von zu Hause gebracht hatte, zu füllen. Zuerst schrubbte ich das Bett gründlich; dann kletterte ich auf die zusammengerollte Matratze, um an das Fenster heranzukommen. Mit aller Sorgfalt putzte ich die dreckverschmierte Scheibe, um so viel Licht wie möglich in die Zelle hereinzulassen. Nachdem ich auch die Zement-Toilette geschrubbt hatte, blieb mir noch genügend kaltes Wasser, um mich selbst und meine schmutzige Bluse zu waschen. Als dann heißes Trinkwasser ausgegeben wurde, setzte ich mich auf das saubere Bett und genoß die Stärkung. Noch nie hatte mir einfaches gekochtes Wasser so gut geschmeckt.

Das Mittagessen bestand aus trockenem Reis und ein wenig gekochtem Kohl. Mit einem Teil des Reises bereitete ich eine Paste zu, mit der ich einzelne Blätter Toilettenpapier an der Seite des Bettes an die Wand klebte, damit des Nachts weder ich noch meine Bettwäsche mit der schmutzigen Wand in Berührung kamen. Danach ging es mir schon viel besser. Als die Wärterin erschien, um mir zu sagen, ich solle mir in der Zelle etwas Bewegung verschaffen, bat ich sie, ihr den Besen zurückgeben zu dürfen. Sie öffnete die Luke, um ihn entgegenzunehmen. Dabei entdeckte sie das Toilettenpapier, das ich an die Wand geklebt hatte.

»Es ist gegen die Vorschriften, in der Zelle Veränderungen vorzunehmen«, sagte sie. Ich erwiderte vorsichtshalber nichts, überlegte aber, was ich tun sollte, falls sie mir befehlen würde, das Toilettenpapier zu entfernen. Doch sie nahm nur den Besen und schloß die Klappe wieder zu. Kurz darauf hörte ich, wie sie ein Stockwerk höher mit dem Ruf »Bewegung! Bewegung!« von Zelle zu Zelle ging.

Ich konnte die Schritte mehrerer Häftlinge hören, die über mir offenbar im Kreis herumliefen. Als das Kommando »Hinsetzen!« erscholl, hörte ich, wie sie sich auf dem Fußboden niederließen. In der Sammelzelle über mir gab es offenbar keine Betten; die Insassen schliefen und saßen auf dem nackten Fußboden. Die Wand zwischen mir und der angrenzenden Zelle war so dick, daß ich keinerlei Geräusch vernehmen konnte, aber was in der Zelle über mir gesprochen wurde, konnte ich recht deutlich hören. Die von dort kommenden Geräusche und murmelnden Stimmen, die immer dann anschwollen, wenn die Wärterin nicht in der Nähe war, milderten mein Gefühl der Einsamkeit und der Isolation.

Die Vielfalt der Farben, Formen und Geräusche, die im normalen Leben auf die Sinne einwirken, fehlte hier im Gefängnis völlig. Wohin ich auch blickte, überall entdeckte ich nur häßliche Formen und ein eintöniges, deprimierendes, schmutziges Grau. Nur die kalten, gleichgültigen und barschen Stimmen der Wachtposten durchbrachen das düstere Schweigen. Wenn ich so in meiner Zelle saß, schweifte mein Blick oft zum Fenster hin. Dann starrte ich auf den schmalen Himmelsstreifen, den ich durch die Eisenstäbe sehen konnte, und blickte stundenlang hinaus. Durch das Fenster kamen nicht nur Licht und frische Luft herein, um mich zu beleben, es war auch das einzige zarte Band zwischen mir und der Außenwelt. Oft kam es vor, daß meine Seele durch das Fenster in die Freiheit entschwand, während mein Körper in der Zelle blieb. Eine meiner klarsten Erinnerungen an das Gefängnisleben ist die Beobachtung der wechselnden Schatten der Gitterstäbe auf dem Zementfußboden. An ihrer Wanderung verfolgte ich den Lauf der Zeit, während ich Tag um Tag und Jahr um Jahr wartete – mal auf die nächste Mahlzeit, mal auf die nächste Vernehmung, vor allem aber auf eine politische Entwicklung, die der Macht der maoistischen Revolutionäre ein Ende setzen würde.

Das Tageslicht wurde schwächer, und das elektrische Licht ging an. Ich aß eine weitere Portion Reis mit Kohl. Zur Nachtschicht kam eine neue Wärterin. Nachdem sie mir eine Zeitung gereicht hatte, preßte sie das Gesicht in die Türluke und rief: »Was haben Sie mit der Zelle gemacht?«

»Ich habe sie gemäß den Lehren des Vorsitzenden Mao über Hygiene gesäubert«, erwiderte ich.

»Wenn Sie sich an die Lehren unseres Großen Vorsitzenden Mao halten, wie kommt es dann, daß Sie in einer Gefängniszelle sitzen?« herrschte sie mich an. »Hat der Vorsitzende Ihnen auch befohlen, ein Verbrechen zu begehen?«

»Ich habe nie ein Verbrechen begangen. Es muß ein Irrtum vorliegen. Der läßt sich durch eine Untersuchung und einer Überprüfung der Tatsachen aufklären«, entgegnete ich.

»Sie haben eine sehr glatte Zunge, wie ich sehe. Sie wollen hier Ihre kapitalistische Lebensweise einführen, nicht wahr? Ich gebe Ihnen den Rat, weniger an Ihre persönliche Bequemlichkeit und mehr an Ihre kriminellen Taten zu denken. Gehen Sie ernsthaft in sich. Wenn man Sie ruft, sollten Sie ein volles Geständnis ablegen, damit Sie sich eine mildere Behandlung verdienen.« Mit einem lauten Knall schloß sie die Klappe, so daß ich nichts erwidern konnte.

Ich hatte dieses ewige Gerede von einem Geständnis, das mir eine bessere Behandlung einbringen würde, allmählich satt. Vielleicht stimmt es, dachte ich, daß ein wirklich Schuldiger sich durch ein freiwilliges Geständnis ein milderes Urteil einhandelt. Ich aber war unschuldig. Es erzürnte mich, immer wieder hören zu müssen, ich hätte ein Verbrechen begangen, wo ich in Wahrheit unschuldig war.

Ich nahm die Zeitung und stellte mich unter den schwachen Lichtschein der Glühbirne, um darin zu lesen. Wie andere Zeitungen in China wurde auch *Freies Schanghai* von der Volksregierung herausgegeben, finanziert und kontrolliert. Die Journalisten waren von der Propagandaabteilung der Partei ernannte Funktionäre; sie hatten die Aufgabe, Nachrichten auszuwählen und in vielen Fällen, zumal, wenn sie aus dem Ausland kamen, zu verdrehen, um sie den Propagandazwekken der Partei dienstbar zu machen. Außerdem mußten sie in ihren

Artikeln die Regierungspolitik preisen. Zeitungen wurden überall in China, selbst in den Gefängnissen, zur Erziehung des Volkes eingesetzt.

Die Chinesen hatten schon lange gelernt, daß es nur eine Möglichkeit gab, die Zeitung zu lesen: nämlich zwischen den Zeilen. Man mußte nicht nur auf das achten, was gedruckt, sondern vor allem auf das, was weggelassen wurde. Die eigentliche Nachrichtenquelle der Chinesen war nicht die Zeitung, sondern der politische Klatsch, der hinter vorgehaltener Hand geflüstert wurde, oft in einer Sprache voller Symbole und Andeutungen, bei der kein Name fiel. Das nannte man »Gassen-Nachrichten«, was bedeutete, daß sie nicht auf offener Straße und schon gar nicht über offizielle Kanäle gehandelt wurden. Vor der kommunistischen Machtübernahme hatte die Partei sich solcher »Gassen-Nachrichten« höchst effektiv bedient, um das Vertrauen der Chinesen in die Kuomintang-Regierung zu untergraben. Jetzt kehrte sich das System gegen die Kommunisten. Wenn die Menschen den offiziellen Blättern mißtrauten und keinen ungehinderten Zugang zu Nachrichten hatten, waren sie natürlich mehr als begierig, all das aufzuschnappen und zu glauben, was an politischem Klatsch in Umlauf war.

In der Haftanstalt war *Freies Schanghai* meine einzige Informationsquelle über das, was außerhalb der Gefängnismauern vorging. Ich las das Blatt mit großer Sorgfalt, manche Meldungen oder Artikel sogar zweimal, um den Gang der Kulturrevolution zu verfolgen und die politische Entwicklung richtig einschätzen zu können. An der Präsentation bestimmter Nachrichten, an der Auswahl der Themen, am Ton der Leitartikel oder daran, welche Mao-Zitate gerade herausgestellt wurden, konnte ich oftmals erkennen, was die Maoisten gerade zu erreichen suchten oder was nicht nach ihren Plänen gelaufen war. Viele Details des Machtkampfs innerhalb der Kommunistischen Partei wurden mir jedoch erst nach meiner Entlassung verständlich und klar. Erst dann gelang es mir, Publikationen der Roten Garden in die Hände zu bekommen und junge Menschen zu befragen, die an den revolutionären Aktionen teilgenommen hatten.

Als es endlich Sonntag war, bat ich die Wärterin, mir eine Nähnadel zu leihen. Ich nähte zwei der Handtücher zusammen, die ich zuvor erstanden hatte, und machte mir daraus ein Polster für die Zementtoilette. Dann vernähte ich mehrere Schichten von Toilettenpapier als

Abdeckung für die Waschschüssel, in der ich Wasser aufbewahrte. Als nächstes bat ich um eine Schere, um mir ein Taschentuch zurechtzuschneiden, das ich nachts als Augenblende verwenden konnte. Währenddessen blieb die Wärterin an der Türluke stehen, um mir zuzusehen. Kaum war ich fertig, nahm sie mir die Schere wieder fort. Es tat mir gut, mit handfester Arbeit etwas zur Verbesserung meines täglichen Lebens zu tun. Vor allem das Nähen beruhigte mich.

Es vergingen mehrere Tage. Ich bat täglich darum, vernommen zu werden, aber ohne Ergebnis. Eines sonnigen Morgens wurden die Häftlinge aufgefordert, sich für einen Rundgang auf dem Gefängnishof bereitzuhalten. Die Wärterin ging von Zelle zu Zelle und rief: »Fong-fung!« (Raus an die frische Luft!)

Da ich mich nach Sonne und frischer Luft sehnte, sprang ich sogleich auf, legte das Mao-Buch beiseite, in dem ich gerade gelesen hatte, und ging zur Tür. Es dauerte jedoch noch einige Zeit, bis man mich hinausließ. Denn mit Hilfe eines ausgeklügelten Systems wurde vermieden, daß die Insassen verschiedener Zellen einander auf den Korridoren begegneten. Ich mußte warten, bis die Gefangene der Nachbarzelle außer Sicht war, bevor man mir erlaubte, meine Zelle zu verlassen. Überall waren Wachen postiert, die die Gefangenen beobachteten und zu den Gefängnishöfen führten.

Der Gefängnishof, in den man mich einschloß, war zwar weiträumig, befand sich aber in einem völlig verwahrlosten Zustand. An den Mauern rundum gab abbröckelnder Putz den Blick auf die blanken Ziegelsteine frei. Der Boden war mit Abfall und Schutt bedeckt. In einer Ecke sah ich etwas Grünes leuchten, und bei näherem Hinsehen erkannte ich ein unverwüstliches Unkraut, das sich alle Mühe gab, am Leben zu bleiben. Erfreut, an diesem unwirtlichen Ort überhaupt etwas wachsen zu sehen, ging ich hin, um es mir genau anzuschauen. An der Spitze jedes Stiels sah ich winzige rosafarbene Blüten. Jede Blüte besaß fünf vollkommen geformte Blütenblätter, die kaum größer waren als ein Samenkorn. Inmitten von Schmutz und Schutt stand die Pflanze stolz im Sonnenlicht, ein unerwartetes Lebenszeichen an diesem toten Ort. Angesichts der winzigen Blüten, die mir überirdisch schön vorkamen, schöpfte ich neuen Lebensmut.

»Weitergehen! Weitergehen! Den Kopf gebeugt lassen! Sie dürfen nicht stehenbleiben!« rief mir ein Wachtposten von der Plattform zu, die man auf der Mauer des Gefängnishofs errichtet hatte. Darauf befanden sich zwei kleine Pavillons, der eine mit offenen, der andere mit verglasten Fenstern. Da schönes Wetter war, beobachteten die Wachtposten die Gefangenen von dem offenen Pavillon aus.

Ich begann meinen Rundgang um den Hof herum; allmählich ließ der Druck in der Brust nach, und ich konnte leichter atmen. Die Herbstluft war kühl und trocken; die Sonne schien mir warm ins Gesicht. Da jeder Tag endlos lang war, verging die Zeit im Gefängnis nur langsam. Anders war es jedoch, wenn ich mich im Freien bewegen durfte. Selbst im tiefsten Winter, als meine Kleider meinen ausgehungerten Körper kaum noch warmhalten konnten und ich in dem scharfen Nordwind unentwegt zitterte, verging die Zeit des Hofgangs allzu schnell.

Der Wachtposten, der mich in meine Zelle zurückbrachte, fand nicht sofort den richtigen Schlüssel für meine Zellentür. Während er einen Schlüssel nach dem anderen ausprobierte, nutzte ich die Gelegenheit, einen neuen Vorstoß wegen meiner Vernehmung zu machen.

»Ich bin jetzt schon ziemlich lange hier. Wann wird man mich endlich verhören?« fragte ich.

»Schon lange?« Er richtete sich auf und wandte sich zu mir um: »Sie reden dummes Zeug. Ich weiß, daß Sie erst weniger als einen Monat hier sind. Ein Monat ist keine lange Zeit. Es gibt Leute, die schon seit Jahren hier sind, und deren Fälle sind auch noch nicht aufgeklärt. Warum so ungeduldig? Sie wollen immer wissen, wann man Sie vernehmen wird. Was werden Sie denn sagen, wenn Sie dem Vernehmungsbeamten gegenüberstehen? Sind Sie bereit, ein volles Geständnis abzulegen?«

»Ich werde den Vernehmungsbeamten bitten, meinen Fall zu untersuchen und das Mißverständnis aufzuklären.«

»Welches Mißverständnis?«

Der Wärter schien ehrlich verblüfft zu sein.

»Das Mißverständnis, das mich hierher gebracht hat«, erwiderte ich.

»Sie sind hier, weil Sie ein Verbrechen gegen die Volksregierung begangen haben. Es gibt kein Mißverständnis. Sprechen Sie nicht in Rätseln.«

»Ich habe in meinem ganzen Leben kein Verbrechen begangen«, sagte ich mit fester Stimme.

»Warum sitzen Sie denn im Gefängnis, wenn Sie kein Verbrechen begangen haben? Die Tatsache, daß Sie hier sind, beweist doch, daß Sie ein Verbrechen begangen haben.«

Seine Logik erschütterte mich. Sie beruhte auf der Annahme, daß Partei und Regierung sich niemals irren. Ich konnte mit ihm nicht argumentieren, ohne mir den Anschein zu geben, als würde ich Partei und Volksregierung beleidigen. Deshalb sagte ich nur: »Wirklich, ich habe noch nie ein Verbrechen begangen. Es muß sich um einen Irrtum handeln.«

»Vielleicht hat es mal etwas gegeben, woran Sie sich nicht mehr erinnern. Gefangene brauchen oft die Hilfe und die Anleitung des Vernehmungsbeamten, um zu einem Geständnis zu kommen.«

»Ich glaube kaum, daß ich ein Verbrechen vergessen würde, wenn ich eines begangen hätte«, erklärte ich. Ich erinnerte mich an Fälle, von denen man mir erzählt hatte, wo Vernehmungsbeamte den Häftlingen die Dinge in den Mund legten, die sie gestehen sollten. Die Geständnisse wurden schriftlich festgehalten und den Häftlingen später zur Last gelegt.

»Vielleicht ist Ihnen damals nicht klar gewesen, daß Sie ein Verbrechen begingen. Sie sind wahrscheinlich noch ein bißchen durcheinander«, sagte der Wärter. Er schien es tatsächlich ernst zu meinen.

War es wirklich denkbar, daß ein in meinen Augen unschuldiges Verhalten von anderen als ein Verbrechen gegen den Staat gedeutet wurde? Obwohl ich die politische und wirtschaftliche Entwicklung in China sorgfältig verfolgt und versucht hatte, alle Ereignisse vernünftig zu deuten, hatte ich noch nie das Strafgesetzbuch der kommunistischen Regierung studiert. Ich beschloß, dieses Versäumnis unverzüglich nachzuholen. Deshalb sagte ich dem Wärter: »Um sicherzugehen, werde ich die Gesetzbücher studieren, um zu sehen, ob ich unabsichtlich ein Verbrechen begangen habe. Würden Sie mir bitte Ihre Gesetzbücher zur Verfügung stellen?«

»Welche Gesetzbücher? Sie reden wie die kapitalistischen Intellektuellen, die durch die Kulturrevolution angeprangert werden. Sie denken in Begriffen von Gesetzbüchern, Regeln und Bestimmungen. Wir sind das Proletariat, wir besitzen so etwas nicht.« Er schien zutiefst entrüstet, als wäre meine Annahme, er besitze Gesetzbücher, eine Beleidigung.

»Wonach richten Sie sich, wenn Sie keine Gesetzbücher haben? Wie entscheiden Sie, ob jemand ein Verbrechen begangen hat oder nicht?«

»Wir richten uns nach den Lehren unseres Großen Führers, des Vorsitzenden Mao. Seine Worte sind unser Maßstab. Wenn er sagt, eine bestimmte Sorte von Leuten sei schuldig, und wenn Sie eine solche Person sind, dann sind Sie schuldig. Das ist viel einfacher, als wenn man sich auf ein Gesetzbuch verlassen müßte«, erklärte er. Für ihn war es vollkommen in Ordnung, daß das Schicksal einzelner Menschen willkürlich nach den Worten Mao Tse-tungs entschieden wurde, die ja durchaus unterschiedlich ausfielen, je nach seinen politischen Prioritäten in einem bestimmten Zeitraum, und die oft so unbestimmt waren, daß örtliche Funktionäre sie nach eigenem Gutdünken auslegen konnten. Die absolute Unfehlbarkeit von Maos Worten war ein Teil des um ihn veranstalteten Personenkults. Ich fragte mich jedoch, wie wohl dem Wärter zumute sein würde, wenn er und nicht ich das Opfer gewesen wäre.

Hinfort unternahm ich keinen weiteren Anlauf, nach einem Vernehmungsbeamten zu fragen. Statt dessen begann ich, mich gewissenhaft in die »Gesammelten Werke« Mao Tse-tungs zu vertiefen. Ich wollte wissen, wie man seine Worte gegen mich verwenden konnte, und herausfinden, ob ich sie nicht meinerseits benutzen konnte, um mich gegen meine Ankläger zu wehren. Ich hielt es für richtig, Maos Sprache zu lernen; wenn ich dem Vernehmungsbeamten gegenübersitzen würde, wollte ich die notwendigen Mao-Zitate fließend vorbringen können.

Viele Wochen vergingen. Ein Tag war wie der andere. Die lange Zeit der Isolation steigerte meine Niedergeschlagenheit. Ich sehnte mich nach einer Nachricht von Meiping. Ich vermißte sie sehr und machte mir tiefe Sorgen um sie. Manchmal überkamen mich so heftige Gemütsbewegungen, daß mir das Atmen schwerfiel. Dann wieder hatte ich das Gefühl, einen schweren Stein im Magen zu haben, so daß ich kaum etwas zu mir nehmen konnte.

Außerhalb der Gefängnismauern schien die Kulturrevolution an Intensität sogar noch zuzunehmen. Der Lautsprecher der nahegelegenen Oberschule plärrte den ganzen Tag. Ihm entströmten jedoch keine Revolutionslieder mehr, sondern zornige Anschuldigungen gegen örtliche Funktionäre und prominente Wissenschaftler. Ich spitzte die Ohren und versuchte, hier ein Wort und da einen Satzfetzen aufzuschnappen, wenn der Wind aus der richtigen Richtung blies. In meiner düsteren Zelle las ich täglich viele Stunden in Maos Büchern, bis mir die Buchstaben in dem trüben Licht vor den Augen verschwammen.

Eines Tages, am frühen Nachmittag, als meine Augen zu müde waren, um die gedruckten Buchstaben noch zu erkennen, hob ich den Blick, um zum Fenster hinauszuschauen. Da erblickte ich eine Spinne, die an einem der rostigen Gitterstäbe hinaufkletterte. Das kleine Geschöpf war nicht größer als eine Erbse; ich hätte es gar nicht entdeckt, wenn das von außen vor die untere Fensterhälfte genagelte Brett nicht schwarz angestrichen gewesen wäre. Ich beobachtete, wie sie langsam, aber stetig höherkletterte. Ein langer Spaziergang für so ein winziges Wesen, dachte ich. Als sie oben angekommen war, schwang sie sich plötzlich in die Luft und glitt an einem dünnen Seidenfaden herab. Mit einem weiteren Schwung sicherte sie das Ende des Fadens an einem zweiten Gitterstab. Dann kletterte sie an dem Seidenfaden entlang zum Ausgangspunkt zurück und schwang sich an einem neuen Faden in eine andere Richtung. Ich sah dem kleinen Wesen mit zunehmender Faszination bei seiner Arbeit zu. Es schien genau zu wissen, was es zu tun hatte und wo der nächste Faden hinkommen sollte. Es gab kein Zögern, keinen Irrtum und keine Eile. Die Spinne beherrschte ihre Aufgabe und führte sie voller Selbstvertrauen aus. Als das Gerüst fertig war, begann sie ein Gewebe zu spinnen, dessen Schönheit und Vollkommenheit nicht zu überbieten war. Alle Fäden waren gleich weit voneinander entfernt. Nachdem sie ihr Werk vollendet hatte, kletterte sie in die Mitte des Netzes und ließ sich dort nieder.

Ich hatte einem äußerst begabten Künstler bei einer architektonischen Glanzleistung zugesehen. Mein Kopf war voller Fragen. Wer hatte der Spinne beigebracht, wie man ein Gewebe herstellt? War es tatsächlich denkbar, daß Spinnen diese Fähigkeit im Verlauf der Evolution entwickelt hatten, oder hatte Gott die Spinne erschaffen und sie mit der Gabe ausgestattet, ein Netz zu weben, um so Nahrung zu gewinnen und ihre Art zu erhalten? Wie groß war das Gehirn eines solch winzigen Geschöpfes? Handelte es aus Instinkt, oder hatte es gelernt, das Wissen um die Herstellung eines Netzes zu speichern? Vielleicht würde ich eines Tages einen Entomologen fragen. Im Augenblick wußte ich nur, daß ich soeben etwas außergewöhnlich Schönes und Erhebendes mitangesehen hatte. Ob Gott die Spinne nun erschaffen hatte oder nicht, ich dankte ihm für das, was ich soeben gesehen hatte. Mir war ein Wunder des Lebens gezeigt worden. Es half mir zu erkennen, daß die Welt noch immer von Gott gelenkt wurde. Mao Tse-tung und seine Revolutionäre kamen mir auf einmal viel weniger bedrohlich vor. Ich spürte, wie sich in mir Hoffnung und Zuversicht erneuerten.

Meine Zelle lag nach Südwesten hin. Für einen kurzen Augenblick verwandelten die Strahlen der untergehenden Sonne das frische Spinnengewebe in eine glitzernde Scheibe, die in allen Farben des Regenbogens schillerte. Ich wagte es nicht, ans Fenster zu treten, da ich befürchtete, die Spinne zu verjagen. So blieb ich auf dem Bett sitzen und beobachtete sie. Schon bald fand ich heraus, daß sie nicht einfach nur dasaß und auf Beute wartete, sondern daß sie immerzu wachsam blieb. Wann immer der Wind einen Teil des Spinnengewebes zerriß oder durcheinanderbrachte, war die Spinne sofort zur Stelle, um den Schaden zu reparieren. Und in Abständen erneuerte die Spinne ihr Netz, manchmal nur zum Teil, manchmal das ganze Gewebe.

Nachdem ich dem kleinen Wesen so lange zugesehen und gelernt hatte, sein Verhalten zu verstehen, schloß ich es in mein Herz. Nach dem Aufwachen bestand meine erste Tat darin, nachzusehen, ob meine Spinnenfreundin noch da war. Es beruhigte mich, wenn ich sie sah. Im Verlauf des Tages und vor dem Schlafengehen sah ich immer wieder nach. Die winzige Spinne wurde zu meiner Gefährtin. Das deprimierende Gefühl vollständiger Isolation wurde dadurch gelindert, daß ein anderes Lebewesen in meiner Nähe war, mochte es noch so winzig sein und zudem unfähig, mir zu antworten.

Bald war es November. Der Wind drehte auf Nordwest. Mit jedem Tag sanken die Temperaturen weiter. Ich beobachtete die Spinne mit zunehmender Sorge. Ich wollte sie nicht dadurch aussperren, daß ich überraschend das Fenster schloß. Sie reparierte weiter ihr windzerzaustes Gewebe und produzierte geduldig immer neue Fäden. Eines Morgens nach dem Aufwachen entdeckte ich jedoch mit Schrecken, daß sie verschwunden war. Die Überreste des Spinnengewebes hingen in Fetzen an den Gitterstäben. Ich war tief betrübt, hielt das Fenster aber in der Hoffnung geöffnet, daß die Spinne zurückkehren würde. Später erblickte ich zufällig meine kleine Freundin an der Zellendecke, wo sie in der Mitte eines neuen Netzes saß. Ich schloß rasch das Fenster und war glücklich, daß sie mich nicht im Stich gelassen hatte.

Eines Morgens, Ende November, wachte ich mit einer schweren Erkältung und starken Kopfschmerzen auf. Ich hockte auf der Bettkante, schneuzte mich und fühlte mich elend. Ich überlegte, ob ich um Medikamente bitten sollte. Als ich den wäßrigen Reisbrei erhielt,

Medikamente bitten sollte. Als ich den wässrigen Reisbrei erhielt, zwang ich mich, ihn zu mir zu nehmen, in der Hoffnung, daß die warme Flüssigkeit mir etwas Erleichterung verschaffen würde. Am Mittag jedoch brachte ich es nicht über mich, den trockenen Reis und den gekochten Kohl zu essen. Ich gab alles unberührt zurück. Während des ganzen Nachmittags beobachtete mich die diensthabende Wärterin immer wieder durch die Türluke, unternahm jedoch keinen Versuch, mit mir zu sprechen. Erst am Abend stieß sie plötzlich die kleine Klappe auf und sagte: »Sie haben geweint!«

»O nein«, entgegnete ich, »ich bin erkältet.«

»Sie weinen. Sie weinen, weil Sie sich nicht an die Lebensbedingungen hier gewöhnen können. Sie finden alles hier ziemlich unerträglich, nicht wahr? Wir haben Sie beobachtet und gesehen, wie Sie bestimmte Dinge zu verändern versuchen. Sie weinen auch, weil Ihnen Ihre Tochter fehlt. Sie fragen sich, was mit ihr ist«, sagte die Wärterin.

»Nein, wirklich nicht, ich bin nur erkältet. Kann ich eine Aspirin-Tablette haben?«

»Aspirin wird Ihnen nicht helfen. Das, was Ihnen Kummer macht, steckt in Ihrem Kopf. Überdenken Sie Ihre Lage. Finden Sie zur richtigen Einstellung. Bereuen Sie«, sagte sie.

Für den Rest des Abends saß ich auf meiner Bettkante, das Gesicht von der Tür abgewandt, und gab mir Mühe, mir weder die Nase zu schneuzen noch die Augen zu wischen. Als man mir etwas Reis brachte, aß ich ein wenig davon und kippte den Rest in die Toilette. Die Wärterinnen glaubten trotzdem fest daran, daß ich geweint hätte, weil mir das Gefängnisleben unerträglich war. Sie nutzten den vermeintlich günstigen Moment, um mich am nächsten Tag zum Verhör zu holen.

Vernehmung

Ein strahlender, sonniger Morgen brach an. Als ich das Fenster aufmachte, strömte eisige Luft in die Zelle. Jetzt ist der Winter nicht mehr weit, dachte ich. Die Wärterin ging von Zelle zu Zelle und befahl den Insassen, ihr Bettzeug abzuziehen. Dieses Zeremoniell fand einmal im Monat an einem sonnigen Tag statt. Dann wurde zusätzliches kaltes Wasser ausgegeben. Die Häftlinge weichten ihre Bettwäsche ein, rieben Seife in das nasse Bettzeug, wickelten es zu einem Paket zusammen und reichten dieses durch die Türklappe hinaus, wo es von den zu Zwangsarbeit verurteilten Mädchen in Empfang genommen wurde. Diese vollendeten dann die Wäsche im Waschraum.

Als ich gerade dabei war, mein nasses Bettlaken mit Seife einzureiben, schloß ein Wachtposten die Zellentür auf, riß sie weit auf und rief: »Raustreten!«.

»Ich bin gerade bei der Wäsche«, sagte ich.

»Keine Widerrede. Wenn ich raustreten sage, haben Sie rauszutreten.«

Die diensthabende Wärterin fand sich ebenfalls ein und drängte: »Sie können Ihre Wäsche später erledigen. Jetzt müssen Sie zur Vernehmung.«

Vernehmung! Es sah tatsächlich so aus, als würde ich meinen Widersacher endlich zu Gesicht bekommen. Rasch trocknete ich mir die Hände ab.

»Beeilung! Nehmen Sie Ihr Buch mit den Zitaten des Vorsitzenden Mao mit«, sagte der Wachtposten ungeduldig.

Ich folgte ihm aus der Zelle. Wir überquerten den Hof des Frauentrakts, bis wir auf ein Gelände auf der Rückseite des Hauptgebäudes kamen. Als wir uns dem Gebäude näherten, erblickte ich auf einem großen weißen Holzbrett in schwarzen Schriftzeichen die Aufschrift: »Milde Behandlung für die Geständigen. Schwere Bestrafung für die Unbelehrbaren. Belohnung für die Kooperationswilligen.«

Mein Herz schlug wild vor Aufregung; voller Erwartung beschleunigte ich meine Schritte. Endlich war die langersehnte Gelegenheit gekommen, auf Fragen zu antworten und meinen Fall leidenschaftslos untersuchen zu lassen. Ich glaubte, daß ein staatlicher Vernehmungsbeamter sich nicht so hysterisch aufführen würde wie ein Rotgardist oder ein Revolutionär. Es mußte ein erfahrener Mann mit Verantwortungsbewußtsein sein, der in der Lage war, einen Schuldigen von einem Unschuldigen zu unterscheiden.

In einem kleinen Raum neben dem Eingang des Gebäudes lungerten mehrere Wachtposten auf Holzstühlen herum. Ich wurde einem von ihnen übergeben, der mich durch einen langen Korridor mit Vernehmungszimmern führte. Die meisten Türen waren geschlossen. Ich hörte gedämpfte Stimmen und gelegentlich auch ein Brüllen. Der Wachtposten blieb vor einem der Zimmer stehen, riß die Tür auf und rief: »Gehen Sie rein!«

Der Raum war schmal, lang und ziemlich dunkel. Er hatte nur ein kleines Fenster, das etwa so groß war wie das in meiner Zelle. Es befand sich an der hinteren Wand oben unter der Decke. Zwei Beamte in der schlechtsitzenden, ausgeblichenen blauen Baumwolluniform der Maoisten, die fast alle Männer in China mit Ausnahme höherer Funktionäre trugen, saßen hinter einer hölzernen Tischplatte unter dem Fenster. Etwa zwei Meter davor stand ein schwerer Holzstuhl für den Gefangenen, mit Blick auf das Fenster. Der Raum war sehr düster, und das wenige Licht, das durch das Fenster hereinkam, fiel genau auf den Fleck, auf dem der Häftling saß. Ich bemerkte, daß die Wände voller Schmutz waren. Der Zementfußboden war schwarz vor Feuchtigkeit, und Tisch und Stühle hatten vor Schmutz und Staub ein undefinierbares Grau angenommen.

Nachdem ich das Zimmer betreten hatte, forderte mich einer der Männer auf: »Lesen Sie aus den Lehren unseres Großen Führers, des Vorsitzenden Mao, ein Zitat vor.« Das von ihm gewählte Zitat war das gleiche, das die Rotgardisten bei der Plünderung meines Hauses verwendet hatten. Ich las: »Wenn die Feinde mit Gewehren besiegt sind, wird es immer noch die Feinde ohne Gewehre geben. Wir dürfen diese Feinde nicht unterschätzen.«

Ich trug das Zitat mit fester Stimme vor. Mir war bewußt, daß die beiden Männer mich aufmerksam beobachteten. Ich gab mir Mühe, mir keinerlei Nervosität anmerken zu lassen, die man mir womöglich als Zeichen meiner Schuld auslegen würde.

»Setzen Sie sich«, sagte der Mann und zeigte auf den im kargen Lichtschein stehenden Stuhl.

Als ich mich beim Hinsetzen kurz umdrehte, sah ich an der Wand in meinem Rücken ein kleines Fenster, das wie die Klappe in meiner Zellentür aussah. Ich schloß daraus, daß die Vernehmungen in diesem Raum von irgend jemandem im Korridor mitverfolgt wurden.

Ich setzte mich auf den schweren Holzstuhl und sah die beiden Männer auf der anderen Seite des Tisches an. Sie hatten die blasse Gesichtsfarbe von Büromenschen, die nur selten Gelegenheit haben, sich an der frischen Luft zu bewegen. Anders als der Mann, der meine Ankunft im Gefängnis registriert hatte, strahlten diese beiden so etwas wie Autorität und Selbstvertrauen aus. Trotz ihrer eher schäbigen Erscheinung ließ das auf eine wichtige Position schließen. Sie gaben sich entspannt, fast locker; die Vernehmung eines Häftlings war für sie natürlich Routinearbeit. Ich ging davon aus, daß der Mann, der mich angesprochen hatte, die Vernehmung führen würde, während der andere mit den Papieren vor sich der Protokollführer war.

Nachdem ich mich gesetzt hatte, blickte der Vernehmungsbeamte über meine Schulter hinweg auf das kleine Fenster hinter mir und ließ ein kaum wahrnehmbares Nicken erkennen. Meine Annahme war wohl richtig gewesen; dort mußte jemand sein, der sich meine Vernehmung anhörte. Einen Augenblick lang empfand ich tiefe Enttäuschung. Es schien, als sei der Vernehmungsbeamte nur ein Mittler, als würde ich meinen tatsächlichen Gegner gar nicht zu Gesicht bekommen. Wie sehr wünschte ich mir, von Angesicht zu Angesicht demjenigen gegenüberzusitzen, der mich so ungerecht behandelte! Wie gern hätte ich mir seine Gesichtszüge für immer eingeprägt!

Mit verhaltener Stimme, die fast gelangweilt klang, fragte mich der Vernehmungsbeamte nach meinem Namen und anderen persönlichen Daten. Dann blickte er auf, hob die Stimme und fragte: »Wissen Sie, was dies für ein Ort ist?«

»Ich nehme an, es ist eine Art Gefängnis oder Konzentrationslager, da hier alle eingesperrt sind.«

»Sie haben völlig recht. Dies ist die Haftanstalt Nummer 1, ein Gefängnis für politische Häftlinge. Dies ist der Ort, an dem Konterrevolutionäre, die Verbrechen gegen die Volksregierung begangen haben, eingesperrt und vernommen werden.«

»Wenn das so ist, hätte man mich gar nicht herbringen dürfen«, erklärte ich mit fester Stimme.

Er ließ sich durch meine Bemerkung nicht aus der Fassung bringen, sondern fuhr mit ruhiger Stimme fort: »Sie sind hier eingesperrt, eben weil Sie ein Verbrechen gegen die Volksregierung begangen haben.«

»Es muß sich um einen Irrtum handeln«, sagte ich.

»Die Volksregierung irrt sich nicht.«

»Sie sind kein verantwortungsloser Rotgardist. Sie sind ein Vertreter der Regierung. Sie können nicht solche aus der Luft gegriffenen Anschuldigungen vorbringen.«

»Diese Anschuldigung ist nicht aus der Luft gegriffen.«

»Sie werden Beweise vorlegen müssen, um das zu erhärten, was Sie sagen.« Ich war tief enttäuscht, daß die langerwartete Vernehmung genauso zu verlaufen drohte wie die Sitzungen, die ich vor meiner Verhaftung seitens der Revolutionäre erdulden mußte.

»Natürlich haben wir Beweise«, bluffte der Vernehmungsbeamte.

»Dann legen Sie sie vor«, sagte ich sarkastisch. »Wozu die Zeitverschwendung einer Vernehmung? Warum legen Sie nicht einfach die Beweise auf den Tisch und bestrafen den Schuldigen?«

»Sie dürfen die Massen nicht unterschätzen. Die Roten Garden und die Revolutionäre können alle Beweise zusammentragen, die wir brauchen. Nichts läßt sich verbergen. Diejenigen, die Fehler gemacht oder Verbrechen begangen haben, legen Geständnisse ab und überführen andere Übeltäter. Sie wollen sich dadurch eine milde Behandlung sichern und eine Belohnung verdienen.«

»Ich kann mir nicht vorstellen, daß Sie irgendwelche Beweise gegen mich haben, obwohl mir die Natur der Proletarischen Kulturrevolution durchaus bekannt ist und ich die Macht der Massen keineswegs unterschätze. Es liegt einfach daran, daß weder Sie noch sonst jemand etwas in der Hand haben kann, was nicht existiert. Ich habe nie ein Verbrechen begangen. Wie kann es dann Beweise geben, daß ich doch eines begangen hätte?« sagte ich herausfordernd. Weil er in der Frage der Beweise gelogen hatte, hatte ich moralisch die Oberhand über ihn gewonnen. Das stärkte mein Selbstbewußtsein.

»Es wäre ein leichtes, die Beweise vorzulegen und Sie zu bestrafen. Das ist jedoch nicht die Politik unseres Großen Führers. Diese Vernehmung hat den Zweck, Ihnen bei der Veränderung Ihres Denkens zu helfen und Ihnen Gelegenheit zu geben, sich eine nachsichtige Behandlung zu verdienen. Dazu brauchen Sie nur ein offenes Geständnis abzulegen, dann können Sie endgültig mit Ihrer kriminellen Vergangenheit brechen und ein neuer Mensch werden.«

»Ich bin kein Zauberer. Ich weiß nicht, wie ich etwas gestehen soll, was nicht geschehen ist.«

»Vielleicht sind Sie noch nicht soweit. Wir sind geduldig. Wir können warten.« Der Beamte sah mich starr an und sprach langsam, damit mir die Drohung, notfalls werde man mich auch für lange Zeit gefangenhalten, wirklich ins Bewußtsein drang.

»Auch eine Million Jahre im Gefängnis würden nichts ändern. Wenn etwas nicht passiert ist, dann ist es nicht passiert. Sie können Tatsachen nicht verändern, egal wie lange Sie warten.« Auch ich sprach langsam und fest, um ihm klarzumachen, daß er mich nicht eingeschüchtert hatte.

»Die Zeit kann die Einstellung eines Menschen ändern. Eine Frau wie Sie würde fünf Jahre an diesem Ort nicht überstehen. Ihre Gesundheit wäre dahin. Am Ende werden Sie noch um die Gelegenheit zu einem Geständnis betteln. Andernfalls würden Sie mit Sicherheit hier sterben.«

»Ich würde eher sterben als lügen.«

»Bestimmt nicht. Der Wunsch zu überleben, ist der Grundinstinkt aller Lebewesen, auch der Menschen.«

»Ich werde mich an die Lehren unseres Großen Führers, des Vorsitzenden Mao, halten. Er hat gesagt: ›Erstens, fürchtet keine Entbehrungen. Zweitens, fürchtet den Tod nicht.‹«

»Dieses Zitat ist nicht für Menschen Ihres Schlages bestimmt. Es ist für die Soldaten der Volksbefreiungsarmee gedacht«, sagte der Beamte entrüstet.

»Marschall Lin Piao hat gesagt: ›Die Lehren unseres Großen Führers haben universelle Bedeutung und sind in allen Lebensbereichen anwendbar.‹« Seitdem der Vernehmungsbeamte mir moralisch die Oberhand gegeben hatte, fühlte ich mich wie verändert. Mir begann diese Vernehmung geradezu Spaß zu machen. Das hier war weit besser, als mutterseelenallein in einer dunklen und feuchten Zelle zu sitzen und mit niemandem sprechen zu können.

Es kam zu einem kurzen Schweigen. Wieder blickte mir der Vernehmungsbeamte über die Schulter. Dann sagte er: »Sie sind ziemlich dreist. Sie können sich aber nicht aus Ihren Schwierigkeiten herausreden. Es gibt für Sie nur einen Ausweg, nämlich aufrichtig zu sein. Ich habe die Pflicht, Ihnen zum Verständnis der Politik der Regierung zu verhelfen, damit Sie erkennen, daß Ihnen keine andere Möglichkeit bleibt, als durch Ablegung eines vollen Geständnisses Ihre Reue unter Beweis zu stellen. Sie dürfen die Diktatur des Proletariats nicht unterschätzen! Dieses Vernehmungszimmer ist einem Gerichtssaal des Volksgerichts vergleichbar. Sie müssen alles, was hier gesagt wird, sehr ernst nehmen.«

»Darf ich von der Volksregierung keine Gerechtigkeit erwarten?«

»Gerechtigkeit! Was ist Gerechtigkeit? Nur ein Wort. Es ist ein abstraktes Wort ohne allgemeine Bedeutung. Für jede Klasse des Volkes bedeutet Gerechtigkeit etwas anderes. Die kapitalistische Klasse hält es für völlig gerecht, die Arbeiter auszubeuten, während die Arbeiter es entschieden ungerecht finden, ausgebeutet zu werden. Wie dem auch sei: Wie kommen Sie dazu, Gerechtigkeit zu verlangen? Wer sind Sie denn schon? Als Sie in den Räumen Ihres wohlgeheizten Hauses saßen und andere Menschen draußen vor Kälte zitterten, haben Sie da an Gerechtigkeit gedacht?«

»Sie verwechseln soziale Gerechtigkeit mit gesetzlicher Gerechtigkeit. Mein verstorbener Mann und ich haben gerade in der Hoffnung, daß die Volksregierung die Lebensbedingungen in China verbessern würde, damit niemand mehr unter Kälte und Hunger leidet, den Entschluß gefaßt, 1949 in China zu bleiben und nicht der Kuomintang nach Taiwan zu folgen«, erklärte ich.

»Wie dem auch sei«, wiegelte er ab, »abstrakte Vorstellungen von Gerechtigkeit interessieren uns nicht. Armee, Polizei und Gerichte sind Instrumente der Unterdrückung, die eine Klasse gegen die andere einsetzt. Sie haben nichts mit Gerechtigkeit zu tun. In der Zelle, in der Sie jetzt sitzen, waren früher Mitglieder der Kommunistischen Partei eingesperrt, nämlich zur Zeit der reaktionären Kuomintang-Regierung. Jetzt setzt die Diktatur des Proletariats die gleichen Unterdrükkungsinstrumente gegen ihre Feinde ein. Die kapitalistischen Länder benutzen solche wohlklingenden Worte wie ›Gerechtigkeit‹ und ›Freiheit‹, um einfache Menschen zu täuschen und deren revolutionäre Bewußtwerdung zu verhindern. Um die richtige Einstellung zu gewinnen, müssen Sie sich all diesen Unfug aus dem Kopf schlagen. Sonst werden Sie nicht von der Stelle kommen.«

Was er da sagte, war mir nicht neu. Jeder, der seit 1949 in China gelebt hatte, wußte, was er meinte. Er hatte die offizielle marxistische Theorie des Klassenkampfs im Sinn. »Die Armee, die Polizei und die Gerichte sind Unterdrückungsinstrumente, die eine Klasse gegen die andere einsetzt«, hatte Mao Tse-tung 1949 in seinem Aufsatz »Über die demokratische Diktatur des Volkes« geschrieben. In den fünfziger

Jahren verwendeten Mao und sein Propagandaapparat den Begriff »demokratische Diktatur des Volkes« zur Beschreibung des kommunistischen Regimes in China. Es hat sich jedoch erwiesen, daß dieses Regime eine Diktatur Mao Tse-tungs gewesen ist, und zwar bis zu seinem Tod im Jahre 1976. Jener Aufsatz war am 1. Juli 1949 zur Feier des Gründungstages der Kommunistischen Partei Chinas 1921 veröffentlicht worden. Er hatte eine Reihe politischer Kampagnen sowie umfangreiche Verhaftungen von Männern und Frauen, die im Verdacht standen, dem neuen kommunistischen Regime feindselig gegenüberzustehen, eingeleitet und gerechtfertigt.

Mir wurde klar, daß das Verhör zu nichts führte. Solange der Vernehmungsbeamte keine konkreten Fragen stellte, würde sich nichts aufklären lassen. Es war völlig sinnlos, daß ich mich auf theoretische Diskussionen über den Marxismus einließ. Entweder glaubt man an ihn oder nicht. Es gibt keinen Mittelweg. Meine Weltanschauung und meine Wertvorstellungen hatten sich schon vor langer Zeit gebildet. Ich glaubte nicht an die Aufteilung der Menschen in starre Klassen, ebensowenig an den Klassenkampf als Mittel zur Förderung des Fortschritts. Ich war überzeugt, daß China sozialen Frieden und die Einheit aller Teile der Gesellschaft brauchte, um das Land nach den vielen Kriegsjahren wiederaufzubauen. Eine permanente Revolution wäre das letzte gewesen, was China nötig hatte. Diese Überzeugungen konnte ich nicht einfach abschütteln. Leider war der Vernehmungsbeamte nicht in der Lage, das zu erkennen, jedenfalls nicht in jener ersten Vernehmung. Damals hoffte er wohl noch, mich zu verwirren und meinen Widerstand mit einer Mischung aus Drohungen und Argumenten brechen zu können. Die Sitzung zog sich immer mehr in die Länge und wurde ermüdend. Meine Erkältung verursachte mir bohrende Kopfschmerzen. Ich beschloß, den Mann einfach reden zu lassen und nur noch zuzuhören.

Nach kurzem Schweigen fuhr der Beamte fort: »Der erste Schritt zu einem Geständnis ist das Eingeständnis der eigenen Schuld. Sie müssen Ihre Schuld nicht nur der Volksregierung eingestehen, sondern auch sich selbst. Ein solches Eingeständnis ist wie das Öffnen von Schleusentoren. Wenn Sie aufrichtig zugeben, daß Sie tatsächlich schuldig sind, daß Sie gegen die Volksregierung eingestellt waren, obwohl Sie vorgegeben haben, es nicht zu sein, wird Ihnen Ihr Geständnis leichtfallen.«

Er hielt einen Augenblick inne und sah mich eindringlich an, um meine Reaktion zu prüfen. Er hatte gesagt, »gegen« die Volksregierung. Natürlich war ich gegen einige Maßnahmen der Volksregierung gewesen, etwa gegen die Massenverhaftungen unschuldiger Menschen oder dagegen, daß man jemanden allein aufgrund seiner Klassenzugehörigkeit zum Feind stempelte. Aber darüber hatte ich nie mit jemandem gesprochen. Und ganz gewiß hatte ich nie versucht, etwas dagegen zu unternehmen. Ich hoffte nur, daß das Regime gemäßigter werden würde, wenn es erst einmal Reife und Erfahrung besaß. Der Vernehmungsbeamte versuchte, mir ein Schuldgefühl einzureden, weil er sehr wohl wußte, daß alle Bürger in allen Ländern gegen bestimmte Maßnahmen ihrer jeweiligen Regierung sind. Er hoffte, mich psychologisch zu manipulieren. Ich durchschaute ihn jedoch sofort. Also blieb ich einfach mit ausdruckslosem Gesicht sitzen. Ich rief mir alle die Maßnahmen der Volksregierung ins Gedächtnis, die meine volle Unterstützung hatten, etwa die Verbesserung der öffentlichen Hygiene, die Schaffung von Wohnraum für die Obdachlosen und vieles mehr. Im großen und ganzen hielt ich mich für einen Anhänger der Volksregierung. Diese Selbsteinschätzung einer positiven Haltung gegenüber dem kommunistischen Regime machte mir Mut, den Versuchen des Vernehmungsbeamten zu widerstehen, mir ein Schuldgefühl einzuflößen. In all den Jahren, die ich im Gefängnis verbrachte, erwies sich diese Einstellung als unschätzbar wertvoll.

Der Vernehmungsbeamte fuhr fort: »Das Wichtigste für Sie ist, Ihr Leben zu überdenken und Ihre Herkunft zu prüfen. Finden Sie heraus, wo Ihr richtiger Standort in der politischen und ökonomischen Ordnung unseres sozialistischen Staates ist. Wo stehen Sie? Auf der Seite der Werktätigen und Revolutionäre oder auf der Seite der Klassenfeinde? Ich brauche Ihnen nicht zu erzählen, daß Sie aus einer feudalen Familie stammen, die einmal sehr viel fruchtbares Ackerland besessen hat. Ihre Familie hat die Landarbeiter Generationen lang ausgebeutet und von den durch sie geschaffenen Reichtümern gelebt. Ihr Großvater, Ihr Vater und Ihr Mann waren höhere Beamte reaktionärer Regimes, die mit den ausländischen Imperialisten zusammengearbeitet, das Volk ausgebeutet und die Kommunistische Partei bekämpft haben. Sie selbst haben sich entschlossen, für ein multinationales ausländisches Unternehmen zu arbeiten, obwohl man Ihnen die Gelegenheit geboten hat, an einer Bildungsanstalt des Volkes Lehrerin zu werden. Seit der Befreiung Schanghais durch die Volksbefreiungsarmee sind siebzehn Jahre vergangen. Dutzende von Chinesen mit einem ähnlichen Hintergrund wie Sie haben ihre Lebensweise verändert und sich uns angepaßt. Und was haben Sie getan? Sie haben einfach weitergelebt, als wäre nichts passiert. Sie haben arrogant Ihren alten Lebensstil weitergepflegt, die gleiche bürgerliche Kleidung getragen und es sogar gewagt, in der Öffentlichkeit englisch zu sprechen und freundschaftliche Beziehungen zu einer großen Zahl von Ausländern hier und im Ausland zu unterhalten.

Haben Sie etwa geglaubt, Ihre unnachgiebige Haltung würde unbemerkt bleiben? Das Proletariat beobachtet Sie seit Jahren. Unser Großer Führer hat vor kurzem erst gesagt: ›Die Augen der Massen sind funkelnd und rein wie Schnee.‹ Glauben Sie immer noch, Sie könnten etwas vor uns verbergen? Sie sind doch eine intelligente Frau. Glauben Sie im Ernst, wir würden Sie hier wieder rauslassen, ohne daß es uns gelungen wäre, Ihr Denken zu reformieren?

Sie sind jetzt schon fast zwei Monate hier. Ich muß zugeben, daß uns Ihre Anpassungsfähigkeit überrascht hat. Aber dennoch: Wie unbeeindruckt Sie sich auch geben mögen, so müssen Sie doch die Lebensbedingungen in der Gefängniszelle äußerst schwer erträglich finden. Bald wird der Winter da sein. Ich glaube nicht, daß Sie bis jetzt auch nur einen einzigen Winter Ihres ganzen Lebens in einem ungeheizten Zimmer verbracht haben. Ihre Zelle wird sehr kalt sein. Dann ist da noch das schlechte Essen, das Sie oft nur mit Widerwillen zu sich nehmen. Das ist uns aufgefallen. Und wie steht es mit Ihrer Tochter? Vermissen Sie sie nicht? Fragen Sie sich nicht manchmal, was mit ihr passiert?«

Er hielt erneut inne. Aber als ich auch weiterhin schwieg, fuhr er fort: »Zunächst einmal wünschen wir, daß Sie einen ausführlichen Lebenslauf schreiben. Das hat fast jeder im Land getan, aber wir haben in Ihrer Akte nichts dergleichen finden können. Schreiben Sie alles klar und verständlich auf. Versuchen Sie nicht, sich herauszureden. Versuchen Sie auch nicht, etwas zu verbergen. Wir werden alles, was Sie schreiben, mit den Unterlagen vergleichen, die wir schon von Ihnen haben. Wenn Sie etwas weglassen, werden wir Sie für unaufrichtig halten. Schreiben Sie in chronologischer Reihenfolge und beginnen Sie mit Ihrer Familie. Wir werden Ihren politischen Standort und Ihre Ernsthaftigkeit nach dem beurteilen, was Sie schreiben.«

Der Protokollführer stand auf und reichte mir eine Rolle Papier.

Nachdem ich sie entgegengenommen hatte, fragte der Vernehmungsbeamte: »Falls das Papier nicht genügen sollte, wird Ihnen die diensthabende Wärterin mehr bringen. Sie wird Ihnen auch einen Federhalter und Tinte bringen. Es ist Ihnen nicht erlaubt, einen Entwurf zu schreiben. Sollten Sie sich verschreiben, dürfen Sie das entsprechende Blatt Papier nicht wegwerfen. Übergeben Sie alles zusammen mit dem restlichen Papier, wenn Sie fertig sind.«

Er sah mich mit tiefem Ernst an und fügte hinzu: »Denken Sie sorgfältig über alles nach, was ich heute gesagt habe. Wenn Sie mit dem Schreiben fertig sind, übergeben Sie alles der diensthabenden Wärterin. Wir werden Sie wieder rufen lassen.«

Die Tür des Vernehmungszimmers ging auf, und ein Wärter erschien. Ich folgte ihm durch den langen Korridor und über den Hof zurück in meine Zelle. Ich wußte nicht, wie lange ich fortgewesen war, aber es schien eine Ewigkeit gewesen zu sein. Ich war hungrig, müde und sehr niedergeschlagen.

Mein nasses Bettlaken war auf dem Etagenbett ausgebreitet, das ich als Tisch benutzte. Ich nahm ein Stück Seife, um es einzureiben. Als ich damit fertig war, rief ich die diensthabende Wärterin: »Meldung!«

Sie erschien an der Türklappe und reichte mir einen Federhalter und ein Tintenfaß.

»Kann ich mein Bettlaken jetzt in die Wäsche geben?«

»Die Waschzeit ist vorbei. Sie müssen bis zum nächstenmal warten.«

»Es ist aber naß, und ich habe es eingeseift. Es ist unhygienisch, einen ganzen Monat lang ein nasses Bettlaken zu haben«, sagte ich.

Sie wartete gar nicht erst ab, was ich zu sagen hatte, sondern knallte die Klappe zu und entfernte sich. Am Nachmittag erschien sie jedoch noch mehrmals an dem Guckloch, um hereinzuschauen. Nach mehreren Besuchen dieser Art öffnete sie die Türklappe und fragte mich: »Warum schreiben Sie nicht?«

»Wie kann ich schreiben? Ich mache mir Sorgen um das nasse Laken. Es wird stockig werden. Ich habe doch kein zweites.«

Wohl um sicherzustellen, daß ich mit der Niederschrift meines Lebenslaufs begann, wie der Vernehmungsbeamte es wünschte, lenkte sie ein und ließ das Bettlaken durch das Mädchen mit der Zwangsarbeitsstrafe abholen. Ich erhielt es am nächsten Tag sauber und trokken zurück.

Die Wärterin erschien auch weiterhin regelmäßig an dem Guckloch. Um mir den Anschein zu geben, als würde ich schreiben, nahm ich eines von Maos Büchern als Unterlage, legte ein Blatt Papier darauf und stellte das Tintenfaß neben mich. Hinfort ließ die Wärterin mich in Ruhe.

Bevor ich überhaupt etwas niederschrieb, mußte ich mich vergewissern, was der Vernehmungsbeamte dadurch zu gewinnen hoffte, daß er mich meinen Lebenslauf schreiben ließ. Sein Hinweis, auch alle anderen Chinesen hätten das getan, reichte als Grund nicht aus. Obwohl man mich noch nie gebeten hatte, einen Lebenslauf zu schreiben, glaubte ich, daß die für mich zuständige Polizeiwache eine ausführliche Akte über mein Leben besaß. So wie sie über jeden Bewohner meines Viertels ein Dossier angelegt hatte. Der Vernehmungsbeamte hoffte offensichtlich, in meiner Niederschrift etwas zu finden, was sich verdrehen und gegen mich einsetzen ließ.

Eines machte mir Kopfzerbrechen: Ich war nicht die einzige Chinesin in Schanghai, die auch weiterhin ein komfortables Leben geführt, traditionelle Kleidung statt des Mao-Anzugs getragen und ausländische Freunde gehabt hatte. Aber ausgerechnet mich hatte man ins Gefängnis gesteckt. Auch andere hatten unter den Rotgardisten gelitten. Wahrscheinlich hatte man auch ihre Wohnungen und Häuser geplündert. Vielleicht hatte man sie sogar geschlagen. Aber ich glaubte nicht, daß man sie alle festgenommen hatte. An meiner Situation gab es manches, was mir rätselhaft vorkam. Es wäre dumm, in aller Offenheit einfach draufloszuschreiben und meine innersten Gedanken und Überzeugungen zu enthüllen. Außerdem wußte ich von Menschen, die immer wieder neue Lebensläufe hatten schreiben müssen. Wenn man Diskrepanzen fand, machten sie sich zutiefst verdächtig. Für mich kam also nur in Frage, einen allgemeinen Überblick über mein Leben zu geben und die nackten Tatsachen in chronologischer Reihenfolge aufzuführen. Wenn man mich bat, einen neuen Lebenslauf zu schreiben, würde es mir nicht schwerfallen, eine identische Version zustande zu bringen.

Am Abend gab es einen plötzlichen Temperatursturz. Als die Nacht hereinbrach, kam ein heftiger Wind auf. Das Zellenfenster war so schlecht eingepaßt, daß es laut klapperte. Kalte Luft strömte durch die Ritzen herein. Ich faltete einige Blatt Toilettenpapier zu Streifen zusammen und schob sie in die Ritzen, um den Wind fernzuhalten. Zu diesem Zeitpunkt war das Spinnengewebe meiner kleinen Freundin schon zerfetzt. Statt sofort mit einem neuen Gewebe zu beginnen, wie sie es in der Vergangenheit immer getan hatte, ließ sich die kleine Spinne an einem langen seidenen Faden von der Decke herab. Als sie den Fußboden erreichte, kroch sie langsam und mit sichtbarer Mühe quer durch die Zelle. Ich bückte mich, um sie aus der Nähe zu beobachten, und ich fragte mich, was sie wohl vorhatte. Sie schien sehr schwach zu sein. Sie stolperte und hielt immer wieder inne. Kann eine Spinne krank werden, fragte ich mich, oder lag es nur an der Kälte? Ich beobachtete sie voller Besorgnis. Sie krabbelte von Ecke zu Ecke, vermutlich auf der Suche nach einem geschützten Platz, den der kalte Luftzug nicht erreichte. Schließlich verschwand sie in der Toilettenecke. Dort, im hintersten Winkel, machte sie ein winziges Netz, das jedoch längst nicht so sorgfältig gesponnen und schön war wie die früheren. Die geschichteten Fäden waren dicker und bildeten etwas, das eher wie ein Kokon aussah. Ich nahm an, daß sie jetzt bestens geschützt sei. Wenn ich die Toilette benutzte, setzte ich mich behutsam auf eine Seite, um sie ja nicht zu stören.

Am nächsten Morgen schrieb ich meinen Lebenslauf zügig auf einige Blatt Papier und beendete die Arbeit am Nachmittag. Dann ging ich zur Türklappe und rief: »Meldung!«

Die Wärterin, die bereits am Vortag Dienst getan hatte, öffnete die Klappe. Ich überreichte ihr, was ich geschrieben hatte, sowie die restlichen Papierbogen.

»Schon fertig?« fragte sie zweifelnd und blickte auf die fünf Blatt, die mit meiner Handschrift bedeckt waren.

»Ja, ich bin fertig«, erwiderte ich.

»Es sieht so wenig aus. Haben Sie alles aufgeschrieben?«

»Ja.«

»Warum ist es so wenig?«

»Oh, ist es zuwenig? Ich habe jedenfalls alles erwähnt.«

Wortlos ging sie davon. Ich erwartete eigentlich eine sofortige Reaktion. Als nichts geschah, fühlte ich mich ziemlich erleichtert. Den ganzen Abend über beobachtete ich die kleine Spinne, denn sie hatte ihr jüngstes Heim aufgegeben und kroch wiederum mit Mühe quer über den Zellenboden, wobei sie immer wieder stolperte und innehielt. Schließlich strebte sie genau auf mich zu. Als sie in die Nähe meiner Füße kam, fragte ich mich, ob sie wohl meine Körperwärme suchte. Doch sie krabbelte an meinen Füßen vorbei und verschwand unter dem Bett. Ich wartete darauf, daß sie wieder auftauchen würde, aber Stunden vergingen, und nichts geschah. Vielleicht war der Platz unter dem Bett tatsächlich der geschützteste in der Zelle, und vielleicht hatte meine kleine Freundin sich entschlossen, dort zu überwintern.

Als mir die Wärterin am nächsten Mogen befahl, aufzustehen, suchte ich zuerst gründlich den Fußboden ab, bevor ich meinen Fuß darauf setzte, um sicherzugehen, daß die kleine Spinne nirgends herumkroch. Auch während ich mein wäßriges Frühstück zu mir nahm, schweiften meine Blicke unablässig über den Zementboden entlang des Bettes, wo ich die kleine Spinne mit neuer Lebenskraft wiederzusehen erhoffte. Aber nichts geschah. Ich blickte zur Decke und sah, daß das zerrissene Spinnennetz verschwunden war. Keine Spur verriet, daß das kleine Tier überhaupt jemals in der Zelle gewesen war; ich hätte mir auch alles eingebildet haben können. Doch während ihrer Anwesenheit hatte sie mit soviel Anstrengung ihr Gewebe immer wieder neu geschaffen, hatte sie so unbeirrbar ihrem Überlebensinstinkt gehorcht. Ich nahm mir vor, genauso zu handeln. Solange ich mich in der Haftanstalt Nr. 1 befand, würde ich nach Kräften weiterkämpfen, entschlossen und unbeirrbar.

Ich wurde in meinen Gedanken unterbrochen, als die Zellentür aufgeschlossen wurde. Ein Wärter rief: »Kommen Sie raus!«

Ich nahm das kleine Buch mit den Worten Maos und folgte ihm. Ich machte mich auf eine stürmische Sitzung mit dem Vernehmungsbeamten gefaßt, der, wie ich vermutete, die Ansicht der Wärterin teilte und meinen schriftlichen Lebenslauf nicht für ausreichend hielt.

Diesmal wurde ich in ein anderes Vernehmungszimmer geführt, das genauso aussah wie das erste. Dieselben beiden Männer saßen wie bei der ersten Sitzung da. Allerdings waren ihre Uniformen diesmal ausgebeult, da sie darunter Pullover trugen, deren Kragen und Ärmel hervorguckten. Der Raum war eisig und feucht. Draußen fegte ein starker Nordwestwind aus Sibirien erbarmungslos über die Stadt, ließ das Fenster klappern und pfiff durch die Ritzen. Der Vernehmungsbeamte sah mich mit hochgezogenen Augenbrauen an. Als er mir befahl, ein Mao-Zitat vorzulesen, sprach er mit scharfer Stimme und starrte mich streng an, um seinem Mißmut Ausdruck zu geben. Ich wußte, daß er eine Schau abzog, um auf mich Eindruck zu machen und mich zu erschrecken.

Ich ignorierte sein Gebaren, das ich für kindisch und lächerlich hielt, und las mit klarer und fester Stimme wie am Vortag das gewünschte Zitat. »Die Imperialisten und ihre Lakaien, die chinesischen Reaktionäre, werden sich mit der Niederlage, die sie auf chinesischem Boden erlitten haben, nicht abfinden. Sie werden sich weiter miteinander verschwören und mit allen möglichen Mitteln das chinesische Volk bekämpfen. Sie werden beispielsweise ihre Agenten nach China hineinschmuggeln, damit sie hier eine Zersetzungstätigkeit ausüben und Unruhe stiften. Das ist unausbleiblich, nie werden sie eine solche Tätigkeit unterlassen«, trug ich aus dem kleinen roten Buch vor.

Der Beamte forderte mich nicht zum Hinsetzen auf, sondern fragte schroff: »Verstehen Sie den Sinn dieses Zitats?«

»Er scheint mir recht klar zu sein.«

»Erklären Sie, wie Sie ihn verstehen.«

»Dieses Zitat ist allen Chinesen vertraut. Es stammt aus einer Ansprache des Vorsitzenden Mao an den Vorbereitungsausschuß der Neuen Politischen Konsultativkonferenz, die er am 15. Juni 1949 in Peking gehalten hat. Er ermahnte das chinesische Volk, in seiner Wachsamkeit gegenüber den Imperialisten und der Kuomintang nicht nachzulassen, da sie ihre Niederlage in China nicht hinnehmen, sondern Agenten ins Land schicken würden, um Unruhe zu stiften.«

»Völlig richtig! Die Ereignisse der letzten siebzehn Jahre haben bewiesen, daß die Warnung unseres Großen Führers sowohl rechtzeitig als auch angemessen war.« Er blickte mich einen Moment an und fragte dann: »Was meinen Sie?«

Ich konnte natürlich nicht sagen, daß Mao paranoid und von krankhaftem Mißtrauen besessen sei. Andererseits konnte ich ihm auch nicht ohne weiteres zustimmen, ohne damit zuzugeben, von entsprechenden Aktivitäten zu wissen. Also antwortete ich diplomatisch: »Oh, ich glaube jedem Wort unseres Großen Führers, des Vorsitzenden Mao, was immer er sagt. Er hat immer recht, nicht wahr?«

Der Vernehmungsbeamte starrte mich an. Nach einem Augenblick sagte er: »Setzen Sie sich!«

Ich hörte, wie hinter mir die hölzerne Abdeckung des kleinen Guckfensters entfernt wurde. Der Vernehmungsbeamte blickte mich prüfend an, um zu sehen, ob ich das leise Geräusch bemerkt hatte. Ich blickte einfach starr auf das Fenster hinter ihm, als wäre ich in Gedanken versunken. Ich wollte ihn nicht merken lassen, daß ich aufmerksam auf jedes Geräusch achtete.

Mein Lebenslauf lag vor ihm. Er hob ihn hoch und sagte: »Nennen Sie dies einen ernsthaften Versuch der Selbstprüfung?«

Da ich darauf nichts zu erwidern wußte, schwieg ich.

»Sie haben einen statistischen Überblick über Ihr Leben gegeben, wie jemand, der seine täglichen Ausgaben aufschreibt. Wollen Sie dieses Geschreibsel etwa einen Lebenslauf nennen?« Er wedelte mit den Blättern in der Luft herum.

»Ist es nicht gut so? Ich fürchte, ich habe noch nie einen ausführlichen Lebenslauf geschrieben«, sagte ich mit unschuldiger Miene.

»Sie haben noch nie eine Autobiographie geschrieben, aber Sie haben schon viele gelesen. Wir haben in Ihrem Bücherregal Autobiographien von Chinesen wie auch von ausländischen Schriftstellern gefunden«, bemerkte der Vernehmungsbeamte.

»Ja. Es stimmt, daß ich die Autobiographien vieler bedeutender Menschen gelesen habe. Alle haben sie etwas Großes geleistet, auf verschiedenen Gebieten. Ich hingegen habe nichts geleistet, was der Rede wert wäre. Abgesehen von den letzten neun Jahren seit dem Tod meines Mannes war ich nur Hausfrau.«

»Ach so, Hausfrau waren Sie«, sagte der Mann sarkastisch. Er schnaubte und fuhr fort: »Haben Sie Ihre Zeit etwa mit Nähen, Strikken oder Kochen zugebracht? O nein, Sie haben den Marxismus studiert, alle möglichen Zeitschriften und Zeitungen gelesen, Reden unserer Partei- und Regierungsführer kopiert und eine Akte mit Resolutionen angelegt, die vom Zentralkomitee der Partei verabschiedet worden sind. Als die Roten Garden in Ihr Haus kamen, um ihre revolutionäre Mission zu erfüllen, fanden sie ganze Regale voller politischer Bücher, und in Ihren Schreibtischschubladen fanden sich Berge von Notizen in Ihrer Handschrift. In Ihrem Schlafzimmer hatten Sie ein empfangsstarkes Kurzwellenradio. Ihre Diener haben gesagt, Sie hätten sich regelmäßig dort aufgehalten, um ausländische Rundfunksendungen zu hören. Welche Hausfrau tut so etwas? Eine Hausfrau sorgt sich um ihre Familie und um ihr Heim. Sie haben sich mit Politik beschäftigt. So sehr man seine Phantasie auch bemüht: Eine Hausfrau sind Sie nie gewesen.«

»Ich schäme mich nicht, daß meine Interessen über die Hausarbeit und meine Familie hinausgingen. Ich dachte, die Volksregierung und die Kommunistische Partei würden die Frauen ermutigen, den Marxismus zu studieren und sich für politische Fragen zu interessieren. Ich habe nur getan, was ich für richtig hielt, nachdem die Frauen Chinas von der Kommunistischen Partei befreit worden sind«, erwiderte ich.

»Wir ermutigen die Frauen, sich unter unserer Anleitung und Führung mit dem Marxismus zu beschäftigen. Warum haben Sie sich nie für einen Schulungskurs gemeldet, wenn Ihnen so sehr daran gelegen war, den Marxismus kennenzulernen und Ihr politisches Bewußtsein zu schärfen? Man hat uns gesagt, daß Sie nie an irgendwelchen Veranstaltungen teilgenommen haben, die das Bürgerkomitee Ihres Bezirks zur Schulung der dort lebenden Frauen veranstaltet hat. Warum sind Sie mit zweistündiger Verspätung zur Abstimmung gekommen, als die Wahlen zum Schanghaier Volkskongreß stattfanden, wenn Sie sich tatsächlich so sehr für Politik interessieren und eine gute Staatsbürgerin sein wollen? Verhält sich so eine Frau, die sich Ihrer Befreiung bewußt ist? Vergolden Sie sich nicht, um wie ein harmloser Buddha auszusehen! Warum geben Sie nicht zu, daß Ihr Interesse an Politik verborgenen Zwecken diente?«

»Ich habe an den Schulungskursen des Bürgerkomitees nicht teilgenommen, weil ich allein einfach besser lernen kann. Außerdem fanden diese Treffen nachmittags statt. Seit ich bei Shell arbeitete, war es mir nicht möglich, an ihnen teilzunehmen. Was meine verspätete Stimmabgabe betrifft, hatte ich die Wahl einfach vergessen, bis jemand anrief und mich daran erinnerte. Ich hielt meine Stimme nicht für besonders wichtig. Ich wußte nicht, daß alle Shell-Angestellten gemeinsam abzustimmen hatten und ich somit durch mein verspätetes Erscheinen alle anderen aufhielt. Außerdem gab es ohnehin nur einen einzigen, von der Partei ernannten Kandidaten. Er wäre auf jeden Fall gewählt worden, ob ich nun abgestimmt hätte oder nicht.«

»Sie wagen es, das Wahlverfahren der Volksregierung verächtlich zu machen! Sie haben die Wahl nicht für wichtig gehalten! Was für Sie wichtig war, war die schmutzige Arbeit für die Imperialisten!« brüllte mich der Vernehmungsbeamte an.

»Das ist eine aus der Luft gegriffene Beschuldigung, und eine unverantwortliche dazu«, entgegnete ich ruhig und schüttelte den Kopf über seinen Ausbruch.

Der Mann griff wieder nach den vor ihm liegenden Blättern.

»Ich habe Ihnen befohlen, einen ausführlichen Lebenslauf zu schreiben. Das Ergebnis ist das hier. Warum? Weil Sie etwas zu verbergen haben!«

»Bitte sagen Sie mir, was Sie sich vorstellen. Ich habe nicht die Absicht gehabt, etwas zu verbergen. Was immer Sie über mein Leben zu erfahren wünschen, werde ich Ihnen nur zu gern sagen.«

»Das ist gut. Dies ist das erstemal seit Beginn der Vernehmung, daß Sie Ernsthaftigkeit zeigen. Ich hoffe, Ihnen ist jetzt klar, wie hoffnungslos Ihre Lage ist, und ich gehe davon aus, daß Sie ein volles Geständnis ablegen werden.«

»Sie sprechen wieder in Rätseln. Ich habe gesagt, daß ich mich freuen würde, Ihnen alles über mein Leben zu erzählen, denn ich halte Tatsachen für beredter als Argumente. Ich gehe davon aus, daß Sie mich für unschuldig halten werden, wenn Sie erst einmal alle Tatsachen kennen. Ich habe nie etwas getan, um der Volksregierung oder der Kommunistischen Partei zu schaden.«

»Ich wünsche ausführliche und offene Antworten auf alle meine Fragen. Wenn Sie sich Nachsicht verdienen wollen, versuchen Sie bloß nicht, etwas zu verbergen«, warnte er.

»Ich versichere Ihnen, daß ich nichts zu verbergen habe. Mir ist die Macht der Volksregierung und die Fähigkeit des Vernehmungsbeamten, die Wahrheit herauszufinden, vollkommen klar. Ich baue sogar darauf, daß Sie mich von der unbegründeten Anklage befreien werden, die man willkürlich gegen mich vorgebracht hat, und daß Sie meine Unbescholtenheit wiederherstellen«, erwiderte ich.

»Ich akzeptiere Ihre Erklärung, daß Sie es aufrichtig meinen«, sagte er in einem deutlich moderateren Ton. »Sie können jetzt wieder in Ihre Zelle zurück. Heute nachmittag können Sie mir etwas über Ihre Verbindungen zu den britischen Agenten Scott und Austin erzählen. Auch interessiert mich die Wahrheit über das Unternehmen, für das Sie gearbeitet haben, sowie, von wem jene weißrussische Doppelagentin Ihrem Geschäftsführer vorgestellt wurde.«

Ich glaubte meinen Ohren nicht zu trauen. Ich wollte etwas sagen, aber der Mann verbot mir mit einer Handbewegung das Wort und stand auf.

»Schweigen Sie jetzt. Wir werden Ihnen heute nachmittag reichlich Gelegenheit zum Sprechen geben.« In der Tür wartete schon ein Wachtposten, um mich in die Zelle zurückzubringen.

Statt in ihrem kleinen Raum neben dem Eingang zu sitzen, erwartete uns die Wärterin draußen im kalten Wind. Sie hatte die Hände tief in die Taschen gesteckt und die Schultern hochgezogen, während sie ungeduldig mit den Füßen stampfte. Auf dem Weg zur Zellentür warf sie mir immer wieder Blicke zu, als wollte sie jede Gesichtsregung von mir einfangen. Nachdem sie mich eingeschlossen hatte, blieb sie am Guckloch stehen und schaute aufmerksam herein. Aus ihrem Verhalten schloß ich, daß man sie angewiesen hatte, meine Reaktion auf die Äußerungen des Vernehmungsbeamten zu beobachten. Aus diesem Grund wohl hatte der Mann das Verhör beendet und mich in die Zelle zurückgeschickt. Obwohl ich zutiefst betroffen war, daß der Vernehmungsbeamte zwei meiner britischen Freunde als »britische Agenten« und die weißrussische Sekretärin des Shell-Geschäftsführers als »Doppelagentin« bezeichnet hatte, wußte ich, wie entscheidend es war, daß ich mich jetzt normal verhielt. Wenn ich jetzt Erregung erkennen ließe, würde man das als Anzeichen einer Schuldempfindung deuten.

Ich goß etwas Wasser in die Waschschüssel und erfrischte mich, indem ich mir Gesicht und Hände wusch. Dann nahm ich einen Band von Maos Werken und setzte mich in die Nähe des Fensters. Ich beugte den Kopf über das Buch und blätterte von Zeit zu Zeit um, um den Eindruck zu erwecken, als wäre ich in die Lektüre vertieft. Nachdem sie einige Zeit am Guckloch ausgeharrt hatte, entfernte sich die Wärterin. Kaum eine Minute später nahm jedoch eine andere ihren Platz ein. Das Mittagessen aus Reis und Kohl schlang ich hinunter, weil ich beträchtlichen Hunger hatte. Als eine Frau aus der Küche den Behälter abholte, hörte ich sie zu der Wärterin sagen: »Alles aufgegessen.«

Nachdem alle Häftlinge die üblichen zehn Minuten lang ihr Bewegungspensum absolviert hatten, ging die Wärterin von Zelle zu Zelle und forderte sie zum Hinsetzen auf. Ich war als letzte an der Reihe. Sie postierte sich sofort wieder am Guckloch. Obwohl sie sich sehr leise verhielt, war ich schon lange genug in der Haftanstalt, um jedes Geräusch zu identifizieren und ihre Gegenwart zu spüren. Ich tat aber so, als hätte ich sie nicht bemerkt, lehnte mich gegen mein zusammengerolltes Bettzeug, schloß die Augen und stellte mich schlafend. Das Schlafen am Tage war ein Verstoß gegen die Vorschriften, mit dem man sich normalerweise den Zorn der Wärterinnen zuzog. Ich hatte schon oft gehört, wie sie Häftlinge wegen dieses Vergehens beschimpft hatten. Die Wärterin wollte mich jedoch um keinen Preis wissen lassen, daß ich beobachtet wurde, und blieb ruhig.

Nach etwa einer Stunde wurde ich wieder ins Vernehmungszimmer gebracht. Ich mußte das gleiche Mao-Zitat vorlesen wie am Morgen.

»Fangen wir mit dem MI-5-Agenten Scott an. Wie haben Sie ihn kennengelernt? Kannten Sie ihn, bevor er nach China kam? Welche Informationen haben Sie ihm gegeben?« überfiel mich der Vernehmungsbeamte mit Fragen.

»Bevor ich Ihnen berichte, wie ich Scott kennenlernte, sollte ich wohl richtigstellen, daß ich ihn nur als britischen Diplomaten kannte.«

»Sie können erklären, was Sie wollen. Ob wir es glauben oder nicht, ist eine andere Frage. Fahren Sie mit Ihrem Bericht fort.«

»Ich habe Scott im September 1961 bei einer Dinnerparty kennengelernt. Ich weiß nicht mehr, wer die Gastgeber waren.«

»Ihr Gastgeber war der indische Generalkonsul. Wir haben die Gästeliste. Aber das ist unwichtig. Kannten Sie Scott schon, bevor Sie ihm auf der Dinnerparty des indischen Generalkonsuls begegnet sind?«

»Nein.«

»Kurz darauf sind Sie nach Hongkong gefahren. Dort hatten Sie Verbindung mit einem anderen MI-5-Agenten, der während des Zweiten Weltkriegs Offizier der Royal Air Force war. Er war in Hongkong als britischer Spion wohlbekannt, obwohl er nach außen als Geschäftsmann auftrat. Hat Scott Sie zu diesem Mann geschickt, um sich dort Anweisungen zu holen?«

»Ich habe auf gesellschaftlicher Ebene in Hongkong viele Menschen kennengelernt. Mir war nicht bekannt, daß einer von ihnen ein Agent war. Meine Reise stand schon fest, bevor ich Scott kennenlernte. Ich reiste nämlich alle zwei Jahre nach Hongkong. Wie Sie wissen, braucht man eine polizeiliche Genehmigung, um nach Hongkong zu fahren. Ich hatte den Antrag schon lange vor meiner ersten Begegnung mit Scott bei meiner Polizeiwache eingereicht«, sagte ich ungehalten.

»Sie wollen mir weismachen, daß Ihre Begegnung mit Scott ein Zufall war, aber die Tatsachen sprechen eine andere Sprache. Scott kam kurz vor Ihrer Hongkong-Reise nach Schanghai. Er kehrte nach Peking zurück, nachdem Sie abgereist waren. Noch vor Ihrer Rückkehr kam er dann wieder nach Schanghai und blieb mehrere Monate hier. Als das Schiff, auf dem Sie reisten, durch einen Taifun aufgehalten wurde und längere Zeit auf dem Fluß festlag, ging er mehrere Male an Bord, um Sie zu treffen. Das war nicht das normale Verhalten zweier Menschen, die sich kurz zuvor auf einer Dinnerparty kennengelernt haben. Mehr noch: Während er in Schanghai war, sind Sie recht häufig zusammen ausgegangen. Er fuhr immer selbst den Wagen, wenn er mit Ihnen ausging, während er den Fahrer fahren ließ, wenn er mit anderen unterwegs war. Bei den Ausländern in Schanghai ging das Gerücht um, Sie hätten eine Liebesaffäre, aber keiner der zu Ihrer Beobachtung eingesetzten Leute hat etwas gemeldet, was dieses Gerücht bestätigt hätte. Wir glauben, daß Ihre Beziehung zu Scott politischer Natur war. Sie haben ganz bewußt den Eindruck erweckt, Sie hätten eine Affäre, um Ihre Umgebung zu täuschen.«

Nach einer kurzen Atempause fuhr er fort: »Die Briten sind arrogante Rassisten. Und die Disziplin in Scotts Organisation hätte es einem ihrer Agenten nicht erlaubt, eine gefühlsmäßige Bindung zu einer Frau aus dem Land einzugehen, in dem er gerade operierte. Wir wissen sogar, daß er während seines Aufenthalts in Schanghai eine heimliche Beziehung zu der Ehefrau eines britischen Bankdirektors unterhielt.

So, jetzt wissen Sie, was uns über diese anrüchige Angelegenheit bekannt ist. Hoffen Sie immer noch, sich um die Wahrheit drücken zu können? Gestehen Sie, worum Scott Sie bat und was Sie tatsächlich für ihn getan haben!« schloß der Vernehmungsbeamte seine Anklage und starrte mich zornig an.

»Sie stellen eine ganz normale Situation so dar, daß sie verdächtig erscheint«, erwiderte ich. »Ich habe Scott ziemlich oft gesehen, da er ein aktives gesellschaftliches Leben führte und oft Gäste hatte. Er führte nach dem Dinner häufig britische Filme vor. Das war immer eine Attraktion, weil wir sonst keine Gelegenheit hatten, diese Filme zu sehen. Ich weiß noch, daß er mehrfach auch Beamte aus dem Schanghaier Auslandsbüro einlud, an diesen Filmvorführungen teilzunehmen. Es ist üblich, daß man solche Gastfreundschaft erwidert. Ich besaß eine kostbare Porzellansammlung. So gab ich eine Dinnerparty, zu der ich mehrere Freunde und auch Scott einlud, um ihnen meine Neuerwerbungen vorzuführen. Scott hat auch einige meiner Schallplatten auf Band aufgenommen. Die Rotgardisten werden Ihnen erzählt haben, daß ich eine große Plattensammlung besaß. Ich glaube, daß er seinen Wagen häufiger als andere Europäer in Schanghai selbst fuhr, weil er chinesisch spricht und daher keine Angst zu haben brauchte. Was den Umstand betrifft, daß er kurz vor meiner Abreise nach Hongkong in Schanghai eintraf und kurz vor meiner Rückkehr wiederkam, so ist dies ein reiner Zufall. Als das Schiff, auf dem ich reiste, wegen eines Taifuns auf dem Fluß aufgehalten wurde, kam er an

Bord, um den Kapitän zu treffen und nicht mich. Es war noch ein weiterer Passagier aus Schanghai an Bord, ich glaube, ein dänischer Geschäftsmann. Sie tranken etwas zusammen und unterhielten sich. Ich habe mich nicht zu ihnen gesetzt. Wenn ausländische Schiffe auf dem Fluß fahren, bleiben stets zahlreiche Soldaten und Zollbeamte an Bord. Warum vergewissern Sie sich nicht bei denen, ob Scott mich treffen wollte oder den Kapitän?«

»Ihre Beziehung zu Scott war mehr als eine zufällige Bekanntschaft«, insistierte der Vernehmungsbeamte.

»Was immer sie gewesen ist, Ihre Deutung ist aus der Luft gegriffen und falsch.«

Der Beamte sah mich böse an und sagte: »Ich gebe Ihnen einen guten Rat – versuche Sie nicht, sich durch die Behauptung herauszureden, Sie hätten mit Scott eine Affäre gehabt. Eine Chinesin, die ihrem Land dadurch Schmach zufügt, daß sie eine Liebesaffäre mit einem Fremden aus dem Westen eingeht, verdient es, in einem Arbeitslager eingesperrt zu werden.«

Die Chinesen haben von alters her rassische Arroganz an den Tag gelegt. Diejenigen, die ihre Heimat nie verlassen und nie Kontakt mit Angehörigen anderer Nationen gehabt hatten, haben Völker anderer Länder oft für fremdartig und unzivilisiert gehalten, haben sie als Wesen mit merkwürdigen Gewohnheiten angesehen und sie »Fremde« oder sogar »fremde Teufel« genannt. Die selbstauferlegte Isolation unter Mao Tse-tung sowie die Parteipropaganda über die Übel des Kapitalismus hatten diese unglückselige Selbsttäuschung des chinesischen Volkes sogar noch verstärkt. Als Deng Hsiao-ping Chinas Tür zur Außenwelt aufstieß und eine ganze Heerschar wohlmeinender und offensichtlich wohlhabender »Fremder« mit Geld und Ideen ins Land kam, erlebten die Chinesen ein derart traumatisches Erwachen, daß sie in Scham und Selbstvorwürfen versanken und sich anschließend nur allzu bereit zeigten, alles Chinesische über Bord zu werfen, um nur gründlich »zivilisiert« zu werden.

Ich hatte dem Vernehmungsbeamten nichts weiter zu sagen, obwohl ich ihm anmerkte, daß es für ihn nicht befriedigend sein würde, mich in ein Arbeitslager zu stecken, solange er mich nicht als »Spionin« überführt hatte. Das war sehr aufschlußreich, und ich fragte mich nach dem Grund. Wenn die Partei ein Opfer bestrafen wollte, war es ihr normalerweise ziemlich gleichgültig, unter welchem Vorwand die Strafe verhängt wurde. Manchmal war dieser Vorwand äußerst vage, und gelegentlich verzichtete man sogar ganz darauf. Hauptsache, es erfolgte eine Bestrafung. Der Haltung des Vernehmungsbeamten konnte ich entnehmen, daß ich offenbar nur als »Spionin« und aus keinem anderen Grund verurteilt werden durfte. Warum, das erfuhr ich erst sehr viel später.

»Wie ich sehe, versuchen Sie nicht, uns noch mehr Lügen aufzutischen. Jetzt gestehen Sie, was Scott Ihnen sagte, als Sie zusammen waren«, fuhr der Vernehmungsbeamte fort.

»Sie können nicht von mir erwarten, daß ich mich an Unterhaltungen erinnere, die vor mehreren Jahren stattgefunden haben. Es wurde über nichts Wichtiges gesprochen. Wir unterhielten uns über Bücher, Musik, chinesisches Porzellan, Orte, die wir beide kannten, unsere Familien und ähnliches mehr.«

»Bei Ihren Gesprächen wurden nie politische Themen berührt?«

»Es kann sein, daß wir uns mal zu aktuellen Ereignissen geäußert haben, meist zu internationalen Fragen. Scott war Diplomat. Er hätte sich einer Chinesin gegenüber kaum über Dinge äußern mögen, die sich in China zutrugen.«

»Scott war Geheimdienstoffizier. Es war seine Pflicht, Dinge herauszufinden. Was hat er von Ihnen verlangt? Hat er Sie nicht gebeten, für ihn zu arbeiten?« beharrte der Vernehmungsbeamte.

»Niemals! Wie hätte ich für ihn etwas herausfinden können? Ich arbeitete für Shell, ein ausländisches Unternehmen. Ich wußte nicht mehr als die Ausländer selbst.«

»Ein Geheimdienstoffizier wird unter allen Umständen versuchen, Informationen zu sammeln, die für seine Regierung nützlich sein können.«

»Sind Sie denn sicher, daß er Geheimdienstoffizier war?« fragte ich.

»Zweifeln Sie nicht an unseren Informationen!«

»Warum haben Sie ihn dann nicht festgenommen oder zum unerwünschten Ausländer erklärt und des Landes verwiesen?«

»Es war viel besser, ihn nicht wissen zu lassen, daß wir im Bilde waren. Wir haben ihn genau überwacht und wußten über alles Bescheid, was er tat. Die Briten arbeiteten nicht nur für ihr eigenes Land, sondern auch für die USA, da die Amerikaner damals hier nicht offen auftreten konnten. Die USA arbeiteten eng mit der Kuomintang zusammen, so daß die Briten auch der Kuomintang halfen.«

Er gab seinen sachlichen Tonfall auf und fuhr mit erhobener Stimme fort: »Als Scott 1962 zum zweitenmal nach Schanghai kam, bereitete die Kuomintang einen Angriff gegen uns vor. Scott nahm Kontakt mit Ihnen auf, da Sie mit der Kuomintang in Verbindung standen.«

»Unsinn! Ich habe nie mit der Kuomintang in Verbindung gestanden.«

»Ihr Mann war ein hoher Beamter der Kuomintang-Regierung. Aber nicht nur das. Ihre Klassenzugehörigkeit verlangte, daß Ihre Sympathie der Kuomintang gehörte. Die Lehren unseres Großen Führers über den Klassenkampf sind wie ein Teleskop und ein Mikroskop in einem. Bewaffnet mit den Gedanken Mao Tse-tungs, können wir die Oberfläche durchdringen und zum Kern der Dinge vorstoßen.«

Ich wußte, daß die offizielle Propaganda Pekings 1962 behauptete, die Kuomintang plane einen Angriff auf das chinesische Festland. Keine der Zeitungen und Zeitschriften, die ich aus dem Ausland erhielt, ließ jedoch auch nur andeutungsweise etwas von militärischen Vorbereitungen in Taiwan erkennen. Außerdem war ich überzeugt, daß Taiwan ohne Zustimmung der USA nie einen Angriff gegen das chinesische Festland unternehmen würde und daß die USA im Jahre 1962 keinesfalls gewillt waren, ein solches Vorhaben zu billigen. In Schanghai jedoch hatte ich damals öfter von Truppenbewegungen gehört, und es gingen auch Gerüchte, daß Familienangehörige von Militärs aus der Taiwan gegenüberliegenden Provinz Fukien evakuiert wurden. Viele glaubten, daß Mao eine militärische Aktion gegen Taiwan plante, und nicht umgekehrt. In Schanghai ging das Gerücht, daß nur der wirtschaftliche Zusammenbruch im Gefolge des »Großen Sprungs nach vorn« und Uneinigkeit in der Parteiführung Mao zwangen, seinen Plan aufzugeben.

Ich versuchte mich zu erinnern, ob irgend jemand in der Ausländerkolonie Schanghais, einschließlich Scotts, mich damals nach Taiwan gefragt hatte. Der Vernehmungsbeamte, der mich aufmerksam beobachtete, den Grund meiner Nachdenklichkeit jedoch mißverstand, nutzte die Gelegenheit und sagte: »Ob Sie ein Geständnis ablegen oder nicht, wir wissen genau, was Sie zu Scott gesagt haben.«

»Wenn das so ist, müssen Sie doch genau wissen, daß wir nie über Politik gesprochen haben«, entgegnete ich.

»Sie sind offenkundig noch nicht bereit, hier und jetzt ein Geständnis abzulegen. Sie brauchen Zeit, um nachzudenken und sich zu erinnern. Das macht uns nicht das geringste aus. Wir werden Ihnen reichlich Zeit geben, um sich für ein volles und offenes Geständnis vorzubereiten. Nach dem heutigen Tag sollten Sie nur wissen, daß Ausflüchte sinnlos sind. So, jetzt lassen Sie uns über die Agentin Austin sprechen. Berichten Sie uns über Ihre Beziehung zu ihr.«

»Wie Sie wissen, war Mrs. Austin die Frau eines Geschäftsmanns. Meine Verbindung mit ihr war rein gesellschaftlicher Natur. Wir haben zusammen Bridge gespielt und zu Abend gegessen.«

»Sie haben sie mit einem ehemaligen Armeeoffizier der Kuomintang zusammengebracht!«

»Wie bitte! Wer soll denn das gewesen sein?« Ich war ehrlich schokkiert und zeigte meine Überraschung offen. Der Vernehmungsbeamte, der mich ständig prüfend ansah, war sichtlich erleichtert.

»Der chinesische Arzt für traditionelle Medizin, den Sie einmal in ihre Wohnung mitbrachten, war vor seiner ärztlichen Tätigkeit Offizier der Kuomintang-Armee gewesen.«

»Ich wußte nichts über seine Herkunft und sein Vorleben. Ich wußte nur, daß er sich sehr gut in traditioneller chinesischer Medizin auskannte. Mrs. Austin hatte mir einmal anvertraut, daß sie sehr unglücklich sei, weil sie keine Kinder bekommen könne. Sie hatte schon mehrere europäische Ärzte konsultiert, die keinerlei organische Schäden feststellen konnten. Sie tat mir leid, und deswegen habe ich diesen Arzt gefragt, ob die chinesische Medizin in ihrem Fall etwas ausrichten könne. Da er sich dazu nicht äußern konnte, ohne die Patientin gesehen zu haben, habe ich die beiden miteinander bekannt gemacht. Sie können sich von diesem Arzt bestätigen lassen, was passiert ist.«

»Kurze Zeit, nachdem die Roten Garden revolutionär gegen ihn vorgingen, beging er Selbstmord«, unterbrach mich der Vernehmungsbeamte.

Hatten die Rotgardisten ihn gefoltert, weil er mit einer vermeintlichen britischen Agentin Verbindung gehabt hatte? Mein Gott, warum hatte ich die beiden miteinander bekannt gemacht? Wie dumm ich gewesen war, die Verwicklungen des Lebens unter Mao nicht klar zu erkennen! Da gute Absichten und Mitmenschlichkeit oft zu Schwierigkeiten führten, hatten die Chinesen ein neues Sprichwort erfunden: »Je mehr man tut, um so mehr Schwierigkeiten hat man; je weniger man tut, um so weniger Schwierigkeiten hat man. Wenn man überhaupt nichts tut, wird man zum Musterbürger.« Warum hatte ich mir nicht die Erfahrung anderer zunutze gemacht? Der Tod dieses armen Mannes betrübte mich sehr.

»Sie haben Mrs. Austin nicht nur mit dem Arzt bekannt gemacht, sondern sind mit ihr auch nach Peking gereist. Was haben Sie dort getan? Wen haben Sie dort getroffen?«

»Das Grabmal des Ming-Kaisers Wan Li in Peking war 1959 wiedereröffnet worden. Wir fuhren 1960 hin, um es zu besichtigen. Wenn ich mit Ausländern reiste, konnte ich in einem guten Hotel wohnen, während ich als alleinreisende chinesische Staatsbürgerin nur in einer drittklassigen Pension hätte übernachten dürfen. Also fuhr ich mit Mrs. Austin und einer weiteren britischen Freundin. Für sie war es praktisch, mich dabei zu haben, da ich Peking seit meiner Kindheit gut kenne und außerdem die Sprache spreche.«

»Haben Sie sie in Peking mit irgend jemandem bekannt gemacht?«

»Nein, ich kenne in Peking selbst kaum einen Menschen.«

»Und was ist mit Ihrem Buder? Wir wissen, daß er Sie im Hotel besucht hat.«

»An dem Tag, an dem mein Bruder kam, besuchten die beiden britischen Damen den Jade-Tempel ohne mich. Mein Bruder hatte nicht den Wunsch, sie zu sehen.«

Hinter mir hörte ich ein leises Geräusch. Der Vernehmungsbeamte blickte über meine Schulter hinweg zur Rückwand des Raumes und sah dann auf seine Armbanduhr. Nach einem geflüsterten Wortwechsel mit dem Protokollführer stand er auf und sagte: »Sie können jetzt in Ihre Zelle zurück. Wenn ich Sie wieder holen lasse, werden wir uns über die schmutzige Arbeit unterhalten, die Sie für Shell geleistet haben, und darüber, warum Ihre Firma jene sowjetische Agentin als Sekretärin eingestellt hat. Ich glaube nicht, daß es Ihnen leichtfallen wird, Ihre Verwicklung in die Affären der Firma zu leugnen, für die Sie gearbeitet haben.«

Nach kurzer Pause fuhr er fort: »Denken Sie gut über Ihre Beziehung zu Scott nach. Vergessen Sie nicht: Wir wissen schon, daß er Sie einsetzte, um Informationen zu sammeln, und wir haben eine klare Vorstellung davon, was Sie ihm gesagt haben.«

»Ich hätte keinem Menschen mehr sagen können, als ich selbst wußte. Wie hätte ich für ihn nützlich sein können, da ich selbst nichts wußte?«

»Wir glauben, daß er nach Schanghai kam, um Sie zu sehen, sowohl vor Ihrer Abreise nach Hongkong als auch nach Ihrer Rückkehr. Das hätte er nicht getan, wenn es sich für ihn nicht gelohnt hätte.«

Ein Wachtposten öffnete die Tür des Vernehmungszimmers. Der Vernehmungsbeamte entließ mich. Offenbar hatte er kein Interesse an einer Fortsetzung des Verhörs, nachdem der Mann draußen hinter dem kleinen Fenster gegangen war.

Kaum war ich zurück in der Zelle, da wurde ich wieder von den Wärterinnen durch das Guckloch beobachtet. Ich war niedergeschlagen, da ich mich für den Tod des bedauernswerten Arztes verantwortlich fühlte, und ich wünschte, weder Scott noch Mrs. Austin je begegnet zu sein. Waren sie wirklich britische Agenten? Selbst wenn sie es gewesen wären, war das noch immer keine Erklärung dafür, warum ich jetzt im Gefängnis saß. Sowohl die in Schanghai lebenden Ausländer als auch die Chinesen, die als leitende Angestellte für ausländische Firmen arbeiteten, wurden ständig überwacht, einmal von den Dienern zu Hause, zum andern von chinesischen Arbeitskollegen. In der Öffentlichkeit gab es überall nicht nur Polizeibeamte und uniformierte Wachen, sondern auch Kriminalbeamte in Zivil und übereifrige Aktivisten, die jedes ungewöhnliche Verhalten nur zu gern meldeten. Eine Privatsphäre, wie es sie überall sonst auf der Welt gibt, existierte in Schanghai nicht. Wenn der Volksregierung meine Beziehung zu Scott und Mrs. Austin verdächtig vorgekommen wäre, hätte die Polizei von Schanghai schon vor Jahren einschreiten müssen. An der Situation, in der ich mich befand, war mir noch vieles unklar. Wahrscheinlich würde der Vernehmungsbeamte die Liste meiner ausländischen Freunde durchgehen und sie alle zu Geheimagenten erklären. Scott und Mrs. Austin waren nur die beiden ersten, die man genannt hatte, um mir Angst einzujagen. Mir wurde klar, daß man dabei war, mich in einen Sumpf hineinzuziehen. Ich mußte sehr aufpassen, um nicht darin zu versinken.

Seit meiner Einlieferung in die Haftanstalt Nr. 1 hatte ich mich nach dem Grund meiner Festnahme gefragt. Diese Frage bereitete mir das größte Kopfzerbrechen. Wer steckte dahinter? Hatten sie mich wirklich im Verdacht, etwas Strafbares getan zu haben, oder hofften sie nur, mich so einschüchtern zu können, daß ich ein falsches Geständnis ablegte, das sie gegen mich würden verwenden können? Winnie hatte geglaubt, daß ich bestraft werden sollte, weil Shell seine Niederlassung in Schanghai geschlossen hatte. Sollte sie recht behalten?

Als ich in der Zelle saß und über mein jüngstes Zusammentreffen mit dem Vernehmungsbeamten nachdachte, kamen mir all die Fälle unschuldig zu Gefängnisstrafen und Zwangsarbeit verurteilter Männer und Frauen in den Sinn, von denen ich in der Vergangenheit gehört hatte. Mein Kampfgeist verließ mich, und Angst stieg in mir hoch, nicht etwa, weil mich ein Schuldgefühl beschlichen hätte, sondern weil ich fürchtete, meine Verteidigung könne über meine Kräfte gehen.

Als ich mich am Abend gerade für den ruhigen Moment meines täglichen Gebets gesammelt hatte, drang die ernste Stimme des Vernehmungsbeamten in die Stille. Ich fühlte mich verloren und unglücklich, und es kam mir fast so vor, als hätte auch Gott mich verlassen.

In jener Nacht hatte ich einen Alptraum, den ersten von vielen während meiner Haftzeit. Ich träumte, daß ich am Meer stand, auf dem schmalen Vorsprung eines zerklüfteten Felsens. Die schäumenden Wogen der steigenden Flut wurden immer höher und drohten mich zu verschlingen. Es war stockdunkel. Ich war mutterseelenallein und vor Angst wie versteinert. Instinktiv zog ich mir die Decke übers Gesicht, um einen Entsetzensschrei zu unterdrücken. Als ich sie wieder zurückschlug und noch benommen vom Traum die Augen öffnete, schien mir das grelle Licht der Glühbirne mitten ins Gesicht. Meine Augenblende war zu Boden gefallen. Mir fiel mit Schrecken ein, daß die Wärterin ständig an der Tür stand, das Gesicht ans Guckloch gepreßt, um jedwedes Anzeichen von Nervosität oder Ruhelosigkeit als Zeichen meiner Schuld zu deuten. Ich erstarrte vor Furcht. Aber dann hörte ich, wie über mir ein schwerer Riegel vorgeschoben wurde. Die Wärterin war offenkundig unterwegs, vielleicht um eine neue Gefangene in ihre Zelle zu schließen.

Ich wartete darauf, zur nächsten Vernehmung geholt zu werden. Es vergingen jedoch mehrere Tage, und nichts geschah. Ich spürte, daß Spannung in der Luft lag; die Wärterinnen sahen besorgt und gehetzt aus, als sie im Korridor auf und ab gingen. Ich war sicher, daß sich außerhalb der Gefängnismauern etwas Ungewöhnliches zutrug. Häufig lehnte ich mich an die Tür, weil ich aufzuschnappen hoffte, worüber sich die Wärterinnen in ihrem kleinen Raum am Ende des Korridors unterhielten, aber außer ungewöhnlich aufgeregten und schrillen Stimmen hörte ich nichts. Manchmal schienen sie über etwas zu streiten, dann wieder senkten sie ihre Stimmen zu einem fast unhörbaren Flüstern. Obwohl im Gefängnis Grabesstille herrschte, konnte ich nicht hören, worüber sie sich unterhielten. Daß ich nicht herausfinden konnte, was draußen vorging, beunruhigte mich zutiefst.

Seit Anfang Dezember, kurz nach meiner ersten Vernehmung, erhielt ich von den Wärterinnen keine Zeitung mehr. Das war sehr merkwürdig, da die Zeitung als wichtiges Schulungsmaterial für die Häftlinge galt und die Wärterinnen uns immer angewiesen hatten, sie sorgfältig zu lesen. Nachdem ich ein paar Tage gewartet hatte, bat ich um eine neue Ausgabe. Zunächst ignorierte die Wärterin meine Bitte. Als ich sie jedoch wiederholte, sagte sie ungeduldig: »Wissen Sie denn nicht, daß draußen eine Revolution stattfindet?«

Mitte Dezember hielt der Winter Einzug. Ein scharfer Nordwind fegte mit eisigen Böen über die Stadt hinweg und ließ die Temperatur rasch auf den Gefrierpunkt sinken. Fenster und Tür meiner Zelle klapperten bei jedem Windstoß. Das zusammengerollte Toilettenpapier, das ich in die Ritzen gestopft hatte, wurde immer wieder auf den Fußboden geweht. Obwohl ich meine beiden Pullover und eine wattierte Jacke angezogen hatte, klapperten mir die Zähne, während mein ganzer Körper vor Kälte zitterte. In dem eisigen Raum gefror mir der Atem vor dem Mund, und ich mußte mir unaufhörlich die Hände reiben und mit den Füßen aufstampfen, damit Finger und Zehen durchblutet wurden. Als die Wärterinnen die Gefangenen aufforderten, sich für einen Rundgang im Freien bereitzumachen, dachte ich, wie sie es wohl hassen würden, an einem Tag wie diesem hinter dem Ofen hervorzukommen.

Trotz des eisigen Windes war es draußen jedoch fast wärmer als in der feuchten Zelle. Außerdem tat das Gehen im Freien meinem Kreislauf gut. Der kräftige Wind wirbelte jedoch Sand und Staub in die Luft, so daß ich kaum die Augen offenhalten konnte.

Plötzlich sah ich, wie die Wachtposten hastig den Pavillon auf der Gefängnismauer verließen, von dem aus sie uns beobachtet hatten. Sie eilten die Treppe hinunter und verschwanden aus meinem Blickfeld. Gleichzeitig wurde der Lärm von der Straße her immer lauter, als würde eine riesige Menschenmenge die Haftanstalt stürmen. Vor dem zentralen Wachhäuschen, von dem aus man die Innenhöfe übersehen konnte, stand ein Soldat mit geschultertem Gewehr und blickte gebannt in Richtung des Gefängniseingangs. Auf dem Nebenhof zischte eine Gefangene im aufgeregten Flüsterton, der so laut war, daß alle es hören konnten: »Das sind wahrscheinlich die Roten Garden. Sie versuchen hereinzukommen, um ihre von der Stadtverwaltung eingesperrten Genossen zu befreien!«

Sofort rief ein junges Mädchen aus einem anderen Hof mit lauter Stimme: »Laßt mich raus! Laßt mich raus! Ich bin eine Rotgardistin! Lang lebe unser Großer Führer, der Vorsitzende Mao!« Ihre so eindringliche Forderung nach Freilassung wurde durch den Lärm ihrer Faust untermauert, die gegen die schwere Tür des Gefängnishofs hämmerte.

Die Unruhe am Eingang der Haftanstalt ließ nicht nach, bis plötzlich Schüsse zu hören waren, vermutlich von seiten der Gefängniswachen. Der Lärm der Menschenmenge wurde schwächer. Nach einiger Zeit kehrten die Wachtposten zurück, um die Gefangenen aus den Gefängnishöfen abzuholen. Der Versuch der Roten Garden, in die Haftanstalt einzudringen, hatte ihnen offenkundig einen Schock versetzt. Der Wärter, der meine Hoftür öffnete, machte einen ziemlich bedrückten Eindruck; er rief nicht wie gewöhnlich »Rauskommen«, sondern wartete stumm an der Tür, bis ich den Hof verlassen hatte.

An den folgenden Tagen bemerkte ich auch bei den Wärterinnen ein deutlich verändertes Verhalten. Sie vernachlässigten ihre Pflichten und waren häufig nicht auf ihrem Posten. Oft war stundenlang nichts von ihnen zu sehen oder zu hören. Zum Glück brachte die Frau aus der Küche weiterhin Essen und heißes Trinkwasser, und das Mädchen mit der Arbeitsstrafe teilte wie gewöhnlich kaltes Waschwasser aus. Wenn die Wärterinnen zum Dienst erschienen, versammelten sie sich in dem kleinen Raum am Flurende und diskutierten aufgeregt. Aus den wenigen Wortfetzen, die ich aufschnappen konnte, schloß ich, daß auch sie in die Proletarische Kulturrevolution hineingezogen wurden und nun eigene revolutionäre Organe bildeten, um sich den offenbar immer noch anwachsenden Reihen der Revolutionäre anzuschließen. Für die Gefangenen war das nachlassende Interesse der Wachen und Wärter so, als wären sie plötzlich von einer drückenden Last befreit. Manchmal hörte ich, wie sich einige Insassinnen flüsternd miteinander unterhielten, und gelegentlich vernahm ich sogar ein Kichern.

Da ich seit dem 2. Dezember keine Zeitung mehr erhielt, ritzte ich hinfort für jeden vergangenen Tag einen Strich in die Wand. Als ich dreiundzwanzig Striche gemacht hatte, wußte ich, daß es Heiligabend war. Obwohl die übliche Schlafenszeit schon überschritten war, waren die Wärterinnen noch nicht erschienen, um die Häftlinge auf die Pritschen zu schicken. Während ich in der bitteren Kälte wartete, hörte ich plötzlich irgendwo von oben eine junge Sopranstimme zunächst zaghaft und dann aus voller Kehle die chinesische Version von »Stille Nacht« singen. Der klare und melodiöse Gesang der jungen Frau war deutlich zu hören und mußte jeden Winkel der dunklen Korridore erreichen. Ich war wie verzaubert und zutiefst gerührt. An der Art des Vortrags konnte ich erkennen, daß es eine ausgebildete Sängerin war, die sich offenkundig den Unwillen der Maoisten zugezogen hatte. Kein Weihnachtskonzert, das ich je besucht hatte, bedeutete mir mehr als dieser Augenblick, in dem ich in meiner eisigen Zelle saß und hörte, wie eine Mitgefangene, die ich nicht sehen konnte, »Stille Nacht« sang. Sobald sie die Gewißheit verspürte, daß die Wärterinnen nicht da waren, um sie zum Schweigen zu bringen, sang sie ohne jeden Anflug von Nervosität zu Ende. Der wunderschöne Gesang hatte das Gefängnis verstummen lassen. Alle Insassen hörten mit angehaltenem Atem zu.

Kaum war der letzte Ton verklungen, da vernahm ich den Widerhall von Schritten auf dem Zementfußboden. Die Wärterinnen eilten von Zelle zu Zelle und fragten: »Wer war das?« »Wer hat da gesungen?« »Wer hat gegen die Vorschriften verstoßen?« Doch niemand antwortete.

Wenige Tage nach Neujahr wurde der Lautsprecher im Korridor eingeschaltet. Alle Häftlinge wurden angewiesen, sich still hinzusetzen und eine wichtige Meldung anzuhören. Eine Männerstimme verlas eine Proklamation des Revolutionären Hauptquartiers der Schanghaier Arbeiter. Sie besagte, daß die Roten Garden und die Revolutionäre der Stadt mit Billigung des Pekinger Direktoriums der Kulturrevolution am 4. Januar in Schanghai die Macht ergriffen und das »reaktionäre« Parteisekretariat sowie die »reaktionäre« Stadtverwaltung gestürzt hätten. Diese hätten »die richtige Politik unseres Großes Führers, des Vorsitzenden Mao, seit langem bekämpft und eine revisionistische Linie verfolgt, um in China den Kapitalismus wiederzubeleben«.

In der Folgezeit wurde in Zeitungsartikeln enthüllt, daß der »Held« dieses Coups der ehemalige Sicherheitschef einer Textilfabrik sei, ein Mann namens Wang Hong-wen, dem es gelungen sei, alle revolutionären Massenorganisationen der Stadt in einer Dachorganisation zusammenzufassen, nämlich besagtem Revolutionärem Hauptquartier der Schanghaier Arbeiter, dessen Vorsitzender er war. Er werde von Tschang Tschuan-tschiao unterstützt, dem langjährigen Mitarbeiter von Maos Ehefrau Tschiang Tsching und Schanghaier Vertreter des Pekinger Direktoriums der Kulturrevolution. Später bildeten Tschiang Tsching, Tschang Tschuan-tschiao, Wang Hong-wen und ein bekannter linker Schriftsteller namens Jao Wen-juan eine enge politische Fraktion, die als die berüchtigte »Viererbande« bekannt wurde.

Es hatte den Anschein, daß jeder, der kein Klassenfeind war, einer revolutionären Organisation beitreten und ein Revolutionär werden konnte, daß aber die Leitung dieser Organisationen fest in den Händen bewährter maoistischer Aktivisten lag.

Der Mann verlas anschließend ein vom Staatsrat veröffentlichtes Dokument. Es billigte das Vorgehen der Rebellen, ermahnte jedoch die Arbeiter, die Produktion nicht zu vernachlässigen. Diese Mitteilung des Staatsrats, an dessen Spitze der Ministerpräsident steht, verlieh der beispiellosen revolutionären Aktion der maoistischen Radikalen den Anschein von Legalität. Es schockierte mich, daß Ministerpräsident Tschou En-lai den Rebellen seine Unterstützung gewährt haben sollte. Ich konnte einfach nicht glauben, daß er tatsächlich mit ihrem Vorgehen einverstanden war. Seine Aufforderung an die Arbeiter, die Produktion nicht zu vernachlässigen, klang in dieser Atmosphäre des Wahnsinns wie eine leise Stimme der Vernunft. Erst nach meiner Entlassung aus der Haft erfuhr ich, welch ungeheurem Druck die Radikalen Tschou En-lai ausgesetzt hatten. Unablässig hatten sie versucht, ihn aus seinem Amt als Ministerpräsident zu entfernen. Nur durch geschicktes und behutsames Taktieren sowie dadurch, daß er sich stets mit Maos Plänen identifizierte, gelang es Tschou En-lai, die Kulturrevolution zu überleben und ein paar alte Mitstreiter in der Partei zu schützen.

Wenige Tage nach Bekanntgabe des Coups gaben mir die Wärterinnen ein Exemplar der Zeitung *Freies Schanghai*, die jetzt unter neuer, revolutionärer Herausgeberschaft erschien. Unter dicken roten Schlagzeilen wurde verkündet, Rote Garden und Revolutionäre hätten, als Vorstufe der Beseitigung der Stadtverwaltung, nach heftigen Kämpfen am 2. Dezember die Redaktion besetzt.

Ich las die Meldungen und Berichte sorgfältig durch. So erfuhr ich, daß der endgültige Sieg der Revolutionäre erst möglich geworden war, nachdem zwei hohe Beamte der Schanghaier Stadtverwaltung zu den Revolutionären übergelaufen waren. Bei einer öffentlichen Versammlung, auf der der Bürgermeister der Stadt und der ehemalige Erste Parteisekretär angeprangert wurden, hatten die beiden Überläufer in ihrem Bestreben, von den Maoisten akzeptiert zu werden, ihre feste Treue zu Mao dadurch dokumentiert, daß sie ihren ehemaligen Kollegen unter dem lauten und anhaltenden Beifall der Rotgardisten und Revolutionäre Ohrfeigen versetzten. (Diese beiden Beamten, Ma Tien-schui und Hsu Tsching-hsian, regierten Schanghai im Namen der Viererbande bis zu Maos Tod und der Verhaftung der Viererbande. 1982 wurden beide wegen ihrer Verbrechen, die sie auf Befehl der Viererbande begangen hatten, zu langjährigen Freiheitsstrafen verurteilt. Ma Tien-schui wurde später verrückt.)

Der Sturz der Schanghaier Stadtverwaltung durch die Radikalen machte jede Hoffnung auf ein rasches Ende meiner Pein zunichte. Mir wurde klar, daß mein Fall ruhen würde, bis sämtliche Abteilungen der neuen Stadtverwaltung reorganisiert waren, auch das Sicherheitsbüro, dem die Haftanstalt Nr. 1 unterstand. Dieser Prozeß würde Zeit erfordern, besonders wenn es offenen oder versteckten Widerstand gegen die neuen Amtsträger gab. Die Lebens- und Funktionsfähigkeit der neuen Stadtverwaltung hingen auch davon ab, wie schnell sich die Revolutionäre den Rest des Landes unterwarfen. Den zahlreichen Zeitungsartikeln, in denen Beamte und Funktionäre anderer Städte angegriffen wurden, konnte ich entnehmen, daß die Revolutionäre und Roten Garden anderswo auf stärkeren Widerstand stießen.

Im Frühjahr 1967 veröffentlichte *Freies Schanghai* Mao Tse-tungs Aufruf an die Armee, die Linken zu unterstützen. Es hieß dort unter anderem, die Volksbefreiungsarmee sei nicht nur eine militärische, sondern auch eine politische Organisation. Daraus schloß ich, daß die Roten Garden und Revolutionäre die lokalen Verwaltungen in anderen Teilen Chinas nicht aus eigener Kraft zu stürzen vermocht hatten. Die Intervention des Militärs brachte jedoch nicht sofort das gewünschte Ergebnis. In vielen Fällen sahen sich die Militärs außerstande, ohne weiteres zwischen den Roten Garden und den revolutionären Organisationen der maoistischen Aktivisten und den Organisationen jener Parteifunktionäre zu unterscheiden, die Mao gerade stürzen wollte, da beide Seiten behaupteten, Maos Politik verpflichtet zu sein. Außerdem waren viele Armeekommandeure gleichzeitig zivile Machthaber, etwa in den Provinzen Tibet und Sinkiang. Sie erklärten sich einfach zu den wahren Linken und mobilisierten ihre Truppen gegen die Roten Garden und Revolutionäre. In den folgenden erbitterten Kämpfen gab es viel Blutvergießen. Vielerorts stellten sich die Militärs aus Angst, einen politischen Fehler zu begehen, einfach blind, als diverse Gruppen selbsternannter Linker ihre Arsenale stürmten. Nachdem der Kampfeslärm sich etwas gelegt hatte, wurde deutlich, daß die Unterstützung des Militärs in den meisten Teilen des Landes bestimmten Rebellengruppen an die Macht verholfen hatte.

Die herausragende Rolle der Armee bei der Machtübernahme der Roten Garden und der Revolutionäre steigerte ihr Ansehen und das ihres Oberbefehlshabers, des Verteidigungsministers Lin Piao. In der Presse erschienen zahlreiche Fotos, wie er mit Mao spazierenging oder an seiner Seite stand – ein sicheres Anzeichen seines gehobenen Status. Er wurde als »enger Waffengefährte unseres Großen Führers, des Vorsitzenden Mao« bezeichnet, eine Phrase, die ihn in der Parteihierarchie als Nummer zwei auswies, direkt hinter Mao und vor Ministerpräsident Tschou En-lai, der auf offiziellen Fotos nun hinter Lin Piao auf Platz drei zu sehen war. Lin Piao verlor keine Zeit. Er säuberte die Armeeführung von möglichen Gegnern und besetzte alle wichtigen Posten mit Gesinnungsgenossen. Die Zeitungen berichteten von der erfolgreichen Entlarvung einer Gruppe mao-feindlicher Offiziere im ehemaligen Oberkommando der Armee. Es wurde eine Liste der Männer veröffentlicht, mit denen die Positionen der Generalstabschefs von Armee, Marine, Luftwaffe und Logistik neu besetzt worden waren. Die von den Rebellen kontrollierte Presse gratulierte Lin Piao herzlich zu diesen personellen Veränderungen.

Nachdem die Roten Garden und die Revolutionäre die Schanghaier Stadtverwaltung unter ihre Kontrolle gebracht hatten, begannen sie Zug um Zug auch nachgeordnete Behörden und Organisationen zu übernehmen. Tag für Tag wurde in der Zeitung enthüllt, daß sie nicht nur heftigen Widerstand und die Sabotage ihrer Anstrengungen durch all jene überwinden mußten, die sie zu stürzen gedachten, sondern daß sie auch selbst Fraktionen bildeten, die um die neuen Ämter kämpften. In allen Teilen der Stadt kam es zu scharfen Auseinandersetzungen. Behörden und Organisationen gingen immer wieder in neue Hände über. Die Stadt befand sich in ständigem Aufruhr. Das Geschrei des grölenden Mobs auf den Straßen drang bis in meine Zelle. Vom Gefängnishof aus konnte ich deutlich die über die Lautsprecher verbreiteten Ansprachen hören, mit denen der politische Gegner diffamiert wurde. Der Lärm der aufgebrachten Massen ließ schreckliche Szenen von Tod und Zerstörung vor meinen Augen erstehen, und ich sorgte mich zutiefst um das Wohlergehen meiner Tochter.

Die Rebellenführer unternahmen offenbar nichts, um Unruhen und Blutvergießen unter Kontrolle zu bringen, ja, sie schienen sie noch zu schüren. Eines Tages las ich einen Zeitungsartikel mit der Überschrift »Es ist eine Ehre, die Hände mit dem Blut des Feindes zu beflecken«. Ein andermal erschien folgende, Verteidigungsminister Lin Piao zugeschriebene Erklärung: »Verluste gibt es bei allen Revolutionen. Wir sollten daher den Ernst der Lage nicht übertreiben. Viele Menschen haben Selbstmord begangen oder sind getötet worden. Diese Todesfälle sind jedoch weniger zahlreich als die während des Widerstands gegen Japan oder während des Bürgerkriegs oder bei Naturkatastrophen. Folglich sind unsere Gewinne größer als unsere Verluste.« Diese herzlosen Worte machten mich ganz krank vor Sorge um Meipings Sicherheit. Ich konnte nicht mehr normal essen oder schlafen.

Eines Abends, nachdem ich mich erneut geweigert hatte, den Reis zu essen, erschien eine Wärterin an der Türklappe und stieß sie auf.

»Was ist mit Ihnen los? Sind Sie krank?« herrschte sie mich an.

»Ich mache mir Sorgen um meine Tochter. Könnte man sie vielleicht herbringen, damit sie mit mir die Zelle teilt?«

»Natürlich nicht! Sie hat kein Verbrechen begangen. Warum sollte sie eingesperrt werden?« entgegnete die Wärterin.

»Ich habe auch kein Verbrechen begangen und bin trotzdem hier eingesperrt«, hielt ich ihr vor.

»Ich habe keine Zeit, mit Ihnen zu streiten. Ich weiß nicht, ob Sie ein Verbrechen begangen haben oder nicht. Ich weiß nicht einmal mehr, was ein Verbrechen ist und was nicht. Aber da Sie nun einmal hier sind, müssen Sie warten. Irgend jemand wird sich eines Tages mit Ihnen befassen. Sie sind gar nicht so schlecht dran. Sie bekommen jede Nacht acht Stunden Schlaf und haben Reis zu essen. Wir müssen nach der Arbeit noch zu Versammlungen und können nie acht Stunden schlafen.« Damit knallte sie die Klappe zu und entfernte sich.

Ihr Verhalten erstaunte mich. Es war das erstemal, daß eine Wärterin sich als Mensch zu erkennen gab. Mir war nicht entgangen, daß sie sich entmutigt und unzufrieden angehört hatte. Ich zog daraus den Schluß, daß der Kampf in der Parteiführung auf die Wärter und Wachtposten eine demoralisierende Wirkung hatte. Um für die Arbeit in einem so sicherheitsempfindlichen Bereich wie einem Gefängnis ausgewählt worden zu sein, mußten sie überzeugte Anhänger der Partei und ihrer Führung sein. Es mußte entmutigend, wenn nicht gar erschütternd für sie gewesen sein zu erfahren, daß in Mao Tse-tungs Augen so viele ihrer Vorgesetzten den Idealen des Kommunismus um nichts ergebener waren als der Mann auf der Straße und daß einige Funktionäre sogar dafür arbeiteten, in China den Kapitalismus wiederaufleben zu lassen. Die Wärterinnen verloren sichtbar das Interesse an ihrer Arbeit. Das Gefängnis verkam immer mehr, bis überall Unordnung herrschte. Die Häftlinge schrien, weinten, kämpften miteinander und hämmerten auf den Fußboden, sobald die Wärterinnen länger fortblieben.

Ich begann mir die Wärterinnen genauer anzusehen und sie als Individuen zu betrachten. Mir fiel auf, daß viele von ihnen unglücklich und bedrückt aussahen, während einige jüngere, die die roten Armbinden der Revolutionäre trugen, voller Überheblichkeit durch das Gefängnis stolzierten. Sie traten anmaßend auf und brüllten nicht nur den Häftlingen Befehle zu, sondern kommandierten auch ihre Kolleginnen herum.

Im Verlauf des Jahres 1967, als in Schanghai heillose Anarchie herrschte, geriet auch die Haftanstalt Nr. 1 nach und nach außer Kontrolle. Als es Herbst wurde, bekämpften sich die in rivalisierende Fraktionen zersplitterten Wärterinnen und Wachen gegenseitig. Wenn wir

Häftlinge an die frische Luft durften, sah ich ihre Bürgerkriegsparolen an Wänden und Mauern und sogar auf den gepflasterten Wegen des Innenhofs. Von meiner Zelle aus konnte ich oft die vertrauten Stimmen der Wärterinnen des Frauentrakts hören, die sich aufgebracht anschrien, und ein- oder zweimal hörte ich sogar den Lärm eines Handgemenges. Der Streit schien darum zu gehen, worin Mao Tse-tungs Politik bestehe und welche Funktionäre »Anhänger des kapitalistischen Wegs« seien und gestürzt werden müßten.

Die Bewachung der Häftlinge wurde immer häufiger von Verwaltungs- und Vernehmungsbeamten übernommen, denen die revolutionären Organisationen verschlossen blieben, weil man sie für »Intellektuelle« hielt. Während der Kulturrevolution wurden alle Intellektuellen, ob sie Parteimitglied waren oder nicht, als »stinkende neunte Kategorie« verunglimpft. Die acht anderen Kategorien von Feinden waren, wie bereits erwähnt, Großgrundbesitzer, reiche Bauern, Konterrevolutionäre, schlechte Elemente, Rechtsabweichler, Verräter, ausländische Agenten und »Anhänger des kapitalistischen Wegs«. Zur neunten Kategorie gehörten neben den Intellektuellen nicht nur Akademiker wie etwa Professoren oder Wissenschaftler, sondern auch Lehrer, Techniker und Büroangestellte. Das Wort »stinkend« bedeutet in der chinesischen Umgangssprache auch »von unberechtigtem Stolz erfüllt« und fand hier Verwendung, weil man Intellektuelle für arrogant hielt und meinte, sie seien auf ihr überlegenes Wissen und ihre bessere Ausbildung unberechtigt stolz und erfreuten sich in der traditionellen chinesischen Gesellschaft eines übertriebenen Respekts.

Zu Beginn meines zweites Winters in der Haftanstalt bekam ich wieder eine schlimme Erkältung, die sich hartnäckig hielt, obwohl mir der junge Gefängnisarzt Aspirin-Tabletten gab. Nach einiger Zeit wuchs sie sich zu einer Bronchitis aus, und mein Körper wurde von heftigen Hustenanfällen geschüttelt, die vor allem nachts, als es in der Zelle extrem kalt war, immer schlimmer wurden. Eines Nachts vermochte ich, obwohl ich mit zwei Pullovern und wollnen langen Unterhosen dick verpackt unter meiner Decke lag, nicht mehr gegen die Hustenanfälle anzukämpfen. Es war nach Mitternacht. Im Gefängnis war es längst völlig still geworden. Wie ich mich auf der harten Pritsche in der eiskalten Zelle auch hinlegte, der Hustenreiz ließ nicht nach. Um ihn zu lindern, trank ich etwas von dem kalten Wasser, das ich mir in meinem Becher aufbewahrt hatte. Doch dadurch wurde alles nur noch schlimmer. Ich deckte mir den Kopf zu, um das laute Husten zu dämpfen, und hoffte, daß die Wärme der Wolldecke mir etwas Erleichterung verschaffen würde.

Plötzlich hörte ich, wie die kleine Türklappe geöffnet wurde. Das Geräusch klang sehr ungewohnt, da die Wärterinnen die Klappe meist mit einem lauten Knall herunterfallen ließen. Dann vernahm ich eine Männerstimme, die leise sagte: »Kommen Sie her!«

Ich stand auf, zog mir rasch eine lange Hose an und warf mir meine wattierte Jacke über die Schultern. Was der Mann wohl mitten in der Nacht von mir wollte? Als ich an die Klappe trat und hinausblickte, sah ich zu meinem Erstaunen meinen ehemaligen Vernehmungsbeamten dort stehen, der eine Thermosflasche in der Hand hielt.

»Haben Sie einen Becher? Bringen Sie ihn her«, sagte er.

Ich holte den Becher, hielt ihn in die Klappenöffnung, und er goß etwas heißes Wasser hinein.

Mehr als ein Jahr hatte ich bereits darauf gewartet, daß er die Vernehmung fortsetzen würde. Dies schien eine gute Gelegenheit zu sein, etwas über mein weiteres Schicksal zu erfahren. Zwischen zwei Hustenanfällen stieß ich hervor: »Wann werden Sie meinen Fall aufklären?«

Nach kurzem Zögern antwortete er: »Wenn die Revolutionäre fertig sind, werden sie Sie holen. Im Augenblick stehen wichtigere Dinge auf dem Spiel. Sie müssen Geduld haben. So, und jetzt trinken Sie das heiße Wasser. Das wird Ihrem Husten guttun. Morgen melden Sie sich beim Arzt. Er wird Ihnen ein Medikament geben.«

Er schien mir sagen zu wollen, daß er nichts mehr mit meinem Fall zu tun hatte. Ich fragte mich, ob er mich noch immer für schuldig hielt und überhaupt je ernsthaft an meine Schuld geglaubt hatte. Wie gespenstisch es sein mußte, eine Vernehmung zu führen, wenn man wußte, daß der vor einem sitzende Häftling unschuldig war, aber dennoch als schuldig überführt werden mußte! Ich trank schnell das heiße Wasser, mußte aber erneut heftig husten und übergab mich.

»Keine Sorge! Keine Sorge! Ich werde Ihnen mehr Wasser geben«, beruhigte mich der Vernehmungsbeamte. Ein zweiter Mann, der eine Brille mit dunklem Gestell trug, tauchte hinter ihm auf und wurde von ihm als Direktor Liang angesprochen.

»Darf ich einen Mop leihen, um den Fußboden aufzuwischen?« fragte ich zwischen zwei Hustenanfällen.

»Sie können das morgen tun. Ist er denn schmutzig? Ist außer dem Wasser überhaupt etwas zu sehen?« erkundigte sich Direktor Liang mitleidsvoll.

Ich blickte zu Boden. Tatsächlich sah ich an der Stelle, an der ich mich erbrochen hatte, nur das bereits vom Zementfußboden aufgesaugte Wasser. Direktor Liang wußte natürlich genau, wie leer der Magen eines Häftlings sein konnte. Immerhin war er der Leiter der Haftanstalt Nr. 1 gewesen, bis ihn die Rotgardisten zum Wachmann degradiert hatten.

Beide Männer blieben draußen stehen, bis ich einen weiteren Becher Wasser getrunken hatte. Dann schlossen sie die Türklappe und gingen fort.

Ich legte mich aufs Bett und dachte: Die Kulturrevolution treibt wirklich seltsame Blüten. Daß der Direktor und der Vernehmungsbeamte der Anstalt einem Häftling aus der eigenen Thermoskanne Trinkwasser gaben, war sicherlich eine davon. Ein derart humanes Verhalten stand in direktem Widerspruch zu ihrer Auffassung, daß die Haftanstalt Nr. 1 »ein Unterdrückungsinstrument einer Klasse gegen eine andere« sei, wie der Vernehmungsbeamte mir erklärt hatte. Vielleicht war es so, daß die Rotgardisten und Revolutionäre mit der Ausweitung ihrer revolutionären Aktionen potentielle Anhänger vor den Kopf stießen und Partei-Intellektuelle ins feindliche Lager trieben.

Am nächsten Morgen gab mir der Arzt ein paar Husten-Tabletten. Aber die Anfälle ließen mir auch weiterhin nachts, wenn die Zelle unerträglich kalt wurde, keine Ruhe. Eines Tages in den frühen Morgenstunden hörte ich vor meiner Tür Geflüster. In jener Nacht hatte eine ehemalige Vernehmungsbeamtin Wachdienst. Sie hatte mir am Abend meine Medikamente gegeben und mich zum Schlafen aufgefordert. Jetzt hörte ich, wie sie sich mit der Frau in der gegenüberliegenden Zelle unterhielt. Zu meiner Verblüffung erfuhr ich, daß jene Frau eine Funktionärin des Sicherheitsbüros und eine Schulfreundin der Vernehmungsbeamtin aus der Zeit gewesen war, als beide die Hochschule des Sicherheitsdienstes besuchten. Sie unterhielten sich über den Machtkampf im Schanghaier Sicherheitsbüro. Maos Ehefrau Tschiang Tsching hatte offenbar die Roten Garden und Revolutionäre aufgefordert, »Sicherheitsdienste, Staatsanwaltschaften und Justizbehörden zu zerschlagen«. Ich hörte, wie die Beamtin über vermutlich gemeinsame Bekannte erzählte, der eine sei aus dem Fenster gesprungen, ein anderer totgeprügelt und ein dritter ins Krankenhaus gebracht worden. Offenkundig war der Sicherheitsdienst völlig aus den Fugen geraten und nicht mehr funktionsfähig.

Nach diesen Neuigkeiten kam ich zu dem Schluß, daß die Kulturrevolution noch einige Zeit dauern würde. Die Parteifunktionäre, die Mao entfernen lassen wollte, kämpften offenbar mit Geschick und dem Mute der Verzweiflung um ihr Leben. Im Augenblick schienen die Radikalen die Oberhand zu behalten, weil sie von Mao und der Armee unterstützt wurden. Die ausgebooteten Funktionäre würden jedoch nur auf eine Chance warten, um ihre Rückkehr zu betreiben, es sei denn, man brachte sie alle um, was mir unmöglich schien. Unterdessen würden sie alles in ihrer Macht Stehende tun, um jedweden Schachzug der Radikalen zu durchkreuzen. Die Situation schien mir überaus kompliziert zu sein und würde es wohl noch lange bleiben.

Wenige Abende später, kurz vor der Schlafenszeit, ging die diensthabende Wärterin durch die Flure und befahl den Gefangenen, Ruhe zu bewahren und einer Rundfunksendung zuzuhören. Über die Lautsprecher ertönte die Stimme eines Mannes, der bekanntgab, daß die Haftanstalt Nr. 1 unter Militärkontrolle gestellt worden sei.

»Achtung, Achtung! Alle zuhören!« fuhr er fort. »Die revolutionäre Lage ist hervorragend. Die wahren Anhänger unseres Großen Führers, des Vorsitzenden Mao, und die Anhänger seines engen Waffengefährten, des stellvertretenden Oberkommandierenden Lin, haben alle Widerstände überwunden und die reaktionäre Stadtverwaltung Schanghais gestürzt! Wir sind jetzt dabei, daß ganze Land zu übernehmen. Wir werden auch künftig alle unsere Gegner vernichten. Der von der alten Gesellschaft hinterlassene Schutt ist auf den Müllhaufen der Geschichte geworfen worden. Unsere Leistung ist groß, groß, groß! Unsere Verluste sind klein, klein, klein! Manche Leute sagen, wir hätten ein Chaos geschaffen. Chaos ist ein Ausdruck des Klassenkampfes. Unser Großer Führer, der Vorsitzende Mao, hat gesagt: ›Eine Revolution ist kein Gastmahl, kein Aufsatzschreiben, kein Bildermalen oder Deckchensticken; sie kann nicht so fein, so gemächlich und zartfühlend, so maßvoll, gesittet, höflich, zurückhaltend und großherzig durchgeführt werden. Die Revolution ist ein Aufstand, ein Gewaltakt, durch den eine Klasse eine andere stürzt.‹ Es ist nichts Falsches daran, Chaos zu säen, wenn man damit den Feind verwirrt. Manche Leute sagen, wir hätten zu viele Menschen umgebracht.

Unsinn! Wir haben weniger Menschen getötet, als während des Krieges gegen die japanischen Imperialisten und während des Befreiungskrieges gestorben sind. In Wahrheit haben wir nicht einmal genug getötet. Es gibt immer noch Feinde, die in dunklen Ecken lauern. Wir werden sie kriegen. Unterschätzt nicht unsere Entschlossenheit, unterschätzt nicht unsere Fähigkeit, unsere Feinde zu vernichten! Wir sind Revolutionäre! Wir haben weder vor dem Chaos noch vor dem Töten Angst. Sie sind das natürliche Ergebnis einer Revolution. Sie beflügeln uns und verängstigen den Feind. Wir würden nicht einmal den Einsturz des Himmels fürchten. Die Lehren unseres Großen Führers, des Vorsitzenden Mao, würden ihn wiedererstehen lassen.

Unsere teure Genossin Tschiang Tsching hat uns befohlen: ›Schlagt die Sicherheitsdienste und die Justizbehörden in Stücke.‹ Das haben wir getan! Das Sicherheitsbüro von Schanghai und alle seine nachgeordneten Dienststellen unterstehen jetzt unserer Kontrolle. Diese Haftanstalt wurde von Revisionisten und Anhängern des kapitalistischen Wegs geführt. Es ist absurd, daß die Häftlinge hier so gut behandelt werden. Ihr eßt dreimal am Tag Reis. Ihr lebt besser als die armen Landarbeiter. Das ist ein Beweis dafür, daß die Revisionisten des Sicherheitsbüros die Konterrevolutionäre mehr lieben als die Kleinbauern. Das liegt daran, daß sie selbst Konterrevolutionäre sind. Von jetzt an werden eure Rationen gekürzt, um Reis zu sparen. Ihr arbeitet nicht. Zwei Mahlzeiten pro Tag sind mehr als ausreichend.

Viele von euch sind schon lange hier. Aber einige haben immer noch kein Geständnis abgelegt. Sie hofften, durch das Netz schlüpfen zu können. Das ist reines Wunschdenken. Die eiserne Faust der Diktatur des Proletariats wird alle gnadenlos vernichten, die kein Geständnis ablegen. Laßt euch das eine Warnung sein!

Die Politik unseres Großen Führers, des Vorsitzenden Mao, sieht so aus: Nachsicht für diejenigen, die ein Geständnis ablegen, schwere Bestrafung derer, die unbelehrbar bleiben, Belohnung für die, die sich durch die Überführung anderer Verdienste erwerben. Heute abend werden wir uns mit einigen ungewöhnlichen Fällen hier befassen, um die Politik unseres Großen Führers, des Vorsitzenden Mao, zu demonstrieren.«

Nach kurzer Pause verlas er die Namen von Gefangenen, die zum Tode verurteilt worden waren, weil sie ihre Verbrechen nicht gestanden hatten. Er nannte sogar Einzelheiten wie Alter, Adresse, Beruf,

»reaktionäre« Herkunft und beschrieb die »Verbrechen«, die die Gefangenen angeblich begangen hatten. Diese sogenannten Verbrechen, die sämtlich unter die Kategorie »Rache an der proletarischen Klasse« fielen, waren in Wahrheit nichts weiter als oppositionelle Äußerungen gegen die Kulturrevolution oder abfällige Bemerkungen gegen Tschiang Tsching, Lin Piao oder Mao Tse-tung selbst. Nach jedem Namen rief der Mann mit schriller Stimme: »Bringt ihn raus! Sofort hinrichten!«

Seine Stimme war ein unmenschliches Brüllen, und sie bebte vor Kälte. Obwohl ich mich meist in der Gewalt hatte, erschauderte ich unwillkürlich.

Die Liste derer, die hingerichtet werden sollten, wurde immer länger. Es folgte eine Aufzählung derer, die zu lebenslänglicher Freiheitsstrafe oder zu fünfundzwanzig und mehr Jahren Gefängnis verurteilt worden waren. Alles dies waren Beispiele einer »schweren Bestrafung«, mit der Gefangene belegt wurden, die kein volles oder zufriedenstellendes Geständnis abgelegt hatten. Schließlich verlas der Mann die Namen derer, denen eine »milde Behandlung« gewährt wurde, weil sie nicht nur gestanden, sondern sich auch durch belastende Informationen über andere Verdienste erworben hatten.

Nachdem der Lautsprecher abgestellt worden war, hallte die drohende Stimme des Mannes noch lange in meinen Ohren wider. Noch nie in meinem Leben hatte ich etwas so Schockierendes vernommen. Die Vorstellung, daß dieser Mann von nun an die Haftanstalt Nr. 1 und damit mein Schicksal in der Hand hatte, ängstigte mich zutiefst. Die Nacht, die schon eisig genug war, schien jetzt noch kälter zu werden. Ich erbebte immer wieder, während ich darauf wartete, daß die Wärterin mir befahl, ins Bett zu gehen. Die anderen Gefangenen waren vermutlich nicht minder vor Furcht erstarrt, da im ganzen Gebäude kein Ton zu hören war.

Dann wurde die Tür am Ende des Korridors laut zugeworfen, und ich hörte schwere Schritte, das Knallen der Klappen an den Zellentüren und immer wieder schrille Rufe: »Was ist mit Ihnen?« »Haben Sie gestanden?« »Haben Sie alles gestanden?« Ich machte mich auf eine unangenehme Begegnung gefaßt. Die schweren Schritte kamen immer näher und erstarben vor meiner Zellentür. Die Klappe wurde geöffnet. Ich hörte das Rascheln von Papier und die Stimme eines Wachtpostens: »Das ist sie.«

»Kommen Sie her!« befahl der Posten barsch. Offenbar wollte er seinem Begleiter imponieren.

Durch die Klappenöffnung sah ich ein Paar schwarze Lederstiefel und die Uniform eines Luftwaffenoffiziers, dessen Gesicht mir jedoch verborgen blieb. Ich stellte mir vor, daß er das hatte, was man eine Verbrechervisage nennt. Die Chinesen glauben, daß sich das Leben eines Menschen in seinem Gesicht widerspiegelt, so daß ein Gauner am Ende ein Gaunergesicht bekommt. Es machte mir irgendwie Mut, daß ich mir den Mann so vorstellte. Was immer er sagen würde, ich fühlte mich gerüstet, damit fertig zu werden.

»Warum haben Sie nicht gestanden?« Es war die Stimme des Mannes, der zuvor über den Lautsprecher gesprochen hatte.

»Ich habe kein Verbrechen begangen. Wie kann ich da gestehen?« entgegnete ich.

»Was reden Sie da! Sie sind eine Spionin der Imperialisten. Wollen Sie erschossen werden?«

»Ich erwartete, daß die neue Leitung dieser Haftanstalt mich freiläßt, nachdem sie die Tatsachen geprüft und mich für unschuldig befunden hat.«

»Sie träumen wohl. Halten Sie uns für Dummköpfe? Sie werden niemals entlassen werden, wenn Sie kein Geständnis ablegen. Haben Sie nicht gehört, wie es denen erging, die kein Geständnis abgelegt haben? Sie sind tot!« rief er heftig. »Tot! Hören Sie?« Dann wandte er sich zu dem Wärter, der seinen Schlüsselbund hervorholte und die Tür aufschloß.

»Kommen Sie raus!« rief der Wärter.

Ich trat aus der Zelle. Ich hatte keine Ahnung, was der Mann in der Luftwaffenuniform mit mir vorhatte. Er war schon halbwegs den Korridor hinunter und ging schnellen Schrittes auf den Eingang zu. Ich folgte dem ihm nacheilenden Wärter, aber wir hatten kaum ein paar Schritte getan, als wir über uns einen dumpfen Aufprall hörten. Mehrere Stimmen riefen: »Meldung! Meldung!« Andere schrien: »Kommen Sie schnell! Sie blutet!«

Aus einer anderen Richtung ertönte ein verhaltenes hysterisches Lachen, das zu einem schrillen Schrei anschwoll. Da der Korridor nur matt beleuchtet und voller düsterer Schatten war, nahm die Szene eine makabre Dimension an. Der Wachtposten blieb abrupt stehen, schob mich in die Zelle zurück, verriegelte das Schloß und eilte nach oben.

Ich hörte die Schritte mehrerer Wärter, die zu der Zelle über mir liefen. »Bringt sie raus!« rief der Luftwaffenoffizier, der ebenfalls nach oben geeilt war. »Wie können Sie es wagen, der Diktatur des Proletariats mit Selbstmord zu drohen!« hörte ich ihn brüllen. »Haben Sie gedacht, Sie könnten einem Geständnis entkommen, indem Sie mit dem Kopf gegen die Wand rennen? Diese Tat beweist, daß Sie schuldig sind. Sie werden gnadenlos bestraft werden.«

Ich hörte ein Mädchen schluchzen und stammeln. Schritte entfernten sich. Dann war Stille.

Nach einiger Zeit erschien eine Wärterin und rief zur Nachtruhe auf. Als sie zu mir kam, fragte sie: »Warum stehen Sie hier?«

»Ich warte darauf, zum Verhör gebracht zu werden«, erwiderte ich.

»Heute gibt es kein Verhör mehr. Gehen Sie schlafen!« brummte sie.

Es schien, als hätte man mich in dem allgemeinen Wirbel dort oben vergessen. Ich fragte mich, welch unangenehmes Schicksal mich wohl erwartet hätte, wenn das Mädchen über mir nicht gerade diesen Moment gewählt hätte, um sich den Kopf blutig zu stoßen. Zwar hätte es sich mit dieser Methode nicht umbringen können, aber der Versuch zeigte, wie verzweifelt es war, nachdem es die Ansprache gehört hatte. Selbstmordversuche waren in der Haftanstalt Nr. 1 selten erfolgreich. Ich hatte nur von einem Menschen gehört, dem ein Selbstmord gelungen war: ein junger und begabter Chirurg namens Sung, der Sohn eines stellvertretenden Bürgermeisters von Schanghai. Man erzählte mir, er habe den Griff seiner Zahnbürste auf dem Zementboden messerscharf geschliffen und sich damit die Pulsadern aufgeschnitten. Nach Maos Tod wurde bekannt, daß die Revolutionäre den jungen Arzt ins Gefängnis gesteckt und gefoltert hatten, um ihn dazu zu bringen, seinen Vater zu denunzieren.

Am nächsten Tag erhielten die Gefangenen erst am späten Vormittag etwas zu essen. Die Mahlzeit bestand wie meist aus trockenem Reis und gekochtem Kohl. Am Nachmittag gab es angeschimmelte, gekochte Süßkartoffeln. An den folgenden Tagen wechselten sich diese beiden Gerichte ab. Da ich die Süßkartoffeln weder essen noch verdauen konnte, mußte ich mich mit der Vormittagsmahlzeit begnügen. Nach einiger Zeit wurde der Hunger ein Dauerzustand. Mein Körper magerte zusehends ab, mein Augenlicht ließ nach, und selbst einfache Arbeiten wie die Wäsche erschöpften meine Kräfte.

Einige Wärterinnen verschwanden. Es kamen neue, die die roten

Armbinden der Revolutionäre trugen. Frühmorgens, mittags und abends hörte ich sie im Chor rufen: »Lang lebe unser Großer Führer, der Vorsitzende Mao.« Anschließend trugen sie im Singsang seine Zitate vor. Die Zeitung stellte ein neues Ritual vor, das alle Chinesen zu befolgen hatten: »Bitte morgens um Anweisungen, prüfe am Mittag, ob dein Handeln mit den Lehren des Vorsitzenden Mao im Einklang steht, und erstatte am Abend Meldung.« Wie es schien, mußte dieses Zeremoniell vor einem offiziellen Mao-Porträt absolviert werden. Um Anweisungen zu bitten bedeutete, Passagen aus dem kleinen roten Buch zu lesen, das eigene Handeln zu prüfen und Meldung zu erstatten bedeutete nichts anderes. Kurz: Jeder Chinese mit Ausnahme der Säuglinge mußte dreimal täglich im roten Mao-Buch lesen. Zum Glück war diese absurde Praxis das Privileg der »Massen«. Uns Klassenfeinden im Gefängnis war dergleichen verboten.

Die Militärkontrolle hatte die Disziplin wiederhergestellt. Die Wärter stritten nicht mehr. Auch erschienen sie wieder pünktlich zum Dienst. Die Atmosphäre allerdings war kälter denn je. Die Wärterinnen unterhielten sich nicht mehr untereinander. War eine mit den Gefangenen allein, so schien sie entspannter zu sein. Sobald aber zwei gemeinsam Dienst taten, schienen sie ständig auf der Hut zu sein. Es hatte den Anschein, als fürchtete jede, die andere könnte ihr Verhalten den Militärbehörden melden.

Für die Gefangenen gab es außer neuen Essenszeiten noch weitere Neuerungen. Jeden Morgen mußte sich das ganze Gefängnis Nachrichtensendungen anhören, zunächst vom Zentralrundfunk in Peking und anschließend vom Sender Schanghai. Oft wurden über die Lautsprecher auch langatmige »Belehrungen« verlesen. Dann wieder vernahmen wir die Namen derer, die eine »milde Behandlung« oder »schwere Bestrafung« erhalten hatten, um uns zu Geständnissen zu ermutigen. Wann immer der Lautsprecher in Aktion trat, gingen die Wärterinnen von Zelle zu Zelle, um sich zu vergewissern, daß die Gefangenen auch zuhörten.

Einer der Lautsprecher befand sich direkt vor meiner Zellentür. Der Lärm war ohrenbetäubend. Angesichts der ständigen Kontrollen konnte ich mir nicht einfach die Ohren zuhalten. Am folgenden Sonntag dann bat ich um eine Schere, schnitt mir ein paar Stoffetzen zurecht, rollte sie zu kleinen Bällchen zusammen und verwendete sie als Ohrenstöpsel. Das machte den Lärm erträglicher.

Von Zeit zu Zeit wurde ich von militanten Wärtern, die das Vertrauen der Militärs zu genießen schienen, zur Unterweisung und Befragung in eines der Vernehmungszimmer geführt. Nur ausgewählte Gefangene erhielten eine solche Behandlung, wie ich feststellte. Ob wir nun die verhaßtesten Klassenfeinde waren oder nur die unnachgiebigsten, vermochte ich nicht herauszufinden. Die Wärter nutzten diese Anlässe, um mich wild zu beschimpfen. Sie nannten mich eine »schmutzige Bauern-Ausbeuterin« oder einen »Lakaien der ausländischen Imperialisten«. Sie schmähten mich wegen meiner Herkunft, wegen meiner Arbeit für Shell und wegen meines »Widerstands gegen die Umerziehung«, da ich mein »Verbrechen« nicht gestehen wollte. Sie bombardierten mich mit Fragen, erwarteten aber keine Antworten. Sie erzählten mir, daß man mich bald erschießen würde oder daß ich bis an mein Lebensende in Haft bleiben werde.

Ich fand bald heraus, daß ich nur eines zu tun brauchte: zuzuhören. Die Wärter redeten nämlich unablässig, sobald ich den Raum betreten hatte. Nach mehreren Sitzungen dieser Art dämmerte es mir, daß die Vorstellungen allein dem Zweck dienten, den Wärtern Gelegenheit zu geben, sich als aufrechte Revolutionäre darzustellen. Ich wurde nur als Requisite gebraucht. Ich kam zu dem Schluß, daß selbst die militanten Wärter, die nach außen hin so selbstbewußt auftraten, sich in der Atmosphäre allgemeiner Verdächtigungen, die sich während der Kulturrevolution ausgebreitet hatte, zutiefst unsicher fühlten. Wurden doch selbst langjährige und vertrauenswürdige Parteiführer plötzlich als »heimliche Feinde des Kommunismus« gebrandmarkt, die »die rote Fahne hissen, um sich der roten Fahne zu widersetzen«.

Als ich eines Tages zum Freiluftgang aus dem Frauentrakt trat, sah ich, wie Ex-Direktor Liang und mehrere andere Männer Blumenbeete umgruben. Dieser Anblick überraschte mich nicht. Am Vortag hatte ich in der Zeitung einen Mao-Artikel zu diesem Thema gelesen. Der Vorsitzende hatte gesagt, Blumen und Zierpflanzen seien ein verweichlichender Einfluß, der den revolutionären Geist der Massen untergrabe. Im selben Bericht hieß es auch, daß in Maos eigenem Garten im ehemaligen Kaiserpalast Tschung Nan Hai nur Apfelbäume und Sonnenblumen erlaubt seien, da sie einen wirtschaftlichen Nutzen hätten. Der Personenkult um Mao war in dieser Periode der Kulturrevolution so ausgeprägt, daß jedes seiner Worte, wie unbedeutend es auch sein mochte, befolgt und eifrig in die Tat umgesetzt wurde.

Umgekehrt durfte nichts unternommen werden, wenn Mao nicht den Weg gewiesen hatte.

In der Ferne sah ich, wie Männer und Frauen die Auffahrt fegten und Wassereimer in die Küche trugen. Ihrem Aussehen und ihren eher unbeholfenen Bewegungen nach zu schließen, handelte es sich um die Partei-Intellektuellen der Anstalt, um Leute wie Ex-Direktor Liang, die durch körperliche Arbeit gebessert werden sollten. Mao hatte gesagt, ein Mensch werde um so reaktionärer, je mehr Wissen er besitze, es sei denn, er läutere sich durch harte körperliche Arbeit.

Jahre später erfuhr ich, daß Millionen von Männern und Frauen in der Zeit der Kulturrevolution ihre Arbeitsplätze in den Städten hatten aufgeben müssen, um sich auf dem Land niederzulassen. Dort sollten sie durch körperliche Arbeit umerzogen werden. Den Intellektuellen, die in den Städten bleiben durften, wurden Hilfsarbeiten zugewiesen. So war es allgemein geübte Praxis, daß Ärzte in den Krankenhäusern die Bettpfannen leeren mußten, daß Professoren in den Universitäten die Toiletten reinigten, daß Künstler und Musiker als Maurer und Straßenbauarbeiter beschäftigt wurden. Daneben mußten sie Kampfversammlungen und Schulungskurse besuchen und dabei auch noch Selbstkritik üben. In den Jahren der Kulturrevolution erreichte Maos Kampagne gegen die Intellektuellen ein nie dagewesenes Maß an Grausamkeit. Sie hätte beinahe Chinas traditionellen Respekt vor der Gelehrsamkeit zerstört. In jener Zeit lief jeder, der ein anderes Buch las als die vier schmalen Bände mit Maos Werken, Gefahr, als Mao-Gegner gebrandmarkt zu werden.

Als ich den Gefängnishof erreichte, befahl mir der Wärter, mit bloßen Händen Unkraut zu jäten. Da es Winter war, wuchsen nur ein paar spärliche Pflänzchen an einer geschützten Stelle, die von der Sonne erreicht wurde. Der Boden war jedoch steinhart. Es war äußerst mühselig und zeitraubend, die Pflanzen ohne Hilfsmittel aus dem Boden zu reißen. Als der Wärter zurückkehrte, trat er mit der Fußspitze gegen den kleinen Haufen Unkraut, den ich angesammelt hatte, und brüllte: »Ist das alles, was Sie geschafft haben? Sie haben die Wurzeln nicht ausgegraben.«

»Ich habe nichts, womit ich die Wurzeln ausgraben könnte.«

»Sie haben Hände. Sie können die Wurzeln mit den Fingern ausgraben. Sie sind nur faul!« Wieder versetzte er dem Häufchen Unkraut einen Fußtritt.

Als ich aufstand, wurde mir schwarz vor den Augen, und ich fühlte mich schwindelig. Mit letzter Kraft gelang es mir, hinter dem Wärter herzuschwanken und in die Zelle zurückzukehren.

Auf dem Korridor standen zwei Soldaten. Meine Zellentür war geöffnet. Ich sah, daß in meiner Zelle eine Miliz-Wärterin meine Sachen durchwühlte. Meine Bettlaken und Wolldecken lagen auf dem Boden. Aus meiner Leinentasche nahm sie Kleidungsstücke und warf sie ebenfalls zu Boden. Als sie mich erblickte, stürzte sie sich auf mich, packte mich an der Jacke und zerrte mich in die Zelle.

»Knöpfen Sie Ihre Jacke auf!« schrie sie. Kaum hatte ich sie geöffnet, da riß sie sie mir vom Leib und warf sie zu den anderen Sachen auf den Fußboden. Dann packte sie mich bei den Schultern, schob mich in eine Ecke der Zelle und drehte mich herum, so daß ich mit dem Gesicht zur Wand stand. Zitternd und hustend verharrte ich in dieser Position.

»Ziehen Sie die Hose aus!« brüllte sie, nachdem sie meine Jacke untersucht hatte.

»Bitte, kann ich die Jacke wieder anziehen, bevor ich mich weiter entkleide? Ich habe eine schlimme Erkältung.«

»Sie sind immer noch verweichlicht und verwöhnt. Das Gefängnisleben ist Ihnen nicht bekommen, nicht wahr? Sie haben sich kein bißchen verändert. Ich glaube nicht, daß Sie vor Kälte sterben werden, wenn Sie Jacke und Hose gleichzeitig ausziehen. Ziehen Sie sich aus!«

Ich schniefte und hustete, während sie meine Hose inspizierte. Dann warf sie die Sachen wieder zu Boden und unterzog mich einer Leibesvisitation. Anschließend riß sie das Toilettenpapier von der Wand, das ich über meinem Bett angebracht hatte, wobei sie absichtlich auf meiner Bettwäsche herumtrat. Meiner mühsam gefertigten Augenblende verpaßte sie einen Fußtritt und beförderte sie damit aus der Zelle. Dann schloß sie die Zellentür zu. Ich hörte, wie sie die Tür der Nachbarzelle öffnete und der Insassin zurief: »Kommen Sie her!«

Ich hob Jacke und Hose auf und zog mich an. Dann setzte ich mich auf den Pritschenrand, um mich zu beruhigen. Ich wartete, bis mein Puls sich wieder normalisiert hatte. Erst dann begann ich, meine Sachen aufzuheben und sie zu säubern, so gut es ging. Als ich am nächsten Tag meine Reisration bekam, verwendete ich einen Teil davon, um wieder eine Paste anzurühren und neues Toilettenpapier an die Wand zu kleben. Ich entschloß mich zu diesem Opfer, obwohl ich eigentlich jedes Reiskorn für mein Überleben brauchte.

Die Durchsuchung der Zellen wurde zur Routine. Sie erfolgte in unregelmäßigen Abständen seitens der neuen militanten Wärterin oder ihren Nacheiferern unter dem Gefängnispersonal. Ich mußte meinen Wandschutz aus Toilettenpapier viele Male erneuern, ebenso die Augenblende; immer wieder zählte ich die Reiskörner ab, um nicht mehr als unbedingt nötig für meine Paste zu verwenden.

Nachdem ich die ganze Nacht gehustet hatte und wegen schrecklicher Kopfschmerzen nicht hatte schlafen können, kam ich am nächsten Tag kaum aus dem Bett. Ich schleppte mich zur Zellentür und rief: »Meldung!«

Zu meinem Glück war es eine gutmütige Wärterin, die die kleine Klappe öffnete.

»Ich glaube, ich bin krank. Könnte ich den Arzt sprechen?« bat ich.

Die Wärterin brachte mir ein Thermometer und steckte es mir in den Mund. Nach ein paar Minuten nahm sie es heraus, warf einen Blick darauf und sagte: »Sie haben Fieber. Ziemlich hohes sogar.« Sie gab mir zwei Aspirin und riet mir, viel Wasser zu trinken. Ich wartete auf den Arzt, aber er kam nicht. Kurz vor Dienstschluß der Wärterin fragte ich sie erneut nach dem Arzt.

Nach kurzem Zögern sagte sie: »Der Arzt ist aufs Land gegangen, um durch körperliche Arbeit umerzogen zu werden. Ich weiß nicht, wann man ihm die Rückkehr erlaubt. Vielleicht nimmt ein anderer seine Stelle ein. Melden Sie sich morgen wieder. Wenn Sie sich unwohl fühlen, können Sie jetzt schon zu Bett gehen.«

Sie gab mir zwei weitere Aspirin-Tabletten.

Es war gut, mich hinlegen zu können, aber meine Kopfschmerzen waren mörderisch. Als mein ganzer Körper von kalten Schauern geschüttelt wurde, wußte ich, daß mein Fieber weiter stieg.

Ich hörte die Wärterin des Nachtdienstes kommen und vernahm ihren Gruß »Lang lebe unser Großer Führer, der Vorsitzende Mao«. Sie schritt sogleich den Korridor ab, um die Häftlinge zu inspizieren.

»Was? Sie liegen schon im Bett? Sie wissen, wie man es sich bequem macht, was? Aufstehen! Noch ist nicht Schlafenszeit«, rief sie, als sie vor meiner Zellentür stand. An ihrer Stimme hörte ich, daß es die Wärterin war, die am Vortag meine Zelle durchsucht hatte.

»Ich bin krank. Die Wärterin, die vor Ihnen Dienst tat, hat mir gesagt, ich solle ins Bett gehen.« Ich hatte mir vorgenommen, im Bett zu bleiben. Wenn sie mich raushaben wollte, würde sie Gewalt anwenden müssen. Doch sie machte sich nicht die Mühe, die Zelle zu betreten. Kurz darauf hörte ich, wie sie ein Stockwerk höher eine andere Gefangene beschimpfte.

Am nächsten Tag kam ein junger Mann an meine Zellentür – die Antwort auf meine Bitten um medizinische Betreuung. Nachdem ich ihm von meinem Fieber berichtet und gesagt hatte, daß ich schon seit fast zwei Monaten unter Hustenanfällen litt, erklärte er: »Sie haben wahrscheinlich Hepatitis. Wir haben hier ziemlich viele Fälle davon. Ich werde Ihnen eine Blutprobe abnehmen.«

Ich war verblüfft. Jeder Laie konnte sehen, daß ich eine Bronchitis hatte, wenn nicht gar eine Lungenentzündung, aber keine Hepatitis, die ganz andere Symptome hatte. Was für ein »Arzt« war dieser junge Mann? Ich schaute durch die Türklappe, um ihn mir anzusehen, und erblickte einen jungen Burschen, der nicht älter als zwanzig war. Er trug Armeeuniform. Mir war klar, daß er kein Arzt sein konnte, sondern einfach mit diesem Posten betraut worden war. Mao Tse-tung hatte nämlich gesagt: »Wir müssen schwimmen lernen, indem wir schwimmen.« Mit dieser Begründung waren ungelernte Arbeiter auf qualifizierte Arbeitsplätze gesetzt worden, nur weil sie politisch zuverlässig waren. Der junge Mann befolgte einfach Maos Direktive. Er »lernte Arzt zu sein, indem er Arzt war«.

In jener Zeit erschienen in der Zeitung viele Berichte über Fälle, in denen ungelernte Krankenhauskulis angeblich mit Hilfe von Maos Zitaten erfolgreiche Operationen durchgeführt hätten. Bei solchen Operationen blieben die Revolutionäre im Operationssaal, um sich mit eigenen Augen von der Magie der Worte Maos zu überzeugen, während der ungelernte »Arzt« sich mit dem Patienten abmühte. Wenn aber Mao selbst oder einer der anderen radikalen Parteiführer einen Arzt brauchte, zogen ihre Hausärzte Experten hinzu, die vor der kommunistischen Machtübernahme an westlichen Universitäten ausgebildet worden waren. Diese Ärzte wurden mit Sondermaschinen nach Peking geflogen oder in aller Hast vom Land geholt, wo sie harte Zwangsarbeit verrichteten.

Der junge »Arzt« brachte mich in den Aufenthaltsraum der Wärterinnen. In dem von einem Ofen beheizten Zimmer bekam ich wieder einen klaren Kopf. Das Zittern hörte auf. Nachdem der junge Mann seine Instrumente ausgepackt und eine Spritze hervorgeholt hatte, forderte er mich auf, die Jacke auszuziehen und den linken Ärmel meiner

Bluse aufzukrempeln. Dann stach er mir die Nadel in den Arm, konnte aber meine Vene nicht finden. Nach mehreren Anläufen bildete sich unter der Haut ein Bluterguß, und mein Arm begann heftig zu schmerzen. Der junge Mann war sichtlich nervös. Schweißperlen traten ihm auf die Stirn, und seine Hand zitterte.

Mit tat der arme Bursche leid. Man hatte ihm eine Arbeit zugeteilt, der er nicht gewachsen war. Irgendwie mußte ich ihn beruhigen. Würde mir das nicht gelingen, so konnte es leicht passieren, daß er meinem Arm noch Unheil zufügen würde.

»Ich habe sehr dünne Venen. Es fällt allen Ärzten schwer, mir Blut abzunehmen«, sagte ich, um ihm Selbstvertrauen zu geben und auf diese Weise zu einer ruhigen Hand zu verhelfen. Er sah mich mit einem Anflug von Dankbarkeit an und versuchte es nochmals, während ich den Atem anhielt. Schließlich gelang es ihm, die Vene zu lokalisieren und mir Blut abzunehmen.

Es vergingen mehrere Tage; mein Fieber stieg so hoch, daß ich die Kälte in der Zelle nicht mehr spürte. Die Wärterin befahl mir, im Bett zu bleiben. Zweimal am Tag durfte das junge Mädchen, das eine Arbeitsstrafe verbüßte, zu mir kommen, allerdings nur unter den aufmerksamen Augen der Wärterin, die an der offenen Tür stehenblieb. Es brachte mir Reisbrei und heißes Trinkwasser. Ich schlief zumeist und befand mich in einer Art Dämmerzustand. Ich träumte phantastische Träume, in denen ich durch das vergitterte Fenster herein- und hinausströmen konnte, als wäre ich ein ätherischer Geist.

Eines Morgens erschien der junge Mann wieder und sagte: »Sie haben keine Hepatitis. Es ist wahrscheinlich Tb. Viele Gefangene haben Tb. Ziehen Sie sich an. Sie dürfen ins Krankenhaus, um sich röntgen zu lassen.«

Obwohl ich sicher war, keine Tuberkulose zu haben, begrüßte ich die Aussicht, ins Krankenhaus zu kommen. Am Nachmittag kam eine Wärterin und holte mich ab. Ich hatte das Gefühl, gummiweiche Beine zu haben, und fühlte mich sehr schwach. Die Wärterin blieb jedoch ruhig und drängte mich nicht, schneller zu gehen. Am Eingang des Frauentrakts stand ein Wachtposten mit Handschellen. Die Wärterin schüttelte den Kopf und flüsterte: »Zu krank.« Ich wußte nicht, ob sie damit meinte, ich sei zu krank, um zu flüchten, und brauche daher keine Handschellen, oder ob sie einfach Rücksicht auf mich nahm. Jedenfalls steckte der Wärter die Handschellen wieder ein.

Direkt vor dem Tor stand ein schwarzer Jeep. Die Wärterin und ich stiegen ein. Wie anders mir diese Fahrt vorkam als an jenem Abend vor mehr als sechzehn Monaten, als man mich hergebracht hatte! Das Gelände war jetzt in bunte Farben getaucht, und es herrschte fieberhafte Aktivität. Zwischen den Bäumen, die die Auffahrt säumten, hatte man auf langen Holzstäben rote Plakate mit Mao-Zitaten befestigt. Die Zitate handelten von der Unterdrückung der Klassenfeinde und waren in großen gelben Schriftzeichen aufgemalt. Die Plakate waren so angebracht, daß man sie vom Haupteingang aus lesen konnte. Wahrscheinlich sollten die neuen Häftlinge eingeschüchtert werden. Auf einem riesigen Spruchband aus rotem Tuch, das an der Baracke des Wachbataillons hing, standen drei Parolen in weißer Farbe: »Nieder mit den US-Imperialisten«, »Nieder mit den sowjetischen Revisionisten« und »Wir müssen Taiwan befreien«. An hölzernen Pfählen waren drei Puppen in westlicher Kleidung festgebunden. An ihre Jacken hatte man Schilder mit den Namen des Präsidenten der Vereinigten Staaten, des Generalsekretärs der KPdSU und des Führers der Kuomintang auf Taiwan genäht. An diesen Puppen übten Soldaten mit dem Bajonett. Einer nach dem anderen rannte los und stieß sein Bajonett in eine der Puppen. Jedesmal brüllten die umstehenden Kameraden: »Töte!«

Unter dem bedeckten Himmel waren die Straßen Schanghais fast menschenleer. Auf der langen Fahrt quer durch die Stadt zum Gefängniskrankenhaus in Ti Lan Tschiao sah ich nur wenige Menschen, die, in ihre dicken Winterjacken gehüllt, auf den Bürgersteigen gegen den scharfen Nordwind ankämpften. Ich fühlte mich sehr elend, aber ich hatte die Straßen der Stadt so lange nicht gesehen und wollte mit letzter Kraft versuchen, die durch die Kulturrevolution bewirkten Veränderungen einzufangen. Irgendwie hoffte ich, daß mir das, was ich zu sehen bekam, einen Hinweis darauf geben würde, wie es Meiping unter den neuen Verhältnissen erging.

Überall sah ich Zeichen der Zerstörung: ausgebrannte Gebäude mit geschwärzten Fensterkreuzen, entwurzelte Bäume, verlassene Fahrzeuge. Abfälle wirbelten im Wind herum. Graue, gebückte Gestalten wühlten in Mülleimern. Die Verkehrsampeln funktionierten nicht. Auf die Fassaden waren politische Parolen und Mao-Zitate gepinselt. Auch die Busse und Lastwagen waren voll davon. Mitunter waren Sprüche mit Kreide auf das Straßenpflaster gekritzelt worden. Ich sah keine Polizeibeamten, dafür bewaffnete Soldaten, die auf den Straßen patrouillierten. Wir kamen an mehreren Lastwagen vorbei, auf deren Ladeflächen behelmte Revolutionäre saßen. Sie waren mit Eisenstangen bewaffnet und skandierten Parolen. Wahrscheinlich waren sie unterwegs, um gegen irgendwelche rivalisierenden Gruppen revolutionär vorzugehen. An wichtigen Straßenkreuzungen waren auf Holzgestellen überlebensgroße Mao-Porträts angebracht worden, auf denen der alte Mann jung, gesund und wohlbeleibt (in China ein Zeichen von Gesundheit) aussah. Diese Bilder standen in absurdem Kontrast zu den abgemagerten und blassen Passanten, die teilnahmslos an ihnen vorübereilten.

In Ti Lan Tschiao, einem Vorort von Schanghai, liegt das Hauptgefängnis der Stadt. Mit der Zeit waren die drei Schriftzeichen von Ti Lan Tschiao zum Synonym für das Gefängnis selbst geworden. Der Gefängniskomplex ist riesig und bedeckt mehrere Morgen Land. Gefangene, die schon die verschiedenen Haftanstalten der Stadt hinter sich hatten und verurteilt worden waren, wurden hierher geschickt. Es gab sowohl politische Gefangene als auch gewöhnliche Kriminelle, die für ein Arbeitslager ungeeignet waren, weil sie für schwere körperliche Arbeit entweder zu krank oder zu alt waren oder weil man ihre besonderen Fähigkeiten in den zahlreichen Werkstätten dieses Gefängnisses besser nutzen konnte. Niemand wußte genau, wie viele Gefangene in Ti Lan Tschiao festgehalten wurden, aber man hörte, daß mehr als zwanzigtausend Männer und Frauen in den verschiedenen Werkstätten arbeiteten. Sie produzierten eine Vielzahl von Gütern, von Knöpfen bis zu primitiven Computern, teilweise auch für den Export.

Das Krankenhaus lag auf dem Gefängnisgelände. Mir fiel auf, daß die Bewachung viel rigoroser war als in der Haftanstalt Nr. 1. Der Jeep passierte zwei Kontrollstellen, an denen die Papiere geprüft wurden, bevor wir durch das von Soldaten bewachte schwere Eisentor weiterfahren durften. Die Wachtposten, die den Jeep gründlich musterten, trugen Revolver am Gürtel.

Das Gefängnisgelände sah äußerst düster aus. Ich konnte keinen einzigen Baum, ja keine einzige Pflanze entdecken. Zu dem Komplex gehörten viele Werkstätten, aus denen ich kreischenden Motorenlärm hörte sowie Vernehmungs- und Verwaltungsgebäude, die mit grellfarbenen Parolen übersät waren, in denen der Klassenfeind angegriffen und harte Arbeit als Mittel der Besserung gepriesen wurde. Am hinteren Ende des Geländes standen sechs, von einem hohen Zaun umschlossene Gebäude, deren Fenster mit schwarzen Brettern halb verdeckt waren, wie ich es von meiner Zelle her kannte. Ich nahm an, daß hier die Gefangenen untergebracht waren.

Die Wärterin führte mich in das Krankenhausgebäude. Die Wände waren mit Parolen, Zitaten und Mao-Porträts bedeckt. Wer immer die Dekorationen angebracht hatte, hatte gründliche Arbeit geleistet; sogar die Fensterscheiben waren mit Maos Gesicht bemalt. Unter manchen dieser Porträts entdeckte ich rote Herzen, die von Pfeilen durchbohrt waren, während neben anderen das chinesische Schriftzeichen für Ergebenheit stand – Tschung.

Der Wartesaal des Krankenhauses läßt sich nur als eine Szene aus der Hölle beschreiben, obwohl hier niemand von wilden Tieren gefressen, in einem Höllenfeuer verbrannt oder in einem brodelnden Meer ertränkt wurde. Es war eine Hölle des Elends und des stummen Leidens. Der Saal war voller ausgezehrter, zerlumpter Gestalten, auf deren verlorenen Gesichtern ich Schmerz und Agonie las. Diese Menschen warteten geduldig auf das Ende. Ob nun Krankheit oder Hunger oder beides sie so zugerichtet hatte, jedenfalls schienen sie alle über das Stadium hinaus zu sein, in dem ein Arzt ihnen noch hätte helfen können. Ich hatte schon von der hohen Sterblichkeit in Ti Lan Tschiao gehört. Jetzt bekam ich einige der Fälle zu Gesicht, die schon bald in der nächsten Statistik auftauchen würden.

Neben den zusammengesunkenen Gestalten auf den Holzbänken lagen andere, in Flickendecken gehüllt, auf schmutzigen Leinentragen, die auf dem Zementboden aufgereiht waren. Unmittelbar neben dem Platz, auf den ich mich setzen sollte, lag ein kahlköpfiger alter Mann. Das einzige Lebenszeichen, das ich an ihm entdeckte, waren schnelle und kurze Atemstöße durch seinen halboffenen Mund. Im übrigen schien er schon tot zu sein, mit tief in den Höhlen liegenden, geschlossenen Augen und einem wächsern wirkenden Gesicht.

Alle Fenster waren geschlossen. Die Luft, die nach einer Mischung aus Desinfektionsmitteln und Verwesung roch, war stickig und fast unerträglich. Ich schloß die Augen, um mir den deprimierenden Anblick zu ersparen, und versuchte die Luft anzuhalten, während ich darauf wartete, an die Reihe zu kommen.

»1806!« Eine Krankenschwester in einem Kittel, der wohl einmal weiß gewesen war, durch Abnutzung und häufiges Waschen aber ein schmuddeliges Grau angenommen hatte, stand in der Tür des Wartesaals und rief mich auf.

Ich folgte ihr in den Behandlungsraum, in dem die Wärterin, die mich hergebracht hatte, mit einer Ärztin mittleren Alters sprach. In der Mitte des großen Raums erblickte ich einen Ofen, auf dem ein Kessel mit kochendem Wasser stand. Um den Ofen herum standen kleine Tische, hinter denen die Ärzte saßen und ihre Patienten untersuchten. An althergebrachte chinesische Sitten wurde keinerlei Konzession gemacht. Männer und Frauen zogen sich vor aller Augen aus, und die Fragen und Antworten von Ärzten und Patienten konnten von jedem mitgehört werden. Damals führte ich diese rüde Praxis darauf zurück, daß Strafgefangene nicht als Menschen galten. Nach meiner Entlassung fand ich jedoch heraus, daß während der Kulturrevolution alle Krankenhäuser Schanghais auf einen ähnlich miserablen Standard herabgesunken waren.

Während ich mir noch fieberhaft überlegte, wie ich reagieren sollte, falls die Ärztin mich auffordern würde, mich auszuziehen, reichte sie mir ein Thermometer. Ich steckte es in den Mund. Zum Glück war das alles, was sie von mir wollte. Während sie das Thermometer betrachtete, sagte sie zu der Wärterin: »Sie sollte lieber ein paar Tage hierbleiben. Sie hat sehr hohe Temperatur. Die Krankenstation liegt im fünften Stock. Es ist besser, wenn sie nicht allein geht. Sie sollte auf einer Trage hingebracht werden.«

»Bitte lassen Sie mich zu Fuß gehen«, flehte ich sie an. Schon die bloße Vorstellung, auf einer dieser schmutzigen Tragen zu liegen, war mir unerträglich.

Die Ärztin hatte tiefe Falten im Gesicht und ergrauendes Schläfenhaar. Ihre sanften Augen blickten freundlich und verständnisvoll. Vielleicht erkannte sie, wie ungern ich mit einer Trage in Berührung kommen wollte, denn sie sagte zu der Wärterin: »Sie können den Personalfahrstuhl benutzen. So geht es schneller, als wenn Sie auf eine Trage warten. Sie ist wirklich sehr krank, vermutlich Lungenentzündung.«

Die Wärterin fuhr mit mir in den fünften Stock. Nachdem sie mir eingeschärft hatte, mit keinem Menschen über meinen Fall zu sprechen, erklärte sie mir, Waschschüssel und Handtuch würden mir mit dem nächsten Krankentransport von der Haftanstalt Nr. 1 gebracht werden. Dann übergab sie mich einem jungen Mädchen, dessen weißes Abzeichen erkennen ließ, daß es eine Arbeitsstrafe verbüßte.

Die Krankenstation war ein kleiner Raum mit nur fünf Betten. Die beiden Betten an der Tür waren von zwei Frauen belegt. Ich erhielt eines an der hinteren Wand, die beiden übrigen waren unbelegt. Das junge Mädchen forderte mich auf, mich auszuziehen und hinzulegen.

Wie wohl es tat, meinen fiebernden und schmerzenden Körper wieder auf einem richtigen Bett auszustrecken! Die ungebleichten Kattun-Laken waren grob, doch einigermaßen sauber. Der Raum war eiskalt, aber ich hatte wenigstens eine dicke Wolldecke erhalten. Ich zog Jacke und Hose aus und legte mich in Pullover und langer Unterhose nieder. Das Mädchen brachte mir noch eine zweite Decke und legte sie quer übers Bett. Nach kurzer Zeit schlief ich ein.

An den folgenden Tagen glitt ich zwischen Benommenheit und Bewußtlosigkeit hin und her, nahm gelegentlich meine Umgebung wie aus weiter Ferne wahr, verharrte aber meist in einer Traumwelt. Als ich ganz allmählich wieder zu mir kam, merkte ich, daß man mir den Arm ans Bett gebunden hatte. In meiner Vene steckte eine Nadel, die durch einen langen Gummischlauch mit einer an einem hohen Ständer hängenden Flasche verbunden war. Ich wurde künstlich ernährt. Das junge Mädchen mit der Arbeitsstrafe schob mir ein Thermometer in den Mund, um meine Temperatur zu messen. Als sie sah, daß ich aufgewacht war, band sie meinen Arm los, zog die Nadel heraus und schob die Apparatur fort. Obwohl ich das Gefühl hatte, wieder bei vollem Bewußtsein zu sein, fühlte ich mich schläfrig und matt.

Nach einiger Zeit brachte mir das junge Mädchen eine Schüssel mit einer dampfenden Flüssigkeit. »Trinken Sie das!« sagte sie.

Obwohl mein Arm steif war, vermochte ich die Schüssel einigermaßen festzuhalten. Ich hob den Kopf leicht an und schlürfte die Flüssigkeit. Sie schmeckte eigenartig. Dann wurde mir klar, daß es Sojabohnenmilch mit ziemlich viel Zucker war. Da ich schon lange keinen Zucker mehr gegessen hatte, hatte ich seinen süßen Geschmack nicht gleich wiedererkannt.

Ich fühlte mich jetzt viel besser. Das Schwindelgefühl hatte sich gelegt, und ich hatte einen klaren Kopf. Ich legte die Hand auf die Stirn. Sie fühlte sich kühl und schweißnaß an. Das Mädchen kehrte mit einer kleinen Spritze zurück, die mit einer milchigen Flüssigkeit gefüllt war, und befahl mir, mich auf die Seite zu legen. Ich nahm mich zusammen, da ich mich an den jungen Soldaten erinnerte, der Arzt gespielt hatte. Ich spürte aber keinen Schmerz, denn das Mädchen gab mir die Injektion schnell und sachkundig. Es hantierte und bewegte sich wie eine richtige Krankenschwester, die sich ihrer Qualifikation bewußt ist. Ich war sicher, daß diese junge Frau tatsächlich einmal Krankenschwester gewesen war, und fragte mich mit einem Gefühl tiefer Traurigkeit, was wohl dazu geführt hatte, daß sie in einem Gefängniskrankenhaus Zwangsarbeit leisten mußte.

Als Abendessen brachte sie mir eine Schale mit weichgekochtem Reis und einen Teller mit Gemüse, auf dem ein gelber Fisch lag, der mit Zwiebeln und Knoblauch in Öl und Sojasauce gekocht worden war. Er war nur klein, nicht länger als fünfzehn Zentimeter, aber er schmeckte köstlicher als irgend etwas, woran ich mich erinnern konnte. Ich aß alles auf. Meine Toilettensachen lagen auf einem Stuhl neben dem Bett. Unter dem Stuhl stand ein Nachttopf. Ich schaffte es, aus dem Bett zu steigen und mich zu waschen, was mir ein großes Bedürfnis war.

Nachdem das junge Mädchen die leeren Teller und Schüsseln abgeholt hatte, schloß ein Soldat die schwere Stahltür des Krankenzimmers zu und verschwand. Eine meiner Zimmergenossinnen kam sogleich herüber, um mit mir zu plaudern.

»Sie sind sechs Tage bewußtlos gewesen. Die haben schon gedacht, Sie würden sterben. Geht es Ihnen jetzt besser?« Die Frau war dünn wie ein Strich, hatte hohle Wangen, eine farblose, ausgetrocknete Haut, aber brennende, strahlende Augen. Ihre wattierte Jacke war voller Flecken. Die Frau sah aus, als wäre sie schon über sechzig, aber ihre Stimme klang wie die einer Dreißigjährigen. Sie flüsterte und blickte ständig zur Tür.

Ich nickte und lächelte sie an. Ich freute mich, Gesellschaft zu haben, fühlte mich aber für eine Unterhaltung immer noch zu schwach. Sie setzte sich auf meine Bettkante.

»Sind Sie jetzt erst ins Ti Lan Tschiao verlegt worden? Wann hat man Sie verurteilt?« fragte sie.

Ich erinnerte mich an die Warnung der Wächterin, über meinen Fall mit keinem Menschen zu sprechen. So sagte ich nichts, sondern lächelte nur.

»Haben Sie keine Angst. Ich werde Sie nicht melden. Wir Häftlinge müssen uns gegenseitig schützen, verstehen Sie?« fuhr die Frau fort. Nach einer kurzen Pause fragte sie: »Haben Sie Tb? Dies ist eine Tb-Station. Darum bekommen wir auch besseres Essen. Ich muß aber morgen schon wieder in die Zelle zurück, da ich kein Blut mehr huste. Sobald sich mein Zustand wieder verschlimmert, bringen sie mich wieder her, lassen mich ausruhen und behandeln mich mit Streptomycin-Spritzen. Sie geben sich keine Mühe, uns gesund zu machen, aber sterben lassen sie uns auch nicht«, seufzte sie.

»Es tut mir leid zu hören, daß Sie Tb haben.« In mir regte sich tiefes Mitgefühl für sie.

»Hier bekommt früher oder später fast jeder Tb. Das läßt sich gar nicht vermeiden. Wir stecken uns gegenseitig an. Zwanzig Menschen in einer Zelle, die eng nebeneinander schlafen, wie soll man da verschont bleiben? Und dazu das schlechte Essen und die harte Arbeit!«

»Sie arbeiten? Was machen Sie denn?« fragte ich neugierig.

»Ich nähe. Zehn Stunden und mehr am Tag und sechs Tage pro Woche nähe ich Knöpfe an und mache Knopflöcher in Strickjacken. Die sind für den Export bestimmt, so daß die Arbeit gut sein muß. Damit verdiene ich mir ein paar Jüan im Monat für Seife und Toilettenpapier. Mein Mann kann es sich nicht leisten, mir Geld zu schicken. Wir haben drei Kinder.« Es deprimierte sie sichtlich, über sich selbst zu sprechen. Sie senkte den Kopf und war den Tränen nahe, blieb aber an meiner Seite sitzen. Ich hatte das Gefühl, daß sie jemanden brauchte, mit dem sie sich aussprechen konnte. Was mich betraf, so fand ich ihre Nähe nach meiner langen Einzelhaft auf seltsame Weise tröstlich.

»Ich war Buchhalterin in einer Fabrik, in der mein Mann als Techniker arbeitete«, fuhr sie fort. »Es war eine gute Arbeit, aber ich habe sie leichtfertig aufs Spiel gesetzt.«

»Haben Sie Geld unterschlagen?«

»Nein, nichts in der Richtung. Ich habe unseren Parteisekretär kritisiert. Bei einer Säuberungskampagne gegen Konterrevolutionäre von 1956 hat mich jemand angezeigt. Ich wurde denunziert, aber ich wehrte mich. Statt mich beim Parteisekretär zu entschuldigen, machte ich alles nur noch schlimmer. Ich war damals noch so unerfahren! Der Parteisekretär war wütend und setzte mich auf die Liste der Konterrevolutionäre. Ich wurde verhaftet und zu zwölf Jahren verurteilt.«

»Konnten Sie denn nicht Berufung einlegen? Kritik an einem Parteisekretär ist kein gravierendes Vergehen. Zwölf Jahre sind ein sehr hartes Urteil.«

»Was hätte es für einen Sinn gehabt? Ein Berufungsgericht hätte den Fall doch nur wieder an den Parteisekretär zurückverwiesen. Das

Sicherheitsbüro arbeitet immer mit den Parteisekretären zusammen. Sie kennen doch das Sprichwort: ›Eine Krähe hackt der anderen nicht das Auge aus‹.«

»Sie sind schon sehr lange hier. Das Schlimmste liegt hinter Ihnen. Sie werden bald wieder bei Ihrer Familie sein«, versuchte ich sie zu trösten.

»Jetzt ist es nicht mehr lange hin. Ich hoffe, daß meine Kinder mich noch wiedererkennen und daß sich mein Mann nicht mit einer anderen Frau eingelassen hat.«

»Kommen sie denn an den Besuchstagen nicht her?« Ich wußte, daß jeder, der als Verurteilter im Ti Lan Tschiao-Gefängnis saß, einmal im Monat von einem Familienangehörigen besucht werden durfte. Gefangene, die lange ohne Prozeß in Haftanstalten gesessen hatten, legten oft sogar falsche Geständnisse ab, um verurteilt zu werden und auf diese Weise ihre Familienangehörigen wiederzusehen.

»Nein, ich habe sie nach meiner Verurteilung gebeten, die Beziehung zu mir abzubrechen. Das war der einzige Weg, um sicherzustellen, daß mein Mann seine Arbeit behielt, und um die Kinder zu schützen. Sie wissen doch, wie schlecht man die Familien von Konterrevolutionären behandelt. Mein Mann und ich lieben uns sehr. Unsere Heirat ist nicht von unseren Eltern arrangiert worden. Als ich ihn bat, sich von mir scheiden zu lassen und mich nicht mehr zu besuchen, weinte er sehr und versprach mir, nur zum Schein auf die Scheidung einzugehen und auf mich zu warten.«

Sie tat mit furchtbar leid, aber mir fiel nichts ein, womit ich sie hätte trösten können. Wieder saß sie gedankenverloren da. Nach einer Weile wechselte sie das Thema.

»Sie haben Glück, diese nette Ärztin zu haben. Sie ist hochqualifiziert und hat an einer weltberühmten Universität in den USA studiert, wie ich gehört habe. Sie ist sehr freundlich und fürsorglich. Als ich herkam, war sie noch eine Gefangene wie wir. Nach ihrer Entlassung kehrte sie zurück, um hier zu arbeiten. Wie ich hörte, hat sie sich freiwillig gemeldet. Wenn man lange hier gewesen ist, ist es sehr schwer, draußen wieder Fuß zu fassen. Die Menschen wollen mit Ex-Häftlingen nichts zu tun haben. Die Vorgesetzten wagen es nicht, einem eine anständige Arbeit zu geben, und es gibt keinerlei Aussicht auf Beförderung. Man ist gezeichnet, man wird zur Zielscheibe von Beleidigungen und Kritik. Einmal Konterrevolutionär, immer Konterrevolutionär. Man muß im Gefängnis dafür leiden und hinterher auch noch. Und auch die Familie hat zu leiden. Ich habe erlebt, wie andere in unserer Fabrik so behandelt wurden. Jetzt bin ich auch eine von denen. Manchmal fürchte ich mich davor, wieder in die Welt draußen zurückzukehren.«

Es erschütterte mich bis ins Mark zu hören, daß die Ärztin einmal eine Gefangene gewesen war. Es wäre mir nicht im Traum eingefallen, hinter ihrem freundlichen Gesicht eine so traurige Geschichte zu vermuten, aber tatsächlich war mir ein ganz besonderer Ausdruck in ihren Augen aufgefallen, der mehr als Freundlichkeit und Verständnis ausstrahlte. Mir kam es vor, als hätte sie ein ganz eigenes Wissen um das Leben, das sie zutiefst weise und tolerant machte.

Die Frau merkte wohl, daß ich dem Schicksal der Ärztin nachhing, denn nach einer Pause fuhr sie abrupt fort: »Sie kehrte aus dem Ausland zurück, nachdem die Volksregierung an patriotische Chinesen in den USA appelliert hatte, in die Heimat zurückzukehren und ihrem Volk zu dienen. Soviel ich weiß, hatte sie dort eine gute Stellung. Sie gab sie jedoch auf und kehrte zurück. Als ich sie zum erstenmal sah, sprach sie immer noch ganz offen wie eine Ausländerin. Kein Wunder, daß sie Schwierigkeiten bekam.«

Anfang der fünfziger Jahre hatte die chinesische Volksregierung in aller Stille eine Kampagne begonnen, bei der Sympathisanten und Agenten unter den Auslandschinesen beauftragt wurden, in den USA lebende chinesische Intellektuelle zur Rückkehr nach China zu bewegen, um »beim nationalen Wiederaufbau zu helfen«. Der wahre Zweck der Kampagne war ein anderer: Es sollten Physiker angelockt werden, die China helfen konnten, die Atombombe zu bauen. Die Kampagne wurde jedoch bewußt allgemein angelegt, um von den wahren Absichten Pekings abzulenken. Man appellierte an die patriotischen Gefühle aller chinesischen Intellektuellen im Ausland, vor allem aber der in den USA lebenden. Angehörige der verschiedensten Berufe ließen sich überreden. Sie gaben attraktive Stellungen und einen guten Lebensstandard auf, um dem Ruf des Vaterlands zu folgen. Dort mußten sie dann feststellen, daß man sie eigentlich gar nicht haben wollte. Das tiefsitzende Mißtrauen kommunistischer Parteifunktionäre gegen jeden, der »Auslandsverbindungen« besaß, sowie ihr Vorurteil gegen alle Intellektuellen machten den Heimkehrern das Leben schwer. Da die angespannten Beziehungen zwischen Washington und Peking ihnen die Rückkehr in die USA unmöglich machten, mußten sie mit den Verhältnissen in China zurechtkommen, so gut es eben ging. Ein paar Glückliche schafften es, nach Hongkong zu entkommen. Die meisten blieben in China und akzeptierten jede Arbeit, die die Partei ihnen zuteilte. Viele wurden im Verlauf der verschiedenen politischen Kampagnen verfolgt, vor allem bei der gegen Rechtsabweichler von 1957. Wer es geschafft hatte, bis 1966 zu überleben, wurde nun unbarmherzig im Netz der Proletarischen Kulturrevolution gefangen. Nur die Physiker, die an Chinas Kernwaffenprogramm arbeiteten, wurden von Ministerpräsident Tschou En-lai geschützt. Es war ein trauriges Kapitel der Mißachtung der Menschenrechte und ein weiteres Beispiel dafür, wie schnell die Kommunistische Partei Chinas bereit war, einzelne Menschen für politische Zwecke zu opfern.

So saßen wir schweigend im Krankenzimmer, jede in eigene Gedanken versunken. Die dritte Patientin im Raum begann jetzt zu stöhnen und zu husten. Als wir draußen eine Tür aufgehen hörten, wurde die Frau auf meiner Bettkante nervös. Sie sagte mir rasch gute Nacht und schlüpfte in ihr Bett.

Ich lag hellwach. In Gedanken war ich bei Meiping. Wo mochte sie sich im Augenblick aufhalten? Ging es ihr gut? Kam sie mit den komplizierten Gegebenheiten der Kulturrevolution zurecht? Ich betete zu Gott, er solle sie leiten und beschützen.

Am nächsten Morgen versuchte ich aufzustehen. Ich war immer noch sehr schwach, und mein Herz pochte wild, als ich im Zimmer umherging. Von nun an machte ich jeden Tag ein paar Schritte mehr, bis ich mich mühelos im Zimmer bewegen konnte. Da ich nahrhafte Speisen und stärkende Medikamente erhielt, kam ich allmählich wieder zu Kräften.

Bald waren wir nur noch zu zweit. Meine Zimmergenossin war sehr krank und verließ nie das Bett. Wenn ich mich ihr näherte, blieben ihre Augen geschlossen. Sie schien sich meiner Gegenwart gar nicht bewußt zu sein. Neben ihrem Kopfkissen stand ein Napf, halbvoll mit Speichel und Blut. Ihr Gesicht sah aus wie altes Pergament. Sie lag völlig reglos da und bewegte sich nur bei einem ihrer Hustenanfälle. Bei den Mahlzeiten wurde sie von dem jungen Mädchen gefüttert.

Ich stellte dem Mädchen, unserer Pflegerin, nie Fragen, und sie fand auch nicht den Mut zu sprechen. Wir lächelten uns aber immer wieder an, um uns unserer freundschaftlichen Gefühle füreinander zu versichern. Während sie mir nahrhaftes Essen brachte, fiel mir auf, daß sie selbst nur den üblichen Reis mit Kohl oder Süßkartoffeln bekam. Sie war ärmlich gekleidet und schien ewig erkältet zu sein. Ihre Lippen waren blau, und ihre Schultern waren ständig angespannt. Ich wollte ihr einen Pullover borgen. Als sie ins Zimmer trat, reichte ich ihn ihr wortlos, da vor der Tür ein Soldat Wache hielt. Sie hatte jedoch zuviel Angst, ihn anzunehmen. Nervös blickte sie auf die zusammengesunkene Gestalt meiner Zimmergenossin und schob mir den Pullover zurück.

Ein Jahr später, als ich erneut erkrankte und wieder ins Krankenhaus verlegt wurde, war sie nicht mehr da. Ich malte mir aus, daß sie jetzt in einem normalen Krankenhaus in Schanghai arbeitete und mit ihrem kessen Gang und einer Spritze in der Hand fröhlich durch die Korridore schritt, um ihre Patienten zu versorgen.

Nach einer weiteren Woche, als meine Temperatur sich wieder normalisiert hatte, erklärte mir die Ärztin, ich könne wieder in die Haftanstalt Nr. 1 zurückkehren. Sie sprach mit sanfter Stimme. Ihre Augen waren voller Güte, als sähe sie etwas Liebenswertes in mir, dessen ich mir selbst nicht bewußt war. Diese Frau hat etwas von einer Heiligen an sich, dachte ich. Ich glaubte nicht, daß sie nur deshalb im Gefängniskrankenhaus arbeitete, weil sie nach ihrer Haftzeit nicht mit der Außenwelt fertiggeworden wäre. Sie war wohl zurückgekommen, weil sie wußte, daß die Gefangenen sie brauchten. Sie hatte eine Lebensaufgabe gefunden, obwohl ihre Stellung in den Augen ihrer Umwelt weder ehrenvoll noch lohnend war. Sie schien große seelische Kraft zu besitzen. Ihre Leiden hatten sie zu einem besonderen Menschen gemacht.

Wenige Tage später brachte ein Wärter andere Häftlinge ins Krankenhaus und kehrte mit mir zurück in die Haftanstalt Nr. 1.

Fraktionskämpfe

Die Lungenentzündung, an der ich im Winter 1967 litt, markierte den Beginn meines rapiden körperlichen Verfalls. Der anhaltende Mangel an nahrhaftem Essen, an Sonnenschein und frischer Luft machte eine wirkliche Erholung unmöglich und beschleunigte den Alterungsprozeß meines Körpers. Er verringerte zugleich meine geistigen und seelischen Kräfte so sehr, daß es mir zunehmend schwerfiel, mich längere Zeit auf eine Sache zu konzentrieren. Logisches und analytisches Denken bereiteten mir große Anstrengung. Ich begann zu begreifen, warum bittere Not bei den Betroffenen oft einen leeren Blick und lethargische Bewegungen hervorruft. Ich war mir bewußt, daß ich jetzt selbst alle die Symptome seelischer und körperlicher Erschöpfung erlebte, die zu einem Zusammenbruch führen können. Die Aussicht, ich könnte meine Fähigkeit zu klarem Denken verlieren, erschreckte mich mehr als die Tatsache, daß mir das Haar büschelweise ausfiel, daß mein Zahnfleisch blutete und daß ich viel Gewicht verloren hatte. Auch psychisch forderte die totale Isolation ihren Tribut. Ich war oft völlig verzweifelt. Manchmal fiel es mir schwer, das miserable Essen hinunterzubringen, obwohl ich völlig ausgehungert war.

Außerhalb der Gefängnismauern blieb die Lage undurchsichtig. Trotz der Militärkontrolle gingen Gewalt und Fraktionskämpfe der Rotgardisten und Revolutionäre bis weit in das Jahr 1968 hinein weiter. Es hatte den Anschein, als wäre Mao nicht mehr in der Lage, seine Anhänger unter Kontrolle zu halten, nachdem er sie einmal von der Leine gelassen hatte. Solange die politische Lage ungeklärt blieb, konnte auch die Haftanstalt nicht zu einem normalen Alltag zurückkehren. Niemand würde sich ernsthaft mit meinem Fall befassen, und ich würde weiter in meiner Zelle sitzen und warten. Die Befürchtung, daß ich sterben könnte, bevor mein Fall geklärt war, wurde allmählich real.

Eines Tages gelang es mir während der morgendlichen Wasserausgabe kaum noch, die gefüllte Waschschüssel von der Türklappe zu ihrem nur knapp einen Meter entfernten Standort zu tragen. Meine Hände zitterten, und mein Herz pochte wild. Meine Beine waren so schwach, daß ich mich hinsetzen mußte, kaum daß ich die Schüssel auf dem Tisch abgestellt hatte.

Während ich keuchend auf der Bettkante saß, um wieder Luft zu bekommen, wurde mir klar, daß ich mich mit körperlichen und seelischen Übungen fit halten mußte, wenn ich die Kulturrevolution überleben wollte. Von meiner Entschlossenheit angestachelt, stand ich abrupt auf. Dunkle Schatten tanzten mir vor den Augen, mir wurde schwindelig, und ich mußte mich wieder setzen. Von jenem Tag an entwickelte ich jedoch eine Reihe von Übungen, die jeden Teil meines Körpers beanspruchten, von Kopf bis Fuß. Ich zwang mich, diese Übungen zweimal am Tag zu absolvieren. Zunächst erschöpfte mich diese Anstrengung, und ich mußte sie durch häufige Erholungspausen unterbrechen. Außerdem mußte ich den Argusaugen der Wärterinnen entgehen, da alle Übungen außer einem fünfminütigen Zellengang nach den Mahlzeiten verboten waren. Trotzdem brachte ich es fertig, täglich zu trainieren, und nach ein paar Monaten hatte ich mich so weit erholt, daß ich mich körperlich und auch seelisch wieder viel besser fühlte.

Um meinen Geist in Schwung zu halten, versuchte ich es zunächst damit, einige von Maos Aufsätzen auswendig zu lernen. Ich glaubte, seine Mentalität so besser verstehen und seine Zitate besser einsetzen zu können, wenn ich wieder einem Vernehmungsbeamten gegenübersaß. Am besten gefiel mir sein Aufsatz über den Partisanenkrieg, in dem er die Bedeutung der Initiative betonte, die man bei jeder sich bietenden Gelegenheit ergreifen müsse. So könne selbst eine kleine Gruppe schlecht ausgerüsteter Partisanen eine gut ausgerüstete Armee besiegen und ihr große Verluste beibringen. Obwohl Mao ein furchtbarer Diktator war, der Millionen von Chinesen umgebracht und mit seinen politischen Kampagnen noch mehr ins Gefängnis gebracht und der die Wirtschaft des Landes mit seiner katastrophalen Wirtschaftspolitik mehrmals an den Rand des Ruins geführt hatte, war er, wie ich trotz allem zugeben mußte, ein brillanter Stratege des Partisanenkriegs. Während mir seine Ausführungen über marxistische Grundsätze oft unausgegoren vorkamen, hielt ich seinen Aufsatz über den Partisanenkrieg für ein Meisterwerk klaren Denkens, das auf der Erfahrung der Volksbefreiungsarmee beruhte. Aber letztlich war es für mich, sein Opfer, doch eine deprimierende Beschäftigung, mehrere Stunden am Tag seine Bücher zu studieren, da mich das ständig an seine böse Macht über mein Schicksal und an meine Unfähigkeit erinnerte, dieser Macht zu entrinnen.

Deshalb wandte ich mich der Dichtung der T'ang-Dynastie zu, mit der ich mich als Schulkind beschäftigt hatte. Es verblüffte mich sehr, daß ich aus den hintersten Winkeln meines Gedächtnisses jetzt Verse ausgraben konnte, die dort jahrzehntelang geruht hatten. Immer wenn ich es geschafft hatte, ein ganzes Gedicht aus der Erinnerung hervorzuholen, hatte ich das Gefühl, etwas Gutes geleistet zu haben. Die unsterblichen Worte der großen T'ang-Dichter halfen mir nicht nur, mein Gedächtnis zu trainieren, sondern versetzten mich auch aus der düsteren Realität der Gefängniszelle in eine Welt der Schönheit und der Freiheit.

Meine hartnäckigen Anstrengungen, mich geistig und körperlich fit zu halten, hatten einen gewissen Erfolg, aber es kamen auch immer wieder Augenblicke, in denen Hunger und Elend mich so niederdrückten, daß ich mich versucht fühlte, den Strohhalm des Überlebens loszulassen. In diesen Zeiten mußte ich zu Auseinandersetzungen mit den Wärterinnen greifen, um meinen Kampfgeist anzuregen.

»Meldung!« Ich ging zur Zellentür und rief mit aller Kraft.

»Was wollen Sie?« Schlurfende Schritte näherten sich meiner Zelle, während die Wärterin vor sich hinmurmelte: »Wie oft muß ich Ihnen noch sagen, daß Sie nicht rufen dürfen.«

»Wie lange muß ich noch warten, bis die Behörden meinen Fall untersuchen? Es ist illegal, einen Unschuldigen ins Gefängnis zu sperren. Es ist gegen die Lehren des Vorsitzenden Mao.« In den Gesammelten Werken Maos war davon zwar nirgends die Rede, aber ich war mir ziemlich sicher, daß die Wärterin, die eine halbe Analphabetin war, Maos Bücher nicht gründlich gelesen hatte.

»Pst! Nicht rufen! Die Behörden werden sich zu gegebener Zeit mit Ihrem Fall beschäftigen. Sie sind nicht die einzige.«

»Aber ich bin schon so lange hier. Ich möchte den Vernehmungsbeamten sehen!« Ich hob absichtlich die Stimme.

»Sprechen Sie leiser! Sie dürfen nicht schreien! Der Vernehmungsbeamte hat zu tun.« Ich wußte sehr wohl, daß es zu jener Zeit überhaupt keinen Vernehmungsbeamten mehr gab. Sie wußte, daß ich es wußte, aber wir hielten beide die Fassade aufrecht.

Im Gefängnis war es ungewöhnlich still. Unsere Stimmen mußten im ganzen Gebäude zu hören sein. Ich wußte, daß die anderen Häftlinge zuhörten, da sie nichts anderes zu tun hatten. Ich wußte auch, daß das Aufbegehren eines Mitgefangenen ihnen vermutlich Spaß machte, so wie es mich stets ermunterte, wenn ich einen anderen Gefangenen den Wärtern Widerworte geben hörte. Das Wissen darum, daß andere Häftlinge meiner Auseinandersetzung mit der Wärterin lauschten, flocht ein Band zwischen ihnen und mir. Ich fühlte mich nicht mehr allein. Ermutigt durch das, was ich für ihre schweigende Zustimmung hielt, unternahm ich einen neuen Anlauf, obwohl mich mein eigenes Geschrei schon zu erschöpfen begann.

»Ich bin unschuldig. Ich habe nie ein Verbrechen begangen. Ich habe nie versucht, mich der Volksregierung zu widersetzen. Sie haben nicht das Recht, einen gesetzestreuen Bürger einfach einzusperren! Ich verlange Rehabilitierung und eine Entschuldigung!« Ich schrie, so laut ich konnte.

»Sind Sie verrückt geworden? Seien Sie still!« Die Wärterin wurde jetzt ihrerseits laut vor Wut.

»Ich bin nicht verrückt. Derjenige, der meine Inhaftierung angeordnet hat, ist verrückt.«

»Wünschen Sie, daß man Sie wegen Ruhestörung bestraft?«

Ich hörte laute Schritte. Eine zweite Wärterin eilte ihr zu Hilfe und fauchte durch die Türklappe: »Sie begehen gerade ein Verbrechen, da Sie ruhestörenden Lärm machen.«

Ohne meine Stimme zu senken, entgegnete ich: »Unser Großer Führer, der Vorsitzende Mao, hat uns gelehrt: ›Legt die Tatsachen auf den Tisch; redet vernünftig.‹ Ich folge nur seinen Anweisungen. Ich bin unschuldig. Ich habe kein Verbrechen begangen. Das werde ich doch wohl sagen dürfen.«

»Kommen Sie raus!«

Die Wärterin schloß die Zellentür auf und führte mich in einen Raum in einem abgelegenen Winkel des Gefängniskomplexes, in dem wir uns weiter anschreien konnten, ohne von den Mithäftlingen gehört zu werden. Ich gab erst auf, als ich zutiefst erschöpft war.

Manchmal hielten meine Kräfte länger als die Geduld der Wärterinnen. Wenn das passierte, griffen sie zu körperlicher Gewalt, um mich zum Schweigen zu bringen. Entweder schlugen sie mich, oder sie traten mir gegen die Beine. Sie nannten mich eine »hysterische Alte« und schimpften über meine »Anfälle«, aber sie erkannten nie den wahren Zweck meiner Provokationen. In den sechseinhalb Jahren meiner Einzelhaft habe ich solche Szenen oft bewußt herbeigeführt. Immer dann, wenn mich tiefe Depression befiel, so daß ich weder schlafen noch essen konnte, suchte ich absichtlich Streit mit den Wärterinnen, um meine inneren Kräfte zu mobilisieren.

Obwohl meine Arme voller Blutergüsse waren und meine Beine bis zum heutigen Tag Narben von den Tritten ihrer schweren Lederstiefel aufweisen, war ich nach diesen Auseinandersetzungen mit den Wärterinnen stets eine Zeitlang guter Dinge und fühlte mich innerlich ruhig. Doch allmählich baute sich in mir die Spannung wieder auf. Ich hatte das Gefühl Kontakt mit anderen Menschen zu brauchen; selbst der Streit mit den Wärterinnen war besser als die totale Isolation. Außerdem ist das Streiten eine aktive Tätigkeit, die viel aufmunternder wirkt als das bloße Ertragen von Härten, das als eine Tugnd der Chinesen gilt. Viele meiner Freunde und Bekannten haben ihre Leiden während der Kulturrevolution mit Hilfe dieser Tugend überlebt. Mit jedoch gab nur das Kämpfen Auftrieb.

Am 6. August 1968, einem besonders schwülen und heißen Sommertag, bekam ich die tägliche Zeitung erst spät. Ich hörte den Wärter, der die Zeitungen in den Frauentrakt brachte, zu der diensthabenden Wärterin sagen: »Sehr wichtige Nachrichten!« Ich fragte mich, worum es sich wohl handeln mochte, mußte jedoch fast bis zur Schlafenszeit warten, bis ich ein Exemplar erhielt. Gleich auf der Titelseite des Blattes las ich unter einer dicken roten Schlagzeile die Nachricht, Mao habe am Vortag den Arbeitern und Bauern, die für die Studenten der berühmten Tsinghua-Universität in Peking Schulungskurse abhielten, einen Korb mit Mangofrüchten geschickt. Die Mangofrüchte seien ursprünglich ein Geschenk des pakistanischen Außenministers an Mao gewesen, als jener China einen offiziellen Besuch abgestattet habe. Die Zeitung berichtete von der Aufregung und dem Jubel der Arbeiter, als man ihnen Maos Geschenk überreicht habe. Sie hätten Mao hochleben lassen und vor Dankbarkeit geweint. Sie hätten Mao-Zitate gesungen und dem Großen Führer ihre Loyalität bekundet.

Obwohl ich nicht wußte, daß Mao einige Tage zuvor die Anführer der Roten Garden zusammengerufen und ihre Gewalttätigkeit kritisiert hatte, erkannte ich sofort die große politische Bedeutung dieser wohlvorbereiteten Aktion. Zweifellos hatte man die Arbeiter und Bauern an die Tsinghua-Universität geschickt, eine der führenden Hochschulen Chinas, weil sich die Roten Garden dort besonders militant gebärdet hatten. Man wollte die jungen Revolutionäre wohl an die Kandare nehmen. Die Tatsache, daß Mao den Arbeitern und Bauern von Tsinghua und nicht den Rotgardisten ein Geschenk machte, war eine deutliche Warnung an letztere, sich den Disziplinierungsmaßnahmen der Arbeiter, die man zu ihrer Zähmung entsandt hatte, nicht zu widersetzen.

In den nächsten Tagen berichtete die Zeitung über die Bildung von »Propagandagruppen«, die im ganzen Land die Lehren Mao Tse-tungs verbreiten sollten. Jeden Tag erschienen Fotos dieser Männer, wie sie in die Universitäten und Schulen hineingingen. Obwohl sich diese Propagandagruppen angeblich aus Arbeitern und Bauern zusammensetzten, befanden sich in ihnen gar keine Bauern und nur wenige Arbeiter. Sie bestanden hauptsächlich aus Militärs in Zivil sowie aus Parteifunktionären, die von Maoisten-Führern wie der Mao-Ehefrau Tschiang Tsching und Verteidigungsminister Lin Piao für loyal gehalten wurden.

Obwohl der kommunistische Totalitarismus in China im Kern eine Militärdiktatur war, hatten Mao und die Partei seit der Machtübernahme 1949 sorgfältig darauf geachtet, die Armee im Hintergrund zu halten und den Eindruck zu erwecken, als regiere das Regime mit zivilen Mitteln der Überzeugung und nicht mit militärischem Zwang. Die politische Indoktrination war das bevorzugte Mittel zur Umerziehung der Bevölkerung. Nur in extremen Fällen von bewaffneten Massenaufständen in entfernten Regionen, in denen ethnische Minderheiten lebten, hatte man Truppen aufgeboten. Auch der jetzige Versuch, mit Hilfe des Einsatzes dieser Propagandagruppen aus »Arbeitern und Bauern« den Widerstand der Rotgardisten zu brechen und so die Ordnung auf zivilem Wege wiederherzustellen, zeigte, wie sehr Mao darauf bedacht war, das behutsam gepflegte Image eines friedfertigen Regimes zu kultivieren.

Während die Rotgardisten also wieder an die Leine genommen wurden, setzte die maoistische Führung in Peking jedoch in den Provinzen und Gemeinden die Bildung von »Revolutionskomitees« – eine neue Bezeichnung für die vormaligen Provinz- und Stadtverwaltungen – sowie neuer Parteisekretariate fort. In der Zeitung erschienen immer wieder Leitartikel, in denen die Hoffnung geäußert wurde, dieser Prozeß könne beschleunigt werden, um für die Einberufung des Neunten Parteikongresses die günstigsten Voraussetzungen zu schaffen. Ich zog daraus den Schluß, daß die Maoisten, die inzwischen die ganze Macht an sich gerissen hatten, ihrer Position durch die Wahl ins Zentralkomitee und ins Politbüro der Partei einen offiziellen Status verleihen und überdies die aus ihren Ämtern verdrängten Funktionäre auch aus der Partei ausschließen wollten, um sich so künftige Widersacher vom Hals zu schaffen.

Die Zeit schleppte sich dahin, und es war wieder Herbst geworden. Mit jedem regnerischen Tag sank die Temperatur weiter. Ich hatte geglaubt, den Verfall meiner Gesundheit durch mein strenges Training gestoppt zu haben. Es war daher ein ziemlicher Schock für mich, als etwas Neues, mich tief Beunruhigendes eintrat. Ich hatte in letzter Zeit bei jeder Monatsregel ungewöhnlich viel Blut verloren. Als der Abstand zwischen den Blutungen immer kürzer und mein Blutverlust immer stärker wurde, so daß bald etwa alle zehn Tage mehrere Tage lang Blut aus meinem Körper tropfte, befiel mich große Angst. Doch eingedenk meiner Begegnung mit jenem ungelernten jungen »Arzt« wagte ich es nicht, um ärztliche Hilfe zu bitten. Wieder einmal befiel mich tiefe Depression; ich hatte oft Alpträume, aus denen ich schweißüberströmt und keuchend erwachte.

Eines Abends im Oktober, als ich noch mit meinen körperlichen Problemen kämpfte, ging die Wärterin wieder von Zelle zu Zelle, um den Häftlingen die Übertragung einer Rede anzukündigen. Über den Lautsprecher hörte ich, wie eine Männerstimme die alarmierende Nachricht verlas, daß das Zentralkomitee unter Vorsitz Maos beschlossen habe, Liu Schao-tschi, den Staatspräsidenten der Volksrepublik China, aus der Partei auszuschließen und aller Funktionen zu entheben.

Liu Schao-tschi, ein langjähriger hoher Parteifunktionär, stand in der Parteihierarchie hinter Mao an zweiter Stelle. Als Mao Anfang der dreißiger Jahre vom chinesischen Sowjet in Tsching Gang Schan aus den bewaffneten Kampf leitete, stand Liu an der Spitze des kommunistischen Untergrunds in den von der Kuomintang gehaltenen Gebieten. Nach 1949, als Mao die Doppelfunktion des Vorsitzenden des Zentralkomitees der Partei und des Staatspräsidenten der Volksrepublik China übernahm, wurde Liu Schao-tschi Generalsekretär der Partei. Die beiden Männer arbeiteten eng zusammen, und keinerlei Anzeichen deuteten darauf hin, daß Liu etwa versuchte, Mao die Macht zu entwinden. Im Gegenteil: Der Begriff »Mao Tse-tung-Denken« wurde von Liu Schao-tschi in seinem Bericht als Parteisekretär auf dem Siebten Parteikongreß von 1945 geprägt. 1960, nach dem Fehlschlag der Kampagne »Großer Sprung nach vorn«, gab Mao das Amt des Staatspräsidenten zugunsten von Liu auf. Damals ging in der chinesischen Bevölkerung das Gerücht um, es habe in der Parteiführung heftige Auseinandersetzungen gegeben; man habe Mao gezwungen, vor mehreren tausend Parteifunktionären eine demütigende Selbstkritik zu üben.

Liu riß in der Wirtschaftspolitik sofort das Ruder herum, um die sich rapide verschlechternde Lage zu bessern. Daß er erfolgreich war, wo Mao versagt hatte, daß er bei Parteimitgliedern und Bevölkerung zunehmend beliebter wurde und Mao an Einfluß und Bedeutung bald in den Schatten stellte, alarmierte den Großen Vorsitzenden zutiefst. Er entwickelte einen ausgeklügelten Plan zur Zerstörung des Mannes, der seine Position bedrohte, denn er befürchtete nicht nur den Verlust alles dessen, woran er geglaubt und wofür er gearbeitet hatte, sondern auch den Verlust seines Platzes in der Geschichte.

Die Große Proletarische Kulturrevolution mag für jeden etwas anderes bedeutet haben, doch im Kern war dieser gigantische Machtkampf, der volle zehn Jahre andauerte, der Wettstreit zweier politischer Richtungen in der Partei, die durch Mao und Liu personifiziert wurden. Die Ironie der Situation lag darin, daß Mao Liu zwar bis in den Tod verfolgte und zur Zeit der Kulturrevolution den Machtkampf gewonnen zu haben schien, daß nach Lius Tod jedoch Deng Hsiao-ping das Land auf den Weg der wirtschaftlichen Liberalisierung führte, den Liu Schao-tschi schon zwanzig Jahre zuvor hatte einschlagen wollen. Deng ging sogar viel weiter, als irgendein Chinese oder westlicher Beobachter sich in den Tagen der Kulturrevolution hätte vorstellen können.

In der vom Zentralkomitee verabschiedeten Resolution wurde Liu als »Verräter, verkappter Agent und räudiger Hund« bezeichnet. Diese Anschuldigung wurde jedoch durch nichts belegt, und dem Opfer wurde, wie im kommunistischen China üblich, nicht erlaubt, sich zu verteidigen. Überdies entsprach es nicht der Legalität, daß das Zentralkomitee und nicht ein Parteikongreß Liu Schao-tschi aus der Partei ausschloß. Mao stand jedoch auf dem Höhepunkt seiner Macht und konnte es sich erlauben, solche Kleinigkeiten zu ignorieren.

Nach der Bekanntgabe der Resolution des Zentralkomitees gegen Liu Schao-tschi wurde die Propagandamaschinerie des Landes auf

Touren gebracht, um ihn zu diskreditieren. Tag für Tag war die Zeitung, die ich im Gefängnis erhielt, voll mit Artikeln, die seine »Verbrechen« anprangerten. Das gravierendste Delikt schien dabei stets zu sein, daß er sich »der Politik des Großen Führers widersetzt« habe. Es wurde auch über Massenversammlungen im ganzen Land berichtet, auf denen die Menschen die Resolution »nachdrücklich und einmütig unterstützten« und »ihrem tiefen Haß auf Liu Ausdruck« gaben. Die inzwischen von den Radikalen kontrollierte Presse hatte offensichtlich die Aufgabe, alle denkbaren Sympathisanten Lius einzuschüchtern und zum Schweigen zu bringen. So erweckte sie zwar den Eindruck, daß ganz China Liu haßte, aber ich wußte, daß das nicht den Tatsachen entsprach, da ich wie so viele meiner Landsleute schon vor langer Zeit gelernt hatte, wie man kommunistische Zeitungen lesen muß. Da ich seit der kommunistischen Machtübernahme in China gelebt hatte, glaubte ich zu wissen, daß vermutlich die meisten nicht in der Partei organisierten Chinesen der Angelegenheit indifferent gegenüberstanden, weil sie weder für Mao noch für Liu etwas Besonderes empfanden, während die Parteimitglieder mit Ausnahme einer kleinen Gruppe von Maoisten durch diese Entwicklung zweifellos in Verlegenheit gebracht wurden, weil sie die häßlicheren Seiten der Parteipolitik offenbarte.

Eines Tages, als die kalten Nordwinde wieder über die Stadt hinwegfegten und ich morgens glitzernden Rauhreif auf den Gitterstäben des Zellenfensters erblickte, kam eine aus »Arbeitern und Bauern« bestehende Propagandagruppe auch in die Haftanstalt Nr. 1, um der militärischen Kontrollkommission bei der Durchführung der Kulturrevolution zu »helfen«. Ihre Ankunft wurde nicht wie einige Zeit zuvor, als die Anstalt unter Militärkontrolle gestellt worden war, über Lautsprecher bekanntgegeben. Beim Hofgang jedoch erblickte ich überall an den Mauern bunte Papierstreifen mit Parolen, die die Propagandagruppe willkommen hießen. Besonders auffallend war ein Slogan, mit dem die Gruppen überall im Lande empfangen wurden: »Die Arbeiterklasse muß bei allem die Führung übernehmen.«

Ein paar Wochen später wurden erstmals seit langem wieder einige Gefangene zum Verhör gebracht. Voller Hoffnung und Erwartung vernahm ich das vertraute Geräusch der schweren Riegel an den Zellentüren. Ich bat die Wärterin um Erlaubnis, einen Brief an die

Propagandagruppe zu schreiben, wobei ich fest mit einer Ablehnung rechnete. Zu meiner Überraschung gab sie mir jedoch ein Blatt Papier, einen Federhalter und ein Tintenfaß. Ich schrieb einen höflichen Brief, in dem ich um eine Prüfung meines Falls bat. Ich verwendete Zitate aus dem kleinen roten Mao-Buch, was inzwischen eine gebräuchliche Methode geworden war, den korrekten politischen Standort unter Beweis zu stellen. Ich entnahm diese Zitate den Zeitungsartikeln. Nachdem ich der Wärterin den Brief überreicht hatte, wartete ich gespannt auf die Fortführung meiner nun schon so lange unterbrochenen Vernehmung.

Eines Tages bekam ich eine heftige Blutung, die auch an meiner Unterwäsche Spuren hinterließ. Ich war gerade dabei, sie zu waschen, als eine Wärterin am Guckloch erschien.

Sie öffnete die Klappe und fragte: »Was ist passiert? Wie ist Ihre Unterhose so blutig geworden?«

»Es ist nur meine Regel.«

»Das ist aber ziemlich viel Blut. Ist das normal?« Sie schloß die Tür auf und betrat die Zelle. Die Kloschüssel war voll mit blutigem Toilettenpapier, das ich mit dem Wasser wegspülen wollte, in dem ich gerade meine Wäsche wusch.

»Warum haben Sie Ihren Zustand nicht gemeldet?« Sie starrte mich eine Weile an, bevor sie die Zelle wieder verließ und die Zellentür zuschloß.

Später kehrte sie mit dem jungen Arzt zurück, dem man offensichtlich seine Stellung wiedergegeben hatte. Er fragte mich nach meinem Alter. Auf meine Antwort hin bemerkte er: »Sie haben wahrscheinlich Ihre Menopause. Es kann aber auch eine Wucherung sein. Sie sollten sich von einem Gynäkologen untersuchen lassen. Im Gefängniskrankenhaus gibt es allerdings keinen. Ich werde Ihnen erst mal ein paar Spritzen geben, damit die Blutung aufhört.«

Seine Spritzen stoppten die Blutungen. In mir blieb aber die nagende Furcht zurück, es könnte sich um eine bösartige Geschwulst handeln. Mehr als je zuvor sehnte ich mich danach, aus der Haftanstalt Nr. 1 freizukommen.

Es war ein bitterkalter Tag im Januar 1969, mehr als zwei Jahre nach meiner letzten Vernehmung am Jahresende 1966, als die Dinge endlich wieder in Bewegung kamen. Ich saß in meiner üblichen Haltung auf dem Bett und blätterte in einem Buch von Mao, als die Zellentür aufgeschlossen wurde und zwei zu Zwangsarbeit verurteilte Mädchen eintraten. Hinter ihnen baute sich, die Hände in die breiten Hüften gestemmt, jene militante Wärterin auf, die vor langer Zeit meine Zelle durchsucht hatte. Dahinter, im Schatten des Korridors, lauerte noch eine Wärterin. Die jungen Mädchen nahmen meine Habseligkeiten von der oberen Matratze des Etagenbettes, die ich als Ablage benutzte, und legten sie auf den Fußboden. Dann trugen sie das obere Bett ans Fenster.

»Heben Sie Ihre Sachen auf! Glauben Sie, Ihre alten Diener werden herkommen, um das für Sie zu erledigen?« rief die Scharfmacherin sarkastisch.

Während ich meine Sachen auf die mir verbliebene Pritsche legte, brachten die jungen Mädchen eine Waschschüssel und Bettwäsche in die Zelle. Eine Gefangene, die ich auf Anfang Dreißig schätzte, folgte ihnen langsam, mit gesenktem Kopf, wie es von allen Häftlingen verlangt wurde. In den Händen trug sie ein paar Kleidungsstücke. Nachdem sich die jungen Mädchen zurückgezogen hatten, schloß die Wärterin die Tür.

Da ich schon so lange in völliger Isolation gelebt hatte, dürstete mich nach menschlichem Kontakt und nach Gesellschaft. Meine erste Reaktion waren überschwengliche Freude, daß ich eine Zellengenossin bekommen hatte, und freudige Bereitschaft, sie willkommen zu heißen. Da mir aber bewußt war, daß die Maoisten sich aller nur denkbaren Tricks bedienen, war mir schnell klar, daß ich die Situation nicht einfach so akzeptieren durfte, wie sie zu sein schien. Ich setzte mich wieder ans Fenster und beugte mich über mein Buch, während ich diese unerwartete Entwicklung zu beurteilen versuchte. Seit mit dem Beginn der Militärkontrolle eine neue Phase der Kulturrevolution angebrochen war, schien der Betrieb in der Haftanstalt nachgelassen zu haben. Es gab kaum noch neue Gefangene. Ich meinte sogar, eine Abnahme der Häftlingszahl festzustellen, da ich während des Zellengangs nach den Mahlzeiten in der Zelle über mir weniger Schritte zu hören glaubte. Die Ankunft eines neuen Häftlings in meiner Zelle konnte also nicht auf Überfüllung zurückzuführen sein. Ich wartete darauf, daß sich aus den Umständen eine Erklärung ergab.

Die junge Frau arrangierte ihre mitgebrachten Sachen auf dem Bett, wobei sie von Zeit zu Zeit einen verstohlenen Blick in meine Richtung warf, als hoffte sie, meinem Blick zu begegnen.

Schließlich kam sie herüber und setzte sich neben mich, während sie auf mich einflüsterte: »Wie lange sind Sie schon hier? Ist es sehr schlimm? Werden Sie geschlagen?«

Der Tenor dieser Fragen überraschte mich. Die Frau sah nicht so aus, als hätte man sie soeben der Freiheit entrissen und von einer vollen Reisschüssel weg verhaftet. Ihr Teint hatte diesen ungesunden grauen Ton, den man nur bei Gefangenen findet, die schon einige Zeit eingesperrt gewesen sind. Ihr Haar war dünn, bräunlich und strohtrocken, was auf Proteinmangel hindeutete, und ihre Kleider hingen an ihrem ausgehungerten Körper genauso herab wie die meinen. Sie sah mich mit glanzlosen Augen voller Verzweiflung und Angst an.

»Wir dürfen uns nicht unterhalten. Das ist nicht erlaubt«, erklärte ich ihr. Ich warf einen Blick auf das Guckloch und sah ein schwarzes Auge, das gleich darauf verschwand. Es kam mir seltsam vor, daß die Wärterin nicht sogleich die Klappe geöffnet und die Frau ermahnt hatte, als sie sich neben mich aufs Bett setzte.

Als wir unser Abendessen erhielten, schlang die junge Frau ihre Süßkartoffeln heißhungrig hinunter. Als sie sah, daß ich nur einen Teil meiner Ration in meinen Napf tat, ergriff sie die Schüssel und kippte die restlichen Kartoffeln in ihren eigenen. Dabei murmelte sie: »Wir dürfen kein Essen vergeuden.«

Ich hatte zwar nichts dagegen, daß sie den Rest meiner Süßkartoffeln aß, aber der Zwischenfall zeigte mir mit aller Deutlichkeit, daß die Frau vorhin gelogen hatte; sie war nicht erst vor kurzer Zeit verhaftet worden. Dazu war sie zu hungrig.

Wenn ich mit Gefängnispraktiken vertraut gewesen wäre, hätte ich ihre Rolle sofort durchschaut. Ich erfuhr jedoch erst Jahre später, daß die Sicherheitsbehörden es sich zur Regel machten, niemals zwei Häftlinge in eine Zelle zu legen. Bei Mehrfachbelegung waren drei Gefangene die Mindestzahl, da die Gefängnisbehörden der Meinung waren, drei Häftlingen falle es schwerer zu konspirieren als zweien.

Ich saß auf meinem Bett und wartete ab, was die junge Frau als nächstes tun würde. Sie benutzte meine Seife und mein Toilettenpapier, machte aber keinen weiteren Versuch, mit mir zu sprechen.

Nach der Nachrichtensendung am nächsten Morgen setzte sie sich wieder zu mir. »Ich hasse diese schreckliche Kulturrevolution, Sie nicht auch? Meine Wohnung wurde von diesen abscheulichen Roten Garden geplündert. Ihre auch?«

Wie oft hatte ich aus dem Lautsprecher gehört, daß gerade die Kritik an der Kulturrevolution und am Vorgehen der Roten Garden zu langen Freiheitsstrafen führte! Mir war vollauf bewußt, als was für ein ernstes Vergehen eine solche Kritik betrachtet wurde. Es war ganz ungewöhnlich, daß diese Frau sich so freimütig äußerte, es sei denn, man hatte es ihr aufgetragen, um mich dazu zu bringen, ihr zuzustimmen. Ich antwortete also nur: »Sie sollten sich nicht beklagen. Warum lesen Sie nicht die Bücher des Vorsitzenden Mao, statt nur herumzusitzen und zu schwatzen? Wenn die Wärterinnen sehen, daß wir uns unterhalten, wird man uns bestrafen.«

Ich blickte mich in der Zelle um und sah, daß sie Maos Bücher nicht bei sich hatte. Seit Beginn der Kulturrevolution waren diese Bücher für jeden Chinesen ebenso unentbehrlich geworden wie sein Hemd oder seine Hose. Und auch für die persönliche Sicherheit waren sie unverzichtbar, denn ihr Besitz oder Nichtbesitz war zu einer Frage der politischen Zuverlässigkeit geworden. Nun fiel mir auch eine der Gefängnisregeln ein, die ich in der Nacht meiner Einlieferung hatte vorlesen müssen: nämlich die Aufforderung, Maos Bücher zu studieren. Wie war es möglich, daß diese Frau ohne dieses wichtige Utensil eingeliefert worden war? Es gab nur eine Erklärung: Man hatte sie ziemlich überstürzt von einer anderen Zelle in meine verlegt. Sie hatte nicht genug Zeit gehabt, alle ihre Dinge zusammenzupacken. Das war vermutlich auch der Grund, warum sie am Abend zuvor meine Seife und mein Toilettenpapier hatte benutzen müssen.

»Wo sind Ihre Bücher des Vorsitzenden Mao? Mußten Sie die nicht mitnehmen, als man Sie in die Haftanstalt brachte? Wie können sie das übersehen haben?« fragte ich sie nun meinerseits aus. Ihr Gesicht wurde rot. Ich bot ihr meine Bücher an, aber sie schob sie mit unwilliger Geste von sich.

»Ich will seine Bücher nicht lesen. Ich hasse ihn. Er hat mein Haus zerstört. Ich finde die Kuomintang viel besser als die Kommunistische Partei, Sie nicht auch?«

Instinktiv blickte ich zum Guckloch. Niemand beobachtete uns. Es war ein so gravierendes Vergehen, die Kuomintang zu loben, daß ich mehr denn je überzeugt war, daß sie mit einem Auftrag bei mir saß. Wahrscheinlich steckte ein maoistischer Aktivist dahinter, der mich unbedingt festnageln wollte. So erwiderte ich bloß: »Sie dürfen nicht so ein wirres Zeug reden. Ich könnte Sie melden.«

Sie ignorierte jedoch meine Warnung und versuchte auch weiterhin, mich zum Reden zu bringen. »Haben Sie nicht schon vor 1949 in Schanghai gelebt? War die Kuomintang nicht viel besser?« beharrte sie.

»Ich habe wirklich keine Ahnung, wie das Leben vor 1949 hier war. Damals lebte ich im Ausland«, erwiderte ich.

»Was für ein Glück für Sie, daß Sie im Ausland gelebt haben! Ich hasse es, unter den Kommunisten in China zu leben! Wir haben überhaupt keine Freiheit mehr. Hassen Sie die Kommunisten nicht auch?« versuchte sie es wieder.

»Ich bin Christin. Von einem Christen wird erwartet, daß er nur liebt und niemanden haßt. Wir vergeben sogar denen, die uns ein Unrecht angetan haben«, erklärte ich.

An ihrem hochnäsigen Lächeln konnte ich sehen, daß sie an meiner christlichen Großmut zweifelte. Dann, vielleicht um mein Vertrauen zu gewinnen, erklärte sie plötzlich: »Ich bin auch Christin!«

»Das ist gut!« entgegnete ich. »Dann wollen wir zusammen das Vaterunser sprechen.« Als ich zu beten begann »Vater unser, der du bist im Himmel . . .«, blieb sie stumm und blickte völlig hilflos drein.

»Sie sollten sich nicht als Christin ausgeben, wenn Sie es nicht sind«, sagte ich. »Aber keine Sorge, ich bringe Ihnen das Vaterunser bei.«

Sie schüttelte abweisend den Kopf und verpaßte damit die Möglichkeit, mich wegen der Verbreitung religiöser Propaganda zu melden. Offenkundig war sie nicht intelligent genug zu erkennen, daß die Maoisten, die sie zu mir in die Zelle geschickt hatten, mich genauso gern bei der Verbreitung christlicher Gebete erwischt hätten wie bei der Äußerung abfälliger Bemerkungen über die Partei. Die KP behauptet zwar, die Chinesen genössen Religionsfreiheit, doch war die Verbreitung religiöser Propaganda, das heißt jede Unterhaltung über Religion oder die Unterweisung in religiösen Riten, schon vor der Kulturrevolution streng verboten. Seit Beginn der Kulturrevolution waren die Strafen für jedwede Art religiöser Praxis sehr streng. Immerhin hatte es zu den ersten Aktionen der Roten Garden gehört, sämtliche Tempel und Kirchen zu zerstören und Nonnen und Mönche zu bestrafen.

Am Nachmittag schloß die militante Wärterin die Zellentür auf und rief die Nummer meiner Zellengenossin. »Raustreten zum Verhör!« schrie sie.

Ich wartete gespannt, was passieren würde, wenn sie herausfanden, daß sie mich nicht hatten hereinlegen können. Nach ein paar Stunden kehrte meine Mitgefangene zurück. Sie wischte sich die Augen, als hätte sie geweint. Der Anblick eines weinenden Menschen hat mich schon immer verwirrt; es tat mir leid, daß sie leiden mußte, weil ich nicht in die Falle der Maoisten getappt war. Ich versagte es mir aber, die junge Frau zu trösten, denn ich wollte ihr keine Gelegenheit geben, mich zu irgendwelchen unüberlegten Äußerungen zu provozieren. Ich erwartete, daß sie einen neuen Anlauf machen würde.

Zu meiner Überraschung zeigte sie jedoch keinerlei Interesse mehr an einer Unterhaltung. Den ganzen folgenden Tag über versuchte sie nicht, mich anzusprechen, sondern blickte nur gedankenverloren aus dem Fenster. Ein paarmal, als sie glaubte, ich sei in meine Lektüre vertieft, sah ich aus den Augenwinkeln, daß sie in meine Richtung blickte.

Am Nachmittag holte man sie wieder zum Verhör, und wieder kam sie mit Tränen in den Augen zurück. Das ging drei Tage lang so weiter. Am vierten Tag kam sie nicht wieder. Als das junge Mädchen aus der Küche das Abendessen brachte, gab sie mir nur eine Schüssel mit Süßkartoffeln. Als ich sie um die zweite für meine Zellengenossin bat, schüttelte sie nur den Kopf. Ich ließ jedoch vorsichtshalber ein paar Kartoffeln übrig.

Der Lautsprecher wurde eingeschaltet. Zwei Wärterinnen erschienen nacheinander an der Türklappe, um sich zu vergewissern, daß ich mir die Bekanntmachung auch anhörte. Es wurden Urteile verlesen, die man am Nachmittag gegen einige Gefangene verhängt hatte. Von einem Todesurteil hieß es, es sei »sofort vollstreckt worden«. Die Nummer des Häftlings war die der jungen Frau, die mit mir die Zelle geteilt hatte. Der Sprecher sagte, sie habe für die Imperialisten und die Kuomintang spioniert. Sie habe sich viele Jahre »in unserer Mitte« versteckt, aber die Roten Garden und Revolutionäre hätten sie während der Kulturrevolution entlarvt. Man habe ihr Gelegenheit zu einem Geständnis sowie zu milderer Behandlung gegeben, sie habe aber nicht gestanden, sondern gehofft, »uns durch die Maschen zu schlüpfen«. Jetzt habe »die eiserne Faust der Diktatur des Proletariats« sie bestraft und »zu Staub zermalmt«.

Zunächst war ich tief schockiert; es war immer schrecklich, von der Vollstreckung eines Todesurteils zu hören. Nach einer Weile hob ich den Kopf und sah, daß ich durchs Guckloch beobachtet wurde. Blitzartig ging mir auf, daß die junge Frau weder eine Spionin gewesen, noch je dessen angeklagt worden war. Wenn ich mich jetzt furchtsam oder nervös zeigte, würden die Maoisten das als Schuldeingeständnis werten. Ich starrte auf die Tür, als lauschte ich aufmerksam der Durchsage, während ich mich in entspannter Haltung gegen meine zusammengerollte Bettwäsche lehnte.

Als der Lautsprecher verstummte, öffnete die Wärterin die Türklappe und rief mich zu sich.

»Haben Sie die Verkündung des Todesurteils gehört?«

»Ja.«

»Was halten Sie von dem Fall Ihrer früheren Zellengenossin?«

»Da sie eine Spionin der Imperialisten und der Kuomintang war, hat sie den Tod verdient«, sagte ich wie beiläufig.

»Sie sollten ihr Schicksal im Zusammenhang mit Ihrer eigenen Lage sehen«, betonte die Wärterin.

»Ich sehe da keine Verbindung. Sie war eine Spionin. Ich bin es nicht. Ich erwarte, daß die Volksregierung meinen Fall klärt und mich in angemessener Zeit voll rehabilitiert«, entgegnete ich.

»Sie sind nicht realistisch.«

»Da bin ich anderer Meinung. Was könnte realistischer sein, als daß man der Volksregierung vertraut?«

Die Wärterin schloß die Klappe, blieb aber am Guckloch stehen, um mich zu beobachten. Ich nahm mir wie gewohnt eines von Maos Büchern und setzte mich aufs Bett, um in aller Ruhe zu lesen.

Kurz vor Schlafenszeit öffnete die militante Wärterin die Zellentür. Die jungen Mädchen kamen herein und holten die Habseligkeiten meiner kurzzeitigen Zellengenossin ab. Sie stellten die Betten wieder übereinander und gingen. Das deutete darauf hin, daß die junge Frau tatsächlich noch am Leben war. Es war eine bitterkalte Nacht. Sie brauchte ihr Bettzeug, wenn sie nicht erbärmlich frieren wollte. So hatte man die jungen Mädchen geschickt, um die Sachen zu holen. Nachdem sie die Zelle verlassen hatten, kam die militante Wärterin herein.

»Stehen Sie auf!« rief sie drohend und stellte sich dicht vor mich hin.

Als ich aufstand, gab sie mir mit dem Handrücken eine Ohrfeige. Der Schlag trieb mir die Tränen in die Augen, aber ich hielt sie mit aller Kraft zurück. Ich stand einfach nur da und blickte starr geradeaus, als sei nichts passiert, als sei die Wärterin gar nicht da. Das schien sie noch mehr in Rage zu bringen. Sie schlug mich nochmals und trat mir mit ihren schweren Stiefeln gegen das Schienbein.

»Bleiben Sie ja stehen! Das ist eine Strafe. Sie halten sich für schlau, nicht wahr? Die Imperialisten haben Sie gut ausgebildet, nicht wahr? Ich kann Ihnen verraten, daß Sie damit nicht durchkommen werden. Das Proletariat wird Sie vernichten. Bleiben Sie stehen!«

Sie knallte die schwere Zellentür zu und verschloß sie, bevor sie den Korridor hinunter zum Ausgang des Frauentrakts schritt.

Bald erschien die Wärterin des Nachtdienstes auf ihrem Routinegang und kontrollierte jede Zelle. Als sie bei mir angelangt war, fragte sie: »Warum stehen Sie hier?«

»Das ist eine Strafe der anderen Wärterin.«

»Welcher? Der vom Tagdienst?«

»Nein, einer anderen.«

»Sie phantasieren. Gehen Sie schlafen!«

Sie schien überhaupt nicht Bescheid zu wissen. Vielleicht ging der Plan, mir eine Falle zu stellen, nur auf ein paar Maoisten in der Anstalt zurück. Ich werde die Wahrheit nie herausfinden, sagte ich mir und war froh, nicht die ganze Nacht stehen zu müssen.

Einer der Fußtritte war auf meinem Knöchel gelandet, der nicht durch meine wattierte Hose geschützt wurde. Die Haut war abgeschürft, und die wunde Stelle schmerzte. Meine Wollsocken waren nicht sehr sauber; mein einziges Reserve-Paar war in der feuchten Zelle nicht trocken geworden. Ich hatte Angst, eine Infektion zu bekommen. Was tun? fragte ich mich, während meine Augen die kahle Zelle und meine dürftigen Habseligkeiten überflogen. Als ich die Zahnpasta erblickte, sagte ich mir, sie könnte ein paar antiseptische Bestandteile enthalten. Ich schmierte eine dünne Schicht auf die Wunde und legte ein Stück Stoff darüber, das ich aus einem alten Hemd herausgerissen hatte. Dann verband ich den Knöchel mit dem einzigen Taschentuch, das ich noch besaß.

Die Wunde tat so weh, daß ich eine sehr unruhige Nacht verbrachte. Ich wachte oft aus Träumen auf, in denen ich entweder verkrüppelt war und mich nicht bewegen konnte oder in denen die Wärterin mich immer wieder mit Fußtritten traktierte.

Mein ganzes Elend, Hunger und Kälte, die endlosen Tage des Wartens, die ständige Sehnsucht nach Freiheit, die nagende Sorge um meine Tochter und diese jüngste Mißhandlung durch die Wärterin führten dazu, daß in mir eine große Wut aufstieg. Als ich am nächsten Morgen aufwachte, war ich nicht mehr deprimiert; ich fühlte mich, als wäre etwas in mir dabei zu explodieren. Mir wurde klar, daß unter den gegebenen Umständen bürgerliche Tugenden wie Toleranz, Versöhnlichkeit und selbst Sinn für Humor ein Luxus waren, den ich mir kaum noch leisten konnte. Die Maoisten gaben sich alle Mühe, mich zu zerstören. Ich mußte versuchen, ihre Pläne mit allen Mitteln zu durchkreuzen.

Obwohl ich aus Mangel an Schlaf völlig erschöpft war, fühlte ich mich hellwach. Mein Knöchel war geschwollen und tat mir weh, aber trotzdem ging ich ruhelos in der Zelle auf und ab, voller Ungeduld, endlich den Maoisten die Meinung zu sagen. Je mehr ich darüber nachdachte, was Mao mir, meinen Freunden und einer Vielzahl mir unbekannter Leidensgenossen antat, um so zorniger wurde ich. Ich schwor, mich irgendwie an den Maoisten zu rächen.

Plötzlich wurde die Zellentür geöffnet. Es war fast so, als hätte Gott meinen Wunsch nach einem Zusammenstoß mit meinen maoistischen Widersachern auf der Stelle erhört. »Raustreten zum Verhör!« brüllte ein Wärter. Eilig nahm ich Maos kleines rotes Buch und folgte ihm den Korridor hinunter. Ich humpelte so gut es ging, um mit ihm Schritt zu halten.

Über den Lautsprecher hörte ich einen Leitartikel der Pekinger *Volkszeitung*, der Maos jüngste Direktive erläuterte: »Grabt tiefe Tunnel, lagert überall Getreide und strebt nicht nach Hegemonie.« Der ehrfürchtige Tonfall des Sprechers begleitete uns auf unserem Gang von einem Lautsprecher zum nächsten. Während ich der anschließenden Lobpreisung Maos lauschte, mußte ich an seine ungeheure Macht denken, die sich wie eine Decke auf ganz China legte und jeden zu ersticken drohte. Ich nahm mir vor, nichts zu sagen, was man mir als Opposition gegen Mao, die KP oder die Volksregierung auslegen konnte. Wenn ich das täte, würde ich sofort zum »Konterrevolutionär« gestempelt, und die Maoisten hätten einen Sieg über mich errungen. Ich mußte die Taktik verfolgen, darauf zu bestehen, daß die für meinen Fall verantwortlichen Funktionäre Maos Politik falsch auslegten, während diese selbst völlig korrekt sei. Falls nötig, würde ich auch lügen und erklären, daß ich Mao unterstützte, ihn sogar verehrte, wie es so viele Chinesen taten, um zu überleben. Zu kämpfen war nicht genug. Ich mußte geschickt und klug kämpfen.

Ein schwerer Vorhang aus blauer Baumwolle hing vor dem Eingang zum Vernehmungsgebäude. Die Wachtposten lümmelten sich nicht mehr, wir zwei Jahre zuvor, in dem kleinen Raum neben dem Eingang herum. Sie hielten Wache, während bewaffnete Soldaten im Korridor patrouillierten. Mehrere blauuniformierte Männer verließen und betraten die Vernehmungszimmer, deren Türen offenstanden. Es sah aus, als hätte die Tagesarbeit gerade begonnen, als wäre ich eine der ersten. Dessen eingedenk, was am Abend zuvor geschehen war, wußte ich, daß ich eine unangenehme Begegnung vor mir hatte. Die Maoisten hatten gehofft, mich zu irgendwelchen unbedachten Äußerungen zu verleiten und mich einzuschüchtern. Das war ihnen mißlungen. Ich ermahnte mich, auf der Hut zu sein, war aber gleichzeitig begierig zu erfahren, was sie zu sagen hatten. Was es auch sein würde, sie würden sich verraten. Um so besser würden meine Chancen sein herauszufinden, was sie wirklich von mir wollten und warum. Es gab immer noch vieles, woraus ich nicht schlau wurde.

Der Wärter öffnete eine der Türen und befahl: »Gehen Sie rein!«

Die Wände des Vernehmungszimmers waren in der Zwischenzeit weiß verputzt worden; der Raum war viel heller und sauberer. Links und rechts vom Fenster hingen zwei rote Spruchbänder, auf denen mit weißen Schriftzeichen geschrieben stand: »Lang lebe die Diktatur des Proletariats« und »Lang lebe unser Großer Führer, der Vorsitzende Mao«. An der Wand hing eine große Reproduktion des offiziellen Mao-Porträts.

Fünf Männer, einer davon in Armeeuniform, saßen mit dem Gesicht zur Tür. Ich versuchte, ihre Herkunft und ihren Status zu ergründen. Seit der Abschaffung der militärischen Rangabzeichen durch Verteidigungsminister Lin Piao im Jahre 1963 trugen alle Militärs die gleichen schlechtsitzenden, ausgebeulten Uniformen, womit die alte Partisanentradition wiederbelebt werden sollte. Wenn es auch schwierig war, den Rang des rundgesichtigen jungen Mannes auszumachen, der rittlings auf seinem Stuhl saß, bemerkte ich doch, daß seine Uniform vier Taschen hatte. Das deutete auf einen Offizier hin, da einfachen Soldaten nur zwei Jackentaschen zugestanden wurden. Die anderen vier Männer trugen die üblichen ausgeblichenen blauen Mao-Anzüge. Einer war merklich älter als die anderen. Sein Gesicht war von tiefen Furchen durchzogen, und seine Hände, die auf der Tischplatte lagen, waren die abgearbeiteten Hände eines Industriearbeiters. Ich ging davon aus, daß der uniformierte junge Mann ein Vertreter der militärischen Kontrollkommission war, während der Ältere und vielleicht ein oder zwei andere Vertreter der Propagandagruppe waren. Der fünfte Mann mochte einer der Revolutionäre sein, die in Schanghai das Sicherheitsbüro übernommen hatten.

Während ich mir die fünf Männer ansah, wurde mir klar, daß sie alle Nutznießer der Revolution von 1949 waren. Man konnte nicht erwarten, daß sie zu Mao und zur Partei die gleiche Einstellung hatten wie ich. Auch war anzunehmen, daß der alte Arbeiter nur schlechte Erinnerungen an die Zeit vor der kommunistischen Machtübernahme hatte, während die anderen kaum alt genug waren, um sich überhaupt an diese Zeit zu erinnern. Daher war zu erwarten, daß sie mich, die Witwe eines Kuomintang-Beamten und Tochter aus wohlhabender Familie, als einen Feind betrachteten. Auch war mir klar, daß alles, was diese Männer über den Westen wußten, geprägt war von der pausenlosen Kritik an Kapitalismus und Imperialismus, die allen Chinesen durch die offizielle Propaganda eingetrichtert wurde. Da China sich seit 1949 von der Außenwelt abgekapselt hatte, war es kein Wunder, daß die heftigen Attacken gegen westliche Staaten im allgemeinen und die USA im besonderen, vor allem während des Korea- und jüngst auch des Vietnamkrieges, auf fruchtbaren Boden fielen. Ich wurde mutlos, als ich an die schier unlösbare Aufgabe dachte, diese eiserne Mauer aus Vorurteilen und Unwissenheit niederzureißen. Wenn ich den Wunsch hatte, die Haftanstalt Nr. 1 als freier Mensch zu verlassen, ohne daß auch nur ein Schatten des Verdachts an mir hängenblieb, mußte ich es trotzdem versuchen.

Nachdem ich den Raum betreten hatte, stellte ich mich neben den Häftlingsstuhl. In der Hand hielt ich das kleine rote Buch und wartete darauf, welches Zitat ich vorlesen sollte. Der Vernehmungsbeamte wies auf das Mao-Porträt an der Wand: »Verneigen Sie sich vor unserem Großen Führer, dem Vorsitzenden Mao, und entschuldigen Sie sich bei ihm für Ihr Verbrechen!« sagte er.

Mich bei Mao für mein Verbrechen entschuldigen? Ich beschloß, diese Gelegenheit zu nutzen, um ihnen Widerstand entgegenzusetzen und sie aus dem Konzept zu bringen. »Ich habe kein Verbrechen begangen. Ich kann mich nicht für etwas entschuldigen, was ich nicht getan habe«, entgegnete ich und hielt mich so aufrecht wie möglich.

»Was! Sie haben die Unverfrorenheit, unserem Großen Führer eine Verbeugung zu verweigern! Wie können Sie es wagen! In China verneigt sich jeder vor dem Bild unseres Großen Führers, und zwar morgens und abends. Wie können Sie es wagen, sich zu weigern?« rief der Vernehmungsbeamte mit scharfer Stimme, wobei er sich halb von seinem Stuhl erhob. Die anderen starrten mich erstaunt und mißbilligend an. Zum erstenmal an diesem Morgen fühlte ich mich richtig gut.

»Sie verstehen mich falsch. Ich habe nur gesagt, daß ich kein Verbrechen begangen habe. Ich kann mich nicht für etwas entschuldigen, was ich nicht getan habe. Ich habe nicht gesagt, daß ich mich nicht vor dem Porträt des Vorsitzenden Mao verneigen würde. Natürlich kann ich mich vor seinem Bild verneigen, um ihm meinen Respekt zu erweisen.« Ich sprach mit ruhiger Stimme, da ich mich inzwischen gefaßt hatte.

»Dann tun Sie es! Worauf warten Sie noch?« rief der Vernehmungsbeamte und setzte sich wieder hin.

Ich verneigte mich vor dem Porträt. Mein Widerstand war nicht vergeblich; künftig verlangte niemand mehr von mir, ich solle mich für mein Verbrechen entschuldigen. Jedesmal, wenn ich das Vernehmungszimmer betrat, wedelte der Vernehmungsbeamte lediglich mit einer Hand in Richtung des Porträts, ohne ein Wort zu sagen.

Das Zitat, das ich vortragen sollte, war dasselbe, das ich schon früher verlesen hatte. Es war ein Lieblingszitat der Kulturrevolution. »Wenn die Feinde mit Gewehren besiegt sind, wird es immer noch die Feinde ohne Gewehre geben. Wir dürfen diese Feinde nicht unterschätzen«, las ich. Dann forderte er mich auf, ein Zitat über die Armee vorzulesen. Es lautete: »Gibt es keine Volksarmee, gibt es nichts für das Volk.« Die häufige Verwendung dieses Zitats in jener Phase der Kulturrevolution deutete auf den Aufstieg des Militärs und von Verteidigungsminister Lin Piao in der Machtstruktur der Partei hin.

Ich setzte mich auf den für den Häftling bestimmten Stuhl. Vor mir, gut einen Meter entfernt, befand sich die Vorderkante des Tischs, hinter dem der Vernehmungsbeamte saß. Auch der Tisch war frisch gestrichen und mit der Parole versehen: »Milde Behandlung für diejenigen, die ein Geständnis ablegen; schwere Bestrafung für diejenigen, die uneinsichtig bleiben.« Weitere Parolen, mit denen die Gefangenen gedrängt wurden, ein Geständnis abzulegen, standen neben dem Mao-Porträt an der Wand.

Ich hörte, wie hinter mir wieder sacht das kleine Fenster geöffnet wurde, und sah, wie der Vernehmungsbeamte über meine Schulter hinweg kaum wahrnehmbar nickte, bevor er zu sprechen begann.

»Sie haben in einem Brief um ein Gespräch mit der Propagandagruppe der Arbeiter gebeten. Sind Sie jetzt bereit, ein volles Geständnis abzulegen?«

»Ich habe darum gebeten, daß die Propagandagruppe der Arbeiter meinen Fall untersucht und mich von der falschen Anschuldigung freispricht. Soviel ich weiß, agieren die Propagandagruppen im Namen des Vorsitzenden Mao. Ich erwarte von Ihnen, daß Sie die korrekte Politik des Vorsitzenden Mao durchsetzen und Unschuldige von Schuldigen unterscheiden. Man hält mich jetzt schon mehr als zwei Jahre lang hier fest. Ist das nicht lange genug für einen Unschuldigen?«

»Sie sind zwar schon über zwei Jahre hier, aber Ihre Einstellung hat sich nicht gebessert. Sie hoffen noch immer, so davonzukommen. Ist Ihnen denn nicht klar, daß die proletarischen Revolutionäre einen großen Sieg errungen haben? Die Lage ist heute vollkommen anders als zur Zeit Ihrer letzten Vernehmung. Haben Sie die vom Zentralkomitee verabschiedete Resolution über Liu Schao-tschi nicht gehört? Nicht einmal ihm ist es gelungen, durch das Netz der proletarischen Revolutionäre zu schlüpfen. Wie könnten Sie es schaffen?«

»Ich habe nichts zu verbergen. Ich bitte Sie nur um eines: Sehen Sie sich die Tatsachen an«, sagte ich.

»Wir werden uns mit den Sie betreffenden Tatsachen genauso befassen wie im Falle Lius. Er war ein Agent der ausländischen Imperialisten, der Kuomintang in Taiwan und der chinesischen Kapitalistenklasse. Er war der führende Anhänger des kapitalistischen Wegs und der Drahtzieher von euch allen. Jetzt sollte Ihnen endgültig klar sein, daß die gesamte Verschwörung zur Zerschlagung des Sozialismus in China entlarvt und besiegt ist.«

»Wer hat den Sozialismus in China zerschlagen wollen? Ich weiß gar nicht, wovon Sie sprechen«, sagte ich.

»Sie alle, die Sie zur Kapitalistenklasse gehören, sind wirkliche oder potentielle Agenten der Imperialisten und der Kuomintang. Liu Schao-tschi und seine Clique waren Geheimagenten und haben die Parteiführung unterwandert.«

Seine Behauptung war so absurd, und die Diffamierung Lius war so lächerlich, daß ich mich angewidert fühlte. Wenn Mao und die anderen radikalen Parteiführer von den Chinesen erwarteten, daß sie der Resolution des Zentralkomitees gegen Liu Glauben schenkten, war das eine Beleidigung der Intelligenz des chinesischen Volkes. Außerdem waren mir diese Männer, die mir jetzt gegenübersaßen, auch deshalb zuwider, weil sie offensichtlich feige genug waren, sich Maos abscheulichem Komplott gegen Liu anzuschließen. Ich hatte in diesem Augenblick nur einen Wunsch: sie aus der Fassung zu bringen. Ich stellte mich dumm und sagte: »Ich habe vor dem Vorsitzenden Liu Schao-tschi immer den größten Respekt gehabt. Ich bin mir gar nicht sicher, daß er wirklich der Verbrechen schuldig ist, die man ihm vorwirft. Vielleicht hat es einen Irrtum gegeben. Es ist wohlbekannt, daß er gegen die Imperialisten, die Kuomintang und die kapitalistische Klasse gekämpft und dabei sein Leben aufs Spiel gesetzt hat.«

Es freute mich zu sehen, daß meine scheinbar unschuldigen Bemerkungen die Wirkung einer Bombe hatten. Alle fünf Männer sprangen auf und schrien mich an: »Wie können Sie es wagen, einen Verräter an der Kommunistischen Partei zu verteidigen!« – »Wie können Sie es wagen, sich der Resolution des Zentralkomitees zu widersetzen!« – »Wie können Sie es wagen, unserem Großen Führer, dem Vorsitzenden Mao, zu widersprechen!«

Ihr Verhalten war genau so, wie es ihre Rolle als Vertreter der Revolutionäre verlangte, aber seltsamerweise schienen nur einer der jüngeren Arbeiter und der Offizier wirklich wütend zu sein. Die anderen drei Männer starrten mich neugierig und eher amüsiert an, aber ohne Anzeichen von Empörung oder Verachtung. Ich hatte sogar das Gefühl, daß ihnen meine Verteidigungsrede für Liu Schao-tschi gefiel und daß es sie überraschte zu sehen, wie sich ein vermeintlicher Parteifeind so für ihren abgesetzten Chef einsetzte.

Die Beobachtung, daß es unter den anscheinend glühenden Anhängern der Radikalen einige gab, die für Liu Sympathien empfanden, machte mich neugierig, und ich beschloß daher, diesen Dialog noch ein wenig fortzuführen. »Ich habe mich weder der Resolution des Zentralkomitees noch dem Vorsitzenden Mao widersetzt. Wer würde so etwas wagen? Ich habe nur gesagt, daß die Beweise gegen den Vorsitzenden Liu vielleicht nicht ganz zuverlässig sind«, bemerkte ich.

»Halten Sie den Mund! Es ist Ihnen nicht erlaubt, einen Verräter als Vorsitzenden zu bezeichnen«, rief der junge Arbeiter heftig. Der Vernehmungsbeamte starrte auf die vor ihm liegenden Papiere, ebenso der Protokollführer. Der alte Arbeiter schien die Situation zu genießen. In seinen Mundwinkeln erblickte ich den Anflug eines Lächelns.

»Sie dürfen jemanden, der vom Zentralkomitee angeprangert worden ist, nicht als Vorsitzenden bezeichnen«, sagte nun der Vernehmungsbeamte.

»Das habe ich aus alter Gewohnheit getan«, entgegnete ich. »Sechzehn Jahre lang ist der Vorsitzende Liu in Zeitungen, Rundfunksendungen und Büchern staatlicher Verlage ...« Ich hielt inne, als ich sah, wie sich der Blick des Vernehmungsbeamten verdüsterte und wie es den jungen Arbeiter vor Wut kaum noch auf seinem Stuhl hielt.

»Liu Schao-tschi«, fuhr ich fort, »wurde den Chinesen immer als Revolutionsheld dargestellt, der einen gewaltigen Beitrag zur Arbeit der Kommunistischen Partei geleistet habe, unter anderem zum Ausbau des Parteiapparats und zur Schulung der Mitgliederschaft. Ich habe in den Büchern des Vorsitzenden Mao mehrere lobende Erwähnungen Lius gefunden. Es fällt mir jetzt einfach schwer, eine Kehrtwendung zu machen, und ihn mir als durch und durch schlecht vorzustellen. Vielleicht hat er nur einen Fehler gemacht. Wenn das so sein sollte, hoffe ich, daß der Vorsitzende Mao ihm vergibt. Immerhin sind sie lange Jahre enge Genossen gewesen.«

»Sie träumen! Der Vorsitzende Mao wird ihm nie vergeben!« sagte der junge Arbeiter.

»Das Ausland lacht jetzt bestimmt über uns. Wie kann, so wird man fragen, ein so wichtiger Mann, der Staatspräsident der Volksrepublik China, plötzlich seit Jahrzehnten ein Verräter gewesen sein? Es ist doch kaum zu glauben, daß er all die anderen Parteiführer so lange an der Nase herumgeführt hat, sogar den Großen und Weisen Führer persönlich, den Vorsitzenden Mao. Das ergibt doch keinen Sinn. Verliert der Vorsitzende Mao dabei nicht auch das Gesicht?« wollte ich wissen.

»Es ist uns gleichgültig, was die Imperialisten und Kapitalisten in anderen Ländern sagen. Die haben sowieso kein gutes Wort für uns. Was in China geschieht, geht sie nichts an«, fuhr der junge Arbeiter hitzig auf. »Es ist ein Verbrechen, Liu Schao-tschi zu verteidigen. Er ist ein Konterrevolutionär, und Sie sind es auch!«

»Ich bin kein Konterrevolutionär, sondern eine Anhängerin der Volksregierung und der Kommunistischen Partei. Ich habe den größten Respekt vor unserem Großen Führer, dem Vositzenden Mao. Ich verlange von Ihnen, daß Sie konkrete Tatsachen dafür vorlegen, daß ich jemals etwas gegen die Volksregierung oder gegen die Partei unternommen oder geäußert habe«, sagte ich mit ruhiger, aber fester Stimme.

»Sie glauben, Sie könnten sich herausreden. Das ist Ihr Spiel. Was meinen Sie wohl, wer Sie sind? Glauben Sie, Sie könnten die Volksregierung herausfordern? Selbst wenn Sie nie ein Verbrechen begangen haben, sind Sie trotzdem nichts weiter als ein dreckiger Ausbeuter, der sein ganzes Leben lang vom Blut und Schweiß der Arbeiterklasse gelebt hat. Jedenfalls haben wir unwiderlegbare Beweise dafür, daß Sie eine Spionin der Imperialisten sind«, erklärte der Vernehmungsbeamte und schlug mit der Faust auf den Tisch.

Ich wurde so wütend und fühlte mich so angewidert, daß ich aufsprang und meinerseits direkt vor ihm mit der Faust auf den Tisch schlug. Alle fünf sprangen, durch mein Vorgehen vollkommen überrascht, wie ein Mann auf.

Der Soldat zog den Revolver aus dem Halfter, richtete ihn auf mich und brüllte: »Was fällt Ihnen ein?«

Ich stand mitten im Raum, blickte ihm fest ins Gesicht und erwiderte ruhig: »Sie dürfen mich gern erschießen, wenn Sie meine Schuld durch Tatsachen beweisen können.« Während wir uns anstarrten, herrschte im Raum verblüfftes Schweigen.

»Halten Sie den Mund! Sie sind eine hysterische Frau, die gelegentlich Anfälle bekommt, wie ich gehört habe. Versuchen Sie, sich zu beherrschen. Setzen Sie sich wieder auf Ihren Stuhl. Wenn Sie es noch einmal wagen, unaufgefordert aufzustehen, werde ich Sie anketten lassen.« Der Vernehmungsbeamte hob drohend die Faust. Der Soldat steckte mit einem wütenden Blick auf mich seine Waffe ins Halfter zurück.

Während dieser ganzen Aufregung war nur der alte Arbeiter ruhig geblieben. Er sah mich mit einem Gesichtsausdruck an, in dem ich so etwas wie Sympathie zu erkennen glaubte. Vielleicht ging ihm allmählich auf, daß ich tatsächlich unschuldig sein könnte.

Ich setzte mich wieder hin. Mit strenger Miene begann der Vernehmungsbeamte, mir eine Belehrung zu erteilen: »Die Verteidigung eines Mannes, der mit einer Resolution des Zentralkomitees der Kommunistischen Partei gebrandmarkt worden ist, ist ein sehr schweres Vergehen. Schon allein deswegen könnte ich Sie zu einer mehrjährigen Freiheitsstrafe verurteilen. Wir müssen jedoch den mildernden Umstand berücksichtigen, daß Sie keine Gelegenheit gehabt haben, den Entwicklungen der Kulturrevolution zu folgen. Die Revolutionäre unter der Führung unseres Großen Steuermanns, des Vorsitzenden Mao, sind fest entschlossen, alle verborgenen Feinde des Sozialismus, die in unserer Mitte leben, zu entlarven, ungeachtet dessen, wie hoch ihr Rang ist oder wie schlau sie sich tarnen. In dieser Hinsicht sollten Sie keinerlei Zweifel haben. Sie müssen Ihre Illusionen über Bord werfen und sich klarmachen, daß Sie nicht entkommen können.«

»Ich verstehe die Situation vollkommen«, entgegnete ich. »Und ich halte es für völlig richtig, die wahren Feinde zu bestrafen. Sie sollten aber unschuldige Menschen, dic sich der Volksregierung nicht widersetzt haben, nicht für Feinde halten. Ich bitte Sie, meinen Fall gründlich zu untersuchen. Sollten Sie Beweise finden, daß ich gelogen und tatsächlich Verbrechen gegen die Volksregierung oder die Kommunistische Partei begangen habe, so können Sie mich zum Tode verurteilen. Sollten Sie aber herausfinden, daß ich unschuldig bin, so muß sich die Volksregierung bei mir entschuldigen, und zwar öffentlich.«

»Sie wollen eine Entschuldigung?« höhnte der junge Arbeiter. »Was meinen Sie wohl, wer Sie sind? Sie haben etwas übertriebene Vorstellungen von Ihrer Bedeutung.«

»Vor dem Gesetz sind alle Menschen gleich. Wenn ich auch kein Funktionär bin, so bin ich doch ein Bürger dieses Landes.«

»Sie haben soeben eine Behauptung der Revisionisten wiederholt. Kein Wunder, daß Sie Liu verteidigen. Er ist wahrhaftig Ihr Drahtzieher gewesen! Die Menschen sind nicht alle gleich. Die Menschen gehören Klassen an, die miteinander im Kampf stehen. Die siegreiche Klasse zwingt der besiegten ihren Willen auf. Solange es Klassen gibt, kann es keine wahre Gleichheit geben«, sagte der Vernehmungsbeamte.

»Wollen Sie etwa sagen, daß Sie das Gesetz ignorieren und eine unschuldige Person nur deshalb verurteilen werden, weil sie der Bourgeoisie angehört?«

»Warum nicht? Wenn es notwendig ist, jemanden zu bestrafen, werden wir es tun. Die Bourgeoisie ist unser Feind. Wir hoffen, die meisten ihrer Angehörigen umerziehen und dazu bringen zu können, für ihren Unterhalt zu arbeiten. Diejenigen, die sich uns widersetzen, werden mit Sicherheit liquidiert werden. Die siegreiche Arbeiterklasse wird das Gesetz auf jeden Fall so auslegen, daß es ihren Zwecken und Interessen dient.«

»Das scheint die Dinge ja sehr zu vereinfachen«, sagte ich mit sarkastischem Ton. »Da Sie mich schon als Angehörige der Bourgeoisie eingestuft haben und ich zu alt und schwach bin, um für meinen Unterhalt zu arbeiten, warum erschießen Sie mich dann nicht einfach? Dann sind Sie mich los. Wozu dann noch die Zeitvergeudung einer Vernehmung?«

»Wir wollen Ihr Geständnis, weil noch andere in diesen Fall verwikkelt sind. Sie selbst sind ohne jede Bedeutung. Uns ist es egal, ob Sie tot oder lebendig sind«, erwiderte der Vernehmungsbeamte mit gleichgültiger Miene.

Seine Äußerung, daß noch andere in den Fall verwickelt seien, machte mich stutzig. Wen meinte er damit? Meine Lage gab mir immer mehr Rätsel auf.

»Wer ist in den Fall verwickelt? Meinen Sie die ehemaligen Shell-Angestellten in Schanghai?« wollte ich wissen.

»Nein, natürlich nicht. Die sind völlig unwichtig, genau wie Sie. Wir interessieren uns für diejenigen, die es Ihnen und anderen Ihres Schlages ermöglicht haben, im Auftrag der Imperialisten die Sicherheit Chinas zu untergraben.«

»Wen meinen Sie? Etwa Liu? Ich kann Ihnen versichern, daß ich ihm nie begegnet bin.«

»Liu war einer von ihnen. Aber auf ihn kommt es nicht mehr an. Es gibt aber andere, die immer noch die rote Fahne hissen, um sich der roten Fahne zu widersetzen. Die müssen erst noch entlarvt werden. Deren Politik hat es Leuten wie Ihnen erst ermöglicht, im Namen der Imperialisten ihre schmutzige Arbeit gegen China zu verrichten.«

Unglaublich! Es hatte den Anschein, als beruhten die Angriffe gegen mich und Shell nicht nur auf einer ausländerfeindlichen Einstellung oder den Erfordernissen des Klassenkampfs. Das Problem schien weit komplizierter zu sein, als ich gedacht hatte. Mir wurde klar, daß das Ziel der Attacken die Parteifunktionäre waren, deren Politik es ausländischen Unternehmen ermöglicht hatte, in China zu arbeiten. Wenn man mich und andere zu dem Geständnis brachte, wir seien ausländische Spione gewesen, würde man auch behaupten können, die ausländerfreundlichen Funktionäre hätten ausländische Geheimdienste eingeladen, sich in China breitzumachen. Ob es mir gefiel oder nicht: Ich war bei dem Kampf zweier unversöhnlicher Parteilinien zu einer Art Faustpfand geworden. Wenn ich kämpfte und mich wehrte, verteidigte ich damit irgendwelche KP-Funktionäre, die ich nicht kannte und die mich nicht kannten. Eine bizarre, einfach lächerliche Situation!

Die Stimme des Vernehmungsbeamten unterbrach meine Gedanken. »Jetzt versetzen Sie sich mal ins Jahr 1949 zurück, kurz vor dem Einmarsch der Volksbefreiungsarmee in Schanghai. Mit welchem Auftrag hatte die Kuomintang Ihrem Mann befohlen, in Schanghai zu bleiben? Sollte er sich in die Volksregierung einschleichen und sie unterwandern?«

»Mein Mann war in der Hoffnung in Schanghai geblieben, die Volksregierung würde China nach den vielen Kriegsjahren aus dem wirtschaftlichen Chaos und der politischen Wirrnis herausführen und ein starkes und blühendes Gemeinwesen errichten«, erwiderte ich. »Mein Mann war genauso idealistisch und unwissend wie ich. Wir wußten nichts vom Klassenkampf. Aufsätze des Vorsitzenden Mao zirkulierten im Schanghaier Untergrund. Unsere Freunde, Professoren verschiedener Universitäten, gaben sie uns zu lesen. In keinem dieser Aufsätze war von Klassenkampf die Rede. Der Vorsitzende Mao sprach von der Bildung einer Einheitsfront und von der Zusammenarbeit mit allen chinesischen Patrioten.«

»Das war damals die richtige Politik«, unterbrach mich der Vernehmungsbeamte. »Diese Politik war dazu bestimmt, die Unterstützung der Bourgeoisie zu gewinnen und die Kuomintang zu schwächen. Nach dem Sturz der Kuomintang erübrigte sich diese Politik natürlich. Wir halten es immer so, daß wir uns mit den unwichtigeren Feinden verbünden, um den Hauptfeind zu bekämpfen. Wenn der Hauptfeind besiegt ist, rückt der nächste zum Hauptfeind auf. So geht der Kampf weiter. Das nennt man dialektischen Materialismus.«

Darauf hatte ich nichts zu erwidern. Der Vernehmungsbeamte hatte die Philosophie des Mao-Regimes haargenau auf den Punkt gebracht. Es war ausschließlich meine Schuld, daß ich sie nicht schon früher verstanden hatte. Nach einem kurzen Moment fragte mich der Beamte: »Hat Ihr Mann seinen Plan, in China zu bleiben, mit anderen besprochen? Hat er sich vielleicht mit einigen seiner ausländischen Freunde beraten?«

»Nein, es war allein seine Idee. Anfang 1949 waren meine Tochter und ich in Hongkong. Mein Mann bat uns, nach Schanghai zurückzukehren. Nach meiner Rückkehr erklärte er mir, er habe sich entschlossen, in China zu bleiben. Es schien, als hätten ihn seine alten Freunde von der Universität beeinflußt, die wie er Mitglieder der Demokratischen Liga waren. Wie Sie wissen, unterstützte die Demokratische Liga die Kommunistische Partei und arbeitete eng mit ihr zusammen. Sie hat auch dazu beigetragen, unter liberalen Intellektuellen und Kuomintang-Beamten Sympathie für die KP zu wecken. Ich kannte eine ganze Reihe von Intellektuellen, die sich damals aufgrund der Arbeit der Liga zum Bleiben entschlossen«, sagte ich.

»Die Demokratische Liga war ein Werkzeug der amerikanischen Imperialisten. Ihre Führer wollten in China die parlamentarische Demokratie errichten und die Macht mit der KP teilen. Sie waren absurde Träumer mit absurden Ideen. Was können Politiker erreichen, wenn sie nicht über eine Armee verfügen? Bei der Kampagne gegen Rechtsabweichler im Jahre 1957 wurden die meisten Führer der Liga als Rechtsabweichler entlarvt. Sie haben es verdient.«

»1949 haben sie der Partei einen Dienst erwiesen«, beharrte ich. Das Schicksal der Führer der Demokratischen Liga war ein unerquickliches Beispiel für Maos Methode, Menschen zu benutzen und sich ihrer zu entledigen, sobald sie nicht mehr gebraucht wurden.

»Die Umstände hatten sich geändert . . .« Der Vernehmungsbeamte unternahm einen neuen Anlauf, mir den dialektischen Materialismus zu erklären.

»Ich verstehe. Dies ist ein Beispiel dafür, wie die Theorie des dialektischen Materialismus im wirklichen Leben angewandt werden kann«, sagte ich hastig, um mir jede weitere Erklärung zu ersparen.

»Wir sind zu dem Schluß gekommen, daß Ihr Mann auf Anordnung der Kuomintang und der Imperialisten in Schanghai blieb, um das Außenministerium der Volksregierung zu unterwandern.«

»Der Mann, der nach dem Einmarsch der Volksbefreiungsarmee das Amt meines Mannes übernahm, war Tschang Han-fu, der spätere stellvertretende Außenminister in Peking. Kurz bevor er sein Amt in Peking antrat, bat er meinen Mann, in die Volksregierung einzutreten, mit ihm nach Peking zu gehen und im Außenministerium zu arbeiten. Mein Mann lehnte dieses Angebot ab. Wenn er das Außenministerium hätte unterwandern wollen, warum hat er sich dann 1950 geweigert, nach Peking zu gehen?«

Bei dieser Antwort dachte ich an die wenigen ehemaligen Kuomintang-Diplomaten, die tatsächlich nach Peking gegangen waren, um im kommunistischen Außenministerium zu arbeiten. Ein ehemaliger Botschafter in Burma saß jetzt als Konterrevolutionär im Gefängnis. Die anderen hatten gleichfalls bei der einen oder anderen Kampagne leiden müssen. Ich war immer zutiefst dankbar gewesen, daß mein Mann das Angebot Tschang Han-fus abgelehnt hatte.

»Tschang Han-fu gehört zu der schmutzigen Liu-Clique. Als er vor der Befreiung einmal von der Kuomintang verhaftet wurde, hat er Parteigeheimnisse verraten. Er steht jetzt unter Arrest.« Diese Neuigkeit erschütterte mich, denn ich wußte, daß Tschang Han-fu ein Gefolgsmann von Ministerpräsident Tschou En-lai war.

»Es bleibt jedoch die Tatsache«, beharrte ich, »daß er stellvertretender Außenminister war, als er meinem Mann anbot, nach Peking zu kommen. Mein Mann lehnte das Angebot ab. Sie können das in den Unterlagen prüfen. Hätte er Unterwanderungsabsichten gehabt, hätte er das Angebot nicht abgelehnt.«

Mein Argument war von so schlichter Logik, daß selbst der Vernehmungsbeamte vorübergehend sprachlos war. Ich packte die Gelegenheit beim Schopf, ein für allemal Klarheit zu schaffen, und sagte: »Indem er in Schanghai blieb und der Kuomintang nicht nach Taiwan folgte, hat mein Mann seinen guten Willen gegenüber der Kommunistischen Partei demonstriert. Er war zwar ein Beamter der Kuomintang-Regierung, doch er mißachtete deren Befehle. Eigentlich hätte die Kuomintang unser Haus plündern und uns ins Gefängnis stecken müssen. Doch dazu fehlt ihr die Macht. Das haben nun Sie für sie erledigt. Wer, so frage ich, handelt hier im Auftrag der Kuomintang?«

Daß man sie beschuldigte, im Auftrag der Kuomintang zu handeln, war für die Revolutionäre eine unerträgliche Beleidigung. Ich konnte sehen, wie das Gesicht des Vernehmungsbeamten erbleichte und wie seine Schläfenadern hervortraten, als er sich zu zügeln versuchte. Am Ende war es der Soldat, der aufsprang und Anstalten machte, erneut den Revolver zu ziehen.

»Halten Sie endlich den Mund!« rief er.

Der ältere Arbeiter hielt ihn jedoch zurück und bemerkte in konziliantem Ton: »Es ist Ihr gutes Recht, Ihre Meinung darzulegen. Unser Großer Führer hat gesagt: ›Legt die Tatsachen auf den Tisch und sprecht vernünftig.‹ Wir erlauben Ihnen, sich zu verteidigen. Sie dürfen die Revolutionäre aber nicht verleumden und sie beschuldigen, im Auftrag der Kuomintang zu handeln.«

Der Vernehmungsbeamte sah auf seine Uhr und flüsterte den anderen etwas zu. Dann wandte er sich wieder an mich: »Sie können jetzt in Ihre Zelle zurückgehen. Wir machen heute nachmittag weiter.«

Man hatte mich vor der ersten Mahlzeit zum Verhör geholt. Ich war hungrig und erschöpft. Als ich aufstand, drehte sich der Raum, und mir wurde schwarz vor Augen. Ich fühlte mich weich in den Knien und mußte mich am Stuhl festhalten, um nicht umzufallen. Da ich nicht wollte, daß meine Unsicherheit als Nervosität mißdeutet wurde, zeigte ich auf meine geschwollenen Knöchel und sagte: »Ich möchte in aller Form gegen eine Wärterin protestieren, die gestern abend in meine Zelle gekommen ist und mich getreten hat.«

»Dummes Zeug!« sagte der Vernehmungsbeamte. »Die Wärter dürfen Gefangene weder treten noch schlagen.«

»Diese hat es aber getan«, rief ich noch und humpelte hinter einem Wärter aus dem Raum.

Ich war völlig ausgehungert und befürchtete, die einzige Reis-Mahlzeit des Tages verpaßt zu haben. Die Kartoffeln, die es abends gab, verursachten mir Verdauungsstörungen. Von der diensthabenden Wärterin des Frauentrakts, die mich zu meiner Zelle zurückbrachte, erfuhr ich, daß man meine Portion Reis in meine Decke gewickelt und so warmgehalten habe. »Wenn Sie wollen, kann ich Ihnen auch heißes Wasser zu trinken geben«, sagte sie.

Obwohl sie eine der freundlicheren Wärterinnen war, war eine derartige Fürsorglichkeit etwas Unerhörtes. Ich fand die Schüssel mit Reis und Kohl in ein Handtuch und eine Decke gewickelt. Das Gericht war noch lauwarm. Die Wärterin erschien mit einer Thermoskanne voll heißem Wasser an der Türklappe und goß mir großzügig den Becher voll. Ich setzte mich auf die Bettkante, um meinen Reis zu essen und um mir klarzumachen, was an diesem Morgen geschehen war.

Der Vernehmungsbeamte war ohne Zweifel der gebildetste und intelligenteste der fünf Männer. Seinem Selbstbewußtsein nach zu schließen, mußte er ein altgedienter Parteifunktionär sein. Ob er ein Maoist war oder nicht, konnte ich nicht ausmachen. Er mußte für die Maoisten jedoch zumindest annehmbar sein, da man ihn mit den Vernehmungen betraut hatte. Der alte Arbeiter war sicher kein Maoist. Vermutlich hatte man ihn für die Propagandagruppe ausgewählt, weil er ein altgedienter Industriearbeiter war, die Art Mann, die man aus kosmetischen Gründen für die Propaganda brauchte. Der junge Protokollführer schien mir indifferent zu sein. Er nahm bloß als Sekretär teil; das war vermutlich auch sein Job. Als ich mich für Liu einsetzte, hatte ich seiner Stimme oder seinem Gesichtsausdruck keine wirkliche Verärgerung entnehmen können. Der junge Arbeiter und der Soldat waren die wahren Maoisten. Sie sahen aus und benahmen sich wie viele junge Leute aus der Mao-Ära, die aus armen Familien stammten und inzwischen so viel politische Indoktrination hatten über sich ergehen lassen müssen, daß sie jede Fähigkeit zu selbständigem Denken verloren hatten.

Das Verhalten der diensthabenden Wärterin im Frauentrakt war jedoch am seltsamsten. Was hatte ich an diesem Morgen getan, um ihre Fürsorge zu verdienen? Über dieser Frage brütete ich, während ich auf den harten Kohlblättern herumkaute. Ich erinnerte mich nur an eines, was man für ungewöhnlich halten konnte: meine wenigen Worte zur Verteidigung des armen Liu Schao-tschi. Hatte sie mich belohnt, weil ich ausgesprochen hatte, was sie nur zu denken wagte?

In der jahrtausendealten chinesischen Tradition sind persönliche Beziehungen schon immer wichtig gewesen. Die Kommunisten bildeten da keine Ausnahme. Wenn ein Kommunistenführer in Ungnade fiel, traf es auch alle, die einmal mit ihm gearbeitet hatten, gleichgültig, wie lose die Verbindung gewesen war. Da der gesamte Sicherheitsdienst von den Maoisten angegriffen worden war, mußte es in der Haftanstalt Nr. 1 eine Reihe von Männern und Frauen geben, deren Schicksal mit dem Lius verbunden war und die ihm Sympathien entgegenbringen mußten. Wenn ich mir durch eine Verteidigung Lius eine bessere Behandlung und etwas mehr Menschlichkeit verdienen konnte, lohnte sich der Einsatz. Meine Hauptsorge mußte meinem Überleben gelten. Meiner impulsiven Verteidigung Lius allerdings hatte dieses Kalkül noch nicht zugrunde gelegen. Mich hatte allein mein Gerechtigkeitsgefühl getrieben.

Als ich am Nachmittag wieder zum Verhör geholt wurde, wies der Vernehmungsbeamte erneut mit dem Arm auf das Mao-Porträt. Ich verneigte mich. Dann ließ er mich das folgende Zitat vortragen: »Alle Reaktionäre sind Papiertiger. Dem Aussehen nach sind sie furchterregend, aber in Wirklichkeit sind sie nicht gar so mächtig. Auf lange Sicht haben nicht die Reaktionäre, sondern hat das Volk eine wirklich große Macht.«

Nachdem ich das Zitat vorgelesen hatte, sagte der Vernehmungsbeamte: »Sie können jetzt mit Ihrem Bericht fortfahren. Beschreiben Sie die Umstände, unter denen Ihr Mann sich der britischen Spionageorganisation anschloß.«

»Mein Mann hat sich nie einer Spionageorganisation angeschlossen. Shell ist eine internationale Ölgesellschaft von gutem Ruf.«

»Ihre Niederlassung in Schanghai war eine Spionageorganisation.«

»Das war sie nicht.«

Der Vernehmungsbeamte zog einen Stapel Papier aus einer Schublade und begann schweigend zu lesen, während die beiden Arbeiter mich aufmerksam beobachteten. Beim Umblättern sah mich der Vernehmungsbeamte immer wieder an und schüttelte mißbilligend den Kopf, als hätte er bei der Lektüre gerade etwas Schockierendes entdeckt. Ich wußte, daß das reine Schauspielerei war; die Akte, die er zu lesen vorgab, hätte von Astrologie oder sonst etwas handeln können. Also setzte ich eine unbeteiligte Miene auf und wartete darauf, daß der Mann sich wieder an mich wandte.

Nach einiger Zeit legte er das Papier auf den Tisch: »Die anderen Shell-Angestellten sind vernünftiger als Sie. Sie wissen, wo ihre Interessen liegen. Sie haben schon alles gestanden.« Er zeigte auf die Akte und fuhr fort: »Dies sind ein paar ihrer Geständnisse. Die Erklärungen der Abteilungsleiter, darunter auch die Ihres ehemaligen Chefbuchhalters, enthalten hochinteressante Details über die Spionagetätigkeit Ihres Büros.«

»Also bitte. Warum soll ich ein falsches Geständnis ablegen? Sie haben doch, was Sie brauchen.«

»Jeder von Ihnen muß für sich selbst sprechen.«

»Wenn ich mich äußern soll, kann ich nur die Wahrheit sagen. Shell ist eine Handelsfirma. Sie hat nichts mit Politik zu tun. Sie war nur deshalb in China, weil sie Handel treiben wollte. Sie konnte sich jedenfalls nur deshalb in Schanghai niederlassen, weil die Volksregierung es genehmigt hatte. Sowohl mein verstorbener Mann als auch ich selbst haben damals aus Gesprächen mit Funktionären den Eindruck gewonnen, daß die Volksregierung Shell sogar ermutigt hat, die Niederlassung in Schanghai zu behalten.«

»Stimmt genau. Die Anhänger des kapitalistischen Wegs in der Partei versuchten damals, eine ausländische Spionageorganisation zu dekken. Das liegt doch auf der Hand«, unterbrach mich der Vernehmungsbeamte.

»Ich gebe Ihnen den Rat, sich sorgfältig zu überlegen, was Sie sagen. Es war der Staatsrat, der Shell die Genehmigung gab, in China zu bleiben.«

Ich erwähnte nicht, daß diese Genehmigung von Ministerpräsident Tschou En-lai unterzeichnet worden war. Der Vernehmungsbeamte mußte das gewußt haben. Ich fragte mich unwillkürlich, ob Tschou einer der Parteiführer war, den die Maoisten als nächsten stürzen wollten. Solange er jedoch Ministerpräsident war, würden sie es nicht wagen, offene Beschuldigungen vorzubringen.

»Shell ist ein multinationales Unternehmen. Diese sind nach marxistischem Verständnis die schlimmste Form des kapitalistischen Unternehmertums. Sie beuten die Arbeiterklasse vieler Länder aus. Politisch sind solche Unternehmen ausnahmslos zutiefst antikommunistisch und reaktionär. Man hätte Shell nach der Befreiung nie erlauben dürfen, in China zu bleiben«, fuhr der Vernehmungsbeamte fort.

»Ich bin nicht Ihrer Meinung«, wandte ich ein. »Ich halte es für einen äußerst klugen und durchdachten Schritt, einer britischen Ölgesellschaft den Verbleib in China zu erlauben, als die USA ein Öl-Embargo gegen unser Land verhängten. Damit wurde Zwietracht ins feindliche Lager getragen. Den Büchern des Vorsitzenden Mao entnehme ich, daß er dafür ist, Zwietracht in die Reihen der Feinde zu tragen, da dies zur wirksamen Taktik des Klassenkampfes gehört.«

Der junge Arbeiter fiel mir ins Wort: »Der Vorsitzende Mao hat uns gelehrt, uns auf uns selbst zu verlassen. Wir brauchen keine ausländischen Unternehmen.«

»Der Vorsitzende Mao hat aber auch gesagt: ›Wir lehnen fremde Hilfe nicht ab, verlassen uns aber hauptsächlich auf die eigene Kraft.‹ Er hat die Hilfe von befreundeter Seite nicht rundweg abgelehnt.«

»Sie können den Handel mit einem Unternehmen wie Shell nicht als Hilfe von befreundeter Seite einstufen«, sagte der Vernehmungsbeamte.

»Shell hat mit Taiwan seit Jahren weder Handel getrieben, noch dort eine Niederlassung unterhalten. Was könnte der Volksregierung gegenüber freundlicher sein als das?«

»Sie sind wirklich eine gerissene Person. Erst verteidigen Sie Liu Schao-tschi. Jetzt verteidigen Sie eine reaktionäre multinationale Organisation. Selbst wenn Sie kein anderes Verbrechen begangen haben sollten, so genügt das, was Sie heute in diesem Vernehmungszimmer gesagt haben, um Sie zu verurteilen«, bemerkte der Vernehmungsbeamte.

»Alles, was ich gesagt habe, ist wahr. Alles, was Sie gesagt haben, ist völlig aus der Luft gegriffen. Trotzdem hält man Sie für einen aufgeklärten Revolutionär, der die Volksregierung und die Partei vertritt, und mich für eine rückständige alte Frau.«

Der Vernehmungsbeamte wurde wütend und schlug wieder mit der Faust auf den Tisch. »Sie vergessen sich! Dies ist ein Vernehmungszimmer der Diktatur des Proletariats!«

»Aufstehen! Stehen Sie auf! Bleiben Sie stehen! Wir werden Sie wegen Mißachtung der Diktatur des Proletariats bestrafen«, fiel der junge Arbeiter erregt ein.

Ich stand auf.

»Berichten Sie über die Umstände, unter denen Ihr Mann der britischen Spionageorganisation beitrat.«

»Wenn Sie es so ausdrücken, kann ich Ihnen beim besten Willen keine Antwort geben.«

»Sie sind sehr vorsichtig, nicht wahr? Die Imperialisten haben Sie gut ausgebildet. Sie geben in keinem Punkt nach«, sagte der Vernehmungsbeamte.

Der alte Arbeiter unterbrach ihn: »Beantworten Sie die Frage, die man Ihnen gestellt hat. Die Frage der Spionageorganisation wollen wir für den Augenblick beiseite lassen.«

»Genau!« pflichtete ich ihm bei. »Erst die Untersuchung, dann die Schlußfolgerung. Das hat uns der Vorsitzende Mao gelehrt. Er hat gesagt: ›Ohne Untersuchung hat man kein Recht, sich zu äußern‹.«

Der Vernehmungsbeamte schlug erneut mit der Faust auf den Tisch und brüllte: »Haben wir Sie gebeten, uns zu belehren? Sie werden unverschämt. Sie scheinen zu vergessen, daß Sie eine Gefangene sind und wir die Vertreter der Volksregierung.«

»Von den Vertretern der Volksregierung erwarte ich, daß sie vernünftig sind, daß sie sich an das Gesetz halten und sich bemühen, die Wahrheit herauszufinden.«

»Genau das versuchen wir. Aber Sie weigern sich, ein Geständnis abzulegen.«

»Es wäre unverantwortlich von mir, ein falsches Geständnis abzulegen«, bemerkte ich. »Ich glaube auch nicht, daß ein falsches Geständnis den Interessen der Regierung dient. Es würde nur Verwirrung schaffen. Ich habe nie etwas Gesetzwidriges getan. Um Ihnen bei der Ermittlung der Tatsachen zu helfen, werde ich nur allzu bereit sein, jede Frage zu beantworten, die Sie mir stellen wollen. Ich werde die

Wahrheit sagen. Sollte ich lügen und etwas zu verbergen trachten, können Sie mich streng bestrafen. Ich werde sogar eine entsprechende Erklärung unterschreiben, wenn Sie mir ein Blatt Papier geben.«

Nachdem er sich kurz mit dem Vernehmungsbeamten beraten hatte, reichte mir der Protokollführer ein Blatt Papier. Ich trat an den Tisch heran und schrieb folgendes auf: »Ich bin eine chinesische Patriotin und eine gesetzestreue Staatsbürgerin. Ich habe mich der Volksregierung nie widersetzt. Sollten die Ermittlungsbeamten der Volksregierung einen Menschen finden, dem ich vertrauliches Material habe entlocken wollen, bin ich bereit, die Todesstrafe auf mich zu nehmen. Am Ende der Untersuchung, die nur meine völlige Unschuld ergeben kann, muß mich die Volksregierung voll rehabilitieren, wozu auch eine in den Zeitungen veröffentlichte Entschuldigung gehört.«

Ich unterschrieb und fügte noch das Datum hinzu, bevor ich das Papier dem Vernehmungsbeamten überreichte. Er las es und gab es an die anderen weiter. Der alte Arbeiter holte seine Lesebrille hervor, putzte sie sorgfältig und setzte sie sich auf. Während er meine Erklärung las, nickte er zustimmend. Dann zeigte er auf meinen Stuhl und sagte: »Setzen Sie sich, setzen Sie sich.«

Sowohl der Soldat als auch der junge Arbeiter weigerten sich, meine Erklärung zu lesen. Letzterer sagte höhnisch: »Sie bluffen nur wie ein Pokerspieler!«

Der Vernehmungsbeamte reichte das Papier schließlich dem Protokollführer, der es in einen Aktenordner steckte.

»Unter welchen Umständen wurde Ihr Mann Geschäftsführer der Schanghaier Shell-Niederlassung?« fragte mich der Vernehmungsbeamte nach einer Weile.

»Shell ist nach dem Zweiten Weltkrieg dazu übergegangen, Staatsbürger des jeweiligen Gastlandes zu Geschäftsführern zu machen«, erklärte ich.

»Lag das nicht daran, daß man der Meinung war, ein Chinese wie Ihr Mann könne leichter an Informationen herankommen als ein Brite?«

»Mein Mann hatte einem britischen Manager nur eins voraus: Er brauchte keinen Dolmetscher, wenn er mit einem Vertreter des Import-Export-Büros der Volksregierung sprach.«

»Ihr Mann ist mehrmals nach Hongkong gereist, und 1956 sind Sie beide nach England und Europa gefahren«, fuhr der Vernehmungsbeamte fort. »Wir interessieren uns besonders für Ihre Europareise, da wir wissen, daß Sie von der Zentrale des britischen Geheimdienstes Anweisungen erhielten.«

»Sie müssen hier etwas durcheinanderbringen. Wir fuhren nach London, um die Shell-Zentrale zu besuchen. Dann reisten wir aus dem gleichen Grund nach Den Haag, wo Shell seinen zweiten Hauptsitz hat. Mein Mann sprach mit den Direktoren über die Handelsaussichten in China. Sowohl das Import-Export-Büro als auch die staatliche Chemiehandelsgesellschaft in Peking wünschten, daß er diese Reise machte. Sie wollten von Shell viele Dinge kaufen. Die Handelsaussichten waren vielversprechend, und man lud britische Experten ein, um hiesigen Organisationen bei der Forschungsarbeit zu helfen. Kurz nach unserer Rückkehr wurde die Kampagne gegen Rechtsabweichler ausgerufen. Darauf folgte die Kampagne ›Großer Sprung nach vorn‹. Alles kam zum Erliegen. Die Pekinger Funktionäre, die so voller Elan gewesen waren, konnten keine Entscheidungen mehr treffen. Experten von Shell, die schon auf dem Weg nach China waren, mußten umkehren. Nichts ging mehr.«

»Wie haben Sie Ihre Reisepässe erhalten? Wer gab Ihnen die Genehmigung, nach Europa zu reisen? Privatleuten werden normalerweise keine Auslandsreisen erlaubt.«

»Mein Mann hatte die Pässe beim Schanghaier Büro des Außenministeriums beantragt. Ich nehme an, daß wir die Reisegenehmigung erhielten, weil die Regierung die Reise für wichtig hielt.«

Ich erinnerte mich an eine Peking-Reise mit meinem Mann. Ich begleitete ihn, als er vom Import-Export-Büro eingeladen worden war, über die Lieferung von Insektiziden und Kunstdünger durch Shell zu sprechen. Mao Tse-tung wünschte eine gewaltige Steigerung der chinesischen Getreideproduktion, um die Überlegenheit der 1955 gebildeten Landwirtschaftsgenossenschaften zu beweisen, die sein erster Schritt zur Kollektivierung der gesamten Landwirtschaft waren. Am Tag vor der geplanten Rückkehr nach Schanghai besuchte mein Mann das Import-Export-Büro zu einem letzten Gespräch. Sein Gesprächspartner, mit dem er eine Woche lang angenehme geschäftliche Unterredungen geführt hatte, informierte ihn, daß unsere Pässe im Schanghaier Büro des Außenministeriums bereitlägen. Dann fügte er vertraulich hinzu: »Der Ministerpräsident hat der Ausstellung Ihrer Reisepässe persönlich zugestimmt.« Normalerweise gaben Parteifunktionäre nur ein Mindestmaß an Informationen aus der Hand, wenn sie es mit Außenstehenden wie meinem Mann zu tun hatten. Wir glaubten damals, der Funktionär habe die persönliche Zustimmung von Ministerpräsident Tschou nur deshalb erwähnt, um meinem Mann das große Interesse der Regierung an seiner Reise klarzumachen.

Der Vernehmungsbeamte hatte unterstellt, wir seien nach London gereist, um vom britischen Geheimdienst Anweisungen entgegenzunehmen. Wenn das tatsächlich der Fall gewesen wäre und man mich zu einem entsprechenden Geständnis gebracht hätte, wäre die Zustimmung des Ministerpräsidenten, uns mit Reisepässen auszustatten, gleichbedeutend mit der Begünstigung von Spionage gewesen. War es möglich, daß die Maoisten Ministerpräsident Tschou En-lai selbst ins Zwielicht zu rücken hofften? Die ganze Angelegenheit schien völlig absurd zu sein. Die gegen Liu vorgebrachten Unterstellungen waren jedoch nicht minder absurd. Hatte der Vernehmungsbeamte, als er sagte, es seien noch andere in den Fall verwickelt und es gebe Funktionäre, die »die rote Fahne hißten, um sich der roten Fahne zu widersetzen«, damit etwa auch Ministerpräsident Tschou En-lai gemeint? Ich konnte nur spekulieren. Erfahren würde ich es ohnehin nie. Doch hielt ich es für durchaus denkbar, daß Lin Piao und Maos Frau Tschiang Tsching darauf aus waren, Tschou En-lai zu beseitigen. Jeder Chinese wußte, daß Tschiang Tsching den Ministerpräsidenten haßte. Und Lin Piao sah ihn wohl als Hindernis an, das seinem Ehrgeiz im Weg stand.

Die Stimme des Vernehmungsbeamten holte mich wieder in die Gegenwart zurück. »Ihre Reise hat den Interessen Chinas nicht gedient«, sagte er.

»Die Funktionäre in Peking haben meinem Mann zu verstehen gegeben, daß er China einen Dienst erweisen würde, wenn es ihm gelänge, all das zu erhalten, was China von Shell brauche. Sie haben auch gesagt, daß der Handel mit fremden Ländern China nütze«, klärte ich ihn auf.

»Das war die Politik der Anhänger des kapitalistischen Wegs in der Partei und widersprach den Lehren unseres Großen Führers, des Vorsitzenden Mao.«

»Sie können von uns Außenstehenden nicht erwarten, daß uns das bekannt war. Für meinen Mann und mich war die Volksregierung die Regierung, und die Beamten, die die Regierung vertraten, waren die Leute, denen wir zu folgen und zu glauben hatten«, sagte ich.

»Geben Sie einen wahrheitsgemäßen Bericht über Ihre Tätigkeiten in England und den anderen europäischen Ländern, die Sie damals besuchten, und gestehen Sie, welche Informationen Sie preisgegeben haben.«

»Mein Mann besuchte die Zentralen von Shell in London und Den Haag. Er sprach mit mehreren Direktoren und anderen Herren, die für den Fernen Osten zuständig waren. Er besuchte auch Raffinerien und Forschungseinrichtungen. Außerdem haben wir ein paar alte Freunde getroffen.«

»Haben Sie auch mit britischen Regierungsbeamten gesprochen?«

»Ja, einige unserer Freunde waren Diplomaten, die wir gelegentlich trafen.«

»Sind Sie nicht danach gefragt worden, wie es in China aussieht?«

»In den Jahren 1956 und 1957, vor der Kampagne gegen Rechtsabweichler, sah es in China noch recht gut aus. Wir waren glücklich, unseren Freunden das sagen zu können. Nach den vielen Kriegsjahren war die Inflation zum erstenmal unter Kontrolle. Der erste Fünfjahresplan war erfolgreich beendet worden. Die Menschen waren zufrieden. Es herrschte Frieden. Das war allgemein bekannt.«

»Sie müssen Ihnen Dinge gesagt haben, von denen sie nichts wußten. Sie müssen alles gestehen«, insistierte der Vernehmungsbeamte.

»Was hätten wir ihnen sagen können? Wenn Sie sich der Mühe unterziehen würden, herauszufinden, wer unsere Freunde und Bekannten in China waren, werden Sie entdecken, daß wir keinen Menschen kannten, der uns etwas Wichtiges hätte erzählen können. Da wir keinen Zutritt zu Regierungsstellen hatten, um etwa Dokumente zu stehlen, hätten wir alle unsere Erkenntnisse von unseren Freunden haben müssen. Da wir aber niemanden kannten, der etwas Wichtiges wußte, konnten wir unseren britischen Freunden auch nichts Wichtiges erzählen, oder?«

»Es ist nicht Ihre Sache zu beurteilen, was wichtig und was unwichtig ist. Das müssen Sie schon uns überlassen. Ich wünsche, daß Sie einen detaillierten Bericht über Ihre Europareise in den Jahren 1956 und 1957 schreiben. Erstellen Sie eine Liste aller Menschen, die Sie getroffen haben, und schreiben Sie alles auf, was Sie ihnen mitgeteilt haben. Dann werden wir sehen, ob Sie ihnen etwas Wichtiges erzählt haben.«

»Das ist unmöglich und würde zu nichts führen. Wie soll ich mich an jeden Satz erinnern, den mein Mann und ich vor zehn Jahren gesprochen haben? Außerdem habe ich meinen Mann nicht begleitet, als er die Hauptverwaltung oder die Raffinerien besuchte. Woher soll ich wissen, was er damals sagte? Und wie wollen Sie nachprüfen, was ich aufschreiben würde? Sie können Ihre Nachforschungen doch nicht auf England ausdehnen. Sie sollten lieber mit unseren chinesischen Bekannten Verbindung aufnehmen. Dort können Sie nachprüfen, ob wir in China eine Quelle für Geheiminformationen hatten. Ich kann Ihnen versichern, daß wir keinen Menschen kannten, der uns irgend etwas hätte verraten können, was sich als ›geheim‹ interpretieren ließe.«

»Leiten Sie diese Untersuchung oder ich?« fragte der Vernehmungsbeamte irritiert.

Ich wußte natürlich, daß er mir eine Falle zu stellen hoffte. Ein noch so unschuldiger Bericht kann verdächtig aussehen, wenn man hier ein Wort oder dort einen Satz ausläßt. Außerdem ist man nicht immer auf der Hut, wenn man über profane Dinge schreibt. So antwortete ich lediglich: »Natürlich leiten Sie diese Untersuchung, und, wie Sie mir selbst gesagt haben, sind Sie der Vertreter der Volksregierung. Ich werde alles tun, was Sie sagen. Es scheint mir aber Zeitvergeudung zu sein.«

»Es kommt uns nicht darauf an, ob wir Zeit vergeuden, wenn wir Agenten der Imperialisten entlarven können«, entgegnete der Vernehmungsbeamte. »Wir sind der Überzeugung, daß alle in China tätigen ausländischen Unternehmen einen doppelten Status haben. Sie treiben Handel, um Geld zu verdienen, denn Geld ist der Gott der Kapitalisten. Sie sammeln aber auch Informationen für ihre Regierungen. Die kapitalistischen Länder werden nie ihre Versuche aufgeben, die politischen Verhältnisse in China zu ändern. Wir sind heute aber mächtig. Sie können nicht hoffen, uns mit militärischen Mitteln zu schlagen. Folglich setzen sie ihre Hoffnung auf innere Zwietracht. Chinesen wie Sie, die an ihren Universitäten ausgebildet worden sind oder in ihren Unternehmen arbeiten, sind ihre potentiellen Verbündeten. Großbritannien war die erste imperialistische Macht, die in China einmarschiert ist. Es hält immer noch Hongkong besetzt. Die Briten erkennen zwar die Volksregierung an, stimmen bei den Vereinten Nationen aber mit den USA, damit wir unseren Sitz in der Weltorganisation nicht einnehmen können. Während die USA offen die Kuomintang unterstützen, spielen die Briten ein Doppelspiel, das weit gefährlicher ist, weil man leicht darauf hereinfallen kann.«

»Sie übertreiben«, wandte ich ein.

»Sie sollten die britischen Imperialisten besser nicht verteidigen. Das könnte Sie in eine noch üblere Lage bringen«, warnte mich der Vernehmungsbeamte.

Es war offensichtlich zwecklos, sich mit ihm auf eine Debatte über internationale Beziehungen einzulassen. Ich hielt also den Mund und wartete auf das, was er mir sonst noch zu sagen hatte.

»Bevor Sie Ihr Geständnis schreiben, sollten Sie Ihr Denken korrigieren, was Liu Schao-tschi betrifft. Sie sollten sich klarmachen, daß die Anhänger des kapitalistischen Wegs am Ende sind. Diejenigen, die schon entlarvt worden sind, werden nie wieder an die Macht zurückkehren, und die anderen werden wir auch noch schnappen. Der Sieg gehört der Politik unseres Großen Führers. Ihnen bleibt also nur ein Ausweg: Sie müssen alles gestehen und sich auf die Seite der Proletarischen Revolutionäre stellen. Es wäre ein großer Irrtum zu glauben, China könnte zu den Zuständen der Zeit vor der Kulturrevolution zurückkehren, oder anzunehmen, Chinesen mit Auslandsverbindungen könnten eines nicht so fernen Tages wieder einmal von den Anhängern des kapitalistischen Wegs protegiert werden.«

Ich war mit dem Verhör dieses Tages recht zufrieden, weil ich überhaupt hatte sprechen können und weil ich glaubte, einige Punkte geklärt zu haben. Jetzt beschloß ich, sein Stichwort zu nutzen, um Liu Schao-tschi noch nachdrücklicher zu verteidigen. Ich wollte unbedingt in Erfahrung bringen, ob ich mit meiner Vermutung recht hatte, daß es im Gefängnis außer den Maoisten auch eine Reihe von Liuisten gab.

Ich setzte eine unschuldige Miene auf und sagte: »Ehrlich, ich kann immer noch nicht erkennen, was der Vorsitzende Liu falsch gemacht hat und warum der Vorsitzende Mao ihn zu bestrafen wünscht. In seinen Büchern hat der Vorsitzende Mao den Vorsitzenden Liu an mehreren Stellen gelobt. Ich hoffe, er wird ihm vergeben. Glauben Sie nicht auch, daß das für China und die Partei am besten wäre? Außerdem: War es nicht der Vorsitzende Liu, der als erster den Begriff ›Mao-Tsetung-Denken‹ verwendete und die Parteimitglieder aufforderte, Maos Bücher zu studieren? Das zeigt doch, daß er den Vorsitzenden Mao respektiert.«

»Sie dürfen einen Verräter nicht als Vorsitzenden bezeichnen!« »Sie dürfen Liu Schao-tschi nicht verteidigen!« schrien sie mich an.

Als sie sich beruhigt hatten, fuhr ich fort: »Natürlich würde ich es nicht wagen, Liu zu verteidigen, wenn er tatsächlich schuldig wäre. Aber ich frage mich, ob das Material, auf das das Zentralkomitee sein Urteil gestützt hat, wirklich zuverlässig war. Sie wissen, wie leicht man Menschen dazu bringen kann, ein falsches Geständnis abzulegen. Ich nehme an, das passiert jeden Tag.«

Ich konnte mir diesen Seitenhieb nicht verkneifen. Das war nur eine kleine Rache für all das, was sie mir antaten. Ich hatte offensichtlich einen wunden Punkt getroffen. Aus der Verdüsterung ihrer Mienen und daraus, wie sie blitzschnell versuchten, mich zum Schweigen zu bringen, zog ich den Schluß, daß sie wußten oder zumindest den Verdacht hegten, daß die sogenannten Beweise gegen Liu von den Maoisten tatsächlich gefälscht worden waren. Nach Maos Tod im September 1976 und der nachfolgenden Verhaftung seiner Witwe Tschiang Tsching erfuhren die Chinesen durch ein Dokument des Zentralkomitees offiziell, daß eine von Tschiang Tsching und Verteidigungsminister Lin Piao eingesetzte Sonderkommission die Beweise gegen Liu Schaotschi tatsächlich gefälscht hatte. Dort hieß es, von Tschiang Tsching und Lin Piao ausgewählte Aktivisten hätten die Anhänger Lius gefoltert, um ihnen die gewünschten falschen Geständnisse zu entlocken. Die Schreie der Gefolterten seien auf Band aufgenommen und den Auftraggebern vorgespielt worden.

»Aufhören! Halten Sie den Mund! Sie sind ja völlig durchgedreht!« brüllte der Vernehmungsbeamte, den meine freimütige Bemerkung sichtlich erschreckt hatte. Und er fügte rasch hinzu: »Liu ist schuldig, und Sie sind es auch!«

»Ich bin nicht schuldig, das weiß ich genau. Was den Vorsitzenden Liu betrifft, so habe ich den Eindruck, daß auch er unschuldig ist«, sagte ich.

»Aufhören! Mund halten! Ich verbiete Ihnen weiterzusprechen.«

Hinter mir hörte ich ein lautes Geräusch. Diesmal wurde nicht einmal versucht, das kleine Beobachtungsfenster möglichst lautlos zu schließen. Es schien, als hätte der Kontrolleur das Spiel satt. Mit dem Knallen des Fensters tat er seine Unzufriedenheit kund. Der Vernehmungsbeamte stand in aller Hast auf und verließ den Raum.

Nach einer Weile kehrte er zurück, reichte mir eine Rolle Schreibpapier und sagte: »Gehen Sie in Ihre Zelle und schreiben Sie über Ihre Reise nach England und in die anderen europäischen Länder. Schreiben Sie die Namen all der Leute auf, die Sie besucht haben, und alles, was Sie ihnen gesagt haben. Legen Sie ein volles Geständnis ab.«

In der offenen Tür stand schon ein Wärter. Ich folgte ihm hinaus.

Als ich, wieder in meiner Zelle, mir die Ereignisse des Tages und das Verhör noch einmal durch den Kopf gehen ließ, fühlte ich mich recht zufrieden. Der neue Vernehmungsbeamte war zwar ein Parteifunktionär, aber kein Profi wie der erste. Ich hielt ihn unter den gegebenen Umständen für recht vernünftig. Immerhin hörte er mir zu, und alle meine Äußerungen wurden notiert. Als ich mich zum Schlafengehen fertigmachte, fühlte ich mich so ruhig wie schon lange nicht mehr. Die Anstrengung und Aufregung der ganztägigen Vernehmung und die Auseinandersetzung mit den fünf Männern waren für meinen geschwächten Körper jedoch zuviel gewesen. In der Nacht hatte ich die bisher schlimmste Blutung. Toilettenpapier und Handtücher waren schon bald aufgebraucht; überall war Blut, auch auf dem Fußboden. Ich rief die Wärterin, die sofort den Arzt holte. Er gab mir eine Spritze und wies mich an, absolut ruhig liegenzubleiben. Bei Tagesanbruch brachte man mich mit einem Krankenwagen ins Gefängniskrankenhaus.

Die Verfolgung geht weiter

Unter der Begleitmusik der laut bimmelnden Alarmglocke raste der antiquierte Krankenwagen durch die Straßen Schanghais. Ich lag auf dem Boden des Fahrzeugs auf einer Tragbahre, während eine Wärterin neben mir auf einem Klappsitz hockte. Das Innere der Ambulanz war alles andere als sauber. Ich hielt die Augen geschlossen, um mit meinen Gedanken allein zu sein und um die Wärterin nicht ansehen zu müssen, die in dem engen Raum drohend über mir thronte.

Ich war tief deprimiert, daß ich diese neue Blutung gerade in dem Augenblick bekommen hatte, in dem die langerwartete Vernehmung ernsthaft begonnen zu haben schien. Ich fragte mich, ob ich eine bösartige Geschwulst hatte. Ich dachte an den Tod. Er machte mir keine Angst. Immerhin würde mein Tod die natürliche und unvermeidliche Folge davon sein, daß ich gelebt hatte. Als Chinesin glaubte ich daran, daß mein Tod nur ein Zwischenspiel in der Kontinuität des Lebens sein würde, denn ich würde in meiner Tochter und deren Kindern weiterleben, Generation um Generation – ein fließender Strom ohne Ende. Aber immer wenn ich an Meiping dachte, zog sich mir das Herz in Schmerz und Sorge zusammen. Wie mochte es ihr ergehen? Was für eine Zukunft würde sie nach dem Ende der Kulturrevolution vor sich haben?

Der Krankenwagen hielt mit quietschenden Reifen an. Ich hörte, wie in der Ferne ein Lautsprecher die Anweisung Maos verbreitete: »Grabt tiefe Tunnel, lagert überall Getreide, und erstrebt niemals Hegemonie.« Als die Trage aus dem Krankenwagen gehoben wurde, erblickte ich vor dem Krankenhaus eine Gruppe junger männlicher Häftlinge mit rasierten Schädeln, die von einem Wärter angeführt wurden. Sie trugen Spaten, Schaufeln und Körbe; ihre kleinen roten Mao-Bücher hatten sie sich an Schnüren über die Schulter geworfen. Sie schienen unterwegs zu sein, um »tiefe Tunnel zu graben«, offenbar irgendwo hinter dem Gefängniskrankenhaus. Maos Direktiven mußten immer sofort befolgt werden. Diese Gestalten sahen aber so ausgemergelt aus, daß ich mir nicht vorstellen konnte, wie sie diese schwere körperliche Arbeit bewältigen sollten. Ihr bemitleidenswertes Aussehen und ihre tiefe Niedergeschlagenheit, die man ihren gesenkten Köpfen anmerkte, erinnerten mich schlagartig daran, daß ich wie sie war, eine Unperson ohne irgendwelche Rechte, ohne jede Möglichkeit, mein Schicksal selbst zu bestimmen. Ich wandte mich ab, um mir diesen erschütternden Anblick menschlicher Erniedrigung zu ersparen. Zum erstenmal war ich froh, daß ich in meiner Zelle keinen Spiegel hatte. So konnte ich wenigstens meine Illusion von mir selbst aufrechterhalten.

Ich wurde in einen Saal mit Operationsfällen gebracht. In dem kleinen Raum standen die Betten dicht nebeneinander. Meines stand direkt neben der Tür. Ein kalter Windzug blies herein, schaffte es aber nicht, den Gestank von Blut, Urin, Desinfektionsmitteln und menschlichen Ausdünstungen zu vertreiben. Neben mir lag eine halb bewußtlose Frau, die vor sich hin stöhnte und unverständliche Worte murmelte. Sie war offensichtlich erst vor kurzem aus dem Operationssaal zurückgebracht worden. Ich fragte mich, warum man mich ausgerechnet neben eine Frischoperierte gelegt hatte und ob das zu bedeuten hatte, daß man auch mich operieren wollte. Diese Aussicht war zutiefst beunruhigend, denn in der starren Hierarchie eines kommunistischen Staates erhalten politische Gefangene mit Sicherheit die schlechteste medizinische Versorgung.

Ich bekam jedoch mehrere Tage lang nur Spritzen. Die Blutung wurde zum Stillstand gebracht, und ich kam allmählich wieder zu Kräften, zumal ich in einem richtigen Bett schlafen konnte und besseres Essen bekam. Eines Tages erhielt ich außer dem üblichen Abendessen noch eine kleine Banane, die schon weich und braun war. Meine positive Reaktion auf diese kümmerliche Frucht und das Vergnügen, das ich daran fand, sie zu essen, überraschten mich selbst.

Ein paar Tage, nachdem meine Blutung aufgehört hatte, machte dieselbe Ärztin, die ich im Winter 1967 bei meiner Lungenentzündung kennengelernt hatte, im Krankenzimmer Visite. Sie ließ mich in einen kleinen Behandlungsraum bringen und sagte mir, sie habe versucht, mich in einem städtischen Krankenhaus von einem Gynäkologen untersuchen zu lassen. Zur Zeit seien jedoch alle Krankenhäuser Schanghais in der Hand der Roten Garden und Revolutionäre, und die weigerten sich, »Klassenfeinde« behandeln zu lassen.

»Was fehlt mir denn Ihrer Meinung nach?« erkundigte ich mich.

»Es kann eine Geschwulst sein, möglicherweise aber auch nur die Menopause.«

»Kann es eine bösartige Geschwulst sein?«

»Ohne Untersuchung einer Gewebeprobe läßt sich das kaum sagen.«

»Ich habe keine Angst vor dem Tod. Ich darf aber nicht sterben, bevor mein Fall aufgeklärt ist. Ich darf nicht zulassen, daß auch nur ein Hauch des Verdachts auf meiner Tochter lastet, solange sie lebt. Es würde ihr Glück zerstören. Außerdem will ich sie unbedingt wiedersehen. Ich vermisse sie so sehr.« Meine Stimme zitterte, und ich konnte nicht weitersprechen.

Die Ärztin legte mir mitfühlend die Hand auf den Arm. »In meinem Bericht an die Haftanstalt Nr. 1 werde ich betonen, daß Sie besseres Essen haben müssen.«

»Bitte, Frau Doktor, sagen Sie mir, was ich tun kann, um mein Leben zu verlängern.«

»Essen Sie alles, was man Ihnen gibt. Selbst das scheußlichste Essen enthält etwas Nahrhaftes. Kopf hoch, versuchen Sie, optimistisch zu sein!«

Die Verbitterung hatte sich in mir so sehr festgesetzt, daß ich nicht einmal mehr weinen konnte. Aber die Ärztin hatte Tränen in den Augen, als sie murmelte: »Möge Gott Sie segnen!«

Eine Woche später wurde ich in die Haftanstalt zurückgebracht. Von da an erhielt ich zweimal täglich Reis und bei der Vormittagsmahlzeit noch ein kleines Stück Schweinefleisch oder Fisch dazu. Das Schweinefleisch bestand oft überwiegend aus Fett. Manchmal entdeckte ich noch Borsten auf der Schwarte. Und der Fisch war nie richtig frisch. Ich dachte aber an das, was mir die Ärztin gesagt hatte, und aß alles auf.

Der junge Gefängnisarzt gab mir eine schriftliche Erlaubnis, mir mit meinem bei meiner Einlieferung abgegebenen Geld Vitamintabletten zu kaufen. Ein Wärter erschien mit meiner Einzahlungsquittung und kaufte für mich Lebertrankapseln und Vitamin-B-Tabletten. Vitamin C, das ich wegen meines blutenden Zahnfleisches so dringend gebraucht hätte, war in ganz Schanghai nicht erhältlich.

Die Reaktion auf meine bessere Behandlung war unter den Wärtern beileibe nicht einheitlich. Die maoistischen Scharfmacher konnten ihren Unmut über den Beschluß der Gefängnisverwaltung, mir zusätzliche Lebensmittel und Vitamine zu geben, kaum verhehlen. Sie brüllten mich ständig an oder behandelten mich grob, wann immer sich die Gelegenheit bot. Wenn sie mich zu meinem Hofrundgang oder zum

Verhör geleiteten, versetzten sie mir immer wieder kräftige Stöße, so daß ich ins Stolpern geriet, kniffen mich in die Arme oder traten mir gegen die Beine. Wenn ich sie bat, meinen Vorrat an Vitamintabletten zu ergänzen, verweigerten sie es mir und herrschten mich an: »Sie essen Vitaminpillen wohl wie Reis, was?« oder: »Wir sind hier doch nicht im Sanatorium!«

Die wohlwollenden Wärterinnen gehorchten den Anweisungen des Arztes ohne Widerrede. Sie besorgten mir Vitamintabletten, wann immer ich ihnen glaubhaft machen konnte, daß ich keine mehr hatte. Sie brachten mir jedoch stets nur eine oder zwei Päckchen auf einmal. Nur die wenigen Wärterinnen, die ich für »Liuisten« hielt, versorgten mich gleich mit mehreren Packungen, wenn sie Dienst hatten. Gelegentlich brachten sie mir nicht nur Vitamintabletten mit, sondern auch kleine Beutel mit Traubenzucker, die sie mir rasch durch die Klappe in die Zelle schoben, bevor eine andere Wärterin es sehen konnte.

Am Tag nach meiner Rückkehr aus dem Gefängniskrankenhaus gab mir die diensthabende Wärterin eine Feder und ein Tintenfaß. Sie sagte: »Fahren Sie jetzt mit Ihrem Lebenslauf fort! Der Vernehmungsbeamte wartet darauf.«

Als ich die Papierrolle, die er mir bei unserer letzten Begegnung gegeben hatte, entrollte, sah ich, daß man mir diesmal nicht leere Blätter gegeben hatte. Gleich auf dem ersten Blatt stand ein gedrucktes Mao-Zitat. Es war von einer roten Linie umrahmt und trug die Überschrift »Allerhöchste Anweisung«. Es lautete wie folgt: »Sie sollten unterwürfig und gehorsam sein. Es ist Ihnen nicht erlaubt, unaufgefordert zu sprechen oder zu handeln.« Am unteren Ende des Blatts, wo der Häftling normalerweise mit seinem Namen unterschrieb, stand der Vordruck: »Unterschrift des Verbrechers«.

Meine augenblickliche Reaktion war heftiger Zorn über das beleidigende Wort »Verbrecher«. Ich war entschlossen, nicht zu unterschreiben. Nachdem ich jedoch ein paar Minuten nachgedacht hatte, kam mir eine Idee, wie ich die Situation nutzen und es den Maoisten heimzahlen konnte.

Unter das gedruckte Mao-Zitat zeichnete ich einen zweiten Rahmen, über den ich gleichfalls die Worte setzte »Allerhöchste Anweisung«. In den Rahmen hinein schrieb ich ein anderes Mao-Zitat. Es war in dem kleinen roten Buch nicht zu finden, aber ich kannte es aus Maos Aufsatz »Die richtige Behandlung der Widersprüche im Volke«.

Es lautete: »Wo es zur Konterrevolution kommt, werden wir sie zerschlagen; wenn wir einen Fehler machen, werden wir ihn korrigieren.«

Dann schrieb ich einen Bericht über die Reise, die ich 1956 mit meinem Mann gemacht hatte. Ich führte alle Länder auf, die wir besucht hatten, notierte alles, woran ich mich erinnern konnte, auch die Namen der Menschen, denen wir begegnet waren. Als Gesprächsthemen führte ich einige allgemeine Dinge ohne jede politische Bedeutung an. Als ich fast fertig war, fielen mir noch zwei wichtige Ereignisse ein, die während unseres England-Aufenthalts stattgefunden hatten: der Ungarn-Aufstand und der Suez-Krieg. Über den Aufstand in Ungarn wollte ich mich lieber nicht äußern, aber über den Suez-Krieg konnte ich mich ungestraft auslassen, da er weder mit China noch mit dem Kommunismus etwas zu tun hatte. Der vorgedruckten Zeile »Unterschrift des Verbrechers« fügte ich die Worte hinzu: »der kein Verbrechen begangen hat«, und unterschrieb mit meinem Namen.

Ich reichte das Papier der diensthabenden Wärterin. Schon am selben Nachmittag holte man mich zu einer weiteren Vernehmung.

Im Raum befanden sich die gleichen Männer, mit Ausnahme des Soldaten. Alle hatten düstere Mienen aufgesetzt, was ich erwartet hatte. Immerhin hatte ich es gewagt, mich dagegen aufzulehnen, daß man mich für eine Verbrecherin hielt. Ich wartete nicht erst auf ein Zeichen des Vernehmungsbeamten, sondern verbeugte mich sofort vor dem Mao-Porträt. Diesmal mußte ich folgendes Zitat vorlesen: »Wir müssen die Macht der Diktatur einsetzen, um die Lakaien der Imperialisten und diejenigen, die die Interessen der Großgrundbesitzer und der reaktionären Kuomintang-Clique vertreten, zu unterdrücken. Sie sollen unterwürfig und gehorsam sein. Es ist ihnen nicht erlaubt, unaufgefordert zu sprechen oder zu handeln.«

Vor dem Vernehmungsbeamten lag mein Bericht. Nachdem ich mich gesetzt hatte, knallte er mit der Faust auf den Tisch, wobei er mich wütend anstarrte. Dann schlug er nochmals auf den Tisch, zeigte auf das Papier und rief: »Was soll das? Halten Sie das hier für ein Spiel?«

Ich blieb stumm.

»Sie lassen es an dem nötigen Ernst fehlen«, sagte der alte Arbeiter.

»Wenn Sie Ihre Haltung nicht ändern, werden Sie das Gefängnis nie verlassen«, fiel der jüngere Arbeiter ein.

Bevor ich etwas sagen konnte, warf der Vernehmungsbeamte meinen Bericht auf den Fußboden, wobei die Blätter durcheinanderwirbelten, erhob sich und sagte: »Gehen Sie in Ihre Zelle zurück und schreiben Sie das Ganze noch einmal!«

In der Tür erschien ein Wärter: »Kommen Sie raus!«

Ich folgte ihm zurück in die Zelle. Die Papierrolle, die er mir gab, sah genauso aus wie die erste. Das erste Blatt hatte die gleichen Aufdrucke. Nachdem ich einmal A gesagt hatte, mußte ich nun auch B sagen. Ich zögerte keine Sekunde, sondern schrieb oben das gleiche Zitat hin wie zuvor und fügte am unteren Ende des Blattes erneut hinzu: ». . . der kein Verbrechen begangen hat«. Der neue Bericht war zwar nicht wortwörtlich der gleiche wie beim erstenmal, aber da ich ein gutes Gedächtnis habe, konnte es nicht viele Abweichungen geben. Am dritten Tag übergab ich das Papier der Wärterin. Wieder holte man mich fast augenblicklich zum Verhör. Wieder warf der Vernehmungsbeamte meinen Bericht auf den Fußboden und befahl mir, einen neuen zu schreiben.

Dieses Spiel wiederholte sich noch ein drittes Mal. Dann fragte mich der Vernehmungsbeamte: »Sind Sie verrückt geworden? Vielleicht sollten wir Sie in eine Nervenheilanstalt einweisen und mit den Irren zusammensperren.«

»Ich bin nicht verrückt. Wenn Sie mit dem nicht zufrieden sind, was ich geschrieben habe, weisen Sie mich bitte auf Fehler hin. Ich werde Sie nur zu gern korrigieren.«

»Warum haben Sie unter das vorgedruckte Zitat ein weiteres geschrieben? Warum haben Sie vor Ihre Unterschrift einen Kommentar gesetzt?

»Ich wollte nur verdeutlichen, daß ich in meinem Bericht die Wahrheit sage. Ich wollte Sie daran erinnern, daß unser Großer Führer, der Vorsitzende Mao, gesagt hat, wir sollten unsere Fehler korrigieren. Ich hoffe, daß Sie sich an die Anweisung des Vorsitzenden Mao halten und in meinem Fall Ihren Fehler korrigieren. Was die Ergänzung vor meiner Unterschrift betrifft, so ist sie nur recht und billig. Ich habe kein Verbrechen begangen. Wenn Sie mich unbedingt einen Verbrecher nennen wollen, dann bin ich einer, der kein Verbrechen begangen hat.«

»Statt Ihr Verbrechen zu gestehen, verbringen Sie Ihre Zeit mit Einwänden«, entgegnete der Vernehmungsbeamte.

»Ich habe nie ein Verbrechen begangen. Wenn Sie jedoch dabei bleiben, müssen Sie es beweisen.«

»Das werden wir ganz sicher tun. Wir wollen Ihnen aber die Chance für ein Geständnis geben, damit Sie sich eine mildere Behandlung verdienen können.«

»Habe ich Ihnen nicht immer wieder gesagt, daß ich nie ein Verbrechen begangen habe? Habe ich nicht eine Erklärung unterzeichnet, daß Sie mich erschießen können, wenn Sie mich eines Verbrechens überführen?«

»Sie bluffen! Aber keine Sorge. Wir werden Sie schon erschießen, wenn die Zeit gekommen ist«, sagte der junge Arbeiter hitzig.

»Gehen Sie in Ihre Zelle zurück und schreiben Sie Ihren Bericht noch einmal«, befahl der Vernehmungsbeamte.

Der Protokollführer gab mir eine neue Rolle Papier, und wieder folgte ich dem Wärter in die Zelle.

Als ich mir das Papier ansah, entdeckte ich zu meiner Genugtuung, daß es diesmal keinerlei Aufdruck enthielt. Wieder schrieb ich meinen Bericht nieder und übergab ihn zwei Tage später der diensthabenden Wärterin.

Wer noch nie mit Leuten wie den Maoisten zu tun gehabt hat, dem mag mein beharrliches Bestreben, mich gegen meine Quälgeister zur Wehr zu setzen, vielleicht sinnlos erscheinen. Die Maoisten waren jedoch brutale Schinder. Wenn ich ihnen erlaubt hätte, mich nach Belieben zu demütigen, hätte ich sie damit nur eingeladen, noch weiter zu gehen. Mein Leben in der Strafanstalt wäre noch unerträglicher geworden. Außerdem wurde jedes Wort, das ich im Vernehmungszimmer äußerte, festgehalten. Als unverbesserliche Optimistin hoffte ich darauf, daß sich eines Tages ein gerecht empfindender Mensch mit meinem Fall beschäftigen würde. Dann würde alles, was ich gesagt hatte, ihm dabei helfen, zu den richtigen Schlüssen zu kommen.

Es vergingen mehrere Tage. Ich rechnete täglich damit, daß man mich wieder zum Verhör holte. Man ließ mich jedoch in Ruhe. Eines Morgens erschienen ein militanter Wärter sowie jene Scharfmacherin, die mich früher einmal getreten hatte, an meiner Zellentür. Sie rissen die Tür auf und brüllten: »Rauskommen!«

Als ich mich bückte, um das kleine rote Buch an mich zu nehmen, trat die Wärterin auf mich zu und gab mir einen unsanften Schubs. Er kam so unerwartet, daß ich um ein Haar hingestürzt wäre.

»Wo Sie jetzt hingehen, brauchen Sie das nicht!« zischte sie, riß mir das Buch aus der Hand und warf es aufs Bett. Dann drehte sie mir die Arme auf den Rücken. Der Wärter kam herein und legte mir Handschellen an. Die Wärterin gab mir einen neuen Schubs. Ich stolperte. Kaum hatte ich das Gleichgewicht wiedererlangt, schubste sie mich erneut.

»Beeilung! Beeilung!«

Man führte mich durch den Frauentrakt, über den großen Innenhof und dann zum Haupteingang. Vor dem äußeren Eisentor warteten der Vernehmungsbeamte, der junge Arbeiter und ein weiterer Mann. In der Auffahrt wartete eine weiße Limousine mit laufendem Motor. Am Steuer saß ein Chauffeur.

»Einsteigen! Setzen Sie sich in die Mitte«, befahl der Vernehmungsbeamte.

Ich kletterte auf den Rücksitz und setzte mich in die Mitte. Mit meinen auf dem Rücken gefesselten Händen mußte ich aufrecht sitzen. Mein erster Eindruck war Überraschung darüber, wie weich die Sitze waren. Es war lange her, daß ich so weich gesessen hatte.

Links und rechts von mir saßen der Vernehmungsbeamte und der junge Arbeiter. Der dritte Mann hatte sich neben den Fahrer gesetzt. Der Wagen fuhr langsam die Auffahrt hinunter und beschleunigte seine Fahrt, nachdem er das Gefängnistor passiert hatte.

Wohin mochten sie mich bringen? Wollten sie ihre Drohung wahrmachen, mich in eine Nervenheilanstalt zu stecken? Ich glaubte nicht, daß sie mich hinrichten wollten, denn so extreme Maßnahmen wurden in der Regel auf dem Gefängnisgelände und im Schutze der Dunkelheit vollstreckt. Außerdem würden sie dann kein Geständnis mehr erhalten. Sie verfolgten vermutlich das Ziel, mich am Leben zu erhalten, mir das Leben aber schwer zu machen. Eine Irrenanstalt war in meinen Augen das wahrscheinlichste Ziel der Fahrt. Dort würde es mir schwerer fallen, meinen Kampf fortzusetzen. Das Schreien und Jammern der Geisteskranken würde mir den Mut rauben.

Ich erkannte jedoch bald, daß wir nicht aus der Stadt hinaus in Richtung Nervenheilanstalt fuhren. Durch den flatternden Seidenvorhang, den man in jedem chinesischen Dienstwagen findet, sah ich, daß wir das Geschäftsviertel Schanghais durchquerten und in Richtung der westlichen Vororte fuhren. Ich sah nur wenige Fußgänger und kaum Verkehr. Die vertrauten Straßen riefen eine Flut von Erinnerungen wach. Wir kamen an eine Kreuzung, die nur einen Straßenblock von meinem Haus entfernt lag. Und da war die Medizinische Hochschule Nr. 1. Es schien eine Ewigkeit her zu sein, daß ich Winnie traf, als sie am Abend meiner ersten Begegnung mit der Kulturrevolution im Sommer 1966 durch das schmiedeeiserne Tor trat. Ich fragte mich, wie es ihr wohl ergehen mochte und ob sie eine der Kaderschulen hatte besuchen müssen, über die ich in der Zeitung gelesen hatte.

Der Wagen verlangsamte sein Tempo und bog in die Einfahrt zur Technischen Hochschule ein, in der ich an der ersten Kampfversammlung gegen unseren ehemaligen Chefbuchhalter Tao teilgenommen hatte und von wo man mich am Abend des 27. September 1966 in die Haftanstalt Nr. 1 gebracht hatte. Jetzt war es bereits Anfang März 1969, und die unbewiesene Anschuldigung, ich hätte mein Land verraten, schwebte noch immer über mir.

Draußen, im blassen Frühlingssonnenschein, standen mehrere Männer. Einer von ihnen öffnete den Wagenschlag und führte mich in einen kleinen Raum. Ein zweiter ging hinter mir her und drückte mir den Kopf nach unten, so daß ich nur die Beine meines Vordermannes sehen konnte. Sobald ich den Raum betreten hatte, wurde hinter mir die Tür abgeschlossen. Ich war allein.

In dem staubigen Zimmer stand nur eine Holzbank. Die Fenster waren mit Papier verklebt, die Wände vom Boden bis zur Decke mit Wandzeitungen tapeziert. In einer Ecke waren Plakate gestapelt. Die Wandzeitungen schienen nicht neueren Datums zu sein. Einige waren zerrissen; alle waren nachlässig an der Wand befestigt worden, so daß sie sich zum Teil überdeckten. Durch den Türzug bei meinem Eintritt waren mehrere zu Boden geweht worden.

Ich setzte mich auf die Bank und ließ den Blick über die Zeitungen wandern. Erst allmählich ging mir auf, daß man sie eilig an die Wand geklebt hatte, nur damit ich sie lesen konnte. Es waren alte Texte, die während der letzten zweieinhalb Jahre geschrieben worden waren. Jetzt sollten sie dazu dienen, meinen Kampfgeist zu untergraben. Die Unterschriften, die ich auf ihnen entdeckte, waren die von ehemaligen Shell-Angestellten. Einige waren von jeweils nur einem Angestellten geschrieben worden, andere trugen mehrere Unterschriften. Die Texte enthielten Angriffe auf Shell, auf meinen verstorbenen Mann und auf mich. Die aufgeführten »Verbrechen« ergaben eine eindrucksvolle Liste. Manche waren Tatsachenverdrehungen oder Fehldeutungen tatsächlicher Ereignisse. Andere waren reine Erfindung. Die Namen von Freunden und der drei britischen Geschäftsführer, die nach dem Tod meines Mannes die Shell-Niederlassung in Schanghai geleitet hatten, tauchten als »ausländische Geheimdienstoffiziere« auf, mit denen ich angeblich eng zusammengearbeitet hätte. Die Namen von Scott und Austin erschienen auf mehreren Wandzeitungen. Die Weißrussin, die als Sekretärin bei uns gearbeitet hatte, wurde als britisch-sowjetische Doppelagentin angeprangert.

Ich schloß die Augen, um diese widerwärtigen Lügen nicht ansehen zu müssen. Nach langem Warten wollte ich herausfinden, was draußen vorging. Ich lauschte an der Tür. Als ich Schritte hörte, klopfte ich laut.

»Was wollen Sie?« vernahm ich die Stimme eines Mannes.

»Darf ich auf die Toilette gehen?«

Nach einer Weile wurde die Tür von einer Frau aufgeschlossen, die mich auf einen Hof auf der Rückseite des Gebäudes führte. Wir kamen durch einen Gebäudeteil, der offensichtlich als Schlaftrakt diente. Die Räume standen voll mit mehrstöckigen Betten. Später erfuhr ich, daß die ehemaligen Shell-Angestellten dort seit 1966 festgehalten worden waren. Man hatte sie endlosen Indoktrinationen ausgesetzt und sie gezwungen, Geständnisse zu schreiben, sofern man sie nicht zu irgendwelchen Zwangsarbeiten abkommandierte. Jetzt war kein Mensch da. Von weitem hörte ich die Stimme eines Mannes, der sich offenbar an eine Versammlung wandte. Wer immer hier untergebracht sein mochte, würde jetzt wohl der Versammlung beiwohnen müssen, dachte ich.

Als ich aus der Toilette kam, wurde ich nicht in den Raum mit den Wandzeitungen zurückgebracht, sondern in die Halle geführt, in der 1966 die Kampfversammlungen gegen den ehemaligen Chefbuchhalter von Shell und gegen mich abgehalten worden waren. Wieder ging ein Mann hinter mir her und drückte mir den Kopf nach unten. Zwei Frauen packten meine Arme und schubsten mich vorwärts, so daß die Handschellen mir in die Handgelenke schnitten. Ich wurde zur Stirnseite des Saals geführt und dort wie ein Sack zu Boden geworfen. Der Mann hockte sich hinter mich und hielt mir auch weiterhin den Kopf fest, so daß ich mich nicht umsehen konnte. Als ich mich aufzusetzen versuchte, konnte ich aus den Augenwinkeln sehen, daß der Saal voller Menschen war, die alle auf dem Fußboden saßen. Das bedeutete eine Demütigung, da nach chinesischer Tradition nur Sklaven, verurteilte Verbrecher oder Kriegsgefangene auf dem Boden sitzen müssen. Die Versammelten begannen Parolen zu rufen, die mir längst vertraut geworden waren. Fast eine Minute lang, so schien es mir, forderten sie lautstark meinen Sturz und meine Vernichtung. Dann hörte ich Schritte näherkommen. Der Lärm erstarb allmählich, und die Stimme des jungen Mannes wandte sich an die Versammlung.

»Hier ist sie!« schrie er heraus. Ich stellte mir vor, wie er mit dem Finger auf mein gebeugtes Haupt zeigte. »Wir haben sie hergebracht, damit sie als das entlarvt wird, was sie ist. Wir werden ihr zeigen, daß wir alle ihre Geheimnisse kennen. Ihr alle seid gleichfalls an den Plänen der Imperialisten beteiligt gewesen, den Sozialismus in China zu zerstören. Bis zu einem gewissen Grad seid ihr auch schuldig, weil ihr für die Firma gearbeitet habt, die das chinesische Volk seit Beginn dieses Jahrhunderts ausgebeutet hat. Diese Firma war auch eine Spionageorganisation, die Informationen zum Nutzen der Imperialisten gesammelt hat. Das Ausmaß eurer Schuld ist jedoch von eurer Stellung in der Firma abhängig sowie von der Arbeit, die ihr für die Imperialisten geleistet habt. Je höher ihr in der Hierarchie gestanden habt, um so schuldiger seid ihr. Je mehr die Geschäftsleitung eure Arbeit schätzte, um so schuldiger seid ihr. Wir, die Revolutionäre, lassen aber Gerechtigkeit walten. Wenn eure Schuld dreißig Prozent beträgt, werden wir euch nicht für fünfzig Prozent bestrafen. Allerdings haben wir unsere eigenen Maßstäbe. Wir beurteilen eure Schuld im Einklang mit den Lehren des Vorsitzenden Mao.

In den letzten zweieinhalb Jahren haben wir euch allen eine intensive Umerziehung angedeihen lassen, die mit körperlicher Arbeit verbunden war. Viele von euch haben Fortschritte gemacht und ihr sozialistisches Bewußtsein verbessert. Ihr habt eure Hemmungen aufgegeben und euch an der Entlarvung des Feindes beteiligt. Das ist eine vorbildliche Haltung. Andere zögern noch. Sie sind wie eine Tube Zahnpasta. Wenn wir quetschen, kommt etwas heraus. Wenn wir fest quetschen, kommt noch mehr heraus. Wenn wir nicht quetschen, dann kommt gar nichts. Wenn ihr euch weiterhin verweigert, werden wir so lange quetschen, bis ihr völlig ausgetrocknet seid.

Einige von euch werden wir schon sehr bald nach Hause entlassen. Das ist eine gute Nachricht für euch. Aber vergeßt nicht: Nur diejenigen, die wir für geläutert halten, werden heimkehren dürfen! Die anderen werden auch weiterhin der Umerziehung unterworfen sein. Wann oder ob überhaupt euch erlaubt sein wird, nach Hause zurückzukehren, hängt allein von euch ab.«

Der Redner existierte für mich nur als Stimme. Es war die Stimme eines ungebildeten jungen Mannes. Vielleicht war es ein Arbeiter, weil er sich eng an die maoistische Doktrin hielt. Diese Revolutionäre waren die glühendsten Anhänger der Kulturrevolution, weil sie ihnen Chancen zum persönlichen Fortkommen bot, von denen sie früher nur hätten träumen können. Maoistische Parteiführer vom Schlage Tschiang Tschings waren in den Augen dieser Leute Erlöser, die sie aus einer trostlosen Existenz herausgeführt hatten, aus der sie wegen ihrer mittelmäßigen Begabung und ihrer geringen Fähigkeit aus eigener Kraft nie hätten ausbrechen können.

Den Worten des Redners konnte ich entnehmen, daß sich überwiegend ehemalige Shell-Angestellte im Saal versammelt hatten. Jetzt forderte er sie auf, mich zu »entlarven« und zu »verurteilen«, um sich selbst zu retten. Sie kamen dieser Aufforderung bereitwillig nach. Mir war klar, daß alles im voraus arrangiert worden war, daß man die Redner sorgfältig ausgewählt und ihnen eingetrichtert hatte, was sie äußern sollten. Der Wortlaut ihrer Erklärungen war von den Revolutionären vorher gebilligt worden. Auch vor der Kulturrevolution hätte in China kein Mensch eine öffentliche Erklärung abgeben können, die nicht von einem Parteisekretär abgesegnet worden war. Nur während der »Hundert-Blumen-Kampagne« von 1956 und später zur Zeit der »Mauer der Demokratie« von 1978 bis 1979 hatte die Partei die Menschen aufgefordert, sich frei zu äußern und Wandzeitungen zu schreiben. In beiden Fällen hatte sie sich nach kurzer Zeit gezwungen gesehen, hart durchzugreifen, da die Lage rasch außer Kontrolle geriet, die Menschen über das Ziel hinausschossen und kein Zensor in der Lage gewesen wäre, jede Verlautbarung und jede Wandzeitung zu prüfen.

Die Männer, die ich mehr als acht Jahre lang täglich gesehen und mit denen ich zusammengearbeitet hatte, standen jetzt nacheinander auf, um all das zu wiederholen, was ich in dem kleinen Raum schon in den Wandzeitungen gelesen hatte. Die zögernden und gedrückten Stimmen äußerten so dreiste und unverfrorene Lügen, daß ich sofort wußte, daß diese Männer große Qualen litten und sich zutiefst schämten. Ich selbst empfand tiefe Trauer, daß diese überheblichen maoistischen Revolutionäre uns alle so tief hatten demütigen können. Ich hörte aber aufmerksam zu und versuchte die wahren Absichten der Maoisten an dem zu erkennen, was man diesen Männern in den Mund gelegt hatte.

Der Boden war hart, und mein Nacken schmerzte, weil der Mann mir immer noch den Kopf nach unten drückte. Ich versuchte meine

Lage zu erleichtern, zog ein Bein an und ließ meinen Kopf auf dem Knie ruhen. In dieser Haltung konnte ich gerade noch einen Zipfel der blauen Jacke des Mannes erkennen, der links neben mir saß. Da ich keinen Versuch machte aufzublicken, sondern mich mit meinem Schicksal abgefunden zu haben schien, lockerte der Mann hinter mir allmählich seinen Griff.

Die Erklärungen der ehemaligen Shell-Angestellten wurden immer phantastischer. Was diese Männer sagten, war schlichtweg absurd. Wer auch nur ein bißchen von der Welt außerhalb Chinas wußte, konnte unmöglich etwas von dem glauben, was hier geäußert wurde. Die Summe der Anschuldigungen war ein amateurhafter Versuch, ein Spionagedrama ohne überzeugendes Motiv, ohne Anfang oder Ende zusammenzubrauen.

Ich hörte, wie der junge Mann unseren ehemaligen Chefbuchhalter Tao aufrief, sich zu äußern.

Die blaue Jacke verschwand aus meinem Blickwinkel, als der Mann neben mir aufstand. Ich fragte mich, warum die Maoisten Tao direkt neben mich gesetzt hatten.

Tao begann mit versagender Stimme: »Bekanntlich wurde ich zu Beginn der Kulturrevolution festgenommen und in die Haftanstalt Nr. 2 gebracht. Während meines Aufenthalts dort haben der Vernehmungsbeamte und die Wärter mir freundlicherweise eine Umerziehung angedeihen lassen, damit ich mein sozialistisches Bewußtsein entwickeln konnte. Allmählich ist mir die Schwere meines Verbrechens gegen den Sozialismus und die Partei klar geworden. In meinem Herzen reifte der Wunsch heran, mir eine milde Behandlung zu verdienen. Zu diesem Zeitpunkt brachten mich die freundlichen und verständnisvollen Revolutionäre wieder her und erlaubten meiner Familie, mich zu besuchen ...« Ihn übermannte offenkundig Rührung, und er war kaum fähig, fortzufahren.

»Mein ältester Sohn ist Parteimitglied, meine Schwiegertochter auch. Mein Sohn hat seine höhere Bildung ausschließlich der Partei und der Volksregierung zu verdanken. Meine ganze Familie wird dem Vorsitzenden Mao auf ewig dankbar sein. Ich kann gar nicht beschreiben, wie groß meine Reue war, als ich meine Frau wiedersah, meinen Sohn, meine Schwiegertochter und meinen Enkel ...«

Er holte tief Luft, brach zusammen und begann zu schluchzen.

Im Raum herrschte absolute Stille. Die blasse Frühlingssonne warf einen schwachen Schatten des Fensterkreuzes auf den Fußboden vor mir. Ich hatte beobachtet, wie der Schatten über den Boden kroch. Jetzt fragte ich mich, wie lange diese Versammlung wohl noch dauern sollte. Ich wurde allmählich müde und hungrig, ermahnte mich aber, in meiner Wachsamkeit nicht nachzulassen. Ich hatte irgendwie nicht das Gefühl, daß man mir Tao als Beispiel vorgesetzt hatte. Immerhin hatte Meiping ihre Ausbildung nicht der Partei zu verdanken.

Als Tao fortfuhr, schien er nur mit Mühe sprechen zu können, wie ein zutiefst erschöpfter Mann. Seine Stimme bebte, als er erklärte: »Meine Frau, mein Sohn und meine Schwiegertochter haben mit mir gesprochen. Die Revolutionäre haben mit mir gesprochen. Die Kader, die die Partei und den Vorsitzenden Mao vertreten, haben mit mir gesprochen. Sie haben mir die Augen dafür geöffnet, daß ich den Lehren des Vorsitzenden Mao gehorchen muß. Es gibt keinen anderen Weg für mich. Ich kann sie nicht enttäuschen. Ich werde ein Geständnis ablegen und einen klaren Bruch mit der Vergangenheit vollziehen. Ich möchte nach Hause gehen und mit meiner Familie zusammen sein. Ein volles Geständnis ist der einzige Weg dazu.«

Er machte wieder eine Pause, als zögerte er fortzufahren. Dann raffte er sich auf und sagte mit lauter und fester Stimme: »Ich bin ein Spion der britischen Imperialisten gewesen. Ich habe mich durch Vermittlung des Ehemanns dieser Frau, des verstorbenen Shell-Geschäftsführers Cheng, der britischen Spionageorganisation angeschlossen. Nach seinem Tod wurde diese Frau meine Vorgesetzte. Zu Beginn der Kulturrevolution hat sie mich ermahnt, nichts zu gestehen, und mir einen großen Geldbetrag versprochen, falls ich durchhalten würde.«

Es hätte keinen Sinn gehabt, das zu leugnen oder mit Tao einen Streit anzufangen. Ich mußte dieser Farce jedoch ein Ende machen. Ich befreite meinen Kopf aus dem Griff des Mannes hinter mir und lachte schallend.

Eine solche Reaktion hatte niemand erwartet. Einen Moment lang herrschte verblüfftes Schweigen. Dann stürzten mehrere Männer auf mich zu und schrien: »Was gibt es da zu lachen?« Der Mann hinter mir nahm mich wieder in den Griff und drückte mir erneut den Kopf nach unten.

»Wie können Sie es wagen zu lachen!«

Ich hörte, wie vom hinteren Ende des Saales Menschen nach vorn gelaufen kamen. Ich meinte sogar, ein unterdrücktes Kichern zu hören. Die gespannte Atmosphäre, die die ganze Zeit über geherrscht hatte, war wie ein Luftballon geplatzt.

Der junge Versammlungsleiter brüllte mich inmitten der aufkommenden Unruhe an: »Warum haben Sie gelacht? Antworten Sie!«

»Wenn Sie eine Komödie inszenieren, dürfen Sie sich nicht wundern, wenn das Publikum lacht. Das ist die natürliche Reaktion«, entgegnete ich, immer noch den Kopf zu Boden gedrückt, aber mit so lauter und deutlicher Stimme, daß mich jeder im Raum hören konnte. Ich wollte meinen ehemaligen Kollegen zeigen, daß es keinerlei Grund gab, sich vor den Maoisten zu fürchten.

»Schafft sie raus! Schafft sie raus!« schrie nun der junge Mann. Ich wurde gewaltsam aus dem Saal geschleift, wie ein Sack über den Hof gezerrt und in den wartenden Wagen gehievt. Während des ganzen Manövers hielt mir eine Revolutionärin die Hand vor den Mund, so daß ich nicht sprechen konnte, während mir der Mann hinter mir weiterhin den Kopf zu Boden drückte. Ich wurde in eine höchst unbequeme Stellung auf dem Fahrzeugboden gepreßt; die Revolutionärin setzte sich direkt neben mich auf den Rücksitz, während sich der Mann zwischen Vorder- und Rücksitz ebenfalls auf den Boden hockte. Mir war jedoch leicht ums Herz. Ich genoß es, daß ich die sorgfältig geplante Kampfversammlung hatte auffliegen lassen. Ich fragte mich, was wohl passiert wäre, wenn ich nur stumm dagesessen hätte. Ich schloß die Möglichkeit nicht aus, daß man Tao angewiesen hatte, mich direkt anzusprechen und mich in irgendeiner Form zu beschuldigen, um seine Lügen glaubhaft zu machen. Es mußte einen Grund gehabt haben, daß man ihn direkt neben mich gesetzt hatte.

Zurück in der Haftanstalt, hatte ich das Pech, daß die militante Wärterin gerade Dienst tat. An eine Essensration war nicht zu denken. Sie nahm mir auch nicht die Handschellen ab. Kaum hatte sie die Zellentür aufgeschlossen, gab sie mir einen harten Stoß, so daß ich in die Zelle stolperte und auf dem Bett zusammenbrach. Gleich darauf hörte ich auf dem Korridor Schritte. Derselbe Wärter, der mich vom Wagen herbegleitet hatte, kam zurück, um mich zum Verhör zu holen. Er hatte es sehr eilig. Ich hatte Mühe, mit ihm Schritt zu halten. Als wir das Vernehmungszimmer erreichten, war ich völlig außer Atem, und mein Herz pochte wild.

In dem kleinen Raum waren nicht weniger als acht Männer versammelt. Vier saßen auf Stühlen an der dem Mao-Porträt gegenüberliegenden Wand, während die anderen sich um den Vernehmungsbeamten scharten.

Dieser wies wie stets in Richtung Porträt. Ich verbeugte mich und hätte dabei um ein Haar das Gleichgewicht verloren. Der Fußboden schien unter mir zu schwanken, und ich schloß die Augen.

»Bleiben Sie stehen!« hörte ich jemanden sagen, aber die Stimme schien von sehr weit her zu kommen.

»Sie sind uns eine Erklärung schuldig! Warum haben Sie gelacht?« vernahm ich eine andere Stimme aus weiter Ferne.

Ich versuchte etwas zu sagen, aber mir kam kein Wort über die Lippen. Ich mußte vor Hunger ohnmächtig geworden sein. Als ich die Augen öffnete, saß ich auf dem Fußboden und wurde von einer Wärterin gestützt. Man hatte mir inzwischen die Handschellen abgenommen. Der linke Ärmel meiner Bluse war aufgekrempelt. Der junge Arzt stand vor mir und schraubte gerade die Nadel von einer großen Spritze. Er nickte dem Vernehmungsbeamten zu und verließ den Raum. Die Wärterin zog mich hoch und setzte mich auf den für den Häftling bestimmten Stuhl. Dann verließ auch sie den Raum.

Mein Herz pochte noch immer heftig, und meine Lippen waren völlig ausgetrocknet. Trotzdem fühlte ich mich besser.

»Und jetzt beantworten Sie meine Frage. Haben Sie nicht selbst sehen können, daß die anderen einsichtiger sind als Sie? Sie begeben sich auf die Seite der proletarischen Revolutionäre. Sie haben alles gestanden. Und was werden Sie tun? Werden Sie ihrem Beispiel folgen und Ihre Schuld zugeben?« wollte der Vernehmungsbeamte wissen.

Ich fühlte mich mit jeder Minute stärker. Was hatte der Arzt mir gegeben? Hatte er mir eine Traubenzuckerlösung injiziert, oder war etwas anderes in der Spritze gewesen? Vielleicht ein Aufputschmittel? Ich war jetzt jedenfalls hellwach und bereit zu kämpfen.

Doch bevor ich die Frage beantworten konnte, kam mir jemand zuvor: »Worüber haben Sie gelacht? Warum haben Sie gelacht? Dies hier ist nicht zum Lachen. Es ist eine sehr schwerwiegende Angelegenheit, der Spionage für die Imperialisten beschuldigt zu werden.« Es war die Stimme des jungen Mannes, der die Kampfversammlung geleitet hatte. Ich blickte ihn neugierig an.

Zu meiner Überraschung sah er nicht aus wie der junge Industriearbeiter, den ich nach Stimme und Vokabular in ihm vermutet hatte. Seine Jacke sah aus wie die eines Armeeoffiziers, allerdings fehlten ihr die roten Schulterstücke der Angehörigen der Volksbefreiungsarmee. Seine Hose war dunkelgrau und aus gutem Stoff, der mindestens dreißig Jüan pro Meter gekostet haben dürfte – zwanzig Tageslöhne eines Arbeiters. Sein öliges Haar klebte ihm am Kopf, und seine schwarzen Lederschuhe waren sorgfältig poliert. Unter der linken Manschette lugte eine goldene Armbanduhr hervor. Er war etwa fünfundzwanzig Jahre alt und trug übertriebenes Selbstbewußtsein zur Schau. Ich fragte mich verblüfft, wer er sein mochte und wie er es wagen konnte, inmitten der Kulturrevolution so gut gekleidet aufzutreten; seine Kleidung wurde normalerweise als kapitalistisch gebrandmarkt. Hatte er keine Angst, als Klassenfeind angesehen zu werden?

Erst Jahre später erfuhr ich, daß seine Erscheinung für die Söhne höherer Armeeoffiziere typisch war. Die Khakijacke war ein Hinweis darauf, daß ihr Träger etwas mit den Streitkräften zu tun hatte und daher über den Gesetzen stand. Die Position ihrer Väter gab diesen jungen Männern das Privileg, anders auszusehen als die übrigen Revolutionäre, an deren Spitze sie sich zu stellen suchten. Der durch ihre familiären Verbindungen gewährleistete direkte Zugang zur Macht verlieh ihnen eine Sonderstellung. Im Lauf der Zeit wurden sie zur Mafia des kommunistischen China, raubten und plünderten, vergewaltigten Frauen, trieben Schwarzhandel und organisierten sogar Glücksspiele.

Diese Söhne hochgestellter Armeeoffiziere wurden zu Chinas größten Schiebern und Schwarzhändlern. Ihnen war nichts unmöglich: Sie konnten Wohnungen und Arbeitsplätze besorgen oder tätigten Import- und Exportgeschäfte, alles mit Hilfe eines Netzes von Gefolgsleuten, die sich um die normale Bürokratie nicht zu scheren brauchten. Selbst Kaufleute aus Hongkong, die in China Geschäfte machen wollten, mußten diese forschen jungen Männer bestechen. Nicht selten erteilten sie ihnen »Aufträge«, die es ihnen ermöglichten, in die britische Kronkolonie zu reisen, um Gold, Silber und Antiquitäten aus China heraus- und umgekehrt Fernsehgeräte, Plattenspieler und Armbanduhren nach China hineinzuschmuggeln.

»Antworten Sie! Antworten Sie!« brüllte der gutgekleidete junge Mann. Ich sah erst ihn und dann den Vernehmungsbeamten an. Dieser starrte jedoch auf die vor ihm liegenden Papiere, sichtlich verärgert, daß der junge Mann das Kommando übernommen hatte.

»Ich habe gelacht, weil das ganze so komisch war.«

»Was war komisch?«

»Die ganze Versammlung war komisch.«

»Bitte erklären Sie das etwas näher.«

»Ist Ihnen das nicht klar? Tao hat gelogen, und dazu noch sehr schlecht. Aber Sie haben ihm geglaubt, und Sie wollen ihn zu seiner Familie zurückkehren lassen. Ist das nicht komisch?«

»Tao hat nicht gelogen.«

»Wirklich nicht? Wollen Sie etwa sagen, daß er ein echter Spion gewesen ist? Wollen Sie einen echten Spion nach Hause gehen lassen, statt ihn mit der Todesstrafe oder mit einer langjährigen Freiheitsstrafe zu belegen? Das ist noch komischer.«

»Kümmern Sie sich nicht um das, was mit Tao geschieht. Wie steht es mit Ihnen selbst? Wollen Sie nicht auch nach Hause?«

»Natürlich will ich das. Ich möchte voll rehabilitiert werden. Ich möchte, daß sich die Volksregierung entschuldigt und diese Entschuldigung im *Freien Schanghai* und in der Pekinger *Volkszeitung* veröffentlicht. Aber ich werde nicht lügen. Ich werde mein Ziel erreichen, indem ich mich einfach an die Wahrheit halte.«

Ich sah mir diesen gutgekleideten, aber ziemlich stupiden jungen Mann aufmerksam an und fragte mich, wie ihm der wahre Grund meines Lachens entgangen sein konnte. Es mußte doch sonnenklar gewesen sein, daß ich ihm nur seine sorgfältig vorbereitete Versammlung hatte verderben wollen. Plötzlich sprang er auf und rief erregt: »Beugen Sie den Kopf! Beugen Sie den Kopf! Ich lasse es nicht zu, daß mich ein Klassenfeind anstarrt, als wären seine Augen Suchscheinwerfer!«

Der Mann neben ihm, offensichtlich ein Untergebener, war sofort zur Stelle und machte Anstalten, meinen Kopf nach unten zu drücken.

»Ich habe die Gewohnheit, die Menschen anzusehen, mit denen ich spreche«, sagte ich ruhig, mit erhobenem Haupt. »Falls ich Sie nervös gemacht haben sollte, bitte ich um Entschuldigung. Wünschen Sie, daß ich mich mit dem Rücken zu Ihnen setze?«

Da der Stuhl, auf dem ich saß, am Boden befestigt war, wandte ich mich um, so daß ich das Mao-Porträt an der Wand anblickte. Aus dem Augenwinkel erhaschte ich einen Blick auf den Vernehmungsbeamten. Er biß sich auf die Lippen, um ein Schmunzeln zu unterdrücken.

»Beantworten Sie meine Frage. Waren Sie eine Spionin der Briten oder nicht? Werden Sie gestehen oder nicht?« fragte der junge Mann, ohne auf mein Verhalten zu reagieren.

»Ich spioniere für niemanden. Ich habe nichts zu gestehen.« Während ich Maos Gesicht anblickte, das wohl Güte ausstrahlen sollte, in Wahrheit aber nur ein selbstzufriedenes Grinsen zeigte, fragte ich mich, wie ein einzelner Mensch es geschafft haben konnte, all dieses Elend über China zu bringen. In unserem Nationalcharakter muß es an etwas fehlen, dachte ich, was es diesem Ungeist ermöglicht hat, uns zu unterwerfen.

»Sie sind eine Spionin!« rief der junge Mann zornig.

»Das bin ich nicht.« Ich schüttelte den Kopf.

»Wir haben Beweise dafür, daß Sie es sind.«

»Dann legen Sie sie vor.« Ich wandte mich wieder dem Vernehmungsbeamten zu.

»Haben Sie heute morgen nicht gehört, was Ihre ehemaligen Shell-Kollegen gesagt haben?«

»Das waren keine Beweise. Nur leere Anschuldigungen, die unter Zwang geäußert wurden.«

»Geben Sie sich keinen falschen Hoffnungen hin. Wir werden Ihnen schon konkrete Beweise vorlegen. Erstens, zweitens, drittens, viertens – eine lange Liste von Dingen, die Sie gesagt und getan haben. Aber dann wird es für Sie zu spät sein, sich Nachsicht zu verdienen.«

»Ein echter Spion sollte keine Nachsicht erhalten. Er sollte erschossen werden, ob er gesteht oder nicht«, erklärte ich mit fester Stimme.

Der Vernehmungsbeamte stand auf: »Gehen Sie jetzt in Ihre Zelle zurück und lassen Sie sich alles noch einmal durch den Kopf gehen, was Sie heute morgen bei der Versammlung gehört haben. Es waren nicht alles Lügen. Es waren ernstzunehmende Erklärungen darunter. Die Situation, in der Sie sich befinden, ist überhaupt nicht zum Lachen.« Damit verließ er den Raum. Ein Wärter führte mich in die Zelle zurück.

Sobald ich wieder in meiner Zelle war, wurde mir meine Portion Reis durch die Türklappe geschoben. Mein Zahnfleisch blutete jetzt fast ständig. Ich mußte mir vor dem Essen jedesmal den Mund ausspülen, um den Blutgeschmack loszuwerden. Das Kauen fiel mir immer schwerer. Der Kohl war normalerweise sehr hart, und ich brauchte stets sehr lange, um eine Mahlzeit zu beenden. Da ich Eßstäbchen und Eßgeschirr meist zurückgeben mußte, bevor ich aufgegessen hatte, war mir erlaubt worden, einen Plastiklöffel zu kaufen. Jetzt saß ich auf der Bettkante, füllte Reis und Kohl in einen Becher, legte Geschirr und Stäbchen bereit, um sie der Frau aus der Küche zurückgeben zu können, und begann meine einzige Mahlzeit des Tages zu mir zu nehmen. Während ich aß, ließ ich die Ereignisse des Tages Revue passieren. Obwohl man mich herumgestoßen und mit Handschellen gefesselt hatte, hielt ich den Tag insgesamt nicht für verloren. Ich hatte erfahren, was mit den ehemaligen Shell-Angestellten passiert war, und konnte meine eigene Lage dadurch besser beurteilen. Ich bedauerte, daß so viele meiner einstigen Kollegen dem Druck nachgegeben hatten, der ziemlich groß gewesen sein mußte, aber wirkliche Sorgen machte ich mir um diejenigen, deren Namen ich auf den Wandzeitungen nicht gesehen hatte und die bei der Kampfversammlung gefehlt hatten. Ich fragte mich, ob sie noch am Leben waren.

Das Verhalten unseres Chefbuchhalters Tao hielt ich für niederträchtig. Dennoch meinte ich, ihm vergeben zu müssen. Ich hörte noch immer sein Schluchzen. Es war der Schrei einer gepeinigten Seele, die am Ende ihres Leidenswegs angelangt war.

Das Wetter war inzwischen deutlich wärmer geworden, und mich fröstelte schon seit einigen Tagen nicht mehr. Ich überlegte, ob ich meinen warmen Wollpullover waschen und weglegen sollte. Ich hatte das Gefühl, mit meinen Wintersachen sehr behutsam umgehen zu müssen, da solche Dinge in dem Gefängnisladen nicht erhältlich waren. Gott allein wußte, wie lange ich noch in der Haftanstalt würde bleiben müssen. Der Kampf zwischen den Maoisten und mir war in Wirklichkeit ein Krieg, in dem es allein auf das Durchhaltevermögen ankam. Ich durfte einfach nicht sterben.

Kurz nachdem ich zu Bett gegangen war, erschien die diensthabende Wärterin an der Türklappe, öffnete sie behutsam und flüsterte: »Würden Sie gern eine Dusche nehmen?«

Was für ein unerwartetes und willkommenes Angebot! Den Häftlingen wurde das Duschen nur einmal im Monat erlaubt. In den Wintermonaten, wenn es zu kalt war, sich in der Zelle mit kaltem Wasser zu waschen, zählte ich die Tage von einer heißen Dusche zur nächsten. Nach der Rückkehr vom Verhör war mir aufgefallen, daß die Wärterinnen den ganzen Abend über nacheinander zum Duschen gegangen waren. Jetzt, nachdem offensichtlich alle fertig waren, bot mir die Wärterin die Gelegenheit, das verbleibende heiße Wasser zu nutzen.

Ich sprang aus dem Bett, nahm mir Seife und Handtücher und folgte ihr in den Duschraum. Während ich die warmen Wasserstrahlen genoß und mir die Haare und den Körper wusch, staunte ich über die veränderte Haltung einiger Wärterinnen seit jenem Tag, an dem ich mich für Liu Schao-tschi eingesetzt hatte.

Am nächsten Tag regnete es. Es war kein kalter Winterregen mehr, bei dem die Tropfen auf dem Boden zu Eis gefrieren, aber auch noch kein warmer Sommerschauer. Es war jenes sanfte Nieseln, das den nahenden Frühling ankündigt und leise zur Erde fällt, um Bäume und Blumen zu neuem Leben zu erwecken. Den feuchten Geruch der Erde nach einem warmen Frühlingsregen hatte ich schon immer geliebt. Er schien so voller Hoffnung zu sein und bot eine Vorahnung des wunderbaren Dufts von Blumen und grünem Laub. Das Ende des Winters, das vergleichsweise bessere Essen, die Vitamintabletten und die freundlichere Haltung einiger Wärterinnen, das alles richtete mich spürbar wieder auf. Ich schätzte meine Überlebenschancen wieder höher ein und blickte weniger sorgenvoll in die Zukunft.

Meine Euphorie hielt bis zum nächsten Tag an. Als man mich zum Verhör holte, ging ich mit fast übermütigen Schritten. Diesmal saßen nur der gutgekleidete junge Mann und der junge Arbeiter hinter dem Tisch.

Nachdem ich den Raum betreten und der Wärter die Tür geschlossen hatte, wies der junge Mann wie üblich auf das Mao-Porträt. Ich verneigte mich. Dann befahl er mir, das folgende Zitat vorzulesen: »Eine Revolution ist kein Gastmahl, kein Aufsatzschreiben, kein Bildermalen oder Deckchensticken; sie kann nicht so fein, so gemächlich und zartfühlend, so maßvoll, gesittet, höflich, zurückhaltend und großherzig durchgeführt werden. Die Revolution ist ein Aufstand, ein Gewaltakt, durch den eine Klasse eine andere Klasse stürzt.«

»Lieben Sie England mehr als China?« fragte er im Anschluß an meinen Vortrag.

»Ich bin Chinesin. Natürlich liebe ich China mehr.«

»Wenn wir einmal von der Staatsbürgerschaft absehen, würden Sie China dann immer noch mehr lieben?«

»In meinen Adern fließt chinesisches Blut. Natürlich liebe ich China mehr. Ich bin immer eine chinesische Patriotin gewesen.«

»Haben Sie sich 1940 in den Vereinigten Staaten aufgehalten?«

»Ja, ein paar Monate.«

»Haben Sie in dieser Zeit Reden gehalten?«

»Ja, ich habe ein paar Reden über die japanische Invasion in China gehalten.«

»Uns liegen Informationen darüber vor, daß Sie auch lobende Reden über die britischen Kriegsanstrengungen gehalten haben. Sie haben in New York in einem Radioprogramm gesprochen. Unter den damaligen Zuhörern waren ein paar Ihrer ehemaligen Kommilitonen von der Jen-tsching-Universität, die jetzt gestanden und uns diese Information gegeben haben. Wahrscheinlich haben Sie auch an anderen Orten gesprochen. Nach Ihrer Rückkehr nach Tschungking haben Sie über einen Rundfunksender der Kuomintang eine Propaganda-Sendung verbreitet. Sie sagten, die britischen Imperialisten seien ein heroisches Volk von großem Mut, das bis zur Erringung des Sieges nie aufgeben werde. Hat die britische Regierung Sie gebeten, für sie Propaganda zu machen? Haben die Briten Sie schon 1940 angeworben? Antworten Sie!«

»Ich bin mit einem britischen Passagierdampfer von England nach New York gefahren. Eine Reihe von Passagieren wurden für ein Radioprogramm interviewt. Der Interviewer hat mich nach meiner Meinung über Großbritannien gefragt. Natürlich habe ich wahrheitsgemäß geantwortet.«

»Sie haben für die Briten Propaganda gemacht.«

»Während des Krieges standen Großbritannien und China auf derselben Seite.«

»1940 noch nicht. Die Briten halfen damals den Japanern. Was Sie damals getan haben, läßt keinen Zweifel daran, daß Sie schon 1940 eine britische Spionin waren.«

»Unsinn. Ich war eine Chinesin, die sich in England zu einem Besuch aufhielt und die von dem Mut und der Entschlossenheit des britischen Volkes angesichts der ungünstigen Kriegslage beeindruckt war, als Großbritannien sich allein Hitlers Plänen zur Eroberung ganz Europas widersetzte.«

»Was sagen Sie da? Sie wiederholen soeben die Propaganda der britischen Imperialisten. Wir glauben, daß Sie Großbritannien mehr lieben als China.«

»Sie können glauben, was Sie wollen, aber Ihre Anschuldigungen müssen Sie erst beweisen.«

»Das werden wir auch tun. Wir werden beweisen, daß Sie keine Patriotin sind. Sie behaupten das nur, um Ihre Untaten zu verbergen.«

Er zog einen kleinen braunen Aktenordner unter der Tischplatte hervor und hielt ihn hoch. Ich konnte nur die Pappdeckel sehen und fragte mich, was er wohl so angestrengt anstarrte. Plötzlich drehte er den Ordner herum, und ich sah darin ein Schwarzweißfoto von mir, wie ich Anfang der fünfziger Jahre im Französischen Club, den es damals in Schanghai noch gab, mit einem Schweizer Freund tanzte. Ein arbeitsloser Fotograf hatte damals Schnappschüsse von den Gästen des Clubs gemacht und sie für einen Jüan pro Abzug zum Kauf angeboten. Um ihm zu helfen, hatten wir sämtliche Bilder von uns gekauft. Als die Rotgardisten in mein Haus kamen, lagen die Fotos in einem Karton im Abstellraum. Sie mußten sie mitgenommen haben. Mein Schweizer Freund war ein hervorragender Tänzer, der viele ausgefallene Tanzschritte kannte. Auf dem Bild war er wohl gerade dabei, mir etwas Neues beizubringen, denn wir lachten beide.

»Nennen Sie das patriotisch?« sagte der junge Mann mit strenger Stimme, als hätte man mich bei einem schlimmen Vergehen erwischt.

»Was hat Tanzen mit Patriotismus zu tun?« fragte ich verblüfft.

»Sie haben mit einem Ausländer getanzt. Und Sie haben dabei ziemlich glücklich ausgesehen. Das ist entschieden unpatriotisch.«

»Das Tanzen mit einem Ausländer soll unpatriotisch sein?« Diese Attacke brachte mich aus der Fassung. Ich fing mich jedoch schnell wieder und erkannte, wie ich das Argument zu meinen Gunsten wenden konnte. »Ich habe nicht gewußt, daß das Tanzen mit einem Ausländer unpatriotisch ist«, fuhr ich fort. »Ich muß aber Ihr überlegenes Urteil akzeptieren, da Sie ein aufgeklärter Marxist und Revolutionär sind. Wenn ich aber nicht patriotisch gehandelt habe, war mein Handeln zumindest nützlich. Das spricht immerhin für mich, meinen Sie nicht auch?«

»Was meinen Sie damit, daß Sie nützlich gewesen sind?«

»Sie haben eben gesagt, das Tanzen mit einem Ausländer sei unpatriotisch. Indem ich mit meinem Schweizer Freund tanzte, hat auch er sich unpatriotisch verhalten, da ich für ihn die Ausländerin war. Wenn ich auf so einfache Weise andere dazu verleiten kann, sich unpatriotisch zu verhalten, ist das etwa nicht nützlich? Denken Sie nur, was für Möglichkeiten das eröffnet. Sie brauchen mich nur in die Welt zu schicken und mit allen Feinden Chinas tanzen zu lassen, und schon sind sie alle unpatriotisch. Ohne daß ein Schuß abgefeuert wird, sind sie alle erledigt. Wie könnte jemand Ihnen nützlicher sein?« Mich befiel plötzlich eine solche Heiterkeit, daß es mir schwerfiel, die letzten Worte klar zu sprechen.

Der junge Mann zeigte sich jedoch keineswegs amüsiert. Sein Gesicht wurde rot vor Zorn. Er zeigte auf die Tür des Vernehmungszimmers und brüllte: »Raus! Raus! Ich werde Sie erschießen lassen!«

Als er auf mich zukam, sah er so furchterregend aus, daß ich eilig aus dem Raum flüchtete. Auf dem Korridor war jedoch kein Wärter, der mich in die Zelle hätte zurückbringen können. Ich wartete und versuchte mein Kichern zu unterdrücken. Ich hielt es nicht für angemessen oder klug, an diesem düsteren Ort in Lachen auszubrechen. Sie würden mich unter Umständen für verrückt halten und sich gerechtfertigt sehen, mich in ein Irrenhaus zu stecken.

Daß es sich nicht auszahlt, wenn man sich über einen Amtsinhaber lustig macht, wurde mir am nächsten Tag nachdrücklich klargemacht. Kurz vor der Vormittagsmahlzeit wurde ich wieder ins Vernehmungszimmer gebracht. Nach dem üblichen Vorgeplänkel reichte mir der junge Mann den vierten Band von Maos *Gesammelten Werken.* Aufgeschlagen war ein vom Hauptquartier der Kommunistischen Armee verbreiteter Brief an eine Gruppe von Kuomintang-Generälen, den Mao Tse-tung im Dezember 1948 verfaßt hatte, als Kuomintang-Truppen am Nordufer des Jangtse in der Nähe von Nanking von den Kommunisten eingeschlossen waren. Nanking war damals die Hauptstadt der Kuomintang-Regierung. Der Brief wies auf die aussichtslose Lage der Kuomintang hin und drängte die Generäle, sich zu ergeben.

»Bleiben Sie stehen und lesen Sie den Brief laut vor«, befahl mir der junge Mann.

Ich gehorchte. Als ich geendet hatte und ihm das Buch zurückgeben wollte, sagte er: »Lesen Sie den Brief noch einmal! Prägen Sie sich die Worte in Ihrem dummen Schädel ein.«

Ich verlas den Brief nochmals. Als ich das zweitemal geendet hatte, sagte er: »Nun, haben Sie es sich gemerkt? Begreifen Sie jetzt die Aussichtslosigkeit Ihrer Lage? Sie sind umstellt wie damals diese Kuomintang-Generäle. Hilfe ist nicht zu erwarten! Es gibt nur einen Ausweg: Kapitulation.«

Ich sagte nichts. Er starrte mich einen Moment an und brüllte dann: »Lesen Sie noch einmal!«

Als ich fertig war, starrten wir uns an. Dann schrie er ungeduldig: »Lesen Sie noch mal! Sorgen Sie dafür, daß die Worte in Ihren Granitkopf reingehen!«

So mußte ich stundenlang im Vernehmungszimmer stehen und den

Brief immer wieder vorlesen, bis ich völlig benommen und heiser war und ganz geschwollene Beine hatte. Am späten Nachmittag war ich so erschöpft, daß meine Stimme kaum noch zu hören war und ich die Worte nur noch mühsam hervorstammeln konnte. Da ich den Text mittlerweile auswendig konnte, brauchte ich nicht mehr ins Buch zu schauen, sondern sprach die Worte langsam und mit geschlossenen Augen. Der Arm, der das Buch hielt, hing längst schlapp herunter. Immer wenn ich innehielt oder zögerte, brüllte mich der junge Mann an: »Werden Sie endlich aufgeben?« Als keine Antwort kam, brüllte er wieder: »Lesen Sie den Brief noch mal vor!«

Der junge Arbeiter hatte mich zunächst gespannt angestarrt, doch mit der Zeit das Interesse verloren. Nun saß er da, den Kopf auf die Arme gestützt, und schien zu dösen. Die beiden wechselten sich ab; wenn einer zum Essen ging, blieb der andere da. Ich mußte ohne Essen auskommen und war vor Hunger und Erschöpfung einer Ohnmacht nahe. Mein Mund war so ausgetrocknet, daß meine Stimme nur noch ein leises Murmeln war. Doch jedesmal, wenn ich zu Ende gesprochen hatte, brüllte mich der junge Mann an: »Noch einmal!«

Ich durfte erst wieder in meine Zelle zurück, als es dunkel wurde. Obwohl ich nicht genau wußte, wie lange ich in dem Vernehmungsraum zugebracht hatte, mußten es mehr als sieben Stunden gewesen sein. Man hatte mir kein Essen aufbewahrt. Den ganzen Tag hatte ich nichts weiter zu mir nehmen können als etwas Wasser am Morgen, bevor man mich abgeholt hatte, und ein Glas Wasser am Abend, als ich wieder in der Zelle war. Um wenigstens etwas Nahrhaftes im Bauch zu haben, schluckte ich ein paar Lebertrankapseln und Vitamin-B-Tabletten.

So ging es drei Tage lang weiter. Der einzige Unterschied war, daß ich am zweiten und dritten Tag rechtzeitig zum Abendessen in die Zelle zurückkehren durfte. Die diensthabende Wärterin im Frauentrakt arbeitete mit dem jungen Mann zusammen. Sie verlängerte die Zeit, in der ich mich am Abend bewegen mußte, postierte sich vor meiner Zellentür und achtete streng darauf, daß ich eine Stunde lang in der Zelle auf und ab ging. Nachdem ich zu Bett gegangen war, erschien die Nachtdienst-Wärterin wiederholt an der Zellentür, öffnete lärmend die Klappe und knallte sie wieder zu. Manchmal trat sie auch mit ihren schweren Stiefeln gegen die Tür. Obwohl ich auf diese Weise immer wieder unsanft geweckt wurde, schlief ich insgesamt ausreichend.

Am Ende des dritten Tages stand ich am Rande eines Zusammenbruchs. Das mußte auch den beiden jungen Männern klar geworden sein. Am späten Nachmittag fragten sie mich: »Werden Sie jetzt gestehen?«

Ich versuchte zu sprechen. Ich war jedoch so geschwächt, meine Kehle war so ausgetrocknet, daß ich nur ein Krächzen hervorbrachte.

»Sprechen Sie deutlich! Werden Sie gestehen?« fragte mich der gutgekleidete junge Mann.

Ich versuchte mich zu sammeln und holte tief Luft. Mit letzter Kraft brachte ich heraus: »Nicht schuldig!«

»Sie können sich darauf verlassen, daß wir Sie erschießen lassen werden!« Der junge Mann sprang zornbebend auf, verließ den Raum und knallte die Tür zu. Ich setzte mich und wartete auf den Wärter.

Der junge Arbeiter starrte mich verwundert und mit hochgezogenen Augenbrauen an. Nach einiger Zeit sagte er: »Was erwarten Sie eigentlich? Worauf hoffen Sie?«

Ich sagte nichts. Ein Wärter erschien und führte mich hinaus.

Tage vergingen. Man holte mich aber nicht mehr zum Verhör. Immer wieder mußte ich an all die Vernehmungen und Wortwechsel denken, die ich über mich hatte ergehen lassen müssen. Immer wieder ließ ich mir die Fragen durch den Kopf gehen, die man mir gestellt hatte, und meine Antworten darauf. Hätte ich mich besser schlagen können? Hätte ich anders handeln können? Manchmal hatte es den Anschein gehabt, als versuchten sie wirklich, Tatsachen zu ergründen, aber wenn ich es mir recht überlegte, dienten alle Verhöre letztlich nur dem Zweck, mich zu überführen. Die Fragen wurden nur gestellt, um mir Antworten zu entlocken, die sich gegen mich verwenden ließen. Zugleich wollten sie mit diesen Sitzungen ihre Macht über mich demonstrieren, um mich am Ende in die Knie zu zwingen. Diese Verhöre würden nichts zur Lösung meines Falles beitragen. Sie dienten einzig und allein dem Zweck, mir das Leben schwer zu machen. Es hatte keinen Sinn mehr, auf weitere Vernehmungen zu hoffen.

Mit dem Anstieg der Temperaturen schien sich meine Gesundheit etwas zu bessern. Ich wusch meine Winterpullover und Socken Stück um Stück und trocknete sie. Nach wie vor hielt ich mich für gut beraten, wenn ich mich auf einen langen Aufenthalt im Gefängnis einstellte. Solange ich noch am Leben war, konnte ich hoffen. Lao-tse hatte einmal gesagt, daß das Pendel auch wieder zurückschlage, wenn die

Dinge sich bis zum äußersten entwickelt haben. Ich mußte warten. Ich hielt mich durch körperliche Übungen fit und brachte viele Stunden damit zu, Gedichte zu rezitieren. Oft saß ich mit einem von Maos Büchern auf dem Schoß, als wäre ich in die Lektüre vertieft, aber in Wahrheit beschäftigte ich mich mit den Versen Li Bais oder Tu Fus.

Am 1. April 1969, zweieinhalb Jahre nach meiner Festnahme, wurde in Peking der langerwartete Neunte Parteikongreß eröffnet. In der Zeitung hieß es, Lin Piao habe den wichtigen politischen Bericht erstattet, in dem er die Kulturrevolution gepriesen und versprochen habe, der Klassenkampf werde mit unverminderter Schärfe weitergehen. Unter den fünfzehnhundert Delegierten befanden sich zahlreiche Anhänger Lin Piaos aus Armee, Marine und Luftwaffe. In der neuen Parteiverfassung wurde er offiziell zum Nachfolger Maos erklärt. Sowohl Lin Piao als auch Tschiang Tsching schafften es, ihre Gefolgsleute in dem 279-köpfigen neuen Zentralkomitee unterzubringen. Viele alte und wohlbekannte Parteifunktionäre wurden abgelöst. Einige wenige, etwa Ministerpräsident Tschou En-lai und Außenminister Tschen Ji, behielten ihre Positionen. Als Gruppe jedoch verfügte die alte Garde von nun an über weit weniger Einfluß. Auf dem Foto von der Abschlußsitzung, das in der Zeitung veröffentlicht wurde, stand Mao in der Mitte. Zu seiner Linken waren die Maoisten, etwa Lin Piao und Tschiang Tsching, zu seiner Rechten die wenigen Verbliebenen der alten Garde, an ihrer Spitze Tschou En-lai, postiert worden.

Während der Neunte Parteikongreß noch andauerte, veröffentlichte die Zeitung täglich Berichte über die Begeisterung der Massen und ihre Unterstützung für die Ziele der Partei. Im Gefängnis waren alle Häftlinge gezwungen, sich von morgens bis abends die Reden und Nachrichtensendungen anzuhören, darunter auch lange Listen mit den Namen der Delegierten. Vertraute Namen verschwanden, neue kamen hinzu, worin sich der Machtkampf widerspiegelte, der in der Parteiführung tobte. An dem Tag, an dem Lin Piao seine große politische Rede hielt, wurden alle Häftlinge aus dem Schlaf gerissen, mußten sich anziehen und andächtig der Rundfunkübertragung lauschen. Eines Morgens, als ich mich gerade hingesetzt hatte, um meinen Reis zu essen, wurde die Zellentür aufgeschlossen. Ein Wärter rief: »Raustreten!«

Ich ignorierte den Befehl, während ich hastig einen Mundvoll Reis nach dem anderen herunterschlang.

»Raustreten!« bellte der Wärter von neuem, betrat aber nicht die Zelle.

Meine Eßstäbchen flogen nur so, als ich mir den Reis in den Mund schaufelte. Ich war fest entschlossen, mich allem zu stellen, was auf mich warten mochte, aber nicht mit leerem Magen. Ich hatte den Verdacht, daß sie die Verhöre immer so legten, daß ich nicht in Ruhe essen konnte.

»Raustreten!« brüllte der Wärter zum drittenmal und betrat nun die Zelle. Er nahm mir ruhig den Becher aus der Hand und stellte ihn auf den Tisch. »Sie können essen, wenn Sie wieder zurück sind.«

Blitzschnell tauchte ich den zweiten Becher in die Waschschüssel und schlürfte mehrere Schluck Wasser, um den harten Reis hinunterzuspülen, der mir noch im Halse steckte.

»Beeilung! Sie sind zu langsam.«

»Bitte gehen Sie hinaus. Ich muß auf die Toilette.«

Ihm blieb nichts anderes übrig, als die Zelle zu verlassen. Die diensthabende Wärterin kam statt seiner herein. Ich wusch mir die Hände und wischte mir den Mund ab. Als ich das kleine rote Mao-Buch an mich nahm, schüttelte die Wärterin den Kopf und murmelte: »Das werden Sie nicht brauchen.« Ich legte es aufs Bett und folgte ihr aus der Zelle.

Die militante Wärterin kam plötzlich angerannt und rief atemlos: »Was machen Sie bloß? Wo bleiben Sie?«

Ich folgte ihr aus dem Frauentrakt auf den Hof. Dort wartete ein zweiter Wärter mit Handschellen. Die Wärterin drehte mir die Arme auf den Rücken und legte mir die Handschellen an. Dann versetzte sie mir einen Stoß, der mich taumeln ließ. Kaum hatte ich das Gleichgewicht wiedergewonnen und normal zu gehen begonnen, als sie mich erneut unsanft vorwärtsstieß. So kam ich wie ein Stehaufmännchen am Haupteingang der Strafanstalt an. Dort stand schon die weiße Limousine bereit. Der Fahrer hupte ungeduldig. Auch der gutgekleidete junge Mann hatte sich eingefunden und schritt ruhelos auf und ab. Der alte Arbeiter tat es ihm gleich. Als sie mich erblickten, kamen sie auf mich zu. Ich sah dem Gesicht des jungen Mannes an, daß alles, was mir heute widerfahren würde, als Strafe für meine Aufsässigkeit gedacht war. Mit zusammengebissenen Zähnen stieß er hervor: »Wir bringen Sie jetzt zu einer Versammlung, auf der der erfolgreiche Abschluß des Neunten Parteikongresses und die Wahl des neuen Zentralkomitees gefeiert werden. Ich rate Ihnen, sich gut zu benehmen. Geben Sie Ihre Arroganz auf! Die Revolutionäre werden Sie sonst in Stücke reißen.« Seine Züge entspannten sich etwas, als gefiele ihm die Vorstellung, daß man mich in Stücke reißen könnte.

»Hier in der Haftanstalt Nr. 1 haben wir Regeln und Bestimmungen, wie die Häftlinge zu behandeln sind«, sagte der alte Arbeiter. »Wir sind Ihnen gegenüber äußerst tolerant und zurückhaltend gewesen. Außerhalb dieses Gefängnistors sieht die Sache anders aus. Die revolutionären Massen können tun, was ihnen beliebt. Sie sollten sich in acht nehmen. Sprechen Sie nicht unaufgefordert. Ich kann Ihnen nur raten, demütig und gehorsam zu sein, sonst wird man Sie umbringen. So sind schon viele ums Leben gekommen.«

Waren sie wirklich um mein Leben besorgt? Das war kaum vorstellbar. Sie hatten wohl einfach nur Angst, man könnte ihnen vorwerfen, den ihnen anvertrauten Gefangenen nicht im Griff zu haben. Wahrscheinlich würden ranghöhere Funktionäre an dieser Versammlung teilnehmen, auf die sie einen guten Eindruck machen wollten.

»Haben Sie die Situation verstanden?« wollte der junge Mann wissen.

»Sie werden von mir keine Widerrede hören, es sei denn, man provoziert mich«, erwiderte ich.

»Vielleicht sollten wir Ihnen noch eine Lektion erteilen, bevor wir losfahren«, bemerkte er und ballte eine Hand zur Faust, mit der er mir vor der Nase herumfuchtelte.

»Sie müßten inzwischen eigentlich wissen, daß man mich mit Gewalt nicht zum Schweigen bringt. Je mehr Sie mich provozieren, um so aufsässiger werde ich.«

»Wie Sie wollen. Dann werden die Massen Ihnen eine Lektion erteilen. Sie sollten sich vorsehen. Man wird Sie umbringen, wenn Sie frech werden.«

»Wollen Sie damit sagen, daß ich schweigen muß, selbst wenn mir jemand eine Frage stellt?« Ich wollte es ganz genau wissen.

»Ja, beugen Sie nur den Kopf und geben Sie Ihr Verbrechen zu.«

»Ich würde eher sterben, als etwas zuzugeben, was nicht der Wahrheit entspricht.«

»Dann halten Sie den Mund. Was immer man Ihnen sagt, halten Sie einfach nur den Mund«, sagte der alte Arbeiter, der von den beiden der entschieden bessere Mensch zu sein schien.

»Gut. Ich werde schweigen, egal, was sie sagen. Aber das bedeutet noch lange nicht, daß ich mich schuldig fühle.«

»Die Entscheidung, ob Sie schuldig sind oder nicht, liegt nicht bei den Massen«, beruhigte mich der alte Arbeiter.

Der junge Mann befahl mir einzusteigen. Ich setzte mich mit dem alten Arbeiter und einem zweiten Mann auf den Rücksitz. Der junge Mann setzte sich neben den Fahrer. Als der Wagen von der Auffahrt auf die Straße einbog, schloß ein zweiter Wagen zu uns auf, in dem die anderen Männer saßen, die an den letzten Verhören teilgenommen hatten.

Der April ist in Schanghai ein besonders schöner Monat. Das junge Grün der Platanen, die die Straßen säumen, brachte einen frischen Duft in die verschmutzte Luft dieser Industriestadt. Nach dem harten Winter stellte sich ein Gefühl der Erneuerung ein. Die Wagenfenster waren geöffnet; die braunen Seidenvorhänge flatterten im Wind, so daß ich etwas von den Straßen sehen konnte. Wir fuhren quer durch die Stadt nach Norden. An den Straßenkreuzungen wurden wir immer wieder durch Paraden aufgehalten, die zur Feier des Neunten Parteikongresses abgehalten wurden. Die roten Fahnen, die Parolen auf buntem Papier, die Trommeln und Gongs sowie die Mao-Porträts ergaben das gleiche Bild wie bei den Paraden zu Beginn der Kulturrevolution. Mir fiel jedoch auf, daß die Teilnehmer jetzt ganz anders aussahen als die aufgeregten Massen vor drei Jahren. Von der Lebhaftigkeit und Erregung, an die ich mich erinnerte, war nichts mehr zu spüren. Die Menschen sahen gelangweilt aus. Sie gingen mit langsamen, schlurfenden Schritten und skandierten die Parolen mit matten Stimmen. Manche blieben ganz stumm.

Früher waren die Straßen Schanghais voll mit flanierenden Menschen. An diesem Frühlingstag jedoch sah ich außer den Teilnehmern der Paraden kaum Passanten oder Zuschauer. Das verwirrte mich etwas, denn ich hatte mir nicht klargemacht, wie sehr die Rotgardisten und Revolutionäre die Menschen von den Straßen vertrieben hatten. Bei den bürgerkriegsähnlichen Fraktionskämpfen waren viele Passanten verirrten Kugeln zum Opfer gefallen oder von den Rotgardisten willkürlich zusammengeschlagen worden.

Als der Wagen das Universitätsviertel am Rande der Stadt erreichte und den Militärflughafen passierte, kam uns eine Parade der Luftwaffe entgegen. Am Ende der Marschkolonne sah ich eine Gruppe auffallend schöner und schlanker junger Mädchen in Uniform. Sie sahen eher aus wie Filmschönheiten aus einem Propagandastreifen der Luftwaffe denn wie echte Luftwaffenangehörige. Später, nach meiner Entlassung, als die Lin-Piao-Affäre im Mittelpunkt öffentlicher Kritik stand, erfuhr ich Näheres über sie. Als Lin Piao seinen Sohn Lin Li-guo, kaum daß dieser die für Söhne hoher Offiziere reservierte Militärhochschule absolviert hatte, mit fünfundzwanzig Jahren zum stellvertretenden Oberkommandierenden der chinesischen Luftstreitkräfte machte, schickten seine Anhänger in Anspielung auf die »dreitausend Schönheiten im inneren Palast«, unter denen während der Kaiserzeit Konkubinen für den Erben des Kaisers ausgewählt wurden, aus ganz China schöne Mädchen nach Peking. Als Lockmittel bot man ihnen Arbeit in der Luftwaffe an. Wer zu den Streitkräften gehörte, genoß automatisch größeres Prestige und einen höheren Lebensstandard. Überdies profitierten auch die Familien der Mädchen davon. Viele meldeten sich bereitwillig, ohne zu ahnen, wozu sie wirklich ausersehen waren. Dann brachte man sie nach Schanghai, wo Lin Li-guo ein geheimgehaltenes, mit allem Raffinement ausgestattetes Etablissement unterhielt. Die Mädchen wurden unter dem Vorwand einer Gesundheitsprüfung getestet, und wer den Ansprüchen Lin Li-guos nicht genügte, erhielt einen Posten in der Luftwaffe. Das waren diejenigen, die hier an der Parade teilnahmen.

Der Wagen bog in die Einfahrt eines großen Komplexes roter Backsteingebäude ein. Kein Schild deutete darauf hin, worum es sich handelte. Am Eingang standen keine Wachen, nur ein einzelner Mann, der die Wagen einließ und hinter uns das Tor schloß. Dann folgte er uns. Es herrschte eine recht mysteriöse Atmosphäre, und ich nahm mir vor, alles genau im Auge zu behalten. Es hatte den Anschein, als wollten sie vor mir geheimhalten, an was für einen Ort sie mich gebracht hatten.

Wir kamen an gepflegten Rasenflächen und knospenden Weidenbäumen vorbei, dann hielt der Wagen vor einem der Gebäude. Zwei stämmige Frauen in blauen Mao-Uniformen mit den roten Armbinden der Revolutionäre erwarteten uns schon. Eine von ihnen öffnete die Wagentür. Der alte Arbeiter sprang hinaus. Ich wollte gerade aussteigen, als sich die zweite Frau in die Tür beugte und mich grob herauszog. Die beiden Frauen hakten mich unter und schleiften mich ins Haus, als befürchteten sie, ich könnte weglaufen. Wir betraten ein kleines Zimmer, und sie schleppten mich in eine Ecke.

»Gesicht zur Wand! Keine Bewegung!« keifte die eine.

Ich hörte, wie sich beide hinsetzten. Niemand sprach ein Wort. Nach einer Zeit, die mir wie eine Ewigkeit vorkam, hörte ich, wie die Tür geöffnet wurde; eine Männerstimme sagte etwas von Essen. Nach einer geflüsterten Beratung verließ eine der Frauen das Zimmer. Als sie zurückkam, ging die andere hinaus. Die ganze Zeit über mußte ich mit dem Gesicht zur Wand stehen bleiben.

Weiteres Warten in totalem Schweigen. Ich trat zum hundertstenmal von einem Bein aufs andere. Plötzlich ging die Tür auf. Eine Männerstimme sagte mit spürbarer Ehrfurcht, wie ein Diener, der von seinem bedeutenden Herrn spricht: »Lai-la!« Das bedeutet, daß jemand angekommen ist. Dem Tonfall des Boten entnahm ich, daß es sich um eine wichtige Persönlichkeit handelte.

Die beiden Frauen sprangen wie von der Tarantel gestochen von ihren Stühlen hoch, packten wieder meine Arme und schleiften mich aus dem Gebäude. Wir kamen an einem verlassenen Basketballplatz vorbei, gingen einen von Bäumen gesäumten Weg entlang und betraten ein anderes Gebäude. Meine Füße berührten kaum die Erde. Meine Achselhöhlen schmerzten unter den eisenharten Griffen der Frauen.

Meine Spannung wuchs mit jeder Minute. Wo befand ich mich? Die Anlage sah aus wie ein Universitätsgelände. Die sauberen Gebäude und gepflegten Rasenflächen deuteten jedoch darauf hin, daß dies keine normale Bildungsstätte war. Die Männer, die mich von der Haftanstalt herbegleitet hatten, gingen ein paar Schritte vor uns her. Sie schienen wachsam und angespannt zu sein. Obwohl an der Toreinfahrt keine bewaffneten Wachen gestanden hatten, schloß ich, daß wir uns entweder in einer Regierungsbehörde von einiger Bedeutung oder in einer militärischen Einrichtung befanden. In der Nähe von Macht und Feuerwaffen sind Chinesen meist sehr vorsichtig.

Wir betraten einen großen Saal, in dem sich etwa hundert Menschen versammelt hatten. Sie saßen einander in zwei Gruppen gegenüber. Dazwischen, an der Rückwand, befand sich ein Podium. Dort saßen einige Leute in Zivil im Halbkreis hinter einem Tisch. Die Männer aus der Haftanstalt betraten ebenfalls das Podium. An den Wänden sah ich die üblichen Parolen der Kulturrevolution in weißen Schriftzeichen auf rotem Stoff. Sie verkündeten den Sieg der Maoisten und die völlige Vernichtung der »Anhänger des kapitalistischen Wegs« in der Partei. Der »historische« Neunte Parteikongreß wurde als großer

Erfolg für die Verbreitung des Marxismus-Leninismus und der Gedanken Mao Tse-tungs bezeichnet. Mir fiel auf, daß das Porträt Lin Piaos, des offiziellen Mao-Nachfolgers, neben dem Porträt Maos hing.

Der Raum machte einen sauberen und ordentlichen Eindruck. Das deutete darauf hin, daß das Gebäude einer Organisation mit einem großzügigen Budget und einem hohen Maß an Disziplin gehörte. Das konnte nur bedeuten, daß es sich um eine Einrichtung der Streitkräfte handelte. Ich sah mir die Versammlung an. Die Menschen kamen mir besser gekleidet vor als die normalen Passanten auf den Straßen. Viele trugen Jacken und Hosen aus Wolle oder Dacron und nicht die übliche ausgewaschene blaue Baumwolle, die sonst bei Kampfversammlungen vorherrschte.

Die Frauen setzten mich vor einem Mikrophon gegenüber dem Podium ab. Eine von ihnen drückte mir den Kopf nach unten, so daß ich gezwungen war, auf den Fußboden zu starren. In meinem Blickfeld sah ich ein Kabelgewirr, das vom Mikrophon wegführte. Eines der Kabel mußte zu einer Steckdose führen, aber die anderen? Saßen irgendwo in einem Nebenraum weitere Personen, um sich die Kampfversammlung von dort anzuhören? Wer mochten sie sein? Und warum benahmen sie sich so mysteriös? Wollten sie nicht, daß ich sie zu sehen bekam? Abgesehen von dem Polizisten meines Abschnitts und der jungen Frau, die bei der Industrie- und Handelskammer Schanghais für ausländische Firmen zuständig war, kannte ich kaum einen Beamten persönlich. Bei den diplomatischen Empfängen der wenigen westlichen Missionen in Schanghai, zu denen ich eingeladen gewesen war, hatte ich einen der Vize-Bürgermeister sowie einige Beamte des Außenministeriums kennengelernt. Auch sie mußten der Kulturrevolution zum Opfer gefallen sein, als die Stadtverwaltung gestürzt wurde. Es gab nur eine mögliche Erklärung: Lin Piaos Männer hatten meinen Fall übernommen. Die Männer, die an dieser Kampfversammlung teilnahmen, waren Militärs. Sie wollten nicht ihre Gesichter vor mir verbergen, sondern ihre Uniformen.

Die Versammelten riefen Parolen und wedelten mit ihren kleinen roten Mao-Büchern in der Luft herum. Nach den üblichen Lobpreisungen Maos folgte der Ruf: »Gute Gesundheit für unseren stellvertretenden Oberkommandierenden Lin, immer gute Gesundheit!« Das war nicht nur ein Hinweis auf die gestärkte Machtposition Lin Piaos nach dem Neunten Parteikongreß, sondern auch ein Beweis für die Tatsache, daß die Organisatoren dieser Versammlung seine Anhänger waren und den Personenkult um Lin Piao fördern wollten.

Zwei Beine erschienen in meinem beengten Blickfeld. Vor mir erklang eine Männerstimme. Sie stellte mich den Zuhörern vor, indem sie von meiner Herkunft und meinem Leben berichtete. Mir war schon aufgefallen, daß meine Lebensgeschichte von den Revolutionären mit jeder neuen Kampfversammlung immer ausschweifender geschildert wurde. Ich wurde von Mal zu Mal reicher, und mein Lebensstil wurde immer dekadenter und luxuriöser. Jetzt erreichte die Farce ein phantastisches Ausmaß. Da ich zugesagt hatte, nicht zu widersprechen, sondern stumm zu bleiben, fühlte ich mich viel entspannter und gelassener als bei der Kampfversammlung von 1966. Als der Redner den Zuhörern jedoch erzählte, ich sei eine Spionin der Imperialisten, sprangen sie von den Sitzen auf, umringten mich und machten ihrer Wut und Entrüstung Luft, indem sie mich laut beschimpften.

Es war unerträglich, so gedemütigt zu werden. Ich hob instinktiv den Kopf, um mir diese Beschimpfungen zu verbitten. Die beiden Frauen rissen sofort meine Arme hoch. Die Handschellen schnitten mir in die Handgelenke, und in den Schultergelenken verspürte ich einen so heftigen Schmerz, daß ich den Oberkörper vornüberneigen mußte, um die Pein zu lindern. In dieser Stellung wurde ich festgehalten, bis der Redner seine Beschimpfung beendet hatte.

Ein zweiter Mann ergriff das Wort. Er sprach davon, daß ich mich gegenüber den Revolutionären, die die Partei verträten, »ungehorsam« zeige, da ich mich weigere, zu gestehen. Zum erstenmal ging mir auf, daß meine Verweigerung eines Schuldgeständnisses als Auflehnung gegen die Partei gedeutet wurde.

Die Zuhörer im Saal steigerten sich allmählich in Hysterie hinein. Ihre Schreie und ihr Gebrüll übertönten die Stimmen der Redner. Plötzlich erhielt ich von hinten einen harten Stoß. Ich stolperte und warf das Mikrophon um. Eine der Frauen versuchte es aufzuheben, stolperte aber über die Kabel und fiel hin. Im Fallen riß sie mich mit. Da meine Arme mit den Handschellen auf den Rücken gefesselt waren, schlug ich hart auf und blieb mit dem Gesicht auf dem Boden liegen. In dem allgemeinen Durcheinander stolperten andere über uns. Alle im Saal schienen zu schreien. Plötzlich war der Teufel los. So vergingen mehrere Minuten. Schließlich wurde ich wieder hochgezogen.

Ich war vollkommen erschöpft und wartete sehnsüchtig auf das

Ende der Versammlung. Die Reden gingen aber weiter. Es schien, als ob jeder, der auf dem Podium saß, noch seinen Beitrag leisten wollte. Inzwischen hatte man aufgehört, mich anzuprangern; statt dessen wetteiferten die Redner darin, Lin Piao zu preisen. Ich hörte die wortreichsten Lobhudeleien, deren die bildhafte chinesische Sprache fähig ist. Das Bemühen der Redner, Lin Piao ihre Ergebenheit zu bezeugen, ließ sich nur dadurch erklären, daß einer von Lin Piaos Gefolgsleuten in einem Nebenraum saß und zuhörte.

Plötzlich ging die Tür hinter mir auf. Eine Männerstimme rief: »Tsola!« Das bedeutet, daß jemand gegangen ist. Diese beiden Wörter hatten eine magische Wirkung. Der Redner hörte mitten im Satz auf. Da die bedeutende Persönlichkeit, die offenbar im Nebenraum zugehört hatte, gegangen war, war es nicht mehr nötig, die Komödie fortzusetzen. Einige Zuhörer waren schon auf den Beinen, während andere ihre Habseligkeiten zusammensuchten. Der Redner wollte sie in aller Hast dazu bewegen, Parolen zu rufen. Doch die meisten ignorierten ihn. Nur einige wenige riefen noch gelangweilt ein paar Losungen, während sie aus dem Saal eilten. Es schien, als wären sie nie wütend auf mich gewesen. Zwar lächelte niemand, doch mich erreichten nur gleichgültige Blicke. Ich war nur eines der vielen Opfer auf den ungezählten Kampfversammlungen, an denen sie schon teilgenommen hatten. Sie hatten getan, was man von ihnen verlangte. Jetzt war es vorbei. Als mich jemand unsanft anstieß, streckte sich mir sogar ein Arm entgegen, um mich zu stützen.

Der Saal war schnell geräumt. Ich hörte Teilnehmer der Versammlung beim Hinausgehen über Belanglosigkeiten plaudern, als würden sie gerade aus dem Kino oder Theater kommen. »Ziemlich kühl geworden, nicht wahr? – »Wo ißt du heute abend?« – »Es regnet doch hoffentlich nicht?«

Die gespannte Atmosphäre war weg wie die Luft aus einem geplatzten Ballon. Die beiden Frauen führten mich zu dem wartenden Wagen. Diesmal durfte ich allein gehen. Auch für sie war die Show vorbei.

Die »Feiern« anläßlich des Neunten Parteikongresses gingen noch mehrere Wochen weiter. Alle paar Tage brachte man mich zu einer anderen Kampfversammlung. Mitunter waren die Teilnehmer sehr gewalttätig, und dann hatte ich einiges zu erdulden. Hinterher wurde ich regelmäßig ins Vernehmungszimmer gebracht und gefragt, ob ich nun bereit sei, zu gestehen. Ich sagte entweder »Ich habe nichts zu gestehen« oder »Ich bin unschuldig«, und manchmal schwieg ich einfach nur. Dann schleppte man mich zur nächsten Kampfversammlung. Dieser »rotierende Kampf«, wie es in der Sprache der Partei hieß, brachte mich fast um den Verstand. Tag für Tag mußte ich wütende Beschimpfungen über mich ergehen lassen. Die Gesichter feindseliger Menschen verschwammen mir vor den Augen, und mein Körper schmerzte unter der rüden Behandlung und den Schlägen. Ich fühlte mich nicht mehr wie ein Mensch, sondern nur noch wie ein lebloses Objekt. Manchmal hatte ich das Gefühl, als hätte meine Seele den Körper verlassen, als wäre ich fähig, mir das Ganze völlig unbeteiligt anzusehen. Obwohl ich irgendwann aufgehört hatte, nachzudenken oder zu beobachten, was um mich herum vorging, und mich immer mehr in mein Schneckenhaus zurückzog, war ich nie wirklich verwirrt oder ängstlich. Im nachhinein muß ich sogar sagen, daß mir dieser »rotierende Kampf« zwar hart zusetzte, daß er aber vergleichsweise harmlos war, wenn ich an das Schicksal vieler anderer denke.

Das Geständnis meines Bruders

Als die Serie der »rotierenden« Kampfversammlungen vorüber war, war es wieder Sommer geworden. Bevor die schwüle Julihitze mit voller Wucht einsetzte, erlebte Schanghai einen Regenmonat, den die Wetterfrösche Huangmai nennen, nach der gelben Pflaume, die im Juni reif wird. Klamme Feuchtigkeit erfüllte die Zelle und färbte den Zementfußboden schwarz. Nach einem besonders schweren Wolkenbruch stieg Wasser aus dem Abfluß, sickerte ins Fundament der Wände ein und bildete in den Ecken dunkle und trübe Pfützen. Der moderige, faulige Geruch wollte nicht weichen und machte mir jeden Atemzug zur Qual. Auf meiner Winterjacke, der gefütterten Hose und auf den Schuhen, die ich über Nacht auf dem feuchten Fußboden hatte stehen lassen, bildete sich grüner Schimmel.

In diesem Sommer 1969 machte ich eine besonders schwere Zeit durch, und zwar wegen eines »Geständnisses«, das mein Bruder in Peking gemacht hatte. Dieser Fall zeigte einmal mehr, wie ein durchaus intelligenter und gebildeter Mensch unter Druck zusammenbrechen kann und die Trennungslinie zwischen Dichtung und Wahrheit nicht mehr zu erkennen vermag.

Unter lautem Getöse hatte Mao wieder einmal etwas Neues verkündet. Die Erklärung erschien in roten Lettern in der Zeitung, eingebettet in einen gemeinsamen Leitartikel der Pekinger *Volkszeitung* und der *Roten Fahne*, der beiden Parteiorgane. Mao hatte erklärt: »Die Proletarische Kulturrevolution ist eine große politische Revolution der Proletarierklasse gegen die Kapitalistenklasse. Sie ist die Fortsetzung des Klassenkampfes der Proletarierklasse gegen die Kapitalistenklasse. Sie ist auch die Fortsetzung des Klassenkampfes der Kommunistischen Partei gegen die Kuomintang.«

Nach der Veröffentlichung dieser umwerfenden Weisheit begann eine Kampagne mit dem Ziel, »den Abschaum der Kuomintang auszumerzen«. Die Zeitung berichtete täglich über die Entlarvung von Geheimagenten der Kuomintang, von Kuomintang-Anhängern beim Militär und von Sympathisanten des Kuomintang-Regimes in Taiwan. Es wurden in kürzester Zeit so viele Feinde »entlarvt«, daß es den Anschein hatte, als gäbe es in China nur noch Männer und Frauen, die sich insgeheim nach der Kuomintang sehnten. Die jahrelange Propaganda gegen die frühere Regierung schien vergeblich gewesen zu sein. Die Parteiführung erzeugte ganz bewußt eine gespannte Atmosphäre der Nervosität. Sie lieferte den Vorwand für eine neue Runde der Hexenjagd. Es gab nur eine Möglichkeit, seine Unschuld zu beweisen: Man mußte Mao und der Partei gegenüber eine übertriebene Ergebenheit an den Tag legen; man mußte die Parolen noch lauter schreien; man mußte ohne materielle Entlohnung noch härter arbeiten; und man mußte den Klassenfeinden gegenüber besonders unerbittlich sein. Die Zeitung ermahnte das Proletariat zu erhöhter Wachsamkeit und forderte die Arbeiterklasse auf, unter Nachbarn und Kollegen auf ungewöhnliche Vorkommnisse und seltsames Verhalten zu achten.

So war es für mich keine Überraschung, als man mich erneut zum Verhör holte. Mein unbekannter Widersacher konnte es sich nicht leisten, mich vor dieser neuen Runde des Klassenkampfs zu verschonen, wenn er sich den Anschein geben wollte, Maos Direktiven peinlich genau zu befolgen. Immerhin war ich die Witwe eines Regierungsbeamten der Kuomintang.

Kaum hatte ich das Vernehmungszimmer betreten und mich vor dem Mao-Porträt verbeugt, da wies mich der Beamte an, die jüngste Mao-Direktive vorzulesen. Dann sagte er: »Wir müssen den Abschaum der Kuomintang ausmerzen. Sie gehören dazu.«

Im Zimmer befanden sich noch zwei weitere Männer. Plötzlich rief der jüngere von ihnen: »Gestehen Sie!«

»Was soll ich gestehen?«

»Spielen Sie nicht die Unschuldige. Gestehen Sie Ihre Verbindung zur Kuomintang!«

»Ich habe keinerlei Verbindung zur Kuomintang.«

»Sie sind eine loyale Anhängerin der Kuomintang.«

»Ich bezweifle sehr, daß Ihnen die Kuomintang da recht geben würde«, entgegnete ich. Dabei beobachtete ich sorgfältig die beiden Männer. Ihre Kleidung und der kurze Haarschnitt ließen vermuten, daß sie aus dem Norden Chinas stammten. Alle Chinesen sind gehalten, Mandarin zu sprechen, die auf den Pekinger Dialekt zurückgehende Nationalsprache. Viele gebürtige Pekinger jedoch, wie etwa dieser junge Mann, der gerade gesprochen hatte, behielten erkennbare Spuren ihres ursprünglichen Dialekts bei. Ich fragte mich, warum zwei Männer aus Peking an dem Verhör teilnahmen. Schon zu Beginn dieser Verhörserie, als ich über meine Familienangehörigen befragt wurde, hatte ich über meinen Bruder und meine Schwägerin berichtet, die beide in Peking lebten, und dem Vernehmungsbeamten genau dargelegt, wie oft wir in den vergangenen Jahren Kontakt gehabt hatten.

»Sie sind eine loyale Anhängerin der Kuomintang. Leugnen ist sinnlos.«

»Bitte legen Sie Beweise vor«, entgegnete ich.

»Sie können sicher sein, daß wir Beweise haben, sonst hätten wir nicht diesen langen Weg auf uns genommen, um Sie zu befragen«, schaltete sich jetzt der ältere der beiden Männer ein, der ranghöher zu sein schien. Er sah aus und sprach wie ein Industriearbeiter mit geringer Bildung, ein echter Vertreter des Proletariats. Der jüngere Mann sah eher wie ein Student aus.

»Haben Sie sich je vor einer Fahne der Kuomintang fotografieren lassen?« fragte mein Vernehmungsbeamter.

»Schon möglich. Aber ich kann mich nicht daran erinnern«, erwiderte ich. Ich glaubte, diese Frage ziele auf die Zeit des Zweiten Weltkriegs ab, lange vor der kommunistischen Machtübernahme, als mein verstorbener Mann als Diplomat an der chinesischen Botschaft in Canberra arbeitete.

»Wie können Sie das vergessen haben! Mit Gedächtnisschwund können Sie sich nicht herausreden«, bellte mich der junge Mann aus Peking an.

»Es ist so lange her. Falls es ein solches Foto gibt, müßte es bei den Roten Garden sein, die mein Haus geplündert haben. Sie haben alle Fotos mitgenommen.«

»Sie müssen das Foto vernichtet haben, es ist nämlich nicht dabei«, sagte der ältere Mann.

»Warum sollte ich ein solches Foto vernichten? Es ist allgemein bekannt, daß mein verstorbener Mann Diplomat der Kuomintang-Regierung war, als wir in Australien lebten.«

»Wovon reden Sie eigentlich? Wer hat denn danach gefragt?« knurrte der Vernehmungsbeamte ungeduldig.

»Fragen Sie denn nicht nach meiner Zeit in Australien?«

»Unsinn. Uns interessiert die Gegenwart, die Zeit nach der Befreiung. Haben Sie sich nach der Befreiung vor einer Kuomintang-Fahne fotografieren lassen? Antworten Sie wahrheitsgemäß. Gestehen Sie alles!« Der junge Mann aus Peking beugte sich drohend vor.

Ich war verblüfft. Hielten sie es tatsächlich für möglich, daß sich jemand nach der kommunistischen Machtübernahme vor einer Kuomintang-Fahne hätte fotografieren lassen können? »Wo sollte es nach der Befreiung in China noch eine Kuomintang-Fahne gegeben haben? Können Sie mir das verraten?« fragte ich ehrlich verdutzt.

»Darauf kommt es jetzt nicht an. Gestehen Sie nur, warum Sie es getan haben. Wollten Sie damit Ihre Loyalität gegenüber der Kuomintang zeigen?« beharrte der Vernehmungsbeamte.

»Ich habe mich nach der Befreiung nie vor einer Kuomintang-Fahne fotografieren lassen«, erklärte ich kategorisch. Ich wollte dieser absurden Unterhaltung ein für allemal ein Ende machen.

»Seien Sie bloß nicht so sicher! Sie werden das noch bedauern. Sie verspielen die Gelegenheit, sich eine milde Behandlung zu verdienen«, ermahnte mich der ältere Mann aus Peking.

»Es wäre besser für Sie, den Ernst der Lage zu erkennen«, fiel ihm der jüngere ins Wort. »Ein anderer hat nämlich schon gestanden. Wir wissen also sehr genau, wovon wir sprechen. Wir sind entschlossen, alle Anhänger der Kuomintang zu entlarven. Es gibt für Sie kein Entrinnen.«

»Ich weiß überhaupt nicht, wovon Sie reden. Ich bin keine Anhängerin der Kuomintang. Wenn ich es wäre, wäre ich doch jetzt in Taiwan, oder?«

Mein Vernehmungsbeamter flüsterte den beiden Männern aus Peking etwas zu und wandte sich dann an mich: »Sie sollten jetzt in Ihre Zelle zurückgehen und sich alles noch einmal überlegen. Sie sind schon lange genug hier, um die Politik der Volksregierung zu kennen. Sie sollten wissen, daß es vollkommen zwecklos ist, etwas zu leugnen, was sich beweisen läßt.«

Man brachte mich in die Zelle zurück. Die Männer schienen es wirklich ernst zu meinen. Sie mußten etwas in der Hand haben, was ihre Behauptung erhärtete. Hatte sich da jemand einen üblen Trick ausgedacht, um mich zu belasten? Man hatte mich immerhin schon beschuldigt, eine Spionin der Imperialisten zu sein. Woher diese plötzliche Abweichung vom früheren Kurs?

Drei Tage später wurde ich wieder zum Verhör geholt. Wieder wurde ich zu einem Geständnis gedrängt; ich gab die gleichen Antworten wie zuvor. Wieder schickte man mich mit der Aufforderung in die Zelle zurück, alles noch einmal zu überdenken. So ging es etwa drei Wochen lang weiter. Die Atmosphäre im Vernehmungszimmer wurde immer gespannter, aber ich konnte mir einfach keinen Vers darauf machen, was meine Peiniger im Schilde führten.

Um den Druck auf mich zu verstärken, verweigerten mir die Wärterinnen jetzt die Sulfonamide, die ich so dringend brauchte, um meine Zahnfleischentzündung zu bekämpfen. Mein Zustand verschlechterte sich rapide. Jetzt war nicht nur das Zahnfleisch, sondern auch die Mundschleimhaut so entzündet, daß ich das normale Gefängnisessen nicht mehr zu mir nehmen konnte. Ich bat die Wärterinnen, mir flüssigen Reis zu geben, damit ich wenigstens etwas Nahrhaftes in den Magen bekam. Die Schmerzen waren inzwischen so stark, daß ich mich kaum noch auf die Verhöre konzentrieren konnte. Ich verstand nun, warum einige Häftlinge unter solchen Bedingungen aufgeben. Körperliche Schwäche und Schmerz lähmen in gefährlicher Weise die Willenskraft. Ich zwang mich, trotzdem einen klaren Kopf zu behalten.

Meine Bitte um flüssigen Reis lieferte den Maoisten den Vorwand, meine Rationen zu kürzen. Was ich jetzt zu den Mahlzeiten erhielt, war nicht mehr als ein halber Blechnapf voll grauem Wasser, in dem ein paar Reiskörner schwammen. Nachdem ich ein paar Tage von dieser Diät gelebt hatte, wurde ich ohnmächtig. Eine der gutmütigeren Wärterinnen holte den Arzt. Er gab mir eine Traubenzucker-Spritze und schickte mich ins Gefängniskrankenhaus. Dort stellte ein Arzt der mich begleitenden Wärterin eine schriftliche Anweisung aus, und von nun an erhielt ich wieder regelmäßig Sulfonamide und bekam zu den Mahlzeiten einen dicken Reisbrei und ein Stück gedämpftes Brot.

Als man mich wieder ins Vernehmungszimmer brachte, forderte mich der Beamte auf, Maos jüngste Direktive dreimal vorzulesen. Nachdem ich geendet und mich gesetzt hatte, fragte er: »Haben Sie voll und ganz verstanden, was unser Großer Führer, der Vorsitzende Mao, gesagt hat?«

»Ich denke schon.«

»Dann erklären Sie es.«

»Der Vorsitzende Mao verlangt von uns allen die Erkenntnis, daß die Große Proletarische Kulturrevolution eine politische Revolution ist und keine auf das Gebiet der Kultur begrenzte Revolution«, betete ich herunter.

»Das ist korrekt. Und was ist mit den zwei Fortsetzungen?«

»Die Kulturrevolution ist die Fortsetzung des Klassenkampfs der Proletarierklasse gegen die Kapitalistenklasse. Sie ist kein neuer

Kampf, sondern die Fortsetzung des bereits bestehenden Kampfs«, erklärte ich.

»Und was ist mit dem Abschnitt, der die Kuomintang betrifft?«

»Die Kulturrevolution ist auch die Fortsetzung des Klassenkampfs der Kommunistischen Partei gegen die Kuomintang.«

»Ja, und da Sie das wissen, sollte Ihnen auch der Ernst der Lage klar sein«, sagte der Vernehmungsbeamte und fuhr fort: »Die Kuomintang ist unser Feind. Nach dem Sieg unserer Streitkräfte hat sie unter dem Schutz der Vereinigten Staaten auf der Insel Taiwan Zuflucht gesucht. Der Kampf gegen die Kuomintang wird weitergehen, bis wir Taiwan befreit und dem Banner unseres Großen Führers, des Vorsitzenden Mao, unterstellt haben. Unsere Revolution ist erst dann vollendet, wenn wir die Kuomintang zerschlagen haben. Unser Großer Führer ist entschlossen, Taiwan zu befreien, und unser stellvertretender Oberbefehlshaber Lin ist zuversichtlich, daß uns das gelingen wird. Die von Liu Schao-tschi geführten Anhänger des kapitalistischen Wegs haben sich dem aber widersetzt. Sie haben gesagt, das Problem Taiwan müsse von der nächsten Generation gelöst werden. Das ist eine defätistische Einstellung. Unser Großer Führer meint, daß die Taiwan-Frage von unserer Generation gelöst werden muß, solange noch erfahrene Militärs wie unser stellvertretender Oberbefehlshaber Lin, der schon einmal einen Sieg über die Kuomintang errungen hat, unsere Armee zum Sieg führen können. Der Klassenkampf gegen die Anhänger des kapitalistischen Wegs in der Liu-Schao-tschi-Clique hängt mit dem Klassenkampf gegen die Kuomintang zusammen. Nachdem wir die Liu-Schao-tschi-Clique vernichtend geschlagen haben und die Macht wieder in den Händen unseres Großen Führers liegt, können wir uns jetzt der Kuomintang zuwenden. Darum müssen wir alle Kuomintang-Sympathisanten in unserer Mitte entlarven, damit der Feind keine Fünfte Kolonne bilden kann. Der Abschaum der Kuomintang muß isoliert und sorgfältig beobachtet werden, damit er keinen Schaden anrichten kann.«

»Ihr Ehemann war ein hoher Kuomintang-Beamter«, sagte der ältere Mann aus Peking, nachdem der Vernehmungsbeamte geendet hatte.

»Nein, er hatte nur einen mittleren Dienstgrad. Jedenfalls hat er es vorgezogen, hierzubleiben, als die Kuomintang nach Taiwan flüchtete«, sagte ich mit Nachdruck.

»Ja, ja, das haben damals viele Kuomintang-Beamte getan. Einige von ihnen wurden ganz bewußt hiergelassen, um Unheil anzurichten. Wir werden sie alle genau unter die Lupe nehmen.«

»Als mein Mann Geschäftsführer von Shell wurde, mußte seine Ernennung von der Stadtverwaltung genehmigt werden. Die Partei hat seine Vergangenheit sicher schon damals gründlich geprüft.«

»Das genügt nicht. Der Mann, der seine Zustimmung gegeben hat, kann ein Anhänger des kapitalistischen Wegs gewesen sein. Wir, die Revolutionäre, haben von der Partei den Auftrag erhalten, jeden unter die Lupe zu nehmen«, erklärte der Vernehmungsbeamte.

»Sie sollten sich Ihre Position in dem Kampf zwischen der Kommunistischen Partei und der Kuomintang klarmachen. Sie stehen auf der Seite der Kuomintang, und zwar nicht nur wegen Ihrer Herkunft, sondern auch aufgrund der engen Bindungen Ihres Mannes zum Kuomintang-Regime«, sagte der ältere Mann aus Peking.

»Ich fürchte, da irren Sie sich. Mit dem Kampf zwischen der Kuomintang und der Kommunistischen Partei habe ich nicht das geringste zu tun. Ich bedaure sogar, daß sie sich bekämpft haben, denn dabei sind unschuldige Menschen ums Leben gekommen, und unser nationaler Wohlstand wurde zerstört. Als Chinesin hoffe ich auf Frieden und Einheit zwischen den beiden Parteien, damit sie zum Wohl des Landes zusammenwirken können«, erklärte ich.

»Die Einheit werden wir nach der Vernichtung der Kuomintang erreichen«, warf der junge Mann aus Peking ein.

»Sie behaupten also, keine Sympathisantin der Kuomintang zu sein. Wenn es sich so verhält, wie Sie sagen, wie kommt es dann, daß Sie sich vor einer Kuomintang-Fahne haben fotografieren lassen?« fragte der Vernehmungsbeamte von neuem.

»Ich habe keine Ahnung, wovon Sie sprechen. Ich habe mir die größte Mühe gegeben, es herauszufinden, aber ich vermag es nicht. Warum sagen Sie mir nicht, worum es geht? Da muß ein Mißverständnis vorliegen«, erklärte ich verärgert.

»Denken Sie an das Jahr 1962. Was ist 1962 passiert?« sagte der Vernehmungsbeamte bedeutungsvoll.

»Ich weiß nicht, was 1962 alles passiert ist, aber es war das Jahr, in dem meine Mutter starb.«

»Genau!« riefen die beiden Männer aus Peking wie aus einem Mund. »Sie sollten jetzt lieber gestehen und die ganze Geschichte erzählen.«

»Soll ich etwa vom Tod meiner Mutter berichten?« fragte ich ungläubig.

»Ja, erzählen Sie die ganze Geschichte, gestehen Sie alles«, sagte der Vernehmungsbeamte.

Ich war völlig verwirrt. Ich wußte einfach nicht, worauf sie hinauswollten. Da sie es aber gewünscht hatten, erzählte ich vom Tod meiner Mutter: »Eine Nachbarin meiner Mutter rief mich an und bat mich, sofort zu kommen. Bei meiner Ankunft war meine Mutter schon bewußtlos. Sie hatte einen Hitzschlag erlitten. Es war Juli, und die Temperatur lag ständig um fünfunddreißig Grad. Wir riefen einen Krankenwagen und brachten sie sofort ins Krankenhaus. Sie erholte sich zunächst, aber dann bekam sie eine Lungenentzündung und starb an Herzversagen.«

»Waren auch Ihre Brüder nach Nanking gekommen?«

»Ja, sie kamen mit ihren Frauen.«

»Was haben Sie nach dem Tod Ihrer Mutter getan?«

»Da ich die Älteste bin, habe ich die Beerdigung ausgerichtet.«

»Sie haben Aberglauben praktiziert. Das ist ein weiterer Beweis dafür, daß Sie wirklich eine Reaktionärin sind«, ereiferte sich der jüngere Mann. »Aberglauben« ist der Begriff, den kommunistische Funktionäre verwenden, wenn von Religion die Rede ist.

»Meine Mutter war eine gläubige Buddhistin, und so habe ich ihr selbstverständlich eine buddhistische Beisetzung ausgerichtet«, erklärte ich gelassen.

»Sie müssen etwas Ungesetzliches getan haben. Die buddhistischen Tempel waren nach dem ›Großen Sprung nach vorn‹ sämtlich geschlossen worden. Die Mönche hatte man fortgejagt. Dennoch haben Sie es fertiggebracht, für die Beisetzung Ihrer Mutter ein paar Mönche aufzutreiben«, sagte der Vernehmungsbeamte.

»Ich habe die Mönche mit Hilfe des Buddhistischen Forschungsinstituts in Nanking gefunden.«

»Die Mönche dürfen nur für ausländische Besucher aus Südostasien Gottesdienste abhalten, nicht für Chinesen.«

»Der Mann im Institut hat mir geholfen, weil ich ihn darum bat«, entgegnete ich. Ich erinnerte mich nur zu gut an die lange Verhandlung im Buddhistischen Forschungsinstitut. Die Mönche wurden mir erst zugesagt, nachdem ich eine große Schenkung gemacht hatte. Ich war mir damals durchaus nicht sicher, ob das erlaubt war. Schließlich sagte man mir sechs Mönche zu, die bei der Beisetzung meiner Mutter die Sutras rezitieren sollten.

»Sie haben sich bei der Beisetzung Ihrer Mutter der Wiederbelebung des Aberglaubens schuldig gemacht. Ihre Brüder und Schwägerinnen sind mitschuldig, weil sie Sie nicht davon abgehalten haben. Sie haben in den Grabstein Ihrer Mutter auch die Namen Ihrer in den USA lebenden Schwestern einmeißeln lassen. Sie haben es versäumt, zwischen sich und den Verrätern, die das Leben im Ausland vorziehen, eine klare Trennungslinie zu ziehen. All das ist ein klarer Beweis dafür, daß Sie eine Reaktionärin sind«, erklärte der junge Mann großspurig.

»Meine Schwestern in den USA sind ebenfalls Töchter meiner Mutter. Es ist in China Sitte, auf dem Grabstein die Namen aller Kinder aufzuführen.«

»Darauf kommen wir später noch zurück«, unterbrach mich der Vernehmungsbeamte. »Jetzt möchte ich wissen, was Sie nach der Beisetzung Ihrer Mutter taten. Wohin gingen Sie, nachdem Sie den Friedhof verlassen hatten?« Alle drei schienen gespannt auf meine Antwort zu warten. Die beiden Männer aus Peking starrten mich aufmerksam an.

»Wir kehrten in ihr Haus zurück, um ihre Sachen zu ordnen.«

»Und wohin gingen Sie, bevor Sie in ihr Haus zurückkehrten?«

»Wir waren nirgendwo sonst. Wir sind direkt zum Haus meiner Mutter gegangen.«

»Sind Sie nach der Beisetzung nicht erst zum Sun-Jat-Sen-Denkmal gegangen?« fragte der ältere Mann aus Peking.

»Nein, wir waren alle viel zu traurig und erschöpft.«

»Gestehen Sie!« Der junge Mann schlug mit der Faust auf den Tisch.

»Was soll ich denn nur gestehen? Die Beisetzung meiner Mutter hat keinerlei politische Bedeutung.«

»Die Beisetzung Ihrer Mutter hat keinerlei politische Bedeutung, aber die Tatsache, daß Sie mit Ihren Brüdern zum Sun-Jat-Sen-Denkmal gegangen sind, um sich dort vor einer Fahne der Kuomintang fotografieren zu lassen, hat sehr wohl politische Bedeutung. Damit wollten Sie Ihre Loyalität gegenüber der Kuomintang dokumentieren. Damals, 1962, plante die Kuomintang nämlich einen Angriff auf das chinesische Festland«, brüllte der junge Mann zornig.

Die Unterstellung war so absurd, daß ich am liebsten laut gelacht hätte. Mir war aber klar, daß die Situation sehr ernst war. Es war äußerst anstrengend, mit diesen ungebildeten Männern zu sprechen, und aufgrund meines schlechten Gesundheitszustands hatte ich kaum noch die Kraft dazu. Ich fühlte mich erschöpft und schwach. Ich mußte jedoch durchhalten, um die Vorwürfe auszuräumen, obwohl ich keine Ahnung hatte, wie diese Männer überhaupt auf ihren absurden Verdacht gekommen waren.

»Seien Sie doch bitte vernünftig«, fuhr ich also fort. »Zunächst möchte ich von Ihnen wissen, ob Sie überhaupt sicher sind, daß es damals am Sun-Jat-Sen-Denkmal eine Kuomintang-Fahne gegeben hat. Falls es nach dem Auszug der Kuomintang aus Nanking keine Fahne mehr gab, dürfte klar sein, daß wir uns vor einer solchen Fahne kaum hätten fotografieren lassen können. Aber selbst wenn es eine Fahne gegeben hätte und selbst wenn Sie mit Ihrer Annahme recht hätten, daß ich die Kuomintang für den Fall ihrer Rückkehr aufs Festland beeindrucken wollte, bleibt doch noch die große Frage, ob die Kuomintang mir meine Loyalität schon auf ein bloßes Foto hin abgenommen hätte. Meine Motive hätten ihren Leuten doch äußerst verdächtig vorkommen müssen, denn sie wußten sehr wohl, daß mein verstorbener Mann und ich es 1949 vorgezogen hatten, hierzubleiben, statt ihnen nach Taiwan zu folgen.«

»Sie hätten Ihnen geglaubt. Sie sind ja längst eine Agentin der Kuomintang«, erklärte der junge Mann.

»Wenn ich tatsächlich eine Agentin der Kuomintang wäre, hätte ich meine Loyalität nicht mehr beweisen müssen. Sie widersprechen sich mit ihrer Behauptung selbst.«

Beide Männer aus Peking brüllten mich an: »Gestehen Sie endlich, daß Sie sich mit Ihren Brüdern beim Sun-Jat-Sen-Denkmal in Nanking vor einer Kuomintang-Fahne haben fotografieren lassen!«

»Fragen Sie doch bitte meine Brüder und Schwägerinnen. Sie werden Ihnen sagen, daß das nicht der Fall war. Wir waren gar nicht beim Sun-Jat-Sen-Denkmal.«

»Wir haben Ihren Bruder im Pekinger Außenhandelsinstitut gefragt. Auch er hat zunächst versucht, alles abzustreiten, aber als die Revolutionäre ihm den rechten Weg wiesen, gestand er alles. Er sagte, es sei Ihre Idee gewesen, zum Sun-Jat-Sen-Denkmal zu gehen. Auch sei die Aufnahme mit Ihrer Kamera gemacht worden. Sie hätten den Film in Schanghai entwickeln lassen und ihm einen Abzug geschickt. Wollen Sie das immer noch leugnen?« schrie der junge Mann.

Mir verschlug es den Atem. Das war natürlich eine reine Erfindung. Was hatten die Maoisten meinem armen Bruder angetan, um ihn zu einer solchen Lüge zu bringen? Ich konnte mir die Todesängste vorstellen, die er hatte durchmachen müssen, bevor er ihrem Druck nachgab.

Um dieser äußerst ernsten Situation zu begegnen, nahm ich Maos kleines rotes Buch in die Hand, hielt es hoch und sagte: »Unser Großer Führer, der Vorsitzende Mao, hat uns gelehrt: ›Reis kann man nur einen Mundvoll auf einmal essen; eine Reise kann man nur einen Schritt nach dem anderen tun.‹ Ich bitte Sie inständig, seine Lehre zu beachten. Gehen Sie zum Sun-Jat-Sen-Denkmal in Nanking und überzeugen Sie sich selbst. Es wird von einer Behörde in Nanking verwaltet und von vielen Ausländern besucht. Es kann dort einfach keine Kuomintang-Fahne gegeben haben, schon gar nicht so viele Jahre nach dem Abzug der Kuomintang. Bitte gehen Sie hin und überzeugen Sie sich. Wenn Sie tatsächlich eine solche Fahne finden, kommen Sie wieder und bestrafen mich. Ich kann Ihnen nicht weglaufen.«

Die beiden Männer aus Peking starrten mich nur an, aber der Vernehmungsbeamte erhob sich und sagte: »Gehen Sie jetzt in Ihre Zelle zurück und überdenken Sie die ganze Angelegenheit noch einmal.«

Vielleicht hatte wenigstens er die Logik meiner Aussage begriffen und beschlossen, das Problem dadurch zu lösen, daß er die beiden Männer nach Nanking schickte. Ich hoffte, daß es so kommen würde. Wenn Sie am Sun-Jat-Sen-Denkmal keine Kuomintang-Fahne fanden, würden sie zur Berichterstattung nach Peking zurückkehren. Vielleicht geschah genau das, denn es vergingen viele Wochen, in denen man mich nicht mehr zum Verhör holte.

Während der Kulturrevolution reisten die Revolutionäre auf Staatskosten kreuz und quer durchs Land, »um die Verbrechen der Klassenfeinde« zu untersuchen. Sie nutzten die Gelegenheit zu Ausflügen und zum Besuch von Freunden und Verwandten. Manche verlängerten ihre Reise oder machten Umwege, um sich nebenbei Sehenswürdigkeiten anzuschauen. Da Schanghai bei allen Chinesen eine beliebte Einkaufsstadt ist, hatten alle Revolutionäre den Wunsch, dorthin einen Abstecher zu machen. Die beiden Männer aus Peking mußten auf ihrem Weg nach Schanghai durch Nanking gekommen sein. Vielleicht hatten sie es bewußt vermieden, sich dort an Ort und Stelle zu informieren. Vielleicht hatten sie befürchtet, gleich wieder umkehren zu müssen, falls sie keine Kuomintang-Fahne finden würden. Dann hätten sie Schanghai verpaßt. Keines meiner Verhöre dauerte länger als ein paar Stunden. Den Rest des Tages hatten die Männer frei. Da ihre Reisespesen und die Hotelzimmer immer vom Revolutionskomitee bezahlt wurden, durften sie sich auf einen Urlaub von mehr als vier Wochen freuen.

Als ich wieder in der Zelle saß, war ich völlig verwirrt von dieser seltsamen Episode. Zunächst war ich entrüstet, daß sich mein eigener Bruder unter dem Druck seiner Peiniger so benommen haben sollte. Aber als ich mir sein Leben seit Anfang der fünfziger Jahre vor Augen führte, als ich mir klarmachte, welche Schwierigkeiten er so viele Jahre lang hatte ertragen müssen, und als ich mir ausmalte, welchem Ausmaß von Verfolgung ein Mann wie er während der Kulturrevolution ausgesetzt gewesen sein mußte, verflog mein Zorn. Statt dessen empfand ich Trauer und tiefes Mitgefühl für diesen unglücklichen Mann. Mir blieb nur der Schluß, daß irgendwelche übereifrigen Revolutionäre, die möglichst viele Kuomintang-Sympathisanten entlarven wollten, die Geschichte erfunden und meinem Bruder so lange eingehämmert hatten, bis er gestand. Bevor sie das hatten tun können, mußten sie ihn um den Verstand gebracht haben, denn er war normalerweise weder dumm noch feige.

Anfang der fünfziger Jahre hatte mein Bruder als Wirtschaftsexperte im Außenhandelsministerium gearbeitet. Er gehörte zu einer Gruppe junger, fähiger Wirtschaftswissenschaftler, die an britischen und amerikanischen Universitäten forschten und von der Kommunistischen Partei aufgefordert wurden, nach China zurückzukehren. Er erstellte Analysen und Berichte über die Weltwirtschaft. Man gab ihm einen hohen Dienstrang und behandelte ihn gut. Schon bald wurde jedoch offenkundig, daß seine Arbeit zwar von Fachkollegen aus dem Ministerium und dessen Außenstellen geschätzt wurde, daß er aber den Anforderungen der Partei nicht gerecht wurde. Seine Berichte entsprachen nicht der Propagandalinie, die der kapitalistischen Welt den unmittelbar bevorstehenden Untergang prophezeite. Dies waren für meinen Bruder sehr unglückliche Jahre. Bei dem Versuch, zwischen den Tatsachen, wie er sie kannte, und den Lügen, die er äußern mußte, um der Parteilinie Genüge zu tun, einen Kompromiß zu finden, wurde er zu einem sehr schweigsamen, in sich gekehrten Mann. Wieviel Mühe er sich auch gab, seinen Oberen zu gefallen, sein Parteisekretär war immer mit ihm unzufrieden und erklärte einmal sogar unverblümt: »Ich kann es mir einfach nicht leisten, daß irgendwelche optimistischen Berichte über die Wirtschaft eines kapitalistischen Staates das Amt verlassen. Wenn Sie so weitermachen, untergraben Sie die Partei.«

Als 1957 die Kampagne gegen Rechtsabweichler begann, sah der Parteisekretär die Gelegenheit gekommen, meinen aufsässigen Bruder loszuwerden. Dabei kam es ihm sehr zustatten, daß mein Bruder in England promoviert hatte und für eine kurze Zeit persönlicher Assistent eines ranghohen Kuomintang-Ministers gewesen war. Man unterzog ihn vielen schauerlichen Kampfversammlungen, isolierte ihn monatelang in seinem Büro, erlaubte ihm nicht, nach Hause zu gehen, und ließ ihn eine Zeitlang Tag und Nacht von einem Aufgebot von Parteiaktivisten verhören, so daß er keinen Schlaf bekam. Es gelang den Aktivisten zwar nicht, ihn als »Rechtsabweichler« zu überführen, zumal sie ihm nicht nachweisen konnten, daß er je die Partei kritisiert hatte, doch diese schwere Prüfung machte aus ihm einen gebrochenen Mann. Der letzte Anflug eines Lächelns verschwand aus seinem Gesicht, sein Haar ergraute, und sein Blick verschleierte sich. Dabei war er damals erst siebenunddreißig.

Als er erkannte, daß er auf seinem Posten unerwünscht war, bat er um Versetzung. Voller Wut, daß es nicht gelungen war, ihn zum Rechtsabweichler zu stempeln, erklärte der zuständige Parteisekretär, mein Bruder sei zu stolz und überheblich und müsse eine Zeitlang unter Bauern arbeiten, um sein sozialistisches Bewußtsein zu stärken. Man schickte ihn in ein Dorf außerhalb Pekings, wo er Hühner züchten sollte. Die Lebensbedingungen waren primitiv. Nur einmal im Monat durfte er nach Hause. Er war aber froh, wenigstens die Funktionäre nicht mehr sehen zu müssen. Er nahm seinen Auftrag, Hühner zu züchten, sehr ernst und stand schon bald in dem Ruf, daß seine Hühner fetter waren und mehr Eier legten als alle anderen. Von seinen monatlichen Familienbesuchen in der Stadt brachte er Bücher und Geräte mit, um seine Arbeit durch alle möglichen Experimente noch zu verbessern. Die Bauern suchten seinen Rat und drängten sich danach, mit ihm ihre Probleme zu besprechen. Das wiederum beleidigte den Parteichef des Dorfs. Er intervenierte beim Außenhandelsministerium und verlangte, meinen Bruder woanders unterzubringen.

Dies geschah zu der Zeit, als sich die Maoisten nach dem Fehlschlag des »Großen Sprungs nach vorn« und der anschließenden akuten Wirtschaftskrise auf dem Rückzug befanden. In schwierigen Zeiten wie diesen machte die Partei den Intellektuellen meist ein paar Zugeständnisse. Das Ministerium tat sogar etwas noch nie Dagewesenes und fragte meinen Bruder, was er denn tun wolle. Er bat um eine Arbeit als Englischlehrer, worauf man ihn in der Fremdsprachen-Abteilung des Außenhandelsinstituts zum Dozenten machte. Auch dieser Tätigkeit widmete er sich mit dem ihm eigenen Ernst. Zur Zeit der Kulturrevolution war er bereits eine anerkannte Autorität und leitete Kurse für junge Lehrer. Auch hatte er Bücher und Artikel über sein neues Fachgebiet veröffentlicht.

Nach meiner Entlassung aus dem Gefängnis versuchte ich mit meinem Bruder Verbindung aufzunehmen. Er weigerte sich, mit mir zu korrespondieren. Er behauptete, meine früheren Kontakte zur westlichen Welt machten mich auch weiterhin zu einer »gefährlichen Person«. Erst im Winter 1976, nach Maos Tod und der Festnahme der Viererbande, lud er mich nach Peking ein. Ich traf einen vollkommen gebrochenen Mann an, den die grausame Behandlung, der er während der Kulturrevolution ausgesetzt war, völlig zerstört hatte. Er und seine Frau hatten mehrere Jahre mit körperlicher Arbeit in einer Kaderschule verbringen müssen, in der die Lebensbedingungen extrem hart waren. Ich brachte es nicht über mich, ihn zu fragen, wie er darauf gekommen sei, daß wir uns zum Sun-Jat-Sen-Denkmal begeben hätten, um uns vor einer Kuomintang-Fahne fotografieren zu lassen. Er sollte nicht denken, daß ich ihm sein Nachgeben zum Vorwurf machte.

Nachdem das Außenhandelsinstitut etliche Jahre geschlossen gewesen war, wurde es nach der Kulturrevolution wiedereröffnet. Zusammen mit anderen Professoren machte sich mein Bruder mit großem Elan daran, die Englisch-Abteilung wiederaufzubauen. Er schien froh zu sein, nach so langer Zeit wieder etwas Sinnvolles tun zu können. Seine kleine Wohnung war immer voller Menschen, die das Gespräch mit ihm suchten. Ich wollte ihn nicht an die Kulturrevolution erinnern. Kurz vor meiner Abreise brachte er das Thema jedoch selbst zur Sprache.

»Du hast mir 1962 doch das Foto geschickt, nicht wahr?«

»Ich habe dir ein Foto von Mutter geschickt«, entgegnete ich. »Das war das einzige Foto, das ich dir 1962 geschickt habe.«

»War es wirklich nur ein Foto von Mutter? Ich erinnere mich, ein

Bild von dir bekommen zu haben. Die Revolutionäre behaupteten steif und fest, wir hätten es beim Sun-Jat-Sen-Denkmal vor einer Kuomintang-Fahne aufgenommen. Sie schienen sich ihrer Sache sehr sicher zu sein und konnten mir bis ins Detail erzählen, was wir alles getan hätten. Ich erinnerte mich an gar nichts. Aber da sie immer wieder das gleiche erzählten, entstand allmählich ein Bild in meinem Kopf. Am Ende kam es mir vor, als sei das alles tatsächlich passiert.«

»Nein«, sagte ich zornig, »so war es nicht. Wir waren nie beim Sun-Jat-Sen-Denkmal. Die Revolutionäre haben gelogen. Sie wollten uns belasten. Sie wollten uns zu Kuomintang-Anhängern machen, damit sie uns bestrafen konnten.«

Er legte mir die Hand auf den Arm und sagte leise und mit Resignation in der Stimme: »Reg dich nicht auf und sei nicht böse. Es hat keinen Sinn, sich über sie aufzuregen. Sie haben immer das letzte Wort. Wenn sie sagen, etwas sei passiert, dann ist es passiert. Widerstand ist zwecklos. Das habe ich aus eigener Erfahrung gelernt. Ich nehme an, daß du das während deiner Haftzeit auch gelernt hast.«

»Keineswegs. Ich habe nichts dergleichen gelernt. Ich habe auch gar nicht die Absicht, so etwas zu lernen.«

»Du wirst lernen, dich zu fügen. Das müssen wir alle. Ich habe es schon bei so vielen erlebt. Und mir ist es auch passiert. Auch du wirst diese Erfahrung machen.«

»Das werde ich nicht zulassen.«

»Es tut mir leid, das zu hören. Sehr leid. Man wird dir sehr weh tun, fürchte ich.«

In diesem Moment kam meine Schwägerin herein und sagte, das Taxi zum Flughafen sei da. Als ich mich von meinem Bruder verabschiedete, zitterte ich am ganzen Körper. Ich wußte nicht, ob es an meiner Wut auf das System lag, unter dem wir leben mußten, oder an meiner Trauer, daß uns nichts anderes zu Gebote stand als blinder Widerstand, um unsere Würde zu bewahren. Als ich im Taxi saß, drehte ich mich noch einmal um, um meinem Bruder zuzuwinken; er war schon ins Haus gegangen. Ich hatte das Gefühl, daß er von mir enttäuscht war. Ich hatte mich nicht verhalten wie die weisen Chinesen, die »sich mit dem Wind beugen, um den Sturm zu überleben«.

Eine Art Folter

Nach der Episode mit dem angeblichen Fahnenfoto mußte ich zahlreiche Verhöre über mich ergehen lassen, in denen ich ausführlich über meine Freunde und Verwandten ausgefragt wurde. Sie zogen sich über Monate hin. In ihrem Verlauf setzte sich in mir die Vorstellung fest, daß man mich entlassen würde, sobald man mein Leben und meine Aktivitäten gründlich unter die Lupe genommen hatte. Doch dann, Ende 1969, kam es erneut zu einem Stillstand. Ich begriff nicht, warum es nicht weiterging. Die Wärterinnen hatten mir mehrmals gesagt, daß die Entscheidung bei den Behörden liege. Das leuchtete mir ein, da dies die übliche Vorgehensweise der Partei war. Ich wußte aber nicht, auf welcher Ebene der Hierarchie mein Fall entschieden werden würde und warum alles so lange dauerte. Wenn ich trotz aller deprimierenden Erfahrungen nicht doch neue Hoffnung geschöpft hätte, wäre meine Enttäuschung vielleicht nicht so groß gewesen. So aber wurde ich erneut in Hoffnungslosigkeit gestürzt.

Mein jammervolles Leben im Winter 1969/70 ist kaum zu beschreiben. Wenn ich an diese Monate mit ihren schweren Schneestürmen, der strengen Kälte und den ewigen Schmerzen zurückdenke, kann ich nur staunen, daß ich das alles überlebt habe.

Als ich eines Tages die Wärterin bat, Seife kaufen zu dürfen, erhielt ich irgendeine Masse, die nicht schäumte. Die Wärterin sagte, Seife sei rationiert, und jeder Chinese erhalte nur ein Stück pro Monat. Als ich um Erlaubnis bat, etwas mehr kaufen zu dürfen, da ich meine Unterwäsche häufiger waschen müsse, wurde sie ärgerlich und herrschte mich an: »Wann werden Sie endlich Ihre kapitalistische Gewohnheit aufgeben, immer mehr zu wollen als andere? Sie haben Glück, daß Sie ein Stück pro Monat bekommen. An manchen Orten bekommen die Leute nur ein Stück für die ganze Familie.«

Das Toilettenpapier aus einer Reisstrohmasse wurde schon bald durch ein noch härteres ersetzt, das aus alten Zeitungen, Fasern und Stoffresten hergestellt wurde; auf den groben grauen Blättern waren die Faserreste noch deutlich zu erkennen. Selbst dieses Papier, das hart wie Karton war, war rationiert. Die Lebertran-Kapseln und Vitamintabletten, die ich kaufen durfte, waren oft gar nicht erhältlich. In meinem Reis fand ich eher Fett als Fleisch. Die Versorgungskrise schien auch die Wärter getroffen zu haben. Einige von ihnen verloren erheblich an Gewicht, und selbst die militanten Wärter, die früher vor Energie zu platzen schienen, machten jetzt einen ziemlich niedergedrückten und verhärmten Eindruck. Es war nur zu offensichtlich, daß das Land eine schwere Wirtschaftskrise durchmachte, die jeder politischen Umwälzung unweigerlich folgte.

Die Zeitung brachte Berichte über Bauern, die ihre ohnehin mageren Rationen »freiwillig« reduzierten, und über ländliche Parteisekretäre, die sich erboten, die Getreidelieferungen der Kommunen an die staatlichen Einkaufsstellen zu erhöhen. Dies war eine Wiederholung des Hungers und der Knappheit Anfang der sechziger Jahre, unmittelbar nach dem Fehlschlag des »Großen Sprungs nach vorn«. Während sonst in solchen Notzeiten die Zeitungen voll waren mit Jubelberichten über Produktionshelden und Konsumverzichtler, widmete *Freies Schanghai* nach wie vor eine halbe Seite täglich der Kritik an den »Anhängern des kapitalistischen Wegs«, die man auch »Revisionisten« nannte. Jetzt ging der Streit darum, ob man Maos Theorie vom Volkskrieg oder der kapitalistischen Orientierung auf modernste Waffen und militärische Ausbildung den Vorzug geben sollte. Zwei entlassene und in Ungnade gefallene Militärs, der ehemalige Verteidigungsminister Peng Teh-huai und der ehemalige Generalstabschef Lo Juitsching, waren die Hauptsündenböcke. Über den Rundfunk hörte man tagtäglich, wie diesen beiden Männern vorgeworfen wurde, eher auf fortgeschrittene Waffensysteme zu setzen als auf Männer, die mit dem Denken Mao Tse-tungs bewaffnet waren. Da beide schon vor Jahren aus ihren Ämtern verjagt und den Rotgardisten und Revolutionären überantwortet worden waren, konnte die Fortführung der Kritik an ihrem Standpunkt nur bedeuten, daß es in der Partei und in der militärischen Führung immer noch Leute gab, die ihre Ansichten teilten.

Die andauernden Entbehrungen schwächten meine seelischen Kräfte in erschreckender Weise. Daß mein Fall nicht weiterverfolgt wurde, machte mich zutiefst mutlos. Auch war es ein deprimierendes Gefühl, sich aus Mangel an Seife und Toilettenpapier nicht einmal mehr sauberhalten zu können. Zu Frühlingsanfang bekam ich wieder eine Lungenentzündung und wurde ins Gefängniskrankenhaus gebracht. Dort erholte ich mich nur langsam. Als ich Ende April wieder ins Gefängnis zurückgebracht wurde, half mir das mildere Wetter über die weiterhin extrem harten Lebensbedingungen hinweg.

Seit dem Ende des Neunten Parteikongresses und der Bildung von Parteisekretariaten in jeder Provinz und in jeder Gemeinde war die scharfe Kontrolle aller Lebensbereiche durch die Partei wiederhergestellt. Es war jetzt weit schwerer als vorher, anhand der Zeitungsartikel herauszufinden, was außerhalb der Gefängnismauern vorging. In den turbulenten Jahren der Kulturrevolution hatten die heftigen Angriffe auf die »Anhänger des kapitalistischen Wegs« oft Rückschlüsse auf die internen Machtkämpfe in der Parteispitze zugelassen. In ihren Erläuterungen der »richtigen« Politik hatten die revolutionären Artikelschreiber, die oft nicht der Partei angehörten, manchmal unfreiwillig Vorgänge enthüllt, die den Chinesen hätten verborgen bleiben sollen. Jetzt waren solche Artikel nicht mehr zu finden. Es wurden zwar weiterhin Parteifeinde angeprangert, aber die Artikel stammten jetzt aus der Feder professioneller Partei-Propagandisten. Sie bedienten sich all der abgegriffenen Phrasen und Zitate, die das Markenzeichen von Funktionären sind, deren Bestreben es ist, immer das Richtige zu sagen, dies aber möglichst auf eine Art und Weise, die sie unangreifbar macht.

Den ersten Hinweis auf einen neuen Machtkampf in der Führungsspitze erhielt ich, als ich in der Zeitung eine Liste der Mitglieder des Ständigen Ausschusses des Politbüros entdeckte. Es fehlte der Name Tschen Po-tas, eines der radikalen Führer, die den Kurs der Kulturrevolution von Anfang an mitbestimmt hatten. Schon bald erschienen kritische Artikel, ohne jedoch seinen Namen zu erwähnen. Sie waren gegen einen »falschen Marxisten« gerichtet, der sich selbst als »einfachen Bürger« bezeichne. Daß plötzlich der Name eines prominenten Mannes ohne Erklärung weggelassen wurde, bedeutete fast immer, daß er in Ungnade gefallen war. Die Kritik an einem »falschen Marxisten« schien mir gegen jemanden gerichtet zu sein, der als marxistischer Theoretiker bekannt war. Dies traf auf Tschen Po-ta zu.

Diese unerwartete Entwicklung überraschte mich sehr, denn Tschen Po-ta war den Chinesen als treuer Anhänger Maos und als dessen langjähriger Vertrauter bekannt. Es wurde sogar gemunkelt, daß viele Aufsätze, die angeblich aus der Feder Maos stammten, in Wahrheit von Tschen verfaßt worden waren. Obwohl er sich nicht ins Rampenlicht drängte wie etwa Tschiang Tsching oder Lin Piao, wußten die Chinesen, daß er zu der kleinen Elite marxistischer Theoretiker gehörte, auf die sich Mao verließ.

Lange Zeit später, nach meiner Entlassung, befragte ich mehrere Freunde und Bekannte über die Hintergründe des Sturzes von Tschen Po-ta. Wie es schien, war bei der zweiten Plenarsitzung des Neunten Zentralkomitees, die Ende August 1970 in Lu Schan stattfand, die neue Verfassung der Volksrepublik erörtert worden. Eine wichtige Frage war die Entscheidung gewesen, ob der Posten des Staatspräsidenten, der durch den Fall Liu Schao-tschis vakant geworden war, abgeschafft werden sollte. Tschen Po-ta schlug vor, den Posten beizubehalten, und nominierte Lin Piao als neuen Staatspräsidenten. Mao war jedoch besorgt über dessen raschen Machtzuwachs seit dem Neunten Parteikongreß, der nur ein Jahr und vier Monate zuvor stattgefunden hatte, und zeigte keine Neigung, ihm noch mehr Macht in die Hände zu geben. Er erklärte, er befürworte die Abschaffung des Staatspräsidentenamts, und schlug vor, man solle die formale Funktion des Staatsoberhaupts dem Vorsitzenden des Ständigen Ausschusses des Volkskongresses übertragen. Im Verlauf einer hitzigen Debatte attackierte Mao Tschen Po-tas Vorschlag als konterrevolutionären Schachzug, der darauf abziele, die Verhältnisse der Zeit vor der Kulturrevolution wiederherzustellen.

Ich erfuhr auch, daß bei jener Sitzung des Zentralkomitees auch die Beziehungen Chinas zu den USA diskutiert worden waren, nachdem US-Präsident Nixon durch Mittelsmänner aus der Dritten Welt hatte wissen lassen, die Vereinigten Staaten seien an einer Wiederannäherung an Peking interessiert. Premier Tschou En-lai habe Mao davon überzeugen können, daß das kommunistische China von den meisten Mitgliedern der UNO anerkannt werden würde, wenn man die USA dazu bringe, die Volksrepublik China statt der Kuomintang-Regierung Taiwans anzuerkennen. Dies werde es dem kommunistischen China nicht nur ermöglichen, Chinas Platz in der UNO einzunehmen, sondern es werde auch die spätere Befreiung Taiwans erheblich erleichtern und weniger kostspielig machen. Sowohl Lin Piao als auch Tschen Po-ta widersetzten sich jeder Wiederannäherung an die USA. Sie argumentierten, daß die USA als Führer der kapitalistischen Welt der natürliche Hauptfeind des sozialistischen China seien.

Alle meine Informanten waren sich jedoch darin einig, daß der Sturz Tschen Po-tas in Wahrheit eine Warnung Maos an die Adresse Lin Piaos war. Das blieb dem chinesischen Oberbefehlshaber natürlich nicht verborgen. Er zog daraus den richtigen Schluß, daß seine Tage als nützlicher Ratgeber Maos gezählt waren. Diese Einsicht führte schließlich zu seinem erfolglosen Versuch, Mao die Macht zu entreißen. Wie die spätere Entwicklung zeigte, beendete jene Sitzung des Neunten Zentralkomitees die kurze Ära Lin Piaos und leitete seinen drastischen Machtverfall ein.

Bereits 1970, als ich noch in meiner Zelle saß, war mir klar, daß der Sturz Tschen Po-tas ein wichtiger Vorgang war. Ich wartete auf weitere Ereignisse, die etwas Licht in die Situation bringen konnten. Im Herbst jenes Jahres erschien in der Zeitung ein Foto, auf dem der amerikanische Schriftsteller Edgar Snow am chinesischen Nationalfeiertag neben Mao Tse-tung auf der Empore am Tor des Himmlischen Friedens steht. Mao hatte sich dort zwar schon oft mit prominenten China-Besuchern gezeigt, aber nun war diese Ehre zum erstenmal einem Amerikaner erwiesen worden. Snow war ein alter Freund der KP Chinas und Mao Tse-tungs. Sein in den dreißiger Jahren veröffentlichtes Buch *Roter Stern über China* hat viel dazu beigetragen, die chinesische KP in den Augen der Welt zu legitimieren. Da ich gelernt hatte, daß alles, was Mao tat oder sagte, eine Bedeutung hatte, oft eine sehr subtile, grübelte ich darüber nach, warum er sich mit einem Amerikaner auf der Empore am Tor des Himmlischen Friedens zeigte, dazu noch am Nationalfeiertag, während er die Parade Zehntausender enthusiastischer Männer und Frauen abnahm, die sein Porträt trugen, seine Parolen riefen und seine Zitate skandierten.

Kurz nach dem Nationalfeiertag berichtete die Zeitung, Peking habe mit Kanada ein Abkommen zur Wiederherstellung voller diplomatischer Beziehungen getroffen, das auf den fünf Grundsätzen der friedlichen Koexistenz beruhe: der gegenseitigen Respektierung der territorialen Integrität und Souveränität, der Nicht-Aggression, der Nichteinmischung in die inneren Angelegenheiten des jeweils anderen, der Gleichheit und des beiderseitigen Nutzens. Kanada brach die diplomatischen Beziehungen zu Taiwan ab und erkannte Peking als einzig legitime Regierung Chinas an.

Ich hatte das Gefühl, daß Mao den USA mit dieser Annäherung an Kanada etwas signalisieren wollte. Seine Botschaft: Wir können Freunde der Vereinigten Staaten werden, wenn sie sich bereit erklären, Taiwan fallenzulassen. Die Aufnahme diplomatischer Beziehungen mit Kanada war für ihn die Gelegenheit, seine Bedingungen für ein ähnliches Abkommen mit den USA zu nennen. Ich gab mir Mühe, meine Erregung und Hoffnung nicht zu zeigen. Daß das kommunistische China näher an den Westen heranrücken könnte, schien zu schön, um wahr zu sein.

Bald fegte wieder der kalte Nordwestwind über die Stadt hinweg, aber diesmal raubte er mir nicht den Mut. Zum erstenmal seit der Kulturrevolution schien sich etwas in die richtige Richtung zu bewegen. Als ein Windstoß das verwelkte Blatt einer Platane durchs Fenster in meine Zelle trug, hob ich es auf und betrachtete es lange. Es war für mich ein Symbol der Hoffnung und ein gutes Omen.

Während ich darauf wartete, wie die Dinge sich entwickeln würden, wich meine Besorgnis einer ruhigeren Gemütsverfassung. Ich hatte das Gefühl, den Tiefpunkt meiner Leidenszeit erreicht zu haben. Wenn die Dinge wieder in Bewegung kamen, würde es aufwärts gehen. Doch ich irrte mich.

An einem Nachmittag im Januar 1971 wurde ich ins Vernehmungszimmer gebracht. Das kam so unerwartet, daß mein Herz aufgeregt klopfte, als ich dem Wärter über den Hof folgte; ich bemerkte kaum, daß ein Schneesturm einsetzte. In der Tür des Vernehmungszimmers versetzte mir der Wärter einen harten Stoß, so daß ich ziemlich tolpatschig in den Raum stolperte.

Kaum hatte ich den Raum betreten, umringten mich mehrere Wärter und beschimpften mich lauthals. Sie brüllten durcheinander, und ihre Gesichter verzerrten sich vor Haß, während sie sich darin überboten, mir all die Anschuldigungen ins Gesicht zu schleudern, mit denen ich während der Kulturrevolution vertraut geworden war. Während sie mich beschimpften, schubsten sie mich wie einen Ball herum. Benommen und atemlos versuchte ich das Gleichgewicht zu halten. Bevor ich meine Fassung wiedergewinnen konnte, packte ein junger Wärter plötzlich die Aufschläge meiner Jacke und zog mich an sich. Sein Gesicht war nur wenige Zentimeter von meinem entfernt, und ich konnte sehen, wie seine Augen vor sadistischer Freude funkelten. Dann biß er sich auf die Unterlippe, um seine Entschlossenheit zu zeigen, und versetzte mir einen heftigen Stoß. Ich taumelte rückwärts und prallte gegen die Wand. Bevor ich auf dem Fußboden zusammenbrach, packte er mich erneut, zog mich an sich und stieß mich wieder gegen die Wand. Das wurde mehrmals hintereinander sehr fachmännisch wiederholt. Unterdessen brüllten mich die anderen Wärter weiter an. Ich verlor völlig die Orientierung. In meinen Ohren dröhnte es, mein Kopf schien zu platzen, und ich zitterte am ganzen Körper. Plötzlich drehte sich mir der Magen um, und ich mußte mich übergeben. Einige Spritzer landeten auf den Händen und Manschetten des Wärters. Er bekam einen Wutanfall, schubste mich auf den Häftlingsstuhl und zischte ein paar Flüche. Mein Herz pochte wild, als wollte es mir aus dem Hals springen. Mein Atem ging in keuchenden Stößen. Ich brach auf dem Stuhl zusammen und schloß die Augen, um das Gleichgewicht wiederzugewinnen. Plötzlich landete ein harter Schlag auf meiner Wange. Eine Wärterin brüllte: »Werden Sie jetzt gestehen?«

Ein zweiter Schlag landete auf der anderen Wange, während mehrere Stimmen im Chor auf mich einschrien: »Werden Sie gestehen?«

Ich blieb mit geschlossenen Augen sitzen und ignorierte meine Peiniger. Ich wußte nicht mehr, wie ich mich anders hätte wehren sollen.

Hinter mir packte jemand mein Haar und riß mir den Kopf hoch. Ich war gezwungen, aufzublicken, und sah, daß fünf Wärter mich erwartungsvoll anstarrten. Sie schienen tatsächlich zu glauben, daß ihre Schläge mich gefügig machen würden. Aber dann fiel mir ein, daß Menschen, die zur Brutalität greifen, an die Macht der Brutalität glauben müssen. Diese Wärter hier mußten allerdings ziemlich dumm sein, da sie mich immer noch nicht besser kannten, nachdem sie mich so viele Jahre lang Tag und Nacht beobachtet hatten. Ich wußte jedoch, daß sie bloß auf Befehl handelten.

Eine der Wärterinnen, die junge Scharfmacherin, die mir schon so oft zugesetzt hatte, sagte jetzt: »Werden Sie endlich gestehen, oder sollen wir Sie noch härter strafen?«

Als sie sah, daß ich auch jetzt noch schwieg, gab sie mir eine weitere Ohrfeige, ergriff meine Arme und zog sie über die Rücklehne des Stuhls, auf dem ich saß. Der junge Wärter, der mich gegen die Wand gestoßen hatte, preßte meine Handgelenke zusammen und legte mir Handschellen an.

»Diese Handschellen sind die Strafe für Ihre Unnachgiebigkeit. Sie werden sie tragen, bis Sie bereit sind zu gestehen. Erst dann werden wir sie abnehmen. Wenn Sie jetzt ein Geständnis ablegen, werden wir sie gleich abnehmen. Wenn Sie morgen gestehen, werden wir sie morgen abnehmen. Wenn Sie ein Jahr lang nicht gestehen, werden Sie sie ein Jahr lang tragen müssen. Wenn Sie nie gestehen, werden Sie sie bis an Ihr Lebensende tragen«, sagte die junge Scharfmacherin.

Ich nahm meine letzte Kraft zusammen und sagte mit klarer und lauter Stimme: »Ich bin unschuldig. Sie irren sich. Ich habe nichts zu gestehen.«

Ich hörte, wie das kleine Fenster hinter mir mit einem lauten Knall zugeschlagen wurde. Meine Peiniger warteten ein wenig, bevor sie die Tür aufmachten und mich hinausgeleiteten. Vielleicht wollten sie sichergehen, daß der Funktionär, der draußen zugehört hatte, sich rechtzeitig entfernen konnte. Als ich aufstand, spannte die militante Wärterin die Handschellen noch fester, so daß sie die Handgelenke eng umschlossen.

Der Schneesturm tobte jetzt mit voller Kraft. Von dem dunklen Himmel wirbelten dicke Schneeflocken zur Erde, und der starke Wind wehte mich fast um, als ich aus dem Gebäude trat. »Folgen Sie mir!« befahl der Wärter.

Er brachte mich nicht in den Frauentrakt zurück, sondern führte mich in eine andere Richtung in ein kleines Gebäude am Rande des Gefängniskomplexes. Als er die Tür aufmachte und das schwache Licht einschaltete, sah ich, daß dieser Ort noch verwahrloster war als alles, was ich bisher hier gesehen hatte. Eine dicke Staubschicht bedeckte Fußboden und Wände. Als wir den Korridor hinuntergingen, erblickte ich dichte Spinnweben, die von der Decke herabhingen. Der Wärter schloß eine kleine Tür auf und sagte: »Rein mit Ihnen!«

Der Raum war dunkel. Ich wartete, daß er das Licht anmachte, da verschloß er schon die Tür hinter mir. Er blieb draußen stehen und fragte: »Werden Sie jetzt gestehen?« Als ich nicht antwortete, schob er einen Riegel vor und entfernte sich.

Ich stand direkt neben der Tür, in völliger Dunkelheit, und versuchte herauszufinden, wo ich mich befand. Ein unangenehmer, fauliger Geruch stieg mir in die Nase. Allmählich erkannte ich, daß der winzige Raum, in den man mich gesperrt hatte, kein Fenster besaß. Die Tür war jedoch schlecht eingepaßt; ein schmaler Lichtstrahl drang durch eine Ritze zu mir in die Zelle. Als sich meine Augen an die Dunkelheit gewöhnt hatten, erkannte ich die vagen Umrisse eines Holzbretts auf dem staubigen Fußboden und einer Zementtoilette in der Ecke. Ich stand auf dem einzigen freien Raum in der Zelle, die nicht größer war als zwei bis drei Quadratmeter. Etwas Weiches fiel mir auf die Stirn. Ich war so erschreckt, daß ich kurz in Panik geriet. Da meine Hände auf dem Rücken gefesselt waren, konnte ich nichts tun, um es wegzuwischen. Ich schüttelte heftig den Kopf, und es rutschte mir übers Gesicht auf die Jacke hinunter. In dieser Zelle können nicht viele Insekten leben, sagte ich mir. Es mußte eine Spinnwebe von der Decke sein.

Mein Herz schlug immer noch heftig. Trotz des unangenehmen Geruchs holte ich tief Luft und versuchte mich zu beruhigen und den Puls zu verlangsamen. Als ich mich besser fühlte, setzte ich mich auf das Holzbrett und versuchte, mich in der Dunkelheit zu orientieren. Ich war erleichtert, nichts zu entdecken, was wie Blut, Exkremente oder Erbrochenes aussah und von früheren Häftlingen hinterlassen worden sein mochte. Ich war so erschöpft, daß ich den Kopf auf die angezogenen Knie legte und die Augen schloß, um mich etwas zu erholen. Daß ich in diesem fensterlosen Loch sitze, sagte ich mir, hat wenigstens den Vorzug, daß weder kalte Luft noch schneidende Winde hereinkommen. Die Zelle war entschieden wärmer als meine eigene.

Die Handschellen fühlten sich anders an als die, die ich früher getragen hatte. Ich untersuchte sie mit den Fingern. Sie waren viel schwerer, dicker und dazu quadratisch, nicht wie die anderen. Meine Hände fühlten sich heiß an, und die Finger waren steif. Ich versuchte ihnen Bewegung zu verschaffen, soweit es die Handschellen zuließen.

»Werden Sie ein Geständnis ablegen?«

Der plötzliche Laut einer Stimme ließ mich zusammenfahren. Hatte der Wärter die ganze Zeit draußen gestanden, oder war er gerade erst ins Gebäude gekommen? Wie kam es, daß ich ihn nicht gehört hatte?

Es hatte keinen Sinn, mein bißchen Kraft zu vergeuden. Ich antwortete also nicht, sondern blieb, wie ich war, den Kopf auf die Knie gestützt. Ich versuchte meiner gegenwärtigen Lage zu entfliehen, indem ich mich an schöne Begebenheiten und Erfahrungen aus der Vergangenheit zu erinnern versuchte. Das gelang mir jedoch nur mit Mühe. Die häßliche Wirklichkeit war nur zu real und übermächtig.

In Abständen erschienen weitere Wärter, um mir stets die gleiche Frage zu stellen. Ich lauschte ihren Schritten. Manche kamen auf leisen Sohlen, während andere sich keine Mühe gaben, ihren Marschschritt zu dämpfen. Wenn sie die Außentür des Gebäudes öffneten, konnte ich den Wind heulen hören. Dann vernahm ich das Stampfen ihrer Füße, wenn sie den Schnee abklopften. Man hatte ihnen wohl befohlen, sich nach dem Erfolg ihrer neuen Pressionsmethode zu erkundigen. Einige zögerten mit ihrer Frage, andere warteten meine Antwort gar nicht erst ab, sondern gingen gleich wieder.

Außer von den Wärtern war kein Geräusch zu hören. Ich mußte an jenem Tag der einzige Insasse des Gebäudes gewesen sein. Hätte es noch andere Gefangene gegeben, hätte ich irgendwann ein Seufzen oder Stöhnen hören müssen.

Ich wußte nicht, wie lange ich schon in der engen Zelle gesessen hatte. In einem dunklen Raum, in völliger Isolation, hat die Zeit eine andere Bedeutung als sonst, wenn sie überhaupt noch etwas bedeutet. Ich wußte nur, daß meine Beine steif geworden waren und daß ich Kopfschmerzen hatte. Ich hütete mich aber, mich zu bewegen, solange noch Wärter bei mir erschienen. Als im Korridor das Licht ausgeschaltet wurde, nahm ich an, daß sie sich für die Nacht zurückziehen würden. Ich wartete aber trotzdem noch eine Weile, bevor ich aufstand. Ich konnte nicht auf und ab gehen, weil der Platz dafür fehlte und weil ich Angst hatte, im Dunkeln gegen die schmutzigen Wände zu laufen. So trat ich auf der Stelle, um den Blutkreislauf in den Beinen wieder in Gang zu bringen. Meine auf den Rücken gefesselten Arme schmerzten heftig. Ich versuchte mir Linderung zu verschaffen, indem ich die Schultern bewegte.

Nach einer Weile setzte ich mich wieder. Ich legte den Kopf auf die Knie und versuchte mich auszuruhen. Vielleicht nickte ich ein paarmal ein, vielleicht döste ich auch nur vor mich hin und murmelte dabei Gebete. Dann stand ich wieder auf, um meine Übung zu wiederholen. Ich fühlte mich sehr schwach. Mir war nach möglichst wenig Bewegung, aber ich zwang mich, diese einfache Übung zu absolvieren, denn ich wußte, daß ich Bewegung bitter nötig hatte. Bisher hatte ich nicht unter Klaustrophobie gelitten, aber in der Nacht gab es Momente, in denen ich nahe daran war.

Wenn ich Furcht bekämpfen wollte, hatte ich stets die Initiative ergriffen und etwas Positives begonnen. Damit hatte ich immer die besten Erfahrungen gemacht. Selbst wenn ich mich einfach nur umdrehte, verschaffte mir das sofort Erleichterung. Wenn ich nur dagesessen und mich meinen trüben Gedanken hingegeben hätte, wäre ich leicht ein Opfer wirrer Gedanken geworden und dazu noch unfähig, mit den Wärtern fertig zu werden. Natürlich hatte ich auch Hunger. Meine Kehle war ausgedörrt. Aber wenn ich an die mit Staub und Schmutz überzogene Zementtoilette dachte, war ich froh, nichts zu essen oder zu trinken zu haben, was mich hätte zwingen können, sie zu benutzen.

Die Nacht schleppte sich dahin. Mich überkam immer mehr das Gefühl, in einem Zementklotz tief in der Erde begraben zu sein. Meine

Hände brannten. Da es mir schwerfiel, die Finger zur Faust zu ballen, wußte ich, daß sie geschwollen waren. Mein Denken kreiste nur noch um die Hände. Ich fürchtete, daß mich die brutalen und ungebildeten Wärter bei dem Versuch, mir ein Geständnis abzupressen, zum Krüppel machen könnten, und sei es unbeabsichtigt. Wie sollte ich mein Leben nach dem Ende der Kulturrevolution bewältigen, wenn meine Hände verkrüppelt waren?

Ich streckte einen Finger nach dem anderen aus. Wenigstens waren sie nicht ohne Gefühl. Ich war aber sicher, daß sie stark angeschwollen waren. Ich fragte mich, wie lange ich so gefesselt bleiben würde und wie lange ich ohne Essen und Trinken überleben konnte. Ich erinnerte mich vage, in einer Zeitung gelesen zu haben, daß ein Mensch sieben Tage ohne Nahrung auskommen kann. In meinem geschwächten Zustand waren es vielleicht fünf Tage. Bisher waren jedoch noch nicht einmal vierundzwanzig Stunden vergangen. Ich brauchte also noch nicht an die Gefahr für mein Leben zu denken, sondern nur an die Gefahr, die meinen Händen drohte. Ich beschloß, dem ersten Wärter, der sich am nächsten Morgen einfand, die Hände zu zeigen und zu verlangen, daß man mir die Handschellen abnahm.

Als ich endlich hörte, wie die Außentür aufgeschlossen wurde, und sich unter der Tür ein schmaler Lichtstrahl zeigte, stand ich sofort auf.

»Werden Sie ein Geständnis ablegen? Haben Sie sich die Sache durch den Kopf gehen lassen?« Es war die Stimme eines Mannes.

»Ich würde Sie gern einen Moment sprechen.«

»Gut! Also haben Sie sich endlich zu einem Geständnis entschlossen.«

»O nein, es geht nicht um ein Geständnis. Es geht um meine Hände.«

»Was ist mit Ihren Händen?«

»Sie sind stark geschwollen. Die Handschellen schneiden mir ins Fleisch. Könnten Sie sie ein bißchen lockern?«

»Das ist unangenehm, nicht wahr? Gut so! Warum legen Sie kein Geständnis ab? Wenn Sie das tun, wird man Ihnen die Handschellen abnehmen!«

»Könnten Sie sie nicht jetzt schon etwas lockern?«

»Warum gestehen Sie nicht einfach wie die anderen Gefangenen? Sie haben sich das selbst zuzuschreiben. Es liegt nicht an den Handschellen.«

»Bitte sehen Sie sich meine Hände an. Sie sind stark geschwollen.«

»Dagegen kann ich nichts tun. Wenn Sie sich entschließen zu gestehen, werde ich die Tür aufschließen und Sie rausholen. Das ist alles, was ich tun kann«, sagte der Wärter.

»Könnten Sie Ihrem Vorgesetzten nicht berichten, daß meine Hände stark angeschwollen sind?«

»Nein. Wenn Sie gestehen, hole ich Sie raus.«

Es war sinnlos. Wir drehten uns im Kreis. Ich setzte mich wieder auf den Boden und nahm mir vor, zu diesem Thema künftig zu schweigen.

»Werden Sie ein Geständnis ablegen?« fragte er mich noch einmal. Ich gab ihm keine Antwort mehr. Er blieb noch einen Augenblick stehen, bevor er sich entfernte. Ich blieb allein im Dunkel zurück.

»Kommen Sie zur Tür!« Die Stimme einer Wärterin riß mich aus meinen Gedanken.

Es kam mir vor, als wäre sie aus dem Nichts aufgetaucht. Ich stand auf und brauchte keinen Schritt zu tun. Ich befand mich ohnehin direkt an der Tür.

»Ich will Ihnen einen guten Rat geben«, sagte sie mit ruhiger Stimme, als unterhielte sie sich mit einer Kollegin. »Sie sind doch keine dumme Frau. Warum handeln Sie nicht endlich intelligent und legen ein Geständnis ab? Wozu wollen Sie sich mit Ihrer Dickköpfigkeit selbst bestrafen?«

Ich sagte kein Wort.

»Sie machen sich Sorgen wegen Ihrer Hände. Das ist durchaus berechtigt. Hände sind für jeden wichtig, aber besonders für eine Intellektuelle, die mit ihnen schreiben muß. Sie sollten versuchen, Ihre Hände zu schützen, und dafür sorgen, daß sie nicht verletzt werden. Das läßt sich leicht erreichen. Sie brauchen nur zu gestehen.«

Ich sagte immer noch nichts.

»Sie sollten wissen, daß es ernst gemeint war, als man Ihnen sagte, man würde Ihnen die Handschellen nie mehr abnehmen. Glauben Sie mir, sie werden sich daran halten. Mit der Diktatur des Proletariats ist nicht zu spaßen.«

Ich blieb weiter stumm.

Die Wärterin blieb lange vor der Zellentür stehen. Schließlich sagte sie: »Sie sollten sich sehr genau durch den Kopf gehen lassen, was ich gesagt habe. Ich habe Ihnen einen guten Rat gegeben. Sie tun mir leid. Denken Sie über alles nach.«

Als ich hörte, wie sich ihre Schritte entfernten, setzte ich mich wieder hin. Ich ärgerte mich über meine Dummheit. Wie hatte ich auch nur einen Augenblick lang denken können, daß sie die Handschellen lockern würden? Jetzt hatte ich ihnen meine Schwäche gezeigt. Jetzt würden sie vielleicht auf die Idee kommen, daß ich ihrem Druck nachgab, nur weil ich mir um meine Hände Sorgen machte. Ich nahm mir vor, nicht mehr an die Hände zu denken. Wenn sie mich zum Krüppel machen wollten, mußte ich es hinnehmen. In dieser Welt gibt es viele gute Menschen mit verkrüppelten Händen. Manche müssen ganz ohne Hände auskommen.

Dieser Wärterin folgten andere. Alle hielten mir Vorträge, wie vorteilhaft es sei, sich der Diktatur des Proletariats zu beugen und zu gestehen. Da sie nun wußten, daß ich unter dem Zustand meiner Hände litt und mir ihretwegen Sorgen machte, gingen sie nicht gleich wieder weg, sondern schlichen erwartungsvoll vor meiner Zellentür herum. Die lange Zeit ohne Essen und Trinken und ohne einen ruhigen Schlaf hatte mich sehr geschwächt. Ich fühlte mich mehrfach einer Ohnmacht nahe. Meine Eingeweide protestierten lautstark, und im Unterleib spürte ich schmerzhafte Krämpfe. Trotzdem blieb ich mit dem Kopf auf den Knien auf dem Holzbrett sitzen und wartete darauf, daß die Wärter endlich verschwanden.

Der Tag kam mir endlos vor. Geduldig wartete ich auf den nächsten Schachzug meiner Peiniger. Schließlich wurde die Tür aufgeschlossen. Eine weibliche Stimme rief: »Rauskommen!«

Die eiskalte Luft auf dem Hof verschaffte mir wie durch ein Wunder schlagartig einen klaren Kopf, und ich spürte, wie neues Leben in meine wackeligen Beine zurückkehrte. Die Wärterin brachte mich in das gleiche Vernehmungszimmer, in dem man mich am Vortag mißhandelt hatte.

Die militante Wärterin und der junge Wärter, der mir die Handschellen angelegt hatte, saßen auf dem Platz des Vernehmungsbeamten hinter dem Tisch. Nachdem ich den Raum betreten und mich vor dem Mao-Porträt verbeugt hatte, befahl mir die Wärterin, aus dem Gedächtnis ein Mao-Zitat vorzutragen.

»Erstens, fürchtet euch nicht vor Entbehrungen. Zweitens, fürchtet den Tod nicht«, sagte ich. Es war das erste Zitat, das mir in den Sinn kam, und unter den gegebenen Umständen kam es mir durchaus angemessen vor.

»Dieses Zitat ist nicht für Leute Ihres Schlages! Der Vorsitzende Mao hat das zu revolutionären Soldaten gesagt«, entrüstete sich die Wärterin. Nach einer Weile fuhr sie fort: »Werden Sie jetzt endlich ein Geständnis ablegen?«

Als sie sah, daß ich nichts erwiderte, wurde sie wütend und schrie mich an: »Sie verdienen, daß es Ihnen so dreckig geht. Ich bin sicher, daß Sie gar nicht weiterleben wollen. Ich habe noch nie einen so dickköpfigen und stupiden Gefangenen gesehen!«

»Haben Sie völlig den Verstand verloren? Denken Sie gar nicht mehr an sich? Sie sind unglaublich dumm. Sie sind wie ein Ei, das auf einen Felsen prallt. Er wird Sie zerschmettern«, stimmte der junge Wärter in das Geschrei ein.

Vor ein oder zwei Jahren noch hätte ich zurückgebrüllt und daran auch noch Vergnügen gefunden. Jetzt war ich zu krank und erschöpft. Mir war inzwischen alles egal.

Sie wechselten kurz einen Blick und schauten dann auf das kleine Fenster in der Wand hinter mir. Dann standen sie auf.

»Schafft sie raus! Schafft sie raus!« rief der junge Wärter.

Ein anderer Wärter riß sogleich die Tür auf. Obwohl ich benommen war, gab ich mir größte Mühe, mit festen Schritten zu gehen, und folgte ihm aus dem Raum. Die eisige Luft draußen schnitt mir wie ein Messer durch die Kleidung. Ich zitterte am ganzen Körper. Der Wärter brachte mich in den Frauentrakt in meine alte Zelle zurück. Als wir am Aufenthaltsraum der Wärterinnen vorbeikamen, erhaschte ich einen Blick auf die Wanduhr und sah, daß ich fast vierundzwanzig Stunden in dem anderen Gebäude eingesperrt gewesen war.

Der Wärter schloß meine Zellentür auf und sagte: »Jetzt können Sie hier weiterschmoren.«

Als man mich am Vortag in das Vernehmungszimmer gebracht hatte, war gerade Trinkwasser ausgegeben worden. Es stand noch in dem grün emaillierten Becher auf dem Tisch, wo ich es in aller Eile abgestellt hatte. Jetzt beugte ich mich über den Becher und entfernte den Deckel, indem ich den Griff mit den Zähnen umschloß. Dann nahm ich den Becherrand zwischen die Zähne, hockte mich hin und beugte langsam den Kopf nach hinten, bis mir das Wasser in den Mund strömte. Es war ein unvergleichliches Labsal. Danach ging ich zur Zementtoilette hinüber, stellte mich rückwärts vor sie, beugte den Körper nach hinten und nahm mit meinen gefesselten Händen den Deckel ab.

Mit größter Anstrengung gelang es mir, meine Hose zu öffnen. Die Handschellen schnitten mir dabei tief ins Fleisch, da ich die Hände zur Seite führen mußte, um den Reißverschluß aufzumachen. Es tat höllisch weh. Schließlich konnte ich mich auf dem Sitz niederlassen, den ich mir aus zwei zusammengeknoteten Handtüchern zurechtgemacht hatte.

Nachdem ich mich erleichtert hatte, setzte ich mich auf die Bettkante. Es war sehr kalt und schien noch kälter zu werden. Dafür war meine Zelle lange nicht so schmutzig und stickig wie das Loch, in dem ich die letzten vierundzwanzig Stunden verbracht hatte. Als die zweite Tagesmahlzeit ausgegeben wurde, schob mir die Küchenhilfe das Eßgeschirr wie gewohnt durch die Türklappe. Obwohl ich völlig ausgehungert war, mußte ich das Essen zurückgehen lassen, denn ich wußte einfach nicht, wie ich es mit meinen gefesselten Händen zu mir nehmen sollte.

Niemand erschien mehr, um mich zu einem Geständnis zu drängen. Ich wußte aber, daß ich ständig beobachtet wurde, denn ich konnte hören, wie sich die Wärter am Guckloch zu schaffen machten. Zur Schlafenszeit erschien wie üblich die Wärterin, um die Häftlinge ins Bett zu schicken. Sie blieb auch vor meiner Zelle stehen und sagte, als hätte sich nichts Ungewöhnliches ereignet: »Gehen Sie schlafen!«

Mit dem Rücken zum Bett entrollte ich Bett- und Wolldecke. Es war mühsam und anstrengend, zumal ich durch das lange Hungern sehr geschwächt war. Am Ende hatte ich es jedoch geschafft und legte mich erschöpft hin. Zunächst versuchte ich es mit der Seitenlage. Das war äußerst unbequem, da das ganze Körpergewicht auf einer Schulter und einem Arm lastete. Schon bald schmerzte mir der Arm unerträglich. Dann versuchte ich auf dem Bauch zu liegen, das Gesicht zur Seite gewandt. Aber diese Stellung war auf dem harten Holzbrett nicht minder unerträglich, weil mein ganzes Gewicht auf den Brüsten lag. Nachdem ich eine Weile so gelegen hatte, mußte ich aufgeben. An ein Zudecken war sowieso nicht zu denken. Während ich mit den Händen auf dem Rücken all diese akrobatischen Übungen machte, zitterte ich unaufhörlich. Es war bitterkalt. Schließlich kam ich zu der Einsicht, daß ich im Liegen unmöglich schlafen konnte. Ich mußte mir etwas anderes ausdenken. Ich setzte mich mit angezogenen Knien quer aufs Bett und lehnte mich gegen die Wand. Ich schloß die Augen und hoffte, wenigstens etwas einzunicken.

Die Nacht war so kalt, daß die Fensterscheiben vereisten und der

Schnee auf dem Fensterbrett nicht schmolz. Der schwache Lichtschein der Birne durchdrang kaum die eisige, trübe Luft. Bei jedem Ausatmen entwich mir ein weißer Hauch aus Mund und Nase. Ich zitterte so sehr, daß der ganze Körper bebte. Beine und Füße waren starrgefroren. Ich mußte einfach von Zeit zu Zeit aufstehen und in der Zelle herumgehen, um meinen Blutkreislauf in Gang zu halten. Zum Glück hat alles im Leben einmal ein Ende, wie wunderbar oder schrecklich es auch sein mag. Ich sah, wie das Licht der Morgendämmerung in die Zelle kroch, und hörte die Wärterin rufen: »Aufstehen! Aufstehen!«

Bald darauf schob die Küchenhilfe die Tülle der Wasserkanne durch die Türklappe, um mir kaltes Wasser zum Waschen einzugießen. Als sie meine Waschschüssel vermißte, blickte sie in die Zelle und sah mich fragend an. Ich drehte mich um, so daß sie die Handschellen sehen konnte. Darauf machte sie schnell die Klappe zu und verschwand.

Unter den gegebenen Umständen war es noch meine geringste Sorge, daß ich mich nicht waschen konnte. Zwar konnte ich den leeren Becher zur Türklappe tragen, um mir mit dem Rücken zur Zellentür Trinkwasser eingießen zu lassen, und ich konnte auch trinken, indem ich den Becher mit den Zähnen packte, aber mein leerer Magen protestierte mit heftigen Krämpfen, denen Wasser allein kein Ende machte. Meine Hände brannten die ganze Zeit so sehr, daß ich mich in einem Zustand ständiger Ruhelosigkeit befand.

Am dritten Tag hörten die Schmerzen im Unterleib wie durch ein Wunder auf. Ich fühlte mich aber äußerst geschwächt. Meine Augen konnten nichts mehr klar erkennen, und die gewohnten Gefängnisgeräusche schienen schwächer und schwächer zu werden. Am Abend setzte ich mich wieder aufs Bett und lehnte mich gegen die Wand. Ich versuchte die Handschellen mit den Fingern zu halten, um den Druck auf die Handgelenke zu lindern. Obwohl ich vor Kälte bebte, hatte ich nicht mehr die Kraft aufzustehen und in der Zelle herumzugehen.

Nachdem die Nachtruhe verordnet und es ruhig geworden war, ging auf einmal leise die Türklappe auf. Ich hörte eine Weile keinerlei Geräusch, bis ich plötzlich ein leises Flüstern vernahm: »Kommen Sie her!«

Ich fragte mich, ob mich schon wieder jemand zu einem Geständnis drängen wollte. Die Wärterin hatte jedoch so sanft und fast unhörbar gesprochen, daß es mir schien, als wollte sie vermeiden, daß andere sie hörten.

Mit letzter Kraft ging ich zur Zellentür und erblickte das Gesicht einer der älteren Wärterinnen. Seit meiner Einlieferung war sie von allen die menschlichste gewesen. Sie hatte stets mit stoischer Ruhe ihre Pflicht getan und schien kein Vergnügen daran zu haben, die Häftlinge anzuschreien, wie es all die anderen taten. Wenn es kalt war und sie Nachtdienst hatte, hatte ich oft gehört, wie sie Häftlingen zusätzliche Bettdecken brachte. Als ich das letztemal vor Hunger in Ohnmacht gefallen war, war sie es gewesen, die mich ins Gefängniskrankenhaus hatte bringen lassen und den Arzt veranlaßt hatte, mir eine größere Reisration zu verschreiben. Da es die Maoisten gewesen waren, die meine Rationen gekürzt hatten, um mich unter Druck zu setzen, konnte sie nicht zu ihnen gehören.

»Warum essen Sie Ihre Mahlzeiten nicht?« fragte sie und fuhr fort: »Sie werden Ihnen die Handschellen nicht abnehmen, nur weil Sie nichts essen. Und wenn Sie verhungern sollten, wird man Sie zur Konterrevolutionärin erklären. Das ist das übliche Verfahren, wenn Häftlinge vor der Aufklärung ihres Falles sterben.«

»Ich weiß nicht, wie ich ohne Hände essen soll.«

»Es ist aber nicht unmöglich. Denken Sie sorgfältig nach. Es gibt eine Möglichkeit. Sie haben doch einen Löffel.« Es klang so mitfühlend und besorgt, daß ich mich entschloß, doch einen weiteren Vorstoß wegen der Handschellen zu machen.

»Meine Hände sind geschwollen und brennen. Mir tut der ganze Körper weh. Ob Sie wohl die Handschellen ein wenig lockern könnten?«

»Ich habe keinen Schlüssel dafür. Der wird an höherer Stelle verwahrt. Sie sollten morgen versuchen, etwas zu essen. Es wird Ihnen besser gehen, wenn Sie etwas im Magen haben.«

Ein kalter Windstoß vom Ende des Korridors deutete darauf hin, daß jemand das Gebäude betrat. Die alte Wärterin schloß leise die Klappe und entfernte sich.

Ich setzte mich wieder aufs Bett, um nachzudenken. Die Wärterin hatte recht. Ich mußte versuchen zu essen. Vor dem Tod hatte ich keine Angst. Wovor ich mich wirklich fürchtete, war die Möglichkeit, geistig so verwirrt zu werden, daß ich womöglich etwas unterschrieb, ohne mir über dessen Bedeutung klar zu sein. Aber wie sollte ich ohne Hände essen? Die Wärterin hatte gesagt, daß es eine Möglichkeit gebe. Sie hatte auch meinen Löffel erwähnt. Meine Blicke wanderten zum

Tisch. Ich sah den Plastiklöffel und daneben meine säuberlich gestapelten Handtücher. Dann kam mir eine Idee, und ich beschloß, sie bei der nächsten Essensausgabe auszuprobieren.

Bei Tagesanbruch stand ich auf, um mir die Beine zu vertreten. Ich versuchte wieder, die Handschellen mit den Fingern zu halten, um den Druck zu lindern. Dabei spürte ich zu meinem Schrecken etwas Klebriges und Feuchtes. Ich drehte mich um und blickte auf die Decke, auf die ich die Nacht über meine Hände gebettet hatte. Ich sah Blutflecken, die mit Eiter vermischt waren. Die Handschellen hatten die Haut wundgescheuert und mir ins Fleisch geschnitten. Die Wunden würden sich rasch entzünden. Mir schauderte. Nun überkam mich wirkliche Angst, ich könnte die Hände bald nicht mehr gebrauchen, denn mir war klar, daß ich aus eigener Kraft nichts dagegen würde tun können.

Als mir die Küchenfrau den Aluminiumbehälter mit dem Reis durch die Türklappe schob, ging ich hin, um ihn entgegenzunehmen. Ich stellte mich mit dem Rücken zur Klappe, und sie gab mir den Behälter in die Hände. Ich trug ihn zum Tisch. Mit dem Rücken zum Tisch nahm ich ein sauberes Handtuch vom Stapel und breitete es auf der Tischplatte aus. Dann nahm ich den Plastiklöffel und versuchte, den klebrigen Reis etwas zu lockern. Ich mußte mich sehr anstrengen, um den Pamp aus Reis und Kohl mit dem Löffel herauszukratzen und auf das Handtuch zu schaufeln. Mit jeder Bewegung schnitten die Handschellen tiefer ins Fleisch. Mein ganzer Körper schmerzte, und mir traten Tränen in die Augen. Ich mußte mich immer wieder ausruhen und tief Luft holen. Schließlich schaffte ich es doch, den Reis aus dem Behälter herauszubekommen. Als schon ein ansehnlicher Haufen auf dem Handtuch lag, drehte ich mich um, beugte mich über den Reis, schlang ihn wie ein Tier herunter.

Ich wiederholte die Prozedur mehrmals. Als die Küchenfrau erschien, um das Eßgeschirr abzuholen, blieb sie, obwohl sie es normalerweise sehr eilig hatte, stehen und beobachtete, wie ich mich abkämpfte. Während ich mir Mühe gab, die Tränen zurückzuhalten, fragte ich mich, ob das Ganze wirklich die Mühe lohnte. Doch dann biß ich die Zähne zusammen und machte weiter, weil ich mich entschlossen hatte, am Leben zu bleiben. Erst als ich auf diese schmerzhafte und zeitraubende Weise fast die Hälfte des Reises zu mir genommen hatte, nahm ich den Behälter und schob ihn der Küchenfrau mit meinen wunden Händen hin.

Am Nachmittag sah ich zu meiner Freude, daß die Küchenfrau den Reis schon gelockert hatte. Ich brauchte den Behälter nur umzukippen, da fiel schon der größte Teil auf das bereitgelegte Handtuch.

Daß ich Nahrung zu mir nehmen konnte, schien die Maoisten in Wut gebracht zu haben, denn jetzt erschienen wieder die Wärterinnen an der Türklappe, um mir zu drohen. Dabei erwähnten sie nie das Wort »Handschellen«, vermutlich weil sie vermeiden wollten, daß meine Mithäftlinge von meiner Behandlung erfuhren. Aber sie bedrängten mich wieder, ein Geständnis abzulegen. Während ich durch das Essen allmählich wieder gestärkt wurde, fiel mir plötzlich das Gehen schwer. Aus irgendeinem Grund, den ich mir nicht erklären konnte, hatten die Handschellen jetzt auch meine Füße in Mitleidenschaft gezogen. Sie brannten und schmerzten jetzt genauso wie die Hände. Meine Schuhe drückten mich so sehr, daß ich sie nicht länger anbehalten konnte. Zum Glück waren es weiche Stoffschuhe, so daß ich sie hinten heruntertreten und wie Hausschuhe tragen konnte. Ich taumelte nur noch, da meine Füße nicht einmal mehr das geringe Gewicht meines ausgemergelten Körpers zu tragen vermochten. Bald spürte ich auch die Kälte nicht mehr, sondern zitterte nur noch vor Schmerz, wenn ich die Hände bewegte oder durch die Zelle torkelte.

Als ich eines Tages an der Zellentür stand, um mir Trinkwasser geben zu lassen, zitterten mir die Hände so sehr, daß ich die Hälfte verschüttete.

»Ihre Hände sehen schlimm aus. Die da oben wissen das nicht. Warum unternehmen Sie nichts? Solange Sie nicht laut klagen, werden die nie erfahren, wie schlimm es um Ihre Hände steht«, flüsterte die Küchenfrau durch die Türklappe, bevor sie sie hastig schloß.

Der Anblick eines laut klagenden Menschen hat mich schon immer in Verlegenheit gebracht. Ich hatte dabei immer das Gefühl, als würde sich jemand vor meinen Augen nackt ausziehen. Seit meiner frühen Kindheit hatte man mich angehalten, niemals Gefühle zu zeigen. Mir fiel ein, wieviel Mühe es mich als Kind gekostet hatte, meine Tränen zu unterdrücken. Allmählich aber hatte ich mir angewöhnt, Weinen als ein Zeichen von Schwäche zu betrachten. Sollte ich jetzt klagen, nur um darauf aufmerksam zu machen, daß meine Hände dabei waren, zu verkrüppeln? Ich entschied mich dagegen. Erstens wußte ich gar nicht, wie ich solch einen anhaltenden und unartikulierten Klagelaut ausstoßen sollte, der mir so primitiv und animalisch vorkam. Zweitens wollte ich nichts tun, was den Eindruck erwecken konnte, ich bäte um Gnade. Jemand »an höherer Stelle« hatte befohlen, mir Handschellen anzulegen, um mich so zu quälen. Er ging wohl davon aus, daß mein Leiden mich allmählich zermürben und bereit machen würde, ein falsches Geständnis abzulegen, um meine Haut zu retten. Wenn ich seinen Plan durchkreuzen wollte, dann bestimmt nicht dadurch, daß ich ihm ein Nachlassen meiner Leidensfähigkeit signalisierte. Ich ignorierte also den Rat der Küchenfrau.

So vergingen noch mehrere Tage. Die Handschellen machten sich jetzt auch im Kopf bemerkbar, vermutlich durch ihre Wirkung auf das Nervensystem. Phasen der Besinnungslosigkeit häuften sich, und ich vergaß, wo ich mich befand. Ich wußte nicht mehr, vor wie vielen Tagen man mich gefesselt hatte. Das Leben war nur noch ein scheinbar endloser Pfad der Schmerzen und des Leidens, auf dem ich mich weiterschleppen mußte, so gut es eben ging.

In lichten Momenten versuchte ich mich zu disziplinieren, indem ich einfache Rechenaufgaben löste. Ich wiederholte immer wieder: »Zwei und zwei sind vier, vier und vier sind acht, acht und acht sind sechzehn, sechzehn und sechzehn sind zweiunddreißig ...« Aber schon nach kurzer Zeit konnte ich mich nicht mehr konzentrieren und war wieder so benommen wie zuvor.

Nach ein paar weiteren Tagen wurde ich so schwach, daß ich nicht mehr die Kraft hatte, mich zur Türklappe zu schleppen, um Reis oder Wasser in Empfang zu nehmen. Ich versuchte abzulehnen, wenn man mir etwas zu essen brachte, aber ich weiß nicht mehr, ob ich überhaupt ein Wort über die Lippen brachte. Vielleicht drängte mich die Küchenfrau, den Reis oder das Wasser zu nehmen. Aber ich konnte ihre Stimme nicht hören, sondern spürte nur, daß sie draußen stand und auf etwas wartete. Meist war ich so abwesend, daß ich nicht merkte, was um mich herum vorging. Nachdem sich eine Zeitlang Schwindelgefühle und Ohnmachtszustände abgewechselt hatten, verlor ich endgültig das Bewußtsein.

Als ich wieder die Augen öffnete, lag ich auf dem staubigen Fußboden. »Aufstehen! Aufstehen!« hörte ich eine Männerstimme ganz in meiner Nähe. »Stellen Sie sich bloß nicht tot! Damit kommen Sie bei uns nicht weiter.«

Meine Arme hielt ich noch immer auf dem Rücken, aber die Hände wurden nicht mehr von Handschellen zusammengehalten.

»Aufstehen! Aufstehen!« rief nun eine weibliche Stimme.

Ich nahm meine ganze Kraft zusammen und blickte hoch. Über mir standen die militante Wärterin und der junge Mann, der mir die Handschellen angelegt hatte. Die Zellentür stand weit offen. Von einer Hand der Wärterin baumelten die schweren Handschellen herab, die sie angewidert mit zwei Fingern an der Kette festhielt. Sie waren mit geronnenem Blut und Eiter verschmiert.

»Glauben Sie ja nicht, daß wir mit Ihnen schon fertig sind! Es gibt noch andere Methoden, Sie zur Räson zu bringen. Wer es wagt, sich der Diktatur des Proletariats zu widersetzen, wird dabei Schiffbruch erleiden«, sagte der junge Mann.

Die Wärterin versetzte meinem geschundenen Körper noch einen Fußtritt, bevor beide die Zelle verließen und die Tür hinter sich zuschlossen. Ich blieb auf dem Boden liegen, denn ich war zu erschöpft, um mich zu bewegen. Obwohl man mir die Handschellen abgenommen hatte, schmerzte und brannte mein ganzer Körper. Langsam schaffte ich es, den linken Arm nach vorn zu bringen, und betrachtete die Hand. Ich schloß schnell wieder die Augen. Ich wollte nicht wahrhaben, was ich gesehen hatte. Nach einem Moment der Besinnung richtete ich mich auf und zwang mich, beide Hände anzusehen. Sie waren angeschwollen. Die Schwellung reichte bis zu den Ellbogen. An den Handgelenken, wo die Handschellen mir ins Fleisch geschnitten hatten, quollen auch jetzt noch Blut und Eiter aus den Wunden. Meine Fingernägel waren blutunterlaufen und fühlten sich an, als würden sie jeden Moment abfallen. Ich betastete meine Handrücken und merkte, daß Haut und Fleisch taub waren. Ich versuchte, die Finger zu krümmen, schaffte es aber nicht, weil sie so groß waren wie Karotten. Ich betete zu Gott, er möge mir den Gebrauch der Hände erhalten.

Nach einiger Zeit versuchte ich aufzustehen. Ich unterdrückte einen Schmerzensschrei, da die Füße den Körper nicht mehr trugen. Da ich mich in der Nähe des Betts befand, gelang es mir, mich langsam hochzuziehen. An den wunden Füßen klebten die Wollsocken fest. Nachdem ich es geschafft hatte, sie mit den tauben Fingern herunterzustreifen, entdeckte ich, daß auch die Füße erheblich angeschwollen waren. Unter jeder Zehe war eine große Blase. Ich konnte die Socken nicht ganz ausziehen, weil einige Blasen aufgeplatzt waren und die Wolle sich in der Wundkruste verklebt hatte. Ein Teil der Blasen war noch geschlossen. Ich brauchte einen sterilen, scharfen Gegenstand, um sie anzustechen und die Flüssigkeit herauszulassen. Um Entzündungen an Füßen und Handgelenken vorzubeugen, brauchte ich Verbandmull und ein Antiseptikum. Ich stand auf. Fast augenblicklich wollte ich mich wieder hinsetzen, weil der brennende Schmerz in den Füßen unerträglich war. Ich widerstand dem Impuls jedoch und zwang mich, zitternd und bebend stehenzubleiben. Ich wußte, daß ich mir Bewegung verschaffen mußte, je früher, desto besser. Ich schob einen Fuß ein paar Zentimeter vorwärts, trat vorsichtig auf und zog den anderen nach. So schaffte ich es schließlich, bis zur Tür zu kommen. Dort blieb ich völlig erschöpft stehen und rief die diensthabende Wärterin.

»Meldung!« Meine Stimme klang kraftlos. Aber fast augenblicklich wurde die Türklappe geöffnet. Die Wärterin hatte offenbar die ganze Zeit über draußen gestanden und mich ohne mein Wissen durch das Guckloch beobachtet.

»Was wünschen Sie?«

»Holen Sie bitte den Arzt.«

»Wozu?«

»Meine Handgelenke und Füße sind wund. Ich brauche Medikamente und Verbandszeug.«

»Der Arzt behandelt keine Häftlinge, die eine Strafe erhalten haben«, erklärte die Wärterin barsch.

»Vielleicht können Sie mir dann eine desinfizierende Salbe oder ein Antiseptikum geben?«

Ich wußte, daß die Wärterinnen in ihrem Aufenthaltsraum einen Vorrat an derartigen Mitteln hatten.

»Nein, nicht erlaubt.«

»Es kann sein, daß sich die Wunden entzünden.«

»Das ist Ihre Angelegenheit.«

»Vielleicht geben Sie mir wenigstens eine Rolle Verbandmull, um die Wunden zu verbinden?«

Ich hob meine geschwollenen Hände hoch, um ihr meine Handgelenke zu zeigen, aber sie wandte sich ab und weigerte sich, sie anzusehen.

Nun wurde ich wütend. »Sie weigern sich also, revolutionäre Mitmenschlichkeit zu praktizieren, wie sie der Vorsitzende Mao gelehrt hat?«

»Die ist nicht für Leute wie Sie gedacht.«

»Nein, die ist nicht für mich gedacht, weil ich kein wirklicher Feind der Partei bin. Und weil ich mich nicht gegen die Volksregierung aufgelehnt habe. Revolutionäre Mitmenschlichkeit war nur etwas für die japanischen Invasoren. Die Partei hat verwundeten japanischen Kriegsgefangenen Medikamente und Verbandszeug gegeben, in Einklang mit den Lehren des Vorsitzenden Mao«, bemerkte ich sarkastisch.

»Sieh mal einer an! So streitsüchtig und dickköpfig wie eh und je! Sie haben immer noch nicht dazugelernt. Vielleicht haben Sie die Handschellen nicht lange genug getragen. Wenn Sie so weitermachen, werde ich sie Ihnen wieder anlegen.« Mit dieser Drohung zog sie sich in den Aufenthaltsraum zurück und blieb dort. Ich wußte, daß sie nicht das Recht hatte, mir die Handschellen aus eigenem Entschluß wieder anzulegen. Das war reiner Bluff. Sie wußte wohl auch, daß ich das wußte.

Mir blieb nichts übrig, als die Wunden selbst zu versorgen. Mit Gottes Hilfe, dachte ich, werde ich es schon irgendwie schaffen, daß sie sich nicht entzünden. Langsam schlurfte ich zum Tisch und trank den Becher Wasser leer. Da hörte ich, wie die Küchenfrau mit ihrem schweren Wagen, auf dem sie zwei riesige Eimer mit abgekochtem heißem Trinkwasser für die Häftlinge heranbrachte, das Gebäude betrat. Ich schlurfte sogleich zur Tür zurück und wartete. Als sie die Klappe öffnete und mich erblickte, reichte sie mir wortlos eine Extra-Portion und füllte den großen Becher zu fast drei Vierteln. Ich goß das Wasser in die Waschschüssel und wusch die Wunden an den Handgelenken mit einem sauberen Handtuch sorgfältig aus. Dann wusch ich mir mit dem nun schon blutroten Wasser die Füße. Es tat gut, heißes Wasser auf der Haut zu fühlen. Ich hätte liebend gern auch noch etwas getrunken, aber im Moment war es wichtiger, die Wunden zu säubern.

Während ich auf dem Bett saß und mir die Füße trocknete, überlegte ich, womit ich mich verbinden könnte. Nach so vielen Jahren war mein magerer Vorrat an Kleidungsstücken ziemlich erschöpft. Mehrmals schon hatte ich eine abgetragene Hose oder Bluse zerreißen müssen, um damit andere Sachen zu flicken. Während ich noch nachdachte, fiel mein Blick auf den Kopfkissenbezug an der Wäscheleine. Ich hatte ihn an dem Morgen gewaschen, an dem man mich zu dem so folgenreichen Verhör abholte. Es war der einzige Bezug, den ich noch hatte, aber ich konnte ihn entbehren und das Kopfkissen nachts unter das Bettlaken stecken. Als ich ihn von der Leine nehmen wollte, stellte ich zu meinem Schrecken fest, daß ich die Arme nur bis in Schulterhöhe heben konnte. Vermutlich waren die Sehnen durch die lange Fesselung gelähmt. Erst nach langem Training waren sie wieder voll beweglich. So mußte ich die Wunden vorerst unverbunden lassen.

Die Küchenfrau erschien wieder an der Türklappe und reichte mir die Nachmittagsmahlzeit. Das Eßgeschirr war bis zum Rand mit Reis und gekochtem Kohl gefüllt. Als ich das Essen in meinen Napf füllte, kamen zwei hartgekochte Eier zum Vorschein. Um jeder Möglichkeit vorzubeugen, daß ich mich bedankte, öffnete die Frau auf dem Rückweg nicht wie gewohnt die Klappe, um das Eßgeschirr abzuholen, sondern schimpfte mich durch die Tür an, als wäre sie wütend: »Warum sind Sie immer so langsam? Geben Sie das Geschirr später der diensthabenden Wärterin. Ich kann hier nicht den ganzen Abend warten!«

Ich setzte mich auf die Bettkante, um zu essen. Mit jedem Bissen spürte ich, wie ein wenig Kraft in meinen Körper zurückkehrte. Als ich fertig war, stand ich auf, um ein paar Armübungen zu machen. Ich wollte so schnell wie möglich in der Lage sein, an den Kopfkissenbezug heranzukommen, um meine Handgelenke verbinden zu können. Ich bewegte die Arme auf und ab, sooft ich konnte, wobei ich sie jedesmal etwas höher schwingen ließ. Die Füße schmerzten zwar sehr, aber ich blieb trotzdem stehen, bis ich völlig erschöpft war. Nach einer kurzen Ruhepause fing ich wieder von vorn an.

Die Nachtdienst-Wärterin erschien, reichte mir die Zeitung und nahm mir das Eßgeschirr ab. Ich sah auf das Datum der Zeitung und stellte fest, daß erst elf Tage vergangen waren, seit man mir die Handschellen angelegt hatte. Mir kam die Zeit viel länger vor. Die Wärterin befahl mir, ins Bett zu gehen.

Zum erstenmal seit elf Tagen hatte ich Gelegenheit, eine ganze Nacht durchzuschlafen. Ich brauchte aber lange, bis ich einschlief. Mein ganzer Körper schmerzte und brannte noch, und wie ich mich auch legte, es tat weh und war unbequem.

Am Morgen holte die Wärterin die Häftlinge zum Rundgang auf dem Hof. Ich wartete an der Tür auf sie, um mich vom Hofgang befreien zu lassen.

»Darf ich heute mal aussetzen? Meine Füße sind geschwollen. Ich bekomme sie nicht in die Schuhe«, sagte ich, als sie die Türklappe öffnete.

Die Wärterin sah auf meine Füße, erblickte die hinten heruntergetretenen Stoffschuhe und sagte: »Sie können gehen, wie Sie sind.«

»Ich fürchte, daß ich den langen Weg zum Hof nicht schaffe. Die Füße tun immer noch sehr weh. Kann ich mich heute nicht entschuldigen?«

»Nein, Sie müssen gehen. Heute muß jeder raus.«

Sie schloß die Tür auf, blieb im Flur stehen und beobachtete mich. Jeder Schritt tat höllisch weh. Ich zitterte am ganzen Körper und kam nur mit Mühe voran.

»Bitte, können Sie mich heute nicht in der Zelle lassen?« fragte ich nochmals, nachdem ich ein paar Schritte zurückgelegt hatte.

»Nein, Sie müssen heute gehen.«

Was meinte sie damit? Warum mußte ich unbedingt heute auf den Hof? Stand etwas Besonderes bevor? Ich grübelte nach, während ich mühsam weiterschlurfte. Die Wärterin folgte mir geduldig, bis wir den Frauentrakt verlassen hatten. Da meine Zelle am Ende des Korridors lag, war ich ohnehin immer die letzte, die auf den Hof kam.

Plötzlich erschien die militante Wärterin. »Warum sind Sie so langsam? Gehen Sie schneller! Wir können nicht den ganzen Tag auf Sie warten!« herrschte sie mich an.

Ich humpelte weiter und gab mir alle Mühe, die Schmerzen zu ertragen und schneller zu gehen. Doch voller Ungeduld versetzte sie mir einen heftigen Stoß. Ich stürzte zu Boden. Die andere Wärterin zog mich wieder hoch.

»Was sind das für Tricks! Beeilung! Beeilung! Können Sie nicht schneller gehen? Gehen Sie schneller!« schrie die militante Wärterin und verschwand in Richtung der Höfe.

»Ich kann nicht schneller. Und wenn ich hinfalle, dauert es noch länger«, sagte ich zu der Wärterin, die mich begleitete.

»Macht nichts. Versuchen Sie's, so gut es geht.« Sie schien viel verständnisvoller zu sein.

Schließlich hatte ich es geschafft. Statt auf dem gewohnten Hof eingesperrt zu werden, über dessen Mauer die Platane aufragte, brachte man mich auf einen Hof direkt unter der Plattform, von der aus die Wachtposten die Häftlinge im Auge behielten. Als sich die Tür hinter mir geschlossen hatte, lehnte ich mich gegen sie, um meinen schmerzenden Füßen etwas Erleichterung zu verschaffen. Ich nahm mir vor, dort einfach stehenzubleiben, bis meine Zeit um war.

»Fangen Sie an zu gehen!« hörte ich die Stimme der militanten Wärterin, die inmitten einer Gruppe von Wachtposten auf der Plattform über mir stand.

Mir war jetzt alles egal. Ich ignorierte sie und blieb an die schwere Eisentür gelehnt stehen.

»Was machen Sie da? Gehen Sie!« rief sie wieder.

»Ich kann nicht. Meine Füße tun höllisch weh. Sehen Sie nicht meine Arme und Hände? Die Füße sehen genauso aus. Sie sind stark geschwollen und wund. Die Wunden bluten und sind vereitert.« Ich war so wütend, daß ich sie anschrie. Ich war darauf gefaßt, daß sie herunterkommen und mich schlagen würde, da es verboten war, in Hörweite anderer Häftlinge über die Behandlung zu sprechen, die einem widerfuhr. Ich hatte so laut geschrien, daß jeder in der Nähe mich hatte hören können. Zu meiner Überraschung blieb sie jedoch oben. Es schien mir sogar, als hätte sie genau das hören wollen, was ich gesagt hatte, denn nun sagte sie in fast freundlichem Ton: »Gehen Sie in die Hofmitte.«

Ich humpelte zur Mitte des Hofes.

»Drehen Sie sich um!«

Warum wollte sie, daß ich mich umdrehte? Es hatte den Anschein, daß ich nicht sehen sollte, was oben auf der Plattform vorging. Plötzlich dämmerte es mir, daß sich dort irgend jemand, wahrscheinlich ein »Höherer«, höchstpersönlich vergewissern wollte, daß die Handschellen ihre Wirkung getan hatten. Ich hatte der Wärterin eine genaue Beschreibung meines Zustands geliefert. Deshalb war sie wohl auch so zufrieden mit meinem Geschrei. Vermutlich hoffte sie, auf ihren Vorgesetzten einen guten Eindruck zu machen. Aber warum stand er nicht mit den anderen auf der Plattform? Warum versteckte er sich? Ich drehte mich vorsichtig um, so daß ich aus den Augenwinkeln den Pavillon auf der Plattform sehen konnte. Nach einer Weile erschienen drei Männer in khakifarbenen Armeemänteln in der Tür und gingen die Treppe hinunter. Die Wärterin folgte ihnen.

Obwohl ich kaum mehr als ein paar Minuten auf dem Hof gewesen war, wurde ich nun wieder in meine Zelle zurückgebracht. Niemand trieb mich zur Beeilung an. Im Gefängnis war es sehr still. Nichts deutete darauf hin, daß die Wärterinnen die Gefangenen des Obergeschosses zum Rundgang riefen. Wahrscheinlich hatten sie die Aktion abgeblasen. Das war noch nie vorgekommen. Ich hatte den Eindruck, daß man das ganze Theater nur für mich arrangiert hatte, damit die drei Militärs sehen konnten, in welchem Zustand ich mich befand.

In den folgenden Monaten konzentrierte ich mich ganz auf die Behandlung meiner Wunden. Die Zeitung las ich nur noch flüchtig. Trotzdem gewann ich den Eindruck, daß militante Denunziationen von Volks- und Staatsfeinden immer seltener wurden, daß dafür aber immer häufiger gefordert wurde, die Volksrepublik solle den ihr zustehenden Platz in der UNO einnehmen. Auch schien mir Lin Piaos Name immer seltener erwähnt zu werden, während Ministerpräsident Tschou En-lai so prominent in Erscheinung trat wie seit Jahren nicht mehr.

Wegen meines schlechten Zustands verheilten die Wunden nur langsam; es dauerte viele Wochen, bis selbst die kleinsten verschorften. Und meine alten Sorgen mit dem entzündeten Zahnfleisch und den Blutungen blieben mir auch noch erhalten. Es amüsierte mich zu sehen, daß der junge Arzt mir gegen diese Leiden zu helfen versuchte, während er die Wunden an den Handgelenken hartnäckig übersah.

Um der Demütigung noch die Krone aufzusetzen, erschienen immer wieder Wärter in meiner Zelle, um sich meine Wunden anzusehen, wenn sie im Frauentrakt Dienst hatten. Während die meisten keinerlei Kommentar abgaben, meinten ein paar militante Maoisten, ich hätte diese Strafe verdient.

Ich erwartete nicht, noch einmal zum Verhör geholt zu werden, da mein Leben schon bis in den letzten Winkel durchleuchtet worden war. Wahrscheinlich würden sich die Maoisten etwas Neues einfallen lassen, um mich zu quälen. Ich versuchte mir aber nicht vorzustellen, was das sein könnte.

Freilassung

Während ich mit meinen zahlreichen gesundheitlichen Problemen beschäftigt war und darauf wartete, was die Maoisten als nächstes unternehmen würden, waren der Frühling und Sommer des Jahres 1971 gekommen und wieder vergangen. Der goldene Herbst war da. Das wichtigste Ereignis des Jahres, der Nationalfeiertag der Volksrepublik China am 1. Oktober, wurde stets feierlich begangen. In Peking wurde an diesem Tag traditionell auf dem Tien-An-Men-Platz vor der »Verbotenen Stadt« eine Parade abgehalten. Mao Tse-tung, andere Politbüro-Mitglieder sowie führende Regierungsbeamte hatten sie stets von der Empore über dem Platz aus abgenommen. An den Seiten der Empore waren Plätze für ausländische Würdenträger und Diplomaten reserviert. Krönender Abschluß war ein großes nächtliches Feuerwerk.

Das Schauspiel hunderter farbenfroher Festwagen mit eindrucksvollen Dekorationen und Zehntausender von Männern und Frauen, die an der Empore vorbeidefilierten und dabei rote Fähnchen schwenkten, Parolen riefen und Mao-Porträts mit sich führten, war für Mao eine triumphale Bestätigung seiner Macht. Es muß für den alten Mann ein erhebender Anblick gewesen sein, die bewundernd zu ihm aufblickenden Gesichter der Massen zu sehen und ihre tosenden Stimmen zu hören, die ihm ein langes Leben von zehntausend Jahren wünschten – mit den gleichen Worten, mit denen auch die früheren chinesischen Kaiser bedacht worden waren. Am 2. Oktober war auf den ersten Seiten sämtlicher chinesischer Zeitungen immer ein Foto des lächelnden Mao erschienen. Die Bilder legten davon Zeugnis ab, daß er an diesem wichtigen Tag wirklich glücklich war.

Jedermann in China wußte, daß der Nationalfeiertag für Mao Tse-tung, den Bauernsohn aus Schaoschan, ein Tag der persönlichen Genugtuung war. Daher überraschte es mich sehr zu erfahren, daß am 1. Oktober 1971 keinerlei Feierlichkeiten abgehalten worden waren. Als ich in der Rundfunksendung am Morgen nichts hörte, war ich erstaunt. Am Nachmittag wartete ich begierig auf die Zeitung. Als ich sie erhielt, sah ich auf der Titelseite nur das offizielle Mao-Porträt. Das Datum, der 1. Oktober, sowie das Wort »Nationalfeiertag« waren zwar in Rot gedruckt, aber ich fand keinerlei Hinweis auf Veranstaltungen, an denen führende Funktionäre teilgenommen hatten. Während ich noch über das außergewöhnliche Fehlen jeglicher Berichterstattung nachgrübelte, öffnete eine Wärterin plötzlich die Türklappe.

»Geben Sie mir Ihr Buch mit den Worten des Vorsitzenden Mao!« verlangte sie.

Ich nahm eilig das Buch, vergewisserte mich mit einem kurzen Blick, daß es in gutem Zustand war, und reichte es ihr. Nachdem sie die Klappe geschlossen hatte, hörte ich, wie sie nach oben ging, vermutlich um auch bei den anderen Häftlingen die Exemplare einzusammeln.

Ich erhielt das Buch erst zurück, als ich zu Bett gehen mußte. Ich untersuchte es, um herauszufinden, warum man es mir abgenommen hatte, und sah zu meinem Staunen, daß man das Vorwort herausgerissen hatte. Dieses Büchlein mit Mao-Zitaten war ursprünglich von der Volksbefreiungsarmee zusammengestellt worden, um auch den ungebildeten Soldaten das Studium des Mao-Tse-tung-Denkens zu ermöglichen. Es war auf Befehl Lin Piaos gedruckt worden, nachdem er Verteidigungsminister geworden war.

Das Vorwort hatte Lin Piao selbst geschrieben. Darin pries er Mao als »den größten Marxisten unserer Zeit«, der »den Marxismus-Leninismus in genialer, schöpferischer und allseitiger Weise als Erbe übernommen, ihn verteidigt und weiterentwickelt und auf eine völlig neue Stufe gehoben« habe. Es enthielt nichts, was Mao hätte mißfallen können. Vielmehr stellte es eine so unverblümte Schmeichelei dar, daß es vielen Menschen Unbehagen bereitete, es auswendig zu lernen und zu rezitieren, eine Praxis, die den Chinesen während der Kulturrevolution zur Pflicht gemacht wurde. Der Befehl, das Vorwort herauszureißen, konnte nur eine Erklärung haben: Sein Urheber war in Ungnade gefallen. Das war die übliche Praxis der Partei. Der Name eines gestürzten Funktionärs wurde aus allen offiziellen Dokumenten und Schriften gestrichen, als hätte er nie gelebt.

Die Erkenntnis, daß Lin Piao womöglich gestürzt worden war, war so überraschend, daß ich gedankenverloren mit dem kleinen roten Buch in der Hand dastand.

»Warum sind Sie noch nicht im Bett?« fragte mich die Wärterin durch die Türklappe.

Da sie nicht den Eindruck bekommen sollte, daß ich mich für die Vorgänge in Peking interessierte, ordnete ich rasch das Bettzeug und legte mich hin. In jener Nacht fand ich jedoch nicht viel Schlaf.

Einige Tage später erschien die Zeitung mit Angriffen gegen jemanden, der »in unserem Bett schläft«. Es wurde kein Name genannt. Jemand aus dem Westen würde bei diesem Ausdruck wohl zuerst an einen Ehepartner denken. Im Chinesischen versteht man darunter einen Menschen, der einem sehr nahesteht. Man hatte diese Formulierung auch schon beim Sturz Liu Schao-tschis verwendet. Sie unterstellte, daß Mao nicht wußte, daß jemand in seiner engsten Umgebung ein Feind war, der ihm schaden wollte. In anderen Artikeln war von der Doppelzüngigkeit eines Mannes die Rede, dem Mao vertraut habe und der Mao Treue geschworen, in Wahrheit aber dessen Tod betrieben habe. Wie alle Chinesen war auch ich mit der Lebensgeschichte Lin Piaos vertraut. Immerhin hatte man ihn oft genug glorifiziert, als man ihn vor dem Neunten Parteikongreß zum Nachfolger Mao Tse-tungs aufbaute. Ich zweifelte nicht mehr daran, daß man ihn gestürzt hatte, obwohl ich damals noch keine Einzelheiten seines Machtkampfs mit Mao kannte. Ich stellte erleichtert fest, daß auch Lin Piaos Beauftragter für das Schanghaier Sicherheitsbüro nicht mehr erwähnt wurde. Da die Haftanstalt Nr. 1 zu dem Netz von Gefängnissen gehörte, das dem Schanghaier Sicherheitsbüro unterstand, war dieser Mann auch der ranghöchste Verantwortliche für mich gewesen. Wenn meine Annahme richtig war, daß die treibende Kraft hinter meiner Verfolgung bei den militärischen Vertretern Lin Piaos in Schanghai zu suchen war, hatte ich guten Grund zu hoffen, daß der Sturz Lin Piaos mir nützen würde.

Eines Abends, Ende Oktober, forderten die Wärter die Häftlinge wieder einmal auf, Ruhe zu bewahren und eine Rundfunkansprache anzuhören. Die Lautsprecher wurden eingeschaltet, und eine Männerstimme belehrte uns über »die ausgezeichnete Lage, die durch die Große Proletarische Kulturrevolution geschaffen worden sei«. Den Höhepunkt der Ansprache bildete die Ankündigung, Präsident Nixon werde China im Februar des folgenden Jahres einen offiziellen Besuch abstatten.

»Welche Bedeutung hat der bevorstehende Besuch Nixons, des Oberhaupts des mächtigsten kapitalistischen Landes der Welt?« fuhr der Redner fort. »Hätte er sich entschlossen, nach China zu kommen, wenn wir schwach und machtlos wären? Natürlich nicht! Nixon hat beschlossen, nach China zu reisen, um unserem Großen Führer seine Reverenz zu erweisen, nachdem er die Tatsache anerkennen mußte, daß das Land unter der weisen Führung unseres Großen Vorsitzenden

Mao, der es durch die Große Proletarische Kulturrevolution gereinigt und gestärkt hat, unbesiegbar geworden ist. Vergeßt nicht, daß die Vereinigten Staaten das reaktionärste kapitalistische Land der Welt und unser Hauptfeind sind. Der bevorstehende Besuch des Präsidenten der USA ist für die proletarische Klasse Chinas ein großer Sieg.

Als Nixon seine Bereitschaft erklärte, unser Land zu besuchen, dachten viele unserer Genossen, wir sollten einen Mann, der für den Imperialismus in Vietnam, die Ausbeutung der Arbeiter in den Vereinigten Staaten und die langjährige Feindseligkeit gegenüber der Volksrepublik China steht, nicht willkommen heißen. Unser Großer Führer ist jedoch großherzig. Er hat gesagt: ›Laßt ihn kommen. Wir wollen ihn höflich empfangen und uns anhören, was er zu sagen hat. Wenn er vergangene Fehler zugibt und ernsthaft einen Wandel wünscht, werden wir das begrüßen. Wir sind Marxisten. Wir geben jedem eine Chance, wenn er aufrichtig bereut.‹ Unser Großer Führer ist so weise! Er hat recht! Wir werden Nixon empfangen. Und in den kommenden Monaten werden wir alle unsere Genossen über die neue Situation aufklären und ihnen zu erkennen helfen, daß nicht wir unsere Grundsätze aufgeben, wenn wir den Besuch Nixons akzeptieren, sondern daß die US-Regierung ihre Politik aufgibt. Nixons Besuch ist für uns ein großer Sieg!

In diesem Zusammenhang möchte ich allen Insassen der Haftanstalt Nr. 1 eine ernsthafte Warnung zukommen lassen. Viele von euch sind gerade deshalb hier, weil sie die kapitalistische Welt der Imperialisten bewundert und das sozialistische China herabgesetzt haben. Ihr habt eure Hoffnung auf die kapitalistische Welt gesetzt und geglaubt, in China könne eines Tages wieder der Kapitalismus Einzug halten. Der bevorstehende Besuch des amerikanischen Präsidenten soll euch eine Lehre sein. Denkt sorgfältig nach. Wenn die reaktionäre Kuomintang nicht aus China hinausgeworfen worden wäre, wenn die US-Truppen in Korea nicht von den chinesischen Freiwilligenverbänden besiegt worden wären, wenn die US-Armee in Vietnam nicht in die Knie gezwungen worden wäre und wenn wir als Ergebnis der Großen Proletarischen Kulturrevolution nicht gestärkt worden wären, hätte dann Nixon den Wunsch gehabt, um den halben Erdball nach Peking zu reisen, um unserem Großen Führer seine Aufwartung zu machen?«

Die Nachricht von der Veränderung der Beziehungen Chinas zu den USA elektrisierte mich. Ich war überzeugt, daß dieser Kurswechsel einen entscheidenden Einfluß auf das Kräfteverhältnis in der Parteiführung haben würde. Zumindest würde die Position Tschou En-lais auf absehbare Zeit gestärkt werden. Vielleicht würden die gemäßigten Kräfte sogar die Oberhand gewinnen. Dann würde vielleicht auch das Ende meiner Leidenszeit näherrücken.

Nachdem ich so viele Jahre ohne wirkliche Hoffnung hatte leben müssen, machte mir die neue Entwicklung wieder Mut. Ich las sorgfältig die Zeitung und wartete gespannt ab. Die Wärter schienen wieder stark beansprucht zu sein, wie schon früher, als die Revolutionäre und Roten Garden im Januar 1967 die Schanghaier Stadtverwaltung gestürzt hatten. Ich nahm an, daß sie jetzt, nach dem Sturz Lin Piaos, einer intensiven politischen Schulung ausgesetzt waren.

Wieder rückte der Winter näher. Die Löcher an den Ellbogen meiner Pullover und an den Knien meiner langen Unterhosen ließen sich nicht mehr stopfen. Die Füllung meiner wattierten Jacke und der Bettdecke war verrutscht, so daß es viele Stellen gab, die nur noch aus zwei dünnen Stoffschichten bestanden. Mein einziges Hemd war so oft geflickt worden, daß man nicht mehr sagen konnte, welches Stück noch zu dem ursprünglichen Hemd gehörte. Wenn ich einen weiteren Winter im Gefängnis überleben wollte, brauchte ich unbedingt neue Kleidung. Bisher waren meine diesbezüglichen Bitten immer auf taube Ohren gestoßen. Ich beschloß, es noch einmal zu versuchen.

»Meldung!« Ich stellte mich an die Tür und wartete.

Die lethargischen Schritte einer Wärterin hielten vor meiner Zelle inne, und die Türklappe ging auf. »Was wünschen Sie?«

Ich hielt ihr meinen Pullover hin, um ihr die Löcher zu zeigen, und sagte: »Es wird allmählich wieder kalt. Meine Kleidung und meine Bettdecke sind so abgenutzt, daß sie nicht mehr warmhalten. Bitte sehen Sie sich den Pullover an. Er ist voller Löcher. Ich brauche auch eine neue Jacke und eine neue Bettdecke. Und ich brauche noch ein Hemd. Bitte sehen Sie sich meine Sachen an, dann werden Sie erkennen, daß ich warme Wintersachen brauche.«

»Wie lange sind Sie schon hier? Wie viele Jahre insgesamt?«

»Dies wird mein sechster Winter hier sein. Ich bin im September 1966 eingeliefert worden. Die Kleidung und das Bettzeug, das mir die Rotgardisten gaben, waren schon damals nicht mehr neu.«

Meine Stimme mußte meine Besorgnis verraten haben, was sie zu verärgern schien. Sie schloß die Klappe und entfernte sich.

Ich ließ mich durch ihre kalte Gleichgültigkeit jedoch nicht abschrecken, sondern wiederholte meine Bitte um warme Sachen, wann immer in den nächsten Tagen eine Wärterin erschien. Schließlich verlor eine von ihnen die Geduld: »Also gut! Also gut! Sie brauchen warme Kleidung. Das wissen wir schon. Ihre Bitte wird geprüft.«

Eine Woche verging, und dann noch eine. Es wurde immer kälter.

Dann wurde ich eines Tages ins Vernehmungszimmer gebracht. Auf dem Platz des Vernehmungsbeamten saß die militante Wärterin, die sich immer besonders hervorgetan hatte, wenn es galt, mich zu demütigen. Links und rechts von ihr saßen zwei weitere Wärterinnen, auch diejenige, die ich für gutwillig hielt. Der Anblick der Scharfmacherin war für mich überraschend und enttäuschend zugleich.

Nachdem ich mich vor dem Mao-Porträt verbeugt und eine Passage aus dem verstümmelten Mao-Buch vorgelesen hatte, setzte ich mich hin und wartete darauf, daß sie über meine Bitte herziehen würde. Es traf mich völlig unvorbereitet, als sie mit ruhiger, fast freundlicher Stimme sagte: »Was soll diese Bitte um warme Wintersachen? Haben Sie denn keine?«

»Sie sind abgetragen.« Um meine Behauptung zu erhärten, zog ich die blaue Baumwolljacke aus, so daß meine wattierte Jacke mit ihren vielen Löchern und dem aus den Nähten hervorquellenden Baumwollfutter zum Vorschein kam. Ich hob die Arme, um ihr die zerschlissenen Ärmelaufschläge zu zeigen.

»Schon gut! Schon gut! Ziehen Sie sich die Jacke wieder an.«

»Die Regierung hat mein Vermögen konfisziert. Ich bitte um die Erlaubnis, mir mit meinem eigenen Geld ein paar Kleidungsstücke zu kaufen, die ich dringend brauche.« Ich sagte die Worte »mit meinem eigenen Geld« mit besonderem Nachdruck.

»Welche Behörde hat Ihr Vermögen konfisziert? Haben Sie eine Quittung?«

»Die Roten Garden haben mein Geld genommen, als sie mein Haus plünderten. Eine Quittung haben sie mir nicht gegeben.«

»Sie sollten das Wort ›plündern‹ vermeiden, wenn Sie von revolutionären Aktionen der Roten Garden sprechen. Sie haben auf Weisung unseres Großen Führers gehandelt, um das sozialistische China von den Vier Alten Autoritäten zu befreien und die Ausbeuterklasse zu bekämpfen«, entgegnete sie.

»Ich bin kein Mitglied der Ausbeuterklasse. Der marxistischen Lehre zufolge gehören nur diejenigen der Ausbeuterklasse an, die von Zins- oder Pachterträgen leben. Mein Geld besteht in der Hauptsache aus den Gehältern, die ich legal verdient habe, und aus Erbschaften, die durch die Verfassung garantiert sind«, sagte ich gereizt. Wenn ich vor einem Jahr so zu ihr gesprochen hätte, wäre sie explodiert. Jetzt ignorierte sie mich einfach.

»Haben die Lehrer der Roten Garden, die in Ihr Haus kamen, um revolutionär gegen Sie vorzugehen, Ihnen gesagt, welche Behörde das Geld verwalten würde?«

»Nein, sie haben nur gesagt, daß das Geld aufgrund einer Anweisung des Vorsitzenden Mao eingefroren werde.«

»Genau. Alle privaten Guthaben, die von den Roten Garden beschlagnahmt wurden, sind eingefroren und dürfen nicht angerührt werden, bevor der Vorsitzende es beschließt.«

»Ich habe auch ein Devisenkonto bei der Bank von China«, sagte ich.

»Auch Devisenkonten sind eingefroren.«

»Also gut, dann geben Sie mir bitte eine englische Schreibmaschine. Ich werde einen Brief an meine Bank in Hongkong schreiben und sie bitten, mir etwas Geld zu schicken.«

»Das ist nicht erlaubt. Sie dürfen mit niemandem außerhalb Chinas Verbindung aufnehmen. Wir können aber eines tun, nämlich Ihre Bitte an unsere Vorgesetzten weiterleiten und dafür sorgen, daß Sie einige warme Sachen bekommen, wenn es wirklich kalt wird. Gehen Sie nun wieder in Ihre Zelle zurück und studieren Sie sorgfältig die Bücher unseres Großen Führers, des Vorsitzenden Mao.«

Damit war ich entlassen. Man brachte mich in die Zelle zurück. Während des ganzen Gesprächs hatte die militante Wärterin zu meiner Überraschung mit normaler Stimme, fast mitfühlend gesprochen. Ich hielt sie für eines jener typischen Parteimitglieder, die die Parteilinie stets strengstens befolgen. Die Chinesen nennen diese Leute »Chamäleons«, da sie ihre politische Einstellung und ihr Verhalten so rasch ändern können wie die gleichnamigen Tiere ihre Farben. Diese Parteimitglieder überlebten immer. Sie kamen immer durch. Sie stellten die Politik der Partei nie in Frage. Sie waren hirnlose Roboter, unbelastet durch die Fähigkeit zu selbständigem Denken. Sie hatten auch keinerlei Gewissen. Sie waren der neue Typus des erfolgreichen Menschen, den die Revolution in China hervorgebracht hatte. Da sie alle Drehungen und Wendungen der Parteilinie überlebt hatten, wurden sie für die jungen Chinesen zu Vorbildern. Das Ergebnis war ein grundlegender Wandel in den Wertvorstellungen der chinesischen Gesellschaft.

Eine Woche später brachte mir ein Wärter ein großes Bündel in die Zelle. Nachdem ich den Empfang quittiert hatte, verschloß er die Tür und verschwand. Ich legte das Bündel aufs Bett und öffnete es. Zu meinem großen Erstaunen enthielt es die wattierte Jacke, den gefütterten Wintermantel, die beiden Pullover und die wollenen Unterhosen, die Meiping hatte behalten dürfen, nachdem die Rotgardisten 1966 unser Haus geplündert hatten. Auch ihre Winterdecke kam zum Vorschein. In die Kleidungsstücke waren mehrere Handtücher und ein Becher eingewickelt, aus dem sie immer ihren Tee getrunken hatte. Eines der Handtücher war ein rosafarbenes Gesichtstuch, das ich ihr aus Hongkong mitgebracht hatte und das sie gerade benutzte, als ich ins Gefängnis eingeliefert wurde. Ich erinnerte mich noch genau. Ich sah mir die wattierte Jacke aus marineblauer Wolle mit dem kastanienfarbenen Seidenfutter näher an. Sie war 1966 neu gewesen und sah auch jetzt noch neu aus. Dann hob ich mit zitternden Händen den weißen Porzellanbecher hoch und entdeckte, daß er innen einen braunen Belag hatte. Er war nicht ausgewaschen worden, und der Tee war eingetrocknet.

Mein Herz pochte immer schneller, als ich einen Gegenstand nach dem anderen untersuchte. Mir war klar, daß das Auftauchen dieser Sachen nur Unheil bedeuten konnte. So furchtbar der Gedanke auch war, alles deutete darauf hin, daß Meiping kurz nach meiner Festnahme etwas Schreckliches zugestoßen war. War sie gestorben? War das der Grund, warum die Sachen kaum getragen waren, warum das rosa Gesichtstuch benutzt aussah, warum sie keine Zeit mehr gehabt hatte, ihren Teebecher auszuwaschen? Meine Beine zitterten so heftig, daß ich mich hinsetzen mußte.

Die Familien der Gefängnisinsassen durften am fünften Tag jedes Monats Kleidungsstücke und Dinge des täglichen Bedarfs wie etwa Seife und Handtücher schicken. Es waren für mich immer besonders einsame Tage gewesen, mitzuerleben, wie die Wärterinnen den anderen Häftlingen Pakete brachten, mir aber nie. Anfangs hatte ich mich gefragt, warum Meiping mir nichts schickte. Später nahm ich an, daß man sie gezwungen hatte, sich von mir loszusagen, weil sie dem Kommunistischen Jugendverband angehörte. Einerseits schmerzte es mich, nicht einmal dieses zarte Band zu meinem Kind zu haben, das die monatlichen Pakete bedeutet hätten, andererseits war ich doch froh, daß ihr die unangenehme Verpflichtung erspart blieb, regelmäßig am Gefängnistor stundenlang Schlange zu stehen, nur um ein Paket zu überreichen. Jetzt ahnte ich, warum ich nie Pakete erhalten hatte: Meiping war tot.

Ich berührte jedes ihrer Kleidungsstücke und verspürte tief in mir immer mehr die Gewißheit, daß sie tatsächlich nicht mehr am Leben war. Alle Anzeichen deuteten darauf hin. Dennoch brauchte ich konkrete Beweise, denn ich war gewohnt, mich nur an Tatsachen zu halten. Ich mißtraute Gefühlen, die ich nicht verstehen oder erklären konnte. Außerdem sträubte sich alles in mir, eine so schreckliche Möglichkeit wie ihren Tod zu akzeptieren. Das hätte meinen jahrelangen Kampf ums Überleben sinnlos gemacht. Der Tod kommt zu alten Menschen und nicht zu einem so jungen und gesunden Wesen, wie sie es war. Trotz des Augenscheins versuchte ich mir weiter einzureden, daß es ihr gutging.

Ich konnte mir aber nicht erklären, warum die Dinge, die vor mir ausgebreitet lagen, so ungewöhnlich aussahen. Sie schienen zu sagen, daß die Zeit kurz nach meiner Einlieferung ins Gefängnis stehengeblieben sei. Die marineblaue Jacke sah neu aus. Aber als ich das Futter untersuchte, entdeckte ich Falten in den Achselhöhlen, und in einer der Taschen fand ich sogar ein Taschentuch. Meiping schien die Jacke getragen zu haben, aber kaum mehr als einen Winter. Wilde Spekulationen schossen mir durch den Kopf, als ich mir vorzustellen versuchte, was passiert sein konnte. Mir kam eine Idee. Ich trat an die Zellentür und rief: »Meldung!«

Niemand kam. Ich rief immer wieder, so laut ich konnte. Immer noch erschien niemand, obwohl ich hörte, wie sich die Wärterinnen in ihrem Aufenthaltsraum am Ende des Korridors unterhielten.

In jener Nacht konnte ich nicht schlafen. Meine Besorgnis wurde immer größer. Am nächsten Morgen rief ich als erstes wieder nach der Wärterin. Als auch jetzt nichts geschah, beschloß ich zu warten, bis der Tagdienst erschien. Nach der Ablösung rief ich wieder: »Meldung!« Die Wärterin erschien prompt. »Was wünschen Sie?«

»Man hat mir gestern diese Sachen meiner Tochter gebracht. Ich habe ein sehr ungutes Gefühl. Ich kann nicht begreifen, warum meine Tochter sie nicht getragen zu haben scheint. Die Roten Garden haben jedem von uns nur eine gefütterte Jacke gelassen. Warum hat sie ihre in den letzten Wintern nicht getragen? Ich möchte einen Beweis haben, daß meine Tochter am Leben ist und daß es ihr gutgeht. Ich bitte Sie, dafür zu sorgen, daß sie mir ein paar Zeilen schreibt, damit ich mich überzeugen kann, daß sie noch lebt.«

»Es ist den Häftlingen nicht erlaubt, mit Familienangehörigen in Verbindung zu treten«, erklärte die Wärterin ungerührt.

»Aber ich bin doch schon so lange hier«, entgegnete ich.

»Das macht keinen Unterschied.«

Ich trug meine Bitte jeder Wärterin vor, die in den nächsten Tagen an meiner Zellentür erschien. Entweder wichen sie aus, oder sie schwiegen einfach. Ein paar gerieten in tiefe Verlegenheit, als sie meine Bitte nach einem handschriftlichen Brief meiner Tochter ablehnten. Sie sahen mich nicht an, sondern wandten sich ab oder blickten zu Boden. Ich war immer mehr davon überzeugt, daß Meiping tot war.

Nach mehreren Wochen voll tiefer Sorge, in denen ich nur wenig essen und kaum schlafen konnte, wurde ich wieder krank, bekam hohes Fieber und delirierte. Man brachte mich wieder ins Gefängniskrankenhaus. Mein Körper war so unverwüstlich, daß ich auch diesmal überlebte, obwohl ich jeden Lebenswillen verloren hatte. Kurz vor Weihnachten brachte man mich in die Haftanstalt zurück.

In all den Jahren meiner Haft hatte ich mich oft an Gott gewandt und meinem gequälten Herzen im Gebet Erleichterung verschafft. Jetzt betete ich für Meiping. Dabei durchlebte ich noch einmal die kostbaren Jahre von ihrer Geburt in Canberra 1942 bis zu unserer gewaltsamen Trennung am Abend des 27. September 1966. Immer wieder erinnerte ich mich voller Wehmut an die unendliche Freude, die sie mir zu jeder Zeit ihres Heranwachsens bereitet hatte, und ich dankte Gott für das Glück, mit einer solchen Tochter gesegnet worden zu sein. Ich betete jeden Tag. Dabei verdrängte die Erinnerung an die Tage ihres Lebens mehr und mehr die Gedanken an die Tragödie ihres wahrscheinlichen Todes. Nach und nach gewann ich meinen Seelenfrieden wieder und damit die Bereitschaft, mein Schicksal anzunehmen. Aber das war nicht alles. Zwar konnte ich mich nicht mehr an die Hoffnung klammern, Meiping nach meiner Entlassung wohlbehalten in die Arme zu schließen, aber mir war bewußt, daß mir vor wie nach meiner Entlassung noch vieles zu tun blieb. Mein Kampf war keineswegs beendet. Es lag an mir herauszufinden, was Meiping widerfahren war, und das ihr angetane Unrecht zu sühnen. Mein Leben ohne Meiping würde düster sein. Aber ich mußte weiterkämpfen.

Im Februar 1972 kam Präsident Nixon nach Peking. Die Zeitung berichtete seitenlang über den Besuch und brachte Fotos von seiner Ankunft, vom Begrüßungsbankett und von seinem Besuch in Maos Haus. Das Bild von Mao, wie er lächelnd die Hand des amerikanischen Präsidenten hielt, machte mir klar, daß dies seine größte Stunde war. In diesem Augenblick waren die Jahre seiner Demütigung, in denen man ihm die Anerkennung verweigert hatte, wie weggewischt.

In allen Berichten und auf allen Fotos trat Ministerpräsident Tschou En-lai an prominenter Stelle in Erscheinung. Es hieß, er habe Präsident Nixon nach Schanghai begleitet, von wo aus dieser in die USA zurückgekehrt sei. Ferner hieß es, der Abflug des Präsidenten habe sich leicht verzögert. In letzter Minute hatte es noch einige Schwierigkeiten bei der Abfassung des Schlußkommuniqués gegeben. Schließlich war es jedoch unterzeichnet worden. Die veröffentlichte Fassung enthielt die Anerkennung der Vereinigten Staaten, daß Taiwan ein integraler Teil Chinas sei. Das würde es den USA unmöglich machen, einen unabhängigen Staat Taiwan anzuerkennen, was die chinesischen Kommunisten am meisten fürchteten. China hingegen verzichtete nicht auf den Einsatz von Gewalt, um eine künftige Wiedervereinigung der beiden Landesteile zu erreichen. Das war ein klarer Sieg der Kommunisten. Es schien, als hätte die Volksrepublik durch den Besuch des Präsidenten eine Menge erreicht, während die Gegenleistung aus nichts weiter bestand als aus vollendeter Gastlichkeit.

In der Folgezeit war von Klassenkampf weniger zu hören; das allgemeine Klima wurde friedlicher. Auch die Zeitung gab sich nicht mehr so militant. Sogar die Wärter verhielten sich auf einmal wie normale Menschen. Im März holte man mich wieder zum Verhör. Der Vernehmungsbeamte, der mich nach meiner Einlieferung als erster verhört hatte, war wieder da. Er fing von vorn an, als hätte es die vergangenen fünfeinhalb Jahre nicht gegeben, und bat mich, einen neuen Lebenslauf zu schreiben. Er befragte mich nach meiner Familie, meinen Freunden und Verwandten, meinem Leben und meiner Tätigkeit, kurz, nach allem, was ich schon 1969 dem Vernehmungsbeamten der Propagandagruppe mitgeteilt hatte. Als ich ungeduldig wurde und darauf hinwies, daß ich all diese Fragen schon beantwortet hätte, sagte er nur: »Sie müssen sie noch einmal beantworten.«

Diese neuen Verhöre dauerten mehrere Monate. Eines Tages, im Herbst 1972, legte mir der Vernehmungsbeamte einen Brief vor, der offensichtlich aus den Shell-Akten stammte, und fragte mich, ob ich ihn geschrieben hätte. Ich sah, daß er meine Unterschrift trug, und sagte: »Ja.«

»Das ist ein Beweis für Ihre illegale Tätigkeit. Es könnte allerdings sein, daß es sich um einen politischen Irrtum handelt.«

Ich war verblüfft. »Darf ich den Brief nochmal sehen?« bat ich den Beamten.

Er übergab ihn mir. Ich sah, daß er kurz nach dem Tod meines Mannes im Oktober 1957 geschrieben worden war. Die Bank von China hatte sich damals geweigert, die Schecks der Shell-Niederlassung einzulösen, solange diese keinen Verantwortlichen ernenne und dessen Unterschriftsprobe bei der Bank hinterlege. Ich erinnerte mich noch gut an die Umstände. An jenem Morgen war ich vom Geschäftsführer der Hongkonger Shell-Niederlassung angerufen worden. Er erzählte mir, man habe einen Nachfolger für meinen verstorbenen Mann ernannt, der allerdings erst im März des folgenden Jahres nach Schanghai kommen könne. Dann sagte er: »London möchte wissen, ob Sie das bis dahin übernehmen können.« Ich sagte zu und versprach, auch die Schanghaier Industrie- und Handelskammer zu verständigen. Er bat mich sodann um eine Aufstellung von Dingen, an die der neue Geschäftsführer und seine Frau meiner Meinung nach denken sollten. Vor allem wollten sie wissen, ob sie Weizenmehl mitbringen sollten, da sie wußten, daß die Chinesen hauptsächlich Reis essen.

Da unsere ehemalige Sekretärin Engländerin war, meinte ich, daß sie am ehesten in der Lage sein würde, hier einen Rat zu geben. Ich bat sie also, die Liste zusammenzustellen und einen Begleitbrief zu schreiben, den ich unterzeichnete. In ihrem Eifer, ihren Landsleuten zu helfen, stellte sie eine recht lange Liste zusammen, in der von Knöpfen bis zu Waschmitteln so ziemlich alles aufgeführt war. In politischer Hinsicht erschien mir der Brief jedoch völlig unverdächtig.

»Ich kann an diesem Brief nichts Politisches finden«, sagte ich.

»Nichts Politisches? Sie haben Informationen über die Getreideversorgung in Schanghai verbreitet«, entgegnete er.

»Wirklich? Lassen Sie mich den Brief noch einmal sehen.«

Er reichte ihn mir und sagte: »Lesen Sie die Passage über Getreiderationen.«

Ich las vor: »Die Stadtverwaltung von Schanghai erlaubt jedem Einwohner zwanzig Pfund Getreide pro Monat. Man kann entweder Reis oder Mehl kaufen. Das ist mehr als genug.« Dann fragte ich: »Und was ist daran falsch?«

»Damit haben Sie Informationen über die Getreideversorgung verbreitet.«

»Diese Ration hat doch jeder bekommen, auch die in Schanghai lebenden Europäer. Es war kein Geheimnis. Was gibt es da zu verbreiten, wenn es sich um eine allgemein bekannte Tatsache handelt?«

»Ihr Brief wurde ins Ausland geschickt.«

»Wollen Sie etwa sagen, daß die Europäer in Schanghai nach ihrer Rückkehr in die Heimat nicht erzählen, was hier los ist? Und was ist mit den Chinesen aus Übersee, die unser Land besuchen? Wissen die etwa nicht, wieviel Getreide ihre Verwandten bekommen? Oder vergessen sie es einfach, wenn sie China verlassen?«

»Das ist deren Angelegenheit. Dieser Brief ist Ihre. Geben Sie nun zu, daß Sie ihn geschrieben haben?«

»Ich habe den Brief zwar nicht geschrieben, übernehme aber die volle Verantwortung, da ich ihn unterzeichnet habe. Er wurde abgeschickt, als ich verantwortlich war. Ich bestreite aber, daß die Erwähnung von zwanzig Pfund Reis oder Mehl pro Person und Monat eine ›Verbreitung von Informationen‹ darstellt.«

»Es ist illegal, Informationen über die Getreideversorgung zu verbreiten. Wir könnten es allenfalls als bloßen politischen Fehler auslegen, da Sie die Bestimmungen nicht kannten.«

»Unsinn! Das ist kein Fehler, weder ein politischer noch sonst einer. Zeigen Sie mir die Bestimmungen, falls Sie welche haben.« Ich war wütend. Er ignorierte das jedoch und vertagte die Vernehmung.

Als der Winter kam, erhielten die Gefangenen erstmals seit Jahren wieder drei Mahlzeiten am Tag; mittags bekam ich außer Reis noch Fisch oder Fleisch. Meine Gesundheit hatte inzwischen jedoch so gelitten, daß das keinen Unterschied mehr machte. Ich bekam wieder schlimme Blutungen. Als man sie gestoppt hatte, wurde ich von der militanten Wärterin, die jetzt Zivil trug, ins Tschung-Schan-Krankenhaus der Medizinischen Hochschule Nr. 1 gebracht, um dort untersucht zu werden. Man hatte vermutlich schon vorher einen Termin gemacht, da wir direkt zur Gynäkologie gingen und an allen Wartenden vorbei sofort ins Sprechzimmer gelassen wurden.

Ich war überrascht, als »Ärztin« eine junge Frau von Anfang zwanzig mit der Armbinde der Revolutionäre zu sehen. Sie stellte sich bei der kurzen Untersuchung ziemlich ungeschickt an und erklärte anschließend der Wärterin, ich hätte Gebärmutterkrebs. Ich glaubte ihr nicht, da ich sie nicht für eine ausgebildete Ärztin hielt. Die Wärterinnen der Haftanstalt schienen ihr jedoch zu glauben. Sie behandelten mich plötzlich besser. Einige sahen mich sogar mitleidig an. Nach meiner Entlassung erfuhr ich, daß man sich nach meinem Krankenhausbesuch sogar ernsthaft um eine Wohnung für mich bemühte. Schließlich wurde entschieden, mir eine Zwei-Zimmer-Wohnung zuzuweisen, da man davon ausging, daß ich bis zum Ende meines Lebens eine Pflegerin benötigen würde.

Am 27. März 1973, als ich nach dem Mittagessen gerade in der Zelle auf und ab ging, öffnete eine Wärterin die Türklappe und sagte: »Pakken Sie alle Ihre Sachen zusammen.«

»Alle meine Sachen?«

»Ja, alles. Lassen Sie nichts zurück.«

Kurz darauf ging die Tür auf, und zwei junge Mädchen kamen in die Zelle. Sie nahmen meine Sachen und brachten sie weg. Eine Wärterin auf dem Korridor rief: »Kommen Sie raus!«

Ich blickte mich in der Zelle um, die genau sechseinhalb Jahre lang mein »Zuhause« gewesen war. Ohne meine Waschschüssel und die Handtücher erschien sie mir fast schon ungewohnt. Als ich so dastand und mich umsah, spürte ich wieder das kalte Metall der Handschellen an den Handgelenken und erinnerte mich an all die körperlichen Leiden und die seelische Pein, die ich hatte erdulden müssen, während ich mit all der Willenskraft und all dem Verstand, die Gott mir gegeben hatte, um das in einem kommunistischen Land so seltene und flüchtige Phänomen kämpfte, das man Gerechtigkeit nennt.

»Kommen Sie schon! Was wollen Sie noch hier? Haben Sie immer noch nicht genug?«

Ich folgte der Wärterin über den Hof zum Vordergebäude des Gefängnisses, wo wir den Raum betraten, in dem man mich bei der Einlieferung 1966 registriert hatte. Niemand war anwesend. Ich setzte mich auf einen Stuhl.

Nach einer Weile erschien der junge Arzt, setzte sich lässig auf den Tisch und sagte: »Ich werde Ihnen jetzt die Namen der Medikamente geben, die Sie von mir bekommen haben, damit Sie nach der Entlassung Ihrem Hausarzt Bescheid sagen können.« Er nannte mehrere Medikamente.

»Haben Sie vielen Dank.«

»Sie werden in Kürze entlassen werden. Freuen Sie sich?«

»Es ist höchste Zeit, finden Sie nicht? Sechseinhalb Jahre Gefängnis sind für einen Unschuldigen eine ziemlich lange Zeit.«

Er zuckte zusammen, fuhr dann aber fort, als hätte er mich nicht gehört: »Ich möchte Ihnen noch einen Rat geben. Nur zu Ihrem Besten. Sie haben sich hier nicht gerade vorbildlich verhalten. Ich muß Ihnen sogar sagen, daß wir in all den Jahren hier keinen zweiten derart aufsässigen und streitsüchtigen Häftling gehabt haben. Wenn Sie diese Anstalt verlassen, müssen Sie versuchen, sich zu beherrschen. Vermeiden Sie es, die Massen zu reizen. Schanghai ist nicht mehr die gleiche Stadt wie vor der Kulturrevolution.«

Ich sagte nichts. Er blieb noch ein paar Minuten sitzen und verabschiedete sich dann. Er war offensichtlich beauftragt worden, mit mir zu sprechen. Warum, konnte ich nicht sagen. Ich hatte ihm auch nicht besonders aufmerksam zugehört. Mich beschäftigte vor allem die Frage, ob ich Meiping nach allem doch noch wohlbehalten wiedersehen würde.

Mein Kleiderbündel wurde von zwei Wärtern gründlich durchsucht. Als sie fertig waren, geleiteten sie mich in einen Vernehmungsraum. Diesmal brauchte ich mich nicht vor dem Mao-Porträt zu verbeugen oder Zitate vorzulesen. Der Vernehmungsbeamte zeigte nur auf den Stuhl. Ich setzte mich.

Ein zweiter Mann, den ich noch nie gesehen hatte, saß neben ihm. Er sagte: »Sie werden heute entlassen. Wir haben den Eindruck, daß die Zeit dafür gekommen ist. Ich werde Ihnen vorlesen, was die Volksregierung in Ihrem Fall entschieden hat. Wenn Sie es gehört haben, haben Sie das Recht, Ihre Meinung dazu zu äußern.«

Er entnahm einem Aktenordner ein paar Papiere. Dann befahl er mir aufzustehen.

Er verlas meinen Namen und meine Personalien. Dann fuhr er fort: »Die genannte Person wurde am 27. September 1966 aus den im folgenden genannten Gründen in die Haftanstalt Nr. 1 eingeliefert. Erstens: Sie hat im Oktober 1957 in einem Brief nach England Informationen über die Getreideversorgung in Schanghai weitergegeben. Zweitens: Sie hat den Verräter Liu Schao-tschi verteidigt und sich der vom Zentralkomitee verabschiedeten Resolution zum Fall Liu widersetzt. Dies sind schwerwiegende Vergehen, die eine Bestrafung erforderlich machten. Angesichts der Tatsache jedoch, daß die fragliche Person politisch zurückgeblieben und unwissend ist, haben wir beschlossen, ihr die Chance zu geben, ihre Fehler zu erkennen. Nach sechseinhalb Jahren Erziehung in der Haftanstalt Nr. 1 haben wir in ihrem Denken eine gewisse Besserung und eine reumütige Haltung beobachtet. Wir haben daher beschlossen, proletarische Großmut walten zu lassen und die Anklagepunkte gegen sie fallenzulassen. Wir erlauben ihr, die Haftanstalt als freier Mensch zu verlassen.« Als er geendet hatte, hob er den Kopf und sah mich an.

Ich war außer mir. Wut und Abscheu schüttelten mich. Obwohl mich diese unverhüllte Heuchelei und Schamlosigkeit in höchstem Maße anwiderten, wußte ich natürlich, daß der wirklich Schuldige nicht dieser Mann war, sondern das teuflische System, unter dem wir alle leben mußten.

»Haben Sie nichts zu sagen? Sind Sie nicht dankbar? Freuen Sie sich denn nicht, daß Sie das Gefängnis als freier Mensch verlassen können?«

Ich gab mir die größte Mühe, die Wut zu zügeln, die mich zittern ließ, und sagte: »Ich kann Ihre Schlußfolgerung nicht akzeptieren. Ich werde hier in der Haftanstalt Nr. 1 bleiben, bis mein Fall geklärt ist. Dazu gehören die Erklärung, daß ich unschuldig bin und weder ein Verbrechen begangen noch einen politischen Fehler gemacht habe, eine Entschuldigung wegen ungerechtfertigter Festnahme sowie eine volle Rehabilitierung. Die Entschuldigung muß überdies sowohl in Schanghai als auch in Peking in den Zeitungen veröffentlicht werden, da ich in beiden Städten Freunde und Verwandte habe. Was die Schlußfolgerung betrifft, die Sie mir soeben vorgelesen haben, so ist sie Heuchelei und der reine Schwindel. Ich wurde schon lange vor der Anprangerung Liu Schao-tschis in die Haftanstalt Nr. 1 gebracht. Wie hätten Sie voraussehen können, daß ich mich für ihn einsetzen würde? Was die Verbreitung von Informationen über die Getreideversorgung betrifft, so haben Sie das erfunden, um Ihr Gesicht zu wahren. Ich habe nichts verbreitet, das wissen Sie ganz genau.«

Die Männer blickten sich fragend an. Dann sagte der Vernehmungsbeamte: »Die Haftanstalt Nr. 1 ist kein Altersheim. Sie können nicht Ihr ganzes Leben hierbleiben.«

»So lange muß es gar nicht dauern. Ich werde aber hierbleiben, bis mein Fall restlos aufgeklärt ist. Wenn Sie das bis morgen schaffen, könnte ich morgen schon gehen.«

»Wir haben Ihre Meinung vernommen. Wie ich schon sagte, haben Sie das Recht, Ihre Meinung zu äußern. Wir werden Ihre Stellungnahme weiterleiten. Sie können jetzt gehen«, sagte der zweite Mann.

»Nein. In dem Augenblick, in dem ich gehe, werden Sie die ganze Sache zu den Akten legen. Die falsche Schlußfolgerung wird in meinem Dossier landen. Ich werde hierbleiben«, entgegnete ich.

Der Vernehmungsbeamte stand auf: »Ich habe noch nie einen Gefangenen gesehen, der sich weigert, das Gefängnis zu verlassen. Sie müssen von Sinnen sein. Wie dem auch sei: Wenn die Regierung wünscht, daß Sie gehen, dann müssen Sie gehen. Ihre Familie wartet schon seit dem frühen Morgen auf Sie. Wie lange wollen Sie Ihre Entlassung noch hinauszögern?«

Meinte er etwa, daß Meiping da draußen wartete? Oh, wie ich mich danach sehnte, sie wiederzusehen! Plötzlich wurde die Tür aufgestoßen, und zwei Wärterinnen betraten den Raum. Sie nahmen mich in die Mitte und schleiften mich zum Gefängnistor. In einiger Entfernung erblickte ich neben einem blauen Taxi die Gestalt einer jungen Frau. Sie war kleiner als Meiping, und ich erkannte mit plötzlicher Mutlosigkeit, daß es meine Patentochter Hean war.

Teil III
MEIN KAMPF UM GERECHTIGKEIT

Wo ist Meiping?

Ich stand regungslos da und suchte mit den Blicken die Auffahrt ab. Doch außer dem bewaffneten Wachtposten sah ich nur meine Patentochter Hean, die mit ausgestreckten Armen auf mich zulief.

Sie nahm mich beim Arm und führte mich zu dem wartenden Taxi.

»Wo ist Meiping?«

Ich fürchtete die Antwort, aber ich mußte fragen.

Hean antwortete nicht, sondern drückte mir nur fest die Hand. Ich brachte es nicht über mich zu fragen: »Ist Meiping tot?« Wenn ich die Worte aussprach, fürchtete ich, würden sie Wirklichkeit werden.

Wir fuhren schweigend durch die vertrauten Straßen Schanghais. Die Entlassung hatte mir keine Erleichterung verschafft, nur eine neue Angst anstelle der alten.

Das Taxi hielt vor einem schmalen Holztor in einer Zementmauer. Hean bezahlte den Fahrer, stieg aus und klopfte an das Tor. Eine Frau mittleren Alters in einer blauen Hemdbluse und schlechtsitzenden Hosen, wie sie Diener tragen, öffnete und half Hean, meine Sachen ins Haus zu tragen.

Was früher einmal ein kleiner Garten gewesen sein mußte, war jetzt mit Unrat bedeckt. Abgesehen von einer einsamen Ulme, die inmitten von zerbrochenen Ziegelsteinen, morschen Brettern, Gerümpel und Abfall ums Überleben kämpfte, sah ich überall nur Unkraut. Auch das Haus sah heruntergekommen aus; die Räume im Erdgeschoß schienen unbewohnt zu sein. Auf der Terrasse lag eine dicke Schmutzschicht. Wir traten ein, durchquerten eine kleine Halle und gingen die Treppe hinauf. Halle und Treppe waren frisch gewischt worden, aber die Wände waren staubgrau. Hean ging voran und führte mich in einen großen Raum. Darin befanden sich ein Bett mit sauberen weißen Laken und einer geblümten Bettdecke, eine Kommode, ein kleiner Schreibtisch, ein Tisch, vier Stühle und ein Sessel. Die Möbel waren die übliche Massenware, die meist jungen Ehepaaren vorbehalten war.

»Man hat dir diese beiden Zimmer hier oben zugeteilt. Das Sicherheitsbüro hat mir einen Berechtigungsschein gegeben, diese Möbel für dich zu kaufen.« Hean umarmte mich und rief aus: »Oh! Es ist so schön, daß du wieder da bist!«

Sie legte ihre Wange an meine und hielt mich lange so fest. Mir war klar, daß es ihr schwerfiel, über Meiping zu sprechen. Ich mußte ihr Zeit lassen. Die Tatsache, daß sie Meipings Abwesenheit nicht erklärte, war für mich Beweis genug, daß meine Tochter tot war. Mich überkamen eine tiefe Depression und innere Leere.

»Sie haben mir 5000 Jüan von deinem Geld gegeben. Ich habe nicht gewagt, alles auszugeben. Ich dachte, du brauchst schließlich noch etwas zum Leben. Darum sind die Wände noch so schmutzig und die Gardinen so unansehnlich«, sagte Hean nach einer Weile. »Mutter wollte mitkommen, um dich abzuholen, aber als wir schon aufs Taxi warteten, mußte sie plötzlich zu einer Versammlung ihrer Studiengruppe, um sich ein offizielles Dokument über Lin Piao anzuhören. Du weißt doch davon, nicht wahr?«

»Ich nehme an, daß er in Ungnade gefallen ist, da er in der Zeitung nicht mehr erwähnt wird.«

»Er ist tot! Auf der Flucht in die Sowjetunion mit dem Flugzeug abgestürzt! Oh, ich bin so glücklich, dich zu sehen! Wenn nur . . .« Sie beendete den Satz nicht, sondern fing an zu schluchzen. Tränen liefen ihr übers Gesicht, und sie senkte den Kopf.

Das Dienstmädchen kam herein und brachte zwei Tassen heißen Tee.

Hean fand ihre Fassung wieder, trocknete sich rasch die Tränen, als wollte sie sie vor dem Mädchen verbergen, und sagte: »Das ist Ah-ji. Sie wird dir im Haushalt helfen. Sie schläft in dem anderen Zimmer.«

»Danke Ihnen, Ah-ji«, sagte ich und nahm ihr die Teetasse ab. Sie war eine drahtige kleine Frau um die Fünfzig, mit grober Haut und sehnigen Händen. Als sie mir die Teetasse reichte, musterte sie mich neugierig.

»Soll ich Ihnen heißes Wasser für ein Bad bereiten?«

»Nein, danke, noch nicht. Ich sage Ihnen Bescheid.«

Nachdem sie die Tür hinter sich geschlossen hatte, fragte ich Hean: »Sind denn Dienstmädchen immer noch erlaubt?«

»Warum nicht? Es gibt so viele Arbeitslose. Wenn jemand krank ist oder kleine Kinder hat, sagt niemand etwas. In deinem Fall hat sogar der Mann vom Sicherheitsbüro den Vorschlag gemacht. Er sagte, du seist krank und müßtest dich operieren lassen. Er hat deinen Zustand als ernster geschildert, als er zu sein scheint. Obwohl ich sagen muß, daß du schrecklich dünn geworden bist.« Hean betrachtete meinen ausgemergelten Körper mit sorgenvoller Miene.

»Keine Angst, ich brauche nur gutes Essen. Ich werde wieder gesund. Wie hast du Ah-ji gefunden?« Ich fragte mich, ob das Sicherheitsbüro das Dienstmädchen ausgesucht hatte.

»Mutter hat sie durch eine Freundin gefunden. Aber«, fügte Hean mit gesenkter Stimme hinzu, »sie ist nicht so wie Tschen Mah. Du mußt aufpassen, was du ihr sagst.«

Ich nickte.

»Ich habe das Gefühl, daß die Regierung gut zu dir sein will, um zu zeigen, daß sich in Peking etwas geändert hat. Man hat dir diese beiden Zimmer und ein eigenes Bad gegeben. Und gestern, als ich hier war, um die Gardinen aufzuhängen, kam ein Mann von der Gartenbauabteilung des Wohnungsamts und sagte mir, daß er im Garten Bäume pflanzen solle. Er fragte sogar, was für Bäume du magst.«

Hean schien sich etwas gefangen zu haben und lächelte sogar. So beschloß ich, nach Meiping zu fragen. »Kannst du mir jetzt erzählen, was mit Meiping passiert ist?«

Sie schaute mich prüfend an, als wüßte sie nicht genau, ob ich verkraften würde, was sie mir zu erzählen hatte. Dann schien sie sich entschlossen zu haben. »Ich war damals nicht in Schanghai. Wie du weißt, hatte ich 1966, bei Beginn der Kulturrevolution, gerade am Konservatorium mein Examen gemacht. Als ich im August auf Meipings Geburtstagsparty war, wartete ich darauf, daß mir die Behörden eine Arbeit zuwiesen. Im Dezember schickte man mich nach Kweijang. Kurz nach meiner Ankunft dort mußte ich zur ›Umerziehung‹ in eine nahegelegene Landwirtschaftskommune. Im Sommer 1967 schrieb mir Mutter, Meiping habe Selbstmord begangen.«

Meiping war also tatsächlich tot, wie ich vermutet hatte, seit man mir im Gefängnis ihre Kleider übergeben hatte. Es wäre weniger schmerzlich gewesen, wenn ich dort gestorben wäre und nie von ihrem Tod erfahren hätte. Ich hatte das Gefühl, in ein tiefes Loch zu fallen. Mir wurde schwarz vor Augen. Heans Arme fingen mich auf. Gemeinsam weinten wir um Meiping.

»Man hat mir gesagt, daß ihr Name in einer Liste von Selbstmordfällen aufgetaucht sei, die bei einer Betriebsversammlung des Filmstudios verlesen wurde«, sagte Hean schluchzend. »Gestern hat man mich im Sicherheitsbüro angewiesen, dir nichts zu sagen. Wie es hieß, würden dir Vertreter aus dem Revolutionskomitee des Filmstudios morgen die Nachricht überbringen.«

»Hat man bekanntgegeben, warum sie Selbstmord beging?« wollte ich wissen.

»Davon weiß ich nichts. Normalerweise heißt es in solchen Fällen stets, der oder die Betreffende sei ›unfähig‹ gewesen, ›eine korrekte Haltung zur Proletarischen Kulturrevolution einzunehmen‹«, sagte Hean, immer noch in Tränen aufgelöst.

Ich nahm mir vor, die Umstände ihres Todes zu klären. Es würde Zeit erfordern, aber ich würde nicht lockerlassen, bis ich die Tatsachen kannte. Niemand durfte erfahren, was ich vorhatte, nicht einmal Hean.

»Arbeitest du jetzt in Schanghai?« fragte ich sie, um sie abzulenken.

»O nein! Ich wurde vom Sicherheitsbüro in Schanghai zurückbeordert. Sie schickten einen Brief an meine Einheit in Kweijang, die mir einen Monat Urlaub gab. Das war vor fast zwei Wochen. Ich muß bald wieder nach Kweijang zurück. Die Kinder brauchen mich. Ich bin verheiratet und habe ein Mädchen und einen Jungen.« Hean strahlte wieder, zog ein Foto aus der Handtasche und reichte es mir stolz.

»Herzlichen Glückwunsch!«

Das Foto zeigte ein hübsches Mädchen von etwa fünf Jahren und einen niedlichen kleinen Jungen; Hean und ihr Mann lächelten in die Kamera.

»Er heißt Li Tong. Er wurde nach dem Examen an der Pekinger Theaterhochschule ebenfalls nach Kweijang geschickt. In der dortigen Kulturbehörde ging es damals drunter und drüber. Die höheren Beamten waren alle als ›Anhänger des kapitalistischen Wegs‹ gebrandmarkt worden. Die Revolutionäre kämpften um die Vorherrschaft in der Behörde. Niemand wußte etwas mit uns frischgebackenen Hochschulabsolventen anzufangen, so daß man uns einfach in die Landwirtschaftskommune schickte. Dort sollten wir durch körperliche Arbeit ›umerzogen‹ werden. Li Tong und ich freundeten uns sofort an. Die Arbeit in der Kommune war sehr hart, denn wir mußten an den steilen, terrassierten Berghängen Tag für Tag schwere Lasten tragen, viele hundert Stufen hinauf und hinunter. Die Bauern waren sehr grob und abweisend. Sie haßten es, ihre mageren Rationen noch mit uns teilen zu müssen, aber sie wagten nicht, uns fortzuschicken. So ließen sie ihre Wut an uns aus. Egal wie hart ich arbeitete, es war ihnen nie genug. Li Tong half mir und beschützte mich vor den Bauern, wenn sie unangenehm wurden. Er ist Stückeschreiber und kennt viele alte chinesische Geschichten. Er hat mir mit seiner guten Laune und seinen lustigen Geschichten über alles hinweggeholfen.«

»Bist du glücklich mit ihm?«

»O ja! Wir sind sehr glücklich. Er sorgt für mich und die Kinder. Im Augenblick schreibt er sogar heimlich ein Stück über die Kulturrevolution. Es heißt ›Wahnsinn‹ und ist eine Satire.«

»Mein Gott! Wenn das nur gutgeht!« Ich war besorgt, daß er ein solches Risiko einging.

»Li Tong sagt, er muß schreiben; er würde sonst verrückt werden. Außerdem sind die Revolutionäre in unserer Organisation sehr freundlich zu ihm. Sie bitten ihn sogar, für sie Reden zu schreiben, in die er nicht nur Mao-Zitate, sondern auch Zitate von Marx und Lenin einbauen soll. Dann denken die Leute, die Revolutionäre seien gebildet. Manchmal plant Li Tong für sie sogar ihre Strategien, wenn sie Fraktionskämpfe mit anderen Revolutionären austragen.«

»Warum um Himmels willen tut er das?«

Hean lachte laut. »Li Tong sagt immer, da er die Revolutionäre nicht gut selbst umbringen könne, sei es das zweitbeste, daß sie sich bei ihren Fraktionskämpfen gegenseitig umbringen.«

»Ich nehme an, daß du nicht mehr in der Landwirtschaftskommune bist?«

»Nein, man holte uns nach Kweijang zurück, als Mao die amerikanische Tischtennismannschaft nach Peking einlud. Mit einem Mal waren die Revolutionäre auch zu mir freundlich, da ich in Australien geboren bin. Sie hielten Australien und die USA für ein und denselben Staat.« Ein schelmisches Lächeln erhellte ihr Gesicht.

»Wo arbeitest du jetzt?«

»Ich begleite das Gesangs- und Tanzensemble von Kweijang am Klavier.«

Inzwischen war Heans Mutter eingetroffen. Meine alte Freundin war so gealtert, daß ich sie kaum wiedererkannte. Ein Ausdruck der Niederlage und der Resignation hatte sich in ihr tiefzerfurchtes Gesicht eingegraben. Sie umarmte mich: »Du siehst viel besser aus, als ich mir vorgestellt habe. Oh, wie gut es tut, dich wiederzusehen!«

Ich dachte zurück an die Zeit vor sechsundzwanzig Jahren, als wir, zwei glückliche junge Mütter, in Sidney Arm in Arm hinter unseren beiden kleinen Mädchen herspazierten, die mit Eimer und Schaufel den nächsten Sandkasten ansteuerten. Bald darauf waren wir alle nach China zurückgekehrt.

Offensichtlich hatte auch Heans Mutter vergangenen Zeiten nachgehangen. Plötzlich ging ein Ruck durch sie, und sie sagte: »Du mußt tapfer sein. Was geschehen ist, ist nicht mehr rückgängig zu machen. Du mußt jetzt an dein eigenes Leben denken. Du bist nicht gesund. Zuviel Kummer ist nicht gut für dich.«

Dann erzählte sie, wie es ihr während der Kulturrevolution ergangen war. Was sie mir von erlittener Demütigung und Verfolgung berichtete, ähnelte dem Schicksal von Millionen anderer, die für die frühere Regierung gearbeitet oder im Ausland gelebt hatten. Schließlich sagte sie mit einem Seufzer: »Seitdem Tschou die Dinge wieder in die Hand nimmt, geht es aufwärts. Es werden immer mehr Leute aus den Gefängnissen entlassen.«

»Wurden viele eingesperrt?«

»O ja. Fast alle höheren Angestellten ausländischer Firmen verschwanden hinter Schloß und Riegel. Wir kennen den höchsten chinesischen Angestellten der Hong Kong and Shanghai Bank, und unser Nachbar ist mit einem Mann verwandt, der bei der Chartered Bank arbeitete. Beide Männer saßen in der Haftanstalt Nr. 1. Einer wurde Ende letzten Jahres entlassen, der andere soll jetzt bald freikommen. Einer von ihnen verlor seine Frau, als die Rotgardisten ihre Wohnung plünderten. Sie war so verängstigt, daß sie aus dem Fenster ihrer Wohnung im fünften Stock sprang.«

Während ich noch darüber nachdachte, was sie mir soeben erzählt hatte, fuhr sie fort: »Am wichtigsten ist jetzt, daß du in ärztliche Behandlung kommst. Die meisten Ärzte in den Ambulanzen der Krankenhäuser sind gar keine ausgebildeten Mediziner. Du brauchst jemanden mit Erfahrung. Der Mann vom Sicherheitsbüro hat uns gesagt, du hättest Gebärmutterkrebs.«

»Das glaube ich nicht«, entgegnete ich. »Ich habe lange unter Blutungen gelitten. Das fing vor mehreren Jahren an, hat sich aber nicht verschlimmert. Wenn es Krebs wäre, müßte ich längst Schmerzen haben.«

»Hoffentlich hast du recht. Jedenfalls brauchst du einen guten Arzt, der dich gründlich untersucht. Das geht wohl nur durch die ›Hintertür‹.«

»Was heißt das?«

»›Durch die Hintertür‹ heißt, sich mit Hilfe von Freunden oder Bekannten anstatt über die offiziellen Kanäle einen Arzttermin zu beschaffen oder etwas zu besorgen, was man dringend braucht«, klärte sie mich auf. »Natürlich kostet es an der ›Hintertür‹ meist etwas mehr, da man sich bei den Leuten, die einem helfen, revanchieren muß. Nicht mit Geld, sondern mit Geschenken. In vielen Fällen ist das heute der einzige Weg, etwas zu erreichen.«

»Ist das denn nicht illegal?«

»Alle Gesetze und Verordnungen gelten heute als gegen das Volk gerichtete Werkzeuge der ›Anhänger des kapitalistischen Wegs‹. Kein Mensch weiß mehr, was legal und was illegal ist. Wenn man erwischt wird, ist es wahrscheinlich illegal. Wenn man damit durchkommt, ist es legal.«

Ah-ji brachte etwas zu essen herein. Ich ging ins Bad, um mir die Hände zu waschen. Zum erstenmal seit sechseinhalb Jahren sah ich mich in einem Spiegel. Ich war entsetzt, ein von strähnigem grauem Haar umrahmtes fahles Gesicht mit eingesunkenen Wangen zu sehen und Augen, die durch die ständige Anspannung und Wachsamkeit fast erstarrt waren. Dieses Gesicht sah sehr verändert aus gegenüber dem, das ich einmal gehabt hatte. Aber sechseinhalb Jahre sind eine lange Zeit. Ich wäre ohnehin gealtert.

Hean und ihre Mutter saßen schon am Tisch, als ich aus dem Bad kam. Ah-ji hatte eine gute Mahlzeit zubereitet: zuerst Hühnersuppe, dann in Öl angebratene Streifen mageren Schweinefleisches und zarten Kohls. Der dampfende Reis war weich. Obwohl ich dergleichen so lange nicht mehr gesehen hatte, war mein Appetit gering, und mein schmerzendes Zahnfleisch machte mir das Kauen unmöglich. Ich nahm nur etwas Suppe und ein wenig Reis.

»Vielleicht sollte ich erst zum Zahnarzt, bevor ich zu einem Gynäkologen gehe«, sagte ich.

»Ich bringe dich zu meiner Cousine, sie ist Zahnärztin«, erbot sich Hean. »Morgen früh gehe ich gleich zu ihr. Du hörst dann von mir.«

Nachdem die beiden aufgebrochen waren, bat ich Ah-ji, mir etwas Wasser aufzusetzen. Ich wollte mich gründlich mit einem Schwamm waschen, nachdem mir aufgefallen war, daß die Badewanne gelbe

Schmutzränder hatte und es nichts gab, um sie zu säubern. Außerdem war es abends noch immer recht kühl, und das Badezimmer ließ sich nicht heizen.

Während ich auf das Wasser wartete, setzte ich mich an den Schreibtisch, um Meipings Freund und Klassenkameraden Kung, dem jungen Schauspieler des Filmstudios, einen kurzen Brief zu schreiben. Vielleicht konnte er mir Näheres über Meipings Tod sagen. Ich bat ihn, mich möglichst bald zu besuchen.

Dann hörte ich, wie Ah-ji die Hintertreppe heraufkam. Sie stöhnte unter der Last des großen Topfs mit kochendem Wasser. Ich holte schnell die Waschschüssel, die ich aus dem Gefängnis mitgebracht hatte, und bedrängte sie, den Topf darin abzustellen, bevor ihr heißes Wasser auf die Hände schwappte. Dann trugen wir die Schüssel gemeinsam ins Badezimmer.

Nachdem ich mich gründlich gewaschen hatte, trat ich auf den Balkon hinaus, schaute die schwach erleuchtete Straße entlang und versuchte mich zu orientieren. Das Haus lag in einer großen Wohnanlage, am Ende einer Reihe von Doppelhäusern, die alle gleich aussahen und dringend einen neuen Anstrich brauchten. Auf der anderen Straßenseite befand sich eine ähnliche Reihe von Häusern, alle mit kleinen Gärten. Hier hatte einmal Schanghais Mittelstand gewohnt. Seit 1949 hatte sich die Bevölkerung der Stadt mehr als verdoppelt, die Regierung aber hatte kaum Häuser bauen lassen. Es war Maos Politik, bevorzugt die Städte im Landesinnern auszubauen und die Küstenregionen zu vernachlässigen. Jetzt wohnten mehrere Familien in jedem dieser Häuser. Sie mußten Küche, Bad und Flur teilen. Nie zuvor hatte ich so gelebt.

Obwohl auf der Straße kein Mensch zu sehen war, konnte es noch nicht allzu spät sein. Ich war jedoch körperlich und seelisch zu erschöpft, um die ruhige Abendstimmung zu genießen. Ich schloß die Balkontür und legte mich auf das frischgemachte Bett. Es war ein langer Tag gewesen, aber trotz meiner Erschöpfung konnte ich nicht einschlafen. Jetzt, als keine Wärterin mehr da war, um mich zu beobachten, und Ah-ji schon schlief, in diesem ersten wirklich privaten Augenblick seit vielen Jahren, gab ich mich meinem Kummer hin und ließ den Tränen freien Lauf.

Am nächsten Morgen besuchten mich zwei Männer. Sie kamen vom Schanghaier Filmstudio und stellten sich als Angehörige des Revolutionskomitees vor. Man habe sie gebeten, mich über den Selbstmord meiner Tochter am 16. Juni 1967 zu unterrichten.

»Das Sicherheitsbüro hat uns gesagt, daß man Sie aus Gesundheitsgründen entlassen hat. Soviel wir wissen, müssen Sie bald ins Krankenhaus. Daher haben wir beschlossen, Sie sofort vom Tod Ihrer Tochter zu unterrichten, damit ihre Akte geschlossen werden kann«, sagte einer der Männer.

Es überraschte mich zu hören, daß man mich wegen meines Gesundheitszustands entlassen hatte. Diesen Punkt wollte ich jetzt jedoch nicht vertiefen, so daß ich nur sagte: »Ich wüßte gern Näheres darüber, wie meine Tochter zu Tode gekommen ist.«

»Sie ist am Morgen des 16. Juni 1967 aus einem Fenster im neunten Stock des Gebäudes des Schanghaier Leichtathletikverbands gesprungen.«

»Was hatte sie dort zu tun?«

»Sie wurde von den Revolutionären verhört.«

»Warum wurde sie verhört?«

»Das tut nichts zur Sache.«

»Natürlich tut das etwas zur Sache. Es hat zu ihrem Tod geführt.«

»Nein. Sie hat Selbstmord begangen. Ihr Tod liegt allein in ihrer Verantwortung.«

»Hat das Filmstudio die Umstände ihres Todes untersuchen lassen?« wollte ich wissen. Obwohl mich das bürokratische Gehabe des Mannes entrüstete, blieb ich ruhig und höflich.

»Wie hätten wir das tun sollen?« entgegnete er barsch. »Es gab damals viele Selbstmorde. Und heute gibt es dringendere Probleme, mit denen wir uns herumschlagen müssen.«

»Sind Sie ganz sicher, daß meine Tochter Selbstmord begangen hat?«

»Ihren Namen fanden wir auf einer Liste von Selbstmordfällen, als wir ans Filmstudio versetzt wurden. Die Urne mit der Asche Ihrer Tochter wird im Krematorium aufbewahrt. Wenn Sie sie abholen wollen, müssen Sie vorher zum Filmstudio kommen, um sich eine Genehmigung geben zu lassen.«

»Hat es denn keinerlei Untersuchung gegeben, bevor sie eingeäschert wurde?«

»Das wissen wir nicht. Wir wissen kaum etwas über die Umstände ihres Todes. Uns ist nur bekannt, daß sie Selbstmord begangen hat.«

»Ich möchte das Revolutionskomitee des Filmstudios in aller Form bitten, den Tod meiner Tochter untersuchen zu lassen«, sagte ich mit fester Stimme.

Die Männer blickten mich schweigend an. Dann erhoben sie sich. Der zweite Mann zog einen Umschlag und mehrere gebundene Notizbücher aus der Tasche, die ich als Meipings wiedererkannte, legte sie auf den Tisch und sagte: »In diesem Umschlag werden Sie eine Geldsumme finden, die das Filmstudio routinemäßig den Angehörigen eines verstorbenen Mitarbeiters auszahlt. Die Bücher sind Tagebücher Ihrer Tochter. Das Revolutionskomitee hat uns beauftragt, sie Ihnen zurückzugeben.«

Ich blieb schweigend sitzen, als sie zur Tür gingen. Einer der Männer wandte sich noch einmal um und sagte: »Soviel wir wissen, wurde Ihre Tochter von den Kollegen und Mitarbeitern sehr geschätzt. Wir bedauern, daß sie wegen ihrer Herkunft nicht in der Lage war, gegenüber der Großen Proletarischen Kulturrevolution eine korrekte Haltung einzunehmen.«

Ah-ji brachte die beiden Männer nach unten und begleitete sie hinaus.

Ich starrte Meipings Tagebücher an, brachte es aber nicht über mich, sie zu berühren. Später waren sie mir ein großer Trost. Ich lehnte mich zurück und ließ mir durch den Kopf gehen, was der Mann vom Filmstudio soeben gesagt hatte. Es war zwar nicht sehr aufschlußreich gewesen, aber ich hatte trotzdem etwas über Meipings Tod erfahren. Ich war mehr denn je entschlossen, meine Nachforschungen in aller Stille zu betreiben, und ich war überzeugt, am Ende die Wahrheit herauszufinden. Ich nahm den Brief, den ich an Kung geschrieben hatte, und bat Ah-ji, ihn zur Post zu bringen.

Nachdem ich Ah-ji hinausbegleitet und das Gartentor verriegelt hatte, schaute ich mich im Haus um. Es gab viel zu tun. Die Wände mußten getüncht, der Unrat im Garten mußte weggeschafft werden, und außerdem brauchte ich weitere Möbel. Ich fragte mich, ob man mir irgendwann mein Haus wiedergeben würde. Vermutlich würde es heißen, es sei für eine Person zu groß. Wenn ich hier wohnen bleiben mußte, würde ich das Bad ins Erdgeschoß verlegen und oben eine zweite Küche installieren lassen, da ich mit Sicherheit irgendwann Hausgenossen bekommen würde, die ich nicht auf meiner Etage haben wollte. Um meine Ruhe zu haben, würde ich an der Hintertreppe eine Tür einsetzen und in der Halle eine Zwischenwand einziehen lassen. Dafür waren Material und Arbeitskräfte nötig. Und viel Geld. Wie sollte ich das alles schaffen?

Ich hörte, wie jemand an das Gartentor klopfte. Ah-ji konnte noch nicht zurück sein. Ich ging auf den Balkon und sah einen Mann, der wie ein Arbeiter gekleidet war. »Ich komme vom Wohnungsamt. Es geht um die Bäume für Ihren Garten«, rief er herauf.

Ich ging hinunter und machte ihm auf.

Er schritt den Garten ab und trat ärgerlich gegen den Unrat. »Sie müssen dieses Zeug entfernen lassen, bevor ich Bäume pflanzen kann. Wenn das hier rumliegt, können sie nicht gedeihen.«

»Das ist Sache des Wohnungsamts. Ich bin für diesen Unrat nicht verantwortlich. Er war schon da, als ich einzog. Außerdem habe ich nicht die Kraft, das alles wegzuschaffen.«

»Was ist mit der jungen Frau, die ich neulich hier gesehen habe? Ist sie nicht Ihre Tochter?«

»Nein, sie wohnt nicht hier. Meine Tochter ist tot.«

Da! Ich hatte es gesagt: »Meine Tochter ist tot.« Diesen Satz würde ich mein Leben lang wiederholen müssen. Jedesmal, wenn ich künftig diese vier Worte sagte, krampfte sich mir das Herz zusammen, und ich sah meine geliebte Tochter vor mir, wie sie in der Nanking-Straße in einer Blutlache lag.

Trotz allen Bemühens, Haltung zu bewahren und ruhig zu bleiben, kamen mir die Tränen. Ich wandte mich ab, um sie mit einem Taschentuch zu trocknen. Ich schämte mich sehr, daß ich mich vor einem mir völlig fremden Menschen hatte gehen lassen.

Der Mann vermied es jedoch, mich anzusehen. Mit gesenktem Kopf und betretener Stimme sagte er: »Ich werde meinen Vorgesetzten Bescheid sagen und sehen, ob wir ein paar junge Männer finden können, die hier für Ordnung sorgen.« Dann ging er.

Am Nachmittag erschien Hean und richtete mir aus, ihre Cousine werde mich am nächsten Morgen im Volkskrankenhaus Nr. 6 untersuchen. »Das war wieder die ›Hintertür‹«, sagte sie stolz. »Wir brauchen uns auch nicht in aller Frühe anzustellen. Ich habe ihr schon deinen Namen und deine Personalien gegeben. Sie wird die Karte für dich ausfüllen und auch die Gebühr entrichten. Wenn sie morgen in die Klinik kommt, wird sie deine Karte nach oben legen, als hättest du dich in der Ambulanz als erste angemeldet.«

China schien sich in den Jahren meiner Haft verändert zu haben, aber offenkundig nicht in dem Sinne, der mit der Kulturrevolution angeblich bezweckt war. Als ich mich am nächsten Morgen mit Hean auf den Weg machte, war alles so, wie sie gesagt hatte. Obwohl das Wartezimmer überfüllt war, wurden wir gleich ins Sprechzimmer ihrer Cousine gebracht. Andere ›Hintertür‹-Patienten wurden ebenfalls bevorzugt behandelt. Am erstaunlichsten war für mich, daß niemand protestierte.

Als ich Hean fragte, warum die Menschen diese ungerechte Behandlung so gleichmütig hinnähmen, erwiderte sie: »Sie haben andere ›Hintertüren‹, vielleicht nur im Krankenhaus nicht. Bei anderen Gelegenheiten sind sie vielleicht als erste dran, während wir warten müssen.«

Das war meine erste Begegnung mit dem neuen »Hintertür«-System. Bald lernte ich, es mir dienstbar zu machen. So bot ich als Gegenleistung für andere Dienste Englischunterricht an. Die Wiederannäherung Chinas an die USA sowie der Import wissenschaftlicher und technischer Veröffentlichungen in englischer Sprache schufen eine Nachfrage nach Englischlehrern. Ehrgeizige junge Männer und Frauen, die für die Regierung im Ausland zu arbeiten hofften, sowie Auswanderungswillige wollten auf einmal Englisch lernen. Ich wurde mit Anfragen überhäuft.

Als ich an Heans Arm vor allen anderen ins Sprechzimmer ging, fühlte ich mich äußerst unbehaglich. Heans Cousine untersuchte meine Zähne und sagte, ich hätte eine schwere Zahnfleischentzündung, die schon so lange unbehandelt geblieben sei, daß mit einer konventionellen Behandlung nichts mehr zu machen sei: »Obwohl Ihre Zähne gut sind, müssen sie alle raus.«

Sie sah auf meinen ausgehungerten Körper und fügte hinzu: »Für tägliche Extraktionen sind Sie nicht stark genug. Kommen Sie jeden zweiten Tag. Ich werde Ihnen einen Berechtigungsschein für Milch geben. Nehmen Sie täglich auch ein paar Eier zu sich, falls sie welche beschaffen können. Wenn sich Ihr Allgemeinzustand gebessert hat, kann ich die Extraktionen beschleunigen.«

Nachdem wir das Krankenhaus verlassen hatten, bat ich Hean, mich beim Kauf einer Uhr zu begleiten, die ich dringend brauchte. Vor dem Uhrladen saß ein alter Mann auf einem Hocker und bewachte ein paar uralte Waagen. Für einen Jüan konnte sich jeder Passant wiegen. Ich bestieg eines der altertümlichen Gestelle und sah, daß ich mitsamt meiner Kleidung nur fünfundachtzig Pfund wog, dreißig Pfund weniger als normal. Hinfort wog ich mich regelmäßig bei dem alten Mann, bis ich China verließ.

Nachdem ich mich etwas erholt hatte, konnte die Zahnärztin mir täglich einen oder zwei Zähne ziehen. Als diese Tortur vorbei war, sagte sie mir, mein Zahnfleisch müsse erst verheilen und wieder hart werden, bevor sie mir ein Gebiß einpassen könne. Wann immer ich von nun an in den Spiegel blickte, überkam mich tiefe Niedergeschlagenheit. Wochenlang konnte ich weder deutlich sprechen noch vernünftig essen.

Eines Tages eröffnete mir Hean, daß sie zu ihrem Mann und den Kindern nach Kweijang zurückkehren werde, da ich wieder so gesund sei, daß ich mich allein in der Stadt bewegen könne. Ich war dankbar für das, was sie für mich getan hatte, und ich sah sie ungern abreisen.

Dann, an einem frühsommerlichen Sonntagmorgen, besuchte mich Kung. Wir saßen auf dem Balkon in der warmen Sonne. Auch er konnte mir über die Umstände von Meipings Tod nicht viel erzählen, aber der offiziellen Selbstmord-Version stand auch er skeptisch gegenüber.

»Ich habe Meiping lange gekannt, seit unserer Kindheit«, sagte er ernst. »Sie war nicht der Typ, der Selbstmord begeht. Was hatte sie außerdem in diesem Gebäude zu tun, und wer hat sie dort hingebracht? Die Revolutionäre aus dem Studio waren es nicht, das steht fest. Die hätten sie im Studio verhört.«

»Sie hat einmal der Damenrudermannschaft angehört. Kann das der Grund gewesen sein?« fragte ich ihn.

»Nein, ganz bestimmt nicht. Der Leichtathletikverband war zu der Zeit schon aufgelöst. Eine Unterabteilung der Schanghaier Miliz hatte das Gebäude übernommen. Wie ich gehört habe, soll es dort ein geheimes Schnellgericht gegeben haben. Man hat sich schlimme Sachen erzählt«, sagte Kung.

Er stand auf, ging zu Ah-jis Zimmertür und lauschte, um sicher zu sein, daß sie nicht zuhörte.

Als er sich wieder gesetzt hatte, fragte ich ihn besorgt: »Wollen Sie etwa sagen, daß es dort Folterkammern und dergleichen gab?«

Er zögerte lange mit der Antwort. Nachdem ich die Frage wiederholt hatte, erwiderte er: »Nun, Meiping war nicht der einzige Mensch, der dort unter mysteriösen Umständen gestorben ist.«

»Ihr Tod hat alle ihre Freunde tief erschüttert«, fuhr er nach einer

Weile fort. »Eines Tages werden wir der Sache auf den Grund gehen. Im Augenblick können wir nichts tun. Die politische Lage ist noch immer sehr ungewiß.«

»Hat in Peking jetzt nicht Tschou das Kommando?«

»Seit dem Tod Lin Piaos ist seine Position stärker geworden. Aber Tschiang Tsching und ihre Clique sind immer noch da. Sie werden nicht ruhen, bis sie die ganze Macht an sich gerissen haben. Als die Lin-Piao-Affäre begann, mußten sie sich wegen ihrer früheren engen Verbindung mit ihm still verhalten. Doch das ist nun vorbei. Außerdem ist Tschou sehr krank. Besucher aus Peking sagen, daß er Krebs hat.«

»Oh, wie schrecklich!« entfuhr es mir. Tschou war eine große Hoffnung für mich.

»Der ehemalige Generalsekretär der Partei, Deng Hsiao-ping, ist rehabilitiert worden. Das wird in wenigen Tagen bekanntgegeben werden. Er soll Tschou zur Seite stehen. Tschou würde ihn wohl gerne eines Tages als seinen Nachfolger sehen. Aber Tschiang Tsching und ihre Clique sind entschlossen, einen der ihren zum neuen Ministerpräsidenten zu machen.«

»Und was ist mit dem Vorsitzenden Mao? Muß er nicht diese Entscheidung treffen?«

»Die Entscheidung liegt natürlich bei ihm. Aber wird er die richtige Wahl treffen? Er ist sehr krank, und Tschiang Tsching versucht offenbar, ihn zu isolieren und jeden direkten Kontakt zwischen ihm und anderen Parteiführern zu verhindern.«

»Es gibt noch so viele Aspekte der Kulturrevolution, die ich nicht begreife. Könnten Sie mir nicht ein paar Broschüren und Bücher der Roten Garden besorgen?« bat ich Kung, als er sich verabschieden wollte.

»Der größere Teil dieser Schriften sind nichts als revolutionäres Gewäsch. Ich werde aber mal sehen, ob ich etwas Interessantes für Sie finde.«

Ich brachte ihn zur Treppe. Ein Stück Putz war abgeblättert und fiel ihm vor die Füße. »Warum hat Hean die Wohnung nicht streichen lassen?« fragte er mich.

»Sie hatte nicht genug Geld. Sie haben ihr nur fünftausend Jüan von meinem Geld gegeben, um alles einzurichten.«

»Am nächsten Wochenende werde ich mit ein paar Freunden kommen, um Ihrer Wohnung einen Anstrich zu verpassen«, bot Kung an.

»O nein! Das kann ich nicht annehmen.«

»Vielleicht sind Sie eines Tages in der Lage, etwas für sie zu tun. Was mich betrifft, habe ich so viele Jahre lang Ihre Gastfreundschaft genossen, daß es nur recht ist, daß ich mich revanchiere.«

Für bescheidene fünfzehn Jüan, den Preis der Farbe, brachten Kung und zwei andere junge Männer aus Meipings Filmstudio einen ganzen Tag lang mit dem Streichen der beiden Zimmer, des Balkons und des Korridors zu. Material und eine Leiter hatten sie aus dem Filmstudio mitgebracht. Sie sagten, das sei so üblich. Jeder nehme Werkzeug vom Arbeitsplatz für private Zwecke mit nach Hause, wenn nur sichergestellt sei, daß er sie hinterher wieder zurückbringe. Kung hatte mir auch ein paar Schriften der Roten Garden mitgebracht.

Heans Mutter hatte eine Ärztin ausfindig gemacht, die bereit war, mich zu untersuchen. »Frau Dr. Wu ist Absolventin der früheren Medizinischen Hochschule der Gewerkschaft in Peking, sie hat also eine lange und gute Ausbildung absolviert«, erzählte sie mir. »Ich kenne sie über die Tochter einer Freundin von mir. Einmal in der Woche empfängt sie Patienten, deren Erkrankungen für die jungen Ärzte in den Ambulanzen zu kompliziert sind. Sie wird dich am nächsten Donnerstag untersuchen. Die Tochter meiner Freundin wird sich einen Tag freinehmen, um dich zu begleiten.«

»Das kann ich nicht zulassen. Kann ich nicht allein gehen?«

»Sie möchte dich kennenlernen. Als ich ihr erzählte, daß du in England studiert hast, war sie ganz außer sich. Sie hofft, daß du ihr Englischunterricht gibst, wenn es dir wieder besser geht.«

So geriet auch ich Schritt für Schritt in das Gestrüpp des »Hintertür«-Systems. Aber was blieb mir übrig?

Am folgenden Donnerstag erfuhr ich dann von Frau Dr. Wu, daß von Krebs keine Rede sein könne, ich litte unter »akuten Hormonstörungen«, vermutlich durch »den langjährigen Streß und die anomalen Lebensbedingungen«, was ihre höfliche Umschreibung meiner Haftzeit war. Sie schlug mir eine Entfernung der Gebärmutter vor. Das sei besser als eine langwierige Behandlung, die zudem abrupt unterbrochen werden könne, falls es wieder zu politischen Verwicklungen komme. Wie Kung ging sie davon aus, daß es weitere politische Kämpfe geben würde. Die relativ ruhige Atmosphäre jener Wochen hielt sie für ein bloßes Zwischenspiel.

Eine Woche später hatte ich die Operation bereits hinter mir. Ich blieb drei Wochen im Krankenhaus, in einem überfüllten Raum mit fünfundzwanzig anderen Frauen, von denen einige Krebs hatten. Als ich aus der Narkose erwachte, hatte ich einen Augenblick lang das Gefühl, wieder im Gefängniskrankenhaus zu sein. Noch in der Klinik erhielt ich die Nachricht von der Bank von China, daß die Regierung sämtliche Devisenkonten freigegeben habe. Es war ein wundervolles Gefühl der Unabhängigkeit, wieder solvent zu sein. Sogleich schickte ich Hean und ihrem Mann ein verspätetes Hochzeitsgeschenk und lud sie ein, zum chinesischen Neujahrsfest mit ihren Kindern nach Schanghai zu kommen.

Nach meiner Entlassung aus dem Krankenhaus suchte ich wieder die Zahnärztin auf und ließ mir ein Gebiß einsetzen. Kaum hatte ich die Prothese im Mund, fühlte ich mich krank. Ich hatte das Gefühl, als hätte man mir zwei gewaltige Platten in den Mund geklemmt, an denen ich ersticken würde. Die Zahnärztin riet mir, die Prothese nachts herauszunehmen, um so etwas Erleichterung zu bekommen. Ich beschloß aber, sie rund um die Uhr zu tragen, um mich möglichst rasch daran zu gewöhnen und die Zeit des Unbehagens abzukürzen. Wenn ich nachts vor Schmerzen nicht schlafen konnte, nahm ich Schlaftabletten.

Da ich jetzt wieder genügend Geld hatte, setzte ich meinen Plan, den von mir bewohnten Teil des Hauses zu einer abgeschlossenen Wohnung umzubauen, in die Tat um. Am Sockel der Hintertreppe wurde eine Tür eingesetzt, die gesamte Badezimmerausstattung wurde nach unten verlegt, wo ich in einer geräumigen Abstellkammer ein neues Bad einrichten ließ. Anstelle des alten Bades ließ ich einen Ausguß und einen Gasherd installieren. Der Umbau wurde von drei Arbeitern des Wohnungsamts ausgeführt, das mir die Arbeit in Rechnung stellte. Kung und seine Freunde besorgten mir durch die »Hintertür« den Ausguß, Holz für die neue Tür sowie Dielen.

Die Arbeiter, die vom Wohnungsamt ihren festen Monatslohn bezogen, verdienten an ihrer Arbeit für mich nichts zusätzlich. Unter solchen Umständen leisteten sie normalerweise nur Dienst nach Vorschrift. Die Qualität ihrer Arbeit war ihnen gleichgültig, und sie versuchten, ihren Einsatz in die Länge zu ziehen. Es war verboten, ihnen Geld anzubieten. Ich mußte sie mit dem, was die Chinesen »Behandlung« nennen, zu guter und effektiver Arbeit anhalten. Dazu gehörten ganze Stangen der besten Zigaretten, gutes Essen sowie Wein und Bier. Als sie fertig waren, überreichte ich jedem der drei jungen Männer noch ein Geschenk. Bei dieser Gelegenheit ließ ich sie wissen, daß ich in der Halle eine Zwischenwand einziehen lassen wolle, aber noch keine Ziegelsteine hätte. Keiner der drei kannte eine »Hintertür« für Ziegelsteine, aber sie boten mir an, mir die Wand in ihrer Freizeit hochzuziehen, falls es mir gelinge, die Ziegel zu bekommen.

Als ich eines Nachmittags in meinem Zimmer saß und Gardinen für Ah-jis Zimmer nähte, bekam ich Besuch von drei Damen.

»Wir sind vom Mieterkomitee für dieses Viertel. Ich heiße Lu Jing. Ich bin für diesen Block zuständig«, stellte sich eine der Frauen vor. Dann wies sie auf eine ihrer Begleiterinnen, eine stämmige Frau, und sagte: »Dies ist unsere Parteisekretärin.«

»Ich bin ihre Stellvertreterin«, stellte sich die dritte mit einer höflichen Verbeugung vor.

Ich stand auf, um sie zu begrüßen, und bat sie, Platz zu nehmen. Ah-ji brachte uns Tee.

Die Mieterkomitees sind verlängerte Arme der Polizei. Ihre Mitglieder halten mit den Bewohnern eines Viertels direkten Kontakt und melden der Polizei alles, was ihnen auffällt. Die Komitees sind für die allwöchentliche politische Schulung der Mieter verantwortlich, unterhalten Kindertagesstätten, verteilen Lebensmittelkarten, setzen Geburtsquoten fest und schlichten bei Streitigkeiten unter Nachbarn. Manchmal helfen sie sogar bei der Aufklärung von Verbrechen und der Festnahme von Verbrechern, da sie die ihnen anvertrauten Menschen und deren Lebenswandel genau kennen. Sie ermöglichen es der Polizei, im Hintergrund zu bleiben, ohne die Bevölkerung auch nur einen Moment aus den Augen zu verlieren.

Nachdem wir uns gesetzt hatten, zeigte mir die Parteisekretärin ein breites Lächeln und sagte: »Wir besuchen Sie, weil wir gehört haben, daß Sie vor kurzem hier eingezogen sind. Wir möchten Sie einladen, zu den Versammlungen unserer Studiengruppe zu kommen, immer Dienstag und Freitag nachmittags.«

»Haben Sie vielen Dank, daß Sie sich herbemüht haben. Ich hätte schon längst zu Ihnen kommen sollen. Ich mußte in letzter Zeit aber oft zum Arzt und hatte alle Hände voll zu tun, um mein Leben wieder in Ordnung zu bringen«, erwiderte ich höflich.

»Woran waren Sie erkrankt? War es . . .« Die Parteisekretärin zögerte, den Satz zu vollenden.

»Nichts Ernstes. Die Operation war erfolgreich.«

»Hatten Sie nicht Krebs?« Die Stellvertreterin war weniger taktvoll.

»O nein! Nichts Ernstes.«

Das überraschte sie offenbar. Sie wechselten Blicke, hatten sich aber schnell wieder gefaßt.

»Ist es Ihnen möglich, an den genannten Nachmittagen an unseren Versammlungen teilzunehmen?« wollte Lu Jing nun wissen.

»Das würde ich gern. Könnten Sie mich aber vielleicht ein paar Monate entschuldigen, bis ich mich ganz von meiner Operation erholt habe? Die Ärztin hat mir für den Nachmittag strenge Ruhe verordnet, bis ich ganz wiederhergestellt bin.«

Ich erhielt keine Antwort. Die Parteisekretärin stand auf, trat auf den Balkon hinaus und rief: »Was für ein breiter Balkon!« Dann ging sie zum Badezimmer und rief entzückt: »Ein Badezimmer für Sie allein!«

»Normalerweise erhält eine Einzelperson nicht so viel Wohnraum«, fügte ihre Stellvertreterin hinzu.

»Ich weiß es durchaus zu schätzen, was man für mich getan hat. Ich hoffe, Sie werden meinen Dank an die zuständigen Stellen weiterleiten«, bemerkte ich trocken. »Eines Tages hoffe ich natürlich, wieder in meinem eigenen Haus zu wohnen. Wissen Sie eigentlich, was die Regierung mit Privathäusern vorhat?«

»Ich fürchte, darüber weiß ich nicht Bescheid«, bemerkte die Parteisekretärin ziemlich spitz.

»Sie müssen schnell gesund werden und sich unserer Studiengruppe anschließen, um Ihr sozialistisches Bewußtsein zu steigern«, versuchte Lu Jing ihrer Kollegin aus der Klemme zu helfen. »Angehörige der Kapitalistenklasse haben das nötiger als andere. Ich wohne auch in dieser Anlage, nur drei Häuser weiter. Ich werde Sie regelmäßig besuchen, um zu sehen, wie Sie zurechtkommen.«

»Das ist sehr nett von Ihnen«, erwiderte ich höflich.

»Ich habe ein Zimmer, das ich mit meinem Sohn und meiner Tochter teile. Im selben Haus leben noch drei weitere Familien«, klärte Lu Jing mich auf. Ihrer Stimme und ihrem Gesichtsausdruck konnte ich entnehmen, daß sie meine vergleichsweise großzügigen Wohnverhältnisse mißbilligte. Da sie für meinen Block zuständig war, würde ich sie hinfort also regelmäßig sehen. Ich konnte nur hoffen, daß sie mir keine Schwierigkeiten machte.

Meine Besucherinnen erhoben sich, um zu gehen, aber die Parteisekretärin hatte noch ein letztes Wort zu sagen: »Sie müssen die

Bücher des Vorsitzenden Mao studieren. Sie werden Ihnen helfen, Ihren jüngsten Erfahrungen gegenüber eine korrekte Einstellung zu gewinnen.«

Sie schien auf eine Antwort zu warten, doch ich erwiderte nichts. Wortlos standen wir im Kreis herum, bis Lu Jing das peinliche Schweigen unterbrach: »Ach ja, ich habe Ihnen noch ein paar Marken für Baumwollstoff, Strickwolle, Nähgarn und Deckenfüllungen mitgebracht. Ihre Marken für Speiseöl, Fleisch und Bohnenquark habe ich vor ein paar Tagen Ah-ji gegeben.«

Ich bedankte mich, und sie gingen hinaus. Die Etikette gebot, daß ich sie zum Gartentor brachte. Sie bestanden jedoch darauf, daß ich in meinem Zimmer blieb, und baten Ah-ji, sie hinauszubegleiten. Mir war klar, daß sie sich ungestört mit ihr unterhalten wollten, und so ließ ich sie allein. Ich brachte die Teetassen in die Küche und machte mich wieder an die Handarbeit.

Als Ah-ji zurückkam, klatschte sie in die Hände und rief: »Sie haben ja das Geschirr schon abgeräumt! Und nun nähen Sie auch noch für mich! Sie sind überhaupt nicht so, wie man Sie mir beschrieben hat!«

Ich wußte nicht, wer dieser »man« sein mochte, hatte aber den Verdacht, daß es jemand von der Polizei war oder eine Dame des Mieterkomitees. Ich hielt es für das beste, nicht danach zu fragen, und so sagte ich nur: »Ich danke Ihnen, Ah-ji.«

»Ich werde Sie nicht im Stich lassen. Sie sind ein anständiger Mensch«, bekräftigte sie noch einmal und fragte dann aus heiterem Himmel: »Wie stehen Sie eigentlich zur Kulturrevolution?«

»Von meinem persönlichen Standpunkt aus war die Kulturrevolution ein Unglück. Ich kam ins Gefängnis, und meine Tochter starb. Aber vom Standpunkt der ganzen Nation aus betrachtet, der natürlich wichtiger ist, ist sie wohl gut und notwendig gewesen«, erwiderte ich diplomatisch, da ich genau wußte, was die Damen vom Mieterkomitee gern hören wollten.

Sie klatschte wieder in die Hände und rief: »Sie haben ja so recht! Sie sind so weise! Warum haben Sie der Parteisekretärin nicht all das gesagt?«

»Sie hat mich nicht gefragt, was ich über die Kulturrevolution denke.«

»Macht nichts! Ich werde sie wissen lassen, was Sie gesagt haben, wenn ich sie morgen früh auf dem Markt treffe. Dort kauft Sie jeden

Morgen Milch für ihren Enkel«, weihte Ah-ji mich ein. Dann ging sie in die Küche, um das Abendessen zuzubereiten.

Ah-ji war ein schlichtes Gemüt. Sie hatte mir unwissentlich verraten, wo sie der Parteisekretärin über mich Meldung zu erstatten hatte. Obwohl man mich entlassen hatte, schien ich noch immer unter Bewachung zu stehen. Solange ich in Schanghai wohnte, würde ich wohl oder übel auf der Hut sein müssen.

In der folgenden Nacht, als ich allein in der Stille meines Zimmers saß, kam mir zum erstenmal der Gedanke, China zu verlassen. Es müßte eine wahre Befreiung sein, der Atmosphäre der politischen Intrige und der ständigen Wachsamkeit endlich entfliehen zu können. Da Meiping tot war, gab es nichts mehr, was mich in Schanghai halten konnte.

Es hatte fast den Anschein, als hätte Gott ein Erbarmen mit mir. Endlich sah ich einen Silberstreifen am Horizont.

Die Suche nach der Wahrheit

Ich litt oft unter Alpträumen. Ich sah, wie Meiping brutal zusammengeschlagen, gefoltert und in einem mit Blut besudelten Raum getötet wurde. Mein Herz pochte wild, als ich im Dunkeln dalag und mir noch schrecklichere Szenen ausmalte. Ich beschloß, zur Nanking-Straße zu fahren, um mir das Gebäude des Leichtathletikverbands näher anzusehen. Ich glaubte, diese schmerzliche Aufgabe in Angriff nehmen zu müssen, sobald ich wieder bei Kräften war, um mir ein klares Bild von dem Ort zu machen, an dem Meiping ums Leben gekommen war. Vielleicht würde es mir sogar gelingen, Nachforschungen anzustellen. Ah-ji konnte ich von meinem Vorhaben nichts erzählen, da ich annahm, daß sie es den Damen des Mieterkomitees weitersagen würde. Ich konnte nur zur üblichen Zeit meines täglichen Spaziergangs das Haus verlassen und dann mit dem Bus zur Nanking-Straße fahren. Nach und nach verlängerte ich meine Gänge, bis ein Fortbleiben von zwei Stunden zur Routine geworden war und Ah-ji sich nicht mehr über meine lange Abwesenheit wunderte. Nun hielt ich die Zeit für gekommen.

Die Nanking-Straße ist die Hauptverkehrsader Schanghais. Sie verläuft von der Innenstadt unten am Fluß bis zu den westlichen Vororten. Vor der Machtübernahme der Kommunisten im Mai 1949 war der spätere Sitz des Leichtathletikverbands das Hauptquartier des Internationalen CVJM gewesen. Das Gebäude steht im mittleren Teil der Nanking-Straße gegenüber dem Volkspark, der ehemaligen Rennbahn. Mit dem Bus brauchte ich etwa eine halbe Stunde. Wie immer in Schanghai war der Bus völlig überfüllt. Als er schließlich mein Ziel erreichte, zögerte ich auszusteigen. Doch ich wurde von nachdrängenden Fahrgästen regelrecht hinausgeschubst und fand mich auf dem Bürgersteig wieder.

Ich ging los, mischte mich unter die Passanten und zwang mich, die Gebäude auf der anderen Seite der belebten Straße anzusehen. Neben dem Haus des Leichtathletikverbands lagen das Park-Hotel und das Große Filmtheater, beide in den dreißiger Jahren erbaut und immer noch Wahrzeichen der Stadt.

Am Eingang zum Volkspark stand eine lange Schlange nach Eintrittskarten an. Ich stellte mich neben die Wartenden und musterte die

Fassade auf der anderen Straßenseite. Ich zählte acht Stockwerke. Darüber gab es nur ein steiles Dach. Um keine Aufmerksamkeit zu erregen, schlenderte ich auf und ab, als wartete ich ungeduldig auf jemanden. Dann blickte ich wieder hinüber. Ich konnte einfach kein Fenster in einem neunten Stock entdecken, aus dem Meiping, wie man mir gesagt hatte, angeblich in die Tiefe gesprungen war. Während ich am Volkspark entlangging, ging mir die Bedeutung meiner Entdekkung allmählich auf. Erst als ich umkehrte, erblickte ich an der Giebelseite des Gebäudes das neunte Stockwerk und dessen Fenster. Sie lagen nicht an der Nanking-Straße, sondern an einer Gasse mit niedrigen, zweistöckigen Wohnhäusern. Sie waren sehr schmal und mit Eisenstäben vergittert. Ob es jemandem möglich wäre, sich durch die Gitterstäbe zu zwängen, konnte ich von der Straße aus nicht deutlich erkennen.

Was ich hier sah, war etwas völlig anderes als das, was man mir berichtet hatte. Ich brauchte Zeit, um mir alles durch den Kopf gehen zu lassen. Deshalb kaufte ich eine Eintrittskarte für den Park und ging hinein. Von einer Parkbank in einer stillen Ecke aus konnte ich die oberen Stockwerke auf der anderen Straßenseite erkennen. Ich starrte die schmalen, vergitterten Fenster an und fragte mich, was die Wahrheit über Meipings Tod war. Sollte ich die Straße überqueren, beim Leichtathletikverband klingeln und versuchen, dort etwas herauszufinden? Ich brachte es nicht über mich und blieb wie gebannt sitzen.

Als ich den Park wieder verließ und auf die Bushaltestelle zuging, sah ich überall Meiping; jede junge Frau und jedes kleine Mädchen sahen aus wie sie. An der Bushaltestelle warteten schon viele Menschen. Ein Bus fuhr vorbei, ohne anzuhalten. Plötzlich raffte ich mich auf und ging entschlossen über die Kreuzung auf die andere Straßenseite hinüber. Am Eingang der schmalen Gasse neben dem Sitz des Leichtathletikverbands sah ich eine junge Frau auf einem Hocker sitzen. Sie strickte.

»Wohnen Sie hier?« fragte ich sie.

Sie nickte und strickte weiter. Ein paar Leute gingen an uns vorüber, aber keiner blickte in meine Richtung. Ich sah nun, daß die Wohnhäuser direkt an das Gebäude des Leichtathletikverbands angebaut waren und etwa die halbe Breite der Gasse einnahmen.

»Suchen Sie jemanden?« fragte die junge Frau und blickte auf.

»Ich bin aus Peking«, log ich. »Ich habe gehört, daß eine junge Schauspielerin des Schanghaier Filmstudios 1967 hier Selbstmord begangen hat. Sie soll aus dem Fenster gesprungen sein. Wissen Sie etwas darüber?« Ich zeigte nach oben in Richtung der Gitterfenster.

Sie blickte auf und schüttelte den Kopf. »Nicht 1967, das war das Jahr nach dem Beginn der Kulturrevolution, nicht wahr? Damals wurde das Haus gerade renoviert. Auf allen Seiten waren Baugerüste. Ich weiß das noch, weil wir kurz vor Ausbruch der Kulturrevolution hier eingezogen sind. Die Arbeiter haben ziemlich viel Dreck gemacht. Dann verschwanden sie, ohne die Arbeiten zu beenden.«

»Ich muß mich geirrt haben«, sagte ich schnell und ging. Ich hatte soeben eine entscheidende Information erhalten. Ich war jetzt sicher, daß Meiping sich nicht in der Weise umgebracht haben konnte, wie man es mir geschildert hatte.

Nach einer anstrengenden Busfahrt kehrte ich in meine ruhige Straße zurück. Als ich das Gartentor öffnete, sah ich zwei Fahrräder an der Hauswand stehen. Aus den Zimmern im Parterre hörte ich Stimmen.

Ah-ji kam mir im Flur mit der Nachricht entgegen, die untere Wohnung sei einer Familie namens Tschu zugewiesen worden. Sie erzählte mir sogleich alles mögliche über die neuen Nachbarn, aber ich hörte nicht zu. Mich beschäftigte nur meine Entdeckung in der Nanking-Straße.

Wenige Tage später zogen die Tschus ein. Während ich noch überlegte, ob ich nach unten gehen und sie mit ein paar freundlichen Worten begrüßen sollte, kam Frau Tschu zu mir nach oben. Sie war etwa in meinem Alter und hatte ihr schwarzgefärbtes Haar mit einem Kamm aus imitiertem Schildpatt hochgesteckt. In ihrem Mundwinkel hing eine Zigarette. Ich bat sie, Platz zu nehmen. Ah-ji brachte ihr eine Tasse Tee und eine Untertasse als Aschenbecher.

Nach den ersten Höflichkeiten drückte sie ihre Zigarette aus und zündete sich eine zweite an. Nachdem sie tief inhaliert und den Rauch kräftig ausgeblasen hatte, sagte sie: »Ich bin zu Ihnen gekommen, um über die Stromrechnung zu sprechen. Ich halte viel davon, daß man alle Fragen gleich zu Anfang klärt, Sie nicht auch? Dann gibt es keine Mißverständnisse. Mein Schwiegersohn ist Elektriker. Ihm ist aufgefallen, daß es für das ganze Haus nur einen Zähler gibt. Sind Sie damit einverstanden, daß wir die Stromrechnung teilen, da Sie über die eine Hälfte des Hauses verfügen und wir über die zweite?«

Bevor ich antworten konnte, kam Ah-ji ins Zimmer. Sie mußte gelauscht haben: »O nein, Frau Tschu. Die Stromrechnung sollte nach der Zahl der Personen in jedem Haushalt geteilt werden. Sie sind sieben und wir nur zwei. Wir teilen die Rechnung in neun Teile. Sie zahlen sieben und wir zwei.«

»O nein. Wir sind zwar sieben Personen, haben aber nicht mehr Raum. Die Rechnung sollte genau geteilt werden.« Frau Tschu schien Ah-ji sehr böse zu sein.

Ich beschloß zu vermitteln: »Wir sollten vielleicht herausfinden, wie andere Mieter ihre Stromrechnung teilen. Ich werde zu Lu Jing gehen. Sie ist für unseren Block zuständig. Sie lebt in einem Haus mit anderen Familien zusammen. Wir werden sie fragen.«

Frau Tschu drückte wütend die Zigarette aus, stand auf und sagte: »Das halte ich für überflüssig. Ich werde meinen Mann bitten, mit Ihnen zu sprechen.« Damit verließ sie das Zimmer und ging brummend hinunter, ohne abzuwarten, ob ich überhaupt mit ihrem Mann sprechen wollte.

Ich begriff nicht, warum sie sich wegen der Stromrechnung solche Sorgen machte. In den wenigen Monaten, in denen ich hier wohnte, war die Rechnung nie höher als ein paar Jüan pro Monat gewesen.

Bald hörte ich erneut Schritte auf der Treppe. Kurz darauf wurde die Tür aufgestoßen. Herr Tschu trat ein. Er war ein stämmiger Mann mit einem aufgedunsenen Gesicht; er mußte einmal ziemlich dick gewesen sein. Fast augenblicklich trat auch Ah-ji wieder ins Zimmer und stellte sich schützend neben mich.

»Was erzählt mir meine Frau da? Sie wollen Ihren Teil der Stromrechnung nicht übernehmen?« fragte Herr Tschu dreist.

Da er das Zimmer so unhöflich und ohne anzuklopfen betreten hatte, stand ich nicht auf, um ihn zu begrüßen, sondern blieb an meinem Schreibtisch sitzen.

»Wenn Sie mich künftig zu sprechen wünschen, bitte ich Sie, erst anzuklopfen. Es geht nicht, daß Sie hier einfach so hereinplatzen. Menschen mit Selbstachtung sollten sich zivilisiert benehmen.«

Er wurde rot und schien sich unbehaglich zu fühlen. Ungeduldig fragte er: »Wollen Sie mit mir nun über die Stromrechnung sprechen?«

Ich entgegnete mit fester Stimme: »Nein, ich habe es satt, darüber zu sprechen. Im nächsten Monat werde ich die Hälfte bezahlen. Bis dahin werde ich einen zweiten Zähler installieren lassen, damit es keine Probleme mehr gibt.«

Ich stand auf, um ihm zu zeigen, daß das Gespräch für mich beendet war, und sagte abschließend: »Das Ganze tut mir leid. Da Sie offenbar finanzielle Schwierigkeiten haben, werde ich die Hälfte der nächsten Stromrechnung übernehmen.«

Herr Tschu zog eine Grimasse und knurrte: »Ich habe nicht um Almosen gebeten.« Damit verließ er den Raum.

Am nächsten Tag beantragte ich beim Wohnungsamt den Einbau eines zweiten Zählers. Die Beamten ignorierten jedoch meine Bitte. Jedesmal, wenn ich nachfragte, sagte man mir, mein Antrag werde bearbeitet.

Ein paar Tage später wurde ich von Herrn Tschus Schwiegersohn angesprochen, dem Elektriker. Er fing mich im Garten ab, und erbot sich, mir durch die »Hintertür« einen Zähler zu beschaffen. Er nannte einen Preis, der den offiziellen um das Vielfache überstieg. Wir handelten. Schließlich einigten wir uns auf den doppelten Preis.

»Stammt der Zähler aus dem Lager an Ihrem Arbeitsplatz?« fragte ich ihn auf den Kopf zu, weil ich überzeugt war, daß er ihn dort gestohlen hatte. Diese Praxis war in China so verbreitet, daß sie ein offenes Geheimnis war. Die Arbeiter machten ihre Witze darüber und nannten es »Kommunismus«, was im Chinesischen »Eigentum teilen« heißt.

»Was geht es Sie an, woher der Zähler kommt? Sie wollen doch einen kaufen, nicht wahr?« entgegnete der junge Mann frech.

»Was werden Sie mir für die Arbeit berechnen?« wollte ich wissen.

»Der Staat bezahlt mich schlecht, und ich brauche das zusätzliche Geld. Wie wäre es mit sechs Jüan?«

Ich sah mir diesen ziemlich zweifelhaften Burschen an, der da vor mir stand. Er schien recht intelligent zu sein, jedoch unterernährt und schlecht gekleidet. Er war wie wir alle ein Opfer des Systems. Unter anderen Umständen, wenn man ihm die Möglichkeit böte, einen anständigen Lebensunterhalt zu verdienen, wäre er ein junger Mann mit Selbstachtung gewesen. Er blickte mich forschend an. Schließlich sagte ich: »Sechs Jüan sind in Ordnung.«

Eines Morgens machte ich meine Tür auf und hörte, wie am unteren Ende der Treppe jemand gähnte. Ich blickte hinunter und sah, daß der arbeitslose Sohn von Frau Tschu gerade dabei war, aufzustehen. In der Nacht hatten die Tschus sich der Halle bemächtigt und sie in ein Schlafzimmer verwandelt. Das Bett stand auf ihrer Seite an der Wand, aber auf meiner Seite erblickte ich einen kleinen Tisch und einen Stuhl.

Der Durchgang zur Tür war kaum noch einen halben Meter breit.

Nach dem Frühstück machte ich mich gleich auf den Weg zum Wohnungsamt.

»Ich wohne Tai Jüan Lu 1«, sagte ich dem Beamten hinter dem Schalter.

»Ich weiß, wer Sie sind«, erwiderte er.

»Es tut mir leid, Sie mit einer Anfrage zu belästigen. Könnten Sie mir etwas über den Wohnraum sagen, den das Wohnungsamt mir zugeteilt hat?«

»Ihnen stehen die Räume im Obergeschoß zu.«

»Und was ist mit der Halle unten?«

»Die Halle und der Garten gehören Ihnen zur Hälfte. Mit Ihrer Miete zahlen Sie die Hälfte des Gartens und die Hälfte der Halle.«

Ich dankte ihm für die Auskunft und ging wieder nach Hause. Frau Tschu stand auf der Terrasse und hängte ihre Wäsche auf. Ich sprach sie gleich an: »Wie ich feststelle, schläft Ihr Sohn jetzt in der Halle.«

»Ja, bei uns ist kein Platz«, erwiderte sie beiläufig und widmete sich wieder ihrer Wäsche.

»Ich habe mir gerade vom Wohnungsamt bestätigen lassen, daß die Hälfte der Halle mir gehört. Würden Sie Ihrem Sohn bitte ausrichten, daß er seine Sachen zur Seite schaffen und nicht mehr die Treppe blokkieren möge?«

»Er hat Ihnen genug Platz gelassen. Sie sind doch eine schlanke Person. Wieviel Platz brauchen Sie denn?« Sie schien verstimmt.

»Es kommt nicht darauf an, wieviel Platz ich brauche. Es geht darum, wieviel mir zusteht. Bitte sagen Sie ihm, er soll seine Sachen von meiner Seite der Halle wegräumen«, entgegnete ich fest und ging ins Haus.

Ah-ji hatte unsere Unterhaltung vom Balkon aus mitgehört. Als ich in mein Zimmer kam, flüsterte sie mir zu: »Wir müssen eine Zwischenwand einziehen. Nur so können wir verhindern, daß sie sich noch mehr breitmachen.«

»Wo sollen wir denn die Ziegelsteine hernehmen?«

»Geben Sie mir ein paar Tage frei, dann fahre ich nach Sutschau zu mir nach Hause. Vielleicht gibt es dort gebrauchte Ziegelsteine.«

Es freute mich zu hören, daß Ah-ji ein paar Tage nach Hause wollte. Obwohl sie einen freien Tag in der Woche hatte, ging sie nur selten aus dem Haus.

Am Morgen nach ihrer Abreise stand ich früh auf, um mit ihrem Einkaufskorb zum Markt zu gehen. Obwohl es erst fünf Uhr war und noch dunkel, waren die Straßen schon voller Menschen, die eilig dem Markt und seinen Lebensmittelständen zustrebten.

Nachdem ich in immer neuen Warteschlangen schließlich das Notwendigste erstanden hatte und mich durch die Menge drängte, um den Rückweg anzutreten, rief hinter mir ein Mann: »Tai-tai! Tai-tai!« Das ist eine Form der Anrede, mit der Diener ihre Herrin ansprechen. Ich war sehr überrascht, nach all der Propaganda der Kulturrevolution diese Worte zu hören, und fragte mich, wer sie wohl gesprochen hatte. Die Stimme schien mir zu folgen. Kurz darauf stand mein alter Gärtner neben mir. Er hatte Tränen in den Augen und sagte mit fast gebrochener Stimme: »Sie sind noch am Leben! Sie sind noch am Leben! Gut sehen Sie aus. Aber Meiping . . .«

Einige Passanten blieben stehen und blickten uns neugierig an. Ich gab ihm meine Adresse und bat ihn, mich zu besuchen.

»Ich bin so froh, dich zu treffen. Ich möchte dir deine Abfindung geben, die ich dir schon so lange schulde.«

»Ach, das! Meiping hat mir das Geld damals schon gegeben. Sie besuchte mich, nachdem man Sie . . .« Er brachte es nicht über sich, das Wort »Gefängnis« auszusprechen.

Meiping hatte nur ein kleines Gehalt gehabt, und ich wußte, daß ihr die Rotgardisten nicht mehr als ein paar hundert Jüan auf ihrem Sparkonto gelassen hatten. Sie mußte dem Gärtner damals fast alles Geld gegeben haben, das sie besaß. Es machte mich stolz, wie sie gehandelt hatte.

»Weißt du etwas über ihren Tod?« fragte ich den alten Mann.

»Ich habe gehört, daß sie Selbstmord begangen hat. Ich habe sie nur an dem Tag gesehen, an dem sie mir das Geld brachte. Aber Lao Tschao hat sie noch öfter gesehen. Als wir uns einmal auf der Straße begegneten, sagte er mir, daß er sie regelmäßig trifft.«

»Kannst du Lao Tschao für mich ausfindig machen und ihm sagen, er soll mich mal besuchen?«

»Natürlich! Ich werde auch den Koch finden. Sie werden beide sehr glücklich sein, daß Sie noch am Leben sind und daß es Ihnen gutgeht.«

»Weißt du, ob die beiden wieder Arbeit gefunden haben?«

»Ja. Der Koch arbeitet, glaube ich, in einer Fabrik, und Lao Tschao ist Pförtner in einer Schule. Die Rotgardisten haben ihn damals zusammengeschlagen und ihm den Arm gebrochen. Er wurde nicht richtig behandelt und ist jetzt verkrüppelt.«

Ich war bestürzt und traurig, das zu hören. Nun wollte ich auch von ihm wissen, wie es ihm ergangen war.

»Ich bin viele Jahre arbeitslos gewesen. Blumen zu pflanzen galt als schlecht, wenn nicht gar als konterrevolutionär. Jetzt scheinen sich die Dinge wieder etwas geändert zu haben. Ich habe ab und zu eine Gelegenheitsarbeit. Sogar die Polizisten meines Reviers haben mich gebeten, für sie ein paar Blumen zu pflanzen. Dann muß es wohl wieder erlaubt sein, nicht wahr?« sagte er mit einem schelmischen Augenzwinkern, wie ich es von früher an ihm kannte.

Ich bat ihn, sich meinen Garten anzusehen, der immer noch öde und leer aussah, obwohl das Wohnungsamt ein paar Bäume gepflanzt hatte. Er sagte sofort zu.

»Das wäre wunderbar! Kannst du mir ein paar Blumensamen besorgen? Könntest du auch einen Rasen anlegen?« Ich war schon ganz aufgeregt.

»Grassamen sind wohl schwer zu bekommen, fürchte ich. Sämlinge ziehe ich zu Hause selber. Als die Rotgardisten überall herumschnüffelten, mußte ich sie unterm Bett verstecken«, sagte er lachend.

Nachdem wir noch eine Weile nebeneinander hergegangen waren, verabschiedeten wir uns, und er versprach, sich bald meines Gartens anzunehmen.

Zwei Tage später kehrte Ah-ji zurück. In einem Korb hatte sie einen großen Fisch, ein fettes Huhn und ein paar Eier mitgebracht, die sie in Sutschau durch die »Hintertür« bekommen hatte. Frau Tschu war gerade in der Küche und sah Ah-ji mit dem Korb hereinkommen.

»Was haben Sie in Sutschau auf dem Schwarzmarkt bekommen?« fragte sie sogleich neugierig.

»Wer hat gesagt, daß ich auf dem Schwarzmarkt eingekauft habe? Das sind Geschenke von meinem Mann und meinem Sohn. Außerdem geht Sie das nichts an.« Ah-ji war verärgert, mit einer solchen Beschuldigung begrüßt zu werden. Sie kam die Treppe herauf, stellte den Korb ab, begrüßte mich und sagte: »Diese Alte ist wirklich ein Quälgeist.«

Kaum hatte ich ihr zustimmend zugenickt, da hörte ich Schritte auf der Treppe, und schon stand Lu Jing vor mir. Ich begrüßte sie.

»Ich bin lange nicht mehr bei Ihnen gewesen. Inzwischen dürften Sie wohl wieder so weit bei Kräften sein, daß Sie an unseren Versammlungen teilnehmen können«, sagte sie, nachdem sie sich in meinem Zimmer niedergelassen hatte.

»Danke, daß Sie sich um mich Sorgen machen. Ich werde mit jedem Tag kräftiger.«

»Wir sind gerade dabei, Lin Piaos Verbrechen zu studieren. Das ist sehr wichtig. Wir müssen diesen Verbrecher durchschauen lernen, der dem Vorsitzenden Mao schaden wollte. Sie sollten nächste Woche wirklich kommen.« Ihre Stimme duldete keinen Widerspruch.

»Also gut, ich werde nächste Woche mit Vergnügen kommen.« Ich gab nach, da mein schlechter Gesundheitszustand nicht mehr als Ausrede taugte.

Nachdem sie sich aufdringlich in meinem Zimmer umgesehen hatte, bemerkte Lu Jing: »Übrigens, in der Nachbarschaft stoßen sich viele an Ihrer Kleidung. Man sagt, Sie achteten zu sehr auf Ihr Äußeres. Ihre Sachen sind nicht nur teuer, sondern auch ausnahmslos neu.«

»Mir gefällt es auch nicht, neue Sachen zu tragen. Nichts wäre mir lieber, als meine alten wiederzubekommen. Ich weiß leider nicht, wo ich die Rotgardisten finden soll, die mir damals alles weggenommen haben, als sie mein Haus plünderten. Können Sie mir helfen?«

Es machte sie sichtlich verlegen, auf den Diebstahl der Roten Garden angesprochen zu werden. Trotzdem hörte sie nicht auf, an mir herumzukritteln. »Wenn Sie sich das nächstemal Kleidung kaufen, sollten Sie sich marineblaue Drillich-Konfektion besorgen, wie wir sie alle tragen. Dann wird man Sie eher als eine von uns akzeptieren.«

Nachdem Lu Jing gegangen war, blickten Ah-ji und ich uns amüsiert an. Wir waren uns darin einig, daß Frau Tschu über meine Kleidung getratscht hatte. Dann fragte ich Ah-ji, was sie über die Ziegel herausgefunden habe.

»Mein Mann will sich erkundigen. Sobald er welche ausfindig macht, bekommen wir Nachricht.«

Am folgenden Sonntag besuchten mich Lao Tschao und der Koch. Ich erkundigte mich ausführlich nach ihrer Arbeit und ihren Familien und fragte sie schließlich voll banger Erwartung nach Meiping.

»Kurz nachdem die Revolutionäre Sie weggebracht hatten, haben sie Meiping in einem Haus, das einem Professor Tschen von der Tung-Tschi-Universität gehörte, ein Zimmer gegeben«, begann Lao Tschao. »Der Professor wurde von den Roten Garden angeprangert und mußte mit seiner Familie auf den Dachboden ziehen. Der Rest des Hauses wurde anderen Familien zugeteilt. Ich habe Meiping damals etwa alle zehn Tage besucht. Es schien ihr gut zu gehen, aber sie machte sich Sorgen um Sie. Nach ihrem Tod habe ich Frau Tschen gefragt, was passiert sei. Sie sagte, eine Gruppe von Revolutionären habe Meiping mitten in der Nacht abgeführt. Sie glaubte nicht, daß es Männer vom Filmstudio waren.«

»Was ist mit den Leuten, die auf derselben Etage wohnten?« wollte ich wissen.

»Ich habe sie gefragt, aber keiner wollte etwas sagen. Sie schienen Angst zu haben.«

Ich bat Lao Tschao um die Adresse. Er schrieb sie mir auf, warnte mich aber: »Sie sollten nicht hingehen. Sie würden ohnehin nichts herausbekommen. Ich hatte den Eindruck, daß man den Hausbewohnern verboten hat, über den Vorfall zu sprechen.«

»Es ist besser, wenn Sie keine eigenen Nachforschungen anstellen«, stimmte ihm der Koch zu. »Wenn die Polizei davon erfährt, wäre das nicht gut für Sie.«

Als ich darüber nachdachte, wie ich weiter vorgehen sollte, erzählte mir Lao Tschao, daß meine teure Tschen Mah gestorben war. Diese Nachricht traf mich tief.

»Sie können sich nicht vorstellen, wie es 1967 und 1968 in Schanghai zuging«, sagte der Koch in mein Schweigen hinein. »Die Rotgardisten und Revolutionäre haben verrückt gespielt. Sie haben sich in der Stadt wie die Wilden aufgeführt. Sie haben geplündert, Menschen entführt, wie es ihnen einfiel, sie an geheimen Orten gefoltert und auf die grausamste Weise umgebracht. Die Straßen waren nicht mehr sicher. Sie haben ihre Opfer sogar im Krankenwagen abtransportiert, wenn sie nicht genug andere Fahrzeuge hatten. Viele sind zur Polizei gegangen und haben darum gebeten, in Schutzhaft genommen zu werden, um dem Zugriff der Rotgardisten zu entgehen.«

»Kurz bevor ich sie zum letztenmal sah, hat mir Meiping gesagt, daß sie Sun Kai heiraten wolle, aber bis zu Ihrer Freilassung damit warten werde«, erzählte Lao Tschao. »Sie schien bald mit Ihrer Entlassung zu rechnen, denn sie war fest davon überzeugt, daß Sie nichts Unrechtes getan hätten. Soll ich Sun Kai für Sie ausfindig machen?«

»Kennst du seine Adresse?«

»Er hat sie mir 1968 gegeben und gesagt, ich solle mich melden, falls ich etwas von Ihnen höre.«

1968 – das war vor fünf Jahren. Ob er noch etwas mit mir zu tun haben wollte? Aber natürlich wollte ich ihn sprechen!

»Bitte versuche ihn zu finden. Gib ihm nur meine Adresse. Wenn er inzwischen geheiratet hat, solltest du Meiping vor seiner Frau nicht erwähnen.«

Dann bat ich Lao Tschao, sich beim Filmstudio eine Genehmigung zu holen, zum Krematorium zu fahren und mir Meipings Asche zu bringen.

Am nächsten Morgen erschien Lu Jing wieder, um mich an das Treffen ihrer Studiengruppe am Dienstagnachmittag zu erinnern. Sie schärfte mir ein, daß ich zu erscheinen hätte.

»Bringen Sie einen Stuhl mit. Wir haben im Versammlungsraum nicht genügend Bänke«, fügte sie hinzu.

Der Sitz des Mieterkomitees befand sich in einem Haus, das dem meinen ähnelte. Für die Versammlungen hatte man drei Zimmer im Parterre zu einem Saal zusammengefaßt. Er war schon zu zwei Dritteln mit blaugekleideten Menschen gefüllt. Mir schlug unverhüllte Neugier entgegen. Mein Ruf als Ex-Häftling der Haftanstalt Nr. 1 war mir vorausgeeilt.

Der Versammlungsraum war mit Parolen der Kulturrevolution geschmückt, die mich an meine früheren Kampfversammlungen erinnerten. Ich erblickte aber auch Wandzeitungen mit neuen, friedfertigeren Botschaften. Sie priesen den Wirtschaftsaufschwung des Landes seit der Kulturrevolution, die angeblich die Produktivkräfte freigesetzt habe. Natürlich hatte sie das genaue Gegenteil bewirkt. Amtliche Lügen wie diese, die gewohnheitsmäßig verbreitet wurden, dienten allein dem Zweck, die Wahrheit als unerheblich abzutun.

Direkt vor mir, an der exponiertesten Stelle des Raums, erblickte ich Parolen und Karikaturen, mit denen Lin Piao, die Zielscheibe unserer Kritik, angegriffen wurde.

Zu Beginn der Versammlung mußten alle aufstehen und »Der Osten ist rot« singen, ein Lied, in dem Mao Tse-tung als aufgehende Sonne des Ostens gepriesen wird. Es war während der Kulturrevolution an die Stelle der Nationalhymne getreten. Nachdem alle wieder saßen, trat ein Mann vor, dessen Name und Funktion nicht genannt wurden, und begann mit einer gehässigen Tirade gegen Lin Piao. Alle seine früher so hochgelobten Tugenden waren zu Lastern geworden. Und weitere Laster, die wir noch nicht kannten, wurden enthüllt. Es hörte jedoch kaum jemand hin. Viele Frauen hatten sich Handarbeiten mitgebracht, während die Männer in entspannter Haltung rauchten oder vor sich hindösten. Die Versammlung war eine reine Formsache. Die Leute kamen nur, weil sie sich nicht drücken konnten. Ihre politische Einstellung wurde durch Veranstaltungen wie diese nicht im geringsten beeinflußt.

Am Ende der Versammlung mußten wir wieder aufstehen und Parolen rufen, mit denen wir unsere kollektive Mißbilligung Lin Piaos zum Ausdruck bringen sollten. Obwohl es mich innerlich befriedigte, ihn so verurteilt zu hören, beteiligte ich mich nicht.

In der Abenddämmerung des kühlen Novemberabends gingen alle entschieden schneller nach Hause, als sie gekommen waren. In dem schwachen Lichtschein der Straßenlaterne vor meinem Gartentor sah ich einen hochgewachsenen jungen Mann stehen. Als ich näherkam, erkannte ich ihn als Winnies Sohn. Aus dem stämmigen Jüngling war ein schlanker und eher zartgliedriger junger Mann geworden, aber seine Gesichtszüge hatten sich kaum verändert. Ich führte ihn in mein Zimmer und fragte ihn nach seinen Eltern.

»Es hat uns sehr gefreut, von Ihnen zu hören und zu erfahren, daß Sie das Gefängnis überlebt haben. Mutter kann es kaum erwarten, Sie zu sehen. Ich fürchte, sie ist sehr krank. Sie hat eine seltsame Hautkrankheit, die unheilbar ist. Vater geht es auch nicht gut. Er hat Herzbeschwerden und zu hohen Blutdruck.« Der junge Mann sprach mit leiser Stimme und sah traurig und besorgt aus.

»Erzähl mir mehr von der Krankheit deiner Mutter. Ist sie bei einem Hautarzt gewesen?«

»Die Krankheit heißt Sklerodermie. Die Haut wird ganz hart und fest. Die inneren Organe werden auch in Mitleidenschaft gezogen, so daß sie die Nahrung nicht aufnehmen können«, sagte er. »Sie ist dauernd im Krankenhaus gewesen, aber keiner der Ärzte scheint mehr tun zu können, als sie künstlich zu ernähren.«

»Ich werde sie morgen besuchen«, sagte ich ihm.

»Machen Sie sich darauf gefaßt, daß sie sich sehr verändert hat. Sie sieht nicht mehr so aus wie früher.« Mit diesen Worten verabschiedete er sich. Ich war mir sicher, daß Winnie ihn geschickt hatte.

In der folgenden Nacht regnete es in Strömen. Die feuchte Kälte ließ meine arthritischen Gelenke, mit denen ich mich seit der Haftzeit herumquälte, steif werden und so schmerzen, daß ich Mühe hatte, aus dem Bett zu kommen. Nach dem Frühstück machte ich mich schweren Herzens auf den Weg, um meine alte Freundin Winnie zu besuchen.

Selbst heute noch, nach mehr als zehn Jahren, steht mir deutlich vor Augen, was für ein Schock es für mich war, Winnies erstarrten Körper und das einst so schöne Gesicht durch diese furchtbare und rätselhafte Krankheit so gnadenlos entstellt zu sehen. Sie lag schon im Sterben. Sie konnte ihren gebrechlichen Körper ohne die Hilfe ihres Sohnes nicht mehr bewegen. Ich mußte mich über sie beugen, damit sie mich sehen und ich ihre geflüsterten Worte verstehen konnte.

Ihre Augen verrieten mir, daß sie glücklich war, mich zu sehen. Ihr Blick verschleierte sich jedoch sogleich wieder, und sie stammelte: »Meiping ist tot. Meine Jungen haben keine Zukunft. 1949 hätten wir noch gehen können, nicht wahr? Wie dumm von uns, geblieben zu sein.« Sie schloß die Augen. Schon diese wenigen Worte hatten sie erschöpft.

Ich nahm ihre Hand in meine. Sie bestand nur noch aus Haut und Knochen und war eiskalt. »Wir konnten es doch nicht wissen. So darfst du nicht denken, meine Liebe!« flüsterte ich ihr ins Ohr.

Sie seufzte. Ich deckte ihr die Hand wieder zu und hielt mit Mühe die Tränen zurück. Ich wollte sie nicht noch trauriger machen, als sie schon war. Während ich auf den eingefallenen Körper blickte, der sich unter der Decke abzeichnete, gab mir ihr Sohn ein Zeichen zu gehen. Ich beugte mich noch einmal über sie und küßte ihr die Stirn. Sie öffnete die Augen, und ihre Lippen bewegten sich. Langsam und zögernd kamen die Worte: »Versuch ins Ausland zu kommen! Du kannst es immer noch schaffen!« Das war ihr letzter Rat an mich.

Anfang Dezember kam Ah-jis Mann mit der guten Nachricht, er habe für mich Ziegelsteine aufgetrieben. Freunde hätten sich erboten, sie mit einem Boot den Sutschau-Kanal hinab nach Schanghai zu bringen und dort unter einer bestimmten Brücke abzuladen. Ich schickte Ah-ji sogleich zu Kung, mit dem ich das Projekt bereits besprochen und der mir seine Hilfe zugesagt hatte. Er kam noch am gleichen Abend vorbei und versprach mir, für den Weitertransport einen Freund anzuheuern, der als Lkw-Fahrer bei der Elektrizitätsgesellschaft arbeitete.

Am nächsten Tag schickte ich Ah-jis Mann mit einer Anzahlung zurück und bat ihn, auf Nachricht zu warten, bevor er die Ladung nach

Schanghai abschickte. Obwohl ich die Wand lieber heute als morgen hätte hochziehen lassen, hielt ich es für wichtig, mir die Zustimmung der Tschus und, um dem Ganzen den Anschein der Legalität zu geben, auch die Genehmigung des Wohnungsamts zu holen. So lud ich Frau Tschu zu einer Tasse Tee ein.

»Was halten Sie davon, wenn wir unten in der Halle eine Zwischenwand einziehen? Dann hätte Ihr Sohn einen eigenen Raum und müßte nicht mehr in der Zugluft schlafen, wenn Ah-ji und ich morgens aus dem Haus gehen.«

»Keine schlechte Idee, aber das wird viel Geld kosten«, erwiderte Frau Tschu.

»Ich werde alles bezahlen: die Ziegel, den Zement und die Arbeit.«

»Würden Sie das wirklich tun? Das kann ich ja kaum annehmen, aber immerhin haben Sie mehr Geld als wir.«

»Ich würde es gern tun, wenn Sie einverstanden sind.«

»Natürlich bin ich das, es ist eine gute Idee.«

»Ich werde beim Wohnungsamt einen Antrag einreichen, den wir beide unterschreiben können. Ich komme damit gleich morgen früh zu Ihnen.«

Sie unterschrieb den Antrag. Damit er nicht irgendwo im Labyrinth der Bürokratie verschwand, suchte ich die jungen Arbeiter auf, die mein Badezimmer verlegt hatten. Ich dachte, daß es ihnen leichterfallen würde, die Beamten zu überzeugen. Ich fragte sie, ob sie bereit seien, mir die Wand nach Feierabend zu bauen, um sich etwas nebenbei zu verdienen. Als sie sofort begeistert zusagten, bat ich sie, mit dem zuständigen Beamten zu sprechen, bevor ich meinen Antrag einreichte. Ich gab ihnen eine Stange der besten Zigaretten und überließ es ihnen, wie sie vorgehen wollten. Sie sagten nur: »Kein Problem.«

Sobald mir die Arbeiter grünes Licht gaben, brachte ich den Antrag zum Wohnungsamt. Der zuständige Beamte stempelte ihn anstandslos ab. Mit diesem Papier ging ich in einen Spezialladen und bestellte Zement.

Kungs Freund Fong, genannt »Klein Fong«, kam nach Feierabend mit seinem Lastwagen vorgefahren. Ich hatte bereits auf ihn gewartet und kletterte zu ihm ins Fahrerhaus. Wir fuhren los, um den Zement abzuholen. Unterwegs fragte ich ihn, ob denn nicht Kilometer- und Benzinstand kontrolliert würden. Er lachte nur und sagte: »Vergessen Sie nicht, in einem sozialistischen Staat gehört alles dem Volk. Sie und ich sind ein Teil des Volkes.« Trotzdem nahm er eine Stange Zigaretten von mir an, um sie unter seinen Kollegen zu verteilen.

Am folgenden Morgen schickte ich Ah-ji nach Hause, um die Lieferung der Ziegel zu organisieren. Wir legten einen Tag fest, an dem ich mit Klein Fong und seinem Lastwagen beim Anleger unter der vereinbarten Brücke warten würde.

Am verabredeten Tag fuhr ich mit Klein Fong am frühen Morgen zum Fluß hinunter, da wir die genaue Ankunftszeit des Bootes nicht kannten. Ich hatte ein paar Butterbrote eingepackt. Während der Fahrt verspürte ich zunehmend Unbehagen darüber, daß wir einen Lastwagen der Elektrizitätsgesellschaft benutzten. Schließlich teilte ich Klein Fong meine Besorgnis mit: »Um Ihnen die Wahrheit zu sagen, mir ist bei der ganzen Geschichte nicht ganz wohl.«

»Machen Sie sich keine Sorgen«, erwiderte er ruhig. »Der Vorsitzende Mao hat gesagt: ›Die Politik hat Vorrang vor der Wirtschaft.‹ Wirtschaftliche Belange sind unwichtig, solange wir politisch richtig denken.«

Ich konnte nicht ausmachen, ob er das ernst meinte oder nur scherzte.

Am Nachmittag endlich sichteten wir Ah-ji. Sie stand winkend im Bug einer kleinen Holzdschunke, die von zwei Bauern gerudert wurde. Als das Boot anlegte, sah ich zu meinem Schrecken, daß die Ziegelsteine ziemlich unbrauchbar aussahen. Viele schienen während der Fahrt zu Staub zerfallen zu sein. Ich fragte mich gerade, ob sie überhaupt zu gebrauchen waren, da sprang Ah-jis Mann von Bord und flüsterte mir zu: »Die guten haben wir darunter versteckt, um keine Aufmerksamkeit zu erregen.«

Die beiden Bauern, Klein Fong, Ah-ji, ihr Mann und ich arbeiteten fieberhaft, um die Ziegelsteine mit bloßen Händen vom Boot auf den Lastwagen zu verladen. Als es schließlich geschafft war, bezahlte ich die beiden Bauern, die sich sofort auf die Heimfahrt machten. Wir anderen drängten uns ins Fahrerhaus, und Klein Fong kutschierte uns samt der Ziegel nach Hause.

Dort angekommen, entluden wir sofort den Laster und stapelten die Ziegel in einer Ecke des Gartens. Obwohl ich völlig erschöpft war, fühlte ich mich verpflichtet, Klein Fong, Ah-ji und ihren Mann in ein Restaurant einzuladen. Klein Fong war bester Laune und feierte unseren Erfolg mit zahlreichen Flaschen Schanghaier Bier und mit warmem

Schao-sching-Wein. Als ich ihm für seine großzügige Hilfe dankte, ohne die wir es nicht geschafft hätten, hob er das Glas, um sich selbst zuzuprosten, und rief: »Lang lebe die Arbeiterklasse!« Dann zitierte er die marxistische Parole »Die Arbeiterklasse muß bei allem die Führung übernehmen!« und brach in brüllendes Gelächter aus.

Ich war so erschöpft, daß ich die folgende Nacht so tief und fest schlief wie schon lange nicht mehr. Am nächsten Morgen ging ich als erstes zum Wohnungsamt, um mit den jungen Arbeitern zu sprechen. Sie erschienen noch am gleichen Abend, um mit dem Bau zu beginnen. Drei Abende lang arbeiteten sie von halb sechs bis elf Uhr, nur durch eine halbe Stunde Pause unterbrochen. Dann hatte ich endlich meine Zwischenwand, die mir meine ersehnte Privatsphäre sicherte und so zu meiner endgültigen Genesung beitrug. Als ich meinen so tatkräftigen Helfern eine Bezahlung anbot, lachten sie nur und nannten mich »eine Fremde, die von China keine Ahnung hat«.

Seltsame Begegnungen

Ein paar Tage nach Neujahr fuhr ich mit dem Bus nach Futschau Lu, wo sich die großen Buchhandlungen befinden. Zuerst ging ich in einen Laden für fremdsprachige Literatur, da ich hoffte, ein paar englische Lehrbücher für meine Schüler zu finden, die kurz darauf mit dem Unterricht bei mir beginnen sollten. Außer mir selbst und einer Buchhändlerin war das Geschäft leer. In den Bücherregalen fand ich nur englische, deutsche, französische und russische Übersetzungen von Mao Tse-tungs Gesammelten Werken sowie die Gesamtausgaben von Marx, Engels, Lenin, Stalin, Kim Il Sung und Enver Hodscha. Andere Bücher gab es nicht. In der Nähe des Eingangs waren auf einem Tisch kommunistische Tageszeitungen aus anderen Teilen der Welt ausgebreitet und setzten Staub an. Ich nahm ein Exemplar des englischen *Daily Worker* in die Hand und sah, daß das Blatt fast zwei Monate alt war.

In mehreren anderen Buchhandlungen erging es mir ebenso. Parteiliteratur in Hülle und Fülle, aber keine chinesischen Klassiker, geschweige denn moderne englische Literatur. Folglich konnte ich keine Anfänger unterrichten, sondern nur solche Schüler annehmen, die schon etwas Englisch konnten und eigene Bücher besaßen. So kam ich schließlich auf sechs Schüler, denen ich von Montag bis Sonnabend je einen Vormittag oder einen Nachmittag widmete. Nach dem Unterricht unterhielten wir uns noch bei einer Tasse Tee. Sie erzählten mir alle möglichen Neuigkeiten und Gerüchte, die in keiner Zeitung standen. Vor allem durch sie blieb ich über die weiterhin unsichere politische Lage informiert.

Mein interessantester Schüler, der viele Jahre bei mir blieb, war ein junger Mann, der in den frühen Jahren der Kulturrevolution ein Führer der Roten Garden gewesen war. Da Teh hatte eine ziemlich unglückliche Kindheit hinter sich. Als er erst wenige Monate alt war, verließ sein Vater seine Mutter und verschwand nach Hongkong. Er ließ nie mehr von sich hören. Seine Mutter hatte nur wenig Geld und lebte mit ihm und seinen beiden Schwestern jahrelang in großer Armut, bevor sie beim Schanghaier Fremdspracheninstitut als Englischlehrerin unterkam. Ihr Gehalt war aber niedrig, und die Familie blieb arm. Dann heiratete die jüngste Schwester von Da Tehs Mutter Anfang der fünfziger

Jahre einen General der Volksbefreiungsarmee. Damals verließen viele hochgestellte Parteifunktionäre im Hochgefühl des errungenen Sieges ihre Ehefrauen vom Land und heirateten attraktive junge Mädchen aus der Großstadt.

Da Tehs familiäre Verbindung mit der Elite der Armee und sein glühender Haß auf alle Reichen katapultierten ihn in Führungspositionen, zunächst bei den Roten Garden seiner Schule, später bei den Rotgardisten der Stadt. Er beteiligte sich an allen Ausschreitungen, plünderte die Häuser der Reichen, folterte Klassenfeinde, nahm an den Fraktionskämpfen teil und tötete Unschuldige. Als wir englische Konversation übten und ich ihn bat, mir etwas in Englisch zu erzählen, berichtete er mir von seinen Taten während der Kulturrevolution, und zwar so gleichmütig, als unterhielten wir uns über das Wetter.

Da Teh erzählte mir, er habe seine führende Position bei den Roten Garden verloren, als der General, sein angeheirateter Onkel, auf Befehl Lin Piaos bei lebendigem Leib begraben worden sei. Das sei nach dem Neunten Parteikongreß gewesen, als man Lin Piao zum offiziellen Nachfolger Maos gemacht habe. Sein Onkel, ein langjähriges Parteimitglied und hochdekorierter Kriegsheld, habe wegen Lin Piaos Heroinsucht Zweifel an dessen Eignung geäußert.

»Kann ich es mir leisten zu glauben, was Sie mir da erzählen?« fragte ich ihn halb im Scherz.

»Ja, gewiß. Das wird Ihnen nicht schaden. Sie sollten aber nicht so dumm sein und mir mehr als anderen glauben, nur weil ich kein Rotgardist mehr bin. Es dürfte Ihnen bekannt sein, daß man immer schlecht beraten ist, wenn man anderen vertraut«, verkündete er munter in der Pose eines alten Weisen.

Da Teh bedeutet Große Tugend. Ich habe nie einen Menschen kennengelernt, dem Tugend oder Laster gleichgültiger gewesen wären als ihm. Er war sehr intelligent, aber überaus egoistisch. Es war seine übertriebene Selbstsucht, die ihn gelegentlich dazu trieb, mir alles über die Machtkämpfe in der Partei mitzuteilen, was er wußte. Er liebte Konflikte aller Art. Wenn er über die politischen Intrigen der Parteiführer sprach, glühte er vor Aufregung. Er schien das Unglück anderer Menschen zu genießen und verachtete Opfer, nur weil sie nicht gesiegt hatten. Für ihn gab es nur den Erfolg, egal, wie er zustande kam. Es war schwer zu sagen, wem seine Loyalität gehörte. Einmal fragte ich ihn: »Auf welcher Seite stehen Sie?«

Er schlug sich an die Brust und sagte: »Natürlich hier, auf meiner Seite.«

Ein andermal fragte ich ihn: »Was ist, wenn die Behörden von Ihrem lockeren Mundwerk Wind bekommen?«

»Wenn Sie ihnen nichts sagen, erfahren sie nichts«, antwortete er. »Ihre Räume werden nicht abgehört, dazu sind Sie nicht wichtig genug.«

Wenn Ah-ji uns Tee brachte, legte sie Da Teh gegenüber immer eine ausgesuchte Höflichkeit an den Tag, während sie meinen anderen Schülern gegenüber gleichgültig blieb. Ihr Verhalten weckte mein Interesse an diesem hochaufgeschossenen jungen Mann. Zudem schien er meine Gesellschaft zu suchen. Zusätzlich zu den Vormittagen, an denen ich ihn unterrichtete, besuchte er mich unter irgendeinem Vorwand fast täglich. Er sagte, er habe reichlich Zeit, da er auf »Arbeit warte« – ein Ausdruck, den die Volksregierung statt des Begriffs »Arbeitslosigkeit« verwendete, die es in einem sozialistischen Staat angeblich nicht gab. Auch wollte er sich bei mir für den freien Unterricht revanchieren und half mir oft bei meinen Einkäufen.

Ich wäre eine Heuchlerin, wenn ich nicht zugäbe, daß ich Da Teh für meine Zwecke zu benutzen hoffte. Falls er, was ich nicht ausschloß, den Auftrag hatte, mich zu überwachen, um eine unbedachte Äußerung oder eine unüberlegte Handlung an seine Vorgesetzten weiterzugeben, würde er wahrscheinlich über die wahren Hintergründe des Todes meiner Tochter Bescheid wissen. Ich nahm mir vor, ihn in einem geeigneten Augenblick danach zu fragen. Das konnte ich jedoch nur zu einem Zeitpunkt tun, zu dem die Weitergabe einer solchen Information ihm selbst nicht schaden würde. Bis dahin wollte ich seinen möglichen Auftraggebern mit seiner Hilfe ein Bild von mir vermitteln, das meinen Absichten entsprach.

Lange bevor es für mich eine Möglichkeit gab, China zu verlassen, versuchte ich den Eindruck zu erwecken, als könnte ich ohne Diener nicht leben. Einmal hörte ich, wie Da Teh zu dem mich gerade besuchenden Kung sagte: »Sie haßt Hausarbeit jeder Art und kann nicht mal Reis kochen!« Ich war sicher, daß er mich als Parasitin verachtete und das vermutlich überall herumerzählte. Der Eindruck, den ich ganz bewußt zu erwecken suchte, daß ich nämlich in China bleiben wollte, weil ich nicht auf Diener verzichten mochte, trug am Ende vielleicht dazu bei, daß ich einen Paß zum Besuch meiner Schwestern in den USA erhielt. Die Verantwortlichen gingen wohl davon aus, daß ich nach ein paar Monaten zurückkehren würde, da ich ohne Dienerschaft nicht leben könne.

Anfang 1974, als ich mich von meiner Operation erholt und die Wohnung verschönert hatte, war ich in fast euphorischer Stimmung. Der tägliche Englischunterricht verhinderte, daß ich zu viel über Meipings Tod nachgrübelte. Ich hatte meinen inneren Frieden wiedergewonnen und fühlte mich entspannter als seit langem.

Als das chinesische Neujahr näherrückte, hörte ich von Ah-ji, daß die Sonderrationen zu diesem Fest, die von den Revolutionären abgeschafft worden waren, wieder ausgeteilt würden. Auch unrationierte Lebensmittel waren jetzt wieder reichlicher zu haben. Es schien mir, daß die Bemühungen Deng Hsiao-pings und seiner Anhänger, Chinas Wirtschaft wieder anzukurbeln, trotz des fortgesetzten Widerstands der Radikalen erfolgreich verliefen. Seit dem Zehnten Parteikongreß hatte der politische Wind ganz deutlich nach rechts gedreht, und immer mehr einstige Parteifunktionäre, die als »Anhänger des kapitalistischen Wegs« angeprangert worden waren, wurden wieder in ihre alten Ämter eingesetzt.

Die Feierlichkeiten zum chinesischen Neujahrsfest haben traditionell viel mit Ahnenverehrung zu tun gehabt. Als ich noch ein Kind war, dauerten sie einen ganzen Monat lang. Die Vorbereitungen begannen fünfzehn Tage vor Neujahr und dauerten bis zum Laternenfest am fünfzehnten des ersten Mondzyklus. Obwohl derlei Feste im Sozialismus viel von ihrem einstigen Glanz verloren hatten und die Ahnenverehrung durch Familientreffen ersetzt worden war, bereiteten sich die Chinesen noch immer sehr sorgfältig auf die Neujahrsfeierlichkeiten vor.

Seit ich wieder über mein Devisenkonto verfügen konnte, ging es mir unverkennbar besser als den meisten meiner Mitmenschen. Ich beschloß, mich nach allen Seiten großzügig zu zeigen, und kaufte sogar eine große Cremetorte und Schokolade als Neujahrsgeschenk für die Tschus. Tief in meinem Herzen war ich jedoch sehr traurig, denn während andere im Kreis ihrer Angehörigen feiern konnten, war ich allein.

Zwei Tage vor Neujahr kam Hean mit ihrem Mann und den Kindern nach Schanghai, um die Feiertage bei ihrer Familie zu verbringen. Ich freute mich sehr, ihren intelligenten Mann kennenzulernen und seine Version des Machtkampfes in Peking zu hören. Die Kinder der beiden waren reizend.

Hean konnte sich glücklich schätzen, ihren Mann und ihre Kinder bei sich zu haben. Viele junge Männer wurden nämlich von ihren Familien getrennt und in andere Teile des Landes geschickt, manchmal Tausende von Kilometern weg; sie erhielten nur einmal im Jahr einen kurzen »Ehe-Urlaub«. Viele Kinder wuchsen auf, ohne ihre Väter zu kennen, während die Frauen der Doppelbelastung von Erziehung und Berufsarbeit ausgesetzt waren. Diese sinnlose Grausamkeit wurde von der Partei im Namen »der Bedürfnisse des Sozialismus« und »des Dienstes am Volk« verübt. Die Heuchelei dieser Begründungen wurde durch die Tatsache offenbart, daß Parteifunktionäre und ihre Söhne nur selten solche Opfer bringen mußten.

Die Nachricht von meiner Entlassung hatte bei Meipings Freunden die Runde gemacht. In den Ferien kamen viele von ihnen zu Besuch, auch solche, die gerade Ehe-Urlaub hatten. Auch Sun Kai, der junge Mann, den Meiping hatte heiraten wollen, fand meine Adresse heraus und besuchte mich am letzten Tag der Neujahrsferien. Er erzählte, er arbeite nicht mehr als Mathematiklehrer, da seine Schule geschlossen worden sei. Er sei jetzt in einem Forschungsinstitut beschäftigt und entwickle Präzisionsinstrumente.

»Als Meiping 1966 erzählte, daß man Sie festgenommen habe, waren meine Eltern und ich der Meinung, daß Meiping und ich gleich heiraten sollten, damit sie zu uns ziehen konnte und nicht allein leben mußte«, erinnerte er sich. »Sie war aber nicht damit einverstanden. Sie bestand darauf, Ihre Freilassung abzuwarten, und sagte, sie könne ohne Ihre Anwesenheit nicht heiraten. Damals glaubten wir natürlich noch, die Kulturrevolution würde nicht länger als ein Jahr dauern.«

»Haben Sie sie vor ihrem Tod oft gesehen?« wollte ich wissen. Es machte mich tieftraurig, diesen attraktiven jungen Mann zu sehen, der mein Schwiegersohn hätte sein können, wenn man Meiping nicht so grausam umgebracht hätte.

»Wir trafen uns zwei- oder dreimal pro Woche«, fuhr er fort. »Wir versuchten, so oft wie möglich zusammenzusein. Sie müssen wissen, daß man meinen Vater 1957 als Rechtsabweichler angeprangert hat. Ich war als ›Familienmitglied eines Klassenfeindes‹ abgestempelt, und da ich Lehrer war, gehörte ich auch noch zur ›stinkenden neunten Kategorie‹ von Feinden. Meiping mußte sich im Filmstudio an der

Kulturrevolution beteiligen. Sie schien dort aber keine Schwierigkeiten zu haben. Dann wurde sie aus heiterem Himmel von irgendwelchen Leuten entführt.«

»Bitte erzählen Sie mir davon«, bat ich ihn.

»Sie sollte am 16. Juni zum Essen zu uns kommen. Als ich sie am Nachmittag abholen wollte, sagte mir Frau Tschen, die Frau des Professors, in dessen Haus sie wohnte, sie habe am Morgen Selbstmord begangen. Ich ging sofort zum Filmstudio. Dort schien man aber nichts davon zu wissen. Anschließend ging ich zum Krematorium. Ich durfte aber nicht die Akten einsehen, da ich nicht zur Familie gehörte. Als der Beamte jedoch sah, wie verstört ich war, erzählte er mir, man habe am Morgen den Leichnam einer jungen Schauspielerin des Schanghaier Filmstudios gebracht.« Sun Kai verlor die Fassung und brach in Tränen aus.

»Glauben Sie, daß sie Selbstmord begangen hat?«

»Nein, natürlich nicht! Ich habe mir sogar die Stelle angesehen, an der sie angeblich aus dem Fenster gesprungen sein soll. Es ist nicht möglich.«

»Meinen Sie das Baugerüst?«

Sun Kai blickte mich erschrocken an und sagte: »Woher wissen Sie das? Wer hat Ihnen das erzählt? Niemand darf erfahren, daß Sie etwas davon wissen.« Nach einer Weile fügte er hinzu: »Wenn die Schuldigen den Verdacht schöpfen, daß Sie ihrer Selbstmordtheorie nicht glauben, kann Sie das in Lebensgefahr bringen. Sie müssen äußerst vorsichtig sein. Diese Leute sind vollkommen erbarmungslos und grausam.«

»Ich verstehe. Ich werde nicht mehr darüber sprechen«, versicherte ich ihm. Dann fragte ich: »Wissen Sie, wer für ihre Entführung verantwortlich war?«

»Ich bin nicht sicher, aber ich glaube, es hatte etwas mit Ihrem Fall zu tun. Wer immer die Entführer waren, sie handelten auf Befehl von irgendwelchen hohen Funktionären in Schanghai.«

»Wie haben Sie das herausgefunden?«

»Wie Sie vielleicht wissen, wurde der Leichtathletikverband zu Beginn der Kulturrevolution von den Roten Garden aufgelöst, und die Revolutionäre übernahmen das Gebäude. Man beließ dem Verband jedoch ein Stockwerk zur Lagerung von Akten. Dort in der Registratur habe ich von einem Archivar erfahren, daß die Männer, die Meiping entführten, auf höheren Befehl gehandelt haben.«

»Können Sie ein Treffen mit diesem Mann arrangieren?«

»Das wäre sehr gefährlich für Sie.«

»Ich nehme jedes Risiko auf mich, um die Wahrheit herauszufinden.«

»Das ist schon so viele Jahre her. Ich weiß nicht einmal, ob er überhaupt noch da ist. Warum wollen Sie nicht warten, bis sich die politische Lage geklärt hat?« Sun Kai schien sich meiner Bitte entziehen zu wollen.

Tatsächlich waren seit Meipings Tod schon viele Jahre verstrichen. Man kann nicht ewig trauern. Sun Kai besuchte mich nicht mehr. Ein Jahr später hörte ich, er habe die Tochter eines hohen Parteifunktionärs geheiratet.

Sun Kais Besuch hatte mich so traurig gemacht, daß ich Ah-ji bat, mich in meinem Zimmer ein wenig allein zu lassen. Sie ging in die Küche, um aufzuräumen. Plötzlich hörte ich, wie jemand am Gartentor klopfte. Ich wußte, daß die Familie Tschu ausgegangen war. So rief ich Ah-ji und bat sie, vom Balkon aus nachzusehen, ob der Besuch mir oder den Tschus galt.

Ganz leise, um meine Ruhe nicht zu stören, ging sie hinaus. Als sie wieder ins Zimmer trat, flüsterte sie: »Es ist ein älterer Herr. Er fragt, ob Sie hier wohnen. Soll ich runtergehen?«

»Sei so lieb«, bat ich sie und fragte mich, wer der alte Herr wohl sein mochte. Ich legte rasch die Tagesdecke aufs Bett und räumte notdürftig auf. Dann ging ich hinaus, um meinen Besucher zu empfangen.

»Frau Cheng! Erkennen Sie mich nicht? Wie froh ich bin, Sie wiederzusehen!« sagte der Mann, als er mit strahlenden Augen die Treppe heraufkam.

An der Stimme und der förmlichen Anrede erkannte ich, daß es Herr Hu war, der alte Freund meines Mannes, den ich seit seinem unerwarteten Besuch zu Beginn der Kulturrevolution im Sommer 1966 nicht mehr gesehen hatte. Ich begrüßte ihn herzlich, geleitete ihn in mein Zimmer und bat ihn, Platz zu nehmen.

»Ich bin wirklich glücklich, Sie wiederzusehen«, begann er und nickte mir lächelnd zu. »Sie sehen sehr gut aus. Viel besser, wenn ich so sagen darf, als man unter den gegebenen Umständen erwarten durfte.«

»Danke. Aber wie haben Sie meine Adresse erfahren?«

»Durch puren Zufall. Ich traf heute morgen Ihren alten Diener Lao Tschao. Er erzählte mir, daß Sie frei sind, und auch von Meipings Tod.

Das hat mich tief erschüttert. Ich war froh, daß Sie leben, zugleich aber sehr besorgt um Sie.«

»Als Sie mich im Sommer 1966 besuchten, haben Sie mir liebenswürdigerweise einige Ratschläge gegeben. Ich bin Ihnen sehr dankbar dafür. Als ich im Gefängnis war, habe ich oft über Ihre Worte nachgedacht. Mich interessiert sehr, was Sie von der jetzigen politischen Lage halten.«

»Sie ist natürlich um vieles besser, aber ich frage mich ernsthaft, wie lange das so bleiben wird.«

»Glauben Sie, daß die Machtkämpfe in der Parteiführung weitergehen werden?«

Er blickte zu der halbgeöffneten Tür hin und nickte. Nach einer Weile fragte er mich: »Hätten Sie Lust, morgen mit mir nach Nantao zu fahren? Wie ich höre, ist der alte Blumenladen wieder geöffnet, und sie haben sogar Narzissenzwiebeln.«

»Morgen kann ich leider nicht. Morgen früh kommt ein Schüler, und am Nachmittag muß ich mich um die Wäsche kümmern. Ah-ji, meine Hilfe, fährt nämlich für ein paar Tage nach Hause.«

»Kann ich Ihnen bei der Wäsche irgendwie helfen?«

Ich wollte seine Hilfe nicht annehmen, aber andererseits war mir klar, daß er in Ruhe mit mir sprechen wollte. Wenn ich erfahren wollte, was er mir zu sagen hatte, mußte ich mit ihm ausgehen.

»Die Wäsche kann vielleicht warten. Fahren wir doch in diesen Blumenladen! Narzissenzwiebeln könnte ich gut gebrauchen.«

Herr Hu strahlte. Ich hatte vergessen, wie sehr chinesische Männer es lieben, wenn eine Frau genau das tut, was sie wollen. Ich hatte fast das Gefühl, als hätte meine unschuldige Annahme seiner Einladung unsere Beziehung eine Idee intimer werden lassen, als sie es bei seinem Eintritt in meine Wohnung gewesen war. Als er sich verabschiedete, hielt er nicht nur meine Hand einen Moment länger als notwendig, sondern fühlte sich sogar ermutigt, mir Geld anzubieten. Er zog einen Umschlag aus der Jackentasche und sagte: »Ich weiß, wie unzureichend die Unterstützung ist, die man Leuten wie uns gibt. Ich bekomme von meinem Vetter in Japan regelmäßig Geld. Darf ich Ihnen anbieten, es mit Ihnen zu teilen?«

Ich war so schockiert, daß ich einen Moment lang sprachlos blieb. Er hielt mir den Umschlag hin und drängte: »Bitte nehmen Sie es an. Es würde mich sehr glücklich machen.«

»Ich danke Ihnen sehr für Ihre Liebenswürdigkeit. Es ist sehr gütig, daß Sie mir Ihre Hilfe anbieten. Ich lebe aber nicht von staatlichen Geldern. Man hat mein Devisenkonto freigegeben, und ich habe keinerlei finanzielle Sorgen«, erwiderte ich rasch.

Er schien sehr enttäuscht, hatte sich aber schnell wieder gefaßt und sagte: »Ich habe immer die größte Hochachtung vor Ihnen gehabt. Es ist ein Wunder, daß Sie Ihre Leidenszeit so gut überstanden haben. Sie sind eine ungewöhnlich mutige und starke Frau.«

Ich dankte ihm für seine freundlichen Worte und begleitete ihn die Treppe hinunter. Nachdem wir uns für den folgenden Nachmittag verabredet hatten, blieb ich in der Tür stehen und schaute zu, wie er sein Fahrrad zum Gartentor hinausschob.

Nantao ist die Altstadt Schanghais. Die Mauern, die sie früher umgaben, waren längst abgerissen worden, aber die Brücke der Neun Biegungen über den Stadtweiher und der Pavillon mit seiner berühmten Porzellansammlung sind immer noch da. Das heutige Nantao ist ein großer Markt mit engen, gewundenen Gassen und Hunderten kleiner Läden und Stände, die von Perücken bis zu lebenden Fröschen alles feilbieten. Früher sagte man, in Nantao gebe es alles zu kaufen, nur einen Sarg nicht. Es gibt auch viele Restaurants mit besonderen, anderswo nicht erhältlichen Gerichten. In der Mitte der Altstadt, in der Nähe des Weihers, befindet sich ein Garten aus der Ming-Zeit, Ju-Juan, mit kunstvoll gearbeiteten Felsgruppen und Zierbeeten sowie zahlreichen Innenhöfen, die von Pavillons und Ateliers umgeben sind. Die Roten Garden haben Ju-Juan nicht zerstört, weil dieser Ort 1853 das geheime Hauptquartier einer antiimperialistischen revolutionären Organisation gewesen ist, die sich »Die Gesellschaft vom Kleinen Schwert« nannte.

Die Straße nach Nantao war über die Feiertage für den Durchgangsverkehr gesperrt. Herr Hu und ich mußten mehrere Stationen vorher aus dem Bus aussteigen und zu Fuß weitergehen. Wir wurden von der Menge buchstäblich vorwärtsgeschoben. Als wir den Blumenladen erreichten, waren alle Blumen längst ausverkauft. Trotzdem drängten sich Männer, Frauen und Kinder, um die vielen schönen Dinge, die der Laden sonst noch anbot – Ji-Sching-Teekannen, Porzellanfiguren – zu betrachten oder zu kaufen. Alle diese Produkte gab es erst seit kurzem wieder, denn in der Kulturrevolution hatten die Roten Garden derlei

»Luxusgüter« zerstört oder aus den Geschäften verbannt. Ich kaufte eine Ji-Sching-Teekanne aus hellbraunem Steingut, die mit dem traditionellen Motiv aus Bergen und Bäumen dekoriert war.

Als wir den Laden verließen, sagte Herr Hu: »Lassen Sie uns den Bus nehmen und zum Tschung-Schan-Park fahren. Dort können wir uns hinsetzen und uns in Ruhe unterhalten. Um diese Jahreszeit dürfte es nicht voll sein.«

Vielleicht lag es an den vielen Jahren, die ich in Einzelhaft verbracht hatte, daß ich mich schon nach kurzer Zeit in einer größeren Menschenmenge, selbst wenn sie nicht feindselig war, nervös und erschöpft fühlte. Der menschenleere Park mit dem zugefrorenen Teich und den winterlich kahlen Ästen und Zweigen war für mich ein wohltuender Anblick. Wir setzten uns auf eine Bank in die kaum wärmenden Strahlen der roten Wintersonne.

Nachdem wir eine Weile schweigend dagesessen hatten, sagte Herr Hu: »Sie haben eine schreckliche Zeit hinter sich. Ich sollte Sie zwar nicht an die unangenehmen Tage im Gefängnis erinnern, aber ich frage mich, ob Sie wissen, warum man Sie verfolgt hat?«

»Ich nehme an, weil ich für Shell gearbeitet habe. Sie sagten, das Schanghaier Shell-Büro sei eine ›Spionageorganisation‹ gewesen, und mein Mann und ich hätten als britische Agenten gearbeitet.«

»Haben Sie ihren Fragen irgend etwas Konkretes entnehmen können?«

»Ich nahm an, daß das, was mir und all den anderen widerfuhr, etwas mit dem sogenannten ›Kampf zweier Parteilinien‹ zu tun hatte.«

»Das stimmt auch. Dazu kann ich Ihnen etwas Interessantes erzählen«, sagte Herr Hu. »Als die Rotgardisten und Revolutionäre nach der Januarrevolution von 1967 unsere Fabrik übernahmen, degradierten sie meinen Parteisekretär zum gewöhnlichen Arbeiter und beschuldigten ihn, ein ›Anhänger des kapitalistischen Wegs‹ zu sein. Er wurde zu meiner Einheit versetzt. Wie Sie wissen, kamen wir vor der Revolution, als ich mich noch um die technischen Angelegenheiten der Fabrik kümmerte und er Parteisekretär war, sehr gut miteinander aus. Jetzt arbeiteten wir beide als Kulis. In der Mittagspause, wenn niemand in der Nähe war, sprach er manchmal recht offen mit mir. Einmal erzählte er mir, daß Ihre Festnahme auf eine sogenannte ›Verschwörung von ausländischen Firmen und Regierungsstellen‹ zurückzuführen sei.«

»Woher wußte er von mir?«

»Bevor man Sie abholte, waren Rotgardisten in der Fabrik erschienen, um mich über Sie auszufragen. Damals war der Parteisekretär noch im Amt. Er war bei der Befragung anwesend. Meiping war als Filmschauspielerin sehr bekannt. Ihr Tod war Stadtgespräch. Man hat Ihren Fall oft mit ihrem Tod in Verbindung gebracht«, sagte Herr Hu und fuhr nach längerem Schweigen fort: »Was jene ›Verschwörung‹ betrifft, so wurden unzählige Wissenschaftler und Künstler, die Ministerpräsident Tschou En-lai eingeladen hatte, aus dem Ausland nach China zurückzukehren, von Maos Frau und ihrer Clique als Spione verdächtigt, eingekerkert und grausam gefoltert. Man stelle sich vor, irgendeiner von ihnen hätte sich unter der Folter als Spion bezichtigt. Dann hätten die Radikalen Tschou vorwerfen können, er decke die Spione der Imperialisten!«

»Wollen Sie damit sagen, daß Ihr Parteisekretär der Meinung war, man habe mich und andere leitende Angestellte ausländischer Firmen nur deshalb ins Gefängnis gesteckt und zu Geständnissen gedrängt, weil irgend jemand in Peking, vielleicht Lin Piao oder Tschiang Tsching, unsere Geständnisse dazu benutzen wollte, die Politik Tschous zu diskreditieren?«

»Ja, genau das hat mein Parteisekretär unterstellt. Lin Piao und Tschiang Tsching hielten Ministerpräsident Tschou für das Haupthindernis auf ihrem Weg nach oben, nachdem Liu Schao-tschi gestürzt worden war. In ihren Augen war Tschou ein schwieriger Fall, da er sich anders als Liu dem Vorsitzenden Mao nie widersetzt hatte. Sie mußten sich also ein besonders durchtriebenes Manöver einfallen lassen. Und außerdem stand Tschou nicht allein. Hinter ihm stand eine große und einflußreiche Gruppe von Parteiführern und hohen Beamten.«

»Nach dem Tod von Lin Piao ist Tschou der mächtigste Mann nach Mao. Ist seine Position denn nicht gestärkt und sicher?« wollte ich wissen.

»Gestärkt ja, aber nicht sicher, denn Tschiang Tsching und ihre Gefolgsleute sind ehrgeizig. Tschou ist krank. Die Frage ist, wer sein Nachfolger wird.«

»Soll nicht Deng Hsiao-ping sein Nachfolger werden?«

»Das ist noch keineswegs sicher. Deng geht nicht so behutsam vor wie Tschou. Er will schnelle Ergebnisse. Die radikalen Führer werden sich bedroht fühlen. Das könnte die nächste Runde des Machtkampfs beschleunigen«, erwiderte Herr Hu.

Nachdem die Sonne untergegangen war, wurde es sehr kalt. In der Ferne strebten ein paar einsame Gestalten dem Ausgang des Parks zu. Ich schlug vor, daß auch wir uns auf den Weg machen sollten. Herr Hu fragte, ob er mich in ein Restaurant einladen dürfe, doch ich war deprimiert und müde. Wir fuhren mit dem Bus nach Hause.

Vor dem Gartentor verabschiedete sich Herr Hu und sagte im Gehen, daß er mich an seinem nächsten freien Tag gern wieder besuchen würde. Ich verzichtete auf eine Antwort und winkte ihm nur lächelnd nach.

Als ich das Tor öffnete, erblickte ich Frau Tschu, die in der Kälte auf der Terrasse stand. Ich nahm an, daß sie uns gehört hatte. Sie nahm die Zigarette aus dem Mund und sagte: »Na, einen netten Ausflug gemacht?«

Sie hoffte wohl, daß ich ihr erzählen würde, wo ich gewesen war, damit sie es dem Mieterkomitee berichten konnte. Ich widerstand dem Impuls, grob zu werden, und sagte nur: »Finden Sie es nicht kalt hier draußen?« Dann ging ich nach oben.

Ich zog die Vorhänge zu, legte mich aufs Bett und ließ mir die Erlebnisse des Tages durch den Kopf gehen. Was Herrn Hu betraf, hatte ich keine Ahnung, ob er nur meine Gesellschaft suchte oder ob er weiterreichende Pläne hegte. Ich würde jedenfalls weder ihn noch sonst jemanden heiraten. Ich hatte immer noch vor, China zu verlassen, sobald es die Umstände erlaubten.

Seit dem Besuch Präsident Nixons ging die Schanghaier Polizei wieder dazu über, Privatleuten Auslandsreisen zu gestatten. Obwohl es lange Wartezeiten und viele Ablehnungen gab, hatte ich von mehreren Leuten gehört, die tatsächlich Pässe erhalten hatten. Jedes Foto von Mao, das in der Zeitung erschien, prüfte ich, wie ich es bereits im Gefängnis getan hatte. Ich wünschte mir seinen Tod genauso glühend wie damals. Ich wußte, daß ich nicht ausreisen durfte, solange die politische Lage unklar blieb. Es gab für mich nur eins: gesund zu bleiben und zu überleben.

Am Nachmittag des folgenden Tages, als ich mich gerade von meiner Unterrichtsstunde ausruhte, hörte ich plötzlich schwere Schritte auf der Straße. Dann wurde unten an der Haustür geklopft. Da ich nicht in der Stimmung war, jemanden zu sehen, stand ich nicht auf, um zu öffnen. Nach einer Weile hörte ich, wie sich Da Teh unter meinem Fenster mit Frau Tschu unterhielt.

»Ist Ah-ji nicht da?« wollte er wissen.

»Sie besucht ihre Familie«, hörte ich Frau Tschu sagen.

Sie blieben noch eine Zeitlang stehen und unterhielten sich flüsternd. Dann klopfte Da Teh erneut an meine Tür. Wieder reagierte ich nicht.

Am Abend erschien Frau Tschu mit ihrem Enkel im Schlepptau, um mir etwas Fisch zu bringen, den sie gekocht hatte.

»Ich weiß, daß Sie nicht gern kochen. Deshalb habe ich Ihnen etwas zubereitet«, sagte sie. Sie erwähnte Da Tehs Besuch mit keinem Wort, also sagte auch ich nichts. Der Fisch war wohl nur ein Vorwand, dachte ich, um herauszufinden, ob ich wirklich tief geschlafen und Da Teh nicht gehört hatte oder ob ich ihn nicht zu sehen wünschte.

Ich gab ihrem Enkel ein paar Süßigkeiten und bat die beiden, sich zu setzen. Der Junge hielt eine Armbinde der Miliz in der Hand. Ich fragte ihn im Scherz: »Bist du jetzt bei der Miliz?«

Er hielt mir die Armbinde hin und sagte: »Die gehört meinem Onkel. Er wird von Onkel Da Teh ausgebildet.«

»Ist Da Teh denn in der Miliz?« fragte ich ihn. Obwohl ich über diese Auskunft sehr überrascht war, ließ ich mir nichts anmerken. Während Frau Tschu sich die größte Mühe gab, den Kleinen abzulenken, sagte dieser: »O ja! Er ist Hauptmann.«

»Ist das nicht wunderbar!« rief ich aus. »Ich wette, wenn du groß bist, möchtest du auch gern in die Miliz.«

Das Kind hatte offenbar etwas gesagt, was ich nicht wissen durfte, denn Frau Tschu wurde plötzlich auffallend nervös. Sie wies den Jungen zurecht: »Du redest Unsinn. Onkel Da Teh ist gar nicht bei der Miliz.«

Das Kind gab zurück: »Ist er doch! Ist er doch!«

Frau Tschu stand eilig auf und verabschiedete sich. Als sie mit ihrem Enkel die Treppe hinunterging, überhäufte sie ihn mit leise gezischten Vorwürfen.

Die Miliz, eine Hilfstruppe der Armee, war zumindest in Schanghai nach Lin Piaos Tod in die Hände der Gefolgsleute Tschiang Tschings gefallen. Wenn Da Teh ein Hauptmann der Miliz war, waren Tschiang Tschings Leute seine Vorgesetzten. Ich war froh, seinen wirklichen Status endlich zu kennen. Ich hatte schon lange den Verdacht gehabt, daß er mehr war, als er zu sein vorgab.

Die Zeit verging, und es wurde wieder Frühling. Jetzt war seit meiner Entlassung schon ein ganzes Jahr vergangen. Trotzdem konnte ich kaum von mir sagen, daß ich ein freier Mensch war. Natürlich hatte sich mein materielles Leben enorm verbessert. Und gesundheitlich machte mir nur noch meine Arthritis zu schaffen.

Am frühen Morgen stand ich oft auf dem Balkon, um mir den Garten anzusehen. Die Bäume, die man gepflanzt hatte, eine Abart des Mammutbaums, waren sehr schnell gewachsen. Jetzt zeigten sich überall an den Ästen zarte grüne Knospen. In wenigen Tagen würden sie aufbrechen. Mein alter Gärtner hatte zwei Rosenbeete und eines mit Frühlingsblumen angelegt. Immer mehr Spatzen hatten von dem Garten Besitz ergriffen, und ganz früh am Morgen hörte ich manchmal auch einen Kuckuck rufen.

Als die Tage wärmer wurden, wurde der Balkon zu meinem Wohnzimmer. Dort saß ich beim Englischunterricht mit meinen Schülern, dort nahm ich auch die Mahlzeiten ein oder sonnte mich inmitten all der Töpfe mit Jasmin, Lilien, Farnen und vielen anderen Pflanzen, die ich selbst gekauft oder die mir meine Studenten geschenkt hatten.

Von Zeit zu Zeit besuchte mich Herr Hu. Auch eines schönen Augustabends, als es noch hell und sehr warm war, kam er überraschend vorbei. Er wollte mit mir essen gehen. Aber da Ah-ji schon etwas vorbereitet hatte, lud ich ihn ein, zu bleiben und bei mir zu essen. Ah-ji deckte auf dem Balkon, und wir genossen die Abenddämmerung und die schwache Brise, die etwas Kühlung brachte. Herr Hu fühlte sich glücklich und plauderte über seine Kindheit in Hangtschau.

Nachdem Ah-ji abgedeckt hatte, tauchte plötzlich Da Teh auf. Er fand immer einen Vorwand, mich zu besuchen. Diesmal brachte er mir eine Tüte voll samtiger, praller Wushi-Pfirsiche. Er sagte, sie wären verdorben, wenn er bis zum nächsten Morgen gewartet hätte. Ich stellte ihn Herrn Hu vor. Inzwischen war es dunkel geworden. Ich hatte kein Licht auf dem Balkon und bat Ah-ji, meine Schreibtischlampe aufs Fensterbrett zu stellen. Da Teh nahm die Pfirsiche aus der Tüte und legte sie auf einen großen Teller. Sie waren makellos und hatten genau die richtige Reife. Sie waren besser als alle Pfirsiche, die ich je in China hatte kaufen können, sogar vor der Kulturrevolution.

»Wo haben Sie diese Pfirsiche her?« fragte ich ihn staunend.

»Ich kenne viele Hintertüren. Ich bin zwar nicht zur Uni gegangen, aber ich habe einen Dr. phil. in Sachen Hintertüren«, witzelte er. Dann ging er in die Küche, um die herrlichen Früchte abzuwaschen.

Das plötzliche Auftauchen Da Tehs schien Herrn Hu zu irritieren, denn er sagte keinen Ton mehr. Er blieb aber noch ein Weilchen sitzen und beglückwünschte Da Teh sogar zu seinem Fang, bevor er sich höflich verabschiedete. Ich begleitete ihn zum Gartentor. Wie immer, wenn Da Teh bei mir war, ließen sich die Tschus nicht blicken. Offenbar hielten sie Wachsamkeit in seiner Gegenwart nicht für erforderlich.

»Wenn ich darf, komme ich morgen wieder«, sagte Herr Hu und gab mir die Hand.

Als ich wieder auf den Balkon trat, fragte Da Teh sogleich: »Er ist ein Kapitalist, nicht wahr?«

»Woher wollen Sie das wissen?«

»Das merkt man ihm an. Außerdem verströmt er den schlechten Geruch von Geld, wie alle Kapitalisten.«

»Warum wollen Sie bei mir Englisch lernen, wenn Sie die Kapitalisten so hassen? Finden Sie mich nicht genauso abstoßend wie die Kapitalisten? Verströme ich nicht den gleichen schlechten Geruch von Geld?« fragte ich ihn verärgert.

»Sie sind anders. Ich glaube nicht einmal, daß Sie eine gute Kapitalistin abgeben würden, da Sie mit Geld ziemlich sorglos umgehen. Das Dumme an Ihnen ist, daß Sie naiv genug sind, an Menschlichkeit, Wohltätigkeit, Großzügigkeit und all diesen Quatsch zu glauben, den die herrschende Klasse der kapitalistischen Staaten predigt, um ihre Völker zu täuschen und deren revolutionären Kampfgeist zu untergraben«, meinte Da Teh grinsend.

»Was wissen Sie denn schon von den kapitalistischen Staaten? Sie haben doch nie einen besucht.«

»Leider werde ich wohl auch nie einen kennenlernen.«

»Würden Sie denn gern mal hinfahren, wenn Sie die Möglichkeit hätten?«

»Natürlich würde ich das! In den USA oder einem europäischen Land könnte ich hart arbeiten und mir ein eigenes Leben aufbauen. Ich würde mich wahrscheinlich sogar ganz achtbar schlagen«, sagte er mit fast wehmütigem Blick.

»Wie bitte? Ich dachte, Sie hassen die Kapitalisten!«

»Ich hasse sie jetzt. Wenn ich aber einer von ihnen wäre, würde ich sie nicht hassen, oder? Sie haben wohl noch nie etwas von dialektischem Materialismus gehört!«

Nachdem Da Teh gegangen war, blieb ich noch lange auf dem Balkon sitzen, um über diesen seltsamen jungen Mann nachzudenken. Mir war in meinem ganzen Leben noch niemand begegnet, der so war wie er. Marxisten glauben, der Charakter eines Menschen werde durch seine Umwelt geformt. War Da Teh ein typisches Produkt der kommunistischen Revolution in China? Eigentlich tat er mir leid. Er war sehr intelligent und fleißig. Wenn man ihm die Chance gab, in einer freien Gesellschaft zu leben und zu arbeiten, würde er vermutlich seinen Weg machen. In China hatte er selbst als Parteimitglied kaum eine Zukunft. Mit seinem überentwickelten Selbstbewußtsein war Da Teh im Grunde ein Individualist, und Individualisten gegenüber war die Partei nicht eben tolerant.

Am nächsten Tag lud mich Herr Hu zum Essen ein. Er suchte ein Restaurant aus, in dem laute Musik spielte. Kaum hatten wir uns gesetzt, sagte er energisch: »Dieser Schüler von Ihnen scheint Zugang zu Lebensmitteln zu haben, die normalerweise höheren Regierungsbeamten vorbehalten sind. Ich glaube kaum, daß jemand unter dem Rang eines stellvertretenden Parteisekretärs des Schanghaier Revolutionskomitees solche Pfirsiche kaufen kann.«

»Glauben Sie nicht, daß man Pfirsiche auch durch die berühmte Hintertür bekommen kann?«

»Nein, absolut nicht! Solche Pfirsiche sind weder durch die Vorder- noch durch die Hintertür erhältlich. Sie sind für höhere Beamte reserviert, die sie nicht einmal bezahlen müssen. Die Frage ist, weshalb er sie Ihnen bringen sollte.«

»Vielleicht war es nur ein Vorwand, um mich gleich besuchen zu können. Er mußte mir etwas bringen, was nicht leicht zu bekommen ist und was sich nicht frischhalten läßt.« In Wahrheit glaubte ich, daß er Herrn Hus wegen gekommen war. Ich wollte meinen Gastgeber jedoch nicht unnötig beunruhigen.

»Glauben Sie, daß man Sie beobachtet?« fragte er nach einer Weile.

»Ja, da bin ich mir ziemlich sicher.«

»Es ist ungewöhnlich, daß man Sie so sorgfältig überwacht. Was hat man Ihnen bei Ihrer Entlassung gesagt?«

»Nicht sehr viel. Von erwiesener Unschuld war keine Rede. Sie sagten nur, jetzt sei ich umerzogen und hätte in meinem Denken eine gewisse Besserung gezeigt.«

Während Herr Hu über meine Antwort nachsann, fiel mir der Mann vom Filmstudio ein.

»Mich hat jemand vom Schanghaier Filmstudio besucht. Er sagte, man habe mich aus gesundheitlichen Gründen entlassen«, ergänzte ich.

»Wirklich? Hat er das gesagt? Glauben Sie, die hätten Sie noch länger festgehalten, wenn Sie nicht erkrankt wären?« fragte er besorgt.

»Sie dachten, ich hätte Krebs.«

»Vielleicht ist Ihr Fall noch gar nicht abgeschlossen. Vielleicht ist man in der Frage der sogenannten Verschwörung noch nicht zu einer Entscheidung gekommen. Das würde erklären, warum man Sie überwacht«, sagte Herr Hu und sah mich mitfühlend an. »Jedenfalls müssen wir uns noch auf einiges gefaßt machen. Die politische Lage ist nicht gut. Tschiang Tsching erlebt ein Comeback.«

»Warum müssen wir so viel leiden, nur weil in der Partei ein Machtkampf tobt? Wir sind doch nicht mal Parteimitglieder!« rief ich hilflos aus.

Trotz der Hitze war das Restaurant überfüllt. In dem lauten Stimmengewirr hatten Herr Hu und ich ungestört sprechen können. Als wir vor die Tür traten, war es immer noch drückend schwül. Ich schlug vor, zu Fuß nach Hause zu gehen, statt mit einem überfüllten Bus zu fahren.

Herr Hu hatte recht mit seiner Feststellung, daß die politische Lage sich wieder verschlechterte. In der zweiten Hälfte des Jahres 1974 erschien der Name Tschiang Tschings immer häufiger in Zeitungsberichten aus Peking – ein sicheres Zeichen ihrer zunehmenden Macht. Sie empfing ausländische Staatsgäste im Namen Maos oder in ihrer Eigenschaft als Revolutionsführerin und Mitglied des Politbüros und erörterte mit ihnen weltpolitische Fragen.

Die Kampagne »Kritisiert Lin Piao« weitete sich zu einer Kampagne gegen Lin Piao und Konfuzius aus. Tschiang Tsching leitete sie persönlich, indem sie die Kontrolle über die Presse und alle wichtigen Publikationen übernahm. Von Konfuzius' Lehre war jedoch kaum die Rede. Niemand wurde im Zweifel darüber gelassen, daß Tschiang Tschings Kritik an Konfuzius in Wahrheit gegen Ministerpräsident Tschou En-lai gerichtet war. Der Name des alten Philosophen war nur ein Deckname für den dahinsiechenden Tschou. Die Chinesen, die des Machtkampfs an der Parteispitze restlos überdrüssig waren, darunter viele verdiente KP-Mitglieder, standen auf der Seite des Ministerpräsidenten. Es gab unzählige Gerüchte über Tschiang Tsching, von denen viele ohne Zweifel erfunden waren, um sie in Mißkredit zu bringen. Sie war so unbeliebt, daß die absonderlichsten Geschichten über ihr Privatleben die Runde machten. Die Leute flüsterten sich zu, sie lebe in Saus und Braus und sei sexuell promiskuitiv. Seriösen Beobachtern bereitete es vor allem Sorgen, daß Mao ihr und den anderen radikalen Parteiführern den Rücken zu stärken schien. Sie nahmen an, daß ihn die Geschwindigkeit, mit der Tschou En-lai durch den ihm gleichgesinnten Deng Hsiao-ping den Trend der Kulturrevolution umkehrte, mehr als besorgt machte.

Da die politische Spannung mit der Kampagne gegen Konfuzius und einer Wiederbelebung der kulturrevolutionären Propaganda wieder zunahm, brachen mehrere meiner Schüler den Unterricht ab. Sie hatten Angst, Englischunterricht könne wieder tabu werden. Plötzlich wurde auch das Mieterkomitee wieder aktiver. Bei seinen Versammlungen wurde wieder hundertprozentige Anwesenheit verlangt. Auch durfte nicht mehr gestrickt werden. Immer mehr Menschen wurden gezwungen, sich der Kritik an Konfuzius anzuschließen. Von Lin Piao war nicht mehr die Rede. Ah-ji ermahnte mich, stets meine Baumwolljacke anzuziehen, wenn ich aus dem Haus ging, um keine unnötige Aufmerksamkeit zu erregen. Unser Speiseplan wurde täglich karger, da sie sich nicht mehr traute, von den Bauern zu kaufen, die mit Eiern und Hühnern in die Stadt kamen.

Als der Winter anbrach, ereignete sich etwas sehr Ungewöhnliches. Es führte mir vor Augen, daß ich mich erneut in Gefahr befand, belastet zu werden.

Unter Meipings Freunden, die mich in jenem Jahr besuchten, war auch eine junge Frau vom Land namens Tschen Lan gewesen. Bevor Meiping im Filmstudio zu arbeiten begann, hatte sie gemäß einer Entscheidung des Staatsrats sechs Monate in der Volkskommune Malu außerhalb von Schanghai verbringen müssen, um »das Leben der Bauern zu erfahren«. Sie wohnte bei Tschen Lans Familie und half ihr bei der Landarbeit. Die beiden Mädchen wurden Freundinnen. Tschen Lan erzählte mir, Meiping habe ihr Lesen und Schreiben beigebracht, ihr die Augen dafür geöffnet, daß es außerhalb ihres engen Gesichtskreises noch eine größere Welt gab, und sie mit so faszinierenden Dingen wie Hautcreme und Shampoo bekanntgemacht.

Tschen Lan brachte mir ein Foto mit, das Meiping im Kreise einiger anderer Mädchen aus dem Dorf zeigte. Unter Tränen sagte sie: »Dies ist mein kostbarster Besitz. Da Sie aber alle Ihre Fotos verloren haben, möchte ich, daß Sie es behalten.«

Ich versprach, ihr Abzüge machen zu lassen und ihr das Original zurückzugeben. Mehrere Monate lang konnte ich jedoch keinen Fotoladen finden, der diese simple Arbeit erledigen wollte. Ich wollte es schon am anderen Ende der Stadt versuchen, als eines Tages unerwarteter Besuch an die Tür klopfte. Ah-ji ging sofort hinunter. »Ich bin ein Freund von Mrs. Chengs Tochter«, hörte ich eine Männerstimme sagen. Kurz darauf kam Ah-ji mit einem untersetzten, mittelgroßen jungen Mann ins Zimmer.

»Ich heiße Liu Hing. Ich bin ein Freund von Meiping«, stellte er sich vor. Dann reichte er mir ein in Geschenkpapier eingewickeltes Päckchen und fuhr fort: »Ich habe gehört, daß man Sie entlassen hat, und das ist der Grund meines Kommens. Vielleicht kann ich etwas für Sie tun. Dies ist eine Schachtel mit Tschang-Bai-Schang-Ginseng. Er ist in Schanghai nicht zu bekommen. Ich bin geschäftlich gerade im Nordosten gewesen und habe ihn von dort mitgebracht.«

Eine Schachtel Tschang-Bai-Schang-Ginseng war ein sehr kostbares Geschenk, das den vollen Monatslohn eines Arbeiters verschlang. Ich fragte mich, was er wohl als Gegenleistung erwartete. »Es ist sehr nett von Ihnen, mir Ginseng zu bringen, aber das kann ich nie annehmen«, sagte ich und fragte ihn dann: »Woher haben Sie übrigens meine Adresse?«

»Das Revolutionskomitee des Schanghaier Filmstudios hat sie mir gegeben, als ich dort fragte.«

Das war eine offenkundige Lüge, denn chinesische Beamte würden einer Privatperson nie solche Auskünfte geben.

Irgendwie konnte ich nicht glauben, daß er Meipings Freund gewesen war. Er entsprach nicht dem Typ junger Männer, mit denen sie sich anzufreunden pflegte. Warum besuchte er mich? Was wollte er? Ich war neugierig und wollte es herausfinden. Gleichzeitig sagte mir eine innere Stimme, daß er von Leuten geschickt worden war, die mir schaden wollten.

»Ah-ji, bring unserem Gast bitte eine Tasse Tee!« rief ich in die Küche hinüber. Diese Geste der Höflichkeit wiegte meinen Besucher in Sicherheit. Lächelnd setzte er sich auf den Stuhl, den ich ihm angeboten hatte, und stellte die Schachtel auf dem Tisch ab.

»Waren Sie vor der Kulturrevolution schon einmal bei uns?« begann ich ihn auszufragen. »Ich kann mich gar nicht an Sie erinnern. Und Meiping hat mir gegenüber Ihren Namen nie erwähnt. Dabei hat sie mir immer von ihren Freunden erzählt.«

»Sie standen sich sehr nahe, nicht wahr? Jeder weiß, wie sehr Sie aneinander hingen. Das ist auch der Grund, warum ich mit Ihnen sprechen möchte.« Er beugte sich vor und sagte in vertraulichem Ton: »Ich kenne ein paar Leute, die Ihnen helfen könnten, gegen die Mörder vorzugehen. Sie wollen weder Geld noch sonst eine Belohnung. Sie haben Mitleid mit Ihnen. Sie wollen Ihnen einfach nur helfen.«

Was für ein ungewöhnliches Angebot, dachte ich bei mir, entgegnete aber rasch: »Ich bin nicht daran interessiert, gegen irgend jemanden vorzugehen. Ich bin sehr traurig, daß meine Tochter auf diese Weise gestorben ist, denn ihr Tod war unnötig und durch nichts zu rechtfertigen. Aber nun ist sie tot. Nichts kann sie mir zurückgeben.«

»Wie können Sie so großmütig sein! Es ist Ihre Pflicht als Mutter, ihren Tod zu rächen.«

»Ich gehe davon aus, daß man ihren Fall zu gegebener Zeit untersuchen wird«, unterbrach ich ihn. »Ich habe volles Vertrauen in die Volksregierung. Übrigens haben Sie mir noch gar nicht erzählt, wo und wann Sie Meiping kennengelernt haben.«

»Ich habe sie in der Volkskommune Malu kennengelernt. Sie wohnte dort bei einer Bauernfamilie. Ich habe sie oft besucht und mit ihr geplaudert.«

»Waren Sie auch in der Kommune?«

»Ja. Ich habe dort wissenschaftlich gearbeitet.«

War er tatsächlich ein Freund Meipings gewesen, wie er behauptete? Hatte er sie wirklich in der Kommune getroffen? Das ließ sich immerhin nachprüfen. Ich blickte ihn scharf an und sagte: »Da Sie in der Kommune Malu waren und Meiping dort kennengelernt haben, müßten Sie auch Tschen Lan kennen, das Mädchen, mit dem sich Meiping angefreundet hatte.«

»O ja, natürlich. Ich habe die beiden oft zusammen gesehen«, erwiderte er hastig.

Ich nahm das Foto von Meiping mit den anderen Mädchen und zeigte es ihm. »Jemand hat mir dieses Foto gegeben. Ich selbst habe Tschen Lan nie kennengelernt. Können Sie mir sagen, welches der Mädchen sie ist?«

Er betrachtete das Foto eine Weile und zeigte dann auf das

Mädchen, das neben Meiping stand und den Arm um sie gelegt hatte. Das war zwar gut geraten, aber dieses Mädchen war nicht Tschen Lan. Sie stand gar nicht in Meipings Nähe, sondern am Rande der Gruppe.

Das war Beweis genug, daß er Meiping nicht in Malu kennengelernt hatte, wenn überhaupt. Warum war er gekommen? Wollte er mich überreden, Meipings Tod zu rächen, um mich zu etwas Ungesetzlichem zu verleiten? Oder hatte er anderes im Sinn? Da ich nichts sagte, ging er wohl davon aus, richtig geraten zu haben. Durch diesen Erfolg ermutigt, sagte er: »Ich würde Sie gern häufiger besuchen, damit wir uns kennenlernen. Ich bin an allem interessiert, was draußen in der Welt vorgeht, und kann von Ihnen sicher viel lernen. Vielleicht können Sie auch etwas von mir lernen, da ich Wissenschaftler bin. Falls Sie diese Leute, von denen ich vorhin sprach, nicht persönlich treffen wollen, werde ich gern den Mittler spielen.«

»Ich meine, wir sollten darauf warten, daß die Regierung in Meipings Fall tätig wird. Wir haben nicht das Recht, etwas zu unternehmen«, versuchte ich mich aus der Affäre zu ziehen.

»Die jetzige Regierung wird nie etwas unternehmen! Sie steht hinter den Mördern, ist Ihnen das nicht klar? Wie können Sie erwarten, daß sie tätig wird?« rief er unwirsch. Er war offenbar ungehalten, daß ich nicht angebissen hatte.

»Bitte beruhigen Sie sich. Sie dürfen nicht so über die Regierung sprechen. Es ist konterrevolutionär zu sagen, die Regierung stehe hinter den Mördern. Ich kann einem Gast meines Hauses nicht erlauben, so zu sprechen«, warnte ich ihn mit ernster Stimme.

»Sie sind eine vorsichtige Frau. Aber es spielt keine Rolle, was wir unter vier Augen sagen. Nach allem, was Meiping und Ihnen selbst widerfahren ist, müssen Sie die Partei und die Regierung doch hassen, oder?«

»Da irren Sie sich aber sehr. Ich hasse weder die Partei noch die Regierung. Ich werde aber in Ruhe über das nachdenken, was Sie gesagt haben. Wenn ich meine Meinung ändern sollte, gebe ich Ihnen Bescheid. Bitte zeigen Sie mir Ihren Arbeitspaß, damit ich weiß, mit wem ich es zu tun habe.«

»Dazu brauchen Sie keinen Arbeitspaß. Ich schreibe Ihnen meinen Namen und meine Adresse auf«, sagte er sichtlich irritiert.

»Wenn Sie wollen, daß ich Ihnen traue, sollten Sie mir Ihren Arbeitspaß zeigen«, beharrte ich. Widerstrebend zog er das Dokument aus der

Tasche und reichte es mir. Ich prüfte es genau. Es war von einer Fabrik ausgestellt worden, die nur mit einer Nummer gekennzeichnet war. In China weiß jedes Kind, daß solche Fabriken zur Armee gehören. Quer über den Arbeitspaß war das Wort »Vertraulich« gestempelt. Vermutlich arbeitete er in einer Waffenfabrik, deren Produktion der Geheimhaltung unterlag.

In der Haft war es meine stärkste Waffe gewesen, daß ich keinen Menschen mit Zugang zu Regierungsgeheimnissen kannte. Wenn ich mit jemandem Kontakt hatte, der einer vertraulichen Arbeit in einer Fabrik der Armee nachging, würde mir das nicht nur die Ausreise unmöglich machen, sondern es könnte auch jedweden falschen Beschuldigungen gegen mich Tür und Tor öffnen.

Ich öffnete die Tür und rief Ah-ji. Als sie erschien, winkte ich sie herein und sagte mit fester Stimme: »Ich brauche Sie als Zeugin für das, was ich unserem Gast zu sagen habe.« Dann wandte ich mich Liu Hing zu, gab ihm seinen Arbeitspaß zurück und sagte: »Ich verbiete Ihnen, mich je wieder zu besuchen. Ich habe sogenannte Auslandsverbindungen und bin fälschlicherweise beschuldigt worden, für die Imperialisten zu spionieren. Als Wissenschaftler einer Fabrik, deren Arbeit der Geheimhaltung unterliegt, haben Sie mit diesem Besuch einen schweren Fehler gemacht. Wenn Sie in Ihre Fabrik zurückkehren, müssen Sie sofort Ihrem Parteisekretär Meldung machen. Sie müssen genau berichten, was Sie mir gesagt haben und was ich Ihnen geantwortet habe.« Er stand wie ein dummer Junge da und sagte kein Wort.

»Ah-ji! Diese Sache ist ernst. Du darfst diesen jungen Mann nie mehr ins Haus lassen.«

Liu Hing schlich ohne ein Wort davon. Ich schickte Ah-ji mit der Ginseng-Schachtel hinter ihm her, aber er war schon auf seinem Fahrrad verschwunden.

Kurz darauf kam Da Teh die Treppe heraufgestürmt. Er war ziemlich außer Atem: »Ah, Sie sind zu Hause! Das ist gut!«

»Sie wissen sehr gut, daß ich zu Hause bin«, entgegnete ich.

»Ist etwas nicht in Ordnung? Hat Sie etwas geärgert?« Er spielte den Überraschten.

»Sie wissen genau, was nicht in Ordnung ist.« Ich reichte ihm die Ginseng-Schachtel und sagte: »Bringen Sie das zurück. Und sagen Sie ihnen, sie sollen mit ihren albernen Tricks aufhören.«

»Ich bringe alles weg, was Sie nicht haben wollen. Aber ich werde niemandem sagen, er solle mit seinen albernen Tricks aufhören. Warum sollte ich? Warum sollen die Leute nicht ihre Spielchen treiben? Sie brauchen sich davor doch wirklich nicht zu fürchten!« sagte er in seiner gewohnt zynischen Art.

»Es ist so niederträchtig!«

»Nach dem, was Sie durchgemacht haben, sollten Sie doch wissen, daß Aufrichtigkeit selbstmörderisch ist. Heutzutage ist Niedertracht die beste Methode!«

»Bitte gehen Sie, Da Teh! Ich bin nicht in der Stimmung, mir diesen Unsinn anzuhören.«

»Ich versuche doch nur, Sie ein bißchen aufzumuntern. Na schön, dann komme ich eben morgen wieder, wenn es Ihnen besser geht.« Damit ging er und nahm den Ginseng mit. Ich war mir gar nicht sicher, daß er die Schachtel dort abgeben würde, wo sie herstammte. Ich hatte den leisen Verdacht, daß er sie nach Hause mitnahm und seiner Mutter zum Geschenk machte. Da Teh war so ein Mensch.

Maos Tod

Liu Hings Besuch war kein Einzelfall. Es kamen noch viele Besucher, die alle behaupteten, Meipings Freunde gewesen zu sein. Ein paar kannte ich vom Namen her, doch war ich vor der Kulturrevolution keinem von ihnen bei uns zu Hause begegnet. Sie kamen nicht gemeinsam, sondern stets einzeln, manchmal sogar am späten Abend. Wenn ich mich mit ihnen über Meipings Tod unterhalten hatte, konnte ich sicher sein, eine schlaflose Nacht vor mir zu haben.

»Ah-ji, würde es dir etwas ausmachen, all diesen angeblichen Freunden meiner Tochter nicht mehr die Tür zu öffnen? Ich bin es leid, immer die gleichen Geschichten hören zu müssen«, sagte ich eines Morgens, als ich wieder einmal nicht geschlafen hatte.

»Ich muß aber doch die Tür aufmachen, dazu bin ich hier! Was soll ich denn machen? Sie sollten mich vielleicht besser entlassen. Sie kommen gut allein zurecht«, erwiderte sie mit betrübtem Blick.

»Kannst du denn eine andere Arbeit finden?«

»Offen gestanden, es gefällt mir hier bei Ihnen. Es ist nicht sehr wahrscheinlich, daß ich eine andere Arbeit mit gleichem Lohn und gleichen Arbeitsbedingungen bekomme.«

Ich wollte sie nicht entlassen, aber man hatte sie offensichtlich angewiesen, jeden Besucher einzulassen. Solange sie bei mir war, konnte ich nicht damit rechnen, meine Ruhe zu haben. Ich mußte mir einen Ausweg einfallen lassen.

»Könntest du woanders wohnen, wenn ich die Miete bezahle?« fragte ich sie später am Tage. Ich wußte allerdings, daß die Wohnungsknappheit in Schanghai ein äußerst ernstes Problem war.

»Ich habe eine Cousine, die vor kurzem Witwe geworden ist. Sie könnte mich bei sich aufnehmen, aber dann müßte ich die halbe Miete übernehmen. Wünschen Sie, daß ich außerhalb schlafe?«

»Ja. Es wäre mir lieber, wenn du bei deiner Cousine wohnst und nur noch am Morgen zu mir kommst. Ich zahle dir den gleichen Lohn und deinen Mietanteil. Was hältst du davon?«

»Das ist eine gute Lösung. Sie haben dann ruhige Nachmittage und Abende. Wenn Sie selber die Tür nicht öffnen, kann man das nicht mir zum Vorwurf machen.« Ah-ji strahlte mich erleichtert an.

Am folgenden Wochenende wurde sie mit ihrer Cousine handelseinig und zog aus. Aus einem Stück Karton und rotem Klebeband bastelte ich mir ein Schild, auf das ich folgende Mitteilung schrieb: »Wegen fortgeschrittenen Alters und labiler Gesundheit brauche ich Ruhe. Unangemeldete Besucher werden nicht eingelassen. Vertreter der Behörden in offiziellem Auftrag sind jederzeit willkommen.« Ich unterschrieb mit meinem Namen und hängte das Schild an einem roten Bändchen an die Haustür.

Als ich am nächsten Morgen in den Garten gehen wollte, sah ich, daß meine Notiz abgenommen und zerrissen worden war. Wütend sammelte ich die Schnipsel vom Boden auf und ging damit schnurstracks zur Polizeiwache. Falls die Polizei in die Sache verwickelt war, würde unser Streifenpolizist Lao Li davon wissen. Seine Reaktion würde mir sicher einiges verraten.

Die für mich zuständige Polizeiwache befand sich im ehemaligen Privathaus eines reichen Kaufmanns, der kurz vor der kommunistischen Machtübernahme nach Hongkong geflüchtet war. Es war eines der größten Häuser der Gegend, in einem schönen Garten gelegen. Ich ging die Treppenstufen zum Eingang hinauf und trat in den Empfangsraum.

»Sie wünschen?« fragte mich eine Beamtin.

»Ich wohne Tai Juan Lu 1. Ich möchte den Genossen Lao Li sprechen, der für unsere Straße zuständig ist.«

»Sie müssen warten.«

Mehr sagte sie nicht, so daß ich mich auf eine der Bänke setzte. Die Zeit verstrich; es war ein ständiges Kommen und Gehen, und ich glaubte schon, man habe mich vergessen, als kurz nach elf Lao Li aus einem der Büros trat und auf mich zukam. Anders als die meisten seiner Kollegen trug er weder eine finstere Miene zur Schau, noch gab er mir durch sein Verhalten zu erkennen, daß er mich für eine unerwünschte Person hielt. Er bat mich an einen Tisch und setzte sich mir gegenüber.

»Was führt Sie zu mir?«

»Ich möchte melden, daß jemand dieses Schild zerrissen hat.«

Ich legte ihm die Schnipsel auf den Tisch. Er setzte sie zusammen, legte die Stirn in Falten und las den Text vor.

»Was soll das? Warum haben Sie das geschrieben?« Er sah wirklich erstaunt aus, so daß ich annehmen konnte, daß er von all diesen Belästigungen, denen ich ausgesetzt war, nichts wußte. Immerhin war nicht auszuschließen, daß einige seiner Kollegen, höchstwahrscheinlich maoistische Revolutionäre, die man während der Kulturrevolution befördert hatte, hinter allem steckten.

»Es besuchen mich ständig Leute, die alle behaupten, Freunde meiner Tochter zu sein«, schilderte ich ihm meine Situation. »Sie kommen zu jeder Tages- und Nachtzeit. Ich habe es satt, sie zu sehen. Ich bin nicht mehr die Jüngste. Ich habe eine schwere Operation hinter mir und brauche Ruhe.«

Er nickte und sah nachdenklich aus. Dann lächelte er mir aufmunternd zu und sagte: »Na schön, ich werde der Sache mal nachgehen.«

Ich dankte ihm und ging erleichtert nach Hause. Zwar wußte ich noch immer nicht, wer hinter all dem steckte, aber es war immerhin ein Trost, daß Lao Li mir nicht verboten hatte, ein solches Schild an die Tür zu hängen. So beschloß ich, ein neues anzufertigen und es wieder aufzuhängen.

Ich blieb fest und öffnete niemandem die Tür, der nicht mit mir verabredet war. Da Teh sprach mich nie auf das Schild an, verabredete sich von nun ab aber stets mit mir, wenn er mich besuchen wollte. Schon bald versiegte der Besucherstrom.

Die Versuche, mich zu belästigen, nahmen jedoch kein Ende. Sie verlagerten sich nur von meinem Haus auf die Straße. Eines Tages, als ich von meinem Spaziergang zurückkam, rief mir plötzlich eine Gruppe von Schulkindern zu: »Spionin! Imperialistische Spionin! Lakai der Imperialisten!«

Ich ging einfach weiter und ignorierte sie. Aber zwei Jungen liefen mir nach, verstellten mir den Weg und schrien mich weiter an. Ich konnte sie nicht beiseite schubsen, ohne eine Szene zu provozieren. So blieb ich stehen und sagte ruhig: »Kommt doch mit zu mir. Wir können uns gern ein wenig unterhalten.«

Sie liefen davon. Ich ging zum Mieterkomitee, um mich zu beschweren, doch sah man sich dort nicht in der Lage, etwas zu unternehmen, solange ich nicht die Namen der Kinder nennen könne. So ging es Tag für Tag weiter. Es hatte fast den Anschein, als warteten die Kinder nur auf mein Erscheinen, um mich anpöbeln zu können. Ich änderte die Zeiten meiner Spaziergänge, doch ohne Erfolg. Ein paar Kinder waren immer da.

Obwohl sie mir höchst lästig waren, zumal sie die Aufmerksamkeit der Passanten auf mich lenkten, wollte ich nicht auf meinen täglichen Spaziergang verzichten. So blieb mir nichts übrig, als sie zu ignorieren und so zu tun, als wären sie nicht da.

Aber es waren nicht nur die Kinder, die mir Verdruß bereiteten. Immer wieder fiel mir ein Mann auf, der mit einem Fahrrad auf der anderen Straßenseite stand und mich beobachtete. Er war etwa dreißig und hatte einen dichten schwarzen Haarschopf. Sein Rad hatte einen auffallenden, knallgelben Sattelbezug. Sobald er mich aus dem Haus kommen sah, bestieg er das Fahrrad und fuhr los.

Nach ein paar Wochen hatten die Kinder offenbar den Spaß an ihrem Spiel verloren. Ich genoß einige ruhige Tage. Der 27. März 1975 war der zweite Jahrestag meiner Entlassung aus dem Gefängnis. Ich verbrachte ihn auf dem Balkon, genoß die erste Frühlingssonne, strickte und las T'ang-Gedichte. Aber immer wieder kehrten meine Gedanken zu den Jahren in der Zelle zurück. Ich dachte an die Wärterinnen und an all die schlimmen Verhörszenen, und ich spürte die Kälte, den Hunger und den Schmerz der Folter, die ich erlitten hatte. Ich betrachtete meine Handgelenke und sah die Narben, die ich bis an mein Lebensende behalten würde.

In den nächsten Tagen fiel anhaltender Nieselregen. Als sich die Sonne wieder zeigte, drängte es mich hinaus an die frische Frühlingsluft.

»Wollen Sie heute spazierengehen? Das Wetter ist so schön«, sagte Ah-ji, als sie am Mittag zu ihrer Cousine aufbrach.

»O ja, heute werde ich bestimmt gehen.«

»Vielleicht können Sie den Besenstiel mitnehmen und einen neuen Mop kaufen.«

»Muß ich dafür den Besenstiel mitnehmen?«

»Ja, die sind knapp. Sie werden wohl nur dann einen neuen Mop bekommen, wenn Sie den Stiel mitbringen.«

Am Nachmittag um drei machte ich mich mit dem Besenstiel auf den Weg zu dem kleinen Laden um die Ecke, in dem einige Hausfrauen des Viertels gelegentlich arbeiteten, um sich ein paar Jüan dazuzuverdienen. Falls jemand mir gefolgt sein sollte, hatte ich es nicht bemerkt. Als ich vom Bürgersteig auf die belebte Straße trat, um sie zu überqueren, erhielt ich plötzlich einen harten Stoß in den Rücken. Ich fiel vornüber und landete direkt vor einem heranrollenden Bus. Bremsen kreischten. In letzter Sekunde zog mich jemand zur Seite. Der Bus rollte über den Besenstiel und zerbrach ihn. Der Fahrer steckte den Kopf aus dem Fenster und brüllte mich an: »Passen Sie auf, wo Sie hingehen! Wollen Sie sich umbringen?« Dann gab er Gas und fuhr weiter.

Es war alles so schnell gegangen und so unerwartet gekommen, daß ich völlig verwirrt war. Mein Herz schlug heftig, und ich bekam weiche Knie.

»Es war ein Radfahrer. Der Mann hat nicht angehalten«, hörte ich meinen Retter sagen.

»Sie haben mir das Leben gerettet. Wie soll ich Ihnen danken?« Meine Stimme zitterte und hörte sich an, als spräche ein anderer.

»Nein, nein. Der Bus hat noch rechtzeitig gebremst. Sie sollten ins Krankenhaus gehen und sich vergewissern, daß Sie sich nichts gebrochen haben«, sagte der freundliche Mann.

»Ich denke, es ist alles in Ordnung, ich bin nur ein bißchen durcheinander. Bitte kommen Sie mit mir. Ich möchte mich mit einem kleinen Geschenk bei Ihnen bedanken. Vielleicht können Sie mich auch zur Polizeiwache begleiten, damit wir den Vorfall melden können.«

»Aber der Mann mit dem Fahrrad ist uns entwischt. Die Polizei wird gar nichts tun. Außerdem muß ich zu einer Versammlung.«

»Haben Sie den Mann gesehen, der mich gestoßen hat?«

»Nicht genau. Aber mir fiel auf, daß sein Sattel ungewöhnlich hell war.«

»War es ein gelber Sattelbezug?«

»Er saß auf dem Sattel. Aber irgend etwas Helles ist mir aufgefallen.«

»Hatte der Mann dichtes schwarzes Haar?« hakte ich nach.

»Ja, kennen Sie ihn?« fragte er erstaunt zurück. »Ist er ein persönlicher Feind von Ihnen?«

»Nein, ich kenne ihn nicht, aber ich habe ihn schon mal gesehen.«

»Bitte entschuldigen Sie mich jetzt, ich muß zu meiner Versammlung. Sie sollten in Zukunft besser aufpassen. Er hat Sie absichtlich gestoßen. Die Straße war leer. Es gab Platz genug. Und außerdem hat er sich schnell aus dem Staub gemacht.«

Ich bedankte mich nochmals, und der Mann verschwand in der Menge.

Als ich wieder zu Hause war, nahm ich zwei Aspirin und legte mich ins Bett. Es war erst kurz nach vier. Ich schlief etwa eine Stunde. Als ich aufwachte, war mein ganzer Körper hart wie ein Brett und tat so höllisch weh, daß ich mich kaum bewegen konnte. Mit größter Mühe stand ich auf und ging ins Bad. Eine Wanne voll heißem Wasser würde mir jetzt guttun, dachte ich. Aber ohne Ah-jis Hilfe konnte ich das Wasser nicht hochtragen.

Am folgenden Nachmittag besuchte mich Herr Hu, mit dem ich verabredet war. Ich erzählte ihm von meinem Erlebnis vom Vortag und erwartete eigentlich, Mitleidsbekundungen von ihm zu hören. Doch er sah mich nur ernst an und sagte: »Bitte lassen Sie mich auf Sie aufpassen! Wenn Sie mir das erlaubten, würde mich das sehr glücklich machen.« Er schien unter großer Anspannung zu stehen, da ihm fast die Stimme versagte.

War das ein Heiratsantrag? Ich war mir nicht sicher. Und da mein Kopf voll war von dem, was um mich herum passierte, überraschte er mich total. Mein Schweigen schien ihn verlegen zu machen. Hastig fügte er hinzu: »Glauben Sie, daß nur junge Leute heiraten sollten? Habe ich Sie mit meinem unverblümten Antrag schockiert?«

»O nein, durchaus nicht. Ich finde es vollkommen richtig, daß auch ältere Menschen heiraten. Und ich bin sicher, daß sich viele Frauen glücklich schätzen würden und stolz wären, Ihre Frau zu sein. Was mich betrifft, so bin ich Ihnen zwar dankbar, und Ihr Antrag schmeichelt mir, aber ich habe meinem verstorbenen Mann gelobt, bis an mein Lebensende Frau Cheng zu bleiben.«

Sein liebenswürdiges Gesicht wurde weich und zeigte ein wehmütiges Lächeln. Er nahm meine Hand in seine und sagte zögernd: »Von anderen Frauen weiß ich nichts. Ich habe gewartet . . . Aber machen Sie sich keine Gedanken! Ich muß Ihre Entscheidung respektieren, Ihrem Mann treu zu bleiben.« Er ließ meine Hand erst los, nachdem er sie sanft gedrückt hatte.

Der unbehagliche Moment war vorbei. Durch eine schroffe Zurückweisung hätte Herr Hu das Gesicht verloren. Das aber wäre nicht die chinesische Art.

Auch nach diesem Nachmittag besuchte mich Herr Hu gelegentlich. Er war immer liebenswürdig und aufmerksam. Die Abstände zwischen seinen Besuchen wurden jedoch immer größer, bis er schließlich zu seiner alten Gewohnheit zurückkehrte, mich nur noch zum Chinesischen Neujahr zu besuchen. 1978 erschien er noch einmal außer der Reihe. Er teilte mir mit, man habe ihn rehabilitiert und wieder in seine ehemalige Position als stellvertretender Geschäftsführer und Chefingenieur seiner Fabrik eingesetzt. Er habe vollauf damit zu tun, die durch die Kulturrevolution entstandenen Probleme zu lösen und die Produktion wieder in Gang zu bringen.

Als ich 1980 einen Paß erhielt und China verlassen konnte, verabschiedete ich mich brieflich von ihm. Er besuchte mich sofort und erzählte mir, er habe die ganze Zeit den Verdacht gehabt, daß ich China verlassen wolle. Ich bezweifelte aber, daß er jemals meinen Entschluß verstehen würde, die Ungewißheit eines Neuanfangs in einem fremden Land auf mich zu nehmen, noch dazu in meinem Alter, anstatt in der Heimat zu bleiben und mich als frischgebackene Ehefrau zur Ruhe zu setzen. Immerhin war es schmeichelhaft, daß ein so verdienstvoller Mann mir, einer Frau von sechzig, einen Heiratsantrag gemacht hatte.

Trotz meiner schmerzenden Glieder war ich bester Laune, als Da Teh am nächsten Morgen zum Unterricht erschien. Ich saß noch beim Frühstück, als ich ihn die Treppe heraufstürmen hörte. Ich blickte auf die Uhr. Er kam zwanzig Minuten zu früh.

»Sie sind heute aber früh dran«, sagte ich, als er in der Tür erschien.

»Ich muß Ihnen etwas Aufregendes erzählen.« Er trat mit einem breiten Lächeln ein. »Es kann sein, daß ich demnächst nach Peking gehe.«

»Wirklich? Hat man Ihnen eine Arbeit angeboten?«

»Noch nicht. Aber es kann sein, daß ich eine erstklassige Gelegenheit bekomme.« Er setzte sich zu mir an den Tisch, zog ein Buch aus seiner Tasche und fragte mich: »Haben Sie etwas dagegen, wenn wir heute mal das hier durchnehmen?«

Ich sah, daß er Emily Posts Buch *Etiquette* in der Hand hielt. »Warum wollen Sie das durchnehmen? Der Inhalt dieses Buches ist für einen Chinesen nutzlos.«

»Es sei denn, er wird als Diplomat ins Ausland geschickt«, entgegnete er bedeutungsvoll.

»Ist das Ihre aufregende Neuigkeit? Gehen Sie zur Ausbildung ans Auswärtige Institut?«

»Nein. Genossin Tschiang Tsching will den Auswärtigen Dienst reformieren. Sie will verdiente Revolutionäre an die chinesischen Botschaften entsenden. Mein Name steht auf der Auswahlliste. Und mein Englisch ist besser als das der meisten anderen.«

In diesem Moment erschien Ah-ji. »Geht es Ihnen heute besser?« fragte sie besorgt. »Haben Sie immer noch Schmerzen?«

»Danke, Ah-ji. Es geht mir schon viel besser.«

Sie räumte den Tisch ab und verließ das Zimmer. »Sind Sie krank gewesen?« fragte Da Teh.

»Gestern wurde ich von einem Radfahrer auf die Straße gestoßen und wäre um ein Haar von einem Bus überfahren worden. Ich dachte, das wüßten Sie schon«, sagte ich spitz.

Da Teh wurde knallrot und sagte entrüstet: »Woher sollte ich das wissen. Glauben Sie denn, daß ich hinter allen Unannehmlichkeiten stecke, die Ihnen widerfahren?«

»Nein, ich glaube nicht, daß Sie dahinterstecken. Ein so hohes Tier sind Sie nun auch wieder nicht.« Da Teh zuckte zusammen und sah zum erstenmal seit Beginn unserer Bekanntschaft aus, als würde er sich schämen. »Aber dafür glaube ich, daß Sie Bescheid wissen«, fuhr ich fort. »Normalerweise erzählt man Ihnen alles. Wer immer hinter all den scheußlichen Dingen steckt, die mir passieren, hat Vertrauen zu Ihnen.«

»Sie begreifen nichts. Sie glauben, die Menschen könnten nach eigenem Gutdünken handeln. Das können sie nicht. Und die Welt besteht nicht nur aus guten und schlechten Menschen. Auch gute Menschen können manchmal Schlechtes tun, und schlechte Menschen tun mitunter Gutes. Sie werden nie erfahren, was ich für Sie getan habe. Das macht auch nichts. Ich will Ihnen nur sagen, daß ich nicht aus Stein bin. Sie sind sehr nett zu mir gewesen, netter als irgend jemand sonst, mit Ausnahme meiner Mutter. Glauben Sie etwa, ich würde zulassen, daß Sie jemand mit einem Fahrrad umstößt, damit Sie von einem Bus überfahren werden?« sagte Da Teh ehrlich gekränkt.

»Du lieber Himmel! Sie sind ja weich geworden! Wenn man Ihnen nichts erzählt hat, ist das schlimm. Es wäre doch ein Zeichen dafür, daß man Ihnen nicht mehr vertraut«, bemerkte ich sarkastisch.

»Das Ganze kann ein Unfall gewesen sein«, wandte Da Teh ein.

»Nein, ich habe diesen Radfahrer schon früher gesehen. Der Mann, der mich von der Straße zog, sagte mir, er habe dichtes schwarzes Haar gehabt und einen auffallend hellen Sattelbezug.«

Ich sah Da Tehs Gesichtsausdruck an, daß er diesen Mann offenbar kannte. Nach einigem Zögern sagte er: »Wären Sie mir böse, wenn ich Ihnen einen kleinen Rat gebe?«

»Schießen Sie los!« Ich lehnte mich in meinen Stuhl zurück und sah ihn erwartungsvoll an.

»Ist Ihnen denn nicht klar, daß es ein paar Leute in hohen Positionen gibt, die Ihren Schneid nicht ausstehen können? Sie spüren, daß Sie sie verabscheuen. Sie wollen aber, daß man sie fürchtet und respektiert. Warum verbergen Sie Ihre Verachtung nicht und lassen mal fünfe gerade sein?«

»Und wie soll ich das anstellen?«

»Reagieren Sie nicht immer, wenn etwas passiert. Regen Sie sich nicht gleich auf. Nehmen wir nur mal dieses Schild, das Sie an Ihre Tür gehängt haben. Kein Mensch in China tut so etwas. Vielleicht ist das in England üblich, aber nicht in China. Wenn Sie sich unangemeldete Besuche verbitten und wenn Sie Ah-ji nachmittags fortschicken, fragen sich die Leute natürlich, was dahintersteckt. Ist Ihnen denn nicht klar, daß das Wohnungsamt eine andere Familie in das zweite Zimmer hätte einweisen können, als Ah-ji auszog?«

»Es gibt doch kein zweites Bad. Eine andere Familie kann doch unmöglich durch mein Schlafzimmer ins Bad gehen, oder?«

»Sie haben ja keine Ahnung, wie die Menschen in Schanghai leben«, sagte Da Teh und schüttelte den Kopf. »Es gibt viele Familien, die ganz ohne Bad auskommen müssen. Das Wohnungsamt hat Ihnen aber niemanden hergeschickt. Das ist eine besondere Rücksichtnahme. Das sollte Ihnen klar sein.«

»Sie verblüffen mich. Warum belästigt und verfolgt man mich auf der einen Seite, wenn man auf der anderen auf mich Rücksicht nimmt?«

»Ich kann dazu nicht mehr sagen, als Ihnen den Rat zu geben, die Situation nicht allzu einfach zu sehen. In jeder Behörde gibt es viele Menschen mit einer gewissen Macht. Sie sind nicht immer einer Meinung, besonders heute nicht. Die Situation ist äußerst kompliziert. Vergessen Sie nicht, daß es Menschen gibt, denen Sie leid tun. Sie wissen, was man Ihnen angetan hat. Sie bedauern den Tod Ihrer Tochter sehr. Bitte versuchen Sie, geduldig und zurückhaltend zu sein. Der politische Kampf ist in ein entscheidendes Stadium getreten. Warum wollen Sie mehr leiden als nötig?«

»Also gut. Weiser Da Teh! Ich werde mir Mühe geben, geduldig und zurückhaltend zu sein, wie Sie sagen. Aber dann wäre das Leben doch ziemlich langweilig, nicht wahr?«

»Nein, das wäre es nicht. Es wird noch manches passieren«, entgegnete Da Teh vieldeutig.

Wir verbrachten den Vormittag mit dem Studium der Grundregeln der Etikette. Als Da Teh mich verließ, war er glücklich in Erwartung einer rosigeren Zukunft. Nachdem er den Radikalen so viele Jahre gedient hatte, glaubte er, daß man ihn nun belohnen würde.

Während des Jahres 1975 gab es ein ständiges Auf und Ab der Denunziationskampagnen in der Presse. Sobald ein Thema erschöpft war, wurde mit lauten Fanfaren das nächste aufgegriffen. So geschah es auch, als sich die vermeintliche Entrüstung über den alten Weisen Konfuzius gelegt zu haben schien. Die Maoisten wollten auf diese Weise dafür sorgen, daß der »revolutionäre Antrieb« nicht erlahmte.

Eines Tages erzählte mir die einzige Schülerin, die außer Da Teh noch bei mir geblieben war, daß Tschang Tschuan-tschiao, Parteichef von Schanghai, Politbüromitglied und langjähriger Mitarbeiter von Tschiang Tsching, kürzlich gesagt habe: »Uns sind die niedrigeren Produktionszahlen des Sozialismus lieber als die höheren des Kapitalismus.« Die Radikalen in den ländlichen Gebieten griffen die Botschaft auf und verkündeten: »Uns sind die schlechten Ernten des Sozialismus lieber als der Überfluß des Kapitalismus.« Da wollten auch andere Radikale nicht zurückstehen. »Die unpünktlichen Züge des Sozialismus sind uns lieber als die pünktlichen des Kapitalismus«, war allen Ernstes zu hören. In einer solchen Atmosphäre waren die Arbeiter tatsächlich besorgt, sie könnten zuviel arbeiten; die Bauern hatten keine Lust mehr, ihre Felder zu bestellen, und die Fahrer von Bahnen und Bussen, ja selbst die Maultiertreiber verlangsamten bewußt das Tempo, um bloß nicht pünktlich zu sein. Die ohnehin angeschlagene Wirtschaft geriet erneut ins Trudeln. Schlagzeilen und Lautsprecher verkündeten täglich: »Schlagt den Wind von rechts zurück, der das Urteil der Kulturrevolution revidieren will!« Das bezog sich auf Deng Hsiao-ping, der während der Kulturrevolution zum »Anhänger des kapitalistischen Wegs« gestempelt worden war. Dieses »Urteil der Kulturrevolution« habe durch die Rehabilitierung Dengs 1973 nicht revidiert werden sollen. Die Atmosphäre wurde immer gespannter.

Das Programm zur Modernisierung von Industrie, Landwirtschaft, Wissenschaft und Technik sowie der bewaffneten Streitkräfte, allgemein als Programm der Vier Modernisierungen bekannt, war von Ministerpräsident Tschou En-lai vorgeschlagen und dann vom Volkskongreß angenommen worden. Deng Hsiao-ping ignorierte den Propagandakrieg der Radikalen und fuhr mit seinen Bemühungen fort, das Leben in China zu normalisieren und das Programm der Vier Modernisierungen durchzusetzen. An Universitäten und Fachhochschulen wurden die Aufnahmeprüfungen wiedereingeführt. Als Konzession an Maos Ideologie mußten die Kandidaten jedoch zuvor in einer Fabrik oder Landkommune körperliche Arbeit leisten. Als Antwort auf Dengs Entscheidung, die Aufnahmeprüfung wiedereinzuführen, feierten die Radikalen in der Presse einen jungen Helden namens Tschang Tieh-schen aus der Provinz Liaoning, über die Maos Neffe Mao Juan-hsin herrschte. Tschang hatte sich angeblich geweigert, die Fragen der Aufnahmeprüfung zu beantworten, und statt dessen auf der Rückseite des Fragebogens einen politischen Aufsatz geschrieben, in dem er die Bemühungen der »ehemaligen Anhänger des kapitalistischen Wegs« attackierte, China in die Zeit vor der Kulturrevolution zurückzukatapultieren.

Wieder einmal, wie zu Beginn der Kulturrevolution, war es tabu, ein Buch zu lesen oder überhaupt etwas zu lernen. Meine Schülerin, ein behindertes Mädchen, bekam große Angst. Ich sagte ihr, sie solle zu Hause weiterlernen und mich nur gelegentlich besuchen, so daß ich ihre Aufsätze korrigieren könne. Ich bat auch Da Teh bei seinem nächsten Besuch, sein regelmäßiges Erscheinen zum Unterricht einzustellen, und fügte hinzu: »Leider haben wir heute nur Kohl und Nudeln. Sonst würde ich Sie bitten, zum Essen zu bleiben.« Ich kannte seine Abneigung gegen Kohl und Nudeln, ein Essen, das ihm seine Mutter in seiner Kindheit täglich vorgesetzt hatte.

»Soll ich Ihnen etwas zu essen kochen?« fragte er.

»Auf dem Markt gibt es kaum etwas zu kaufen.«

»Ich besorge mir alles, was ich brauche, durch meine Freunde. Was würden Sie gern essen?«

»Nehmen Sie, was Sie mögen«, erwiderte ich und gab ihm drei Zehn-Jüan-Scheine, mehr als zwei Wochenlöhne eines Arbeiters.

Um fünf Uhr am folgenden Nachmittag erschien Da Teh mit Fisch, Krabben und einem Huhn. Außerdem hatte er eine Flasche Schaosching-Wein und zwei Flaschen Bier aufgetrieben. Ich hatte Ah-ji gebeten, zu bleiben und ihm zu helfen. Beide brachten ein wirklich schmackhaftes Mahl mit mehreren köstlichen Gängen zustande. Da Teh hatte den Schaosching-Wein zum Essen getrunken und erholte sich nun bei einer Flasche Bier in meinem einzigen Sessel. Träge sagte er: »Finden Sie nicht, daß ich ein ziemlich guter Koch bin?«

»Sie sind ein großartiger Koch. Gratuliere! Darf ich Ihnen jetzt, wo Sie satt sind, ein paar Fragen stellen?«

»Ah, ich muß für mein Essen bezahlen! Aber Sie wissen doch, daß ich Ihnen gern alle Fragen beantworte«, prahlte er.

»Sie müssen mich über die gegenwärtige Lage aufklären. Sie sollten mir aber nichts sagen, was Sie nicht sagen dürfen. Ich wüßte allerdings gern, wie Sie die Dinge sehen.«

»Ich habe Ihnen doch schon gesagt, daß der Kampf in ein entscheidendes Stadium getreten ist. Es geht um den künftigen Kurs von Partei und Regierung. Sollen wir die Früchte der Kulturrevolution bewahren und auf diesem Weg weitergehen, oder sollen wir zu der Politik Liu Schao-tschis ohne Liu Schao-tschi zurückkehren?«

»Was heißt ›Politik Liu Schao-tschis ohne Liu Schao-tschi‹?«

»Das, was Deng Hsiao-ping macht.«

»Ich dachte, die Propaganda-Angriffe richteten sich gegen Ministerpräsident Tschou.«

»Deng Hsiao-ping handelt im Namen von Tschou, der schwer krank ist, wie Sie wissen. Die entscheidende Frage ist, wer Tschous Nachfolger werden soll. Deng Hsiao-ping oder Tschang Tschuantschiao? Der Ministerpräsident selbst und die alten Parteiführer wie Tschen Jun und Jeh Tschien-jing wollen Deng Hsiao-ping als Nachfolger Tschous. Die jetzige Kampagne dient dem Zweck, den Chinesen einzuhämmern, daß Deng Hsiao-ping das Urteil der Kulturrevolution revidieren würde, falls er Ministerpräsident wird«, klärte mich Da Teh auf.

»Und was ist mit dem stellvertretenden Vorsitzenden Wang Hongwen? Wird er Nachfolger des Vorsitzenden Mao?«

»O nein! Der hält für Genossin Tschiang Tsching nur den Stuhl warm. Man kann sie doch nicht gut zur stellvertretenden Vorsitzenden machen, solange Mao noch am Leben ist. Wenn er aber stirbt, wird sie seine Nachfolgerin. Genossin Tschiang Tsching möchte Vorsitzende des Zentralkomitees der Partei werden, und für Tschang Tschuantschiao hat sie den Posten des Ministerpräsidenten vorgesehen.«

Guter Gott, laß das nicht passieren, dachte ich. Da Teh gegenüber konnte ich diese Meinung jedoch nicht äußern. Er saß nachdenklich da und trank seine zweite Flasche Bier. Als er nichts mehr im Glas hatte, stand er auf, sagte gute Nacht und trottete zur Tür. Im Hinausgehen drehte er sich noch einmal um und sagte beiläufig: »Ich nehme an, Sie wissen, daß Tschou Krebs hat und im Krankenhaus in Peking im Sterben liegt?«

»Ist das wirklich wahr?«

»Ja, es ist wahr. Da er durch seinen Tod aus dem Kampf ausscheiden wird, könnten viele Fälle ... wie etwa die Verschwörung zwischen ausländischen Firmen und Schanghaier Behörden ... Sie wissen, was ich meine? Vielleicht hat es jemand Ihnen gegenüber schon einmal erwähnt? Und andere, natürlich gibt's noch andere ... Jedenfalls« – er machte eine weit ausholende Bewegung mit dem Arm – »wird man sie alle zu den Akten legen!«

»Warum zu den Akten legen und nicht klären?« fragte ich besorgt.

Da Teh, durch den Alkohol nicht mehr ganz standfest, riß sich zusammen und sagte mit klarer Stimme: »Wenn einmal von höherer Stelle eine Anklage erhoben worden ist, die sich dann als unbegründet herausstellt, kann ein solcher Fall nicht mehr aufgeklärt, sondern bestenfalls zu den Akten gelegt werden. Sie können doch von einer höheren Stelle nicht erwarten, daß sie zugibt, einen Fehler gemacht zu haben, oder?« Er wartete meine Antwort nicht ab, sondern wankte die Treppe hinunter.

Sprachlos starrte ich in den dunklen Flur und hörte ihn davongehen. Sollte ich erleichtert sein, daß man die sogenannte Verschwörung zwischen ausländischen Firmen und Schanghaier Behörden, in die man mich hineingezogen hatte, zu den Akten legen würde? Das bedeutete vielleicht das Ende der Belästigungen und den Beginn eines normalen Daseins. Aber alles, was ich spürte, war ein Gefühl innerer Leere. Ich dachte an all die verlorenen Jahre meines Lebens und an den sinnlosen Tod von Meiping. Zugleich wuchs meine Entschlossenheit, China so bald wie möglich zu verlassen. Ich wußte, daß ein zu den Akten gelegter Fall immer wieder neu aufgerollt werden konnte, falls die politischen Umstände dies erforderten. Dieser Schatten würde mich mein Leben lang begleiten.

Im Januar 1976 starb Tschou En-lai, nachdem er der Volksrepublik China seit der Gründung 1949 als Ministerpräsident gedient hatte. Er war ein rätselhafter Mann gewesen und ein KP-Führer, der sich von allen anderen unterschied. Die Chinesen sahen in ihm einen der wenigen Ministerpräsidenten ihrer Geschichte, die wegen ihrer hohen Moral unsterblich geworden sind. Da Tschou immer eher abwägend als unnachgiebig, eher zurückhaltend als bombastisch auftrat, hatten viele den Eindruck gewonnen, er sei kein hundertprozentiger Marxist. Wer sich jedoch näher mit seinem Leben und seinen Ansichten beschäftigt, wie sie sich in seinen Entscheidungen, seinen Reden und Schriften widerspiegeln, erkennt deutlich, daß Tschou En-lai nie von seinem Schwur abgewichen ist, in China den Kommunismus zu verwirklichen. Dazu hatte er sich schon verpflichtet, als er als junger Mann der Partei beitrat. Er unterschied sich von den Radikalen nur durch seine Überzeugung, daß auch im Ausland ausgebildete Intellektuelle und ausländisches Kapital sich zur Erreichung dieses Ziels einsetzen ließen.

In China wurden Neuigkeiten schneller durch Mundpropaganda verbreitet als durch die Zeitungen, die selbst die nebensächlichsten Nachrichten nicht ohne Genehmigung mehrerer Bürokraten drucken durften. Die rasche Rückkehr eines Herzspezialisten, den man in aller Eile an Tschous Krankenbett gerufen hatte, die Zusammenkunft höherer Funktionäre zu ungewöhnlicher Stunde, die Absage eines wichtigen Termins und ein von einem Untergebenen mitgehörtes Telefongespräch – dies alles machte den Chinesen klar, daß ihr Ministerpräsident gestorben war. Als *Freies Schanghai* schließlich am Nachmittag mit der Nachricht erschien, lasen die Menschen sie nicht etwa, um zu erfahren, was passiert war, sondern um festzustellen, in welcher Form das Blatt die Meldung brachte. Denn aus der Art der Darstellung konnte man schließen, wie Peking das Ereignis einschätzte.

Auf Verlangen der Parteimitglieder unseres Viertels organisierte unser Mieterkomitee eine Gedenkversammlung für Tschou. Der Saal war mit Kränzen der Anwohner geschmückt. Die Blumen der Trauerkränze waren aus bunten Taschentüchern geknüpft worden, da Kreppapier ausverkauft war und das Schanghaier Revolutionskomitee sich geweigert hatte, Nachschub zu liefern. Der Sohn Lu Jings hatte aus getrocknetem Reisstroh einen Kranz gebunden, der im Namen unseres Wohnblocks niedergelegt wurde. Frau Tschu und ich hatten Zweige unserer immergrünen Ilex-Hecke beigesteuert.

Die Versammlung war gut besucht. Eine bettlägerige Frau wurde auf einem Stuhl hereingetragen, ein paar alte Männer wurden von ihren Enkeln gestützt. Die Menschen erschienen spontan, und ich hielt ihre Anteilnahme für echt. Viele weinten offen, und die Worte der Ehrerbietung, die mit zitternden Stimmen geäußert wurden, waren ernst gemeint. Es war eine einfache, aber bewegende Zeremonie. Zum erstenmal hatte ich an einer Versammlung teilgenommen, an der jeder sich so gab, wie er tatsächlich war, und nicht die Rolle spielte, die von ihm erwartet wurde.

In den folgenden Tagen berichtete *Freies Schanghai*, das von den Radikalen kontrolliert wurde, von einer Sitzung des Zentralkomitees zu Ehren Tschou En-lais. Der Tod des Ministerpräsidenten wurde nur am Rande erwähnt. Erst als ein Dokumentarfilm über seine Beisetzung in die Kinos der Stadt kam, erfuhren die Schanghaier von den langen Menschenschlangen, die in der Hauptstadt stundenlang ausgeharrt hatten, um Tschou, der in einem Hospital aufgebahrt lag, die letzte Ehre zu erweisen. Rund eine Million Menschen säumten trotz des bitterkalten Januarwinds stundenlang die Straßen, auf denen der Trauerzug Tschous Leichnam ins Krematorium brachte.

Die Bevölkerung Pekings trotzte nicht nur dem Wetter, als sie in der Kälte auf das Erscheinen von Tschou En-lais Trauerzug wartete; die Menschen trotzten auch den Radikalen, die Tschou so schäbig behandelt hatten. Der Film endete mit Bildern von einem Flugzeug, das über das Land hinwegflog. So erfuhr man, daß Tschou testamentarisch bestimmt hatte, seine Asche über den Flüssen und Bergen Chinas zu verstreuen. Sein Wunsch, nicht wie die anderen Parteiführer in einem pompösen Grabmal auf dem Friedhof der Acht Kostbaren Hügel bestattet zu werden, ließ viele Gerüchte entstehen. Die einen wollten von einem Plan der Radikalen wissen, Tschous Grab zu entweihen, andere sprachen von Tschous Abneigung, in derselben Erde begraben zu sein wie Kang Schen und Hsieh Fu-tschih, zwei Anhänger Tschiang Tschings.

Nach Tschou En-lais Tod wurde Tschiang Tsching noch aktiver und war ständig in den Medien präsent. Die Kampagne gegen den Versuch der »Anhänger des kapitalistischen Wegs«, das »Urteil der Kulturrevolution zu revidieren«, ging weiter. In der von den Radikalen kontrollierten Presse erschienen immer häufiger Artikel, die die wenigen weiblichen Herrscher der chinesischen Geschichte priesen. Die Chinesen sahen mit Bestürzung, daß diese Manöver die Öffentlichkeit geneigt machen sollten, Tschiang Tsching als Maos Nachfolgerin zu akzeptieren. Sie zeigten ihre Verachtung, indem sie Geschichten über die Promiskuität und die unvorstellbaren Ausschweifungen von Maos Frau herumerzählten.

Das Tsching-Ming-Fest im März des lunaren Kalenders findet meist

Anfang April statt, wenn die Chinesen traditionell die Gräber ihrer Vorfahren besuchen, um ihnen die Ehre zu erweisen. Als die Kommunisten 1949 an die Macht kamen, wurde das Tsching-Ming-Fest in »Tag der Märtyrer« umbenannt. Die Schulkinder mußten antreten, um an den Gräbern der revolutionären Märtyrer Kränze niederzulegen. Ein paar Tage vor dem Tsching-Ming-Fest von 1976 strömten die Menschen zum Denkmal der Revolutionshelden auf dem Tien-An-Men-Platz in Peking, um für Tschou En-lai Kränze und Blumen niederzulegen. Kinder banden weiße Papierblumen an die Zweige der das Denkmal umsäumenden Hecke, auf denen rührende Botschaften an »Opa Tschou« geschrieben standen.

Tschou En-lai war kinderlos gewesen, was in China als größtes Unglück gilt. Überdies munkelten die Leute – und die meisten Chinesen glaubten es –, daß Tschou den Rat, sich eine jüngere Frau zu suchen, um einen Erben zu bekommen, mit den Worten abgelehnt habe: »Alle chinesischen Kinder sind meine Kinder.« Für diese Äußerung wurde er als ein Mann mit makellosen moralischen Grundsätzen verehrt.

Immer mehr Kränze wurden niedergelegt. Sie kamen zu Tausenden aus den Fabriken und Volkskommunen Pekings und seiner Umgebung. Arbeiter und Bauern in Trauerkleidung trugen sie in einer feierlichen Prozession zum Denkmal der Revolutionshelden und legten sie in einer schlichten Zeremonie nieder, in der sie dem verstorbenen Ministerpräsidenten Loyalität gelobten. Schon bald waren die Treppenstufen und die Umgebung des Denkmals mit Kränzen und Blumen bedeckt. Männer und Frauen lasen Gedichte und Fürbitten, die sie für Tschou En-lai geschrieben hatten, während andere die Botschaften abschrieben, die sie an den Trauerkränzen fanden.

Die Nachricht von diesen erstaunlichen Dingen verbreitete sich in andere Städte. Mit den Zügen, die nach Peking fuhren, kamen immer mehr Kränze und Gedichte in die Hauptstadt. Die militanteren Gegner der Radikalen kritzelten Parolen auf die Eisenbahnwagen und schmückten sie mit Spruchbändern, so daß jeder Zug, der in Peking eintraf, zu einem weithin sichtbaren Protest gegen die radikalen Parteiführer wurde.

Diese Massensympathie für Tschou En-lai schlug rasch um in eine Massendemonstration des Widerwillens gegen die Radikalen, ja sogar gegen Mao Tse-tung selbst. Dabei wurde kein Name genannt. Es gab nur verschleierte Anspielungen auf den ersten Kaiser der Tschin-Dynastie (259-210 v. Chr.), der von chinesischen Historikern allgemein als grausamer Herrscher angesehen wird, unter dessen Regime Gelehrte verfolgt und Bücher vernichtet worden seien und die kulturelle Entwicklung Chinas einen Rückschlag erlitten habe.

Allmählich wurden die Gedichte immer offener, wurde der Sarkasmus gegen Tschiang Tsching und ihre Gefolgsleute immer kühner. Ein solches Verhalten war im kommunistischen China, wo normalerweise jedwede Demonstration von der Regierung organisiert wurde, etwas Unerhörtes. Die radikalen Parteiführer beobachteten das Treiben auf dem Tien-An-Men-Platz mit zunehmender Besorgnis und beschlossen, ihm nicht länger untätig zuzusehen. Am schicksalhaften Abend des 5. April befahl der Bürgermeister von Peking, ein Anhänger Tschiang Tschings, den Platz von Ordnungskräften umstellen zu lassen. Polizei und Miliz, beide von Tschiang Tsching und ihren Gefolgsleuten kontrolliert, gingen mit Knüppeln und Pistolen gegen die Menge vor, um sie von dem Denkmal zu vertreiben. Als sich die Menschen zerstreuten, eröffnete die Miliz das Feuer. Hunderte wurden getötet, Tausende verwundet. Wer mit einem Gedicht angetroffen wurde, wurde ins Sicherheitsbüro gebracht, als Konterrevolutionär verurteilt und ohne Gerichtsverfahren erschossen. Der Tien-An-Men-Platz wurde abgeriegelt. Die Pekinger Stadtreinigung brauchte zwei Tage, um das Blut wegzuspülen und alle sichtbaren Spuren, darunter auch die Leichen, zu entfernen.

Lange Zeit später erzählte man mir, der damals schon schwerkranke Mao Tse-tung habe von den Ereignissen auf dem Tien-An-Men-Platz nur die Version gehört, die ihm Tschiang Tsching und Mao Juan-hsin, seine einzige Verbindung zur Außenwelt und zum Politbüro, überbracht hätten. Die beiden hätten Deng Hsiao-ping als den Drahtzieher der Demonstrationen bezeichnet, ihm unterstellt, er wolle Mao diskreditieren und die Kulturrevolution revidieren, und außerdem behauptet, die »Anhänger des kapitalistischen Wegs« wollten gegen die proletarischen Revolutionäre zurückschlagen. Wutentbrannt habe Mao daraufhin befohlen, in aller Eile das Politbüro zusammenzurufen. Seine Mitglieder sollten eine Resolution zur Entlassung Dengs aus dem Amt des Vizepremiers und zur Ernennung Hua Kuo-fengs verabschieden, eines relativ jungen Politbüromitglieds, der geschäftsführender Ministerpräsident und erster stellvertretender Vorsitzender des

Zentralkomitees der Kommunistischen Partei werden solle. Damit hatte Mao Hua Kuo-feng zu seinem Nachfolger ernannt. Obwohl schon vom Tod gezeichnet, war er noch hellsichtig genug zu wissen, daß es zum Bürgerkrieg und zur Spaltung der Partei gekommen wäre, wenn er Tschang Tschuan-tschiao zum Ministerpräsidenten gemacht hätte.

Hua Kuo-feng hatte sich während des chinesisch-japanischen Krieges in seiner Heimatprovinz Schensi der Partei angeschlossen. Er war den meisten Chinesen unbekannt und hatte sich bislang nicht sonderlich hervorgetan. Kurz vor Ausbruch der Kulturrevolution war er zum Parteisekretär von Maos Heimatprovinz Hunan ernannt worden. Zu Beginn der Kulturrevolution wurde er als »Anhänger des kapitalistischen Wegs« angeprangert, aber schon kurz darauf rehabilitiert, als sich herausstellte, daß er den Personenkult um Mao gefördert hatte und in dem Bezirk, in dem Maos Verwandte lebten, ein Bewässerungssystem errichten ließ. Hua war an der Parteispitze nicht umstritten und schien sowohl für die Radikalen als auch für die alte Garde annehmbar zu sein.

Die Resolution des Politbüros wurde umgehend vom Schanghaier Rundfunk bekanntgegeben. Die Ereignisse auf dem Tien-An-Men-Platz wurden zu einem konterrevolutionären Versuch erklärt, die öffentliche Sicherheit und Ordnung zu stören. Danach erschien in der offiziellen Presse kein Hinweis mehr auf die Ereignisse. Die Mundpropaganda sorgte jedoch dafür, daß schauerliche Einzelheiten des Massakers im ganzen Land bekannt wurden. Wer der Miliz an jenem Tag entkommen war, schrieb die Geschichte aus dem Gedächtnis nieder. Nach kurzer Zeit zirkulierten handgeschriebene Kopien in der Bevölkerung.

Die Ernennung Hua Kuo-fengs sowohl zum Partei- als auch zum Regierungschef ließ die offizielle Polemik vorübergehend etwas abkühlen, aber der Machtkampf ging dennoch weiter. Das öffentliche Interesse an Deng Hsiao-ping wurde durch Gerüchte wachgehalten, man wolle ihn ermorden. Während sein genauer Aufenthaltsort unbekannt blieb, hörte ich von mehreren Seiten, man habe ihn in Kanton gesehen, wo er unter dem Schutz der Armee stehe.

»Es kommt mir so merkwürdig vor, daß das Interesse am Schicksal Deng Hsiao-pings auch nach seiner Entfernung aus dem Amt nicht nachgelassen hat«, sagte ich eines Tages zu Da Teh.

»Die Leute erwarten, daß er wieder an die Macht zurückkehrt, wie er es schon einmal geschafft hat«, erwiderte er.

»Ist das denn wahrscheinlich?«

»Wer weiß?« entgegnete Da Teh einsilbig.

Seit den Ereignissen auf dem Tien-An-Men-Platz schien er gedrückter Stimmung zu sein. Obwohl er normalerweise offen über alles sprach, mir Informationen gab und alles kommentierte, sprach er nie über das, was an jenem 5. April in Peking geschehen war. Auch die Ernennung Hua Kuo-fengs schien ihn besorgt zu machen.

Das Buch über Etikette hatten wir inzwischen längst hinter uns gebracht. Dafür beschäftigten wir uns jetzt mit einem Kurzgeschichten-Band. Als ich das Buch aufschlug, hellte sich Da Tehs Gesicht plötzlich auf: »Wollen Sie mal meine Freundin kennenlernen?«

»Sie haben eine Freundin? Warum haben Sie mir das noch nicht erzählt?« rief ich überrascht aus.

»Ich hielt es für besser, damit zu warten, bis wir verlobt sind.«

»Sind Sie denn jetzt verlobt?«

»Mehr oder weniger. Ihr Vater ist immer noch gegen die Heirat. Er hält mich wohl für zu arm«, sagte er bedrückt.

»Ist er denn ein wichtiger Mann? Ist er ein hoher Funktionär?«

»Nein, er ist ein Ex-Kapitalist.« Da Teh blickte mir offen in die Augen, als wollte er mich zu einem bissigen Kommentar herausfordern. Doch ich war so überrascht, daß es mir die Sprache verschlug.

»Wie Sie wissen, bin ich nicht nach Peking gegangen«, sagte er nach einer Weile. »Sie haben zwei andere aus Schanghai ausgesucht.« Es mußte ein Schock für ihn gewesen sein. Er schien sich inzwischen zu fragen, ob er bei den Radikalen noch eine Zukunft hatte.

»Es wäre schön, wenn Sie in Schanghai blieben«, versuchte ich ihn zu beruhigen. »Sie müssen dieses Mädchen sehr lieben, wenn Sie es auf sich nehmen, in eine Kapitalistenfamilie einzuheiraten.«

»So groß ist die Überwindung nun auch wieder nicht. Das Politbüro hat schon eine Resolution verabschiedet, der zufolge alle privaten Bankkonten, die vor zehn Jahren von den Rotgardisten eingefroren wurden, mit Zinsen freigegeben werden. Ihr Vater wird ziemlich viel Geld zurückerhalten. Er hat seinen Kindern gesagt, daß er dieses Vermögen unter ihnen aufteilen will, sobald er darüber verfügen kann, damit sie nicht bis zu seinem Tod warten müssen. Ich heirate sie natürlich nicht des Geldes wegen, obwohl ihr Vater das zu glauben scheint.«

Im Juli 1976 wurde Tangschan, eine Industrie- und Bergbaustadt im Norden Chinas, von einem Erdbeben heimgesucht. Die Stärke wurde mit Stufe acht der Richterskala angegeben. Die Stadt wurde zu achtzig Prozent zerstört, und mehr als eine Million Bewohner wurden getötet oder schwer verletzt. Auch Peking und Tientsin waren betroffen, auch hier stürzten Häuser ein und gab es Tausende von Obdachlosen, doch waren die Verluste vergleichsweise gering. Die Chinesen waren noch mit den Folgen des Erdbebens beschäftigt, als am 9. September Mao Tse-tung starb.

Eine Woche später fand auf dem Tien-An-Men-Platz in Peking eine große Trauerkundgebung für Mao Tse-tung statt. Rund eine halbe Million Arbeiter, Bauern und Soldaten nahmen daran teil. Von der Empore aus hielt Hua Kuo-feng in seiner Eigenschaft als erster stellvertretender Vorsitzender des Zentralkomitees der Kommunistischen Partei die Gedenkrede. Neben ihm standen der stellvertretende Parteivorsitzende Wang Hong-wen in Uniform und Tschiang Tsching in einem auffallenden schwarzen Trauergewand, das ihren Körper von Kopf bis Fuß verhüllte. Unser Mieterkomitee hatte angeordnet, daß wir uns die Zeremonie bei Mitbewohnern ansehen sollten, die ein Fernsehgerät besaßen. Mir wurde befohlen, zu den Tschus zu gehen.

Nach der Übertragung aus Peking folgte eine Sendung über die Trauerkundgebung in Schanghai, die von Ma Tien-schui geleitet wurde, einem Stellvertreter Tschang Tschuan-tschiaos und Leiter des Schanghaier Revolutionskomitees. Vor der Kulturrevolution war er stellvertretender Bürgermeister von Schanghai gewesen. Nach der sogenannten Januarrevolution von 1967, als Rotgardisten und Revolutionäre die Schanghaier Stadtverwaltung stürzten, schloß er sich den Radikalen an. Im Lauf der Jahre wurde er zu deren getreuem Statthalter und leitete die Verwaltung Schanghais, solange Tschang Tschuan-tschiao in Peking weilte. Die Trauerkundgebung in Schanghai fand auf dem Platz des Volkes statt und war so angesetzt, daß sie sich direkt an die Pekinger Kundgebung anschloß.

Normalerweise hätte Ma Tien-schui nach kommunistischer Parteitradition die gleiche Rede halten müssen wie Hua Kuo-feng, wenn auch nicht wörtlich. Ich stellte daher mit Überraschung fest, daß sich seine Ansprache von der Hua Kuo-fengs in zwei wesentlichen Punkten unterschied. Erstens sagte Ma: »Wir müssen die von dem Vorsitzenden Mao schon beschlossene Politik weiterführen«, während Hua

Kuo-feng eine »schon beschlossene Politik« mit keinem Wort erwähnte. Zweitens hatte Hua Kuo-feng ein bekanntes Mao-Zitat aus der Zeit der Kulturrevolution verwendet, in dem es hieß: »Wir wollen Marxismus, nicht Revisionismus. Wir wollen Einheit, nicht Zwietracht. Wir wollen offen und ehrlich sein und wünschen weder Ränke noch Intrigen.« Ma Tien-schui hatte dieses Zitat weggelassen.

Als das Programm beendet war, bedankte ich mich bei Frau Tschu und ging wieder nach oben. Kurz darauf erschien Da Teh. Er hatte in der Zwischenzeit ein Examen als Mittelschullehrer für Englisch abgelegt und unterrichtete jetzt Zwölfjährige in einer Schule, die ganz in meiner Nähe lag. Nach seinem aufregenden Dasein als führender Rotgardist und Revolutionär fand er sein neues Leben ziemlich langweilig. Das Fernsehprogramm hatte er in seiner Schule verfolgt.

»Warum hat Ma Tien-schui nicht die gleiche Rede gehalten wie der Vorsitzende Hua? Was hat er mit der ›schon beschlossenen Politik‹ gemeint?« überfiel ich ihn.

Die ›schon beschlossene Politik‹ besteht natürlich darin, Genossin Tschiang Tsching zu Maos Nachfolgerin zu machen«, erwiderte er.

»Wollen Sie damit sagen, der Vorsitzende Mao hat das vor seinem Tod entschieden?«

Da Teh zuckte die Achseln. Ich hatte den Eindruck, als habe er jedes Interesse an diesen Fragen verloren.

»Man hat mir erzählt, Sie seien Hauptmann der Miliz. Gehören Sie noch immer dieser Organisation an?« fragte ich weiter.

Meine Frage überraschte ihn. Einen Moment lang glaubte ich, er wolle es leugnen. Er hatte sich aber schnell wieder in der Gewalt und sagte mit einem etwas verlegenen Grinsen: »Ich nehme an, daß die Tschus Ihnen das erzählt haben. Als Lehrer bin ich jetzt ein Intellektueller. Damit bin ich für die Miliz nicht mehr geeignet.«

»Wieso waren Sie als arbeitsloser junger Mann geeignet?«

»Ich war nicht wirklich ein arbeitsloser junger Mann.«

»Das haben Sie mir aber erzählt.«

»Es war eine Lüge. Mir wurde befohlen, Sie zu belügen.«

»Haben Sie für eine Behörde gearbeitet?«

»Sozusagen. Ich war aber nur ein Laufbursche. Ein Laufbursche auf Zeit, wenn Sie so wollen. Haben Sie mir nicht mal erzählt, daß man unwichtige Leute in unwichtigen Stellungen kleine Fische nennt? Ich war so ein kleiner Fisch.«

»Hatten Sie mit den Leuten zu tun, die die sogenannte Verschwörung ausländischer Firmen und staatlicher Behörden aufzudekken suchten?« wollte ich wissen.

Er nickte.

»Haben Sie an diese Verschwörung geglaubt?«

»Anfangs ja. Aber mit der Zeit kamen mir zunehmend Bedenken, vor allem was den Verdacht gegen Sie betraf. Aber letztlich war ich ein Opfer all dieser Fraktionskämpfe wie Sie.«

»Jetzt sind Sie immerhin aus allem raus. Der Fall ist zu den Akten gelegt, und Sie sind jetzt Lehrer.«

»Richtig.«

»Hat man Sie ehrenhaft entlassen? Hat es Ihre Vorgesetzten nicht gestört, daß Sie ein Mädchen aus einer Kapitalistenfamilie heiraten wollen?«

Da Teh lachte: »Sie haben ja nicht die leiseste Ahnung, wie diese Leute sind. Sie sind nur zu froh, daß sie keinen Job mehr für mich suchen müssen. Ich bin ihnen nicht mehr nützlich. Manche von ihnen beneiden mich sogar, weil ich ein Mädchen mit Aussicht auf viel Geld heiraten werde. Warum nehmen diese Leute wohl an politischen Kämpfen teil? Was glauben Sie? Natürlich nur, um bessere Jobs zu bekommen. Und bessere Jobs, das bedeutet ein besseres Leben und mehr Geld. In China kann man nur durch die Teilnahme am politischen Kampf vorwärtskommen.«

»Bitte sagen Sie mir, wie meine Tochter gestorben ist und wer sie getötet hat. Haben sie auch das für Geld getan?« Ich gab mir Mühe, meine Bitterkeit zu verbergen.

Er zögerte einen Moment, dann sagte er: »Ihr Tod war nicht geplant. Man hat mir erzählt, daß sie einfach zu weit gegangen sind. Es war wirklich ein Unfall.« Nach einer Weile fügte er hinzu: »Es tut mir leid. Bitte glauben Sie mir, es tut mir schrecklich leid, daß das passiert ist.«

»Wollen Sie etwa sagen, daß die Männer, die sie entführt haben, gar nicht den Befehl hatte, sie umzubringen, daß sie es aber gleichwohl getan haben? Ist es das, was Sie mir sagen wollen?«

Da Teh nickte.

»Warum hat man sie überhaupt entführt?«

Da Teh zögerte wieder. Nach längerem Nachdenken sagte er: »Es war das übliche Muster. Jemand hatte den Einfall, sie dazu zu bringen, gegen Sie auszusagen, da Sie sich im Gefängnis so standhaft weigerten, ein Geständnis abzulegen.«

»Was ist aus ihren Mördern geworden?«

»Sie sind in der Stadt.«

»Haben sie hohe Positionen?«

»Mehr kann ich Ihnen nicht sagen. Ich habe schon zuviel gesagt.«

»Ich werde eine Petition ans Volksgericht schreiben und darum bitten, daß man den Tod meiner Tochter untersucht. Ich will, daß man diese Männer vor Gericht stellt.«

»Das hat keinen Zweck. Man wird sie schützen. Und Sie wird man ignorieren. Es ist wirklich zwecklos. Wenn Sie jetzt eine Petition schreiben, würden sie nur wissen, daß Sie nicht an die offizielle Selbstmord-Version glauben«, sagte Da Teh mit Nachdruck.

»Wird man Sie verdächtigen, mir etwas gesagt zu haben?«

»Möglich.«

»Ich bin der Meinung, daß Sie mich nicht mehr besuchen sollten«, sagte ich mit fester Stimme.

»Ja, Sie haben recht. Vielleicht sollte ich jetzt wirklich nicht mehr kommen, wo . . .« Er brachte den Satz nicht zu Ende, aber ich wußte, was er dachte. Soweit es mich betraf, war sein Job beendet.

»Ich habe ein paar Eier im Haus. Wollen Sie zum Abendessen bleiben? Ich könnte uns Rühreier machen.«

»Ich würde gern bleiben, vielen Dank«, sagte Da Teh und lächelte verlegen.

Nach dem Essen half er mir beim Abwaschen. Danach verabschiedete er sich. Ich nahm vierhundert Jüan aus der Schublade gab Sie ihm und sagte: »Da Teh, ich habe mich gefreut, Sie kennenzulernen. Sie sind ein sehr intelligenter junger Mann. Ich hoffe, daß Sie ein glückliches Leben vor sich haben. Dies ist mein Hochzeitsgeschenk für Sie. Vielleicht können Sie sich etwas Nützliches kaufen.«

Er sagte kein Wort. Offensichtlich hatte ihn Rührung übermannt. Er blieb einen Moment reglos stehen, dann nahm er das Geld und ging.

Rehabilitierung

So viele Jahre hatte ich auf Maos Tod gewartet. Als ich noch im Gefängnis saß, hatte ich in meiner Verzweiflung sogar dafür gebetet. Jetzt, als er wirklich tot war, wußte ich nicht, wie es weitergehen sollte. Die Aussicht, die für Meipings Tod Verantwortlichen vor Gericht zu bringen, war so fern wie je.

Ich nahm den regelmäßigen Englischunterricht für meine behinderte Schülerin wieder auf. Sie kam jeden zweiten Tag am Vormittag. Sie litt seit ihrer Kindheit an Kinderlähmung und hatte keinen regulären Schulunterricht gehabt, sondern Lesen und Schreiben bei ihrer Mutter gelernt, einer Krankenschwester in einer großen Klinik. Nach dem Unterricht dankte sie mir höflich, nahm ihre Krücken und ging langsam die Treppe hinunter, um zu Fuß nach Hause zu gehen. Während ich beobachtete, wie sie gegen ihre Behinderung ankämpfte, mußte ich unwillkürlich an die Ironie des Lebens in China denken. Das Unglück ihrer Krankheit hatte sie vom normalen Leben isoliert und dadurch vor Maos politischen Experimenten geschützt. Sie blieb gnädig vergessen und verschont.

Sie wollte Englischlehrerin an einer Realschule werden wie Da Teh. Der Unterricht, mit dem ich sie auf die Prüfung vorbereitete, wurde zu meiner Hauptbeschäftigung. Gleichzeitig wartete ich auf eine Gelegenheit, die Volksregierung um eine Untersuchung des Todes von Meiping zu bitten. Ich hatte schon vor langem in der Sprache des sozialistischen China eine Petition entworfen, die ich zu gegebener Zeit einreichen wollte. Ich hatte mir den Entwurf immer wieder vorgenommen und mal hier ein Wort geändert, mal da einen Satz hinzugefügt. Die Frage war, wann und welcher Organisation ich die Petition überreichen sollte.

Am Morgen des 8. Oktober 1976 wachte ich wie üblich um sechs Uhr auf. Ich machte die Balkontür auf und sah, daß es ein schöner, klarer Herbstmorgen mit nur wenigen weißen Wolken an dem noch rotgefärbten Morgenhimmel war. Ich sah hinunter und erblickte meine Schülerin, die vor dem Gartentor stand. Als sie mich sah, gab sie mir ein Zeichen, herunterzukommen.

Leise ging ich die Treppe hinunter, durchquerte den Garten und machte ihr auf. Ein Besuch zu so früher Morgenstunde war höchst ungewöhnlich. Ich hielt es für das Beste, die Tschus nicht zu stören. Meine Schülerin zog mich auf die Straße hinaus, trat dicht an mich heran und flüsterte: »Ich habe auf Sie gewartet. Ich will nicht, daß die Tschus von meinem Besuch erfahren. Deshalb habe ich nicht geklopft. Mein Bruder ist gestern abend überraschend zur Miliz einberufen worden. Man hat die Miliz in Alarmbereitschaft versetzt. Es wird Krieg geben. Ich habe mir gedacht, daß ich Sie warnen und Ihnen empfehlen sollte, zu Hause zu bleiben.«

Ich sah mich auf der Straße um. Sie war menschenleer. Ich fragte meine Schülerin: »Krieg? Mit wem?«

»Ich weiß es nicht. Gestern abend kamen mehrere Männer und forderten meinen Bruder auf, sofort mitzukommen. Man erwartet von uns, daß wir niemandem etwas sagen. Meine Mutter und ich hielten es aber für richtig, Sie zu warnen, da Sie allein sind.«

Ich dankte ihr und sah ihr nach, wie sie mühsam weghumpelte, bevor ich wieder ins Haus ging.

Ich besaß ein in Schanghai hergestelltes Transistorradio. Bei gutem Wetter konnte ich nachts manchmal Nachrichtensendungen der BBC oder der Stimme Amerikas hören, wenn ich das Ohr an das Gerät preßte und aufmerksam lauschte. Ich nahm es mit ins Badezimmer, schloß Fenster und Tür, zog die Toilettenspülung, um die Kurzwellengeräusche zu übertönen, und stellte das Gerät an. Außer Rauschen war aber nichts zu hören. Als Ah-ji kam, fragte ich sie, wie es auf dem Markt aussehe. Doch außer den üblichen Klagen über das mangelhafte Angebot erfuhr ich auch von ihr nichts Neues.

Nun stellte ich das Radio auf den Sender Schanghai ein, um eine eventuelle Sondermeldung nicht zu verpassen. Ich nahm mir mein Schreibheft und verbrachte den Vormittag damit, Gedichte aus der Zeit der T'ang-Dynastie abzuschreiben und zu rezitieren – eine wundervolle Beschäftigung, die mich meine unmittelbare Umgebung vergessen ließ.

Der Tag verlief ereignislos. Nach dem Abendessen hörte ich, wie Frau Tschu mich aus dem Garten rief. Als ich auf den Balkon trat, sagte sie, das Mieterkomitee habe eine Versammlung einberufen; wir müßten sofort hin. Ich nahm schnell meinen Hocker, und gemeinsam gingen wir los.

Der Saal war schon vollbesetzt, und es herrschte eine gespannte Atmosphäre. Daß ein Mieterkomitee am Abend eine Versammlung einberief, war sehr ungewöhnlich. Alle Anwesenden spürten, daß sich etwas Außerordentliches ereignet haben mußte. Von dem üblichen Flüstern und Gähnen war nichts zu hören.

Nachdem alle versammelt waren, erhob sich ein Funktionär des Bezirkskomitees und verlas eine Resolution des Politbüros. Wir vernahmen, daß ein Truppenkontingent am 6. Oktober im Tschung Nan Hai, dem ehemaligen Winterpalast der Mandschu-Kaiser und jetzigen Sitz der Parteiführung, gegen Tschiang Tsching und ihre drei Vertrauten, die sogenannte »Viererbande«, »revolutionär« vorgegangen sei. Man habe sie in Gewahrsam genommen. Die Entscheidung sei von dem geschäftsführenden Vorsitzenden des Zentralkomitees, Hua Kuo-feng, im Einvernehmen mit dem Verteidigungsminister, Jeh Tschien-jing, getroffen worden. Der Festnahme sei eine Sitzung des Politbüros vorausgegangen, auf der die Entscheidung einstimmig gebilligt worden sei, um die Einheit der Partei zu erhalten und den weiteren Aufbau des Sozialismus zu gewährleisten. Weiter hieß es, Mao habe kurz vor seinem Tod das Problem der Viererbande erkannt und dessen Lösung verlangt. Dieser Teil der Resolution sollte in meinen Augen einer möglichen Kritik an dem Umstand vorbeugen, daß dieselben Männer, die nur sechsundzwanzig Tage nach Maos Tod gegen seine Witwe vorgingen, offen mit dieser zusammengearbeitet hatten, solange Mao noch lebte. Es hätte nicht viel gefehlt, dann hätten sie noch behauptet, Hua Kuo-feng habe mit der Festnahme von Tschiang Tsching nur Maos Befehle ausgeführt.

Die Resolution war nicht lang. Nachdem sie verlesen worden war, sagte man uns, wir könnten nach Hause gehen; die Resolution werde bei der nächsten Versammlung diskutiert werden. Es gab keine Hurrarufe und keine Schmähungen. Niemand sagte ein Wort. Wir verließen den Saal, wie wir ihn betreten hatten – mit ausdruckslosen Gesichtern und leicht gebeugten Köpfen, um nicht mit den Blicken zu verraten, war wir dachten. Wir bewegten uns langsam, um keine Gemütsregung zu zeigen. Wir benahmen uns, als hätten wir keine Empfindungen zu diesem Ereignis, einfach weil wir Angst hatten. Die Nachricht, die man uns eben überbracht hatte, war zu überraschend, fast unglaublich. Frau Tschu und ich gingen schweigend nach Hause. Wir waren beide tief in Gedanken versunken. Als wir das Gartentor aufmachten, stand ihr Sohn, der bei der Miliz war, auf der Terrasse.

»Du bist schon wieder da?« fragte ihn Frau Tschu.

»Ja, es ist alles vorbei.«

Ich ging ins Haus und verschloß die Tür. Beim Hinaufgehen mußte ich unwillkürlich lächeln. Als ich mein Zimmer betrat, dankte ich Gott inbrünstig. Ich ermahnte mich aber, nicht allzu optimistisch zu sein. Die Festnahme der Viererbande war offensichtlich das Ergebnis eines Machtkampfs an der Parteispitze. Sie bedeutete nicht unbedingt, daß Hua Kuo-feng vorhatte, der Politik Maos abzuschwören. Ich bezweifelte, daß er einen anderen Weg sah, China zu regieren. Dennoch verbrachte ich eine schlaflose Nacht mit Spekulationen über die Zukunft. Ich ließ mir Petitionen durch den Kopf gehen, mit denen ich meine Rehabilitierung und die Aufklärung von Meipings Tod zu erreichen hoffte.

Schon bald darauf hörte ich, daß man die radikalen Funktionäre der Stadt aus dem Amt gejagt hatte. Manche sagten, man habe sie festgenommen und plane ein Verfahren gegen sie; andere meinten, man habe sie lediglich an einen geheimen Ort gebracht, um sie zu Geständnissen zu drängen, die sich bei einem öffentlichen Verfahren gegen die Viererbande verwenden ließen. Kurz darauf wurden neue Funktionäre an die Spitze des Schanghaier Revolutionskomitees und des Parteisekretariats berufen. Diese Männer hatten während der Kulturrevolution ein ähnliches Schicksal erlebt wie Hua Kuo-feng. Zu Beginn hatten die Roten Garden sie angegriffen, aber schon bald wurden sie wieder in ihre Parteiämter eingesetzt und »stellten sich auf die Seite der korrekten politischen Linie des Vorsitzenden Mao«. Diese Phrase bedeutete, daß sie ihre Fehler gestanden und Liu Schao-tschi und Deng Hsiao-ping verdammt hatten. In der Folgezeit bekleideten sie hohe Positionen und arbeiteten mit der radikalen Parteifraktion unter Tschiang Tsching zusammen. Die Berufung dieser Männer war bezeichnend für das vierjährige Gastspiel Hua Kuo-fengs, in dem es keinen wirklichen Kurswechsel gab und Radikale der unteren Dienstränge nicht aus ihren Stellungen entfernt wurden.

Der Elfte Parteikongreß fand im August 1977 statt, als das ganze Land sich an einer Kampagne gegen die Viererbande beteiligte. Auf diesem Parteikongreß erreichte Hua Kuo-feng den Zenit seiner Macht. Man wählte ihn nicht nur zum Vorsitzenden des Zentralkomitees, sondern auch zum Vorsitzenden der Militärkommission der Partei und damit zum Oberbefehlshaber der chinesischen Streitkräfte. Sein Porträt hing in der Öffentlichkeit jetzt neben dem Mao Tse-tungs. In den Zeitungen nannte man ihn den »Weisen Führer«, um ihn etwas von Mao abzusetzen, der den Titel »Großer Führer« getragen hatte. Schon jetzt entstand ein neuer Personenkult, der von den verbliebenen Radikalen in Partei und Regierung nach Kräften gefördert wurde. Sie sahen in Hua Kuo-feng einen möglichen Garanten für ihr Überleben.

Zur gleichen Zeit ernannte der Parteikongreß den Befehlshaber des Truppenkontingents Nr. 8341, Wang Tung-hing, der die Festnahme der Viererbande geleitet hatte, zum stellvertretenden Vorsitzenden des Zentralkomitees. Das war eine Belohnung für seinen Beitrag zum Sturz Tschiang Tschings. Wie es hieß, habe man die drei Männer der Bande zu einer dringenden Politbürositzung gerufen und sie gleich bei ihrem Eintreffen im Versammlungsraum festgenommen. Tschiang Tsching habe sich jedoch geweigert zu erscheinen. Wang habe sie zu Hause aufsuchen müssen und ihr persönlich Handschellen angelegt.

Wang Tung-hing war ein langjähriger Leibwächter Mao Tse-tungs gewesen. Die Befehlsgewalt über das zehntausend Mann starke Truppenkontingent Nr. 8341, das Mao und die anderen Politbüromitglieder im Tschung Nan Hai, dem Sitz der Parteiführung, bewachen sollte, hatte er wegen seiner Loyalität und Ergebenheit Mao gegenüber erhalten. Allgemein wurde gemunkelt, der größte Dienst, den er Mao erwiesen habe, hätte darin bestanden, daß er seinem Herrn und Meister eine außergewöhnlich schöne Frau zugeführt habe, Tschang Ju-fong (Jade-Phönix), die er in Maos Sonderzug unterbringen ließ. Sie sei Maos Konkubine geworden und habe den offiziellen Titel einer »Sekretärin für die Haushaltsführung« erhalten.

Tschang Ju-fong war die letzte einer langen Reihe junger Frauen, die mit Mao das Bett geteilt hatten. Die Chinesen wußten, daß ihr »Großer Führer« ein Weiberheld war, wagten aber nie, darüber zu sprechen. Der senile selbsternannte Nachfolger von Marx und Lenin, das Symbol von Fortschritt und Aufklärung, glaubte nämlich wie so mancher chinesische Kaiser vor ihm, daß sexuelle Beziehungen mit Jungfrauen das Leben eines alten Mannes verlängerten.

Hua Kuo-feng war kein starker Herrscher. Er war erst relativ spät an die Spitze der Partei gerückt und bis zuletzt sowohl der Öffentlichkeit als auch den unteren Parteichargen fast völlig unbekannt gewesen. Er besaß weder die Unterstützung der Basis, noch konnte er sich auf eine Hausmacht vertrauenswürdiger Beamter verlassen, die er in Schlüsselpositionen hätte hieven können. Ohne eine solche Machtbasis aber konnte er nicht wirksam regieren.

Die Verhaftung der Viererbande war ein Signal, auf das das ganze Land gewartet zu haben schien. Überall machte sich der Unmut der Menschen Luft. Die Geschundenen und Geschädigten meldeten sich zu Wort und verlangten Wiedergutmachung. Es kam zu Demonstrationen und Protesten, an denen sich sowohl einzelne als auch Gruppen beteiligten. Vor Behörden und Ämtern versammelten sich Menschenmengen, die – manchmal die ganze Nacht lang – darauf warteten, von widerstrebenden Funktionären empfangen zu werden. Manche Gebäude wurden regelrecht belagert. Zornige junge Leute, die man aufs Land verbannt hatte, verlangten das Recht, in die Städte zurückzukehren.

Auf der zweiten Plenarsitzung des Zentralkomitees machte Hua Kuo-feng zwei Zugeständnisse. Er stimmte der Forderung Jeh Tschien-jings und anderer Mitglieder der alten Garde zu, Deng Hsiaoping zu rehabilitieren und zum stellvertretenden Ministerpräsidenten zu ernennen. Und er versprach allen von der Kulturrevolution Verfolgten eine Überprüfung ihrer Fälle.

Ungezählte Male begab ich mich zum Volksgericht, zur Staatsanwaltschaft und zum Sicherheitsbüro, um Petitionen einzureichen. Meine Bemühungen dauerten das ganze Jahr 1977 hindurch an. Ich bekam jedoch von keiner Behörde eine Reaktion. Kurz, ich kam nicht von der Stelle.

Im März 1978 endlich besuchte mich ein Funktionär des Sicherheitsbüros in Begleitung Lao Lis, des Polizeibeamten unserer Wache. Ich bat die beiden Männer, Platz zu nehmen. Der Funktionär, ein Mann mittleren Alters in einem verblichenen blauen Mao-Anzug, sah mich ernst und mit hochgezogenen Augenbrauen an und sagte: »Ich komme vom Sicherheitsbüro. Sie haben sowohl uns als auch dem Staatsanwalt eine Flut von Briefen und Petitionen geschickt, nicht wahr?«

»Ja, ich habe ein paar Petitionen eingereicht.«

»Nicht ein paar.« Er schüttelte den Kopf und zog die Stirn in Falten. »Sehr viele! Warum mußten Sie so oft schreiben? Vertrauen Sie der Volksregierung nicht? Haben Sie denn gar keine Geduld?«

Er klang gereizt. Lao Li fixierte den Fußboden. Keiner von beiden rührte den Tee an, den Ah-ji ihnen gebracht hatte.

»Es ist mehr als elf Jahre her, daß man mich unrechtmäßig festgenommen hat, und meine Tochter ist vor mehr als zehn Jahren ermordet worden. Ich finde schon, daß ich große Geduld gezeigt habe«, entgegnete ich mit fester Stimme.

»Ich möchte Sie bitten, keine Petitionen mehr zu schreiben. Man wird sich Ihres Falles zu gegebener Zeit annehmen, da es die Politik von Partei und Regierung ist, sämtliche Fälle aus der Zeit der Kulturrevolution neu aufzurollen.«

»Wie lange muß ich noch warten?« wollte ich wissen.

»Wissen Sie überhaupt, mit wie vielen Fällen wir es allein in Schanghai zu tun haben? In dieser Stadt sind zehntausend Menschen eines unnatürlichen Todes gestorben. Diese Todesfälle gehen direkt oder indirekt auf die Viererbande und deren Gefolgsleute zurück. Die Zahl der Menschen, die ins Gefängnis kamen, ist noch weit größer. Manche sitzen immer noch ein. Die Untersuchung dieser Fälle hat absoluten Vorrang, denn wir müssen die Unschuldigen freilassen. Dann werden wir uns um die Fälle derer kümmern, die bereits aus dem Gefängnis entlassen wurden und noch leben. Dazu gehört Ihr Fall. Danach werden wir uns der Todesfälle annehmen, darunter auch des Falles Ihrer Tochter. Es arbeiten viele Menschen daran, alle diese Fälle zu klären. Sie müssen Geduld haben und warten. Eines Tages werden wir uns auch mit Ihnen und Ihrer Tochter befassen.«

Was er da sagte, klang vernünftig. Mir war nicht klar gewesen, was für eine ungeheure Aufgabe die mit diesen Fällen betrauten Beamten vor sich hatten.

»Es ist sehr freundlich, daß Sie sich die Zeit genommen haben, mich zu besuchen. Ich möchte Ihnen und der Regierung, die Sie vertreten, meinen Dank sagen. Ich muß gestehen, daß Ihr Besuch mein Vertrauen ein wenig wiederhergestellt hat. Sie sind ganz anders als die Funktionäre, mit denen ich in den vergangenen zehn Jahren zu tun hatte.«

»Das will ich hoffen! Ich bin selbst erst vor kurzer Zeit rehabilitiert worden«, entgegnete der Mann und verzog den Mund zu einem Lächeln, dem ich Bitterkeit anmerkte. Ich sah ihn mir genauer an und fragte mich, wie seine wahren Gefühle der Partei gegenüber wohl aussehen mochten. Sein Gesicht war blaß und schmal. Er hatte ein hartes Leben hinter sich; seine Erscheinung verriet es. Ergebene Funktionäre der unteren und mittleren Ränge wie dieser Mann waren die Machtbasis der Partei. Wenn ihr Vertrauen in die Partei erschüttert wurde, konnte sie nicht mehr wirksam regieren. Die Beschlüsse des Politbüros in Peking mochten noch so korrekt sein und noch so rechtzeitig erfolgen, über ihren Erfolg oder Nichterfolg entschieden letztlich Funktionäre wie dieser.

»Ich bin Ihnen dankbar, daß Sie gekommen sind. Ich werde künftig keine Petitionen mehr schreiben, sondern geduldig warten, bis Sie sich wieder mit mir in Verbindung setzen«, versicherte ich ihm.

Es schien ihn zu freuen, daß er seine Mission erfüllt hatte. Die beiden Männer verabschiedeten sich, und ich begleitete sie zum Gartentor.

Der Besuch dieses Funktionärs hatte mir wieder Mut gemacht. Meine Petitionen hatten offenbar die richtigen Adressaten erreicht, und ich ging nun davon aus, daß man mich irgendwann rehabilitieren würde. Dabei war mir bewußt, daß dies nur deshalb geschah, weil sich die Politik der Partei geändert hatte. Mit Wiedergutmachung für erlittenes Unrecht hatte das alles nichts zu tun. In Zeitungsberichten und Dokumenten, in denen es um diese Fälle aus der Zeit der Kulturrevolution ging, war an keiner Stelle von »Gerechtigkeit« die Rede. Wenn man die Viererbande beschuldigte, gegen Partei, Regierung und Volk »Verbrechen« begangen zu haben, waren damit keine Gesetzesbrüche gemeint; man warf ihr lediglich vor, die Politik der Partei pervertiert zu haben, um den eigenen Ehrgeiz zu stillen. Im kommunistischen China gab es kein von der Parteipolitik unabhängiges Recht.

Einige Monate später, im Sommer 1978, elf Jahre, nachdem die Revolutionäre Meiping getötet hatte, besuchten mich drei Angehörige des Schanghaier Filmstudios.

»Wir kommen im Auftrag des wiedereingesetzten Parteisekretariats des Filmstudios, um Ihnen unser tiefes Mitgefühl auszusprechen. Ihre Tochter und unsere Kollegin Meiping stand auch uns sehr nahe«, sagte einer der drei, ein Mann mittleren Alters, der sich als Leiter der Personalabteilung vorstellte.

Die pensionierte Schauspielerin, die Meipings Lehrerin gewesen war, ergriff meine Hände und sagte mit Tränen in den Augen: »Wir waren alle furchtbar traurig. Sie sollen wissen, daß wir tiefes Mitgefühl mit Ihnen empfinden.«

Die einstmals berühmte Schauspielerin, die am Lu-Schun-Institut für Schöne Künste in Jenan ausgebildet worden war, sah mich an, als hielte eine Filmkamera die Szene fest. Obwohl ich ihr noch nicht begegnet war, wußte ich, daß sie die Frau des stellvertretenden Direktors des Schanghaier Filmstudios war.

Der dritte im Bunde, ein junger Mann, stellte sich mit den Worten vor: »Ich war ein Klassenkamerad von Meiping. Ich bin im Namen ihrer ehemaligen Schulfreunde gekommen, die Ihnen ihr Mitgefühl übermitteln lassen.«

Ich bat sie, Platz zu nehmen, und Ah-ji brachte Tee. Der Personaldirektor wies auf den jungen Mann und sagte: »Herr Wang Kun gehört dem Komitee an, das die Verfolgungsfälle im Filmstudio untersuchen soll. Wir hatten neunundzwanzig Todesfälle. Viele andere, darunter einige unserer größten Künstler, wurden als Konterrevolutionäre gebrandmarkt und ins Gefängnis geworfen. Wir haben noch viel Arbeit vor uns, um alle diese Fälle zu klären.«

»Wie ist meine Tochter gestorben? Wer ist für ihren Tod verantwortlich? Wissen Sie das?« fragte ich sie alle drei.

»Wir hoffen, daß in Ihrem Fall das Sicherheitsbüro mit uns zusammenarbeitet, da auch Leute außerhalb des Filmstudios in diesen Fall verwickelt gewesen sind«, sagte Wang Kun.

»Wie lange wird die Untersuchung dauern?« wollte ich wissen.

»Wir arbeiten nach besten Kräften. Die Regierungspolitik ist eindeutig. Wir müssen jeden Fall überprüfen, und wo ein Fehler gemacht worden ist, müssen wir ihn korrigieren«, erwiderte Wang Kun gleichmütig.

»Wir sind heute gekommen, um Ihnen zu kondolieren und Ihnen zu sagen, daß wir uns um Sie kümmern«, sagte die Schauspielerin. »Falls Sie finanzielle Sorgen haben sollten, haben Sie Anspruch auf Unterstützung durch das Studio.«

Ich hielt dieses Angebot so viele Jahre nach meiner Entlassung für reichlich heuchlerisch, aber mir war klar, daß der Parteisekretär sie beauftragt hatte, mir dies mitzuteilen.

So erwiderte ich höflich: »Haben Sie vielen Dank. Ich habe keinerlei Schwierigkeiten.« Dann sagte ich, an alle drei gewandt: »Ich hoffe, daß es nicht allzu lange dauern wird, bis Sie den Mörder meiner Tochter vor Gericht bringen können.«

»Der wahre Schuldige ist die Viererbande. Wir müssen unseren Zorn gegen sie richten«, sagte der Personaldirektor in einem Tonfall, der mir bekannt vorkam. So sprachen alle Bürokraten, wenn man sie in Verlegenheit brachte.

»Das ist natürlich richtig. Aber der Mann, der den Mord begangen hat, muß auch vor Gericht«, beharrte ich.

»Aus unseren Unterlagen geht hervor, daß Ihre Tochter Selbstmord begangen hat. Solange wir keinen Beweis für das Gegenteil finden, können wir nicht davon ausgehen, daß sie auf eine andere Weise zu Tode gekommen ist.« Dem Personaldirektor mißfiel es offenbar, daß ich von der »Ermordung« meiner Tochter sprach.

Wang Kun schien zu spüren, daß ich zornig wurde, denn er sagte schnell: »Ich würde gern einmal wiederkommen, um mich mit Ihnen zu unterhalten. Wann wäre es Ihnen recht?«

»Nachmittags jederzeit.«

Die drei erhoben sich. Die pensionierte Schauspielerin sprach mir nochmals ihr Mitgefühl aus. Mochte ihre Rührung nun echt sein oder nur gut gespielt, jedenfalls brachte sie mich dazu, mit ihr zu weinen.

Wang Kun besuchte mich in der Folgezeit mehrmals. Allmählich ging mir auf, daß er mich dazu bringen sollte, das vom Filmstudio bereits vorbereitete Rehabilitierungsdokument zu akzeptieren. In meinen Augen war dieses Papier nicht befriedigend, weil nicht klar gesagt wurde, wie Meiping gestorben war. Man bestand zwar nicht mehr auf dem angeblichen Selbstmord, aber nun hieß es einfach, ihr Tod sei »das Ergebnis erlittener Verfolgung«. Ich war sicher, daß irgend jemand versuchte, Meipings Mörder zu decken. Ich kämpfte um diesen Punkt, aber ohne Erfolg. Wang Kun sagte mir nur, Politik sei eine komplizierte Angelegenheit, und die Zeit sei noch nicht reif, manchen Dingen auf den Grund zu gehen.

Während ich mich noch mit dem Filmstudio herumschlug, erhielt ich im Oktober 1978 wieder Besuch vom Sicherheitsbüro. Es waren drei Personen, darunter der Mann, der mich schon früher einmal zusammen mit Lao Li besucht hatte. Er zeigte auf einen seiner Begleiter, einen kleinwüchsigen Mann um die Fünfzig, und sagte: »Das ist Direktor Han.« Dann wandte er sich der jungen Frau zu und stellte sie vor: »Dies ist Hsiao Li.«

»Wir sind im Auftrag der Volksregierung gekommen, um uns bei Ihnen für die unrechtmäßige Festnahme und die Haftzeit zu entschuldigen, die Sie während der Kulturrevolution haben erleiden müssen«, sagte Direktor Han in formellem Ton. »Wir möchten Ihnen auch unser Mitgefühl zum Tod Ihrer Tochter aussprechen, der auf politische Verfolgungsmaßnahmen zurückzuführen ist.«

Ich bat sie, sich zu setzen. Hsiao Li nahm ihr Notizbuch aus der Tasche, um mitzuschreiben, da alle offiziellen Besuche protokolliert werden mußten.

»Wir sind hauptsächlich hier, um über Ihre Rehabilitierung zu sprechen«, fuhr Direktor Han fort. »Wir haben Ihre Vernehmungsprotokolle aus der Haftanstalt Nr. 1 gelesen. Sie waren sehr tapfer, als Sie den verstorbenen Präsidenten der Volksrepublik, Liu Schao-tschi, verteidigten. Sie sind zu einer Zeit für ihn eingetreten, als selbst Partei-Veteranen zu verängstigt waren, sich für ihn zu verwenden. Es wird Sie freuen zu hören, daß Staatspräsident Liu Schao-tschi schon bald durch eine Resolution des Politbüros rehabilitiert werden wird.«

Der andere Mann legte ein Blatt Papier auf den Tisch. »Dies ist der Entwurf Ihres Rehabilitierungsdokuments. Wir möchten gern Ihre Meinung dazu hören, bevor wir es amtlich machen.«

Das Dokument enthielt meine Personalien sowie die Feststellung, daß meine Festnahme am 27. September 1966 und die folgende Inhaftierung ein Fehler gewesen seien. Die Untersuchungskommission zur Überprüfung der Fälle aus der Kulturrevolution habe mich keines Verbrechens für schuldig befunden. Daher müsse man mich gemäß der Politik der Volksregierung rehabilitieren. Ich las das Papier aufmerksam durch und erklärte dann, daß mich der Wortlaut zufriedenstelle.

»Wir werden dieses Dokument veröffentlichen und auch dem Mieterkomitee eine Kopie zustellen. Man wird es auf einer der Versammlungen verlesen«, sagte Direktor Han.

»Sie werden demnächst auch von dem für eingefrorene Bankkonten zuständigen Komitee hören. Man wird Ihnen Ihre Einlagen mit Zinsen zurückerstatten«, ergänzte der andere Mann beflissen.

»Ich möchte nur den ursprünglichen Betrag wiederhaben. Da sich das Land in wirtschaftlichen Schwierigkeiten befindet, würde ich gern auf die Zinsen verzichten.«

»Wir müssen Ihnen die Zinsen aber ausbezahlen. Das ist die Politik der Regierung«, klärte mich Direktor Han auf. Dann setzte er ein gekünsteltes Lächeln auf und wechselte das Thema: »Wissen Sie, daß ich selbst erst vor wenigen Monaten rehabilitiert und in mein altes Amt eingesetzt worden bin? Ich bin drei Jahre im Gefängnis gewesen. Dabei habe ich keine zusätzlichen Lebensmittelrationen erhalten wie Sie. Denken Sie auch an Ihre medizinische Versorgung dort. Draußen hätten Sie die Kulturrevolution womöglich nicht überlebt.«

Das ist doch wirklich unglaublich, dachte ich; dieser Mann legt mir nahe, der Partei und der Regierung auch noch dankbar dafür zu sein, daß sie mich ins Gefängnis gesteckt haben. Alle Parteifunktionäre schienen einen unersättlichen Appetit auf Worte der Dankbarkeit zu haben, selbst wenn sie wußten, daß diese Worte nicht ernst gemeint waren. Sie wollten sich offenbar einreden, daß selbst dann noch etwas Gutes am System sei, wenn es versagte. Vielleicht wäre es diplomatisch gewesen, ihm zuzustimmen. Aber dazu sah ich mich nach all meinen schmerzlichen Erlebnissen außerstande.

Es entstand ein unbehagliches Schweigen, als er auf meine Antwort wartete. Schließlich verabschiedeten sich die drei. Ich begleitete sie zum Gartentor. Dort sagte ich zum Abschied: »Ich möchte Ihnen nochmals danken, daß Sie gekommen sind. Ich erwarte Ihre Nachricht, wenn das Dokument fertig ist. Und ich bitte nochmals eindringlich darum, daß die für den Tod meiner Tochter Verantwortlichen vor Gericht gestellt werden.«

Im November 1978, zwölf Jahre und zwei Monate nach meiner Festnahme, wurde ich offiziell rehabilitiert und zum Opfer unrechtmäßiger Verfolgung erklärt. Das Dokument wurde auf einer Versammlung des Mieterkomitees verlesen. Kurz darauf wurden meine Bankkonten freigegeben. Das Schanghaier Filmstudio hielt eine Reihe von Gedenkversammlungen für die neunundzwanzig seiner Angestellten ab, die durch politische Verfolgung ums Leben gekommen waren. Mit Ausnahme von Meiping waren es ältere Künstler, die Tschiang Tsching schon in den dreißiger Jahren gekannt hatten, als sie in Schanghai eine kaum gefragte Schauspielerin gewesen war. Unter ihnen waren Filmregisseure, die ihr begehrte Rollen verweigert hatten, Schauspielerinnen, die begabter und erfolgreicher gewesen waren als sie, sowie Männer, mit denen sie Affären gehabt hatte.

Der Gedenkveranstaltung für Meiping, die im Lunghua-Krematorium stattfand, wohnten mehr als zweihundert ihrer Freunde und Kollegen sowie Vertreter der Schanghaier Kulturbehörde und des Büros für das Filmwesen bei. Diese beiden Institutionen wie auch das Filmstudio hatten offiziell Kränze niederlegen lassen. Kung und andere Freunde Meipings hatten den Saal ausgeschmückt. Obwohl der Blumenanbau erst vor kurzem wiederaufgenommen worden war, hatten sie genügend frische Blumen aufgetrieben, um den vorderen Teil der Halle zu schmücken, wo auch ein großes Foto von Meiping in einem schweren schwarzen Rahmen aufgestellt worden war. Der Rest der Halle war mit Immergrün und Kränzen aus Papierblumen geschmückt.

Die Zeremonie war schlicht und würdig. Meipings Lehrerin, die Frau des stellvertretenden Direktors des Filmstudios, hielt die Gedenkrede, in der sie die Geschichte von Meipings kurzem, vierundzwanzigjährigem Leben erzählte. Sie hob hervor, daß Meiping für ihre hervorragenden Leistungen viel Lob erhalten habe. Die alte Schauspielerin sprach mit viel Gefühl und tiefem Ernst und rührte die Anwesenden zu Tränen. Am Ende der Rede standen alle auf, um sich vor Meipings Foto zu verneigen und mir die Hand zu geben.

Die Zeremonie war rasch vorüber. Kung fuhr mich in einem Wagen des Filmstudios nach Hause. Er brachte Meipings Foto nach oben in mein Zimmer und verabschiedete sich. Ah-ji kam mit einer Tasse Tee. Ich bat sie, nach Hause zu gehen, da ich allein sein wollte.

In der Nacht fand ich keinen Schlaf. Ich lag in dem dunklen Raum und dachte an Meiping. Ich sah sie in den verschiedenen Stadien ihres Heranwachsens: das pausbäckige Kleinkind in Canberra, der schlaksige Teenager und dann die schöne junge Frau in Schanghai. Ich gab mir die Schuld an ihrem Tod, da ich sie 1949 von Hongkong ins kommunistische China zurückgebracht hatte. Ich warf mir vor, die wahre Natur des kommunistischen Regimes nicht erkannt zu haben, obwohl ich viele Bücher über die Sowjetunion unter Stalin gelesen hatte.

Am nächsten Morgen brachte die Zeitung einen Bericht über die Gedenkversammlungen des Filmstudios. Unter den Namen der Toten fand ich auch den von Meiping. In der Folgezeit verbreitete sich allmählich die Nachricht von meiner Rehabilitierung. Im Dezember und über die Neujahrstage bekam ich viel Besuch. Auf einmal erschienen Verwandte, die in all den Jahren ferngeblieben und Meiping und mir aus dem Weg gegangen waren, als unser Leben unter einem Schatten stand. Jetzt behaupteten sie, ich sei ihnen lieb und teuer. Sie hätten sich um mich Sorgen gemacht und um Meiping geweint. Einige erboten sich, zu mir zu ziehen und für mich zu sorgen, während mir andere ihre Kinder zur Adoption anboten, damit ich nicht kinderlos blieb. Keiner versuchte zu erklären, warum sie uns in der Zeit, in der wir Hilfe am nötigsten gehabt hätten, weder Mitgefühl gezeigt noch beigestanden hatten. Keiner hatte ein schlechtes Gewissen, zum Teil, weil sie selbst Schwierigkeiten gehabt hatten, zum Teil, weil sie nicht anders gehandelt hatten als Millionen anderer Chinesen unter dem Schatten von Mao Tse-tung. Sie glaubten, ich hätte Verständnis für ihr Verhalten.

Obwohl unter der »Obhut« der Roten Garden ein größerer Geldbetrag abhanden gekommen war, erhielt ich jetzt mit der Freigabe meiner Konten mehr Geld zurück, als ich ausgeben konnte. Durch den Parteisekretär des Mieterkomitees erfuhr ich, daß der Frauenverband ein Programm zum Wiederaufbau von Kindergärten und Kindertagesstätten ins Leben gerufen hatte, die von den Roten Garden zerstört worden waren. Es schien mir ein guter Zweck zu sein, jungen berufstätigen Ehepaaren mit Kleinkindern zu helfen. So überreichte ich dem Parteisekretär einen Betrag von 60000 Jüan (nach damaligem Wechselkurs etwa 100000 DM). Auch meinen Verwandten und denen meines Mannes machte ich Geldgeschenke, ferner den jungen Leuten, die mir nach der Entlassung aus dem Gefängnis geholfen hatten, meinen alten Dienern sowie den Witwen ehemaliger Shell-Angestellter, die seit der Kulturrevolution gestorben waren. Um für die großen Geldmengen, die jetzt der Bevölkerung zurückerstattet wurden, ein Ventil zu schaffen, brachte die Regierung Haushaltsgeräte wie etwa Kühlschränke sowie aus Japan importierte Fernseher auf den Markt und gründete ein Reisebüro, das Gruppenreisen zu landschaftlichen Sehenswürdigkeiten anbot. Die Preise für diese neuen Konsumgüter und Dienstleistungen wurden sehr hoch angesetzt. So kostete etwa ein Hitachi-Fernseher mit einem Fünfzig-Zentimeter-Bildschirm mehr als 2000 Jüan. Die nach Konsumgütern lechzenden Bewohner Schanghais kauften trotzdem bereitwillig. Wer viel Geld zurückerhalten hatte, geriet leicht in einen Kaufrausch.

Am Neujahrstag 1979 nahmen China und die Vereinigten Staaten diplomatische Beziehungen auf. Dieses Ereignis löste eine enorme Nachfrage nach Englischunterricht aus. Wenn ich morgens in einen öffentlichen Park ging, um Unterricht in Tai-Tschi-Tschuan-Übungen zu nehmen, sah ich auf den Bänken und in den Pavillons überall junge Leute sitzen, die in englische Lehrbücher vertieft waren oder laut englische Wörter buchstabierten. Die tägliche Englischstunde der Stimme Amerikas wurde sehr populär. Überall tauchten plötzlich empfangsstarke Radiogeräte auf. Daß man im Anschluß an die Englischstunde auch noch englische Nachrichten hörte, war ein nicht unwillkommener Nebeneffekt. Das Hören ausländischer Sender war im kommunistischen China bisher streng verboten gewesen. Es fand höchstens hinter verschlossenen Türen statt. Jetzt hörten die Menschen nicht nur die Stimme Amerikas, sondern diskutierten auch offen über das Gehörte. In den Schulen wurde Englisch zur ersten Fremdsprache. Sogar Achtjährige erhielten schon Englischunterricht. Wenn ich jetzt den Schulkindern begegnete, die mich noch vor kurzem als »imperialistische Spionin« angepöbelt hatten, begrüßten sie mich höflich mit »Guten Morgen« oder »Guten Tag«.

Das neueröffnete amerikanische Generalkonsulat lag an der Huai-Hai-Lu-Straße nur wenige Blocks von dem kleinen Park entfernt, in dem ich täglich meine Tai-Tschi-Übungen machte. Schon am frühen Morgen, auf dem Weg zum Park, sah ich vor dem Tor lange Menschenschlangen stehen, die geduldig nach Visa anstanden. Meine Schüler erzählten mir von Verwandten und Freunden, die Pässe für Auslandsreisen erhalten hätten. Hauptgesprächsthema dieser jungen Leute war nicht mehr die Frage, wie viele Liebhaber Tschiang Tsching gehabt hatte oder wie viele Unschuldige während der Kulturrevolution umgebracht worden waren, sondern welches Politbüro- oder Zentralkomiteemitglied seine Söhne und Töchter im Rahmen eines Austauschprogramms nach Amerika schickte. Da China jetzt auch Besuchern aus dem Ausland die Einreise gewährte, strömten die Auslandschinesen ins Land, um ihre Verwandten zu besuchen. Auslandsreisen, vor allem in die USA, waren für jung und alt zu einer höchst prestigeträchtigen Angelegenheit geworden.

Auch die politische Lage in China war 1979 erfreulich. Zwar blieb Hua Kuo-feng Partei- und Regierungschef, doch konnte Deng Hsiaoping seinen Einfluß immer mehr ausdehnen, und immer mehr Anhänger der Viererbande wurden aus der Parteiführung entfernt. Es herrschte eine entspannte und hoffnungsvolle Atmosphäre, die an die Zeit Mitte der fünfziger Jahre erinnerte, bevor Mao seine Kampagne gegen die Rechtsabweichler in Gang setzte.

Ich wollte mir rechtzeitig einen Reisepaß beschaffen, bevor die Partei wieder eine härtere Gangart einschlug. Die Frage war nur, was ich als Grund für meine Auslandsreise angeben sollte. Er mußte überzeugend genug sein, um eine Genehmigung sicherzustellen, denn eine in meinem Dossier festgehaltene Ablehnung würde mir jede Aussicht auf eine spätere Bewilligung verbauen.

Als ich mir eines Abends die Nachrichten der Stimme Amerikas anhörte, erfuhr ich, daß China bei den USA die Meistbegünstigungsklausel beantragt hatte. Irgendwo in meinem Hinterkopf hatte ich gespeichert, daß der amerikanische Kongreß beschlossen hatte, die Meistbegünstigungsklausel den Ländern zu verweigern, die Familienzusammenführungen verhinderten. Der Beschluß zielte auf die Sowjetunion, wo zahlreiche russische Juden darauf warteten, nach Israel auszuwandern. Ich wußte aber, daß die chinesische KP diese Bedingung beachten würde. Ich schaltete das Radio aus und dankte Gott, daß die Stimme des Nachrichtensprechers an diesem Abend klar und verständlich durch den Äther gekommen war. Diese Meldung würde wohl kaum in der chinesischen Presse erscheinen.

In den USA lebten meine beiden Schwestern. Zum Zeitpunkt der kommunistischen Machtübernahme hatten sie an amerikanischen Universitäten studiert. Später heirateten sie und ließen sich in den USA nieder. Die jüngere der beiden war noch ein kleines Kind gewesen, als ich 1935 zum Studium nach England ging. Wir hatten uns seit mehr als vierzig Jahren nicht gesehen. Meine zweite Schwester, Helen, war ein paar Jahre zuvor mir ihrem Mann zu einem kurzen Besuch in Schanghai gewesen. Seitdem hatte ich gelegentlich mit ihr korrespondiert. Jetzt setzte ich mich sofort an meinen Schreibtisch und schrieb ihr einen Brief. Ich bat sie, mir eine Einladung zum Besuch beider Schwestern in Kalifornien zum Zweck der »Familienzusammenführung« zu schicken. Sie schien die Situation genau zu verstehen. Sie antwortete umgehend und schickte mir einen von beiden Schwestern unterschriebenen und entsprechend formulierten Brief.

Anfang März 1979, als die warme Meeresströmung des Südpazifik Schanghai erreichte und der milde Wind die erstarrten Straßenbäume zu neuem Leben erweckte, machte ich mich voller Hoffnung auf den Weg zum Sicherheitsbüro des Bezirks Hsu Tschia Huai, in dem sich das Paßamt befand. Als ich mein Ziel erreichte, sah ich sofort, daß ich mindestens eine Stunde früher hätte kommen sollen.

Obwohl es erst Viertel vor sieben war und das Amt erst um acht Uhr aufmachte, wartete schon eine große Menschenmenge. Als um halb acht das eiserne Tor geöffnet wurde, fand ich mich im ersten Drittel einer langen Schlange wieder, die jetzt schon um den ganzen Häuserblock reichte. Quälend langsam bewegte sich die Schlange vorwärts, als die Wartenden nach und nach in den Abfertigungsraum eingelassen wurden. Es dauerte Stunden, bis ich endlich an der Reihe war.

»Der nächste!« hörte ich eine Stimme aus der halbgeöffneten Tür. Ich trat ein. Eine stämmige Frau mittleren Alters saß hinter einem Tisch. Vor ihr lagen ein unbeschriebener Notizblock und ein Bleistift. Ich setzte mich auf den freien Stuhl. Im übrigen war der Raum völlig kahl. Die Frau schien schlecht gelaunt zu sein. Es mußte ziemlich langweilig sein, an einem so schönen Morgen lauter Menschen abzufertigen, die unter irgendeinem Vorwand das Land verlassen wollten.

»Worum geht's?« blaffte sie mich an.

»Ich möchte eine Reise in die Vereinigten Staaten von Amerika beantragen. Ich möchte dort meine Schwestern besuchen. Eine der beiden habe ich seit vierundvierzig Jahren nicht mehr gesehen.«

»Warum wollen Sie sie besuchen?«

»Es ist ein Familientreffen. Wir werden immer älter. Wir möchten uns gern wiedersehen.«

»Können Ihre Schwestern nicht nach Schanghai kommen und Sie hier besuchen? Es kommen doch jetzt viele Besucher aus den USA«, wandte sie ein.

»Die ältere der beiden hat mich einmal mit ihrem Mann besucht. Aber die jüngere hat zuviel zu tun. Sie schafft es zeitlich nicht.«

»Welche Einheit?« fragte sie unwirsch.

»Ich habe keine. Ich arbeite nicht.«

»Bei welcher Einheit waren Sie, als Sie noch arbeiteten?«

»Ich habe vor der Kulturrevolution für eine ausländische Firma gearbeitet.«

»Wie heißen Sie? Und wie ist der Name der ausländischen Firma?« Sie notierte beide Namen auf dem Block.

»In der Kulturrevolution hat man mich unrechtmäßig inhaftiert, aber ich bin inzwischen rehabilitiert worden«, erklärte ich ihr.

Sie zog die Augenbrauen hoch und sah mich an. Es arbeitete in ihr. Ich wußte, daß sie sich den Kopf zermarterte, was sie mit mir anfangen sollte; sie wollte natürlich keinen Fehler machen. Um zu verhindern, daß sie die Reise ablehnte, was ein endgültiger und unwiderruflicher Beschluß gewesen wäre, sagte ich schnell: »Ich bin den höheren Stellen im Sicherheitsbüro bekannt. Direktor Han und andere Beamte haben mich vor kurzem besucht. Ich mache Ihnen einen Vorschlag. Ich stelle den Antrag und überlasse es Ihren Vorgesetzten, den Antrag zu genehmigen oder abzulehnen, je nachdem, wie es die Politik der Regierung vorsieht.«

Nach kurzer Überlegung erwiderte sie: »In Ordnung. Ich gebe Ihnen das Antragsformular mit. Wenn Sie es einreichen, müssen Sie auch die verlangten Dokumente vorlegen.«

»Ich habe eine Einladung meiner Schwestern.«

»Bringen Sie auch Ihr Rehabilitierungsdokument und Ihren Wohnungsausweis mit«, sagte sie und blickte mich mißtrauisch an. Seit ich Direktor Han erwähnt hatte, klang ihre Stimme wesentlich freundlicher. Sie fragte sich wohl, woher ich ihren Vorgesetzten kannte und ob sie mich vielleicht zu unhöflich behandelt hatte. Ohne mich aus den Augen zu lassen, zog sie eine Schublade heraus, entnahm ihr ein Formular und überreichte es mir.

Zu Hause füllte ich den Antrag sorgfältig aus, und schon am nächsten Tag reichte ich ihn mitsamt den verlangten Dokumenten ein. Ich erwartete frühestens nach einem Jahr wieder vom Sicherheitsbüro zu hören. Das war 1979 die übliche Zeit für die Bearbeitung eines solchen Antrags. Ich wußte aber auch von Menschen, die allein auf die Genehmigung einer Reise nach Hongkong mehrere Jahre hatten warten müssen, und zwar vor der Kulturrevolution. Ich hatte jedenfalls Glück gehabt; die Beamtin hatte sich nicht geweigert, mir das Antragsformular auszuhändigen. Hätte sie sich geweigert, hätte ich absolut nichts dagegen unternehmen können. Obwohl diese Frau in der Funktionärshierarchie ziemlich weit unten stand, war ihre Macht erschreckend groß.

Ein paar Tage nachdem ich meine Ausreise in die USA beantragt hatte, brachte mir Ah-ji einen offiziell aussehenden Brief. Absender war ein »Amt zur Rückführung von geraubtem Gut«, was ich für eine Regierungsbehörde eine höchst merkwürdige Bezeichnung fand. In dem Schreiben wurde ich zu einem Gespräch gebeten. Das Ehepaar Tschu hatte ein ähnliches Schreiben bekommen. Sie erhielt ein paar Stücke Modeschmuck zurück; er wurde aufgefordert, in einem Lagerhaus unter Bergen verstaubter Bände nach seinen Büchern zu suchen. Nachdem sie mehr als zehn Jahre in dem unbelüfteten Lagerhaus gelegen hatten, hatten die Bücher Schimmel angesetzt. Herr Tschu erzählte, als er einen Band habe in die Hand nehmen wollen, sei er auseinandergefallen und habe einen fauligen, muffigen Geruch verbreitet. Er sei daraufhin mit leeren Händen zu dem Amt zur Rückführung von geraubtem Gut zurückgekehrt und habe sich einverstanden erklärt, auf alle Forderungen zu verzichten.

Ganz offensichtlich waren die von den Rotgardisten geplünderten Gegenstände nicht angemessen gelagert worden. In den zehn Jahren der Kulturrevolution mußten viele Menschen Zugang zu den Lagerräumen gehabt haben. Da die Regierung jetzt beschlossen hatte, das geraubte Gut den rechtmäßigen Eigentümern zurückzugeben, mußten die Behörden vor Ort so tun, als führten sie diesen Beschluß gewissenhaft durch. Folglich wurde besagtes Amt gegründet, und von den betroffenen Bürgern erwartete man, daß sie sich an dem Theater beteiligten.

Ich hatte zwar keinerlei Hoffnung, irgendeinen Gegenstand von einigem Wert zurückzubekommen, aber den Brief einer Behörde konnte ich nicht gut ignorieren. Also machte ich mich zu dem angegebenen Termin auf den Weg. Ich wurde von einer Beamtin empfangen, die mich ohne Umschweife fragte, ob ich daran interessiert sei, in einem Lagerhaus nach den mir entwendeten Büchern und Schallplatten zu suchen.

»Ich bin ziemlich sicher, daß man alle meine Bücher verbrannt hat. Was die Platten betrifft, sind möglicherweise ein paar gerettet worden. Ich bin aber nicht daran interessiert, sie wiederzubekommen. Das kann ich Ihnen schriftlich geben«, erklärte ich kurz und bündig.

»Ich habe aber eine gute Nachricht für Sie«, erwiderte sie, wobei sie die Worte »gute Nachricht« besonders betonte.

Sie wühlte in den Akten auf ihrem Schreibtisch, zog ein Papier hervor und sagte: »Wir haben einen Teil Ihres Porzellans wiederfinden können, da einige Stücke in Schachteln mit Ihrem Namen lagen. Diese Stücke befinden sich in einem Lagerhaus. Allerdings muß ich Ihnen sagen, daß das Schanghaier Museum daran interessiert ist, Ihnen fünfzehn Stücke abzukaufen. Diese befinden sich bereits im Museum. Sie können zum Lagerhaus gehen und dem zuständigen Beamten dieses Berechtigungsschreiben zeigen.«

Sie überreichte mir einen Brief, der mich als Eigentümerin des Porzellans auswies, das in den mit meinem Namen versehenen Schachteln gelagert war.

»Und was ist mit dem Porzellan, das sich in meinem Haus befand und nicht in Schachteln aufbewahrt war, als die Rotgardisten am 30. August 1966 bei mir erschienen?« wollte ich wissen.

»Wenn es keinen besonderen Eigentumsnachweis gibt, wird es sehr schwierig sein, diese Stücke zu finden.«

»Und was ist mit meiner Jade-Sammlung?«

»Gegenstände aus Edel- oder Halbedelsteinen sind zusammen mit dem Schmuck eingelagert worden. Wir sind noch dabei, sie zu lokalisieren«, erwiderte sie ungeduldig. Es schien ihr zu mißfallen, daß ich diese Dinge erwähnte. Ich sollte mich offenbar glücklich schätzen, daß man wenigstens mein Porzellan wiedergefunden hatte.

Ich war tatsächlich überglücklich, daß ein Teil meiner kostbaren Sammlung wieder aufgetaucht war. Als ich wieder zu Hause war, setzte ich mich sofort mit Klein-Fong in Verbindung und bat ihn, mir bei der Wiederbeschaffung zu helfen. Es schien doch nicht vergeblich gewesen zu sein, daß ich 1966 darum gekämpft hatte, meine Schätze zu retten.

Ein paar Tage später fuhr mich Klein-Fong mit seinem Lastwagen zu einem unterirdischen Lager am anderen Ende der Stadt. Nachdem ich dem Wachtposten mein Berechtigungsschreiben gezeigt hatte, durften wir den düsteren Lagerraum betreten. Der diensthabende Beamte wies uns an, an einem langen, mit Staub bedeckten Tisch unter einer schwachen Glühbirne zu warten. Dort hatten sich schon einige andere versammelt. Voller Vorfreude ging ich in dem stickigen Raum ruhelos auf und ab.

Nach einiger Zeit wurden die verschiedensten Gegenstände auf dem Tisch ausgebreitet, und wir wurden gebeten, unser Eigentum zu identifizieren. Da lagen Schriftrollen, Fächer, Schachteln verschiedener Größe und verschnürte Kartons. Alles war mit einer dicken Rußschicht bedeckt, wie sie für die Industriestadt Schanghai mit ihrem hohen Steinkohleverbrauch typisch ist. Ein Mann, der schon vor uns gekommen war, seufzte tief und ließ einen unterdrückten Fluch vernehmen, der sich fast wie ein Schluchzen anhörte, als er einen antiken Fächer in die Hand nahm. Das gefaltete Papier, auf dem sich einmal die wertvolle Malerei eines berühmten Malers aus der Zeit der Ming-Dynastie befunden hatte, war verrottet und verschimmelt. Eine Frau neben ihm, vermutlich seine Ehefrau, murmelte ihm zu, er solle den wertlosen Fetzen Papier doch wegwerfen. Der Mann zog jedoch behutsam ein Taschentuch aus der Tasche und wickelte den Fächer liebevoll darin ein.

Nachdem ich meine Schachteln identifiziert hatte, fuhr mich Klein-Fong nach Hause und half mir, sie in mein Zimmer zu tragen. Dann verabschiedete er sich. Der modrige Geruch der verschmutzten und beschädigten Schachteln war unerträglich. Ich öffnete sie, entnahm ihnen das Porzellan und brachte sie sofort hinaus auf den Balkon. Dann untersuchte ich das Porzellan. Einige Vasen, Schüsseln und Teller waren gesprungen oder angestoßen; einige wenige waren zerbrochen und notdürftig wieder zusammengeklebt. Alle Stücke waren numeriert worden, und bei einigen entdeckte ich auf der zarten Glasur unlesbare handschriftliche Notizen. Auf einem großen Teller aus blaßgrünem Ming-Porzellan hatte irgendein Revolutionär seinem Haß auf die Reichen dadurch Ausdruck gegeben, daß er in roten Schriftzeichen alle Sammler als Blutsauger bezeichnete. Es brach mir das Herz, diese wunderschönen Stücke so gedankenlos verunstaltet zu sehen.

Ich ließ lauwarmes Wasser in die Badewanne einlaufen, nachdem ich zuvor den Boden mit Handtüchern ausgepolstert hatte, schüttete etwas Seifenpulver hinein und legte dann behutsam, Stück für Stück, das Porzellan ins Wasser, um es einzuweichen. Die zerbrochenen Stücke fielen auseinander, da sich der Klebstoff auflöste. Mit einem weichen Tuch entfernte ich die Schriftzeichen und den Schmutzfilm. Anschließend legte ich das Porzellan auf ein Bettlaken, das ich auf dem Fußboden meines Schlafzimmers ausgebreitet hatte. Es war schon später Abend, als ich mit dieser Arbeit fertig war. Weniger als die Hälfte meiner ursprünglichen Sammlung war heil geblieben. Unter den unversehrten Stücken befand sich meine Kwan-Jin-Figur, die zwar mit schwarzen Tintenflecken verunstaltet, aber zum Glück nicht zerbrochen war. Nach dem Waschen sah sie so schön und strahlend aus wie früher. Ich stellte sie auf meinen Schreibtisch und setzte mich, um sie voller Freude zu betrachten. Ich hatte das Gefühl, als hätte ich nach langer Trennung eine gute alte Freundin wiedergefunden.

Ich ging die Liste der fünfzehn Stücke durch, die das Museum kaufen wollte. Dazu gehörte alles, was von meinem blauweißen Hsüan-te-Porzellan noch da war, ebenso eine apfelgrüne Jung-Tscheng-Vase, die ich besonders liebte. Sie zeigte im Relief eine Eidechse, die so schwungvoll gearbeitet war, daß es aussah, als würde sie gerade von der Vase auf den Boden kriechen. Man interessierte sich auch für meinen zartgelben Tscheng-te-Teller sowie für mein bestes Stück Ting-Porzellan aus der Zeit der Sung-Dynastie mit eingeritzten Seerosen.

Sollte ich mich mit dem Verkauf der fünfzehn Stücke einverstanden erklären? Schon vor der Kulturrevolution, als ich mein Testament aufsetzte, hatte ich mit Meiping besprochen, was aus meiner Sammlung werden sollte. Auf ihren Vorschlag hin hatte ich bestimmt, sie ans Schanghaier Museum zu geben. Meipings Tod und die völlige Mißachtung von Kulturschätzen während der Kulturrevolution hatten meine diesbezügliche Begeisterung stark abgekühlt. Andererseits wollte ich China verlassen und würde kein einziges Stück mitnehmen können. So entschloß ich mich, die Stücke abzugeben, sagte mir aber, daß ich etwas Nützliches für mich herausholen sollte.

Das Museum bat mich brieflich zu einem Gespräch, und ich fand mich zum angegebenen Termin ein. Ich wurde von zwei Museumsbeamten mit ausgesuchter Höflichkeit empfangen. Sie brachten mir die fünfzehn Stücke, die alle makellos glänzten und sich wundervoll von dem weißen Satin abhoben, mit dem die neuen Schachteln ausgekleidet waren. Sie erlaubten mir, jedes einzelne Stück zu untersuchen. Anschließend unterhielten wir uns, als wären wir abgeklärte Kenner, wiesen mal auf diese besondere Farbe oder jenes besondere Muster hin und übergaben das Stück dann dem Nebenmann, der sich die Herkunftsbezeichnung ansehen möge. Als die Beamten der Meinung waren, sie hätten mir genügend Höflichkeiten erwiesen, um sich als zivilisierte Menschen einzuführen und mich nachgiebig zu stimmen, wechselten sie zum Geschäftlichen über. Einer der beiden, der dem anderen übergeordnet zu sein schien, erklärte: »Das Museum muß im Rahmen eines bestimmten Etats arbeiten. Wir müssen sehr sorgfältig auswählen, bevor wir Käufe tätigen. Sie haben in Ihrer Sammlung viele wunderschöne Stücke, aber vorläufig möchten wir Sie nur um den Verkauf dieser fünfzehn Objekte bitten.«

»Aber gern. Sie können sie haben. Es ist besser, daß sie die Besucher des Museums erfreuen, als daß sie bei mir im Schrank stehen«, erwiderte ich.

Beide Männer strahlten und quittierten meine Bemerkung mit einem zustimmenden Kopfnicken.

»Ich werde dem Museum diese fünfzehn Stücke zum Geschenk machen, wenn Sie mir eine Bedingung erfüllen«, fuhr ich fort.

»Was verlangen Sie von uns?« fragten sie wie aus einem Mund.

»Für das Museum ist es keine unerfüllbare Bedingung«, erwiderte ich. »Ich möchte nur, daß Ihr Tischler für mich ein paar hölzerne Ständer anfertigt, damit ich die mir zurückgegebenen Stücke in meinem Zimmer aufstellen kann. Für das Holz und den Lohn Ihres Tischlers werde ich natürlich aufkommen.«

Die Männer blickten sich verblüfft an. Mit einer solchen Bedingung hatten sie nicht gerechnet. Dann lachten sie befreit.

»Das ist eine Kleinigkeit. Ich werde Ihnen unseren Tischler schicken, um die Stücke zu vermessen. Wie viele Ständer brauchen Sie? Wollen Sie einen für jedes Stück?«

»Nein, das wäre zuviel verlangt. Zehn oder zwölf werden wohl ausreichen.«

Sichtlich erleichtert über den so glatten Verlauf unserer Verhandlung sagte nun der Mann, den ich als den Vorgesetzten des anderen vermutete: »In der nächsten Woche beginnt übrigens eine Ausstellung unserer Neuerwerbungen. Alle Freunde des Museums, die zu dieser Ausstellung beigetragen haben, werden wir zu einer Vorbesichtigung und einem anschließenden Bankett einladen. Wir hoffen sehr, daß auch Sie kommen werden.« Dann überreichte er mir eine goldgeprägte Einladung, auf der bereits mein Name eingetragen war. Sie waren sich offenkundig sicher gewesen, daß ich ihnen mein Porzellan überlassen würde.

Die Sonderausstellung wurde in der großen Halle im Erdgeschoß des Museums gezeigt. Außer den Privatsammlern, die die Exponate beigesteuert hatten, und deren Ehefrauen waren auch eine Reihe von Regierungsbeamten erschienen, die unter sachkundiger Führung des Museumspersonals von Vitrine zu Vitrine schritten.

Der ranghöchste anwesende Beamte war ein stellvertretender Bürgermeister der Stadt, Tschang Tscheng-tschung, gleichzeitig Leiter der Regierungskommission für die Verwaltung von Kulturdenkmälern. Er war mit großem Gefolge gekommen, und die Museumsbeamten waren sichtlich bemüht, seine Fragen zu beantworten. Nach dem Rundgang durch die Ausstellung wurden wir aufgefordert, in der Mitte der geräumigen Halle, in der man mehrere Stuhlreihen aufgestellt hatte, Platz zu nehmen. Vize-Bürgermeister Tschang hielt eine Rede, in der er den patriotischen Geist der Privatsammler lobte, die den Bestand des Museums erweitert hätten. Nachdem er geendet hatte, forderte ein Vertreter des Museums die Privatsammler auf, einzeln vorzutreten. Tschang Tscheng-tschung überreichte jedem eine Verdiensturkunde in einem Goldrahmen und einen roten Umschlag, der den Kaufpreis der erworbenen Stücke enthielt. Während diese Zeremonie noch andauerte, ließ sich ein Museumsbeamter auf dem Stuhl neben mir nieder und flüsterte mir ins Ohr, für mich werde man eine gesonderte Ehrung veranstalten, da ich mein Porzellan gestiftet hätte. Nachdem alle Urkunden ausgehändigt waren, wurden wir mit Sonderbussen in das kurz zuvor eröffnete Touristenhotel in Hua Schan Lu gefahren, wo uns im großen Speisesaal ein üppiges Bankett erwartete.

Diejenigen Sammler, die mit Geschäftsleuten in Hongkong Verbindung hatten, erhielten Ehrenplätze am Tisch des stellvertretenden Bürgermeisters. Wir übrigen setzten uns, wo wir Platz fanden. An jedem Tisch fungierte ein Museumsbeamter als Gastgeber. Von meinen Tischnachbarn kannte ich niemanden. Wir stellten uns nicht vor und gaben uns keine Mühe, Konversation zu treiben. Niemand wagte es, bei den köstlichen Speisen, die man uns servierte, so richtig zuzulangen. Wir waren steif und förmlich und warteten geduldig auf das Ende der Veranstaltung.

Sammler lieben es nicht, sich von ihren Sammlungen zu trennen. Sie haben eine gefühlsmäßige Beziehung zu den Stücken, die sie im Lauf der Zeit liebevoll zusammengetragen haben. Während des Banketts dachte ich noch einmal an das Porzellan, das ich dem Museum gestiftet hatte. Es tat mir zwar nicht leid, es hergegeben zu haben, aber wehmütig war mir doch ums Herz.

Eine Woche später holten mich zwei Museumsbeamte ab und fuhren mich zum Schanghai Mansions, einem Appartementhotel für ausländische Besucher, in dem mir die offizielle Verdiensturkunde überreicht werden sollte. Als ich die geräumige Hotelhalle betrat, wurde ich sogleich zu einem Tisch geführt, um mich in das mit Brokat bestickte Gästebuch einzutragen. Während ich meinen Namen schrieb, machte ein Fotograf ein paar Aufnahmen von mir. Die anwesenden Beamten unterschrieben nach mir. Anschließend öffnete ein Hotelbediensteter die Doppeltür zum Empfangssaal. Dort wurden mir der Direktor und andere leitende Angestellte des Museums vorgestellt.

Nach kurzer Zeit erschien auch Vize-Bürgermeister Tschang Tscheng-tschung. Er nahm auf einem breiten Sofa Platz, das offenbar für ihn reserviert worden war. Ein Kellner servierte uns grünen Tee, während wir uns über Belanglosigkeiten unterhielten. Nach diesen Präliminarien erschien ein Museumsbeamter mit einer gerahmten Verdiensturkunde und legte sie vor dem Vize-Bürgermeister auf den Tisch. Tschang erhob sich, hielt eine kurze Ansprache und überreichte mir sodann die Urkunde sowie eine mit Brokat umhüllte Rolle, die »ein kleiner Dank des Museums für meine Schenkung« sei. Ich nahm beides entgegen und verbeugte mich höflich. Dann entrollte ich neugierig das mir überreichte Geschenk. Es war eine wunderschöne Reproduktion des berühmten Gemäldes *Dame mit Pfingstrose*, eine Schöpfung des großen Malers T'ang Jing aus der Zeit der Ming-Dynastie. Das Original ist eines der kostbarsten Besitztümer des Schanghaier Museums. Die maßstabgetreue Reproduktion ist so perfekt, daß sie wie ein Ebenbild des Originals aussieht. Sie schmückt heute die Wand meiner Eigentumswohnung in Washington und erfreut nicht nur mich, sondern auch alle meine Freunde.

Als die Übergabe beendet war, setzte sich Tschang Tscheng-tschung wieder. Ich hielt eine kurze Ansprache und erklärte, wie sehr es mich freue, die Bestände des Museums erweitern zu können. Während der ganzen Zeremonie wurden Fotos gemacht. Diese Bilder und das Buch mit den Unterschriften der Gäste wurden mir später als Andenken überreicht.

Es hatte den Anschein, als wollte mich die Stadtverwaltung von Schanghai sanft stimmen. Man hätte mir meine Verdiensturkunde ohne weiteres bei der Zeremonie eine Woche zuvor überreichen können. Es war absolut unnötig, eine separate Veranstaltung zu inszenieren. Man beehrte mich wohl nur deshalb mit dem sonst nur offiziellen ausländischen Besuchern vorbehaltenen Protokoll, weil ich eine Auslandsreise beantragt hatte. Man wollte wohl erreichen, daß ich Schanghai mit einem guten Eindruck von der neuen Regierung verließ.

Am nächsten Morgen entdeckte ich eine kurze Notiz im *Freien Schanghai*, in der vermeldet wurde, daß ich dem Schanghaier Museum mein Porzellan gestiftet hatte. Das Blatt nannte dies eine patriotische Tat und fügte hinzu, ich hätte auf jeglichen materiellen Ausgleich verzichtet. Die Veröffentlichung dieser Meldung machte mich über Nacht stadtbekannt. Freunde und Nachbarn besuchten mich, und sogar der Parteisekretär des Mieterkomitees erschien, um mir zu gratulieren und sich die Verdiensturkunde anzusehen. Menschen, die mir bislang aus dem Weg gegangen waren, kamen über die Straße, um mich zu begrüßen. Lu Jing, die noch vor wenigen Jahren meine Kleidung kritisiert hatte, beglückwünschte mich jetzt zu meiner eleganten Erscheinung und fragte, wo ich einzukaufen pflege. Es schien fast nicht mehr wahr zu sein, daß ich einmal eine Unperson gewesen war, die Beleidigungen und Verfolgungen hatte erdulden müssen. Dabei hatte ich mich kein Jota verändert. Es war die Parteipolitik, die sich geändert hatte.

Zu den Besuchern zählte auch eine Vertreterin des Schanghaier Frauenverbands, die Genossin Ho. Sie lud mich ein, der Studiengruppe für weibliche Intellektuelle beizutreten. Ich nahm die Einladung bereitwillig an, denn so konnte ich mir die langweiligen Sitzungen des Mieterkomitees ersparen. Ich hoffte, im Frauenverband ein paar interessantere und verwandtere Seelen kennenzulernen.

»Wir sind dabei, zwei Studiengruppen einzurichten«, begann die Genossin Ho. »Eine Gruppe besteht aus weiblichen Unternehmerinnen aus der Zeit vor der Befreiung und aus Ehefrauen prominenter Kapitalisten, die in den Betrieben ihrer Männer gearbeitet haben. Die andere Gruppe sind weibliche Intellektuelle. In diese Gruppe wollen wir auch die Ehefrauen bekannter Wissenschaftler aufnehmen, denen der Sozialismus viel zu verdanken hat. Nach sorgfältiger Überlegung haben wir uns entschlossen, Sie in die zweite Gruppe aufzunehmen. Wir gehen davon aus, daß Sie sich dort wohlfühlen werden.«

»Bitte sagen Sie der Verbandsleitung meinen Dank für diese Einladung. Ich fühle mich geehrt und freue mich darauf, zu Ihren Versammlungen zu kommen«, versicherte ich höflich.

»Am kommenden Mittwochnachmittag um zwei haben wir eine gemeinsame Eröffnungssitzung beider Gruppen. Sie findet in den Räumen der Politischen Konsultativkonferenz in der Westlichen Pekingstraße statt. Dort werden wir auch unsere wöchentlichen Versammlungen abhalten. Übrigens gibt es dort intern, das heißt nur für unsere Mitglieder, einen Laden und ein Restaurant.«

Die Politische Konsultativkonferenz war eine Volksfrontorganisation, die im Rahmen der Kampagne für nationale Einheit ins Leben gerufen worden war. Die sogenannten »Delegierten« hatten keinerlei politisches Mitspracherecht. Theoretisch sollten sie von den Parteigremien »konsultiert« werden, aber in der Praxis durften sie den bereits getroffenen Entscheidungen nur akklamieren. Die Schanghaier Organisation war in einem großen Herrenhaus untergebracht, das einst zu dem berühmten »Garten der Familie Tschang« gehört hatte. Dieser Park mit seinem See und den vielen Pavillons war längst verschwunden. Man hatte dort eine Reihe von Gebäuden errichtet. In dem Herrenhaus waren im Erdgeschoß ein Versammlungsraum und in den oberen Stockwerken Konferenzräume eingerichtet worden. Am Eingang der Halle befand sich der »interne« Laden, und in einem Winkel des Gartens entdeckte ich das Restaurant.

Der Frauenverband war in den Augen der Regierung nicht wirklich wichtig. Daß die Stadtverwaltung uns mit der Bereitstellung eines Versammlungsraums eine kleine Freundlichkeit erwies, war Ausdruck des neuen Kurses der nationalen Einheit, die auch die Kapitalisten einschloß, und der mit den »Vier Modernisierungen« verbundenen Politik der »offenen Tür«. Fast alle von uns hatten Verbindungen zu Auslandschinesen. Die Regierung zeigte sich uns gegenüber entgegenkommend, um auf diesem Wege unsere Verwandten im Ausland für sich einzunehmen und in den westlichen Demokratien ein Image der Toleranz aufzubauen. Bei der Eröffnungsversammlung der beiden Studiengruppen waren etwa siebzig Frauen anwesend, alle im mittleren Alter oder darüber. Wir saßen in einem großen, sauberen Konferenzraum mit hohen Fenstern, die strahlendes Sonnenlicht einließen. Man servierte uns heißen grünen Tee in Deckelgläsern. Eine der stellvertretenden Vorsitzenden des Verbandes hieß uns willkommen und sprach sodann über das Programm der Vier Modernisierungen, das Ministerpräsident Tschou En-lai auf dem Zehnten Parteikongreß vorgeschlagen und das der Vorsitzende Mao gebilligt habe.

Als nächste Rednerin betrat eine Frau von Anfang fünfzig in einem eleganten schwarzen Hosenanzug das Podium. Sie berichtete uns über ihre vor kurzem beendete Reise in die Vereinigten Staaten, die sie mit ihrem Ehemann, einem ehemaligen Kapitalisten, besucht hatte. Sie schilderte das dortige Leben in reichlich düsteren Farben. Überall begegne man Raubüberfällen, Drogen und Trunksucht, und das Gesundheitswesen sei horrend teuer. So habe sich ihr Mann, obwohl man ihm in den USA einen lukrativen Job angeboten habe, zur Rückkehr nach China entschlossen, um seine Arbeit als Chefingenieur seiner vom Staat übernommenen Fabrik fortzusetzen.

Die Rede enthielt offensichtlich eine Botschaft der Regierung, aber ich glaubte nicht, daß es darum ging, die Vereinigten Staaten herabzusetzen. Vielmehr brachten wohl die langen Schlangen, die sich vor dem amerikanischen Generalkonsulat bildeten, Partei und Behörden in Verlegenheit; es galt, potentielle Auswanderer abzuschrecken.

Mehr als ein Jahr lang gehörte ich der Studiengruppe des Frauenverbandes an. Wir debattierten in streng vorgegebenem Rahmen die Dokumente und Reden, die die Partei an sämtliche Studiengruppen des Landes verteilen ließ. Gemeinsam mit den Delegierten der Politischen Konsultativkonferenz hörten wir uns die Reden prominenter Funktionäre an, die über alle möglichen Themen sprachen, von kulturellen Angelegenheiten bis hin zu Fragen der internationalen Beziehungen. Wir besuchten den Laden und das Restaurant mit selbstauferlegter Zurückhaltung, um bloß nicht den Anschein zu erwecken, als wollten wir unsere Privilegien über Gebühr in Anspruch nehmen oder gar mißbrauchen.

In meiner Studiengruppe waren zweiunddreißig Frauen; das Durchschnittsalter lag bei knapp sechzig Jahren. Leiterin war die siebzigjährige Witwe eines stellvertretenden Bürgermeisters. Genossin Ho war eine der beiden Funktionärinnen des Verbandes, die unsere Versammlungen überwachten, das Protokoll führten und jederzeit bereit waren, sich einzuschalten, falls die Diskussion vom vorgesehenen Kurs abwich. Die Bürgermeisterwitwe war jedoch eine erfahrene Versammlungsleiterin, und wir übrigen waren intelligent genug zu wissen, was von uns erwartet wurde. So wurden die Programme immer glatt abgewickelt. Weder Genossin Ho noch die anderen jungen Funktionärinnen des Verbands brauchten auch nur einen Augenblick zu fürchten, wir könnten sie in Verlegenheit bringen.

Nach einiger Zeit, als ich Genossin Ho besser kennengelernt und herausgefunden hatte, daß sie frei war von jenem Klassenvorurteil, das die Beziehungen zwischen Funktionären und normalen Bürgern wie mir meist beeinträchtigte, versuchte ich ihre Mithilfe bei der gerichtlichen Verfolgung von Meipings Mörder zu gewinnen. Sie war äußerst mitfühlend und machte mich mit einer Funktionärin der erst kurz zuvor wieder ins Leben gerufenen Einheitsfront-Organisation des Schanghaier Parteisekretariats bekannt, der Genossin Ma, die sie eines Abends in meine Wohnung mitbrachte.

Nachdem ich meine Geschichte erzählt hatte, versprach Genossin Ma, die Angelegenheit mit ihren Vorgesetzten zu besprechen. Ein paar Tage später kam sie zusammen mit Genossin Ho wieder.

»Man hat mich beauftragt, Ihnen zu sagen, daß man sich mit dem Fall Ihrer Tochter zu gegebener Zeit befassen wird. Es hat in Schanghai viele rätselhafte Todesfälle gegeben, und viele Familien bitten die Behörden um Aufklärung. Das ist nach so vielen Jahren aber meist sehr schwierig. Selbst wenn Sie beweisen können, daß der Tod Ihrer Tochter nicht auf Selbstmord zurückzuführen ist, müssen Sie immer noch den oder die wirklichen Täter ausfindig machen. Und wer zeigt schon anklagend auf einen anderen, der vielleicht sogar in derselben Institution arbeitet?«

»Es sieht tatsächlich schwierig aus«, gab ich zu. »Aber es ist nicht unmöglich, den Schuldigen zu finden, wenn die Behörden dazu entschlossen sind.«

»Sie müssen der Partei und den Behörden vertrauen. In nicht allzu ferner Zukunft wird es ein offizielles Urteil über die Kulturrevolution geben. Das wird die Klärung aller offenen Probleme erleichtern«, versicherte mir Genossin Ma. Ich entnahm ihren Worten, daß man die für die Verbrechen verantwortlichen Revolutionäre noch nicht zur Rechenschaft ziehen konnte, da sie im Namen der Kulturrevolution gehandelt hatten, die offiziell noch nicht verdammt worden war. Was Genossin Ma nicht sagte, aber jedermann wußte, war, daß viele Revolutionäre inzwischen in die Partei eingetreten und Funktionäre geworden waren. Und gegen einen Parteifunktionär vorzugehen ist weit schwieriger, als einen normalen Bürger vor Gericht zu bringen.

Die beiden Damen verabschiedeten sich, und ich begleitete sie zum Gartentor. Ich dankte Genossin Ma für ihr Kommen und versprach ihr, geduldig zu warten.

In der Dunkelheit hatte ich nicht bemerkt, daß Frau Tschu auf der Terrasse stand. Als ich ins Haus zurückgehen wollte, kam sie auf mich zu.

»Haben Sie über Ihre Tochter gesprochen?« fragte sie neugierig.

»Ja, zufällig haben Sie recht«, entgegnete ich spitz.

»Mein Sohn hat mir erzählt, daß man den für ihren Tod Verantwortlichen verhaftet hat. Er soll noch in weitere Todesfälle verwickelt sein.«

»Woher weiß Ihr Sohn das?«

»Vermutlich von seinen Milizgenossen.«

Ich wollte nicht glauben, was Frau Tschu mir da erzählt hatte, und hielt es für dummes Gerede. Hätte man den Täter wirklich verhaftet, hätte das Sicherheitsbüro mich benachrichtigt; zumindest hätte Genossin Ma davon gewußt.

Doch Frau Tschus Sohn war richtig informiert gewesen. Eine Woche, nachdem ich Schanghai verlassen hatte, fand im dortigen Kulturforum ein öffentliches Verfahren gegen den Täter statt, unter Teilnahme der Familienmitglieder seiner anderen fünf Opfer. *Ta Kung Pao*, ein linksliberales Hongkonger Blatt, berichtete darüber und meldete, der Mann sei zum Tode verurteilt, das Urteil jedoch auf zwei Jahre ausgesetzt worden.

Ich las die Meldung eines Morgens in Hongkong und erstarrte, als ich Meipings Namen unter den genannten Opfern fand. Als sich der erste Schock gelegt hatte, wurde mir klar, daß das Sicherheitsbüro mit dem Prozeß absichtlich gewartet hatte, bis ich außer Landes war. Nach chinesischem Recht wird ein zum Tode Verurteilter meist kurz nach der Urteilsverkündung hingerichtet. Die Funktionäre des Sicherheitsbüros wußten sehr gut, daß ein ausgesetztes Todesurteil für mich unannehmbar war. In allen meinen Petitionen hatte ich das klar zum Ausdruck gebracht. Sie hatten gewartet, bis ich das Land verlassen hatte, so daß ich gegen das Urteil nicht mehr protestieren konnte. Meipings Mörder kam mit einem ausgesetzten Todesurteil davon und wurde nach zwei Jahren freigelassen. Er läuft noch heute frei herum.

1979 war für Deng Hsiao-ping und das kommunistische China ein wichtiges Jahr. Auf der Plenarsitzung des Zentralkomitees im Dezember 1978 war Dengs marxistischer Lieblingsspruch angenommen worden, daß »die Praxis das einzige Kriterium zur Feststellung der Wahrheit« sei. Das ermöglichte ihm die Reformierung und Neustrukturierung der chinesischen Wirtschaft. Sein Besuch in den USA und die herzliche Aufnahme, die er dort fand, hatten ihn als einen politischen Führer von Weltformat etabliert. Und der kurze Krieg, der »zur Bestrafung Vietnams« wegen dessen Grenzverletzungen geführt wurde, brachte die chinesische Öffentlichkeit in einer Welle des Patriotismus an die Seite der Partei. Dieser Feldzug überzeugte auch die meisten hohen Militärs, die bislang Maos Konzeption des Volkskriegs verhaftet geblieben waren, daß Chinas Streitkräfte modernisiert werden müßten. Die Entfernung von vier Anhängern Hua Kuo-fengs aus der Parteiführung stärkte Dengs Position weiter. Zwar blieb Hua Vorsitzender des Zentralkomitees und Ministerpräsident, doch war er zu einer isolierten Galionsfigur geworden, der die Macht zusehends aus der Hand glitt.

Eine der wichtigsten wirtschaftlichen Reformmaßnahmen Dengs bestand darin, China für ausländische Unternehmen zu öffnen. British Petroleum war die erste Ölgesellschaft, die in Schanghai ein Büro eröffnete. Dann las ich im *Freien Schanghai*, daß auch andere Mineralölgesellschaften, darunter Shell International Petroleum, eingeladen worden waren, sich an Offshore-Bohrungen zu beteiligen. Meine Hoffnung wuchs, in nicht allzu ferner Zukunft meinen Paß zu erhalten. Es sollte jedoch noch weitere neun Monate dauern, bis ich Schanghai verlassen konnte.

Als im Februar 1980 mein vermutlich letztes Chinesisches Neujahr in Schanghai bevorstand, beschloß ich, es mit einem großen Fest zu begehen. Ich lud meine Schüler und all die jungen Leute, die mir geholfen hatten, samt ihren Kindern ein, mit mir »ausländisch« zu essen und ein Feuerwerk zu veranstalten. Ah-ji und ich bereiteten für mehr als dreißig Personen Hamburger und Tomatencremesuppe. Nach dem Essen brachten wir die Feuerwerkskörper in den Garten, wo sich meine Gäste, vor allem die Kinder, zwei Stunden lang herrlich amüsierten. Die lärmenden Kracher und die leuchtenden, knallbunten Sterne und Funkenschauer am nächtlichen Himmel waren wirklich eindrucksvoll. Meine Nachbarn machten die Fenster auf und traten auf auf ihre Balkons, um sich das Spektakel anzusehen. Es mußte aber auch ein paar Beschwerden gegeben haben, denn wenige Tage später sprach mich Wachtmeister Lao Li auf der Straße an und fragte:

»Warum haben Sie denn neulich solchen Lärm gemacht?«

»Es war nur ein Feuerwerk zum Neujahrsfest«, beruhigte ich ihn.

»Mußte es so lange dauern?«

»Oh, es gab doch einen doppelten Anlaß. Wir haben gleichzeitig unseren Sieg in Vietnam gefeiert.«

Bei dieser Begegnung mit Lao Li hatte mich eine meiner jungen Freundinnen begleitet. Nachdem der Polizist gegangen war, fragte sie mich: »Hast du schon gehört, was sich die Leute über den Krieg in Vietnam erzählen?«

»Nein, was sagen sie denn?«

»Sie behaupten, Deng Hsiao-ping habe den Angriff gegen Vietnam befohlen, um die Niederlage der Amerikaner zu rächen. Das soll er bei seinem USA-Besuch mit Präsident Carter abgesprochen haben«, flüsterte sie mir zu.

»Das hört sich aber an, als hätten es sich unverbesserliche Anhänger der Viererbande ausgedacht. Glaub dieses dumme Zeug nicht und sprich nicht darüber«, riet ich ihr. Doch ist es leider so, daß Deng Hsiao-ping bis zum heutigen Tag durch solche Gerüchte verunglimpft wird, die von seinen Gegnern in der Partei regelmäßig in Umlauf gesetzt werden.

»Ja, du hast recht. In Schanghai wimmelt es noch immer von Anhängern der Viererbande«, sagte meine junge Freundin und fuhr fort: »Aber die Bevölkerung steht auf der Seite von Deng Hsiao-ping. Kennst du den historischen Film *Die Seeschlacht von Jia Wu*?«

»Nein, was ist damit?«

»Immer wenn ein Marineoffizier namens Deng auf der Leinwand erscheint, jubelt das Publikum und klatscht. Damit wollen die Leute zum Ausdruck bringen, daß es ihnen gefällt, was Deng Hsiao-ping macht.«

Meine Freundin hatte mich neugierig gemacht. Ein paar Tage später sah ich mir selbst den Film an. Es war genau so, wie sie gesagt hatte. Das Publikum brach in laute Hurrarufe aus, als der Marineoffizier zum erstenmal auf der Leinwand erschien und von einem Untergebenen mit »Exzellenz Deng« angesprochen wurde.

Kurz vor dem Chinesischen Neujahr erhielt ich eine Einladung des Schanghaier Revolutionskomitees, der maoistischen Bezeichnung für die Stadtverwaltung, zu einer Neujahrsfeier in der Großen Ausstellungshalle, dem Gebäude der chinesisch-sowjetischen Freundschaft aus den längst vergangenen Tagen der Zusammenarbeit und Freundschaft mit dem nördlichen Nachbarn. Die Einladung galt für zwei Personen, so daß ich meine junge Freundin bat, mich zu begleiten. Da es ein schöner Tag war und die Busse während der Neujahrsfeiertage meist völlig überfüllt sind, gingen wir trotz der großen Kälte zu Fuß.

Als wir uns der Ausstellungshalle näherten, erstickten wir fast in den Staubwolken vorbeieilender Wagen. Der Parkplatz vor der Halle war voller Wagen, die von Chauffeuren gesteuert wurden. Es sah so aus, als wäre jeder eingeladen worden, der in Schanghai etwas galt. Ich nahm an, daß ich auf Initiative des Frauenverbandes auf die Gästeliste gesetzt worden war, da ich in der Menge mehrere Mitglieder meiner Studiengruppe erblickte.

Wir zeigten am Eingang unsere Einladung vor und durften eintreten. Die Halle war schrecklich heiß. Die Zentralheizung lief mit voller Kraft, was um so unerträglicher war, als wir zu Hause ohne jede Heizung auskommen mußten und an diese Hitze nicht gewöhnt waren. Die heiße Luft traf uns wie ein Keulenschlag, und mir trat sofort der Schweiß auf die Stirn. Wir entledigten uns unserer Mäntel, Jacken und Pullover und legten sie einfach auf den Berg ähnlicher Kleidungsstücke, den andere schon vor uns aufgetürmt hatten. Meine junge Freundin war ungeduldig und wollte gleich in den »internen« Laden gehen, den es auch in diesem Gebäude gab. Sie erzählte mir, sie habe bei allen Freunden und Nachbarn damit geprahlt, daß sie mit mir auf dieses Fest gehe. Alle hätten sie gebeten, nur ja die Gelegenheit zu nutzen, ein paar sonst nur schwer erhältliche Dinge zu kaufen.

Da wir offiziell eingeladen worden waren, war ich der Meinung, wir sollten zumindest so tun, als nähmen wir an dem Festprogramm teil, bevor wir in den Laden gingen. Ein wenig befangen, aber dennoch ungeduldig folgte mir meine Freundin durch die festlich geschmückten Hallen, in den Theaterraum und in die Cafeteria. Da es überall voll war, konnten wir uns entfernen und zu dem Laden begeben, ohne Aufmerksamkeit zu erregen.

Zur Enttäuschung meiner Freundin mußten wir feststellen, daß uns nicht nur viele zuvorgekommen waren, sondern daß das Personal bereits dazu übergegangen war, den Zugang zu regeln. Wir mußten uns anstellen und warten. Als wir endlich an die Reihe kamen, war ein Großteil der Waren, die sie kaufen wollte, schon ausverkauft. Trotzdem gaben wir etliche tausend Jüan aus und erstanden von Cashmere-Stoffen bis zu stählernen Kochtöpfen alles, was noch zu haben war.

Unsere Einkäufe füllten vier schwere Tragetaschen, die wir kaum bis zur Eingangshalle schleppen konnten. Wir versuchten vergeblich, ein Taxi zu bekommen, und Rikschas waren auch nirgends zu sehen. In ihrer Not rief meine Freundin bei sich zu Hause an, um die Hilfe ihrer beiden Brüder anzufordern, die mit dem Fahrrad Transportdienste leisten sollten. Als wir vor der Ausstellungshalle in eisiger Kälte auf sie warteten, erschienen immer mehr Menschen, die genauso schwer beladen waren wie wir. Wer allerdings von einem Chauffeur abgeholt wurde, hatte auch keine Pakete oder Tragetaschen zu schleppen und konnte sich eines würdigen Abgangs sicher sein. Diese Leute hatten ihre eigenen, noch »interneren« Bezugsquellen.

Kurz nach Neujahr schossen fast über Nacht auf beiden Seiten unserer Straße primitive Notunterkünfte aus dem Boden. Es waren einfachste Hütten aus altem Bauholz, Bambuspfählen und zerbrochenen Ziegelsteinen, die ohne viel Aufhebens an die Häuser- und Gartenmauern angebaut wurden. Die Straßenbäume wurden als Stützpfeiler mißbraucht. Schon bald verloren sie ihr Laub und starben. In jeder Hütte wohnte eine mehrköpfige Familie. Es gab weder Waschgelegenheiten noch Toiletten. Das Mieterkomitee wies uns zunächst an, die Gartentore geöffnet zu halten, damit sich unsere neuen Nachbarn in den Gärten Wasser holen konnten. Nachdem aber mehrere Haushalte den Verlust von Eigentum gemeldet hatten, wurden an beiden Enden der Straße Wasserzapfstellen eingerichtet. Jeden Morgen ging eine junge Arbeiterin der Stadtreinigung von Hütte zu Hütte, um die Toilettenkübel abzuholen. Der Gestank wurde trotzdem von Tag zu Tag unerträglicher.

Frau Tschu erzählte mir, die Entscheidung, diese Leute ausgerechnet in unserer Straße unterzubringen, habe eine Funktionärin getroffen, die während der Kulturrevolution in die Stadtverwaltung versetzt worden sei. Daß sie gerade unsere Straße ausgewählt habe, sei von ihr damit begründet worden, daß dort so viele ehemalige Klassenfeinde und Kapitalisten wohnten und die Straße allzu sauber und ruhig sei. Es werde uns »guttun«, endlich einmal echte Proletarier unter uns zu haben. Ich war sehr erstaunt, dies zu hören, und fragte Frau Tschu, warum andere Beamte nicht widersprochen hätten. »Niemand möchte die ehemaligen Revolutionäre beleidigen«, erwiderte sie. »Die Leute haben Angst, es könnte sich plötzlich alles wieder ändern.«

Links und rechts von unserem Gartentor stand je eine Hütte. Zunächst ließ man uns genug Platz, um ein- und ausgehen zu können. Mit der Zeit wurde es jedoch immer enger, denn die Hüttenbewohner schleppten immer neue Habseligkeiten an. Das ganze Gerümpel wurde mit Plastikplanen und muffigen Strohmatten zugedeckt, um es vor der Witterung zu schützen. Bald war unser Durchgang kaum mehr einen halben Meter breit. Die Jungen urinierten gegen das Gartentor, und quer über den Eingang wurde Wäsche zum Trocknen aufgehängt. Von früh bis spät waren schrille Stimmen und plärrende Radios zu hören. Unsere »allzu ruhige und saubere« Straße war jetzt alles andere als ruhig, von der Sauberkeit ganz zu schweigen. Es war unmöglich, den Garten zu benutzen oder auch nur auf dem Balkon zu sitzen. Die Tschus und ich waren uns jedoch ohne viel Worte einig, daß wir diese Unannehmlichkeiten klaglos auf uns nehmen mußten. Wir waren uns sehr wohl bewußt, daß der Geist des »Klassenkampfes« noch nicht gebannt war. Die Funktionäre, die noch immer Maos Philosophie verhaftet waren, würden sich nicht so rasch ändern. Solange die Parteiführung nicht den kühnen Schritt wagte, der Philosophie Mao Tse-tungs abzuschwören, konnte man die Ewiggestrigen nicht aus dem Amt jagen und die Funktionärskader nicht mit frischem Blut auffüllen. Und solange dieses Problem der unbelehrbaren Parteifunktionäre ungelöst bleibt, sind radikale Änderungen jederzeit möglich, sollte Deng Hsiaoping einmal von der politischen Bühne abtreten.

Die Tschus und ich wußten genau, daß unsere Stellung in der chinesischen Gesellschaft durch unsere Rehabilitierung keineswegs gesichert war. Wir fanden uns also mit unseren neuen Nachbarn ab und gaben ihnen sogar alle Hilfe, die uns zu Gebote stand, um ihnen das Leben erträglicher zu machen.

An einem heißen Sommertag Ende Juli 1980 erhielt ich ein vorgedrucktes Schreiben des Sicherheitsbüros, mit dem man mich zu einem Gespräch ins Paßamt einlud. Als ich zum angegebenen Termin dort eintraf, stellte ich zu meiner Freude fest, daß der Warteraum leer war. Schon bald ging die Tür auf, und ich wurde hineingerufen.

Ich betrat das mir schon bekannte Amtszimmer, nahm Platz und legte das Schreiben auf den Tisch.

»Sie haben einen Paß für eine Reise in die USA beantragt?« fragte der Beamte.

»Ja.«

»Was ist der Zweck Ihrer Reise?«

»Ich möchte meine Schwestern besuchen.«

»Haben Sie vor, noch andere Länder zu besuchen?«

»Ja, auf der Hinfahrt werde ich Freunde in Europa und Kanada besuchen.«

Er zog eine Schublade heraus, entnahm ihr den Reisepaß, auf den ich schon so lange gewartet hatte, und sagte: »Ihr Antrag ist genehmigt worden. Hier ist Ihr Paß. Die Volksregierung hat den Wunsch, Familientreffen zu erleichtern. Sie dürfen Ihre Schwestern in den Vereinigten Staaten besuchen. Und Sie können auch anderswo Freunde besuchen. Sie sollten sie ermutigen, zu uns zu kommen. Erzählen Sie ihnen, was sich hier verändert hat, und berichten Sie davon, wie wir den Sozialismus aufbauen. Vor allem sollten Sie Ihren Bekannten in Taiwan ans Herz legen, uns zu besuchen. Man wird ihnen freie Ein- und Ausreise gewähren.«

»Aber in Taiwan kenne ich niemanden«, entgegnete ich.

»Dann gewinnen Sie Ihre Freunde in Hongkong dafür, herzukommen und sich an gemeinsamen Unternehmen zu beteiligen. Ermutigen Sie jeden, den Sie treffen, China zu besuchen.«

Ich nickte nur und nahm den Paß in Empfang. Als erstes sah ich mir das Paßfoto an, um sicherzugehen, daß der Beamte sich nicht geirrt hatte.

»Wenn Sie in den USA sind, müssen Sie sich bei unserer Botschaft melden und sich registrieren lassen«, fuhr der Beamte fort.

»Meine Schwestern leben in Kalifornien. Dort befindet sich die chinesische Botschaft nicht«, klärte ich ihn auf.

»Gibt es an Ihrem Reiseziel keine chinesische Vertretung?« Er schien mir nicht zu glauben.

»Nein, meine Schwestern leben auf dem Land.« Mit dieser Bemerkung verließ ich den Raum.

Als nächstes mußte ich mir beim amerikanischen Generalkonsulat ein Einreisevisum besorgen. Um mich nicht schon am frühen Morgen anstellen zu müssen, wollte ich es wagen, den Geschäftsführer der Chartered Bank einzuschalten, einen Engländer und leidenschaftlichen Vogelkundler. Einen in Schanghai lebenden Ausländer aufzusuchen, war ein kühnes Unterfangen, das kaum ein Chinese auf sich nahm, der nicht in einer ausländischen Firma arbeitete. Erst nach tagelangem Zögern machte ich mich auf den Weg in die Jüan-Ming-Jüan-

Straße, in der das Bankgebäude liegt. Mein Mann und ich hatten zwar schon seit Anfang der vierziger Jahre bei der Chartered Bank Konten unterhalten, aber immer nur mit den Zweigstellen in Hongkong und London zu tun gehabt. Dennoch waren wir den Geschäftsführern in Schanghai nicht unbekannt. Vor der Kulturrevolution waren sie Gäste unseres Hauses gewesen. Der neue, noch recht junge Filialleiter empfing mich freundlich, aber sehr überrascht. Er hatte von seinen Hongkonger und Londoner Kollegen gehört, daß ich während der Kulturrevolution ums Leben gekommen sei. Ich bat ihn, sofort die Niederlassung in Hongkong zu informieren, daß ich am Leben und wohlauf sei. Dann bat ich ihn, mir ein Gespräch mit einem Vertreter des amerikanischen Generalkonsulats zu vermitteln. Zwei Tage später erhielt ich dort einen Termin und bekam sofort ein Visum erteilt.

Nachdem ich mir weitere Visa der verschiedenen Staaten besorgt hatte, die ich auf meiner Reise besuchen wollte, mietete ich über das Schanghaier Reisebüro an den Ausläufern des Mokanschan in der Nähe von Hangtschau für zwei Wochen ein Haus. Ich freute mich sehr auf diesen Bergurlaub. Trotz allem, was geschehen war, schmerzte es mich, China auf Nimmerwiedersehen zu verlassen. Alle Chinesen kennen diese tiefe Verbundenheit mit ihrem Land. Wie weit wir auch reisen oder wie lange wir auch fort sein mögen, irgendwann möchten wir alle nach China zurückkehren, um dort zu sterben. »Die welken Blätter kehren zur Wurzel zurück«, heißt ein chinesisches Sprichwort. Ich hatte mich aber entschlossen, nie mehr zurückzukehren. Ich würde woanders sterben, in irgendeinem Land, das bereit war, mich aufzunehmen. Als meine Abreise jetzt unmittelbar bevorstand, überkam mich tiefe Trauer. Ich wollte meine widerstreitenden Gefühle durch Gebete und eine intensive Selbstprüfung klären, bevor ich zu einem neuen Lebensabschnitt aufbrach.

Ich verließ Schanghai am 20. September 1980. Da Privatpersonen ohne offizielle Genehmigung nicht aufs Hafengelände durften, verabschiedeten mich nur Genossin Ho und fünf Damen meiner Studiengruppe, die als Vertreterinnen des Frauenverbandes erschienen waren. Sie holten mich in einem kürzlich aus Japan importierten Kleinbus ab. Aufgrund der strengen Ausfuhrbeschränkungen für Gepäck und Zahlungsmittel hatte ich nur einen Koffer und eine Reisetasche bei mir. In der Handtasche hatte ich den Gegenwert von zwanzig US-Dollar in Hongkong-Dollar, die ich von der Devisenabteilung der Bank von China erhalten hatte. Meine chinesischen Bankkonten und alles, was ich sonst noch besaß, mußte ich zurücklassen.

Als wir am Kai ankamen, fiel leichter Regen. Trotz der amtlichen Genehmigung der Genossin Ho durften meine Begleiterinnen nicht den Wartesaal für Passagiere betreten. Ich verabschiedete mich von ihnen. Nachdem sie mir eine gute Reise und ein glückliches Wiedersehen mit meinen Schwestern gewünscht hatten, gingen sie im Regen zu ihrem Bus zurück. Über ein mögliches Wiedersehen in Schanghai hatten sie kein Wort verloren. Sie wußten wohl, daß meine Rückkehr in die Stadt, die für mich mit so traurigen Erinnerungen verbunden war, kaum wahrscheinlich war.

Nach langem Warten wurde das Zollbüro geöffnet, und die Passagiere stellten sich an. Mein Koffer und meine Reisetasche wurden von zwei Zollbeamten durchsucht. Auch meine Handtasche wollten sie sehen. Sie zählten meine Hongkong-Dollar und ließen mich dann passieren. Ich stieg mit meinen Mitreisenden in einen Bus, der uns zu dem Schiff brachte, das weiter stromabwärts vor Anker lag.

Als der Bus längsseits des Schiffes hielt, war aus dem leichten Regen ein schwerer Wolkenbruch mit Blitz und Donner geworden. Ich hatte weder einen Regenmantel noch einen Schirm bei mir. Schutzsuchend hastete ich die rutschige Gangway hinauf und gab mir Mühe, nicht mein durchnäßtes Reisegepäck zu verlieren. Das Schiff war ein sehr alter, ehemals britischer Dampfer, den die chinesische Regierung gekauft hatte und für die Route Schanghai-Hongkong hatte umbauen lassen. Meine Einzelkabine Erster Klasse besaß eine kleine Dusche. Ich wärmte mich unter dem heißen Wasserstrahl und zog mir trockene Kleider an. Dann ging ich an Deck, um einen letzten Blick auf Schanghai zu werfen.

Das Schiff hatte bereits die Anker gelichtet und fuhr zunächst stromaufwärts, um zu drehen. Durch den Regenschleier erkannte ich das Shell-Gebäude und das Fenster meines alten Büros. Doch schon verschwamm die Vergangenheit zu einer irrealen, fast traumhaften Erinnerung. Nun machte der alte Dampfer immer mehr Fahrt und fuhr das letzte Stück des Huang-pu-Flusses hinunter. Als wir das Jangtse-Delta erreichten, war das Gewitter vorbei. Sonnenstrahlen durchbrachen die dünne Wolkendecke.

Schon oft in meinem Leben war ich von Schanghai aus ins Ausland aufgebrochen; stets hatte ich wie jetzt an Deck eines Schiffes gestanden, mir den Wind durchs Haar wehen lassen und die in der Ferne verschwindende Küste Chinas beobachtet. Aber nie war ich so traurig gewesen wie in diesem Augenblick. Ich war es gewesen, die Meiping im April 1949 von Hongkong nach Schanghai mitgenommen hatte, weil mein Mann mich darum gebeten hatte. Ich fühlte mich schuldig, weil ich noch am Leben war. Immerhin will es die Natur, daß zuerst die Alten sterben und daß die Jungen weiterleben, nicht umgekehrt. Ich war auch darüber traurig, daß ich das Land meiner Geburt für immer verließ. Der Bruch war so endgültig, daß mir fast das Herz zerbrach. Gott allein weiß, wie sehr ich versucht habe, meinem Land treu zu bleiben. Ich bin damit gescheitert, aber nicht durch meine Schuld.

Epilog

Meine Wiederbegegnung mit dem westlichen Lebensstil fand in einem Jumbo-Jet statt, als ich Erster Klasse den Pazifik überflog. Das Ticket war ein Geschenk von Shell, meinem früheren Arbeitgeber.

Als ich in Hongkong die Maschine bestieg, war es früher Nachmittag. Nachdem wir gestartet waren, beugte sich eine attraktive Stewardeß mit hellblondem Haar über mich und fragte: »Möchten Sie eine Bloody Mary oder einen Screwdriver?«

Ich muß sie ziemlich verständnislos angeschaut haben, denn der junge Mann, der hinter ihr stand, fragte rasch: »Vielleicht möchten Sie lieber Champagner?«

Erst da ging mir auf, daß Bloody Mary nur ein Getränk und daß der Screwdriver in diesem Fall nicht dazu gedacht war, eine Schraube festzuziehen.

Ich stammelte ein höfliches Dankeschön, und die Stewardeß servierte mir lächelnd ein Glas Orangensaft.

Ich brachte fast ein Jahr damit zu, Freunde und Verwandte zu besuchen sowie ein Land zu finden, in dem ich leben konnte. Kanada war der erste Staat, der mir eine neue Heimat bot. Zwei Jahre lebte ich in Ottawa, der schönen Hauptstadt des Landes. Das nördliche Klima mit seinen langen Wintern und heftigen Stürmen erwies sich für meine Arthritis jedoch als schwer erträglich. 1983 zog ich weiter nach Süden, nach Washington, D.C., wo das Klima ähnlich ist wie in Schanghai. Ich kaufte mir eine Eigentumswohnung und richtete mich auf ein neues Leben ein. Während ich mich an Autobahnen, Supermärkte und Geld-Automaten gewöhnte, arbeitete ich an meinem Manuskript.

Es war ein traumatisches Erlebnis, über den Tod meiner Tochter und meine schmerzlichen Erlebnisse während der Kulturrevolution zu schreiben. Ich mußte das Manuskript immer wieder weglegen und mich mit anderen Dingen beschäftigen, um meinen Seelenfrieden zurückzugewinnen. Ich gab aber nicht auf. Ich fühlte einen inneren Drang, rückhaltlos über alles zu berichten und diejenigen, die das Glück haben, in Freiheit zu leben, wissen zu lassen, wie mein Leben im kommunistischen China ausgesehen hat. Meine vielen Freunde in Großbritannien, in der Schweiz, in Frankreich, Australien, Kanada und hier in den USA machten mir Mut.

Inzwischen ist mein chinesischer Reisepaß abgelaufen. Ich habe ihn nicht erneuern lassen. Die Einwanderungsbehörde der USA hat mir ein Dokument ausgestellt, das mir Auslandsreisen ermöglicht. Ich hoffe, irgendwann Staatsbürgerin dieses großes Landes mit seinen weiten Räumen und warmherzigen Menschen zu werden, in dem ich ein neues Leben gefunden habe. Die Vereinigten Staaten von Amerika sind für mich der richtige Ort. Hier leben jüdische Überlebende des Holocaust, Dissidenten, die unter repressiven Regimes eingesperrt waren, die »Boat people« aus Vietnam und politische Flüchtlinge aus aller Welt. Unter solchen Menschen fühle ich mich nicht einsam. Und ich weiß, daß auch Meiping nicht einsam ist, wenn Gott für die Opfer politischer Verfolgung einen Platz im Himmel bereithält.

Ich habe mich zwar entschlossen, die amerikanische Staatsbürgerschaft anzunehmen, bin aber gegenüber der Entwicklung in China alles andere als gleichgültig. Ich interessiere mich für die Zukunft meiner Heimat und für das Schicksal des chinesischen Volkes. Die Nachrichten aus China, die von einem beispiellosen Wirtschaftsaufschwung künden, stimmen mich zuversichtlich. Ich denke oft an die verlorenen Jahre der Mao-Ära und den Wahnsinn der Kulturrevolution zurück. Es bedrückt mich tief, daß so viele Menschenleben sinnlos geopfert worden sind. Es erfüllt mich zwar mit Genugtuung, daß man die Kulturrevolution inzwischen offiziell zu einer nationalen Katastrophe erklärt hat, aber ich bedaure, daß die Kommunistische Partei Chinas noch immer nicht den Mut gefunden hat, sich in unmißverständlichen Worten von der Politik Maos in zu distanzieren.

Für die desillusionierten Chinesen hat die Verheißung eines kommunistischen Paradieses in einer fernen Zukunft jeden Sinn verloren, und auf die abgedroschenen revolutionären Parolen fällt niemand mehr herein. Um das Volk wieder aufzurütteln und seine Begeisterung neu zu wecken, appelliert die Partei an den Patriotismus. Die Chinesen, so heißt es heute, sollen für die Modernisierung Chinas arbeiten, damit das Land seine historische Größe wiedererlangen und seinen angestammten Platz in der Völkergemeinschaft wieder einnehmen kann. Als Gegenleistung verspricht die Partei einen höheren Lebensstandard und den Verzicht auf weitere politische Umwälzungen.

Inzwischen sind mehr als fünf Jahre vergangen, seit Deng Hsiaoping in China die höchste Machtposition errang und zum Hüter des Schicksals eines Viertels der Weltbevölkerung wurde. Seine neue Politik der Öffnung gegenüber der Außenwelt und der Ankurbelung der Binnenwirtschaft ist im großen und ganzen erfolgreich gewesen. Immer mehr ausländische Geschäftsleute und Touristen besuchen China. Auslandsinvestitionen, vor allem in *joint ventures*, betragen inzwischen mehrere Milliarden US-Dollar. In den ländlichen Regionen Chinas, in denen mehr als siebzig Prozent der Bevölkerung leben, hat sich der Lebensstandard beträchtlich erhöht. Die landwirtschaftliche Produktion hat eine gewaltige Zunahme erfahren. Einige einsatzfreudige und einfallsreiche Menschen sind nach chinesischen Maßstäben inzwischen reich geworden. Seit 1984 werden auch in den Städten Reformmaßnahmen durchgeführt. Parteifunktionäre behaupten, schon in drei Jahren werde das Land eine neue Wirtschaftsstruktur aufweisen. Dazu gehören *joint ventures* aus ausländischem Kapital und Know-how einerseits, chinesischer Arbeitskraft andererseits, Staatsbetriebe, die eher dem freien Spiel des Marktes als der starren Planung Pekings gehorchen, sowie private Kleinbetriebe, vor allem im Dienstleistungssektor. Deng Hsiao-ping und seine Mannschaft nennen dieses neue System stolz »Sozialismus chinesischer Prägung«.

Seit dem Zwölften Parteikongreß im September 1982 ist es Deng Hsiao-ping gelungen, rund eine Million Parteifunktionäre mittlerer Ränge zu bewegen, sich zu akzeptablen Bedingungen zurückzuziehen. Seit Anfang 1985 hat er in mehreren Ministerien die Führung ausgewechselt und in sechsundzwanzig Provinzen und autonomen Regionen jüngere Männer zu Gouverneuren und Parteisekretären ernannt. Im August 1985 ist es ihm sogar gelungen, das militärische Oberkommando neu zu strukturieren und die Generäle aus dem aktiven Dienst zu entfernen, die zu seinen schärfsten Kritikern gehörten.

Mögen die pro-maoistischen Parteifunktionäre inzwischen auch weitgehend verstummt sein, so werden Deng Hsiao-ping und seine Mannschaft neuerdings aus einer anderen Ecke kritisiert. Diese Kritiker unterscheiden sich zwar insoweit von den Maoisten, als sie für Wirtschaftsreformen eintreten und nicht den Wunsch haben, Deng Hsiao-ping zu stürzen. Sie sind aber tief beunruhigt angesichts der zahlreichen neuen Probleme, die durch die Reformpolitik entstanden sind. Sie meinen, China habe seine Türen zu weit geöffnet, und die Preisgabe der zentralen Planung und staatlichen Kontrolle sei zu weit gegangen. Diese Funktionäre würden zwar gern zulassen, daß das Ausland Kapital, Know-how und moderne Technologie ins Land bringt, westliche Ideen und Gebräuche möchten sie jedoch am liebsten ausschließen. Vor allem fürchten sie sich vor dem Einfluß demokratischer Ideen und sexueller Freizügigkeit, die sie als Bedrohung der monolithischen Herrschaft der Partei und als Untergrabung der Moralvorstellungen der chinesischen Gesellschaft ansehen. Da diese Männer in der Parteihierarchie eine nicht zu unterschätzende Machtphalanx darstellen und zudem in Tschen Jun, einem Mitglied des Ständigen Komitees des Politbüros und einem Veteranen der Partei, einen einflußreichen Führer besitzen, können es sich Deng Hsiao-ping und seine Mannschaft nicht leisten, ihre Warnungen zu überhören.

Der »Sozialismus chinesischer Prägung« ist in Wahrheit nichts als eine Phrase, die man erfunden hat, damit die kommunistischen Führer das Gesicht wahren können. Diese Männer haben noch immer nicht den Mut gefunden, offen einzugestehen, daß der Sozialismus in China fehlgeschlagen ist.

Permanente Veränderung ist ein integraler Bestandteil der kommunistischen Philosophie. Die chinesischen Führer halten es für selbstverständlich, daß sich das Volk kopfüber in jedes von oben verordnete Experiment stürzt, sei es in Richtung Liberalisierung, sei es in Richtung Kollektivierung. Seit 1949, in all den Jahren der kommunistischen Herrschaft, hat sich der Pendelschlag der Parteipolitik immer wieder von links nach rechts und wieder zurück bewegt, ohne Unterlaß. Das kommunistische China ist heute jedoch kein von der Außenwelt abgeschirmter und von der zivilisierten Weltgemeinschaft isolierter Staat mehr. Die Weltmeinung sowie die Chinapolitik jener Mächte, die die Schrittmacher der Auslandsinvestitionen und des Handels sind, können den Gang der Ereignisse in China beeinflussen. Der plötzliche Zusammenbruch der »Kampagne gegen die geistige Verseuchung« im Jahre 1984 war hauptsächlich auf die ungünstige Reaktion des Auslands zurückzuführen. Dank ihrer zunehmenden Auslandskontakte und ihres wachsenden Verständnisses der übrigen Welt wirft die chinesische Führung ihre paranoiden Vorstellungen nach und nach über Bord. Viele der Studenten, die nach einem Studium an westlichen Universitäten in ihre Heimat zurückkehren, werden eines Tages einflußreiche Stellungen einnehmen. China ist sich heute mehr denn je der Bedeutung der Weltmeinung bewußt und gibt sich alle Mühe, sich in einem guten Licht darzustellen. Wer China Fortschritt und Stabilität wünscht, kann sich heute Gehör verschaffen.